JN415593

[창업에서 장수기업으로]

How to build a company that will last

김종영/박종우

북넷

저자의 변

본 서를 편저하면서 나는 왜 본 권을 편저하여야 되나 내가 살아온 인생길을 뒤돌아보게 된다. 내가 살아 온 인생길은 직장생활 20년, 자영생활 40년, 만학도로서의 경영학공부 10년으로 이어진다. 내가 살아 온 인생여정을 뒤돌아 살펴보면 험난한 환경 속에서도 독자생존의 의지로 입신하는 분이 있는가 하면 그렇지 못하고 실패의 수렁에서 헤매는 사람들을 보게 된다.

그 원인은 무엇일까? 욕심이 앞서서일까. 경험이 없어서일까. 정보가 부족하여서일까? 어떤 이유에서든 많은 분들이 창업후 지속하지 못하고 조기폐업으로 한 개인이나 한 가정뿐 아니라 사회문제로 대두되는 실정을 보이고 있다. 이러한 사태를 보면서 어찌하면 가정의 경제적 파탄을 막고 사회비용을 줄일 수 없을까 하는 발상에서 짧은 경험과 지식이지만 사회안전번영에 도움이 되었으면 하는 마음으로 본 서를 편저집필코저 한다.

자본주의 자유경제, 시장경제 체제하에서는 기업은 그 사회의 꽃이다. 그 꽃이 아름답게 피고 좋은 열매를 맺느냐에 따라 평화롭고 풍요로움을 가져올 수 있다. 다시 말하면 꽃이 아름답게 피우면 그 사회가 안전과 평화가 유지되고 좋은 열매를 맺으면 그 사회는 풍요로움 속에서 살아가게 될 것이다.

사람은 누구나 풍요롭게 잘살기를 원한다. 그러나 그렇지 못한 아유는 무엇일까? 기본을 무시한 욕심부터 앞서기 때문이 아닌가 생각하여 보게 된다. 시장경제의 꽃인 창업 다산다사의 실태를 보며 착수가 성공이라는 비전은 없을까? 저자는 부족한 지식과 경험을 토대로 창업에서 장수기업으로의 본 서를 나의 지도교수님 이신 박종우 교수님의 지도하에 공저로 완성코져 한다.

사람이 생존하려면 영양소·산소와 물 등 세 가지를 섭취하지 아니하면 생존할 수 없으며 산소도·습도·온도가 조화되는 환경이 활력을 일으킨다. 기업역시 지속성의 3대 요소는 창조성 사회성 윤리성으로 보며 건전성은 개척·도전·인화성으로 이에 충실할 때 지속성과 건전성이 유지발전하여 창업 후 조기소멸을 막고 장수기업으로 오래오래 이사회에 봉사하는 길이 이여질 것이다.

본 서는 제3부 제12장으로 구성하였다. 제1부는 창업의 기초(제1장~제5장), 제2부는 성장과 성숙단계(제6장~제9장), 제3부는 쇠퇴방지와 장수기업으로 진입(제10장~제12장)으로 구성되었다.

본 서에서는 기본에 충실하는 요소들과 생존번영의 필수불가결한 지속성과 건전성에 기초하여 선임연구원들의 연구의 실증과 경영성공 사례를 분야별로 편집저술하여 이 책을 일독하고 창업하면 불멸의 근간이 이루어져 장수기업으로 이어지도록 정성을 모아 창업에서 장수기업으로 편집저술한 책자(冊子)이며 그렇게 되기를 소망한다.

2019년 3월

저자 김종영, 박종우

추 천 사

한 시대에 사는 사람은 그 시대의 요청에 부응하여야 할 책무가 있다 하겠습니다. 오늘날 한국 경제는 저성장기로 접어들어 새로운 도전을 요구받고 있습니다. 시대의 흐름은 젊은 세대의 참신한 아이디어와 풍부한 경험을 가지신 시니어 세대들의 신진창조적 창업으로 새로운 국가동력을 창출하여야 하는 것이 시대적 소명이라 하겠습니다.

본 권 창업에서 장수기업으로의 책자(冊子)를 편저한 김종영 박사님은 젊은 시절 60년대에 규산나트륨 제조공장에 입사하여 생산기술을 배우고 익히면서, 공장장, 생산부장, 부사장의 직책을 이어가며 독자경영의 창업의 꿈을 키워 나갔습니다.

본 권 저자이신 김종영 박사는 1979년 업계에서 제일가는 공장을 만들어 보고자 본인 이름자를 따 창업상호를 영일화성(榮一化成)이라 칭(稱)하고 사훈(창의성 개발, 진취적 사고, 결실있는 행동)을 제시하였으며 연구개발에 노력하여 10여건의 발명특허와 지적재산권을 보유하는 등 내실있는 기업운영으로 오늘에 이르고 있습니다.

김종영 박사는 학문에도 뜻이 있어 만학도로서 2008년 숭실대학교에 입학하여 경영학사, 석사, 박사과정을 모두 마치신 열정적인 학구열을 가지신 분으로, 규산염의 제조와 용도, 규산염의 응용과 용도 등 두 분야의 기술서적을 편저 출간하여 기술지원에도 기여하고 있습니다.

지난 집필한 저서로 '장수기업으로 가는 길'은 창업 후, 많은 기업들이 지속적으로 성장을 하지 못하고 폐업의 아픔과 안타까운 우리의 현실을 조금이나마 개선해 보고자 노력하는 저자의 충정이 돋보이는 저서라 할 수 있겠습니다.

이번 집필한 '창업에서 장수기업으로'의 저서는 우리나라 경제가 저성장 침체기에 빠져들었고 이를 타개하고 새로운 발전을 이어나가기 위한 방법으로 창업을 제시하여, 많은 독자들이 어떻게 시작해야 할지 막막한 창업의 핵심요소를 골고루 다루며, 창업자들이 직면하는 어려운 문제를 쉽게 풀 수 있도록 다양한 해법을 제시한다 할 수 있겠습니다. 또한, 경영학과에서 창업을 시도하려는 젊은 청년과 시니어 계층, 기존기업을 장수기업으로 키우기 위한 합리적인 경영전략, 저성장 타개 등 산업전반으로 필수독본으로 사료되어 본 서를 추천합니다.

2019년 3월 20일

숭실대학교 총장 경제학박사 황 준 성

추 천 사

최근 우리경제는 저성장국면이 고착화되는 가운데 기업의 투자가 위축되고 일자리에 대한 불안감으로 소비가 침체되는 등 구조적인 어려움을 겪고 있습니다.

문제에 대한 근본적인 처방이 있어야 어려움도 극복할 수 있습니다. 경제문제해결의 중심에는 단연코 기업이 있어야 하며, 특히 기업창업의 활성화와 장수기업육성은 우리경제가 위기를 극복하고 새로운 도약을 할 수 있게 만드는 핵심전략입니다.

기업의 창업은 양질의 일자리 창출과 경제활력을 유도하고 장수기업은 오랜기간 축적된 자기만의 기술과 노하우를 다음 세대까지 전파하며 우리경제가 지속가능한 성장기반을 다지는데 핵심적인 역할을 담당하기 때문입니다.

이 책은 창업의 시작부터 성장과 성숙단계를 거쳐 장수기업에 도달하기까지 기업의 성장단계별 필요한 구체적인 전략과 대응방향에 대해 설명하고 있습니다.

저자가 사업가로서, 직장인으로서, 그리고 경영학도로서 68년간 경험하고 느꼈던 기업생존과 성장을 위한 지혜가 총 집결된 이 책이 창업을 준비하는 이들에게는 성공을 위한 희망을, 세대를 뛰어 넘는 명문 장수기업을 꿈꾸는 기업가들에게는 경영에 대한 새로운 영감을 줄 수 있는 지침서가 되기를 바랍니다.

2018년 12월 3일

중소기업중앙회장 박 성 택

추 천 사

우리경제의 지속가능한 성장과 좋은 일자리 창출을 위해서는 혁신적인 신생 창업기업의 활발한 진입과 함께 오랫동안 건실하게 기업을 운영하면서 사회에 많은 기여를 해 온 장수기업들의 역할이 매우 중요합니다.

한강의 기적이라 불리며 압축성장을 지속한 한국경제가 최근 몇 년 사이에 고비용, 저효율의 경제구조가 고착화되면서 투자와 소비 등이 부진하며 빠르게 저성장기조에 빠져들고 있어 매우 안타깝게 생각하고 있습니다. 이는 우리 사회 곳곳에 기업가정신이 급격히 위축되면서 창업이 줄어들고, 기존 기업들은 설비투자를 줄이면서 고용부진이 이어지고 있기 때문입니다.

경영학의 아버지라 불리우는 피터 드러커(Peter Drucker)는 1985년 그의 저서 '혁신과 기업가정신'에서 기업가정신은 혁신이며 창조에 있다. 이의 성취는 지속적인 노력과 도전정신에 의한 창조물이라고 하였습니다. "창업에서 장수기업으로"의 저자인 김종영 박사님의 지칠 줄 모르는 기업가정신을 보여주는 저서라 할 수 있겠습니다. 저자는 젊은시절부터 규산염 생산현장에서 공원으로 기술을 익혀 공장장을 역임하고, 1979년 영일화성을 창업하여 40여년을 규산염제조와 응용분야 제품생산에 특화된 한우물경영을 실천하고 있는 국내 최고의 규산염 제조분야 전문가입니다. 특히, 일흔이 넘은 나이인 2008년 대학을 진학하여 경영학사, 석사, 박사를 9년만에 모두 마치시며 후배들의 귀감이 되었습니다.

저자가 기업가정신을 발휘하여 발간한 "창업에서 장수기업으로"는 50여년을 오직 현장기술인으로서, 그리고 창업 이후 장수기업으로 성장한 최고경영자로서 저자가 몸소체득한 창업경험과 기업의 성장·발전을 위한 세부 경영전략을 소개한 책입니다. 경영학을 공부하는 학생들과 학자, 창업을 준비하는 예비창업자, 장수기업을 꿈꾸는 경영자들에게 이 책을 추천드립니다.

2018년 12월 30일
한국중소기업학회 명문장수기업연구회장
경영학 박사 윤 병 섭

차 례

PART 1 창업의 기초

제1장 총 론

제2장 창업전 기초지식과 계획

제3장 창업전 필요확인사항

제4장 창업 초기단계의 기업경영

PART 2 성장과 성숙단계

제6장 성장 초기단계의 기업경영

제7장 성장 후기단계의 기업경영

제8장 성숙 초기단계의 경영전략

제9장 성숙 후기단계의 경영전략

PART 3 쇠퇴방지와 장수기업으로 진입

第12장 장수기업으로 진입전략

P·A·R·T

01 창업의 기초

제 1 장

총 론

내가 성공한 세 가지 이유

나는 하느님이 주신 세 가지 은혜덕분에 크게 성공할 수 있었다.
첫째는 집이 몹시 가난해서 어릴적부터 구두닦이, 신문팔이를 하였고 이를 통해 세상을 살아가는데 필요한 경험을 얻을 수 있었다.
둘째는 태어날 때부터 몸이 몹시 약해서 항상 운동에 힘썼음으로 늙어서도 건강하게 지낼 수 있게 되었다.
셋째는 초등학교도 못 다녔기 때문에 세상 모든 사람을 스승삼아 질문하며 열심히 배우는 일을 게을리 하지 않았다.

– 마쓰시다 고노스케(마쓰시다전기 창업주) –

제1절 창업안내

1. 발굴 · 구상 · 계획 · 실행 · 지원

1) 가이드북 작성의 목적

(1) 창업희망자를 위한 창업안내

우리나라의 경제규모와 경제적 구조의 변화에 따라 그리고 경영환경과 경영승계의 세대교체에 따라 우리나라 경제가 저성장기에 접어들면서 중소기업 소규모사업자의 수는 해마다 증가하지 못함을 보여주고 있다. 이러한 상황에서 새로운 창업자를 창출하는 것은 우리나라 경제를 활성화하는데 큰 역할을 할 뿐만 아니라 새로운 분야의 진로를 개척하고 원동력을 찾아 후일 경제번영을 촉진시키고자 한다. 또한 창업을 촉진하기 위한 다양한 지원제도, 지원기관들이 설립되어 있다. 특히, 소규모사업자 지원의 최전선에서 활약하는 중소기업중앙회 · 중소기업청 · 상공회의소 등의 지원기관이나 금융기관의 지원제도 등을 활용할 수 있다. 창업계획을 세우는 방법 등 창업입안에 대한 자료도 지원기관에 비치되어 있다.

본 절의 가이드(안내)는 창업계획서에 이르기 전단계로 창업아이디어와 사업개념 등을 정리하고, 창업지원(支援)기관을 찾아 지원제도안내를 받는 등 예비창업자, 창업희망자 여러분들이 창업을 하는 데 있어 그 추진방법의 기본적인 내용을 기반으로 한 지침서로 창업초기단계 가이드이다.

(2) 가이드북의 전체구성

본 가이드는 창업에 대한 기본사항을 망라하면서 창업희망자의 무대와 유형을 파악하여 창업단계에 따른 지원도구를 어떻게 활용하는가 하는것을 구성으로 정리하였다. 또한 창업지원을 촉진하기 위한 개별상담 및 창업교육 등의 지원제도활용의 포인트를 정리하였다.

2) 창업발상과 구상의 4단계

(1) 창업발상의 단계

창업희망자는 '나도 언젠가는 창업을 하고 싶다'라는 막연한 생각을 가지고 시작을 하지만, 창업희망자의 마인드와 준비의 정도가 다르므로 마인드와 준비상태에 따라 지원제도를 효과적으로 활용하는 것이 좋을 것 같다. 또한 이 책은 예비창업자에게 멘토역할을 하는 기본요소들이기에 지원기관에서는 창업희망자의 상태별특징을 바탕으로 지속적인 지원체제를 구축하는 것이 중요하다. 본 절에서는 창업에 이르기까지 4단계로 파악하고 각 단계에서 지원의 포인트를 단계별로 설명한다.

(2) 창업구상 4단계

- 제1단계 : 어떤 사업분야에 창업을 하면 좋을 것인지 아직 명확하게 생각이 정리되어 있지 않은 상태이다. 이 단계에서는 창업세미나 개별상담 등의 지원제도활용이 유용할 것이다.
- 제2단계 : 하고 싶은 것이 명확해진 단계로 사업테마를 나름대로 명확하게 결정했지만 아직 자세한 내용까지는 정리되지 않은 상태이다. 이 단계에서는 창업세미나, 창업학원, 개별상담 등을 통한 사업분석 등의 지원제도를 활용하는 것이 유용할 것이다.
- 제3단계 : 창업내용이 구체화된 단계로 사업내용이 구체적으로 정해져 있고, 사업계획이 어느 정도 완성되어 있는 상태이다. 이 단계에서는 지원제도로 창업학원, 창업스쿨, 개별상담을 통한 창업계획서 작성 등을 활용하는 것이 유용할 것이다.
- 제4단계 : 창업을 행동으로 옮기는 단계로 정확한 데이터분석을 통한 구체적인 사업계획이 완성된 상태이다. 이 단계에서는 개별상담을 통해 기술, 자금 등에 대한 지원제도활용이 유용할 것이다.

3) 지원기관이 실시하는 창업지원사업의 포인트

창업이란 창조적 개척에서 이루어지는바 지원기관에서도 개척정신으로 업무수행이 전제됨으로 국가경제의 도약의 구축이라는 시대적 명제에 소명을 다하여야 될것이다. 이러기 위해서는 망설이는 창업희망자에게 홍보하여 추후 인적자원에게 기회를 부여하는 것이 국가경제발전에도 도움이 될 것이다.

이를 위해서 지원기관이 실시하는 창업지원사업으로는 지원기관과 창업희망자가 상담할 개별상담 및 창업세미나 및 창업학원, 창업스쿨 등 강습회 관계의 사업부서가 있다. 우선, 개별상담으로 창업희망자의 구상(構想)을 지켜본뒤 구상에 있던 강습회에 유도하고 개별상담을 함께 하면서 지속적으로 지원함으로써 꾸준히 사업을 촉진하는 것이 중요하다.

그러나 창업희망자에 따라 개별상담이 아닌 강습회가 지원입구가 되는 경우도 있다. 이 경우 강습회에서 개별상담으로 하는 흐름을 원활하게 만들어 낼 수 있는 강습회의 내용을 검토하는 것이 중요하다. 또한 창업희망자는 지원기관에 상담할 문턱이 높다고 느끼고 적극적으로 상담에 임하지 않는 경우가 있다. 강습회 장소 등에서도 부담없이 개별상담을 신청해 주었으면 하는 마음이 제대로 전달되도록 하여야 한다. 또한 날짜와 시간을 결정하고 개별상담회를 개최하는 것도 좋을 것이다.

◈개별상담에 대한 대응

① 창업희망자의 무대와 유형파악

개별상담을 실시하는 경우 창업희망자의 창업단계 및 유형을 파악하고 대응하는 것이 필요하다. 또한 창업희망자는 성격이나 사고(思考)와 행동 등을 여러가지 유형으로 나눌 수 있다. 각각의 유형에 장단점이 있으므로 창업희망자가 어떤 유형인지를 파악하고 장점을 늘리고 단점을 커버할수 있도록 지원하는 것도 중요하다. 유형별 통보포인트 또는 조언이나 예제를 소개하여 주는 것도 바람직하다.

② 개별상담 진료기록카드 작성 및 활용

개별상담은 1회에 끝내지 아니하고 여러 번 상담함으로써 좋은 결과가 예상된다. 창업희망자의 계속지원에서 꾸준히 창업을 촉진해 나가기 위해서는 개별상담 진료기록카드(상담시트)를 작성하여 효과적으로 활용하는 것이 중요하다. 개별상담내용을 개별상담 진료기록카드에 정리해 두는 것으로 창업희망자에서 같은 이야기를 여러 번 듣거나, 쌍방의 사업진행에 대한 인식에 차이가 없도록 유의하여야 한다. 창업희망자와의 개별상담에서는 우선 창업희망자의 현황을 파악하고 사업개념정리 및 창업계획작성을 위한 창업희망자를 리드해 나가는 것이 필요하다. 거기에는 우선 상담의 초기단계에서 창업희망자의 약력과 창업의 동기를 파악하고 정리하는 것이 중요하며 계획과의 정합성에 차질이 생기지 않도록 유의하여야 한다. 정보의 정리에 있어서는 개별상담 진료기록카드(상담시트)를 활용하기 바란다.

③ 다른 지원기관 및 지원메뉴의 소개

상담내용에 따라 전문적인 조언과 지원이 필요할 수도 있다. 상담자의 상황에 따라 다른 지원기관에 연결하거나 다른 지원메뉴를 소개하는 등 치밀하게 대응하여야 한다. 지원기관 및 지원메뉴의 소개에는 편리한 사이트가 있으므로 참고하기 바란다.

④ 창업관계사업(창업세미나, 창업학원, 창업스쿨)

창업관계사업으로 창업강습회, 창업세미나, 창업학원, 창업스쿨 등이 있다. 창업희망자의 발굴 및 창업마인드 향상을 주된 목적으로 하는 구체적인 사업계획이나 창업계획을 작성하는 「창업학원, 창업스쿨」처럼 각 사업에는 특징이 있다. 잘 활용하면서 창업희망자를 지원하는 것이 중요하다. 창업스쿨은 지역에서 창업을 목표로 하는 사람을 대상으로 창업에 필요한 기본지식의 습득 및 창업을 위한 사업계획작성 등을 지원하는 사업을 하고 있다.

2. 창업희망자의 유형

1) 유형별 특징 포인트

(1) 망설임타입의 특징

① 하고 싶은 것이 여러가지가 있지만 좀처럼 하나로 결정하지 못하고 몇 년이 지나도 전진하지 못하는 유형. 창업단계의 초기단계에서 가장 많은 현상이다.

② 다양하고 심도있게 검토하는 것이 나쁜 것은 아니지만, 우선 잠정적으로 하나의 사업내용을 결정하고 작은 사업을 시작하는 등 구체적인 행동으로 옮기는 것이 중요하다

③ 지금까지 창업경험을 한적이 없기 때문에 미지의 세계에 불안을 가지는 것은 당연하지만. 불안은 사라지지 않기 때문에 불안을 해소하기 위해서는 행동을 하고 그 세계를 체험하게 하는 것이 중요하다.

④ 단지, 실패해서 재기불능이 되는 것은 피해야되기 때문에 투자를 억제하고 위험을 낮추며 잘 되지 않는 경우에는 다른 테마로 다시 도전하면 된다는 정도의 가벼운 마음으로 시작하는 것도 좋다.

(2) 믿음 타입 특징

① 망설이는 유형과는 반대로 창업테마를 시작하면서 처음부터 몰입하는 유형

② 지금까지의 직무경험을 살릴 수 있는 분야 또는 더 유망한 창업테마가 있는가 등 다양한 관점에서 주제를 점검할 필요가 있다.

③ 그리고 그보다 유망한 테마 중에서 코칭스킬도 자신의 강점과 판매의 일환으로 활용하는 방

법을 검토해서 받는 것도 중요하다.

④ 다시한번 자신의 목록을 받아 자신의 강점을 많이 나열하고 그 중에서 여러 장점을 결합한 차별적 우위성이 있는 창업테마를 재검토하면 된다.

(3) 자기 아이디어 도취타입 특징

① 자신의 독창적인 아이디어의 우수성에 스스로 취해버리는 자신만만한 유형

② 정말 필요가 있고 아무도 생각해 내지 못한 획기적인 아이디어라면 좋지만, 실제로는 요구가 별로 없는 경우가 많다.

③ 이 좋은 아이디어를 다른 사람에게 이야기하면 모방되어지기 때문에 이야기하고 싶지않다고 생각하는 타입이다.

④ 사업을 시작하는 것은 어느 정도 자신의 비즈니스 모델이 세상에 공개되는 것이다. 몇 마디 말만으로 간단하게 모방할 수 있는 비즈니스 모델이라면 결국은 사업을 시작하자마자 그 모델을 모방하는 경우가 생길 수도 있으므로 비즈니스 모델에 관하여 심사숙고할 필요가 있다.

⑤ 우선 여러 사람에게 아이디어를 이야기하여 객관적인 의견을 듣고 더 연마하든지, 궤도수정하든지, 다양한 검토를 하도록 조언하면 좋다.

⑥ 새로운 아이디어의 사업은 우수한 것이라면 처음부터 시장에 널리 알려지지 않아서 궤도에 오르기까지에는 꽤 시간이 걸린다.

(4) 일확천금타입 특징

① 어떤 사업이라도 상관없기 때문에 어쨌든 돈벌고 싶은 유형

② 스스로 독립해 사업을 하려면 열정의 욕망과 있어야 하기 때문에 부자가 되고싶다는 자체는 나쁘지 않다.

③ 돈을 벌고싶다라는 욕망을 지혜로 바꾸어 자신의 강점을 드러내 그 강점을 살릴 창업테마를 찾아 착수한다.

④ 사업성공의 철칙은 "돈을 벌것같은"보다 "자신의 강점을 살릴 수 있는 분야"라는 것을 인식해 두는 것도 좋다.

⑤ 당연한 일이지만 고객이 돈을 지불해주는 것은 뭔가 장점을 느끼기 때문이므로 "누구에게 도움이 될것 같은가"라는 관점을 가지도록 해야 한다.

⑥ 무엇보다 사람은 자신을 위해서 보다 누군가를 위해서 노력할 것인가가 중요하다.

(5) 자원봉사타입 특징

① 사회적으로 입장이 약한 사람에게 도움이 되고 싶다는 생각으로 무언가를 시작하고자 하는 유형

② 매우 훌륭한 일이며 꼭 그 생각을 실현하기 바란다. 생각이 좋다고 해서 결과도 좋은 것은 아니고 과정이 중요하다.

③ 사업으로 임할 것인가, 자원봉사에 충실할 것인가의 어느 쪽인가에 조만간 입장을 명확하게 해두어야 할 필요가 있다.

④ 사회적으로 입장이 약한 사람은 종종 금전적으로 여유가 없기 때문에 그 분들을 대상으로 한 사업은 수익성을 가지기 어렵다.

⑤ 사회적으로 입장이 약한 사람에게서 돈을 받는 것 자체에 열등감을 느낄 수 있다.

⑥ 이른바 사회적기업으로 사업의 수익성을 높이고 있는 사람도 있지만, 그것은 보통의 비즈니스보다 큰 고생과 노력을 거듭해 이룰 수 있던 결과이다. 사업으로 대처한다면 그런 각오를 가져 줄 필요가 있다.

⑦ 정부가 지원하는 보조금을 활용하는 것도 하나의 방법이다.

(6) 여가(餘暇)타입 특징

① 전업주부 등, 세대주의 벌이로 생활해 나갈 수 있기 때문에 여가시간을 활용한다.

② 자신의 꿈을 실현한다는 점에서 매우 풍족한 환경에 있다고 할 수 있으므로 무리하지 않고 어느정도까지의 사업규모로 키워 즐기면서 최선을 다하면 좋다.

③ 그러나 고객으로서는 여가시간활용 여부는 관계없는 이야기이며, 상품이나 서비스수준이 부업수준의 느낌을 보이지 않도록 주의할 필요가 있다.

(7) 공부형 타입 특징

① 여러 가지 책을 읽거나 많은 세미나를 수강하여 지식은 충분하지만 행동으로 옮기지 않는 유형

② 본인이 행동하는 것을 좀 더 지식이 축적된 후라고 믿고 있지만, 책이나 세미나에서 전하고 있는 것은 본질적인 부분에서는 어떤 것도 서로 닮은데가 있거나 고작 몇가지 유형만 있다고 인식하는 것이다.

③ 계속 공부하는 것도 좋지만 적어도 그것과 병행하여 흡수한 지식을 실천으로 옮기는 시기가 오고있음을 인식하게 한다.

④ 실천으로 얻을 수 있는 것은 책상에서 얻을 수 있는 것보다 훨씬 크다. 실천하면서 책이나 세미나에서 배우면 좀 더 깊게 그 의미를 이해할 수 있게 된다.

(8) 마음에 의존형 타입 특징

① 스스로 결정하거나 책임을 다하지 못하고 누군가의 판단에 맡기는 유형
② 지금까지의 7가지 유형은 어떤 장점이 있으나 이 유형은 적어도 창업에 관해서는 긍정적인 점은 없다.
③ 창업한다는 것은 누군가에게 상담을 해도 결국은 스스로 결정하고 그 결과도 모두 스스로 책임을 받아들여야 하며, 누군가에게 의존하고 있는 상황에서는 창업을 해서는 안된다.
④ 반드시 창업하고자 한다면 모두 스스로 결단하는 각오를 가지든지 그것을 할 수 없는 것이라면, 누군가 리더십이 있는 사람과 함께 하며 그 사람의 시중을 들던가 하는 방법중 하나가 필요하다는 것을 인식해야 한다.

2) 경쟁하는 비즈니스 고찰

동업종이나 지역의 점포 등 자신의 지역이나 자기와 같은 업종에서 경합하는 서비스상품을 분석하여 보자. 이때에는 자신의 비즈니스와 완전히 일치하는 서비스상품 뿐 아니라 폭넓게 조사하는 것도 중요하다. 대표적인 것으로 업계의 수익성을 결정하는 5개의 경쟁요인으로 생각하는 방법이 있는데 이것을 파이브 포스분석이라고 한다.

〈파이브 포스분석〉

- 직접의 경합
- 재료나 정보의 구입처(구입처)
- 고객에게 직접 제공되지 않을 경우의 도매나 원재
- 장래에 같은 비즈니스에 진입할 가능성 있는 경합
- 타깃으로 고객의 요구를 충족시키려고 생각할 수 있는 대체수단

장래에 같은 비즈니스에 진입할 가능성 있고 치열하며 수익성이 높은 듯한 사업에 들어올 가능성이 높다고 생각하는 편이 좋다. 경쟁분석을 할 때는 인터넷조사가 효율적이기는 하다. 그러나 실제로 경합하는 가게 등을 찾아 물건을 사서보거나 유사한 서비스에 대해서는 자료청구하고 보거나, 스스로 행동하는 것도 중요하다. 경쟁분석에 대해서는 재차 자사의 강점과 약점을 이해하고

경쟁사와 비교하고 자사의 강점을 강조하는 것을 거듭함으로써 보다 완고한 사업계획이 완성될 것이다.

3) 수지계획을 세우다

◈결산서류를 읽는 법, 만드는 방법(대차대조표, 손익계산서)

사업계획서를 만들 때 얼마 정도의 매출을 목표로 어떤 경비가 얼마나 드는 것인지, 또 그 때문에 필요한 자금은 얼마 정도 소요되는지, 어떻게 조달하여야 할 것인지를 생각을 해야 한다. 또 창업후에 자신의 사업이 얼마나 수익을 내고 있는지를 경영자는 파악할 필요가 있다.

① 결 산

결산은 한 회계기간에 회사의 경영성적 및 기말의 재정상태를 확인하는 작업을 말하며, 그 때문에 작성되는 서류를 "결산서"라고 한다. 회사의 결산서는 "계산서류"라는 것으로 모든 회사가 작성하는 것이 의무화되어 있다. 결산서를 작성할 목적으로는

- 경영성적 · 재정상태보고 설명
- 경영상황의 실태를 잡고 장래의 사업계획에 활용
- 법인세 등의 계산 · 신고 등을 들 수 있다.

② 대차대조표의 구조

대차대조표는 회사에서 기말의 재정상태(자산 · 부채자본상태)를 나타내는 결산서이다. 일명 "Balance Sheet"(줄여서 B/S)라고도 부른다. 대차대조표에는 기업이 소유하는 현금이나 건물, 토지가 얼마나 있는지(자산상황), 또 어떻게 자금이 조달되고 있는가(부채 · 순자산의 상황) 같은 재정상태를 이해관계자에 명확하게 하기 위한 서류이다. 왼쪽의 자산의 수치와 오른쪽의 부채자본의 합계수치는 반드시 일치한다.

4) 상정고객의 창출

상정하고 있는 고객층에 대해서 상정하고 있는 마케팅시책이 통용하는지 확인하려면 이 시험의 활용은 아주 유익하다. 짧은 시용(試用)기간이었다고 해도 그 사이에 얻은 고객의 목소리나 가격의 반응 등을 축적 · 분석하고 사업계획에 반영시킴으로써 어느 정도의 높은 마케팅시책에 연결할 수 있다. 타깃이 어떤 단계에서 고객이 되어가는가를 체계화한 프레임워크에 AISAS 이론이라는 것이

그림 1-1 AISAS 이론

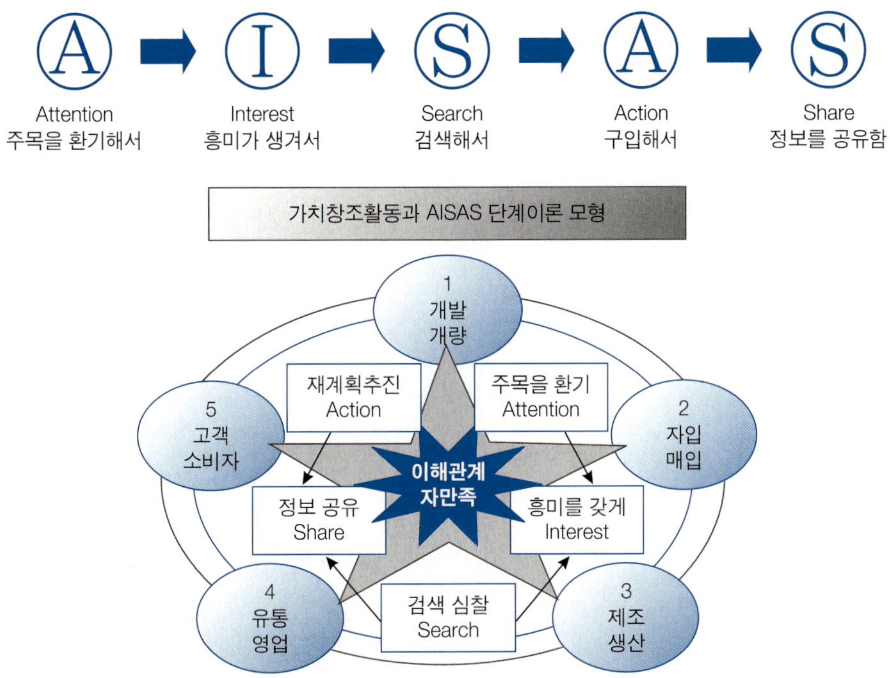

출처 : 창업의 기초지식과 비즈니스, 지역창업촉진지원사업

제시되어 있다.

일반적으로는 인지하고 서서히 그 상품이나 서비스에 대해서 듣고 구입할지, 어떻게 할지를 결정한다. 이들의 구매의식변화를 나타낸 것이 AISAS이다.

- 첫번째 A는 주의환기(Attention)를 말하며 지금까지 몰랐던 상품·서비스를 알게 된다.
- 2번 I은 흥미(Interest)를 말하며 상품·서비스에 관심을 갖는것이 시작단계이다. 처음의 A부터 I를 이행하려면 주의환기시 얼마나 고객의 가능성에 대해서 흥미를 가질 수 있게 표현하는지가 포인트이다.
- 3번 S는 검색(Search)을 말하며 흥미를 가진 상품·서비스를 인터넷 등에서 검색하고 조사하는 단계이다. 검색하고 나오는 내용은 마지막 시스템의 정보공유(Share)는 모두 깊은 연관이 있다.
- 4번 A는 행동=구입(Action)을 표하고 실제로 구입·이용하는 밑거름이 된다.
- 5번 S는 공유(Share)를 말하며 구입·이용한 상품·서비스에 대해서, 인터넷 등에서 공유하는

행동을 말한다. 여기에서 공유된 내용이 다른 3번째 검색(Search)단계에 있는 고객층에 픽업되고 구입(Action)으로 이어질지 결정요인이 된다.

성공포인트

1. 성공하는 사람은 그들만의 나침반이 있다

어두움과 절망과 험난한 세파속에서도 굴욕을 인내하는 것은 그들 마음속에 가고자하는 나침반이 있기 때문이다. 그러므로 그들은 흔들림없이 전진하며 방향을 잃지 않을 수 있었다.
성공한 자의 사례를 모방하라 그리고 창조하라. 성공에 대한 적극적인 사고와 실천방법이 바로 당신을 성공으로 이끄는 나침반이 되어주기 때문이다.

2. 천리길도 한 걸음부터, 우보천리(牛步千里)붕정만리(鵬程萬里)

"단기출세를 꿈꾸는 소인배와 장기프로젝트를 이행하는 큰 인물형과의 갈림길에서 지금 당신에게 주어진 업무에 최선을 다하라" 그것이 바로 가장 효과적인 성공의 방법이다. 성실한 업무습관을 기르는 일은 그 어떤 가치있는 지식을 습득하는 것보다 훨씬 중요하다. 불만스럽더라도 최선을 다하는데서 새로운 길이 생긴다.

요 약
summation

* 창업가이드북 작성의 목적
〈발굴 · 구상 · 계획 · 실행〉

① 창업을 하고자한 사람을 위한 창업안내

② 가이드북의 전체구성

③ 창업의 네 단계로 이어진다. 단계별로 적성검토를 요한다.

* 지원기관이 실시하는 창업지원사업의 포인트
지원기관이 실시하는 창업지원사업으로는 지원기관과 창업희망자가 상담할 개별상담은 창업희망자의 무대를 지켜본 뒤, 무대에 있던 강습회로 유도하고 개별상담을 함께 하면서 지속적으로 지원함으로써 꾸준히 사업을 촉진하는 것이 중요하다.

* 개별상담에 대한 대응
① 창업희망자의 무대와 유형파악

② 개별상담 진료기록카드작성 및 활용

③ 다른 지원기관 및 지원메뉴의 소개

④ 강습회 관계사업(창업세미나)

* 창업희망자의 유형별 특징포인트
① 망설임 타입의 특징

② 믿음타입 특징

③ 자기 아이디어 도취타입 특징

④ 일확천금타입 특징

⑤ 자원봉사 타 특징

⑥ 여가타입 특징

⑦ 공부형 타입 특징

⑧ 마음에 의존형 타입 특징

* 제1단계(창업이미지가 아직 모호한 단계)
〈창업희망자의 현황과 강점을 파악〉

개별상담에서 창업희망자에게 “앞으로 무엇을 하고 싶은 것인지, 새로 시작하는 사업에 어떤 생각을 가지고 있는지” 등을 이야기한다. 게다가, 창업희망자가 “지금까지 어떤 일에 종사해 온 것인지, 어떤 자격을 가지고 있는지” 등을 듣고 창업희망자의 현황과 강점을 개별상담 진료기록카드(페이스 시트)에 정리한다.

* 제2스테이지(하고 싶은것이 명확해 졌을때의 단계)
(2) 단계로는 아직 구체화하지 않은 사업아이디어를 보다 구체화된 아이디어로 사업분석시트를 만들도록 한다. 사업개념, 강점, 시장성과 독창성, 실현가능성 등을 검토하고 하고자 하는 사업계획을 정리하도록 하여야 한다.

① 사업의 테마(사업컨셉을 한 마디로)

② 사업개념

③ 상품서비스와 고객가치

④ 라인업

⑤ 사업출점 위치선정

제2절 창업정보관련

♣ **현재를 선물이라고 부르는 이유**

시간이나 말을 함부로 사용하지 말라. 둘다 다시는 주어 담을 수 없는 것이다. 인생은 경주가 아니라 그 길을 한 걸음 한 걸음 음미하는 여행이다. 어제는 역사이고 내일은 미스테리이며 오늘은 선물이다. 그렇기에 우리는 현재를 선물이라고 말한다.

지도자는 과거보다 미래를 내다보는 사람이다. 그러나 미래는 현재라는 굳건한 토대가 없이는 건설될 수 없다.

- 잭 웰치 GE 전회장의 말 -

1. 기업 · 창업을 위한 정보수집

1) 정보조사의 목적

기업은 생물이다. 생물이 생존하려면 영양소·물·공기 등 생존의 3대 요소가 필요하다. 기업역시 생존번영하려면 인적자원. 물적자원이 필요하다. 이를 효율적으로 사용하려면 변동하는 고객정보가 필요하다.

- **목적** : 기업창업을 위해 대상에 요구하는 판촉영상제작을 위한 정보수집을 실시해, 사업환경 등을 소개하는 프로모션 영상의 구성에 대해 검토한다.
- **조사개요** : 다른 지자체의 기업유치와 창업에 대한 판촉영상에서 홈페이지의 검색상위에 게재된 동영상을 선정해 정리했다.
- **조사결과** : 프로그램 프로모션 동영상은 지자체에 따라 구성이 다양한 것으로 그 경향은 지역의 소개와 기업입지의 상황, 제도정보 등에 대해 정중하게 해설하고 정보량이 많은 기술적인 동영상과 지역노동자의 모습과 삶의 풍경, 라이프스타일을 표현하는 등 감성에 호소하는 것을 중시한 동영상의 2개의 패턴으로 분류할 수 있다. 두 패턴마다 다른 지자체의 프로모션 동

영상의 예를 정리했다.

(1) 자체의 프로모션

분 류	동영상의 구성 요소	사 례
정보량이 많은 설명적인 동영상	▪ 지역의 강점을 소개 : 기후 · 액세스 · 산업동향 등 ▪ 입지기업소개 ▪ 보조제도의 소개 ▪ 지역소개 ▪ 주거환경소개 ▪ 교육, 육아환경소개 ▪ 관광지로 소개	각 도시와 지역의 입지적 환경조건
감성에 호소하는 것을 중시한 동영상	▪ 일의 모습 ▪ 지역풍경 비즈니스맨의 생활환경 ▪ 삶의 모습 ▪ 가족과의 휴가생활을 표현 ▪ 음식문화, 관광자원의 매력을 표현	각 지역의 풍경과 비즈니스 조건

(2) 지역기업 입지가이드

제 목	적 요
자치지역 소개	수도권에서 가까운 곳(수도권에서 약 80 분), 액세스방법 소개
재해가 적은 점을 소개	도심의 백업거점을 소개
자연환경, 풍요로움을 소개	지하수를 이용하는 식품관련 업종에 최적, 양질의 수자원을 어필
입지기업 소개	입지기업의 청각(입지임을 생활하기 쉬운 것, 충실한 지원책에 도움이 되고 있다고 설명)
자치지역의 주거환경 소개	상업, 의료, 육아지원, 교육환경설명, 인재확보를 위한 활동소개
관광지역의 매력을 소개	자치부시, 요코제정, 나가토로 마치, 미나마을, 오가노정의 관광정보를 소개

(3) 기업의 입지 중요성과 매력 FULL

제 목	적 요
개요 설명	고베의 경관, GDP, 인구, 역사 소개
액세스 고베공항 신칸센 고베항	일본의 각 도시로의 이동이 편리한 점을 설명, 일본을 대표하는 국제 무역항인 점을 설명
고베의료 산업도시	고베 공항에 인접한 포트 아일랜드, 일본 최대의 의료 산업 클러스터
진출한 외국기업들과 인터뷰	외국 기업의 진출 추이를 설명. 입지조건, 교통 생산노동력, 주거생활환경 등
주거 교육 교통 · 공공시설 · 음식문화	충실한 지원책에 도움이되고 있다고 설명
고베 국제 커뮤니티 센터	언어에 의한 시정생활정보의 제공을 무료로 실시
공공시설	충실한 우대제도에 대해 설명

(4) 홍보동영상 기업유치편

구성내용	적 요
Ⅰ. 시장에 의한 개요설명	▪ 중후 장대산업을 중심으로 한 산업도시 ▪ 시청 스스로 사업을 진행하고 있음을 제시
Ⅱ. 액세스	▪ 액세스방법, 위치소개 ▪ 수도권에서 가까운 곳(도쿄역에서 최단 55 분)
Ⅲ. 산업	▪ 임해공업지대의 설명 ▪ 척추의 숲 공단소개
Ⅳ. 진출한 회사들과의 인터뷰	▪ 입지기업의 청각(천혜있는지, 입지임을 지진에 강한 것을 설명)
Ⅴ. 보조제도	▪ 보조금제도설명
Ⅵ. 생활권	▪ 한적한 주택가 새로운 마을의 탄생소개
Ⅶ. 보육환경	▪ 어린이 양육계획보육원 대기아동 “제로” 달성을 어필하고, 학교 교육에 대한 설명

(5) 경인지역 사업유치 캠페인 PR

구성내용	적 요
서울, 부산를 잇는 KTX 급행열차 경관을 소개	주요 도시에서의 소요시간(서울에서)
각지를 연결하는 고속도로	주요 도시에서의 연결소요시간
사업위치	유수의 기업입지의 지도를 활용하면서 소개
경인내륙지역에서 수출항구	내륙에 있으면서도 태평양과 동해항구를 가진 태평양, 동해항구까지의 소요 시간
재해가 적고 일조량이 풍부하다	풍수해, 지진 등 자연재해 안전지역
공공시설	산업지역 주변의 공공시설을 소개

(6) 감성에 호소하는 것을 중시

구성내용	적 요
Ⅰ. 성장형 산업의 창출	▪ 중후 장대산업을 중심으로 한 산업도시 ▪ 시청 스스로 사업을 진행하고 있음을 제시
Ⅱ. 의료산업 도시의 발신	▪ 슈퍼컴퓨터 「교토」를 사용한 시뮬레이션 ▪ 의약품개발, 의료기기의 개발
Ⅲ. 새로운 미션	▪ 향후 고베시의 방향성을 시장 스스로 설명

(7) 창업신설 입지매력

구성내용	적 요
Ⅰ. 거 리	고베의 경관을 음악과 영상만으로 소개
Ⅱ. 사 업	프리젠테이션 풍경, 회의풍경, 항구 등을 음악과 영상만으로 소개
Ⅲ. 교육 · 육아환경	교육기관 수업풍경, 공원 등을 음악과 영상만으로 소개
Ⅳ. 관광시설 · 가게	동물원, 미술관, 음식점 등을 음악과 영상만으로 소개

(8) seoul Gate to Brightness

구성내용	적 요
서울근교에서 일하는 사람들의 하루의 매력	직장인의 일하는 방식, 주부가정생활, 가족과 커뮤니케이션 라이프스타일을 소개
휴일을 보내는 방법	아침조깅, 의료, 문화, 관광자원의 소개
지역사회의 관광특산품	교통자연관광, 음식문화에 음악과 영상소개

2) 기업창업을 위한 정보수집정리

프로그램 프로모션 동영상에 대해서는 각 지역의 기업입지에 대해서 상세하게 해설하는 정보량이 많은 기술적인 동영상 및 지역의 라이프스타일을 표현하는 등 지역의 정서와 풍습과 생활문화를 중시한 동영상을 만들고 있는 경우에 따라 구분하고 있다. 또한 지역생활문화와 교통인프라를 중시한 동영상은 5분 이내의 단편영화이며, 비교적 접하기 쉽고 쉽게 볼 수 있는 동영상이었다. 각 지방자치단체의 동영상제작에 있어서는 여러 패턴준비가 비교적 접하기 쉬운 짧은 버전의 영상을 만들고, 또한 당시의 기업 · 창업의향이 있는 분에 대해 자세히 소개하는 롱 버전의 영상을 작성하는 것이 적절하다고 엿볼 수 있다.

(1) 히어링조사

① 목 적

공개적으로 창업신사업지원을 실시하고 있는 중소기업청이나 대학교 등에 창업지원 신사업지원거점 “BusiNest”에 대한 청취조사를 실시하여 기업창업에 관한 상황 등을 파악한다. 또한 실제로 BusiNest 통해 기업 · 창업한 여성기업가에 대한 청취조사를 실시, 기업창업의 계기로 현재 · 미래의 방향 등에 대해 파악하고 검토하여 참고가 되는 자료수집을 도모한다.

② 히어링조사정리

기본적으로 재택근로자가 BusiNest을 거쳐 창업하고 있기 때문에 우선 재택근로자를 늘리는 것이 필요하다.

유료세미나 등에 참가하여 BusiNest을 알 수 있는 예가 많이 있기 때문에 각종 세미나의 실상이나 비즈니스 요소와의 연계강화가 필요하다.

여성기업가에게는 가족에게 부담을 주지 않거나 육아와의 조정이 중요시되고 있기 때문에 여성대상 세미나 등의 실시에 탁아소기능의 정비가 필요하다고 생각된다. 또한 재택근로자와 기업에 의한 일과 육아의 양립의 제안이 필요하다.

(2) 기업창업 가능성조사(대학의 창업에 관한 조사)

① 목 적

젊은층의 창업에 대한 관심을 파악하기 위해 큰 기업·창업을 전공하는 코스를 가지며 젊은층에서 창업에 힘을 쏟고있는 대학을 나열하고 창업가능성에 대해 정리한다.

② 조사개요

우선, 당시의 접근용이성의 관점에서 지역내 대학과 그외의 대학으로 구분한다. 또한 지역내 대학에서는 기업창업에 대한 지원과 프로그램을 갖는 대학과 기업·창업을 전공하는 과정을 갖는 대학에서 정리를 실시했다.

대학생 당시의 기업창업을 추진함에 있어 다음의 방법을 제안한다.

당시의 기업창업내용은 크게 두 가지로 분류하고 목표를 설정한다.

하나는 대학에서의 연구분야로서 지역과의 관계성을 가지고 연구활동을 수행연장선상에서 기업창업을 중요시 한다. 예를 들어 벤처기업 등 기업창업관련 과정을 전공하는 학생에 대해 당시의 지원책 등의 정보PR를 실시하고 기업창업을 한다면 용이하다는 인식을 갖게 할 것이다. 이하 젊은층의 기업창업을 추진한다.

(3) 실현가능한 정부지원정책

중소벤처기업부 2018년도 중소·벤처기업지원사업을 살펴볼 필요가 있다. 정보란 실현가능한 것부터 우선순위로 정하고 검토하여야 시간을 줄일 수 있다. 사업이란 정부가 지향하는 정책에 맞추어 실행함이 환경조성에 유리함을 안고 출발하게 된다.

중소벤처기업부 지원프로그램을 심층검토하여 본인이 창업하고자 하는 분야와 형태, 적성 등 지원을 필요로하는 부서를 찾아 상담함이 유익할 것이다.

창업자나 재기창업자라면 창업재기 사업전환 지원부서에 가서 상의하여 방법을 찾아보는 것이 유리할 것이며, 초보의 착상단계라면 청년창업사관학교나 창업선도대학에서 창업에 대한 기초지식이나 본인이 하고자 하는 아이디어를 보다 구체적으로 체계화있게 배워 시작함이 사업시작후 리스크를 최소화하는 길이라 할 것이다.

또한 사업전환 재창업의 경우라면 사업전환 재창업지원부서에 가서 본인이 갖고있는 전문성에 중소기업회생컨설팅의 멘토를 받아 유비무환의 준비로 재도전의 기술개발사업에 성공요소 패키지를 지원받아 성공의 길로 감이 유익하다.

(4) 창업을 추진해 나갈 수있는 방법으로 정리한다

구성내용	적 요
대학의 연구분야에서 지역의 비즈니스에 연결하는 방법	▪ 접근할 후보대학 지역연구분야로 하는 학생이나 연구소, 단체에 대해 당시를 필드로 마을만들기 등에 참여하도록 정보를 제공한다. 학생이 지역과 관련된 커뮤니티 비즈니스가 태어난 같은 지원과 비즈니스 콘테스트와 같이 학생들이 주체적으로 당시에 관계되는 같은 메커니즘을 구축한다.
기업 · 창업지원을 추진대학에 접근	▪ 접근할 후보대학 학생들의 창업 · 창업을 전공하고 있는 과정과 학생을 대상으로 사업세미나 및 창업지원을 실시하는 단체에 당시의 기업창업관련 정보를 PR한다. 창업지원 뿐만 아니라 다음의 판로확대지원과 시내사업자를 연결하는 교류사업 등 네트워크구축지원도 제공할 수 있는 시스템을 구축한다.

3) 기업창업의 가능성 조사

(1) 창업가능성 조사

① 목 적

여성의 잠재력을 살린 창업의 가능성을 파악하기 위해 기업창업의 내용, 기업창업환경평가 등에 대한 청문회를 실시한다.

② 조사대상

시내에서 자신의 능력을 살려 활동하고 있는 여성 5명에 대한 히어링조사를 실시했다.

③ 청각결과 이직후 여성의 사회활동에 대한 생각

이직후 여성의 사회활동에 대한 생각은 다음과 같은 의견이 꼽혔다. 파트타임으로 재취업의 생각이 가장 많았고, 비정규직으로 재취업하거나 자원봉사나 NGO활동이다. 모두 자신의 지식과 경험을 살리는 것이 우선이다.

(2) 기업창업 가능성지원 조사정리

- **학생창업 가능성** : 대학의 연구분야에서 지역의 비즈니스에 연결하는 사이에서 학생의 창업 및 이주정착을 도모하는 것이 중요하다. 기업·창업지원의 추진대학에 대해 당시의 기업관련 증명을 PR하는 것이 중요하다.
- **중소·벤처기업부 지원사업** : 창업선도육성대학은 우수한 창업지원역량과 인프라(전문인력 연구장비 등)를 갖춘 창업선도대학에서 유망(예비)창업자를 발굴하여 창업준비서부터 성장단계까지 패키지방식으로 지원한다.
- **지원내용** : 사업아이템 사업화, 신제품개발, 지재권출원, 마케팅활동 등 창업사업화에 소요되는 자금을 지원한다.
- **후속지원** : 창업아이템 사업화에 참여한 기업중 우수창업자를 대상으로 성능개선 홍보마케팅 등 사업고도화에 자금지원한다.
- **창업성공패키지 청년창업사관학교** : 우수한 창업아이템 및 고급기술을 보유한 (예비)청년CEO들의 원활한 창업을 위해 청년사관학교의 창업교육신제품개발·제품판매, 사업화과정 및 투자유치, 정책자금, 융자 등을 성장단계별로 지원한다.
- **지원내용** : 우수한 아이템을 보유한 청년창업자 사업화지원
  1. 교내창업준비 공간제공(개별, 공동)
  2. 전담교수로 진도관리, 창업전 과정지원
  3. 기술사업화 및 전문지식 등 단계별 교육실시
  4. 제품설계, 시제품제작, 제품개발에 대한 기술 및 장비지원
  5. 사업비 1년간 최대 100백만원 총사업비의 7%이내 지원

(3) 자신의 일에 대해

지금까지의 경험, 지식, 기술을 살려주고 싶은 것	어떤 기회가 있으면 좋은가	기업에 있어서의 불안	행정에 기대하는 역할
▪ 지금 가지고 있는 것을 취미로 살려 물건을 만드는 방법이나 판매를 촉진시킬 것이며, 일자리가 있는 엄마들을 초대하여 협업한다.	▪ 업종의 전문가와 기업이 모이는 세미나가 있으면 좋다. 직장이 있는 사람은 많이 있으므로 교류회로 자신을 어필하고 명함을 교환할 수 있는 장소가 좋다.	▪ 기업에 대해서는 생각하지 않는다. 취미의 연장에서 창업은 어렵다고 생각하는 사람들이 높다고 생각한다.	▪ 특히 없음
▪ 지금의 활동을 계속해 나가고 싶다. ▪ 자녀가 자립되면 보답으로 아이를 가진 사람의 도움을 바란다.	▪ 특히 없음	▪ 특히 없음	▪ 특히 없음
▪ 스스로 점심가게를 열고 업하고 있다.	▪ 업종의 전문가와 기업이 모이는 장소 ▪ 선배여성 기업가의 경험을 듣는 세미나	▪ 소득감소 ▪ 능력 · 지식 · 경험의 부족	▪ 공공시설에서도 영리목적의 활동을 할 수 있게 한다. ▪ 창업강의 등 실시
▪ 자신의 능력을 지역으로 확대하려는 사람들이 많기 때문에 그런 장소를 만들어 가고 싶다. ▪ 사무소가 필요로 되고 있다.	▪ 사무소가 원한다. ▪ 여러 가지 능력을 가지고 있는 사람들이 모일 수 있는 장소 ▪ 현재 플래시로 모일 수있는 장소가 없다. ▪ 저위험 개업평가가 있는 장소(공유 아틀리에 등) ▪ 동 업종에 관계없이 이 지역에서 활동하고 있는 크리에이터 모이는 장소 ▪ 비즈니스와 마을만들기에 대해 이야기를 주고받을 장소	▪ 생활의 불안정	▪ 어떤 일을 시작하려는 사람들에게 공간을 제공할 뿐만 아니라 모이는 장점을 보여줄 필요 ▪ 컨텐츠가 태어나면 가치가 태어나 고용이 태어날 수 있는 구조가 필요
▪ 복지관계의 일을 공부하고 자신의 일과 복지의 일이 겹쳐 좋아야 한다고 생각한다.	▪ 업종의 전문가와 기업이 모이는 장소	▪ 소득 감소 ▪ 능력 · 지식 · 경험의 부족	▪ 아티스트, 작가가 모이는 장소 만들기 ▪ 크리에이티브한 이벤트의 개최 ▪ 미술관과 갤러리의 설치 ▪ 아티스트에 대한 업무상 회계 등 약한 분야의 지원체제구축

2. 소니진출성공과 마쓰시다 실패요인

1) 소니진출 성공정보분석

본 절에서는 소니의 가정용게임기 플레이스테이션 사업의 성공요인분석을 실시한다.

(1) 사업구상 지향의 사내기업가의 존재

쿠타라기는 시스템 G를 만난때부터 계속 게임기시장에 주목하고 사내기업가로 활동을 했다. 이것은 핵심기술을 고정하고 그 기술의 니즈를 탐색하고 사업화했다.

특정시장이나 사업을 목표로 사내기업가로서 활동을 하고있는 중소기업이 존재하는 기업의 존재 또한 업무내용의 진화에 따라 연구소, 본사, 자회사와의 공동조직, 자회사와 복합직무을 전전하며 그때그때마다 새로운 조직을 설립하고 있었다. 즉, 이러한 인사나 조직의 유연성은 그 시각에서 필요한 조직환경과 전문기술자 등의 인재를 확보하고 있다.

(2) 독립벤처로 어려운 조직행동

독립벤처란 어려운 조직행동이다. 대기업이니까 가능했던 셈이다. 또한 프로젝트 중단의 경영회의에 과장급인 쿠타라기가 스스로 참석하여 소니자신의 가정용게임기 사업진출 프로젝트의 승인쟁취에 성공하였지만, 이때 중요한 점은 임원이상이 참가하는 경영회의에 과장급직원이 스스로 참여할 수 있는 소니조직구조에 있다. 이같은 사내기업활동의 성공에 크게 기여하고 있다할 수 있다.

(3) 하드웨어와 소프트웨어의 공동통합을 통한 비즈니스 모델

닌텐도와의 공동사업활동과정에서 소니가 배운 닌텐도의 하드웨어와 소프트웨어의 공동통합에 의한 가정용 게임기의 비즈니스 모델을 소니는 더욱 개선을 하였다. 그 결과 이 소니의 가정용 게임기사업의 비즈니스 모델은 닌텐도 및 기타 가정용 게임기사업이 개인기업에 대한 경쟁우위를 발휘할 수 있었다. 이는 신규사업의 큰 성공에 중요한 요인이라고 생각된다. 이 비즈니스 모델의 결과로 킬러게임 등 수많은 게임소프트 제작위원회의 참여가 가능하게 되고 소니는 이 사업을 빠르게 성장시킬 수 있었다.

(4) 사업전략실현을 위한 경영자원의 존재와 그 동원

사업전략을 실제로 실현하기 위해 필요한 경영자원(기술과 사업노하우)의 내 · 외부를 동원해야 한다. 소니는 사업전략실현에 필요한 많은 경영자원이 존재하고 있었다. 예를 들어, CR-ROM 하드웨어기술과 생산능력, CD-ROM의 소프트웨어생산, 음악과 3D CG 기술관련 회로설계 및 생산, 제품양산을 위한 생산체제, 심지어 소니음악사의 콘텐츠 비즈니스 노하우 등이다. 이들은 가정용 게임기의 걸리버이면서 원래 장난감 제조업체인 닌텐도에 비해 능가하고 있었다. 그리고 이러한 경영자원이 신규사업을 위해 최대한 동원할 수 있었으며, 또한 부족한 자원에 대해서는 외부에서 조달할 수 있었다. 예를 들어, 플레이 스테이션의 핵심 LSI 반도체부품은 외부 LSI로직사와 공동으로 설계한 것이다. 이상의 경영자원관리가 잘 이루어진 결과로 계획된 사업전략을 실현할 수 있어 신규사업을 성공으로 지도할 수 있었다.

(5) 신규사업의 전개를 위한 전용자회사설립

소니는 소니고유의 가정용 게임기 「플레이스테이션」사업을 구축하기에 앞서 자회사인 소니뮤직엔터테인먼트와 공동출자로 신규사업에 대한 소니컴퓨터 엔터테인먼트 회사를 설립하였다. 이 같은 신규사업을 위해 전용자회사를 설립하는 것은 이 신규사업에 집중하여 단기간에 크게 성장시키는 데 중요한 때이다. 왜냐하면 대기업조직 속에서 기존사업과 기존의 관리체제와 다양한 상관관계로 혼란이 발생하여 신규사업확장에 집중하는 것이 곤란하게 되기 때문이다.

또한 본 사례는 소니본사 뿐만 아니라 음악콘텐츠사업을 해온 소니뮤직 엔터테인먼트사의 절반이 신규사업 자회사를 설립하고 있다. 이는 가정용 게임기의 신규사업에 대한 CD-ROM제작 콘텐츠의 제작 및 유통에 관한 노하우를 제공했다고 생각된다. 또한 이 사업자회사의 직원들에게 스톡옵션제도가 직원의 동기부여로 이루어졌다. 이 점도 본사례의 성공에 기여하고 있는 것이다.

(6) 사내기업가와 창업자의 비공식적인 관계의 존재

닌텐도가 번복하여 소니와 공동개발을 중지한 후 쿠타라기들은 바로 부정적인 유명효과를 받고 부정적인 사내정치효과에 의해 내부적으로 궁지에 몰리고 결국은 프로젝트 중단결정을 내리는 경영회의가 개최되었다. 그러나 그때 쿠타라기와 이전부터 관계를 가지고 있던 소니 창업자중 한 사람으로 당시의 소니회장은 경영회의에서 프로젝트에 긍정적인 결정을 내리도록 소니사장들을 설득했다. 이와 같이, 소니독자의 가정용 게임기 성공의 중요한 사실로서 사내기업가와 창업자의 비공식적인 관계가 기여하고 있다고 할 수 있다. 이상과 같이 소니의 가정용 게임기사업의 큰 성공요인에 대해 다양한 관점에서 성공요인분석을 실시했다.

2) 진입실패 기업의 실패요인

여기서는 소니이외의 가정용 게임기 사업진출기업의 실패의 개요를 간결하게 분석한다. 분석은 유명한 효과의 관점과 신규사업과 성공요인의 관점 모두로부터 실시했다. 더욱이 기존의 가정용 게임기 사업기업의 그 당시의 행동에 대해서도 설명한다.

(1) 마쓰시다전기(松下 電器) 개요

마쓰시다전기는 3DO사와 공동활동에 의해 가정용 게임기사업에 참여하였고 소니보다 앞서 1994년 3월에 「3DOREAL」을 판매했다. 마쓰시다전기는 신제품을 미래의 다중매체 중심말단의 전략으로 자세를 취했다. 마쓰시다전기의 강력한 판매점망을 살려서 적극적으로 프로모션과 영업을 했다. 그러나 소프트웨어 개발은 진행되지 않고 판매처의 소프트웨어도 팔리지 않았다.

(2) 유명효과의 시점

마쓰시다전기는 새로운 사업을 위해 미국 3DO사의 기획 · 개발된 가정용 게임기의 제안을 받고 공동으로 사업을 전개하였다. 이를 위해 3DO재팬을 설립하였다. 그러나 3DO사는 게임소프트웨어 비즈니스로 성공해 유명하게된 필립 호킨스씨가 설립한 새로운 벤처기업으로 가정용 게임기자체의 비즈니스 실적도 없고, 사업노하우도 없었다. 이 때문에 기술도 기존 컴퓨터게임기의 연장선상의 것으로 소니처럼 3D기술에 특화한 것도 아니었다. 또 비즈니스 모델도 가정용 게임기의 하드웨어를 싼 가격에 보급시켜 그만큼을 게임소프트웨어에서 이익을 올린다고 하는 비즈니스 모델을 이해하지 못했다.

(3) 신규사업의 기타 요인

마쓰시다전기는 이 새로운 사업을 톱다운에서 계획하고 실행했다. 그 때문에 마쓰시다전기는 새로운 사업을 추진하는 회사내 기업가의 인물이 없었다. 이 새로운 사업의 비즈니스 모델도 3DO회사가 기획한 것으로 이것마저도 가정용 게임기사업의 성공전략과 달리 소프트웨어를 주수익원으로 하지않고 하드웨어제품을 고가로 판매하는 비즈니스 모델을 실시하여 성공하지 못했다. 그리하여 마쓰시다전기는 비즈니스 모델전략에 실패하였다.

성공포인트

용기를 갖고 전략을 수행하라 세상은 넓고 할 일은 많다. 시야를 넓혀라

1. 우물안의 개구리로 주저앉을 것인지 용기를 갖고 도약하는 인물이 될것인지?

일반적으로 많은 사람들이 할 수 없다. 스스로 포기하는 경향이 있다. 이를 반대로 할 수 있다는 금정적인 마인드로 사물을 관찰할 때 사항은 달라질 것이다. 기필코 성공의 각오로 행동으로 옮기는데서 희망의 싹은 보이기 시작한다. 일을 하다보면 장애물에 부딪쳤을 때 능력을 업그레이드 할 수 있는 기회로 승화하여야 한다.

2. 마음을 바꾸면 운명도 바뀐다

한 마디로 말하면 당신의 마음을 부정적 비판에서 금정적이고 능동적이며 생산적으로 바꾸는 것이다. 성공하는 사람들의 생각과 실행법칙, 당신의 운명은 당신의 마음먹기에 따라 결정된다. 마음이 바뀌면 운명도 바뀐다. 마음의 부자가 되면 금전적 부도 따라온다.

요 약
summation

＊ 기업 · 창업을 위한 정보수집 정보조사의 목적

- 목적 : 기업창업을 위해 대상에 요구하는 판촉영상제작을 위한 정보수집을 실시해, 사업환경 등을 소개하는 프로모션 영상의 구성에 대해 검토한다.
- 조사개요 : 다른 지자체의 기업유치와 창업에 대한 판촉영상에서 홈페이지의 검색상위에 게재된 동영상을 선정해 정리했다.

＊ 기업창업을 위한 정보수집정리

프로모션 - 프로그램 동영상에 대해서는 각 지역의 기업입지에 대해서 상세하게 해설하는 정보량이 많은 기술적인 동영상 및 지역의 라이프스타일을 표현하는 등 지역의 정서와 풍습 등 생활문화를 중시한 동영상을 만들고 있능 경우에 따라 구분하고 있다.

＊ 여성기업 창업의 가능성 조사

- 목적 : 여성의 잠재력을 살린 창업의 가능성을 파악하기 위해, 기업 · 창업의 내용, 기업 · 창업환경의 평가 등에 대한 청문회를 실시했다.

- 청각결과 : 이직여성의 사회활동에 대한 생각은 다음과 같은 의견이 꼽혔다. 파트타임으로 재취업의 생각이 가장 많았고, 비정규직으로 재취업, 자원봉사나 NPO활동이다. 모두 자신의 지식과 경험을 살리는 것이 우선이다.

* 소니진출성공 정보분석

본 절에서는 소니의 가정용 게임기 '플레이스테이션' 사업의 성공요인분석을 실시한다.

① 사업구상지향의 사내기업가의 존재
② 독립벤처로의 조직행동
③ 하드웨어와 소프트웨어의 공동통합을 통한 비즈니스 모델
④ 사업전략실현을 위한 경영자원의 존재와 그 동원
⑤ 신규사업의 전개를 위한 전용자회사설립
⑥ 사내기업가와 창업자의 비공식적인 관계의 존재

* 진입실패 기업의 실패요인

여기서는 소니 이외의 가정용 게임기 사업진출 기업의 실패의 개요를 간결하게 분석한다. 분석은 효과의 관점과 신규사업의 성공요인의 관점 모두에서 실시한다. 또한 기존의 가정용 게임룸 기계사업 그 당시의 행동에 대해서도 설명한다.

① 마쓰시다전기(松下電器)개요 → ② 유명효과 시점 → ③ 신규사업의 기타 요인

마쓰시다전기는 새로운 사업을 추진하는 회사내 기업가의 인물이 없었다. 이 새로운 사업의 비즈니스 모델인 3DO 회사가 기획한 것은 이것마저 가정용 게임기사업의 성공전략과 다르다. 즉, 하드웨어를 고가로 판매하는 비즈니스 모델도 성공하지 못하였다. 그리하여 마쓰시다전기는 비즈니스 모델전략에 실패하였다.

제3절 창업준비 체크리스트

♣ **이 세상에 존재하는 오직 하나의 부(富)**

나이가 들어감에 따라 나는 이 세상에는 오직 하나의 부가 있을 뿐이라는 것을 더 분명하게 느낀다. 그 부란 사람이 일을 보다 잘 수행할 수 있는 능력이다. 부(富)가 능력의 결과라는 것은 당연한 말이다. 그 돈을 독자적으로 벌기위해 노력하기보다는 종업원의 능력을 고취하고 지적재산과 기술을 축척하는데 힘써야 한다.

-「진짜 부자되기」에 실린 링컨의 말 -

진정 중요한 사실은 160년전에 이런 선각자가 있었기에 오늘날의 미국이 있다는 것이다

1. 창업계획서 작성

1) 준비효율화를 위한 리스트작성

(1) 체크리스트의 필요성

대부분의 창업희망자는 경영경험이 없기 때문에 창업지원에서는, 경영미경험자의 비즈니스 플랜을 듣고 서로 질의를 반복하면서 준비행동의 타당성 등을 평가하고 다방면에 걸친 어드바이스를 하는 작업이 일반적이다.

창업지원의 업무범위는 창업희망자의 초기상담 대응과 범위의 비즈니스 모델을 올바른 방향으로 선도함으로 창업계획의 작성지원, 자금조달, 개업 및 출점준비 등의 창업준비지원과, 창업후 경영안정화 지원까지 광범위한 업무를 대상으로 한다. 이 중에서 창업희망자는 일련의 창업과정을 밟아 안목을 넓히는 경영자로서의 자각과 능력향상을 도모함으로써 창업리스크 최소화를 도모하게 된다.

정부유관기관의 지원툴은 ① 광범위한 창업지원업무의 효율화, ② 지원품질의 향상, ③ 검토리

스크방지, ④ 창업후 관리지원으로 이어지는 4개의 체크리스트로 구성된다. 또한, 기재하는 일부 체크리스트는 점포를 지닌 소매서비스업을 대상으로 하고 있다.

(2) 창업지원의 취지

창업지원은 준비해야 할 광범위한 과제에 대해서 단기간에서의 대응이 요구된다. 한편 창업희망자가 제시하는 창업계획은 불완전한 것이 많아 몇번이나 재검토가 필요하다. 검증을 위한 정보수집을 요구하는 경우가 많다. 지원하는 창업희망자는 지원할때는 어디까지 준비가 진행되고 있는지 검토하여 누락은 없는지를 항상 확인할 수 있게 하는 것이 중요하다.

지원하는 창업희망자가 자신의 상황을 정확히 파악한 뒤 지원자의 조언을 이해하는 방안을 검토할 수 있도록 창업희망자의 이해정도에 따라서 조언을 하는 지원을 펼칠 필요가 있다. 경영미경험자의 창업희망자에 있어서 창업이란 미지의 세계를 대적하는 것이기 때문에 하나하나 업무를 확실히 배울 필요가 있으며 창업지원 체크리스트는 이에 대응하는 지원툴이다. 창업준비진척의 가시화를 추진하고 창업희망자와 지원자금융기관과의 정보공유화와 견해의 시각통합 등에 도움이 되는 툴이다.

(3) 창업지원 대조표의 활용목적

창업지원 체크리스트는 창업지원의 효율화, 검토누락의 방지와 창업후 관리지원에 이어지는 네가지의 체크리스트로 구성된다. 지원자의 업무자습서로 활용할 수도 있지만 창업희망자와 함께 확인하면서 준비할 것을 추천한다.

2) 체크리스트의 활용목적

(1) 체크리스트의 내용

① 창업준비의 확인

창업상담의 초기단계에서 활용하고 준비여부와 진도를 확인하는 동시에 미검토 항목에 대해서 효과적인 조언을 하기위한 체크리스트이다. 예) 창업동기, 사업형태, 사업의 경험이나 지식, 가족의 이해 등이다.

② 수치계획의 입안

창업수치계획의 입안 및 정밀화를 위한 체크리스트이다. 작지만 확실히 세우고 키워나가기 위한 사업스텝업의 구상을 구체화한다. 예) 매출계획, 매입계획, 자금계획, 임원보수 등이다.

③ 창업(개업)시의 판매촉진

점포를 구축하고 있는 소매서비스업의 개업을 상정한 판매촉진활동의 체크리스트이다. 개업직후부터 몇달간의 판촉계획의 작성과 실행을 지원한다. 예) 판촉툴, 매장, 신규고객유도, 재방문촉진 등이다.

④ 창업후의 일상관리

창업계획대로 사업이 운영되고 있는지를 모니터링하고 대책을 강구하며, 중점항목을 정하고 항목에 따라서 일/주/월마다 집계하도록 요구하고 일상관리의 습득을 도모한다. 예) 매출액, 내점고객수, 손님당 매출액, 상품별단가 및 매출구성 등이다.

⑤ 창업준비의 확인점검표

창업상담의 초기단계에서 창업준비상황을 확인한다. 일반적으로 창업희망자의 준비상황은 네 가지 단계로 구분할 수 있기 때문에 해당 체크리스트에 근거하여 듣고 준비상황의 국면에 맞는 어드바이스를 실시한다. 창업준비의 확인은 정해진 순서대로 실시하며 준비상황을 평가하고 미비항목을 제시하고 구체화방법 등을 조언한다.

⑥ 창업준비 과정검토

- 창업준비상황의 듣기
- 창업준비의 확인점검표에 의한 평가
- 창업준비 단계구분의 확정

단계구분에 적합한 조언의 실시, 지원정보제공 등 창업준비상황을 단계별로 구분하여 나타낸다. 통상, 창업을 생각하고부터 실제창업하기까지는 몇달 또는 몇년 걸리는 경우가 있기 때문에 창업희망자가 어느 단계에 있는지는 두고보는 것도 중요한 항목이다.

3) 창업준비에 관련된 4단계 구분

① 막연하게 창업을 하고 싶어하는 단계

창업의 아이디어를 내고 이를 살리려는 강점이나 기회로의 압축, 창업의 마음가짐과 창업준비를 진행할 때 필요항목, 자금조달에 관한 생각 등을 하는 과정

② 어느 정도하고 싶은 게 보이는 단계

비즈니스 아이디어의 평가, 비즈니스 모델의 사고, 사업에 관한 기초조사의 진행방법(선행사례, 경합, 상권, 고객요구, 사업성 시뮬레이션 등)

③ 창업내용이 구체화하는 단계

비즈니스 모델의 입안과 정밀화, 창업까지 과제설정·스케줄, 사업계획의 작성과 검증, 매출과 수익전망증의 검증, 창업계획서의 작성증거, 자금조달의 검토·물건조사계약, 점포설계 기타의 정규상품 메뉴가격 등

④ 창업준비의 확인치(창업동기)

- 창업동기→ (단계국면)
- 사업구상의 정밀도 → (단계국면)
- 창업사업에 대한 경험이나 지식 → (단계국면)
- 기업경영(재무관한 지식이나 관리)지식이나 의식 → (단계국면)
- 가족의 이해·협력(가족의 이해는 필수) → (단계국면)
- 개업입지정보, 장소의 확보 → (단계국면)
- 스태프, 직원의 확보 → (단계국면)
- 세일즈 포인트 → (단계국면)
- 매출액, 경비, 보수 등의 예측 → (단계국면)
- 자기자금의 준비(개업초기투자 및 확실한 자기자금의 확인) → (단계국면)
- 창업계획서의 작성 → (단계국면)
- 인허가절차, 신고에 관한 식견 → (단계국면)

2. 수치계획입안, 체크리스트

1) 사업의 수치계획을 작성

사업구상이 구체화된 후에 사업화됨으로 사업의 수치계획을 작성한다. 실적수치가 없는 창업의 경우 불확실한 계획은 사업추진의 장해요소가 된다. 그러므로 여러 다른 관점이나 다른 근거로 해야할 기준수치 등을 참고하며 현실성이 높은 수치계획은 실현성이 높은 수치계획으로 이끌 것이다. 특히 수치계획의 기준이 되는 매출의 타당성검증과 최고정밀화는 최고로 중요하다. 복수의 매출추정을 예측하고 각 수치에 대해서 다른 수치를 갖고 다른 몇가지를 추정하는 작업을 한다. 상태가 좋지않은 점이나 모순점을 밝혀나가면서 현실성이 높은 매출계획을 이끌어 낸다.

① 매 출

- 매출액의 업계평균

- 평균단가×내점객수(좌석수×기대회전수)
- ㎡당 매출(매장장면적)
- 영업사원 한 사람 매출×영업일
- 설비의 생산능력(가동률 설비의 생산능력×설비가동율)
- 생산개수×매출단가×(1－폐기율)
- 확정예정고객(거래희망액 확정예정고객×거래희망액)

② 각 확인항목별 평가, 검증

□ 검증 □ 미검증 □ 부적합 □ 근거없다

③ 구입계획(매출원가)

- 원가율 업계평균 • 매출액×목표원가율 • 견적서의 실적

□ 검증 □ 미검증 □ 부적합 □ 근거없음

④ 경비계획(판매관리)

- 경비율·액의 업계평균 • 비항목별수확 • 한 사람당 비용×종업원 수 한명당 비용

□ 검증 □ 미검증 □ 부적합 □ 근거없음

⑤ 임원(사업주)보수

- 기대하는 보수 • 영업이익이 없는 경우의 보수액 • 영업성과보상

□ 검증 □ 미검증 □ 부적합 □ 근거없음

⑥ 광고선전비(판매촉진광고)

- 판매촉진계획의 광고선전의 실적
- 접대비와 합산한 재량상한액
- 기준과의 정합성 : 총 이익금액 10%~15% 기준과의 정합성

□ 검증 □ 미검증 □ 부적합 □ 근거없음

⑦ 첫해 투자계획

- 연차 감가상각비+기대이익(≒ 갚을 가능액)
- 자기자금+설비투자 차입가능액
- 최소투자에 의한 비즈니스 가능성

□ 검증 □ 미검증 □ 부적합 □ 근거없음

⑧ 인력계획

• 기대하는 인재능력요건 • 직종별로 적합한 인원 • 채용방법 고용형

2) 창업시의 판매촉진 체크리스트

창업(개업)직전 직후는 창업자에게 바쁜 상황이 계속되고 검토하여야할 사항들이 부딪히고 있기 때문에 대책의 때를 놓치는 등의 사태가 발생하는 경우가 많다. 그 중에서도 미흡하고 불충분한 판매촉진활동으로 창업때의 판매계획을 대폭 고치는 경우가 많이 있다. 판매촉진의 성과는 경영에 크게 영향을 주는것으로 검토되어야할 과제이다. 창업때의 판매촉진방안을 검토할 때 체크는 코스트효과, 비용실현성 등을 고려하고 최선의 판매촉진방안을 세워야 한다.

◈ 창업시의 판매촉진활동 대조표

① 기본적인 판매판촉

기본적 판촉틀은 상품로고 · 점장명함 · 상품카드 · 오픈고지 전단 · 오픈고지 엽서 · 가이드북 · 팜플렛 · 상품사진 및 경품 · 기념품 등으로 기본적 판촉물은 전문업체 등을 활용하여 디자인오픈쇼 · 비용확인 후 준비하는 것이 좋다.

② 매장의 판촉활동

• 간판 – 간판설치 교외점포 : 폴간판, 벽면 · 옥상간판
  번화가 점포 : 시내매장 : 시내
• POP에 의한 상품소개 추천상품 · 캐치카피문구 등을 활용효율화 높임
• 진열, 디스플레이의 궁리진열, 단상횡진줄, 세로단상도렬, 엔드진열, 엔
• 가게광고지안내 전단에 점주, 스탭소개, 지식전단, 메뉴전단
• 메뉴상품구성, 카테고리구분, 가격대, 상품구성, 사진첨부, 해설 POP사진첨부

해설 POP매장, 매장의 수입촉진은 계속적이고 가장 기본이 되는 판촉활동이다. 점포의 존재를 인식하고 상품을 선택하기 쉽게 뛰어난 부분을 느끼고 요구할 수 있도록 하는 상품 · 서비스를 구입하기 쉽게 하는것이 매장판촉의 의도이다.

③ 신규고객방문 길안내

• 신규고객방문 길안내 – 판촉활동 길잡이로 판촉활동
• 전단지배포(점외배포) – 인기상품전단을 주력상품으로 포스티노래 등

- 단체회보, 상가책자, 상품회보, 개업시 방문유도안내는 다음 5개의 방법이 적합하다.
  ㉠ 매체를 활용한 광역 PR매체를 활용한
  ㉡ 대상으로 하는 상권에 대한 지역한정 PR영역
  ㉢ 개업숍의 PR, 유도 등 신문·잡지광고 전단삽입, 구독노벨티회원 등록전개
  ㉣ 개업혜택을 추구한 판촉이벤트 개최
  ㉤ 체험이용 등의 모니터활용 체험

④ 고정고객화 촉진을 위한 판촉활동

- 다이렉트 메일, 크리스마스·생일DM, RFM분석에서 재래점 안내
- 포인트제카드, 고객순위, 회원카드 고객순위
- 월간뉴스, 계절뉴스, 소개, 입소문, 소개캠페인

10회 이상 방문이용하는 특별한 고객에게는 정보와 서비스를 제공하는 것이 효과를 재창출한다.

⑤ 이벤트에 의한 판매촉진

- 이벤트기획 행사카렌다의 유무, 할인형, 체험형, 커뮤니케이션형
- 계절행사, 발렌타인데이/화이트데이, 일일행사, 황금연휴 등이 대표적 행사이다. 고객수요에 대응하고 구매의욕을 환기시키는 이벤트행사는 경쟁우위에 크게 기여한다. 환영회·송별회의 단체예약, 단체입학식, 졸업식, 신입사원, 신입생, 꽃구경, 야외행사향응·접대이벤트행사 등의 판매촉진활동의 전개

⑥ HP의 개설

- HP개설은 검색하기 쉬우며 명확한 소구점을 찾기 검색하기 쉽다는 것이다.
- 블로그, 페이스북, e-book개시 갱신빈도와 액세스 수의 관리 등 최근에는 신규창업때 블로그, HP, 페이스북 구성은 필수과제이다. 특히 젊은이들을 대상으로 한 사업에서 판매촉진활동의 중심이 되는 것이다.

⑦ 지원기관에 의한 PR지원

- 회보활용, 신규개업한 가게소개, 할인티켓첨부
- 지원기관 HP의 활용, 회원소개 전용사이트, 신규개업자에 대한 링크

3) 창업 후 일상관리 체크리스트

창업 후 일상관리는 1차 자신의 업무이며 책임이다. 지원기관은 해당 업무가 시행되고 있는지 문제를 모니터링하고 시행하는 경우는 사업자에게 개별지도를 하는 것이 필요한 지도이다. 모니터링할 때에는 중요항목을 설정하고 일계표 등을 쓰고 일/주 월마다 집계하고 창업계획과 괴리가 큰 경우에는 전달 대비 큰 변동이 있었을 경우는 상황을 정밀조사를 하는 방안을 검토하여야 한다. 지원기관에 의한 일상관리 모니터링은 당초 매달실시가 유효하다. 사업자이해에 따르고 이해에 따라서 분기마다 하는 것도 있다. 해당업무의 목적은 스스로 일상관리 실시할 수 있도록 지원하고 있고, 사업자의 성장을 지원하기 위한 일련의 지원행위로 인하여 창업자의 관리능력은 비약적으로 늘어 안전경영을 실현하는 창업자의 관리능력을 향상시킨다.

◈체크항목 (예) 모니터링의 항목, (예) 대책이 필요한 경우의 대응

① 매출액

요일별 매출액, 서비스제품별 매출액, 고객구분(판로)별, 종업원별 매출액 관리방법을 개선하여 담당자업무, 지역별 재검토후 새로운 판매방법의 도입·새로운 판매촉진방안을 실시

② 이익률 금액

월차별 이익. 제품구분별 이익, 거래처별 이익 등에 대해 월차요인분석, 이익계획의 재검토, 경비절감방안의 실시 및 상품단가를 재검토

③ 내점객수

시간별 내점객수, 시간대 구분별 방문객수 고객별(연령, 성 그룹 등)·내점고객수 구성비율. 신규 내점객수, 리스트구성·신규행사 입장자에 대해 관람객 일일 시간대별 방문을 유도, 고객별 추천 상품의 설정, 판촉행사실시

④ 손님당 단가

개인고객, 페어커플 패밀리·객당단가와 고 매출상품객당 세트할인 상품구매율, 세트할인 상품구입율·판촉할인의 이용 및 할인세트판매, 할인도입 추천상품 등의 추천, 주문접수시의 토크재검토, 옵션사양·상품설정

⑤ 상품별 매출구성

주력상품의 동향·매출순위, 고수익상품, 총 이익금액순위(ABC분석), 교차비율(총 이익(상품회전율)), 고수익매출 상품의 유도정책, 저수익상품의 폐기, 고이익상품 특판 메뉴표시의 개정

⑥ 경비율, 원자재원가

상품별 매출원가 · 자재료 · 부품의 구매단가료 · 월차판매관리비(예산대비), 핵심 비용항목의 예측과 실적의 GOP, 구입처, 계약의 재검토

⑦ 타깃 고객층의 구입 · 이용상황

고객구분별 방문회수 · 신규 고객수 추이 · 반복고객수, 이용기간 · 질의, 설문응답결과, 결과(블로그 등을 포함). 타깃고객층의 평판타깃 고객층의 평판의 분석. 고객의 고정고객화에 대한 수입판매촉진시행. CS활동의 전개

⑧ HP, Facebook Line 등에 대한 액세스 상황

HP, 페이스북 Line의 개설, 페이스북의 개설별접속수 · 조회수 · 판매촉진 시책시의 접속, 고객의 요망과 재검토 · 갱신빈도내용 등의 재검토 · 액세스수 증가방안의 검토, 검색키워드의 재검토, 구체적인 발신정보의 내용수정

⑨ 업무개선, 변경상황

개선대상업무의 유무 · 개선활동의 내용, 개선결과의 확인, 고객대응업무의 적정평가 · 내부절차업무의 재검토

⑩ 파트 · 아르바이트 · 채용 · 정착형태

채용실적과 정착, 업무습득의 흐름, 근무시간, 작업부하, 작업난이도, 노동조건작업시간, 부하작업시간, 고부하작업의 재검토단가 계약방식의 재검토 · 단가, 근로조건의 재검토, 단가 또는 노동조건의 재검토

⑪ 이용객들의 평판, 확인도장, 코멘트

고객으로부터의 클레임 내용, 문의, 의견요망 등 대처, 대책, 실적, 클레임, 불만족항목에 대한 잠재클레임의 목록화와 검증, CS활동의 전개

⑫ 매상예측의 산출 예

업 종	산출 예
소매업, 서비스업	1일내방 고객수 × 고객단가 × 영업일수
요식업, 미용업	고객단가 × 좌석수 × 회전수 × 영업일수
판매업 점포대여	평당매상고 × 매장면적
제조업 유사업	제품단가 × 판매수량 × 구매량 × 판매선수
노동집약적 업종	종업원1인당 매상고 × 종업원수
설비가 직접매상과 결부업종	설비당 생산능력× 설비대수

4) 창업절차의 고려요인

기업을 창업하려할 때 사전에 충분한 검토와 조사를 한 이후에 착수하여야 리스크를 최소화할 수 있으며 목적지향적 성취도를 높일 수 있다. 기업을 창설하려 할 경우 우리는 상술한바 있는 창업요건을 분석해 보고 사업으로서의 타당성이 있다고 판단될 때 기업을 창설해야 한다. 이를 위해서는 창업을 위한 충분한 사전조사를 통하여 대상산업 및 품목과 투자수익이라든지 기업의 위험 정도, 그리고 미래의 성장가능성 등을 종합적으로 검토하여야 한다. 그리고 이에 기초하여 기업의 다각화 정도라든가 경영규모 및 경영활동의 범위 등을 결정하여야 한다. 기업을 창설하려 할 때 사업의 타당성을 분석하기 위해서 고려하여야 할 주요 요인을 보다 구체적으로 열거하면 다음과 같다.

① 예상시장과 제품의 분석

제품과 시장을 대상으로 하는 시장의 특성을 분석함으로써 목적제품의 판매가능성(marketability)을 미리 예측하고, 이들 대상시장에 내어놓을 제반의 제품특성(product characteristics)에 관해서도 철저한 검토를 함으로써 장래의 시장점유에 대한 가능성을 밝히려는 것이다.

시장의 특성을 밝히기 위해서 각종의 시장조사(market research), 특히 소비자조사(consumer research)와 경쟁자조사(competitor research)를 실시하고, 이들 시장의 특성에 맞는 제품계획을 상품화계획으로 연결시킴으로써 마케팅측면에서 본 사업의 타당성을 검증한다.

② 경제상황의 분석과 예측

이는 기업을 창설해서 운영하려 할 경우 참고로 하여야 할 각종의 경제적 여건을 충분히 분석함으로써 기업의 환경적 적응능력을 갖추기 위하여 취하는 절차를 말한다. 기업이 이 같은 외적환경 변화요건에 적응하지 못하게 될 때 기업의 존속과 성장은 불가능하게 될 것이기 때문이다. 따라서 기업을 창설함에 있어서는 경기변동이나 계절변동 등 경제상황의 변화를 충분히 예측하여야 한다.

③ 기업활동의 목표와 범위의 결정

이는 기업이 생산하게 될 제품의 품목을 중심으로 기업이 목표로 하는 사업의 활동범위를 결정하는 것을 말한다. 따라서 이를 위해서는 제품을 단순화할 것인지, 아니면 그것을 다양화할 것인지에 관하여 제품전략적 차원에서 면밀히 검토하여 사업의 지역적 활동범위를 미리 예측해야 한다.

④ 제품의 설계

이는 고객에게 제공할 제품의 특성이 가격, 품질, 디자인, 성능면에서 고객에게 적합할 것인지를 밝혀내고, 이를 기초로 특정제품의 시장에서의 판매가능성이라든지 제조가능성을 분석하여 그것이 가능하다고 판단될 때 제품에 대한 설계를 하는 것을 말한다.

⑤ 기업규모의 결정

이는 시장에서 판매가능하리라고 본 판매예상량을 감안하여 기업의 규모(size of business)를 결정하는 것을 말하는데, 이를 결정함에 있어서는 여러 가지 관리도구를 이용할 수 있다. 이경우 대표적으로 이용될 수 있는 도구로서 손익분기점(break even point)을 들 수 있다.

⑥ 입지의 선정

이는 시장에의 근접성과 노동력 및 원자재의 확보란 측면과 기타 모든 입지요건면에서 가장 이상적인 경제적 입지가 어디인가를 결정하는 것을 의미한다.

⑦ 부품의 자체생산 혹은 외주의 결정

이는 제품을 구성하는 부품을 회사자체 내에서 직접 생산할 것인지(make) 아니면 그것을 하청공장에 외주할 것인지(buy)를 결정함으로써, 생산원가(production costs)를 절약하고 생산공정(production process)을 합리화할 수 있는 방안을 강구하는 것을 말한다.

⑧ 공정, 시설 및 건물의 선정과 배치

이는 목적제품을 가장 효율적으로 생산할 수 있는 생산시스템을 갖추기 위해서 필요로 되는 물적요인에 대한 배려를 하고, 이에 기초해서 최적의 공장시설배치(layout)를 line balancing의 원칙하에 실현하는 것을 말한다.

⑨ 소요자금 및 예상이익의 결정

이상과 같은 분석에 의하여 생산하게 될 제품의 품목 및 그 특성과 요건들이 밝혀지면, 이의 생산을 통해서 얻게 될 예상이익과 이를 생산하는 데 필요한 소요자금을 예측하고 조달방안을 강구하여야 한다.

⑩ 조직구조의 설정과 충원

사업의 목표와 그 활동범위가 결정되면 이익의 보다 유효한 수행을 위하여 조직구조(organization structure)를 마련하고 이를 수행할 요원을 충원하여야 한다.

⑪ 사업개시

이상의 사업설립요건이 갖춰지면 그 다음에는 자금을 조달하고, 물적·인적생산요소를 확보하여 이를 결합함으로써 생산활동을 전개하고 생산된 제품을 판매함으로써 자금의 순환이 원활이 이루어질 때 기업은 정착을 가져온다.

◈창업담당자는 다음과 같은 요인도 중점적으로 체크함으로써 창업에 만전을 기하여야 한다

- 기업의 업종(제조, 판매, 서비스업)
- 사업의 범위, 즉 거래량과 시장규모
- 기업에 대한 지배나 경영지배를 원하는 정도
- 창설 및 확장시의 소요자금량
- 기업위험과 기업채무를 단독으로 부담하고자 하는 의욕
- 이익의 취득에 대한 기대
- 기업의 존속기간
- 정부규제로부터의 상대적 자유
- 세무상의 특전
- 기업조직의 편의성과 비용

성공포인트

1. 확고부동한 목표를 세워라

목표는 수행의 스피드목표가 불확실하게 방황의 세월을 보낼 것인가? 확고한 목표로 인생여정을 설계할 것인가? 결과의 진가는 다르다. 일단 인생의 목표를 세우고 나면 그 목표의 삶의 기준으로 삼아라. 중요한 일과 중요하지 않는 일의 선택기준은 목표기준에 따라 분리수행한다. 큰 인물의 성공자는 성공하기전에 확고한 인생목표를 세웠다는 점이다. 그들의 성공은 목표를 견지하면서 끊임없이 노력을 기우렸다는 것이다.

2. 성공하는 사람은 남다르듯 실패하는 사람도 뭔가 다르다

성공에 대한 자신감이 없는 사람은 가난의 짐을 지고 살아간다. 성공하는 사람의 실행법칙, 인간이란 그 사람의 사고의 집합으로 일의 전심무사불성(一意全心無事不成)이라 자기가 하고자 하는 일에 얼마나 몰두하느냐가 성패의 갈림길을 가르킨다.

요 약
summation

〈준비효율화를 위한 리스트 작성〉

■ 체크리스트의 필요성

대부분의 창업희망자는 경영경험이 없어서 창업지원에서는 경영경험자의 비즈니스 플랜을 듣고 서로 질의를 반복하면서 준비행동의 타당성 등을 평가하고 다방면에 걸친 어드바이스를 하는 작업이 일반적이다. 이러한 지원의 경우, 듣고 일으키고 검토하지만 누락 등에 따른 리스크도 적지않다.

■ 체크리스트의 활용목적

- 체크리스트의 내용

① 창업준비의 확인 ② 수치계획의 입안
③ 창업개시의 판매촉진 ④ 창업후의 일상관리
⑤ 창업준비의 확인점검표 ⑥ 창업준비 과정검토 등으로 요약된다.

■ 창업시의 판매촉진 체크리스트

- 창업(개업)직전 직후는 창업자에게 바쁜 상황이 계속 검토누락이고 직후는 창업자에게 바쁜 상황이 계속되고 검토하여야할 대책의 때를 놓치는 등의 사태가 발생하는 경우가 적지 않다.

■ 창업시의 판매촉진활동 대조표

① 기본적인 판매판촉 ② 매장의 판촉활동
③ 신규 고객방문 길안내 ④ 고정 고객화촉진을 위한 판촉활동
⑤ 판매이벤트행사에 따른 판매촉진 ⑥ HP의 개설
⑦ 지원기관에 의한 PR지원

■ 체크항목 (예)모니터링의 대책이 필요한 경우의 대응

① 매출액 ② 이익률 · 액
③ 내점객수 ④ 손님당 단가
⑤ 상품별 매출구성 ⑥ 경비율, 원자재원가
⑦ 타깃고객층의 구입, 이용상황 ⑧ HP, Facebook, Line 등에 대한 액세스 상황
⑨ 업무개선 변경상황 ⑩ 파트타임 아르바이트 채용 정착형태
⑪ 이용객들의 평판, 코멘트

제4절 창업의 의의

> **♣ 장수기업의 비결**
> 1970년대(포춘)500대 기업중 1/3이 13년후 인수·제휴에 의해 사라졌다. 연구결과에 의하면 조직의 평균 예상수명은 12년 6개월이다. 즉 기업은 10대 가장 전성기에 죽은 셈이다. 기업장수의 비결은 주변세상과 조화를 이루는 생활이고 그것은 학습과정이다. 기업은 외부세상에 개방적이여야 하고 무엇이 발생했는지 주의를 기울여야 하며 변화의 의미와 함축성을 숙고하여야 한다. 조직의 성장과 생존은 인간의 성장생존과 비슷하다. 즉. 적응이 관건이다. 그것이 학습의 본질이다.
> 장수기업들의 네 가지 핵심적인 특징은 다음과 같다.
> 1. 환경에 민감성
> 2. 강한 일체성과 응집성
> 3. 새로운 아이디어에 대한 관대함
> 4. 재정적 보수성
>
> 기업이 장수하기 위해서는 단순한 돈버는 수단이 아닌 사회적 가치의 존재여야 한다. 자본은 더 이상 왕이 아니다. 사람의 기술능력지식이 중요하다. 성공적인 기업은 효과적으로 학습할 수 있는 기업이다. 학습은 미래의 자본이다. 학습은 끊임없는 변화를 수용할 준비가 되어있음을 의미한다.
> - 이리 드 호이스 학습조직의 아버지 -

1. 창업의 의의

1) 창업의 사회, 경제적 의의

(1) 창업이란

기업의 형태, 위치, 규모 및 사업방법 등에 관계없이 기존의 사업을 상속, 증여, 합병, 영업의 양수 등으로 승계하지 아니하고 새로운 사업을 개시하는 것을 말하며, 개인이나 법인이 사업을 하기 위해 기업을 새로이 설립하는 것이라고 한다. 중소기업창업지원법은 새롭게 중소기업을 설립하는 것을 창업이라 규정하고 있다. 따라서 새로운 사업자로서 기존의 사업과 연관이 없이 새로이 사업을 시작하는 것을 창업이라 하겠다.

창업은 사람, 기계, 원료, 자금 및 장소 등을 투입하여 제품 또는 서비스를 생산하고 판매하는 시스템을 구축하는 일이라 볼 수 있으며, 이러한 창업에는 기본적으로 창업을 주관하는 사람이 사업아이디어를 가지고 자본을 동원하여 특정 재화나 서비스를 생산하는 시스템이라 정의하고 있다, 창업자, 사업아이디어, 자본이 창업의 필수요소가 되는 것이다. 사회·경제적 의의는 대·중소기업을 막론하고 창업을 할 경우 이는 다음과 같은 사회·경제적 의미를 가진다.

(2) 창업은 고용창출의 효과를 창출해 낸다

다시 말해 대기업은 대기업대로 중소기업은 중소기업대로 나름의 고용증대라는 엄청난 사회·경제적 효과를 창출할 수 있다. 창업은 또 한 나라의 경제력(big economic power)증대에도 지대한 기여를 한다.

특히, 중소기업의 창업이 가져다 주는 사회·경제적 의의는 크다. 예로, 미국의 경우 『포춘』지가 조사한 바에 따르면 40세 이하의 사장이 40개사를 창업해서 연간 4천만 달러의 판매고를 실현한 바 있고, 1993년에는 무려 170억 달러의 판매고를 실현함과 동시에 64,000개의 새로운 직무를 개발했다고 한다.

한편에서 대기업들이 다운사이징을 하고 있는 동안 소기업들은 컴퓨터기반기술에 기초하여 벤처창업을 통해 판매액과 고용증대를 꾀하고 있다. 대기업이 관료적 특성에서 벗어나지 못하고 있는 동안 소기업은 혁신적 노력에 의해서 제품개발을 주도하고 있다. 특히, 21세기에 접해서 이들 기업들은 사진복사업, 인슐린, 지퍼, 파워스티어링, 컬러필름산업에서 크게 성장할 것으로 기대된다.

2) 법률상의 창업과 중소기업 범위

(1) 법률상 창업

창업에 관한 법률규정은 중소기업창업지원법에서 근거하고 있으며, 동 법 제2조에 의거하면 '창업이라 함은 중소기업을 새로이 설립하여 사업을 개시하는 것'이라하고, 새로운 사업자로서 기존 사업과 연관없이 원시적이고 실질적인 사업의 개시라고 하였으며, 다음에 해당하는 경우는 법률상의 창업에서 제외하고 있다.

첫째, 원시적으로 사업을 개시하지 않고 기존의 사업을 승계, 양수, 임차하여 동종의 사업을 계속 영위하는 경우이다. 그 예로서 상속이나 양도에 의해 사업체를 취득하고 동종 사업을 계속하는 경우와 폐업한 타인의 공장을 인수하여 동일한 사업을 하거나 기존공장을 임차하여 임차전의 동종 사업을 계속하는 경우 등이다.

다만 사업의 일부를 분리하여 당해 기업의 임·직원 또는 그 외의 자가분사의 형태로 사업을 계속하는 경우에는 창업으로 인정한다.

둘째, 기업이 단순한 조직의 변경으로 형식상의 창업절차만 있고 실질적인 창설효과는 없는 경우이다. 그 예로는 개인사업자가 법인으로 전환하여 동종의 사업을 계속하는 경우와 법인형태를 변경하여 동종 사업을 계속하는 경우, 기업을 합병하여 동종 사업을 계속하는 경우 등이다. 반면에 조직변경 전후의 업종이 다른 경우에는 변경전의 사업을 폐지하고 변경후의 사업을 영위하면 창업으로 인정하고 있다.

셋째, 동일한 사업자가 사업을 폐지한 후 폐지전의 동종 사업을 시작하는 경우이다. 그 예를 살펴보면 사업의 일시적인 휴업이나 정지된 기업을 계속하여 영위하는 경우와 공장을 이전하기 위해 동종 사업을 해지하고 새로운 장소에서 그 사업을 재개하는 경우이다. 그러나 폐업을 한 후 사업을 재개할 때 폐업전의 사업과 상이한 업종의 사업을 새로이 영위하는 경우에는 창업으로 인정하고 있다.

(2) 중소기업의 범위

사업을 영위하는 기업의 분류에는 여러 가지 기준이 있으나 본 장은 규모에 따라 크게 대기업과 중소기업, 중기업과 소기업으로 분류하고 그 기준이 되는 내용을 설명한다. 대체로 기업의 구분은 산업구조상의 이중 구조적(二重 構造的)인 특성 때문에 어느 나라에서나 중소기업의 건전한 육성을 통한 경제성장에의 기여와 나아가서는 사회안정을 도모하려는 입장 및 산업정책의 일환으로 중소기업의 육성지원을 원활하게 수행하기 위한 정책적 배려에서 대기업과 중소기업을 별도로 분류하고 있다. 기업분류기준은 나라마다 약간의 차이를 두고 있으며, 일반적으로 중소기업의 범위를 인적구성과 자본금 또는 매출규모로 기준을 정하고 이를 적용하게 된다. 우리나라는 중소기업기본법, 중소기업진흥법 및 중소기업창업지원법 등에서 각각 별도의 기준을 정하고 있으며, 대부분 인적구성과 자본금 또는 매출액 규모에 의한 분류에 따르고 있다.

외국의 대표적인 사례로는 미국의 경우에는 이를 소기업(small business)이라 하여, 공업에서 100명 이하의 종업원을 가지는 기업, 도매업에서는 20만 달러 이하, 소매업에서는 5만 달러 이하의 기업을 대상으로 정하고, 독일에서는 수공업(Handwork)이라는 명칭하에 중소기업을 다루고 있으며, 일본에서는 공업·광업 및 운송업의 경우에는 상시종업원 300명 이하, 자본금 5,000만엔 이하의 기업을 뜻하며 상업 및 서비스업의 경우에는 상시종업원 50명 이하, 자본금 1,000만엔 이하의 기업이라고 규정하고 있다. 특히, 중소기업기본법시행령 제3조에 의하여 중소기업을 중기업과 소기업으로 분류하도록 하였으며 분류기준은 인적요건을 기준으로 분류하되 다음과 같이 정하고 있다.

구 분	주 업 종	상시근로자 수
소 기업	광산업, 제조업, 건설업, 수성업	50인 미만
	소상공인 자영업, 요식업 서비스업	10인 미만
중 기업	중소기업에서 소기업을 제외한 기업	299~50인 사이

상시종업원 5명 이하의 기업을 생업적(生業的) 영세기업(零細企業), 20명 이하의 기업을 소규모기업으로 불러 다른 중소기업과 구별하는 경우도 있다. 중소기업의 범위를 이처럼 상시종업원이나 자산액 또는 자본금 등과 같은 수량적인 기준에 따라 정함에는 어디까지나 한 나라의 경제발전단계에서 상대적으로 파악되는 개념이므로 지정된 어떤 범위를 가지는 것이 아니고, 경제가 발전함에 기준이 달라질 수 있게 된다. 중소기업이 활동할 수 있는 고유의 영역은 추상적으로 기업의 최적규모가 중 또는 그 이하가 되는 산업분야라 할 수 있으며, 기업의 생산유통을 보완하는 역할을 수행하는 모든 기업, 다품종 소량수요가 있는 상품이나 부품의 제조 및 가공, 시장의 안정성이 적은 상품, 미술공예품을 생산하는 기업, 수공업적 성격이 강한 재래산업, 지방산업적 성격이 강한 업종 및 서비스업 등이 되고 있다.

중소기업 고유의 업종에 해당하는 분야 이외의 산업분야에서는 기업자본의 유기적 구성이 높고 그 적정규모도 커지므로 중소기업의 범위를 적용할 때는 기준을 달리 적용한다. 그러나 중소기업 중에서 공업의 경우에는 대체로 시설규모는 크고 종업원의 수는 많으나 독립된 소기업형태를 취하고 있으며, 자기생산품을 자주적으로 판매하는 능력이 부족하여 도매상 등에 의존해야만 하는 의존적 존립형태를 취하므로 이는 상업에 종속된 중소기업으로 분류하게 된다.

중소기업의 존립형태는 ① 독립적, ② 경쟁적, ③ 종속적이라는 세 가지 유형으로 나눌 수 있다. 종속적 유형이란 원재료의 확보나 생산기술면에서부터 유통에 이르기까지 대기업과의 관련정도가 높고 또한 대기업의 강력한 지배를 받는 유형으로 하청기업, 계열기업 및 관련기업 등이 해당된다. 이들 중소기업은 일반적으로 중화학관련 부문에서는 대기업의 하청기업·계열기업이 되고, 소비재·경공업부문이나, 유통업·서비스부문, 건설업 및 운수업 등에서는 전형적인 독립적 중소기업으로서 존속하는 중소기업이다. 경쟁적 유형은 기술개발과 도약의 산업화에 틈새시장을 노리는 개별기술의 사업화와 소량, 다품종사회에서 대기업이 참여할 수 없는 경쟁제품의 틈새시장공략 및 전체기업의 84%를 차지하는 5명 미만의 종업원을 가진 탄력적인 경영이 여기에 해당한다. 따라서 종속적 유형에는 생산성이 열악하고 생산설비의 진부화와 노후화된 시설은 시장경쟁력에서 열세에 놓이도록 한다. 따라서 중소기업은 자본, 제품 또는 기술력 등에서 생산 및 서비스지원을 전담하는 기지로서 존립토록 종속적인 기업이 되고 있다.

3) 창업의 추진

(1) 창업기업가

기업을 설립하는 자를 창업기업가(Entrepreneur)라 하며 창업기업가는 창업을 추진하는 인적요건으로 창의력과 추진력이 겸비된 자에 의해 창업이 주도되고, 이를 바탕으로 창의적 기업가정신(Entrepreneurship)이 뿌리내려진다.

즉, 창의적인 발상과 추진력을 지닌 기업가가 새로운 사업기회를 인식하고, 사업기회를 포착하는데 필요한 자원을 효과적으로 동원함으로써 창업기업이 성공적으로 설립되고 성장의 바탕을 마련한다는 말이다. 따라서 창업자는 적성과 능력에 적합한 기업을 창업하도록 노력하고, 창업을 하였을 때는 성공적인 기업가가 되기위해 부단한 자기개발이 이루어져야 한다.

(2) 사업기회의 인식(사업아이디어)

사업아이디어는 창업의 시발점으로 중요성을 가지며, 업종 및 사업아이템을 선정하는 것으로 창업의 성공에 가장 결정적인 요소라 할 수 있다. 사업아이템의 원천은 창업가 자신일 수도 있고 창업팀이나 투자자 등일 수도 있다. 아이디어를 창출할 수 있는 여건은 현장경험, 신제품의 발명, 취미, 우연한 발견, 적극적인 사고 등이 있다.

(3) 자원의 동원

자원의 동원은 기업에게 수혈되는 원동력을 공급하는 추진체로 창업을 돕고 창업기업이 존재하여 새로운 제품 또는 서비스를 사업화할 때에 실제 필요한 원천이 되는 추진세력이다. 자원의 동원에서 대표적인 추진세력은 창업자금이며 창업가가 사업아이디어를 사업화할 수 있도록 하는 추진체의 역할을 하고 사업화할 수 있는 범위를 정하여 주며, 창업가의 자기자본 조달능력을 확인시켜 주게된다.

(4) 창업이 손쉬운 기업들 순

기업가가 비교적 손쉽게 창업할 수 있는 소규모기업의 형태에는 다음과 같은 것들이 있다.

① 서비스업(service)

이는 광고회사, 여행업, 세탁업, 기타 모텔 등 제조업이 아닌 서비스를 고객에게 판매하는 기업을 말한다.

② 도매업(wholesaling)

이는 제조업자와 소매업자간, 제조업자와 산업용품 구매업자 간에서 중개를 하는 기업으로서 미국 도매업의 69%는 10명 이하의 종업원들로 구성되고 있다.

③ 소매업(retailing)

이는 소비자에게 직접 제품을 판매하는 소규모기업을 의미한다.

④ 프랜차이즈시스템

이는 본부가 가맹점과의 계약을 통해 상호, 상표, 지식, 기타 운용방식 등을 제공함으로써 본부와 동일한 이미지로서 사업을 할 수 있는 권리를 부여하고, 가맹점은 본부에 가입비, 보증금, 로열티를 지급하는 유통형태의 기업을 말한다. 다시 말해 그것은 다른 기업의 이름과 제품을 사용하고 특정지역 내에서 그들 제품을 판매할 수 있는 권리인 프랜차이즈를 이용하는 것이다.

현재 미국에는 약 2,900여 개의 프랜차이즈시스템이 있고 사업범위 또한 은행, 회계, 자료서비스, 피부보호센터, 간호서비스, 이·미용분야, 아동보호센터, 패스트푸드분야에서 대기업으로 성

표 1-1 가맹점의 장점과 단점

	구 분	본 부	가 맹 점
장 점	1	소 자본	본부에 의한 교육
	2	급속한 확장	본부로부터의 지속적인 자문
	3	가맹점에 높은 동가부여	금전적 지원
	4	현장지향형	전국적 마케팅
	5	다양한 수입원	본부의 명성이용
단 점	1	가맹점에 대한 통제력 부족	사업 시 소요자금 대부분 전담
	2	개맹점과의 아악 분활	본부에 과대한 이윤송금
	3	가맹점과의 분쟁가능성	본부의 지역시장 여건작용곤란

장하고 있다. 이러한 프랜차이즈시스템의 장·단점을 보면 〈표 1-1〉과 같다.

(5) 착수전 심도있게 검토를 요하는 업종

① 건설업(construction)

이것은 소규모 개인주택으로부터 대규모빌딩이나 공장에 이르기까지 다양한 건축을 하는 기업으로 많은 하청업체들에게 일거리를 줄 수 있고 고용창출을 할 수 있는 사업분야이다.

② 제조업(manufacturing)

미국에서는 소기업의 18%만이 제조업에 해당되는데 이 기업에서는 시설투자를 위한 자금조달이 용이하지 않기 때문에 기업으로서의 제약조건이 많다.

③ 고기술기업(high technology)

사실 많은 고기술기업 중 성공한 기업들도 원래는 소기업으로 출발한 경우가 많다. Techno Medical제품은 고기술시장에서 성공한 소기업의 대표적 예가 된다.

4) 창업추진시 고려사항

예비창업자가 창업을 하기위해 가장 고민하는 것은 기업을 개설하고 영업을 하였을 때 쉽게 수익을 창출하고 창업기업이 성공하기를 바란다. 그러나 기업환경의 변화와 경쟁관계는 창업자의 뜻대로는 한계가 있고 제약요인으로 인해 창업의 어려움을 가지게 한다. 특히 최근의 인터넷이 주도하고 정보화시대의 글로벌경쟁관계와 다원화된 시장은 새롭게 진입하는 창업자에게 충분한 경쟁력을 갖추도록 하고 창업시의 철저한 준비를 요구하게 된다. 이리하여 창업자에게 창업을 위한 최소한의 기본적인 구상에 관한 고려사항을 다음과 같이 제시하고 준비토록 한다.

① 주력상품(what)

고객에게 무엇을 팔 것인가를 생각하는 고려사항이다. 창업기업이 어떤 상품을 생산 또는 판매해야 고객에게 사랑받을 수 있는가의 판단이다. 최근 유행하는 업종보다는 자신의 성격이나 전문성 또는 경험이 있는 업종을 선택하는 것이 보다 유리하다는 선택이다.

② 유인동기(why)

어떤 고객이 점포를 찾아올 것인가를 고려해야 한다. 이는 차별화전략을 세우는 시발점이 될 것이다. 가령 가격이 저렴해서, 주변에 물건을 살만한 장소가 없어서, 서비스가 뛰어나서, 주인과 친해서, 시설이 마음에 들어서, 상품구색이 다양해서, 애프터서비스가 좋아서 등의 이유들이 고객으로부터 찾을 수 있도록 하는 동기를 부여하고 있다. 최근까지 대부분의 창업자들은 상품 또는 서비스의 가격만을 중시하고 경쟁사의 제품 또는 서비스보다 가격만이 저렴하다면 고객을 유인할 수 있다고 보았으나 실제는 가격보다 상품의 질과 서비스 등이 좋고, 기타 거리광고 등 다양한 유인성이 충분할 때에 고객은 무한정유인할 수 있다는 것을 유념하여야 한다.

③ 대상고객(who)

백화점처럼 모든 상품을 진열하고 모든 계층의 고객을 상대할 경우를 제외한다. 창업자는 창업기업의 제품 또는 상품, 서비스를 구매할 수 있는 대상고객을 사전설정하는 고려가 있어야 한다. 젊은 신세대를 대상으로 할 것인지 장년층을 대상으로 할 것인지, 노인층을 대상으로 할 것인지 또는 남성, 여성, 주부, 노년, 청소년 등 수많은 목표고객을 분류하고 대상 목표고객을 구체적으로 설정하는 작업이 된다.

④ 영업시간(when)

제품(상품)과 서비스에 따라 약간의 차이는 있으나 대체로 판매하고자 하는 제품 또는 상품, 서비스를 주로 구입하기 위해 방문하는 고객의 시간대를 생각해야 한다. 예를 들어 일부제품을 제외하고 출근시간에는 사람들의 통행이 빈번하게 많으나 실제구매 또는 소비와 연결되지 아니하는 제품들이 의외로 많은 사례를 종종 볼 수 있고, 출근시간에 고객이 선택하는 구매품과 퇴근시간에 선택하는 구매품의 유형이 다르다는 점을 충분히 파악하고 구매로 연결될 수 있는 시간대를 정한다.

⑤ 창업입지(where)

주력상품을 판매하기 위해 고객으로부터 구매력창출이 되기쉬운 장소를 선정토록 고려되어야 한다. 사업권역의 인구수, 배후지역의 인구수, 라이프사이클, 연령층, 소득수준 등을 조사하여 잠재고객을 파악하고 구매로 연결될 수 있는 예상고객이 충분히 잠재할 때 창업기업의 입지선정이 만족하게 될 것이다.

⑥ 판매방식(how)

상품과 서비스의 질을 고려한 판매방식의 결정이다. 입지에 관한 잠재고객의 생활수준이나 소비습관, 소비행태 등을 고려하여 어떤 판매방식이나 관련 서비스를 제공할 것인지 고려해야 한다. 특히 최근의 인터넷쇼핑의 발달은 재래시장의 단순판매방식에서 다양한 판매방식, 즉 개인 대 개인, 개인 대 기업, 기업 대 기업, 기업 대 정부 등 다양한 형태의 거래시장에서 가장 알맞은 판매방식의 선택이 되어야 한다.

⑦ **제품가격(how much)**

가격은 구매자 또는 소비자를 유인하는 도구가 되므로 가격결정은 신중히 고려되어야 한다. 가격을 결정하는 기준은 대체로 원가기준, 경쟁기준, 수요기준 등으로 구분할 수 있으며, 원가기준에 의한 가격결정은 단순히 상품의 원가에 적정의 마진을 고려하여 정하고, 경쟁기준은 경쟁점포의 가격을 감안하여 정하며, 수요기준은 소비자 수용가격에 따라 가격을 정하는 것으로, 최근 들어 가장 일반적으로 적용되는 가격결정기준은 수요기준에 의한 가격결정이다. 따라서 창업기업은 경쟁력부족과 소비자 수용가격에 의한 수익창출능력의 저하 등으로 경쟁시장에서 가격경쟁의 우위를 확보하기 위해 충분한 시장조사와 내부적 판단이 선행되어야 한다.

5) 창업의 요건

창업자가 창업에서 실패하지 않으려면 창업자가 갖추어야 할 요건에 관해서 충분한 검토를 하여야 하고, 그 다음에는 창업에 관한 계획을 철저히 수립하여야 하며 창업방법 또한 신중히 결정하여야 한다. 뿐만 아니라 창업후 기업이 실패할 수 있는 개연성이나 이유에 관해서도 면밀한 분석을 해서 실패없는 창업이 되도록 하여야 한다. 이를 보다 구체화해서 설명하면 다음과 같다.

(1) 창업자로서의 자질점검

기업을 창설함에 있어서 가장 중요한 것은 창업자가 투철한 기업가정신을 갖는 것이다. 누구든 창업자가 되려면 그가 창업에 대한 강렬한 의지와 자부심을 가지고 혼과 정열을 기업에 바칠 수 있는 기업가정신을 가질 때 비로소 기업은 성장·발전할 수 있을 것이기 때문이다. 기업가가 될 경우 그들은 다음과 같은 장·단점에 노출되게 된다.

기업가가 되면 그는 많은 부하를 거느림에서 오는 심리적 만족감도 맛볼 수 있고 좋은 제품이나 서비스를 제공함으로써, 사회에 기여한다는 자부심과 돈을 벌기위해서 스스로의 의지와 노력을 기업에 바칠 수 있다는 뿌듯함 및 그에 따른 삶의 보람을 느낄 수 있다. 한 마디로 대기업의 중역이 된다는 것보다는 스스로 사장이 되어 사업을 대표한다는 것이 훨씬 큰 잠재적 보상을 얻을 수 있다는 것은 틀림없다.

그러나 반면에는, 기업가가 된다는 것은 곧 개인적인 사생활이 없어진다는 것을 의미할 수도 있다. 일에 몰두하다 보면 가정생활에 소홀해질 수가 있고 또 기업이 파산됨으로써 기업의 재산은 물론 사재까지도 잃는다든지, 기업파산에서 오는 삶의 파산까지도 각오해야만 하는 위험부담이 뒤따른다.

(2) 기업가적 요건에 대한 진단

기업가로서 성공을 거두려면 기업가는 다음과 같은 요건을 반드시 갖추어야 한다.

① 창업자의 성취욕

높은 성취동기를 가져야 한다. 창업자가 되는 사람이나 기업에서 성공적으로 업무를 실현한 사람들이 갖는 공통적 특성은 그들이 고 성취인이라는 점이다.

② 창업자의 위험부담

위험부담에 대한 의지를 가져야 한다. 기업가는 자신의 사재, 시간, 노력 그리고 인생을 사업에 바치는 큰 위험부담을 하지 않으면 안 되기 때문이다. 대체로, 그들은 안정되고 좋은 일류기업에서 종사하다가도 창업을 위해서라면 과감히 직장을 떠나는 위험부담의 의지를 실천하는 경우가 많다.

③ 창업자의 자신감

창업자는 자신감을 가져야 한다. 그는 자기가 하는 일이나 인생에 대해서 자신감을 갖는것은 물론, 기업이 당면한 문제에 대한 해결능력과 강한 신념을 가지고 있어야 한다.

그러나 이 같은 특성을 가지고 있다고 하더라도 기업가로서 성공을 거두려면 그는 기업가로 성공할 수 있는 이론·실무적 경험을 쌓도록 교육을 받아야 한다. 뿐만 아니고, 기업가는 태어나는 것이지 길러지는 것이 아니라는 신화에서 과감히 탈피하도록 함으로써 기업가로서의 경력을 쌓도록 하여야 한다. 경력상 그 시기는 20대 후반이나 30대 초반이 적당하다.

(3) 창업계획의 수립

① 창업계획의 구체화

창업에서 실패하지 아니하고 성공을 거두려면 창업에 대한 주도면밀한 계획을 수립하여야 하는데 그 속에는 기업의 아이디어, 생산·판매·재무 기타 관리에 대한 계획을 모두 포괄할 수 있어야 한다. 그리고 그 같은 계획을 이용자의 관점, 예컨대 자신, 여신자, 소비자, 투자자 등 모든 이해관계자의 견지에서 재평가해 보아야 한다. 특히, 창업계획을 보다 신중하게 수립하고 추진하기 위해서는 다음과 같은 준비를 할 필요가 있다.

② 창업계획시 유용한 준비사항

- 회사의 소명과 비전제시
- 산업, 시장, 공급선에 대한 정보확보

표 1-2 창업의 계획

구 분	적 요				
회사의 기초사항	기업의 명칭과 주소		소요자금 기술서		
산업분석	미래전망과 추세		경쟁자분석	시장세분화	사업예측
사업분석	제품	서비스	기업규모	중요시설	기업가배경
생산계획	제조과정	공장 시설	기계장비	원자재 공급선	
판매계획	가격	유통 기구	판촉	제품예측	통제
조직계획	소유형태	조직 구조			

- 최고경영자에 의한 사업계획요약서 작성
- 전사적 계획에 대한 상세한 기술
- 출시대상 제품과 서비스에 대한 사항의 명시
- 마케팅계획에 대한 철저대비
- 관리계획의 명세화
- 재무계획의 수립
- 생산계획의 수립
- 소요인력의 수와 유형에 대한 예측과 준비
- 기업성공에 위협이 되는 주요 위험요인에 대한 대비
- 기업형태에 대한 법규 등 법적인 차원에 대한 계획수립

어떤 일을 실행하기에 앞서 그 결과를 마음속으로 그려본다는 것은 대단히 중요한 일이다. 따라서 창업에 있어서도 그 같은 시도는 필요불가결하다.

③ 창업계획의 개요

이상에서 살펴본 내용에 기초하여 창업계획을 개요화하면 〈표 1-2〉와 같다.

2. 창업방법의 모색

1) 창업방법과 매입방법

소규모기업을 창업하려 할 경우, 다른 사람이 운영해온 기업을 사들이는 방법(buying)과 새로이

창업을 스스로 하는 방법(starting) 중 어느 하나를 선택할 수 있다.

(1) 인수해서 운영(buying a small business)

기존기업을 구매·운영코자 할 경우에는 다음과 같은 내용을 중심으로 철저한 조사·분석을 하여야 한다.

① 구매·운영하고자 하는 동기

타인이 운영하던 기업이므로 사업의 안전성을 기할 수 있고 단기간내에 이윤을 벌어들일 수 있다.

② 매도인의 매도동기분석

매도인이 왜 사업을 처분하는지에 대한 이유와 동기를 분석하고 기업의 총체적 사업성을 평가하여야 한다.

③ 매도자가 사업매도 후 무엇을 하고자 하는지 분석

이는 매도자가 사업체를 매도한 후 인근에 또다시 다른 사업체를 설립하는 경우가 종종 있기 때문이다.

(2) 기업의 실가치에 대한 철저한 평가

① 가치평가의 기준

매수하고자 하는 기업의 순가치와 이윤가득성을 평가한다. 이 경우 순가치는 자산과 부채를 비교해서 평가할 수 있다. 자산에서 부채를 빼면 기업의 순가치가 되기 때문이다. 기업의 순가치는 다음과 같은 비계량적 요인(nonquantitative factors)에 의해서도 평가할 수 있다. 예를 들면, 경쟁에 대처할 수 있는 기업의 시장지배력이라든가, 종업원들의 수준과 태도 및 기업인수시 성원들의 이직가능성, 기타 경쟁품이나 소비자수용의 측면에서 당사 제품의 특성과 고객들의 회사, 제품, 기타 경영정책 등에 대한 호감도 등을 중심으로 평가할 수도 있다.

그 밖에도 취급제품의 가격이라든지 보유물적자산에 대한 평가와 기업의 관리비 등에 대해서도 자세히 분석해 두어야 한다. 뿐만 아니고 이 방법은 스스로의 장·단점이 있기 때문에 아래 사항을 중심으로 세심한 고려를 할 필요가 있다.

② 기존기업을 구입할 경우의 장점

- 현존하는 성공기업은 계속 성공할 확률이 높다.
- 현존하는 성공기업은 좋은 입지조건을 갖추고 있다.

- 직원과 공급선을 이미 잘 갖추고 있다.
- 시설이 이미 잘 갖추어져 있고 생산능력도 잘 알고 있다.
- 적절한 재고도 확보하고 있고 거래신용관계도 구축되어 있다.
- 구매 즉시 사업운영과 함께 이익을 거둔다.
- 구매자가 전사업주의 경험을 사용할 수 있다.
- 신설기업때보다 싸게 사업을 차릴 수 있다.

③ 기존기업을 구입할 경우의 단점

- 사업을 넘긴 사람이 적의를 갖게할 수 있다.
- 구입한 대상이 부실한 사업일 가능성이 있다.
- 넘겨받은 종업원을 보유할 경우 이는 사업에 곤란을 초래할 수 있다.
- 입지가 나빠질 수도 있다.
- 시설이 밝고 노후화해서 쓸모없다.
- 변화와 혁신을 기할 수 없다.
- 재고가 진부화된 것으로 쓸모없다.
- 회계재정(외상매출금)이 대손될 경우가 많다.
- 기업이 과잉평가될 수 있다.

(3) 자신이 새로 창업해서 운영(starting)

다른 사람이 운영하던 사업체를 구매해서 운영하는 경우보다는 새로이 창업하는 경우가 훨씬 어렵다고 할 수 있는데, 이는 백지상태에서 새로운 그림을 그려가면서 사업을 하여야 하기 때문이다. 대체적으로 보면, 창업은 새로운 아이디어가 있을 때 시도되는데 그 경우에도 아이디어만으로는 창업이 불가능하다.

왜냐하면 아이디어와 함께 상업적 타당성(commercial viability)이 있을 때 사업을 시작할 수 있기 때문에 창업자는 제품화와 그 시기(timing), 경쟁력, 자금력, 기술과 경험 그리고 능력면에서 충분한 성공가능성이 있는지를 확인하고 창업을 하여야 한다. 이러한 경우 가장 어려운 과제는 자금조달능력에 달려있다. 그러기 때문에, 창업에 앞서 개인적 저축이나 금융기관의 이용가능성 그리고 벤처자본기업의 활용전망에 대해서도 면밀한 진단을 할 필요가 있다.

그뿐만 아니고 공급선으로부터의 경제적 지원이나 주식발행(상장가능 기업에 한함) 가능성에 대해서도 폭넓은 고려를 함으로써 사업자금의 충실에 만전을 기하여야 한다. 한 마디로 스스로 창업할 경우에는 모든 것이 내것이고 내마음대로 할 수 있다는 자유로운 창조능력으로 새로운 아이디어로

표 1-3 기업의 인수와 창업의 비교

구 분	고려사항	현존기업 인수합병	새로이 창업
1	이윤가득성	보다 신속한 이윤가득	보다 큰 이윤을 얻을 수 있는 잠재성
2	위험지수	낮은 위험	높은 위험
3	명성, 인지도	이미 축적된 명성	명성도 없고 명성축척도 쉽지 않다
4	실질적 자산과 설비	시설설비갖춰짐	시설설비 갖춰지지 않음
5	인적 자원	이미보유	새로이 충원교육 필요

산뜻한 출발을 할 수 있다는 장점이 있는 대신, 시장이 내편이 되어줄 것인지 일정수준의 사업으로 유도하는 과정에서 소비자의 타성과 관성을 어떻게 막아내고 내품으로 올 수 있는가? 하는 문제점이 있기 때문에 이에 대한 선택과정에서는 신중한 의사결정이 필요하다. 기업을 구매해서 운영할 것인지 아니면 새로이 창업할 것인지를 결정하고자 할 경우 필요한 고려요인을 요약하면 〈표 1-3〉과 같다.

◈창업담당자는 다음과 같은 요인도 중점적으로 체크함으로써 창업에 만전을 기하여야 한다

- 기업의 업종(제조, 판매, 서비스업)
- 사업의 범위, 즉 거래량과 시장규모
- 기업에 대한 지배나 경영지배를 원하는 정도
- 창설 및 확장시의 소요자금량
- 기업위험과 기업채무를 단독으로 부담하고자 하는 의욕
- 이익의 취득에 대한 기대
- 기업의 존속기간
- 정부규제로부터의 상대적 자유
- 세무상의 특전
- 기업조직의 편의성과 비용

2) 창업 후 실패하는 이유

다산다사의 기업생사의 실태를 보면 창업을 구체적인 준비없이 사업을 진행하는 경우와 자본과 경험기술이 부족한데서 출발하는 사례가 나타고 있다. 이를 방지하는 길은 실패한 선경험자의 교

훈을 참고하고 자신을 검토하고 추진하면 지피지기(知彼知己)는 백전백승(百戰百勝)이라 하였다. 시장을 알고 나를 알고 착수하면 성공률은 높다.

실패의 요인들을 살펴보면 주요 이유는 다음과 같다.

- **경제적 요인** : 기업취약하고 이윤 또한 낮으며 성장전망도 불투명하기 때문이다.
- **관리능력의 부족** : 경영자가 이론적으로나 실무적으로 관리능력을 갖추지 못해서 실패한다.
- **유능한 인계확보의 곤란** : 과중한 업무와 낮은 급여 그리고 승진기회의 부적절성 때문에 인재를 확보하기 곤란해서 사업을 성공으로 이끌지 못한다.
- **과다경쟁** : 소규모기업은 창업이 쉬우므로 경쟁자가 많이 생겨서 실패하는 경우가 많다.
- **규모의 경제성 결여** : 규모의 영세성은 대기업에서 누릴 수 있는 경영상의 이점이 없어서 실패하는 사례가 많다.
- **정부의 과도한 규제** : 정부규제 때문에 업무수행의 곤란과 차질을 빚게되고 또 불필요한 규제로 기업행위를 못하게 되는 경우도 많다.
- **재정난** : 자금난이나 신용의 한계성 때문에 기업이 실패하는 경우가 가장 많다.

성공포인트

1. 당신에게 맞는 환경을 선택하라

주변환경을 잘 읽어라 작은 사람은 환경의 지배를 받고 큰 사람은 환경을 조성한다. 주변환경에 잘동화함으로서 협조조언자를 얻어 새로운 환경이 조성되기도 한다. 사람은 일생을 살아감에 있어 선택의 기회를 잘 선택하여야 한다.

(예) 학문의 선택, 직업의 선택, 배우자의 선택 등 자신의 가치관에 적합한 환경을 선택하라. 사회를 구성하고 있는 다양한 조직체들은 그들 특유의 가치관을 가지고 있다. 지금 당신이 속해있는 집단의 가치관에 동의할 수 없다면 그 집단을 벗어나 개혁을 일으킬 수 있는 역량을 길러 나갈 수 있다.

2. 감사의 진실을 알라

사람이 행운을 부르고 행운이 행운을 부르며 그 행운이 부를 가져온다. 당신이 수입을 올리고 싶으면 감사하는 법을 배워라. 상사에게 감사하고 고객동료에게 감사하라, 감사의 마음이 잠재의식에 각인되어 당신의 마음을 부자로 만들 것이다. 마음의 부자가 되면 협조자들이 생겨 자연성과를 올릴 수 있고 수입이 향상된다.

요 약
summation

■ 창업의 사회, 경제적 의의

창업이란 기업의 형태, 위치, 규모 및 사업방법 등에 관계없이 기존의 사업을 상속, 증여, 합병, 영업의 양수도 등으로 승계하지 아니하고 새로운 사업을 개시(start-up)하는 것을 말하며, 개인이나 법인이 사업을 하기 위해 기업을 새로이 설립하는 것이라고 한다.

■ 법률상의 창업의 범위

창업에 관한 법률규정은 '중소기업창업지원법'에서 근거하고 있으며, 동법 제2조에 의거하면 창업이라 함은 중소기업을 새로이 설립하여 사업을 개시하는 것이라 하고, 새로운 사업자로서 기존사업과 연관없이 실질적인 사업의 개시라고 하였다.

■ 창업추진시 고려사항

예비창업자가 창업을 하기위해 가장 고민하는 것은 기업을 개설하고 영업을 하였을 때 쉽게 수익을 창출하고 창업기업이 성공하기를 바란다. 그러나 기업환경의 변화와 경쟁관계는 창업자의 뜻대로 되는데 한계가 있고 제약요인으로 인해 창업의 어려움을 가지게 된다. 창업을 위한 최소한의 기본적인 구상에 관한 고려사항은 다음과 같이 제시하고 준비토록 한다.

① 주력상품(what) ② 유인동기(why) ③ 대상고객(who)
④ 영업시간(when) ⑤ 창업입지(where) ⑥ 판매방식(how)
⑦ 제품가격(how much)

■ 창업요건

창업자가 창업에서 실패하지 않으려면 창업자가 갖추어야 할 요건에 관해서 충분한 검토를 하여야 하고, 그 다음에는 창업에 관한 계획을 철저히 수립하여야 하며, 창업방법 또한 신중히 결정하여야 한다.

① 창업자로서의 자질점검
② 기업가적 요건에 대한 진단
③ 창업계획의 수립

■ 창업방법과 매입방법(starting or buying)

소규모기업을 창업하려 할 경우, 다른 사람이 운영해온 기업을 사들이는 방법(buying)과 새로이 창업을 스스로 하는 방법(starting) 중 어느 하나를 선택할 수 있다.

① 인수해서 운영(buying a small business)
② 기업의 실 가치에 대한 철저한 평가
③ 자신이 새로 창업해서 운영(starting)

제5절 신사업전략의 전개

♣ **성공하는 사람과 실패하는 사람**

우유부단이야말로 성공을 가로막는 적이다. 성공하는 사람들은 신속결단력의 소유자이며 부를 축적하는데 실패한 사람들은 예외없이 결단력이 매우 느리다. 충분한 정보는 결단력을 내리는데 필요한 요소이다. 그러나 모든 것을 알기 전에는 어떤 행동도 취하지 않겠다는 태도는 리더가 될 수 없습니다. 직관적인 신념에 비추어 과감하게 내리는 리더의 결단이 곧 조직을 성공으로 이끌어 냅니다.

- 나폴레온 힐 -

1. 개 요

신사업전략의 전개에 대한 개요는 한국경제가 2000년대에 접어들면서 전성기를 맞아 한국기업들이 고전분투(苦戰奮鬪)한 실상과 일본경제가 그들이 말하는 잃어버린 20년을 인내하며 극복하여 오늘의 활력을 다시 찾고 있는지 살펴보고 우리경제가 답습하지 않기 위해서는 우리기업들이 어떻게 해야 할 것인지 스스로에 채찍질을 하여 인고후락(忍苦後樂)이라 역경을 극복하고 유비무환(有備無患)의 결과로 경제성장을 얻고자 함이 본 절의 추구함이다.

2. 실태 및 과제

1) 신사업전개

우리나라 경제가 저성장기에 접어들어 버블붕괴 이후 경제는 장기침체상태에 있고, 기업은 종래와 같은 경영방법으로 지속하면 기업의 생존이 어려워지고 있다. 그러나 이 어려운 시장환경에서 살아남아 더욱 성장하는 중소기업도 상당수 존재하는 것이다. 이러한 기업들이 많이 보여주는 특징은 타사에서 쉽게 모방할 수 없는 제품이나 서비스를 만들어내는 “새로운 사업”을 전개하고 있어 특정 분야의 시장에서 높은 우위를 확보하고 소득이 증가하고 있기 때문이다.

본 고는 창업자의 착상(着想)에 도움을 주고자 (일본 금융공고종합연구소 조사)내용을 인용기재한다. 이러한 가설을 바탕으로 2010년 중소기업의 새로운 사업전개에 대한 설문을 실시했다. 본 고에서는 설문조사분석과 기업히어링 조사에서 중소기업의 새로운 사업전개의 현상을 나타냄과 동시에 성과에 미치는 효과와 신사업의 과정을 살펴보았다.

그 결과 최근 10년 사이에 새로운 사업에 종사한 중소기업의 비율은 43.1%로 결코 적지않는 수의 기업이 신사업을 전개하여 중소기업은 매출을 늘리고 있으며 수익비율을 높이는 등 신사업전개와 중소기업의 성과에 긍정적으로 작용하는 상관관계가 있는 것 등이 밝혀졌다. 또한 이러한 새로운 사업전개를 성공하기 위해서는 내부조직을 정비하여 최적의 조직으로 변화시키는 기존의 경영자원활용과 외부자원의 힘을 적절하게 도입하는 등 대처가 중요한 것으로 나타났다. 새로운 사업전개가 어려운 것이어서 반드시 성공하는 것은 아니다. 그러나 시장이 변화로 가는 가운데 중소기업의 신사업활동은 피할 수 없는 과제로 되어 있다. 그렇다면 신사업에 적극적으로 도전하는 중소기업을 지원하는 구조를 만들어 가는것도 향후의 정책적 과제가 될 것이다.(종합연구소 深沼 빛, 마쓰이 雄史 후지타 이치로)

2) 신사업전개의 현황과 실태

(1) 문제의식

버블붕괴 이후 경제는 저성장으로 장기침체상태에 빠져 있었다. 1990년에 전년 대비 플러스 6.2%를 기록한 실질 GDP 성장률은 점차 마이너스를 기록하게 되었다. 정책금융공고종합연구소의 전국중소기업 동향조사에서 업황(業況)판단을 보면, 1990년 초반에 크게 하락하고 있다. 특히 종업원 20인 미만을 조사대상으로 하고 있는 소기업의 경우 1991년에 마이너스로 돌아 이후 흑자를 기록하지 못하고 있다.(일본예. 정책금융공고종합연구소 조사)

시장환경이 어려웠던 것은 이러한 추이에서도 읽을 수 있다. 이러한 “잃어버린 20년”이라고도 하는 어려운 시장환경에 살아남아 더욱 성장을 수행하는 기업도 다수 존재한다. 이러한 기업들이 보이지 않는 특징은 타사에서 쉽게 모방할 수 없는 제품과 서비스를 만들어내는 새로운 사업을 전개하고 특정분야의 시장에서 높은 우위를 확보하고 있다는 것이다.

이러한 것을 바탕으로 일본정책금융공고종합연구소에서는 2013년 8월 중소기업의 새로운 사업전개에 관한 조사를 실시했다. 본 고에서는 조사결과를 분석과 병행하여 실시한 기업히어링 조사에서 중소기업에 의한 신사업전개의 현황과 실태를 탐구하고 사업실적에 미치는 영향과 과정 등을 검토연구한다. 선행연구를 보면, 중소기업청(2013)은 새로운 사업전개를 실시한 기업과 실시검토할 수 없는 기업의 실적전망을 비교하고 새로운 사업전개를 실시한 기업이 매출전망과 이익의 증가세 기업이 많다는 결과를 얻고 있다.

또한 새로운 사업에 종사한 기업의 경영자의 절반이상이 새로운 사업에 긍정적인 평가를 하고 있는 것으로 분석된다.(후지타, 2012) 실적이 향상되면 새로운 사업전개에 적극적으로 임하는 것은 물론 호응할 것이며, 기업의 지명도와 명성을 향상되는 등 실적 이외의 면에서도 좋은 영향을 미치고 있다.(중소기업청, 2013)

그런데, 신사업전개에 대해 분석을 함에 있어 주의해야 할 것은 새로운 사업과 정의이다. 새로운 사업은 혁신의 대명사로 거론되는 것도 종종 있다. 단지 상품이나 서비스가 얼마나 새롭거나 얼마나 혁신적인 것인지, 그리고 어떠한 것이냐에 따라 다르다. 따라서 정의에 의해 관측되는 새로운 사업의 범위가 크게 바뀌는 점에 주의해야 할 것이다.

그래서 먼저 기존조사 등의 정의를 확인해 둔다. "중소기업의 새로운 사업활동촉진에 관한 법률"(신사업활동촉진법)에서는 신사업활동을 신상품의 개발 또는 생산제품의 새로운 생산 또는 판매방식의 도입, 용역의 새로운 제공방식의 도입 기타 새로운 사업활동을 말한다. 신산업창조의 신규사업 신분야진출의 정의로 최근 10년간 ① 기존사업의 시장과는 다른 새로운 시장을 개척할 것(신시장개척), ② 기존사업의 시장에서 기존제품기술과는 다른 새로운 제품기술을 개발하는 것(신제품기술개발)의 두 가지를 들고 있다. 이것은 안정후의 매트릭스를 바탕으로 새로운 사업을 정의하고 있다.

이러한 선행연구를 바탕으로 더 널리 중소기업의 신사업전개를 잡기위해 새로운 제품제공과 "신분야진출의 두 가지로 나누어 신사업을 정의했다. 신상품개발은 기존시장분야를 겨냥해 새로운 상품을 개발제공하기로 한 것으로 크기모양, 색상옵션 등 사양의 경미한 변경은 포함하지 않는다." 새로운 분야로의 진출은 기존과 다른 시장분야를 겨냥해 새로운 상품을 개발제공하는 것이다. 이 두 가지에 대해 각각 실시여부와 분석의 단면으로 하고 있다. 본 고의 구성은 다음과 같다. 중소기업의 신사업전개의 실태와 성과에 미치는 효과 등을 주로 조사결과와 함께 구성된다. 새로운 사업전개과정과 성과의 관계에서 새로운 사업전개를 성공시키기 위한 과제에 대해 조사분석 뿐만 아니라 기업경영으로 이어진다.

또한, 본론에서 로지스틱 분석결과를 기재하고 있다. 본론으로 나타내는 각 데이터의 경향으로부터 유도된 결론은 통계적 기법을 가지고 분석도 실시된다.

3) 신사업종사의 실태와 성과에 미치는 영향

(1) 분석 프레임워크

설문조사실시 요령의 조사대상은 창업 후 25년 이상 경과하고 있는 중소기업 10,000개 사이다. 테이코쿠 데이타뱅크가 보유한 기업데이터베이스에서 총무성 통계국의 센서스(2009년) 업종분포에 따라 샘플을 추출했다. 응답기업의 직원들의 평균은 49.1명이었다. 카테고리별은 1~4명이 6.0%, 5~9명이 13.6%, 10~19명이 15.7%로 19명 이하의 기업이 35.3%로 되어있다. 업종은 제조업이 30.6%, 서비스업이 18.9%, 건설업이 15.2% 등이다

(2) 새로운 사업에 참여하는 기업의 특성

새로운 사업에 참여하는 기업의 특성으로 보아 종업원 수별로 본 신사업전개는 새로운 사업에 참여하는 기업의 비율이 가장 높은 것은 종업원 수 A, 100명 이상 기업에서 B 신상제품이 있다가 22.7%, C 새로운 분야가 9.3%, D 모두가가 27.3% 등 총 59.3%가 새로운 사업에 임하고 있다. 이하, 종업원 수가 적어지면서 새로운 사업을 전개하는 기업의 비율이 저하되어가지만, 가장 규모가 작은 1~4명 기업에서도 29.3%가 새로운 사업에 임하고 있다. 소규모라도 새로운 사업을 전개하는 기업은 존재한다.

다음은 새로운 사업에 참여하는 기업을 기존 업종별로 본 것이다. 가장 노력하는 기업의 비율이 높은 것은 정보통신업 다음으로 음식숙박업, 도매제조업 등이 계속된다. 업종에 대해 기존산업과 새로운 산업의 대응은 새로운 축에 기존산업의 최대매출의 큰 신사업업종을 적용 매트릭스로 한 것이다. 먼저 새로운 제품제공을 보면 정보통신업에서 정보통신업, 제조업에서 제조업하면 동일한 업종내에서 새로운 사업전개가 많이 있다. 한편 신분야진출에 대해보면, 새로운 제품제공에 비해 이 분야에 진출해 있는 패턴이 상대적으로 많다. 그 중에서도 도매나 소매는 오히려 다른 업종에 진출해 있는 쪽이 많아지고 있다.

(3) 신사업에서 보이는 높은 우위

새로운 사업에 종사하고 있는 기업은 어떻게 시장을 타겟으로 하고 거기서 어떤 제품이나 서비스를 제공하고 있는 것일까.

◈ 기존 업종별로 본 신사업의 업종분포

① 가장 매출이 큰 신사업업종을 보여 주었다.

② 서비스업은 의료복지, 교육학습지원업, 물품임대업을 포함한다. 신사업의 기타 사업으로는 운수업에 가세해 부동산임대업도 포함한다.

③ 기존의 업종

농림수산업, 부동산임대업 기업은 샘플에 포함하지 않는다. 우선 기존 제품시장의 동향을 보면 축소하고 있다는 응답비율이 43.7%로 가장 높고, 확대되고 있으며 9.3%를 크게 웃돌고 있다. 한편, "신상품" 새로운 분야는 다른 경향이 보인다. 새로운 분야의 시장동향은 "확대있다."는 응답비율이 34.8%로 감소하고 있으며 14.8%를 크게 웃돌고 있다. 신상품에 대해서도 "새로운 분야" 정도는 아니지만, "확대하고 있다"는 응답이 감소하고 있다. "보다 많다. 기존 제품"시장이 어려운 상황에 놓여있는 반면, 새로운 사업을 전개하고 있는 시장은 성장있다는 것을 알 수 있다. 또는 성장이 전망되는 시장을 겨냥해 새로운 사업을 전개라고 하는 견해도 있을 것이다.

④ 제품별 시장동향

한편, 새로운 분야에서는 '어렵다'는 답변비율이 36.7%로 '쉽게'의 22.0%를 웃돌고 있다. 새로운 상품에서도 역시 같은 경향이 있다. 기존제품을 투입해 시장확대를 기대할 수없는 가운데 새로운 사업에 종사하고 있는 기업에서는 확대되고 있는, 혹은 향후 확대가 예상되는 시장을 타겟으로 하여 타사가 모방하기 어려운 상품을 투입하여 높은 우위를 확보하고 있다고 할 수 있다.

⑤ 신규사업이 실적에 미치는 영향

새로운 사업이 성과에 미치는 영향에 대해 자세히 살펴보면. 설문조사는 10년전과 현재의 매출에 대해 차이를 묻고 있다. 양자를 비교하면 지난 10년 동안 새로운 사업의 경우 성장세를 이었으며 기존제품전용 기업도 매출이 10년 전보다 증가했다. 기업의 비율은 38.5%로 감소했다. 기업의 58.1%를 밑돌고 있다. 한편, 모두가 기업은 매출이 10년 전보다 증가했으며 기업의 비율이 57.7%로 감소했다. 기업의 39.7%를 크게 상회하고 있다.

매출내역을 보면 각각 기존상품의 매출은 감소하고 있지만, 신상품은 새로운 분야와 합치면 전체매출은 증가하고 있는 것을 알 수 있다. 종업원 수는 어떨까. 10년 전과 비교한 종업원 수의 증감을 보면 증가했다. 기업의 비율 A 기존제품만 34.5%, B 신상품있다가 40.9%, C 새로운 분야가가 48.1%, D 모두가가 54.6%이며, 매출뿐만 아니라 새로운 사업에 종사하고 있는 기업이 종업원 수를 늘리고 있다. 거점수에 대해서도 같은 경향이 보인다. 10년전과 비교한 자사의 거점수의 증감을 보면 증가참석한 기업의 비율은 A 기존제품만 12.3%, B 신상품있다가 21.1%, C 새로운 분야있다 26.5%, D 모두가가 31.3%로 되어있다. 이처럼 새로운 사업전개는 매출과 이익액의 증가 등 기업의 실적향상에 기여하고 있는 것을 알 수 있다. 또한, 종업원 수 및 거점의 증가 등 회사의 규모확대에도 이어지고 있다.

(4) 신규사업이 질적측면에 미치는 효과(숫자로 드러나지 않는 질적효과는 어떨까)

새로운 제품제공을 실시하고 있는 기업은 자사의 지명도 신용도에 대해 효과가 있었다라고 한 비율이 85.8%로 되어 있다. 기술력·상품개발력이 기업의 경쟁력이라는 항목에 대해서도 80% 이상의 기업이 효과가 있었다고 답변했다. “새로운 분야로의 진출을 실시하고 있는 기업에서도 같은 경향이 보이며, 특히 ‘장래성, 성장성’의 항목은 90% 미만의 기업이 효과가 있었다.”고 답변하고 있다. 이처럼 새로운 사업전개는 매출액과 종업원수와 정량면 뿐만 아니라 숫자는 보이지 않는 무형의 면에도 긍정적인 영향을 주고 있다.

3. 신사업성공사례

1) 성공포인트

(1) 사업의 성격에 따라 포인트결정

본 절에서는 설문조사와 기업사례에서 중소기업이 어떻게 새로운 사업을 추진했는지 그 경우 프로세스를 확인한 후 새로운 사업을 성공시키기 위한 포인트를 찾는다. 분석에서는 신사업의 형태에 따라 결과가 다를 수 있으므로 해당 신사업 중 가장 매출이 많은 상품을 바탕으로 신상품을 제공할 경우와 새로운 분야에 진출하는 케이스로 기업을 나누었다. 신사업이 성공했는지 여부의 척도에 해당하는 신사업매출에 대해 증가세·정체·감소경향의 세 가지 구분을 사용하였다

(2) 새로운 사업에 종사동기

첫째, 이미 새로운 사업을 실시하고 있는 기업이 어떤 동기에서 임한 것인가를 본 것이다. 신상품은 새로운 기둥이 되는 사업을 창출하기 위해 53.9%가 가장 동기가 되고 있으며 기존사업의 매출부진과 수익성하락을 보전하기위해 거래처의 요청에 대응하기위해 42.9%가 그 뒤를 이었다. 새로운 분야에서도 새로운 핵심사업을 창출하기위해 65.1%, 기존사업의 매출부진 및 수입유익하락을 보전하기위해 48.6%, 거래처의 요청에 대응하기위해 27.9%가 유사한 경향이 있다. 다음에 소

개하는 太盛공업(주) [사례 1]은 새로운 사업에 종사한 시점에서 기존사업의 매출부진 및 수익저하에 빠지진 않았지만 거래처의 해외진출 등으로 인한 미래에 위기감을 배경으로 신사업의 핵심이 되는 사업을 창출하기 위해 신사업에 의해 실질적 효과를 창출하고 있다

성공사례 1 太盛공업(주)

- 대 표 자 : 다나카 시게오
- 위 치 : 오사카 부 네야가와시
- 기존 사업 : 플라스틱 사출 성형
- 신 사 업 : 금속분말 사출성형
- 종업원 수 : 41명

(1) 금속분말 사출성형

태성공업(주)의 주력사업은 플라스틱 부품의 사출성형이다. 정수기 등의 물관련 상품의 제조전문 부품의 설계에서부터 최종 제품조립까지 일괄 생산할 수 있는 것이 특징이다. 현주산(現主產) 에서도 이 분야가 매출의 약 80%를 차지하고 있다. 신사업의 금속분말 사출성형에 종사한 계기는 1990년대 들어 거래처가 해외이전을 진행하여 부품이나 제품을 현지에서 조달하는 움직임이 나온 것이다. 그 시점에서 매출이 감소하고 있는 것은 아니었지만 중장기적으로는 수주가 감소할 것이라는 위기감을 강하게 느꼈다. 때문에 새로운 기둥이 되는 사업의 창출을 목표로 하기로 했다. 회사는 평소부터 플라스틱 성형가공학회 등에 참가하여 새로운 기술 등에 관한 정보를 수집하고 있었다. 그래서 금속사출성형에 관한 논문이 발표되었다.

금속분말 사출성형은 금속분말 및 플라스틱 입자를 섞어 사출성형한후 플라스틱 성분을 제거하고 금속부품을 만들어내는 기술이다. 이 회사는 지금까지 플라스틱에서 쌓아온 사출성형기술을 응용할 수 있지 않을까라고 생각하고 연구개발을 시작했다. 대형부품가공은 이미 실용화하고 있는 기업이 있었기 때문에 다른 방법은 없는 1밀리미터 이하의 미세한 부품제조기술개발에 특화했다. 개발에 있어서는 기술연구팀을 설치하고, 금속분말 등의 연구 및 제품화를 향한 시작을 실시했다. 이때 유의한 것은 기존사업과 신사업에 알력이 생기는 것을 방지하고 각각의 사업에 전념할 수 있도록 인력과 거점을 떼어 낸 것이다. 그 결과 현재는 내시경끝에 붙이는 마이크로집게 등 미세하고 복잡한 입체형상부품을 생산하고 있다. 이 분야에서 매출의 약 20%를 차지하게 되었다.

(2) 고객(顧客)

새로운 사업은 판매를 실현하는데서 처음으로 성공할 수 있다. 신상품에서는 기존 고객중심이 56.2%로 절반을 넘은 반면, 새로운 분야에서는 '신규고객중심'이 67.7%를 기록했다. '새로운 분야'에 진출하는 것이 새로운 고객에게 판매되는 비율이 높은 것을 알 수 있다. 그러나 신상품고객도 '신규고객중심'은 43.9%에 이르고

있어 새로운 고객을 잡고 있다. 고객의 특성과 매출의 관계를 보면 신상품은 "주로 신규고객"에 판매하고 있는 기업은 매출이 '증가추세'의 비율이 상대적으로 가장 높은 43.9%로 나타났다.

단, 모든 신규고객에게 판매하는 경우에는 31.4%로 가장 낮아지고 있다. 한편 새로운 분야에서는 '모든 신규고객'에 판매하고 있는 기업은 매출이 증가추세에 있는 비율이 57.7%로 가장 높았다. 새로운 고객을 잡을 수 있는 매출증가에 결함이 있다고 할 수 있다. 새로운 사업전개에 있어서는 타겟고객을 정하고, 고객을 확보하는 것이 중요하다고 생각된다.

성공사례 2 코마(주)

- 대 표 자 : 요시 盛善
- 위 치 : 오사카 부 마츠시
- 기존 사업 : 양말제조판매
- 신 사 업 : 고기능양말의 제조판매
- 종업원 수 : 98명

(1) 일반양말공장에서 기능성 양말제작

코마(주)는 1922년에 창업한 전통의 양말제조사이다. 개발에 산다라는 기본이념은 항상 시대에 앞서 고기능 양말을 제작하고 있다. 디자인이 뛰어난 일상 양말에서 축구용, 스키 스타킹 등 스포츠양말까지 폭넓게 다루어 왔다. 회사는 양말 만들기의 전 과정을 자체공장에서 일관되게 실시해 왔다. 전후의 공정과 조정하면서 개발을 추진하는 것이 쉽다. 전사적인 기술력 향상에 기여하고 있다고 한다. 최근에는 제어용 자사소프트웨어의 도입에 의한 고급끈 기술 등 다양한 첨단제조기술을 개발, 축적해 왔다.

90년대 들어 양말업계는 해외생산 특히 2000년 이후 급속하게 중국에서의 생산이 본격화되어 그 결과 가격경쟁이 격화되고 가격인하 압력이 거세지고 있었다. 이대로는 안 된다고 생각한 회사는 당시 생산하고 있던 스포츠양말을 고기능화 함으로써 새로운 시장을 확보하려고 생각했다. 개발에 있어서는 본래 가지고 있는 능력을 최대한 발휘하는 것을 목표로 했다. 스포츠용 양말은 그때까지 좌우같은 모양인 것이 보통이었지만, 회사는 엄지와 새끼손가락 관절의 부분을 부풀리거나 발뒤꿈치를 공모양으로 하는 등, 좌우다리의 각 부위에 맞는 입체 디자인을 도입했다. 또한 고무의 양이나 뜨개질을 바꾸기 위한 양말 발모양과 움직임, 일을 지원하는 기능을 갖게 했다.

이렇게 완성된 이 신제품이 3D SOX이다. 이 기초개발을 한 것은 사장과 니트기술자 2명이지만 그 후의 전개에 있어서는 공장장, 니트기술자, 디자인담당자 등 7명으로 구성된 프로젝트팀이다. 중심이 된 것은 이전 안경의 제품기획을 하고 있던 중도채용의 디자인담당자이다. 기능디자인이 중요하다는 점에서 안경과 양말이 닮은 점이 도움이 되었다고 한다. 요구되는 형상을 실현하려면 다양한 기술적 결합이 있어야 하지만 더 중요한 것은 디자인담당자와 생산현장이 일체가 되는 것이다.

(2) 경영자원의 활용

기업내부의 다양한 경영자원을 활용하는 것도 중요하다. 새로운 사업전개에 있어서 기존의 경영자원을 활용했는지 묻자 신상품에는 많이 활용했다고 답했다.

그 밖에 80% 전후가 기술 · 노하우 인재고객 · 판매시설을 활용했다고 응답했다. 기타 경영자원에 대해서도 50%에서 70% 정도가 활용하고 있다고 응답하고 있으며, 많은 기업들이 다양한 기존의 경영자원을 활용하고 있는 것으로 나타났다. 또한 새로운 분야에서도 기술노하우 인재경영능력을 활용했다고 응답비율이 모두 80%미만이다. 기타 항목에 대해서도 과반수의기업이 기존의 경영자원을 활용했다고 응답하고, 많은 기업들이 다양한 기존의 경영자원을 활용하고 있는 것을 알 수 있다.

(3) 기존의 경영자원의 활용현황(새 상품)

이어 기존의 경영자원의 활용상황과 매출의 관계를 본다. 마찬가지로, 새로운 분야에서도 기존의 경영자원을 활용한 기업의 분들이 활용하지 않은 기업에 비해 매출이 증가추세인 비율이 높아졌다.

3. 검증분석, 사업전개, 자금조달

1) 통계적 방법에 의한 검증

(1) 문제인식

본론에서는 설문조사결과를 주로 교차분석에 의해 분석했다. 크로스 탭 데이터의 분포를 그대로 나타낸 것이므로 경향파악이 쉽다는 장점이 있다. 한편, 겉보기에 관계가 드러나 버릴 가능성도 있다. 그래서 본론에서는 새로운 사업의 대처상황에 따라 성능에 차이가 있는지 여부, 또한 새로운 사업활동과정과 신사업의 실적 사이에 관계가 있는지를 통계적 방법을 이용하여 검증한다.

(2) 신규사업의 대처상황과 성과의 관계

① 데이터와 추정모델

데이터는 본론과 마찬가지로 일본정책금융공고종합연구소 중소기업의 새로운 사업전개에 관한 조사를 활용하였다. 사용하는 변수는 본론의 기술통계량과 같다. 피 설명변수는 10년전에 비해 매출액 종업원수의 증감은 현재 이익액의 동향을 각각 매출더미로 채택했다. 이러한 변수는 모두 설문조사 답변에서 만든 것으로 증가(이익액 더미는 증가경향)하면 1, 또는 감소의 경우에는 0을 취하는 더미변수이다. 또한 현재의 채산상황에 대해서는 채산더미를 채용했다. 채산더미는 흑자때는 1, 적자의 경우는 0을 취하는 더미변수이다. 이러한 피 설명변수는 모두 2가지 구분이기 때문에 추정은 로지스틱 회귀모델을 채용한다. 설명변수는 기존 상품만을 기준으로 새로운 사업을 실시하고 있다. 신사업더미는 형태별로 신상품화에 있었고, 새로운 분야 모두를 분류한 더미변수를 마련했다. 각각 해당하는 경우는 그렇지 않은 경우를 취한다. 기타 컨트롤변수는 기존사업의 업종, 종업원수. 업력의 (대수)이다.

② 추계결과

우선 10년전에 비해 매출의 증감에 대해서 보면 설명변수인 신사업더미 계수의 부호는 상당히 플러스가 되었다. 또한 새로운 사업형태별로 보면 신상품 있다, 새로운 분야가 있다, 모두 계수의 부호는 통계적으로 유의하게 긍정적이며, 오즈 비(Exp (β))도 1을 상회하고 있다. 본론에서 본것처럼 새로운 사업전개는 매출증가와 긍정적인 상관관계가 있음이 추정결과에서도 나타났으며, 또한 신상품 있다, 새로운 분야가 있다, 모두가 순차적으로 계수화, 교차비 등 함께 커지고 있다. 10년전과 비교한 종업원 수의 증감에 대해서도 매출의 증감과 대체로 비슷한 결과를 얻을 수 있었다. 새로운 사업을 전개하고 있는 기업은 그렇지 않은 기업보다 종업원 수를 늘리고 있다고 해도 좋을 것이다. 채산성을 보면 신사업 더미 계수의 부호는 상당히 플러스가 되었다.

③ 형태별로 보면 신상품 있다

새로운 분야의 계수는 통계적으로 의미가 되지 않았지만 부호는 플러스가 되었으며, 모두가 상당한 플러스가 되었다. 이익액 더미를 피 설명변수로한 추계를 보면 신사업더미 계수는 상당히 플러스가 되었고 형태별로 보면 신상품 있다. 계수는 통계적으로 의미가 되지 않았지만 부호는 플러스가 되었다. 새로운 분야 모두 유의하게 플러스를 기록했다. 이와 같이 추정결과에서도 새로운 사업전개가 중소기업의 성과와 긍정적인 상관관계가 있다는 것이 대체적으로 알게 된 것이다.

(3) 신규사업의 대처과정과 신사업의 성과의 관계

① 데이터와 추정모델

데이터는 계속 일본정책금융공고종합연구소 '중소기업의 새로운 사업전개에 관한 조사'를 사용한다. 사용하는 변수는 본론 기술통계량과 같다. 피 설명변수는 신사업의 매출동향을 바탕으로 한 매출더미를 채택한다. 이 변수도 설문조사답변에서 만든 것으로 신사업매출이 증가추세라면 1, 제자리 걸음 또는 감소경향의 경우에는 0을 취하는 더미변수이다. 설명변수는 4개의 더미변수를 마련했다.

② 신사업고객

첫 번째, 신사업의 고객을 주로 신규고객이면 1, 기존고객이면 0을 취하고, 두 번째는 조직변경의 것이다. 새로운 사업에 종사에 있어서 사내조직을 변경한 경우 1, 실시하지 않은 경우 0을 취한다. 세 번째는 경영자원의 것이다. 새로운 사업에 종사에 있어서 기존의 경영자원을 활용했다면 1, 활용하지 않았다면 0을 취한다. 네 번째는 업무제휴 더미에서 새로운 사업에 종사에 있어서 다른 기업이나 외부기관과 업무제휴를 하고 있는 것이라면 1, 실시하지 않으면 0을 취한다. 다섯 번째 이하에서는 설명변수 간의 상관에 의한 다중공선성의 영향을 피하기 위해 4개의 설명변수 각각 별도로 추계를 실시했다. 컨트롤변수는 새로운 사업의 업종, 종업원 수(대수) 사업경력이다. 또한, 본론뿐만 아니라 여기에 해당 신사업중 가장 매출이 많은 상품을 바탕으로 새로운 제품을 제공하는 경우와 신분야진출을 하는 경우에 기업을 나눈다.

2) 새로운 사업전개에 따른 자금조달

(1) 문제의식

본론에서 새로운 사업전개에 있어서 중소기업은 상품제품개발, 판로개척 등 다양한 노력을 기울이고 있다. 그 때 어느 정도 반드시 자금의 치료를 하는것이 요구된다. 그래서 본론에서는 설문조사결과를 바탕으로 새로운 사업전개에 있어서의 자금조달에 대해 본다. 데이터는 본론과 마찬가지로 일본정책금융공고종합연구소 중소기업의 새로운 사업전개에 관한 조사를 이용하였다. 또한 본론 뿐만 아니라 새로운 사업형태에 따라 자금조달의 내용이 다를 수 있으므로 해당신사업 중 가장 매출이 많은 상품을 바탕으로 기업을 분류하고 새로운 제품의 제공을 할 경우와 새로운 분야에 진출하는 케이스로 나누어 개관한다.

(2) 필요 자금액수와 조달처

새로운 사업전개에 있어서 필요하게된 자금의 총액을 본것이 본론이다. 신상품은 1,000만원 미만이 56.8%로 절반을 넘은 반면, 새로운 분야에서는 1000만원 이상이 52.6%로 나타났다. 새로운 분야에 나오는 것이 필요 자금규모가 다소크지만, 신상품에서도 40% 이상이 1,000만엔 이상의 자금을 필요로 하고있다는 것을 알 수 있다. 그러나 100만원 미만이라는 응답도 신상품에서 18.3%, 새로운 분야 15.7%이며, 자금을 필요로 하지않는 경우도 보인다. 이러한 자금의 조달처를 보면 신상품은 자본금 74.5%가 최대의 조달처가 되고, 차입(민간금융기관) 36.4%, 대출(정부계 금융기관) 17.5%가 그 뒤를 이었다. 새로운 분야에서도 자본금 59.9%, 대출(민간금융기관) 44.4%, 대출(정부계 금융기관) 24.2%과 비슷한 경향이 있다.

(3) 대출조건

새로운 사업을 전개함에 있어 실제로 차입을 한 기업이 차입시 중시한 조건을 보면 신상품에서의 금리는 비율이 59.3%로 가장 높았다. 이어 차입기간 24.4%, 담보·보증인의 조건 11.4%)가 되었다. 새로운 분야 금리 66.4%, 대출기간 21.4%, 담보·보증인의 조건 9.3%와 비슷한 경향이 있다.

(4) 자금조달 상황

새로운 사업전개에 따라 필요해진 자금조달 상황을 본 것이 보론이다. 신상품에서는 충분히 조달할 수 있었다는 비율이 가장 높은 70.7%를 기록했다. 새로운 분야에서도 마찬가지로 충분히 조달할 수 있었다는 비율이 65.5%로 가장 높다. 한편, 신상품, 새로운 분야와 함께 충분하지 않고 새로운 사업전개에 지장이 있었다는 응답비율은 약간 머무르고 있어 문제없이 자금을 조달할 것으로 생각된다.

3) 외부로부터의 출자에 대해

(1) 문제인식

새로운 사업을 전개함에 있어 필요하게된 자금은 소형자금 및 차입에 의해 자금을 모으는 경우가 많아 출자받은 응답은 신상품 2.3%, 새로운 분야에서 6.5%에 그쳤다. 그래서 중소기업은 외부로부터의 출자에 대한 요구는 없는 것일까. 여기에서는 새로운 사업에 한정하지 않고 중소기업의 출자에 대한 생각을 찾았다.

(2) 현재의 출자

현재출자를 받고있는 대상을 본것이 보론전체에서는 98.3%로 대부분의 중소기업이 경영자·친족·관련회사에서 출자를 받고 있다. 이어 거래처(6.5%), 민간금융기관(2.2%), 공공기관(1.5%)로 되어있지만, 그 비율은 상대적으로 매우 낮다. 기업규모별로 보면 기업규모가 커짐에 따라 거래처, 민간금융기관에서 출자를 받고 있는 비율이 높은 경향이 있다고는 해도 종업원 수 50여명 하지만 거래처에서 출자를 받고 있는 것은 11.2%, 민간금융기관에서 받고 있는 것은 4.5%에 그치고 있다.

성공포인트

1. 미래의 모습을 그려라

근시안적 통찰력과 거시적 관찰력의 결과는 재화를 얻어내는 방향성이 달라진다. 성공은 냉철한 결단력과 경쟁력에서 결정된다. 결단력과 경쟁력이 부족해서 눈앞에 이익에만 급급한 근시안적인 사람이 될 수밖에 없다고 변명하지말라. 결단력과 경쟁력은 과거의 실패와 착오의 경험속에서 자성과 학습으로 충분이 얻을 수 있는 인생의 필수요소이다.

2. 성공의 꿈을 꾸어라

꿈이 없는 자에게는 미래도 희망도 없다. 삶에서 무엇을 원하는지 알지 못하면 아무것도 얻을 수 없다. 꿈은 희망이요 용기에 있다. 꿈이 없는 사람은 목표가 없는 사람이다. 꿈을 만들어 꾸는 사람에게는 꿈이 돈을 불러모아 주는 것이다. 인생에 있어서 꿈이야말로 활력의 원천이다. 인생이 꿈을 꾸는 것이 아니라 꿈이 인생을 만드는 것이다.

요 약
summation

* 신사업전개

버블붕괴 이후 경제는 장기침체 상태에 있고 기업은 종래와 같은 경영방법으로 지속하면 기업의 생존이 어려워지고 있다. 그러나 이 어려운 시장환경에서 살아남아 더욱 성장하는 중소기업도 다수 존재한다는 사실이다. 이러한 기업들이 많이 보여주는 특징은 타사에 쉽게 모방할 수없는 제품이나 서비스를 만들어 내는 "새로운 사업"을 전개하고 있어 특정 분야의 시장에서 높은 우위를 확보하고 있기 때문이다.

* 신사업전개의 문제의식

버블붕괴 이후 경제는 장기침체 상태에 빠져 있었다. 1990년에 전년 대비 플러스 6.2%를 기록한 실질 GDP 성장률은 종종 마이너스를 기록하게 되었다. 정책금융공고종합연구소의 전국중소기업 동향조사에서 업황판단 DI를 보면, 2000년 초반에 크게 하락하고 있다. 특히 종업원 수 20인 미만을 조사대상으로 하고 있는 소기업의 DI는 2000년 초반부터 마이너스로 돌아간 이후 좀처럼 흑자를 기록하고 있지 않다.

* 신사업성공포인트

새로운 사업을 성공시키기 위한 포인트를 찾는다. 분석에서는 신사업의 형태에 따라 결과가 다를 수 있으므로 해당 신사업중 가장 매출이 많은 상품을 바탕으로 "신상품"을 제공할 경우와 "새로운 분야" 진출하는 케이스에 기업을 나누었다. 신사업이 성공했는지 여부의 척도에 해당하는 신사업매출에 대해 증가세 · 정체 · 감소경향의 3 구분을 사용하였다.

＊신사업의 성과와 데이터의 추정모델

데이터는 계속 정책금융공고종합연구소 '중소기업의 새로운 사업전개에 관한 조사'를 사용한다. 사용하는 변수는 보론 기술통계량과 같다. 피 설명변수는 신사업의 매출동향을 바탕으로한 매출더미를 채택한다. 이 변수도 설문조사 답변에서 만든 것으로 신사업매출이 증가추세이라면 1, 제자리 걸음 감소경향의 경우에는 0을 취하는 더미변수이다. 설명변수는 4개의 더미변수를 마련했다.

제 2 장

창업전 기초지식과 계획

불평고객이 일류기업을 만든다.

고객을 쫓아버리기는 쉽다. 쫓아버리는 방법도 많다. 어떤 기업들은 그러한 방법을 모조리 쓰고 있다. 그중 가장 일반적인 두 가지 방법은 고객의 항의를 무시하는 것과 고객의 불평을 소홀히 하는 것이다. 그러나 항의나 불평을 제대로 처리하면 고객과 기업간에는 단단한 유대관계가 싹트기 시작한다. 누구나 항의를 좋아하지 않는다. 그러나 항의야 말로 고객이 기업에게 개선의 여지가 있다는 정보의 제공자이다.

『불평하는 고객이 일류기업을 만든다.』에서

제1절 경제원론과 행동경제학

♣ **행복으로 가는 두 가지 단순한 원리**

행복으로 가는 길은 단순한 두 가지의 원리가 있다. 자신에게 흥미를 불러 일으켜라 그리고 자신이 잘할 수 있는 것이 무엇인지를 알아내라. 그것이 무엇인지를 알았으면 모든 정신, 에너지, 야망, 타고난 재능을 거기에 쏟아 부어라. 자신이 좋아하는 일을 하는 사람은 누구나 열정과 에너지를 쏟아 부을 것이다. 그것이야말로 바람직한 인생길이요 행복의 길이다.

\- 록펠러 -

1. 경제원론과 경제성장

1) 기업의 탄생기(준비기)

기업을 창업할 때는 누구나 창업기업이 지속적인 성장으로 번영할 것을 소망하며 설립한다. 집을지을 때 그 건물이 오래가기 위해서는 기초가 튼튼하여야 하고 설계가 정밀정확할 때 그 건축물은 확고하여 수명이 오래할 수 있다. 마찬가지로 창업하는 기업도 기본이 정확하고 확실한 토대에서 설립할때 운영의 풍파속에서 인내성으로 극복하며 유지발전하게 되는 것이다.

창업준비는 사업을 구상, 창업하는 시기로 목표는 생존성이며 번영성이다. 기업이 생존하려면 생존요건에 충족되어야 한다. 창업준비의 특성은 ① 창업정의와 특성이 있어야 하고, ② 창업의 요소와 중요성, ③ 창업자와 창업의 노하우가 상호 연결되었을 때 실효성 있는 기업이 탄생한다.

창업하여 장수기업으로 이어지기 위해서는 기초적 바탕이 중요하여 창업에 들어가기 전에 경제적 원동과 행동경제학을 믹스함으로서 경제성장을 유도하는 합리적인 판단을 조성하는 기본이 될 것으로 요약기술하고자 한다.

자연이 인간에게 베풀어 준것은 무엇인가? 땅·물·공기 세 가지에 있는 것 같다. 이 세 가지 토대위에서 이를 어떻게 활용하느냐에 따라 풍요로움을 창출할 수도 있고 빈곤의 어려움속에서 살아가기도 한다. 상업발전초기에는 공업이 막 시작될 때까지만 해도 경제발전의 주체가 경제전체의 성장은 주로 땅과 사람과의 관계에 따라서 1차 산업인 농경산업이 결정되었다. 그러나 공업화가 많이 발전됨에 따라서 경제의 주체가 즉 생산의 필수요소가 땅보다는 자본의 중요성이 커졌다. 그리고 경제의 발전적 흐름은 유럽에서 땅이 풍부한 미국으로 건너가 공업화가 급속히 진행되며 발전하였다. 미국에서는 땅이 문제가 되지 않았기 때문에 노동자의 수는 거의 일정하거나 약간 증가하는데 비하여 자본은 급증했다.

따라서 자본의 투자 대비 수익률이 계속 떨어지는 문제가 생겼다. 자본가들은 손해나는 부분을 노동자에게 돌아갈 몫인 임금에서 착취하는 수밖에 없다고 생각했다. 마르크스의 '자본론'의 핵심 중의 하나가 바로 이것이었다. 분배문제는 자본가와 노동자 간의 분배문제로 되었다. 그러다가 1970년대 들어와서 석유 및 자원가격이 급등하게 되자 이제는 자연자원이 경제성장에서 가장 중요한 요인이 된다는 주장이 일어났다. 그리고 현재 생태계나 자연환경을 지속할 수 있는 상태에서의 경제성장, 곧 지속가능한 성장이론이 나오기에 이르렀다.

많은 후진국의 사람들은 물질적 번영에 반감을 가지고 기업의 이윤을 죄악시 한다. 산업과 경제가 발전하여 사람의 삶의 질을 향상시키려면 경영주체는 경영층과 근로층이 상호 존중의 가치창조에 협동하여야 한다. 기업과 기업경영인을 경시하는 정책은 국민생활의 질을 떨어뜨리고 낙후에서 벗어나기 어려워진다. 그러나 후진국의 실태를 보면 경제주체인 기업보다 정치가나 공무원의 길을 선호하는 경향이 있다. 어느 나라에서나 기업과 경영인이 천시되고 정치가나 공무원이 나라를 쥐고 흔들면 노동생산성은 떨어지게 마련이다. 이러한 나라에서는 행정서비스나 정치산업은 생산성이 아주 낮은 산업이다. 안정된 정치제도도 건강한 경제성장에 필수요인이다. 많은 후진국이 경제발전을 못하는 이유중의 하나는 정치불안때문이다. 기업의 투자활동은 장기적인 안목에서 이루어지는데 정치불안은 투자활동을 가로막는다. 이외에도 경제성장을 촉진하거나 저해하는 요인은 수없이 많다.

2) 경제성장과 경제성장률의 의미

경제성장은 재화 및 서비스의 생산이 지속적으로 증가·확대하는 일이다. 경제성장률을 측정하는 척도로서는 일반적으로 국민총생산(GNP:gross national product)이 사용된다. 경제성장을 1인당 실질국민총생산의 증가로 나타내는 일도 있는데, 이것은 국민 1인당 소득수준에 주목하는 것이며, 이 경우 1인당 실질국민소득으로 나타내는 것이 일반적이다. 1인당 실질소득의 성장을 경제진보라고 한다. 이 경제진보가 가능하기 위해서는 기술혁신이나 생산조직의 변화 등의 구조적인 변화가 필요하다. 경제성장은 그것이 경제진보를 포함하는 한, 단순한 양적변화가 아니라 동시에 질적변화의 과정이기도 하다. 이와 같이 제도나 구조 등 질적변화를 수반하는 것을 경제발전이라고 하며, 오늘날에는 경제발전까지도 경제성장에 포함시켜 사용하는 경우가 많다.

① 한국의 경제성장 : GNP측면

한국경제전체의 성장률은 세계은행의 보고서에 따르면 1966년부터 1996년까지 30년간 달러(고정가격)기준으로 연 평균 6.8%씩 성장했다. 또 1963년부터 1995년까지 원화기준으로 연평균 7.9%나 성장했다.

② 국민 개개인의 평균경제성장 : 1인당 GNP측면

세계은행의 보고서에 따르면 한국과 미·일·중 등의 경제성장률은 1인당 GNP기준(1985~95)으로 다음과 같다.

한 국	10.1%	세계 평균	1.3%
미 국	3.1%	선진국 평균	2.1%
일 본	0.8%	중진국 평균	1.5%
중 국	6.3%	최후진국 평균	2.5%

실질GNP가 증가하더라도 인구가 이보다 더 빨리 증가하면 국민의 평균 GNP, 곧 1인당 GNP는 오히려 감소할 수 있다. 반대로 인구가 급격히 줄면 GNP가 증가할 수도 있다.

③ 쿠즈네츠의 경제성장 정의

국가생산능력의 장기적 확대와 끊임없는 기술진보, 또 이에 맞는 국민들의 의식구조와 경제제도의 개선이라고 사이먼 쿠즈네츠는 정의한다.

3) 경제성장의 요인

경제성장을 실현하기 위해서는 생산력의 증대와 함께 시장의 확대도 필요하다. 시장이 확대되어야만 해마다의 생산을 결정하는 유효수요를 늘릴 수 있기 때문이다. 생산력을 결정하는 것은 노동력·자본·기술이다.

① 인구증가

한편으로 노동력을 증가시켜 생산력을 증대시키는 동시에, 다른 한편으로는 소비수요와 거기에 따르는 투자의 증대를 가져와 시장을 확대시킨다.

② 기술혁신

기술혁신에 의거한 새 산업의 생성이나 새 생산방법의 채택은 투자의 가장 기본적인 동시에, 기술혁신은 또한 노동생산성을 높여 생산력을 증대시킨다.

③ 자본축적

고용량을 증대시킬 뿐만 아니라 노동력 1인당 자본량, 즉 자본집약도를 높여 노동생산성을 올린다.

④ 산업구조의 고도화

공업화가 진척되고 중화학공업화가 진전될수록 그 나라의 노동생산성의 평균치가 높아지고 생산력이 증대한다. 제2차 세계대전 후의 세계는 전자공업과 석유화학공업을 중심으로 하는 기술혁신기에 접어들어 선진공업국의 경제성장률은 전에 비하여 훨씬 높아졌지만, 개발도상국에서는 여전히 저율을 면하지 못하고 있다.

⑤ 경제의 성장

경제성장의 요소를 요약하면 인적자원. 물적자원. 산업기술력이 필수 3대요소라 말할 수 있다. 이 요소들의 매개적 효과를 높이느냐가 경제성장의 속도를 가늠하게 된다.

4) 생산성 향상

① 경제성장 이론의 변화

경제학은 1776년 아담 스미스의 '국부론'을 그 시발점으로 하고 있음을 우리는 잘 안다. 경제성장론도 마찬가지이다. 국부론이 나왔을 때 영국은 농경사회였는데 마침 산업혁명으로 공업화를 막 시작하는 단계였다. 그러므로 아담 스미스가 국부론에서 예로 든 공장은 바늘공장이었다. 스미스에 따르면 바늘공장이 성공하려면 노동자들이 분업을 잘해야 하는 것이다. 당시는 기술도 별로 발전이 안 되었고 훌륭한 자본장비도 없었기 때문에 상품의 가치나 경제의 성장을 결정하는 것은 노동이었다. 당시에 주장된 노동가치설은 이런 시대적 배경때문이었다.

왜냐하면 경제성장은 결국 생산능력의 확대인데 이는 공급측요인에 따라서 결정되기 때문이다. 따라서 공급측요인에 치중하게 되어 경제성장은 공급측요인인 ① 생산요소의 양적증가와 ② 생산요소의 생산성증가의 두 가지에 따라서 결정된다고 한다. 그런데 생산요소 중 제일 중요한 것은 역시 사람이므로 사람중심으로 말한다면, 경제성장은 ① 노동량의 증가와 ② 노동생산성의 증가에 따라 결정되는 것이다. 노동생산성이란 노동자 1인당 또는 노동 한시간당의 생산량인데, 이는 평균생활수준을 측정하는 데 유용한 지표가 된다.

그림 2-1 경제성장 요인모형도

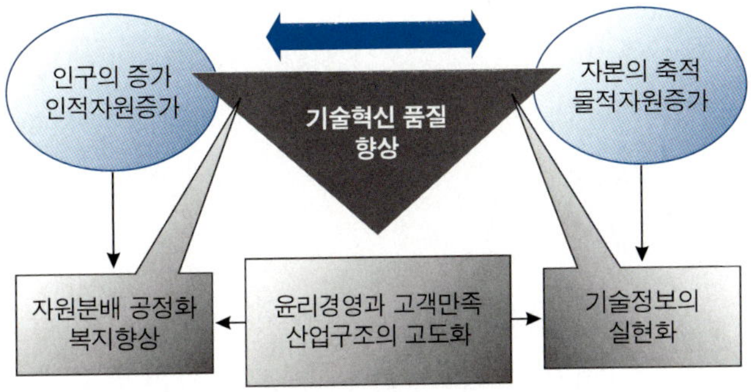

출처 : 企業ドメインと企業革新參考

국내총생산 = 노동의 총량 × 노동단위당 생산성
노동의 총량 = 노동자의 수 × 노동시간
국내총생산의 증가율 = 노동의 증가율 + 노동생산성 증가율

노동생산성은 기술수준, 1인당 물적자본의 양, 인적자본(교육·훈련·경력 등)의 양 등에 따라서 결정된다. 이 세 가지는 기업이나 산업차원에서 본 결정요인이다.

② 기술진보

기술진보는 '경제성장의 엔진'이다. 노동생산성을 크게 향상시킴은 말할 필요도 없다. 그 예는 수없이 많다. 로봇, 불도저, 복사기, Fax기계, E-mail, 핸드폰 등은 노동생산성을 크게 높인다. 기술진보와 제조기술은 물론 경영노하우나 기업조직의 진보도 포함한다.

③ 물적자본의 증가

물적자본의 양적증가는 생산성증가의 상당부분을 차지한다. 선진국 근로자들의 생산성이 높은 것은 각종 자본시설이 이미 많이 건설되어 있기 때문이다. 각종 제품의 생산에 직접 생산되는 것을 직접 생산자본(DPC:directly productive capital)이라고 하며, 그리고 도로·항만·시설 등과 같이 생산활동에 직접 사용되지는 않으나 간접적으로 지원하는 것을 사회간접자본(SOC:social overhead capital)이라고 한다. 양자는 상호 보완관계에 있으므로 다같이 확대되어야 한다.

④ 인적자본(교육·훈련 등)의 증가

일본이 영국을 앞설 수 있었던 것은 경영인이나 근로자 중 대졸자비율에 있어서 앞섰기 때문이라고 한다. 일본산업의 국제경쟁력이 높은것은 엔지니어 출신자의 비중이 높고, 독일기계산업의 경쟁력이 높았던 것은 독일대학생들이 가장 선호하는 전공과목이 엔지니어링이었기 때문이다. 노동자의 생산성을 높이기 위해서는 사용하는 기계장비를 더 많고 좋게하는 것도 중요하나, 노동자에 대한 교육과 훈련에 대한 투자가 많이 되어야 한다. 이스라엘과 중동국가들 간의 전쟁, 특히 공중전에서 이스라엘 군인들이 크게 앞서는 것은 교육과 훈련을 잘 받아 최신 최첨단장비를 갖춘 비행기를 더 잘 조종하기 때문이라고 한다.

⑤ 자원배분의 개선

농업은 생산성이 낮고 공업은 생산성이 높은 산업이다. 노동자를 생산성이 낮은 농업에서 생산성이 높은 공업, 금융업, 컴퓨터산업, 게임산업 등에 종사토록하면 경제성장은 빠르게 될 것이다.

⑥ 규모의 경제

기업과 시장규모의 증대에 따라 노동생산성은 증가한다. 즉 경제성장이 됨에 따라 시장이나 기업의 규모가 커질 뿐만 아니라 생산성이 높은 산업도 많이 발달하게 된다.

⑦ 인적 및 제도적 환경

많은 후진국의 기업들은 공무원에게 뇌물을 주지않으면 사업을 못한다. 생산성이 높은 산업도 능력본위가 아니라 정치가나 공무원들과 줄이 닿는 사람들이 주로 한다. 선진국에서도 근로자들이 강한 노조를 결성하여 열심히 일하기보다 이권투쟁에 치중한다면 노동생산성은 높게 될 수가 없다. 한국에서도 근로자들의 3D업종의 기피나 근로의욕의 저하가 문제가 된다.

5) 총수요 · 총공급과 경제성장

경제성장을 총수요와 총공급모형에 의해서도 설명할 수 있다. 총수요란 경제주체(가계, 기업, 정부 및 외국인)가 주어진 물가수준에 구매를 원하고 실제로 할 수도 있는 재화와 서비스의 총량이다. 이를 그림으로 나타낸 것이 총수요곡선이다. 반면 총공급이란 주어진 가격에 모든 생산자들이 공급을 원하는 재화와 서비스의 총량을 말하며, 이를 그림으로 나타낸 것이 총 공급곡선이다. 국가경제가 재화와 서비스의 생산능력을 최대로 발휘하도록 하기 위해서는 충분한 수요가 있어야 한다. 이것이 경제성장의 수요조건이다. 뿐만 아니라 각종 재화와 서비스는 국민이 바라는 것이 되어야 하며(배분적 효율), 또한 최소의 비용으로 생산되어야 한다(생산성 효율). 이것이 능률조건이다.

2. 행동경제학

1) 세일러 교수의 행동경제학

행동경제학의 대가 리처드 H 세일러 미국 시카고대 부스경영대학원 석좌교수가 올해 노벨경제학상 수상자로 선정됐다. 노벨위원회는 "세일러 교수가 심리학적으로 현실적인 가정을 경제적인 의사결정분석들로 통합하는 데 기여했다"고 학문적 공로를 평가했다. 행동경제학 중에서도 특히 행동금융(Behavior Finance)의 창시자로 꼽힌다. 심리학과 경제학을 융합한 행동경제학의 이론적 틀을 마련한 공로를 인정받아 노벨경제학상을 수상하는 영예를 안았다. 1945년 미국 뉴저지태생으로 로체스터대에서 석·박사 학위를 받았다. 코넬대와 매사추세츠공대(MIT) 경영대학원을 거쳐 현재 시카고대 부스경영대학원 석좌교수로 재직중이다.

세일러 교수는 '1987~1990년 미국경제학회의 경제전망(Journal of Economic Perspectives)에 이상현상들(Anomalies)'이라는 연재특집을 게재해 학자로서 유명해졌다. 기존 경제이론으로는 이해하기 힘든 현상을 행동경제학 틀로 분석해온 세일러 교수는 「승자의 저주」와 「넛지」를 출간해 베스트셀러 작가대열에도 올랐다. 2010년에는 매일경제신문과 MBN이 주최한 제11회 세계지식포럼에 연사로 나서 지난 60년간 경제학이 발전한 만큼 오히려 시장참여자들이 경제현상을 더 이해하지 못하게 됐다고 지적했다. 독일 이민자출신인 그의 성(姓) Thaler는 독일식 발음으로 탈러지만 미국식 발음으로 표기하면 세일러가 된다.

2) 왜? 경제위기인가

기존 경제학에서 못푼 '블랙스완' 분석틀을 제시하였다. 인간이 합리적이라는 가정을 정면으로 반박하기보다는 행동경제학 성과로 보완하였다. 리처드 세일러 시카고대 교수가 2010년 '제11회 세계지식포럼'에 참여해 특별강연을 한 내용이다. 당시 세일러 교수는 2008년 글로벌 금융위기를 '나쁜 넛지'로 규정하며 경제공동체 전반에 이익이 되는 '선을 위한 넛지'를 주장했다. 넛지란 쿡쿡찌르며 은근히 행동을 유도하는 것을 말한다.

행동경제학은 모든 인간이 이기적인 본능에 따라 합리적으로 행동한다고 가정하는 주류경제학의 대안으로 1990년대 들어 경제학계에서 활발하게 논의되고 있다. 인간의 비합리적 행동을 설명하다보니 심리학, 사회학, 생물학 등 다양한 학문을 경제학에 접목하면서 인식의 지평을 넓혔다는 평가를 받는다.

스웨덴 왕립과학원 노벨위원회가 9일 세일러 교수의 업적을 설명하면서 "세일러 교수는 제한적인 합리성, 사회적 선호, 자기통제결여가 낳은 결과가 개인의 행동을 넘어 시장의 결과에 미치는 영향을 연구했다"고 소개한 것도 이런 이유다.

다만 세일러 교수는 인간이 합리적이라는 가정을 정면으로 반박하기보다는 행동경제학의 연구 성과를 보완하는 방식으로 접근하는 편이다. 이는 세일러 교수의 저서 '넛지'에도 소개됐는데, '자유주의적 개입주의'로 요약되기도 한다.

3) 심성회계(mental accounting)

이를 바탕으로 세일러 교수가 개발한 이론으로 대표적인 것이 '심성회계(mental accounting)'다. 이를 통해 인간심리를 분석해 개인이 개별적으로 내리는 결정에 집중했고, 어떻게 재무적인 결론으로 이어지는지 설명했다. 이를 테면 비오는 날 택시이용자가 늘기 때문에 택시가 더 잘 잡혀야 하지만 택시운전사들은 하루매상을 다 올렸다고 생각해 먼저 퇴근하면서 택시가 잡히지 않는다는 이론이다. 만약 택시운전사들이 합리적으로 행동한다면 손님이 많은 날 운행을 더 많이하고 맑은 날 쉬는것이 옳지만 그렇게 행동하지 않을 수 있다는 설명이다.

이강오 서강대 경제학과 교수는 "행동경제학의 경우 사람을 합리적으로 가정하는 전통적 이론 모형과 달리 사람들의 행동에서 나오는 정형화된 반응을 강조하면서 접근한다."라고 하였으며 "리처드 세일러 교수의 경우 여러 가지 논문을 정리하고 필드 데이터(field data)를 기반으로 연구를 진행한 것으로 안다"고 밝혔다.

세일러 교수는 또 개인이 소유하지 않을 때보다 소유하고 있을 때 물건을 더 아낀다는 '소유효과(endowment effect)'를 고안했다. 같은 재화라도 개인이 소유하는지에 따라 행동이 바뀌기 때문에 소비자행동을 분석할 때 유용하다.

그는 또 인간의 사회적 선호현상을 강조했다. 인간이 단순히 이기적 본능에 따라 행동하는 것에 그치지 않고 함께 잘 살기위해 이타적 행동을 할 때도 있다는 의미다. 이는 세일러 교수가 심리학자 등과 함께 고안한 '독재자게임'에서 잘 나타난다. 독재자게임은 두 사람을 짝을 지어주고 돈을 준뒤 한 사람은 분배자로, 한 사람은 수령자로 나눈 모델이다. 수령자는 돈을 나눈 결과에 어떤 저항도 할 수 없고 그대로 수용해야 한다. 주류경제학의 가정에 따라 인간이 이기적으로 행동한다면 분배자는 모든 돈을 독차지해야 한다. 하지만 이 실험을 수행한 결과 분배자들은 전체 돈의 25% 가량을 수용자에게 줬다. 만약 분배자가 돈을 독점한다면 인간적 유대와 같은 사회적 경향이 무너지기 때문에 수용자가 일부 떼어준다는 것이다.

세일러 교수가 연구한 자기통제결여는 인간이 단기적 이익을 선호하는 경향을 말한다. 이를 테면 “12개월 후에 10만원을 받겠는가, 아니면 13개월 후에 12만원을 받겠는가?”라고 질문하면 대부분 후자를 선택한다. 하지만 질문을 바꿔 “지금 당장 10만원을 받겠는가, 한 달 후에 12만원을 받겠는가?”라고 질문하면 전자를 선호하는 경향을 띤다. 세일러 교수는 이런 성향때문에 개인들이 노후를 제대로 준비하지 않고 건강한 생활습관을 유지하지 않는다고 설명했다.

세일러 교수의 연구는 2008년 글로벌 금융위기과정에서 부각했다. 인간의 합리성이 반드시 전체의 후생복리를 높이는 방향으로 귀결되지 않는다는 반성이 확산된 분위기 속에서 세일러 교수의 연구가 새삼 주목받은 것이다. 2008년 금융위기 당시 벌어졌던 어이없는 상황들이 바로 세일러 교수의 전공분야였던 것이다. 금융위기 이후 그는 미국인들의 저축과 연금플랜을 다듬어 빚더미에 앉은 미국을 구한 경제학자로 평가받기도 한다. “이번 노벨경제학상은 2002년 행동·행태경제학의 아버지라고 불리는 대니얼 카너먼 교수의 수상에 이어 행동경제학분야 학자의 두 번째 수상이라는 점에서 의미가 있다”며 “리처드 세일러 교수는 경제학분야에서 심리학 아이디어를 받아들여 연구를 진행한 1세대 행동경제학자 중 한 명”이라고 말했다.

그는 이어 “주류경제학에서는 시장이 실패할 때나 공공재를 공급해야 하는 경우에만 정부가 개입해야 한다고 주장하지만 행동경제학에서는 사람들이 합리적이지 않기 때문에 잘못된 판단을 할 수 있다고 가정하고, 좀 더 좋은 방향으로의 선택을 유도하는 아이디어들을 대안으로 제시한다”며 “미국 버락 오바마 정부나 영국 데이비드 캐머런 정부에서는 정부정책에 행동경제학을 접목하도록 정부차원의 노력을 기울였고 개발경제학 등 각국의 해외원조사업의 메커니즘을 구성하는 데도 행동경제학이 많이 활용되고 있는데, 한국정부에서도 관련된 정책접목을 시도해볼 만할 것”이라고 말했다.

4) 재테크도 노벨상감…‘512% 쑥’

(1) 투자땐 자기과신금물

리처드 세일러 시카고대 교수의 충고는 정부가 정책을 통해 국민의 행동을 유도하려면 쉽고 편하게 해줘야(make it easy) 한다. 정부는 행동을 유발하는 데 장애가 될 만한 것들을 걷어내야 한다. 행동경제학의 대가 리처드 세일러 시카고대 교수는 그는 이날 AP통신과 인터뷰하면서도 “정부는 국민들이 바쁘고 정신없고 게으르다는 점을 감안해 경제정책을 가능한 한 쉽게 만들려고 노력해야 한다.”고 권했다. 세일러 교수는 쉬운정책이 사람들을 움직일 수 있다는 사례를 대학학자금대출로 설명했다. 많은 고등학생이 대학을 지원할 때 가장 어려워하는 일 중 하나가 학자금대출 신청서를 작성하는 것이라고 토로한다. 특히 세금환급을 받기위한 서류가 복잡한데, 이와 관련한 정보를 정부가 미리 제공할 수 있다면 대학지원절차가 한층 간편해지고 교육에 대한 접근이 용이해질 것이라고 그는 설명했다.

로버트 지머 시카고대 총장은 "세일러 교수는 경제학과 심리학을 연결해 행동경제학의 새 지평을 열었다"고 소개했다. 마다브 라잔 시카고대 부스경영대학원장은 "그의 혁신적인 연구는 학계에 신선한 충격과 함께 실용적인 시사점을 줬다"고 평가했다. 마이크를 넘겨받은 세일러 교수는 「넛지(Nudge)」의 공동저자 캐스 선스타인 교수 등 동료들에게 감사의 뜻을 표했다. 그는 이날 "대부분의 투자자가 범하기 쉬운 가장 큰 실수는 지나친 자신감"이라며 "실제능력보다 더 잘할 수 있다고 생각하는 건 금물"이라고 강조했다. 이어 "거래수수료를 떼고나면 시장수익률에도 미치지 못하는 경우가 적지 않다."며 일반투자자들은 대체로 시장흐름에 따라가는 게 낫다고 충고했다.

또한 주식투자를 할 때는 원래 구매가격에 갇히면 안 된다고 말했다. 그는 "지금 주식을 사지않을거면 팔아야 한다고 사람들에게 말한다."면서 "주가가 떨어지면 사람들은 실수를 인정하고 싶지않아 팔기를 주저한다."고 지적했다. 세일러 교수의 충고에 무게가 실리는 이유는 그 스스로가 성공한 투자자이기 때문이다. CNBC 방송에 따르면 세일러 교수가 주도하는 풀러&세일러 자산운용의 '언디스커버드 매니저스 비헤이비어럴 밸류펀드'는 2009년 3월 이후로 512%의 상승률을 거둔 것으로 나타났다. 같은 기간 스탠더드앤드푸어스(S&P)500 지수가 277% 상승한 점을 감안하면 미국 증시지표의 배에 가까운 성과를 낸 셈이다.

이날 세일러 교수는 도널드 트럼프 미 대통령의 당선에 대한 질문에 "행동경제학자라고 해서 트럼프 대통령의 부상을 다른 사람보다 잘 설명할 수 있는 건 아니다"고 비켜갔다. 그는 정보기술(IT) 버블붕괴, 2008년 글로벌금융위기 등 과거의 경제위기가 행동경제학 확산에 좋은 동기를 부여했다고 평가하기도 했다. 모든 인간은 이기적 본능에 따라 합리적 행동을 추구한다는 전통적 경제이론과 달리 제한적 합리성을 보인다는 자신의 주장을 뒷받침하는 발언으로 해석된다. 그는 또 심성회계(mental accounting)를 언급했다. 이는 같은 돈이라도 사람들이 심리적으로 다른 이름을 부여해 다르게 취급한다는 것이다. 세일러 교수는 "돈을 쓸때마다 '이 돈은 노벨상상금에서 나온 것'이라고 말하겠다고 하였다. 주류경제학자들이 당신의 이론을 수용할 것으로 보는가?"라는 질문에는 "경제학자들은 남의 견해를 잘 포용하는 그룹이 아니다. 차라리 심리학자가 나을 것"이라고 답해 주류경제학에 대한 견제심리를 은연중에 드러내기도 했다.

(2) 능력에 따른 분배사상

무한경쟁시대 무한경쟁 능력발휘는 당연한 귀결이다. 그러나 공영의 사회풍토에서 공생번영이라는 사회적 목표를 달성하기 위해서는 능력배분과 평등분배, 이상적인 분배 등을 혼용 그시대 그사회의 여건과 사회적 문화를 고려하여 책정함으로서 이상구현의 실현성을 높여 나갈수 있을 것이다.

배분의 원칙	조직구성과 배분의 실효성
1. 등력에 따른 배분	근로자 능력을기준으로 소득을 분배하는 방법이다.
2. 평등 분배	능력배분을 원하면서도 소득격차의 축소를 원한다.
3. 이상적 배분	이상적인 소득배분방법은 두 가지 방법이 적절이 고려된 방법이다.

성공포인트

1. 머리를 숙여야 할때는 숙여라

머리를 숙일줄 모르는 고만한 인물, 목적수행의 필요에 따라 머리를 숙일줄 아는 인물, 어느 누가 성공의 키를 잡을 것인가? 큰인물은 인생목표를 실현하는 과정에서 자신만만하게 걸어 갈때도 있지만 상황에 따라서는 허리를 굽이고 머리를 숙이며 조심스레 눈치도 살필줄 아는 지혜도 필요하다. 매사는 완벽한 능력을 발휘하는 만능주의자는 없다. 큰인물이 되려면 때로는 여러 사람의 도움이 필요로 하는 야기로 돌아가볼 필요가 있다.

2. 부정적인 의식이 가난의 텃밭을 일군다

부정의식이 앞서면 관찰분석이 부정적이기 때문에 가치의 필요성이 발견되지 않는다. 반면 긍정적인 정신자세를 가진 사람은 창조적으로 행복과 조화를 이끌어 낸다. 이 세상에는 불가능한 일은 존재하지 않는다. 모든 일은 실현가능하다. 현실적으로 불가능한 일이 발생하는 이유는 불가능하다고 믿는 사람들이 존재하기 때문이다. 인생은 자기가 믿는대로 전개된다는 사실을 잊지마라.

요 약
summation

* 기업의 탄생과 경제원론

기업을 창업할 때는 누구나 창업기업이 지속적인 성장으로 번영할 것을 소망하며 설립한다. 집을 지을 때 그 건물이 오래가기 위해서는 기초가 튼튼하여야 하고 설계가 정확한 건축물이 수명을 오래할 수 있다. 마찬가지로 창업하는 기업도 기본이 정확하였을 때 수명이 오래가는 것이다.

* 경제성장의 요인

경제성장을 실현하기 위해서는 생산력의 증대와 함께 시장의 확대도 필요하다. 시장이 확대되어야만 해마다의 생산을 결정하는 유효수요를 늘릴 수 있기 때문이다. 생산력을 결정하는 것은 노동력 · 자본 · 기술이다. 경제성장의 요인에는 다음과 같은 것이 있다.

① 인구증가, ② 기술혁신, ③ 자본축척, ④ 사업구조 고도화

* 인적 및 제도적 환경

많은 후진국의 기업들은 정 · 관 유착되지 않으면 사업을 못한다. 생산성이 높은 산업도 능력본위가 아니라 정치가나 공무원들과 줄이 닿는 사람들이 주로 한다. 선진국에서도 근로자들이 강한 노조를 결성하여 열심히 일하기보다 이권투쟁에 치중한다면 노동생산성은 높게 될 수가 없다. 한국에서도 근로자들의 3D 업종의 기피나 근로의욕의 저하가 문제가 된다.

* 왜? 경제위기인가

기존 경제학서 못푼 '블랙스완' 분석틀 제시하였다. 인간이 합리적이라는 가정, 정면으로 반박하기보다는 행동경제학 성과로 보완하였다. 리처드 세일러 시카고대 교수가 2010년 '제11회 세계지식포럼'에 참여해 특별강연을 한 내용이다. 당시 세일러 교수는 2008년 글로벌 금융위기를 '나쁜 넛지'로 규정하며, 경제공동체 전반에 이익이 되는 '선을 위한 넛지'를 주장했다. 넛지란 쿡쿡찌르며 은근히 행동을 유도하는 것을 말한다.

* 재테크도 노벨상감…'512% 쑥'

투자땐 자기과신금물 리처드 세일러 시카고대 교수의 충고 정부가 정책을 통해 국민의 행동을 유도하려면 쉽고 편하게 해줘야(make it easy) 한다. 정부는 행동을 유발하는 데 장애가 될 만한 것들을 걷어내야 한다. 행동경제학의 대가 리처드 세일러 시카고대 교수(72)는 그는 이날 AP통신과 인터뷰하면서도 "정부는 국민들이 바쁘고 정신없고 게으르다는 점을 감안해 경제정책을 가능한 한 쉽게 만들려고 노력해야 한다."고 권했다.

제2절 창업 전 창업의 기초지식

♣ **용암처럼 치솟는 열정**

나는 이 세상에서 가장 신나는 직업을 갖고 있다. 매일 일하러 오는 것이 그렇게 즐거울 수가 없다. 거기엔 항상 새로운 도전과 기회와 배울것이 기다리고 있다. 만약 누구든지 자기직업을 나처럼 즐긴다면 결코 탈진하는 일은 없을 것이다.

- 빌 게이츠 마이크로소프트 회장 -

탁월한 리더들은 하나같이 자기일에 대해 용암처럼 솟구치는 열정을 가지고 일을 한다.

1. 창업자의 마음가짐

1) 자기표현을 위한 창업이란

창업이란 무엇인가? 무엇을 준비해야 하는가? 어떤 절차가 필요할까? 등을 설명하고 있다. 창업을 하여 성공을 가지려면 창업자들이 필요한 것은 여러분들의 머리속에 그리는 생각을 더욱 구체화하고 사업계획, 자금조달, 판로개척, 각종 신고 등 창업을 위한 장벽을 하나씩 허물어 가는 것이다. 창업의 걸림돌에 부닥쳤을 때에는 혼자 고민하지 말고 근처의 지원기구나 전문가에게 상담하면서 현실에서 구상하는 미래의 모습으로 한발짝씩 다가가서 주제를 풀어나가는 것이다. 이것이 본 절의 소명이다.

창업을 생각하는 사람 중에는 다니던 직장을 그만두고 창업하는 사람도 많다. 원래 회사원과 창업자의 차이는 무엇일까요(표 참조).

구 분	직장인	창업가
일의 내용	정해진 역할을 매일 그 역할의 업무를 수행한다.	매일해야 할 일이 변경 임기응변으로 대응한다.
작업의 방법	기본적으로 상사로부터 지시되는 사항을 수행한다.	기본으로 누군가의 명령어를 수렴없이 자신의 재량에 따라 결정 수행한다.
급 여	매월 안정적으로 지급	안정적인 수입은 기대할 수 없지만, 성공하면 샐러리맨에서는 실현될 수 없는 높은 수익도 얻을 수 있다.
동 료	스스로 선택할 수 없다.	자신의 재량에 따라 결정된다.
근무시간	회사의 규칙에 따라	기본적으로 자신의 재량으로 결정되지만, 자신나름으로 과로하거나 빼 버릴수 있다.
사업의 방향성	경영진이 결정	자신의 재량에 따라 결정된다.
책임위험	직장인 개인이 책임과 위험을 감수하지 않는다.	책임과 위험은 모든 창업가가 담당

직장인은 회사안에서 역할이 정해졌으며 그 역할에 맞춘 업무의 일을 한다. 대개는 상사로부터 업무지시가 이루어지고 사원은 그 과정의 경과를 상사에게 보고한다. 그 대가로 매달 일정액의 급여를 받는 것이다. 회사조직의 일원으로 움직이기 때문에 함께 일하는 동료나 사업의 방향성에 대해서는 스스로 결정권한이 없고, 또한 대부분의 기업에 취업규칙 등이 있으며 이들은 규칙대로 일하면 되기 때문에 기타 자원에 대하여 반드시 알 필요가 없다. 책임과 리스크에 대해서는 대과오가없는 한 개인이 책임질 이유는 없으며 경영자는 이미있는 자원(사람 · 물건 · 돈 · 정보)을 활용하고 회사조직을 최대한 활용해야 한다.

창업자는 최소한의 자원을 만들어 조금씩 자원을 늘리고 사업을 확장할 수 있도록 할 필요가 있다. 그러기 위해서는 다양한 역할이 필요하지만 자원능력이 적어 처음에는 창업자 자신이 모든 것에 대응할 필요가 있으며, 그러나 아무리 능력이 높아도 혼자 할 수 있는 범위는 한정되어 있으므로, 창업자가 인내하고 극복하면서 우선순위를 정해야 한다. 우선순위를 정하는 방법을 잘못 결정하면 순식간에 경영이 기울게 될 수도 있기 때문이다.

예전의 IT붐시절, 이업종교류회라는 이름의 모임이 많아 벤처기업 사장들이 친목교류가 왕성할 때였다. 서로의 정보교류로 기업성장의 가교적 매개는 바람직하나 우리의 속담에 "남의 떡이 커보인다."는 말이 있다. 타업종교류회의 참여로 인하여 자기본업이 왜소하게 느껴져 결국 사업추진력 약화로 실패했다는 웃지 못할 이야기도 있다. 우수한 창업자는 어떠한 일도 자신의 재량으로 결정하는 반면 그 판단의 결과에 대하여 책임을 지게되는 것이다. 또 책임과 리스크에 대해서는 모두 창업가가 부담한다.

사업이 순조롭게 진행되면 직장인 때에는 생각하지 못 했던 수입이 생기지만 직장인과 비교해서 매달 안정적으로 수입이 생긴다고 확정할 수 없다. 그런 의미에서는 최소일정 기간까지 수입없이 생활할 수 있는 대책을 마련하는 게 필요하며, 봉급생활자와 창업자 어느 쪽이 좋은가라는 질문에는 각자의 생활관에 달려있다고 할수 있다. 왜냐하면 회사지시에 따라서 일하는 대신 안정적인 수입을 원한다면 직장인이 좋고 직장인에게는 없는 보람이나 가능성을 찾는다면 창업자가 좋다고 할 수 있다.

창업을 할 때 가장 중요한 것은 자신에게 다짐하고 임하느냐는 것이다. 그 각오란 아무리 큰 어려움에 부딪치더라도 이를 악물고 인내하며 버티고 앞을 향해 전진하는 자세를 의미하고, 지금까지 직장생활을 해오던 사람이 창업을 할 경우 일은 물론 생활환경도 크게 달라진다. 직장생활 때처럼 매달 일정수입이 보장되고 있지 않으므로 혹시 가족이 있으면 자금면에서 가족에게 큰 영향을 준다. 계획을 세웠다고 해서 사업을 무리없이 추진할 수 있는 것만은 아니다. 어려움이 부닥칠 경우는 지금까지의 생활수준을 낮추고 한정된 자금으로 생활할 필요도 있다. 샐러리맨 시대에는 어느 정도 가족과 같이 시간을 갖고 있었다고 해도 창업 처음엔 뭐든지 하지 않으면 안 되기 때문에 상상 이상으로 바빠진다. 그러므로 가족과의 함께할 시간도 없어질지도 모르며, 잠을 자는 시간도 아끼고 매출이 오르지 않고 빚만 점점 많아져서 내몰리는 기분이 들때도 생기게 된다.

그런 과정속에서도 포기하지 않고 앞을 향해서 사업을 추진할 각오가 있는지. 그러기 위해서는 왜 나는 창업하면서까지 이 사업을 하고 싶어을까? 라는 질문에 제대로 명확한 답을 가질 필요가 있다. 거꾸로 말하면 지금의 직장이 불만이라고 하더라도 현재 급여가 낮아서 이렇게 명확한 동기가 없이 창업을 하면 뭔가 어려움에 부딪쳤을 때에 사업을 계속할 덕목(德目)을 유지시키는 것이 어려워진다.

왜 나는 창업하면서까지 이 사업을 하고 싶느냐는 질문에 대한 하나의 답은 첫머리에서 말한 세

그림 2-2 직장인과 창업인의 차이

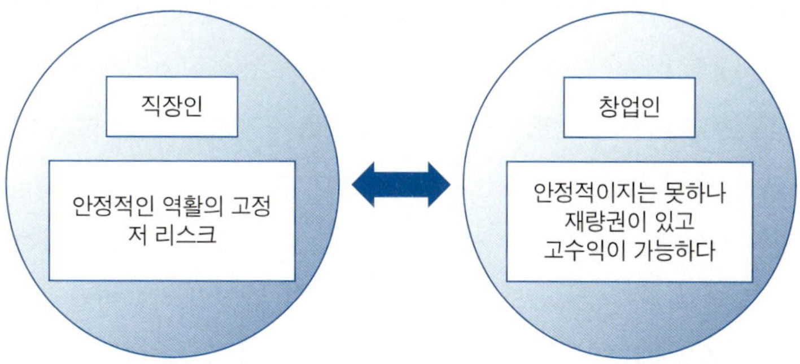

상의 요구에 대한 인식에 있다. 세상의 요구는 사회가 안고있는 문제나 과제라고도 할 수 있다. 이 문제와 과제를 자신이 해결하지 않으면 안된다는 인식이 될지 너무 팽팽하게 간음(艮陰)하게 된다. 그것은 자신에게 창업하면서까지 해결할 수 있는 문제나 과제가 아닌지도 모른채, 당연히 해결하고 싶다고 생각되는 문제나 과제라면 평소부터 세상에 대한 문제인식을 갖고 고민한 결과의 도출물이라 할 수 있다.

2) 비전을 명확히 하라

창업 때 처음 확인해야 하는 것은 창업을 해서 왜 무엇을 하고 싶은지 다루는 것이다. 이것을 비전 또는 목표라고 불린다. 비전을 쉽게 말하면 앞으로 가기위한 이정표이다. 창업을 한 뒤 사회에 어떤 가치를 제공하고 어떤 회사에 몇 년 후에는 어떻게 되고 싶은 것인지 비전(이상)을 그린다. 비전을 그리는 것에서 필연적으로 제공하는 가치수요를 채움으로써 제품·서비스도 명확하게 제시되어야 한다. 비전은 사업을 시작전에 제대로 천명한다면 그보다 좋은 것은 없지만, 실제로 성공한 벤처기업을 보더라도 사업을 진행하면서 비전이 굳어간 기업도 많다. 성장단계를 정확히 함으로서 미리준비하여 과정의 리스크를 최소화하고 기업발전의 기여도를 높일 수 있다.

2. 사업의 형태와 비즈니스

1) 사업의 설계와 계획단계

(1) 사업설계를 짜다

창업을 결의한 직후부터 관리는 시작된다. 처음에는 자신의 매니지먼트에서 시작하고 어느 정도 규모나 인원이 많아지면 전략관리나 조직매니지먼트로 체계화되어야 한다. 경영은 그때의 상황이나 환경에 적응하고 대응할 필요가 있기 때문에 어느 사업의 경영에도 동일하게 통용하는 매뉴얼은 없다. 다만 경영은 예술이라는 의견이 있는 한편, 그동안 기업경영의 성공사례와 실패사례에 어느 정도의 이론이 존재하는 것도 사실이다. 앞으로 소개하는 것은 어디까지나 창업을 위한 준비방법이다.

미지의 세계를 걸어가는 불확실한 시대에서 이대로 하면 꼭 사업이 실패없이 성공한다고는 할 수는 없지만, 가능한 실패의 위험을 줄이자는 것이다. 경영비전을 바탕으로 경영이념을 확립하면 그 다음은 실제로 경영을 추진해야 한다. 거시적. 안목적 작전(경영전략)을 짜는 작업에 들어가게

된다. 경영전략은 그 사업에 연관된 관계의 고리외부환경(시장경쟁 등)과 내부환경(사람·물건·돈·정보)을 잘 이해하고 각각에 대해서 일관성을 가진 전략을 세우는 것이 중요하다.

사업에 성공하려면 수요자에 만족을 주어야지 공급자의 편의를 도모한다면 실패율이 높아진다는 것은 상식의 문제로 전략을 세울 때 이를 감안하여야 실패하지 않는 방법의 하나가 된다. 경영전략을 세운후는 사업을 시작할 단계가 된다. 그동안 준비를 알차게 하였다면 정작 사업을 시작했다고 해도 당황하는 일은 적을 것이며 사업을 시작한 초기단계에는 다양한 궤도수정하기 쉬운 상태지만 어느 정도 지난 뒤에는 궤도수정은 문제가 된다. 되돌아 볼 때 PDCA 사이클의 생각이 효과적이고, PDCA 사이클을 통해서 사업을 크게 성장시켜야 한다. 그로 인해 일어나는 이익(자원)으로 다시 전략을 세우고 어디에 쓰는지 검토하고 더 사업을 성장시킬 수 있도록 경영을 추진하여야 한다.

(2) 제공하고 싶은 가치를 결정한다

사회가 추구하는 니즈를 충족시키기 위해서 구체적으로 어떤 제품과 서비스를 제공할 것인지를 결정한다. 다음에는 무엇을 어떻게 팔것인가?를 생각하는 것이다. 여기 포인트는 2점의 품목이 있으며, 제1점 품목는 먼저 자신이 하고 싶다고 생각하고 있는 사업이 어떤 요구를 충족시킬 수 있을 것인가이고, 제2점 품목은 원래 가정하고 있는 요구는 정말 요구되고 있는지이다. 제1점 품목은 뭔가 이런 사업을 하고싶다는 생각에서 창업을 생각하고 있는 경우이고 또한 하고싶은 사업이 어떤 요구를 충족시킬 수 있겠느냐는 관점에서 생각을 시작하는 것이다. 그러므로 점차 큰 시점(상품·서비스의 선택사항을 늘리는 등)에서 살펴보고 읽을 수 있게 된다. 또 혼자서 생각하고 막힌 경우는 제삼자로부터 의견을 받으면 뜻밖의 관점이 얻어질 수도 있게 된다.

2번째는 자신이 마음대로 요구과제로 생각하고 있을 뿐 실제로는 거기까지 고객수요가 없는 것도 있다. 요구를 확인하는 방법으로는 다양한 방법이 있지만 우선은 자신의 경험과 체험에 의한 조사를 위주로 하고 다음은, 주위분들의 의견을 청취하거나 간단한 설문과 같은 방식으로 다듬어질지도 모른다. 거기서 좀 더 수요를 파악하고 확인하고 싶은 경우는 대규모 앙케이트를 실시하거나 그 분야의 전문가에게 자문을 구하는 방식도 있다. 어떠한 수단으로 고객의 요구를 확인할 수 있는지 그것을 해결하기 위한 수단(= 파는 물건)을 검토하고, 고객에게 어떠한 가치를 제공할지 검토한 후 그것을 제품·서비스 등 구체적인 형태로까지 줄인다. 제품·서비스는 큰 눈에 보이는 유형상품과 눈에는 보이지 않는 무형상품으로 나누게 된다. 일반적으로 유형상품은 잡화·식품·옷 등과 같은 것이고, 직접 생산하거나 또는 외부로부터 납품받아 판매하는 방식이 많다. 무형상품은 서비스(인터넷도 포함), 소프트웨어, 정보 등과 같은 것을 들 수 있다.

제공하고 싶은 가치를 벌기위해 승률을 올린다. 고객의 요구가 다양화하고 경합도 많은 상황에서는 비록 어떤 훌륭한 제품서비스를 만들었다고 해도 성공하기는 좀처럼 어렵다. 현재는 고객의 수요도 다양함과 동시에 고객이 제품·서비스를 선택하는 시대이다. 그들은 대개 제품·서비스에는 많은 경쟁자가 존재하고 있어 새로 만든 벤처기업의 신제품은 탄탄한 전략을 세우는 것이 필요하다.

2) 사업환경 요인분석

(1) 사업착수전 요인분석

사업착수전 환경요인분석을 함으로서 창업의 가능성과 불가능성을 알기 위하여 제반준비사항들을 재검토분석하고 리스크를 예방할 수 있는 기틀이 마련된다. 이러한 환경분석방법으로서는 사업을 둘러싼 환경으로는 크게 외부환경과 내부환경이 있으며, 외부환경은 이름 그대로 사업의 밖에 있는 환경을 말하며 구체적으로는 업계·시장·경합을 들 수 있다. 내부환경은 자사의 경영자원을 가리키고 구체적으로는 사람·재화·재정·정보 등을 들 수 있다.

말한 바와 같이 외부환경과 내부환경을 제대로 파악하지 않으면 전혀 수요가 없는 것을 수요가 있는 것으로 착각판단하게 된다. 이러한 영업행위는 시간과 재정만 손실을 가져올 뿐이다. 외부환경과 내부환경을 충분히 이해함은 사업을 성공시키기 위한 첫 걸음이다. 우선, 외부환경을 파악하는 경우는 끊임없이 환경적 요인에 있어서 내가 하고 싶어하는 사업에 관계되는 환경요인을 중심으로 보는 것이 중요하다. 그리고 그 환경적 요인이 변화했을 때에 어떤 대응을 할 필요가 있는지 상상하는 것이 중요하다.

(2) 일반적인 사업관련 요인분석

일반적으로 사업에 관련된 환경요인은 다음과 같다. 요인을 단편적으로 분석하는 방식을 각각의 머리글자를 따서 PEST분석(Political, Economic, Social, Technological)이라고 한다. PEST분석은 다분히 외부환경을 볼만한 프레임워크이다.

① 정치적 요인

법률과 세금관계를 말한다. 술을 팔려면 면허가 없으면 안 되고, 세무서, 경찰서에 신고가 필요하다. 또 술에는 주세가 붙으니 가격을 정할 때 주세에 대해서 이해할 필요가 있다.

② 경제적 요인

소비의 동향과 경기사항 등을 말한다. 예를 들면 술 소비량과 구매량 등의 동향을 알면 술이 앞으로 얼마나 팔릴 것인가 그렇지 못할 것인가를 알 수 있다. 또 해외에서 술을 수입할 경우는 가격을 정할 때 환율의 변동에도 크게 영향을 받는다.

③ 사회적 요인

인구 및 라이프스타일 등을 말한다. 술 마시는 연령층이 얼마나 있는지, 또 지금은 어떤 술이 잘 팔리고 있는지 안 팔리고 있는 지를 파악하는 것으로 술의 종류도 결정할 수 있다.

④ 기술적 요인

IT인프라 등을 말한다. 옛날과 비교하면 지금은 인터넷판매에는 달러의 환율이 많이 작용하고 있다. 또 광고 등의 마케팅믹스 미디어만 아닌 SNS를 활용한 소문 등 간편하게 할 수가 있다. 그것들을 활용하려면 제대로 IT인프라의 실상을 파악하고 정보를 얻는 것이 중요하다.

(3) 5Forces분석(5가지 요인분석)

5Forces는 자신이 행하는 사업에 크게 다섯 가지 요인을 분석하고 업계구조나 매력, 위협을 보는 방식이다. 각각의 요인은 좀 더 자신의 사업과 가까운 거리의 환경을 분석하고 싶은 경우는 5Forces, 3C와 프레임워크가 유효하다.

① 경쟁업체들은 이른바 경쟁의 일이다

자신의 사업과 경쟁할 상대는 누구인지. 대형업체가 많은지 소규모의 기업이 많은지 어떤 강점을 갖고 있는지 등을 알아보겠다. 조사는 인터넷에만 한정하지 않고 직접 방문하고 이야기를 듣는 방법도 있으며, 또 업계로서는 성장기인지 쇠퇴기인지에 따라서도 경쟁업체의 위협은 달라진다.

② 구매자들은 고객의 일이다

B to C라면 소비자의 가치호기/흥미, 성별/연령 · 지역성 등이 분석하는 내용이다. B to B라면 구매자 기업업계의 특성, 구매자가 될 수 있는 개수와 규모 등을 분석한다. 구매자의 입장이 거셀 경우 가격인하요구나 주문의 스톱이라는 위협이 있다.

③ 공급자는 이른바 원재료 등의 구입업체 등이 해당된다

공급업체 업계의 특성 구매자가 될 수 있는 개수와 규모 등을 분석하고 공급자의 입장이 가격인상을 계속 요구하며 이를 거절하였을 경우 공급의 중단이라는 위협이 있다.

④ 신규참가는 향후 새롭게 뛰어든 경쟁업체를 말한다

자신의 제품·서비스 기호부터 흉내내기 쉬운지 시장의 요구의 강도, 업계의 과점도, 법규제 등을 분석할 필요가 있다. 진입장벽이 낮은 경우, 향후 새롭게 경쟁업체가 늘어나는 위협을 생각해야 된다.

⑤ 대체품은 구매자의 니즈를 충족시키는 다른 제품·서비스의 일이다

예를 들어 사진을 찍으려면 옛날에는 디지털카메라가 필요했지만, 현재는 휴대전화에서도 대용 가능하다. 간편함으로 말하자면 휴대전화에 의한 촬영이 많을 지도 모르고, 이처럼 다른 형태로 대용할 수 있는 위협도 생각해야 한다. 이들을 분석함으로써 자신의 사업을 둘러싼 업계나 주변환경의 힘 관계를 객관적으로 볼 수 있다.

3. 사업의 구상과 지속성

기업을 창업하여 발전적 전략을 수립완성한 이후 이를 혼동하면 진척도를 방해할 수 있다. 그럼으로 가장 중요하고 급한것을 우선순위로 단계적 실행이 효과성을 높이는데 중요한 수순이다.

1) 제공처를 찾아라

창업을 했을 때 가장 중요한 것은 사업을 지속하는 것이다. 목표의 타겟을 정하라, 사업을 계속하기 위해서는 안정적으로 매출을 올려야 하며 매출은 고객의 유무에 의해서 크게 바뀐다. 그러고 보면 창업에서 가장 중요한 것은 자금이나 제품·서비스도 물론 중요하지만 상품이나 서비스를 제

그림 2-3 창업성장단계의 전략순서

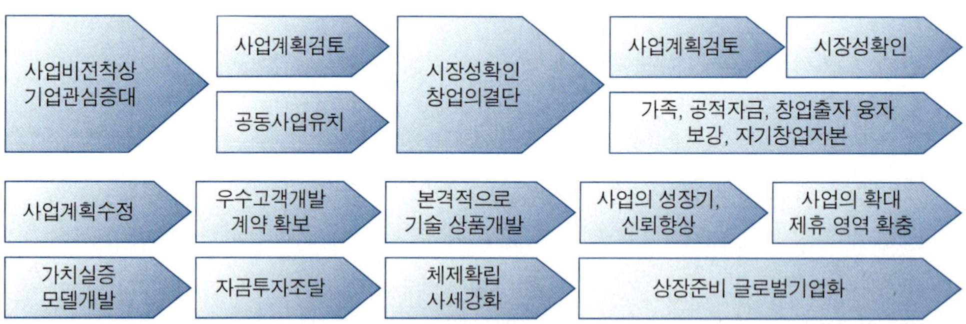

출처 : 사업계획작성지원 창업준비부터 상장후 성장까지 각 단계의 상세 순서도

공하여야할 고객이 얼마나 중요한지 인식하고 사업을 착수하여야 한다. 사업을 둘러싼 환경을 분석한 후에는 구체적으로 어떤 고객에게 어떤 제품·서비스(그것들을 통한 가치)를 제공하는지를 결정해야 한다. 이 작업은 고객을 정하고 제공하는 가치를 결정하는 것은 그 사업의 성공이나 실패에 큰 영향를 준다.

지금과 같이 취향도 다양화하고 다변화한 상태에서는 획일적인 판매방법은 매우 비효율적이다. 특히 창업한 직후로 자금이 한정되기 때문에 특정 고객에게 그들이 원하는 가치를 제대로 제공하고 우량고객에 연결하여 나가는 것이 중요하다.

우선 어떤 고객을 타겟으로 할지는 크게 세 가지의 스텝이 있다.

처음에는 시장의 고객을 나누는 작업이다. 이를 분할이라고 한다. 특별한 규칙은 없지만 일반적인 분리방식은 연령·성별·직업 등 이다. 지역이나 구매상황 등으로 나누는 경우도 있고, 가급적 여러 측면에서 질서있게 나누면 보다 명확하게 타겟고객층이 좁혀든다. 다만 너무 세분화하면 원래의 고객층이 없게되어 버릴 수도 있으므로 주의가 필요하다. 예를 들어 영어학원을 창업을 생각했던 경우이다. 수강생은 어느층에서 하는것이 좋은 지를 생각해야 되기 때문에 시장을 남녀·연령·직업·지역 등으로 파악하고 가야한다. 다음에 하는것이 분리한 가운데 어느 층을 고객으로 겨냥할지 정하는 작업으로서 이것을 타겟팅이라고 한다. 목표를 결정하려면 그 층이 무슨 요구를 하고 있는지, 어떤 고민을 안고 있는지 등 어느 정도 판단하기 위한 정보가 필요하다. 지금까지 수집한 정보로 부족할 경우 추가정보를 수집하도록 노력하여야 한다.

마지막으로 하는것은 그 고객에게 어떤 가치를 제공하는지 결정하기 때문이다. 이를 포지셔닝이라고 한다. 물론 경우에 따라서는 먼저 제품·서비스가 결정되고 있는지도 모르지만, 소중한 것은 그것들을 제공했을 때 고객들이 어떤 가치를 느끼고 어떤 기분이 되어있는지가 재구매를 촉발시킬 수 있다고 생각하는 것이다. 그렇게 함으로써 경쟁사보다 고객에 대해서 우위에 설 수 있으며, 제공하고 싶은 가치는 가능하면 한 가지보다 복수의 가치의 축을 상정하고 두는편이 좋다. 그 중에서 경쟁사보다 가치가 높다. 경합타사가 제공할 수 없는 가치 중 한 가지의 것을 선택함이 좋다. 영어학원의 예를 들면 소수인원제에서 개개인에게 차분히 마주하고 단순히 영어를 가르칠 뿐만 아니라 영어권 문화와 풍습을 전하는 부가가치 등을 말한다. 이들 세 가지 단계를 통과해야 타깃이 되는 고객에게 제품·서비스를 통해 제공하고 싶은 가치를 명확히 할 수 있게 된다. 이들 작업을 일반적으로 STP분석이라고 부른다.

2) 부가가치를 찾아라

어느 정도 고객을 선정하면 다음은 시장과 경쟁에 대해서 더 깊이 분석하여야 한다. 실제로 생각한 사업에 이미 많은 라이벌기업이 많이 존재하고 있다는 것이다. 그러나 시장이 성숙해지면서 쇠퇴기에 접어들고 있는 기업의 경우도 있다. 경합을 피하고 새로운 시장에서 사업을 추진할 경우는 블루오션전략 캬체인 버스라는 기법으로 분석하는 방법이 유효하다. 전략캔버스의 장점은 경쟁의 강점·약점에 대해서 어느 영역으로 승부할 것인지 객관적으로 판단하거나 새로운 영역을 만드는 부가가치를 만들 수 있는 곳이다.

가치창조를 대상으로 하는 곳이 현지의 경우는 직접 찾아보는 것도 방법의 하나이다. 주위의 경합기업이 이미 하고 있는 영역 이외의 곳을 찾아 당신만이 하는 특수한 제공처를 할 수 있는 가치를 찾아낼 수 있으면 창업을 성공시킬 가능성이 높아진다. 공급구조를 결정하고 어떤 대상으로 어떤 가치를 제공할지 설정이 되면 다음은 어떤 방식으로 그것을 고객에게 공급할 수 있는지, 일련의 사이클을 생각하는 것도 중요하다. 고객의 가치란 일련의 사이클안에서 어디에서 가장 고객에게 가치를 창출하고 합리적으로 각 활동을 추진할 수 있을지를 생각한다. 물론, 앞으로는 영업내용으로 사이클의 내용을 바꾸게 되지만 크게는 개발·구매·제조·유통통신 마케팅의 사이클로 나누어진다. 이들을 주로 활동이라고 부른다. 주로 활동에 경영자원을 투입하고 가치를 창출하는 사이클을 돌리고 있다. 사업의 사이클을 보는 장점은 대충 자신의 사업에서 어디가 강점으로 가치를 낳는지 알아야 하며 타사를 분석할 때 각 요소에서 비교하면 알기 쉽기 때문에 자사의 강점·약점을 파악하기 쉽게 나타나고, 이 가치사슬은 사업이 시작되고 나서도 정기적으로 재검토를 권하고 있다. 왜냐하면 사업이 진행되면서 외부환경이 변화(경기변화 등)하고 지금까지 쌓아온 가치가 요구에 부응하지 못하거나 내부환경의 변화(사업확대 등)에 의해서 지금까지의 방식이 비효율적이 되거나 하는 경우가 있기 때문이다.

3) 고객획득방법

(1) 고객획득의 방법

어느 정도 사업의 흐름이 정해지면 마지막으로 구체적인 고객획득의 방법을 결정한다. 여기는 어떤 의미로는 마케팅분야도 되지만, 설정한 목표에 대해서는 어떤 방법으로 어떤 내용을 전하면서 어떻게 자신의 고객에게 연결하는지 생각하여야 한다. 구체적으로는 자신의 지역에 전단을 배포하고 인지도를 높이거나, 광고 등에서 폭넓은 정보를 전하는 것이 효과적인 것인지 등 대상고객에 의해서 그 접근법을 생각해야 한다. 예를 들어 목표한 고객층이 학생층일 경우 신문, 잡지 등에 광고를 해도 별로 효과가 없다. 오히려 인터넷이나 모바일내용을 통한 광고쪽이 효과적이라고 할 수 있고, 반대로 노년층을 겨냥한 경우 네트워크 높은 광고가 별로 유효한 수단이 아닌 것을 직감하게 된다. 이들을 고려하는 방법은 마케팅믹스(4P)의 생각이 유효하다. 마케팅믹스란 제품(Product), 가격(Price), 유통(Place), 프로모션(Promotion)의 관점에서 고객에 대한 접근방법을 생각하는 방식으로 각각의 머리글자를 따서 4P라고도 불린다.

창업초기에는 자금도 부족한 형편에 대대적인 광고는 하지 않는다. 적은 예산속에서 최대한의 효과가 예상되는 프로모션 방법을 결정하는 것이 중요하다.

설정한 4P에서 정말 효과가 있는지 확인방법의 하나로 처음에 갑자기 창업을 시작하는 것이 아니라 4P가 설정할 수 있으면 어느 정도 사업이 진행시킬 수 있는 단층에서 사용에서 시작한다. (테스트 마케팅)이라는 방식이 있다.

시용에 대해서는 인터넷 쇼핑몰의 창업의 경우 무료로 시험할 수 있는 기간이 포함되어 서비스를 제공하는 곳이 있다. 또한 실제 점포를 두고 카페를 시작하는 경우도 유료가 되지만 장소만 내주고 잠깐만 운영을 체험할 수 있는 서비스가 있다. 각각 서비스 제공업체에 의해서 특징이 있으니 자신의 희망에 적합한 곳을 선택한다.

(2) 성장 비결화의 원칙

① 사회가 급변하는 환경속에서도 지속적으로 높은 수익성을 유지하는 동시에 빠른 성장을 계속하는데 기여할 수 있는 내용을 성장비결로 한다.

② 사회발전과 더불어 사원 각 개인이 남다른 보람과 긍지. 의욕을 가지고 일할 수 있는 직장을 만드는데 기여할 수 있는 내용을 성장비결로 한다.

③ 바람직한 회사생활의 지침이 될 수 있는 내용을 성장비결로 한다.

(3) 성장비결 주요내용

- 경영이념의 실천계승
- 인간존중의 사풍조성
- 기업변신의 혁신경영
- 책임경영의 풍토조성
- 우수인력의 확보양성
- 권한과 책임마케팅지향

성공포인트

1. 서두르지 말자

좋은 계획속에서 업무의 Speed 가져온다. 좋은 계획은 확실한 정보와 실용적인 지식속에서 이루어짐을 인식하여야 한다. 성공으로 가는 길에서 과정없이 이룰 수는 없다. 목표의 조기달성은 지략적 전략(知略的戰略)과 확실한 행동력만이 가능성이 열릴뿐이다. 대기만성(大器晩成)이라는 말을 명심하자 주위에서 성공한 사람들을 보면 우연처럼 보일때도 있다. 그러나 그 뒤를 보면 오랜시간 남 다른 눈물어린 노력의 결실임을 알아야 한다.

2. 자신의 불행을 암시하듯 습관처럼 한다

불행을 푸념하면 불행이 배가 된다. 가난이 가난을 부르고 불행이 불행을 부른다.
나는 여유있게 그리고 풍족하게 살 권리가 있다. 이렇게 생각을 바꾸면 잠재의식도 인생의 삶의 질의 방향도 더욱 풍요롭게 사는 방향으로 유도되는 것이다. 부를 바라면 풍족해진다. 가난을 생각하면 가난해진다. 생각은 비물질적이지만 이 상념(想念)의 세계야말로 모든 것을 창출하는 원천이라는 것을 잊지 말아야 한다.

요 약
summation

＊ 창업자의 마음가짐

창업이란 무엇인가? 무엇을 준비해야 하는가? 어떤 절차가 필요할까? 등을 설명하고 있다. 창업을 하여 성공을 가지려면 창업자들이 필요한 것은 여러분들의 머리속에 그리는 생각을 더욱 구체화하고 사업계획, 자금조달, 판로개척, 각종 신고 등 창업을 위한 장벽을 하나씩 허물어 가는 것이다.

＊ 비전을 명확히 하라

창업 때 처음 확인해야 하는 것은 창업을 해서 왜 무엇을 하고 싶은지 다루는 것이다. 이것을 비전 또는 목표라고도 불린다. 비전을 쉽게 말하면 앞으로 가기위한 이정표에 해당하는 것이다. 창업을 한 뒤 사회에 어떤 가치를 제공하고, 어떤 회사에 몇 년 후에는 어떻게 되고 싶은 것인지 비전(이상)을 그려보라.

＊ 사업의 형태와 비즈니스

사업설계를 짜다. 창업을 결의한 직후부터 관리는 시작한다. 처음에는 자신의 매니지먼트에서 시작하고 어느 정도 규모나 인원이 많아지면, 전략관리나 조직 매니즈먼트로 체계화되어야 한다. 경영은 그때의 상황이나 환경에 적응하고 대응할 필요가 있기 때문에 어느 사업의 경영에도 동일하게 통용하는 매뉴얼은 없다.

＊사업의 구상과 지속성

제공처를 찾아라. 창업을 했을 때 가장 중요한 것은 사업을 지속하는 것이다. 계속하기 위해서는 안정적으로 매출을 올려야 한다. 매출은 고객의 유무에 의해서 크게 바뀐다. 그러고 보면 창업에서 가장 중요한 것은 자금이나 제품·서비스도 물론 중요하지만 상품이나 서비스를 제공하여야할 고객이 얼마나 중요한지 인식하고 시업을 착수하여야 한다.

＊부가가치를 찾아라

어느 정도 고객을 선정하면 다음은 시장과 경쟁에 대해서 더 깊이 분석하여야 한다. 실제로 생각한 사업에 이미 많은 라이벌기업이 많이 존재하고 있다는 것이다. 그러나 시장이 성숙해지면서 쇠퇴기에 접어들고 있는 기업의 경우도 있다. 경합을 피하고 새로운 시장에서 사업을 추진할 경우는 블루 오션전략 캬체인버스라는 기법으로 분석하는 방법이 유효하다.

제3절 창업준비 체크리스트

♣ **창조적인 리더는 보편성향**

대부분의 리더는 호기심에 무척 강한 편이며 자기성찰을 통해 능력을 개발한다. 그리고 독서를 즐기고 광범위한 분야의 사람들로부터 정보를 습득하는 천부적 자질이 있는 반면 다른 일부는 어린아이와 같은 시각으로 세상을 바라본다.

- 하워드 가드너 (창조적 마인드) -

위대한 창조는 고정관념으로부터의 자유에서 나온다고 한다. 아인슈타인의 상대성 이론도 기존학자들의 견해를 그대로 받아들인다면 불가능했음이 틀림없다.

1. 사업가이드 이행

1) 사업가이드 순서작성의 목적

우리나라의 경제·사회구조의 변화 및 경영자의 고령화에 따른 세대교체로 중소기업·소규모 사업자 수는 해마다 다생다사(多生多死)의 악순환을 거듭하고 있다. 이런 상황에서 새로운 창업자를 육성하고 창출한다는 것은 그 의의가 크고 우리나라 경제를 활성화하는 데 큰 역할이 된다. 또 창업을 촉진하기 위한 각종 지원제도, 지원기관을 활용하여 특히 소규모 사업자지원의 최전선에서 활약하는 중소기업중앙회·상공회의소의 지도원이나 금융기관 지원기능을 활용하는 것도 크게 도움 되는 곳이라 하겠다.

(1) 창업가이드

창업을 위한 안내서로서는 이미 창업계획서의 입안방법 등을 정리한 정책과 제도들이 중소기업청에 공고되어 있다. 본 가이드는 창업계획서에 이르는 전단계인 창업아이디어나 사업컨셉 등의

그림 2-4 프로젝트 업무의 흐름도

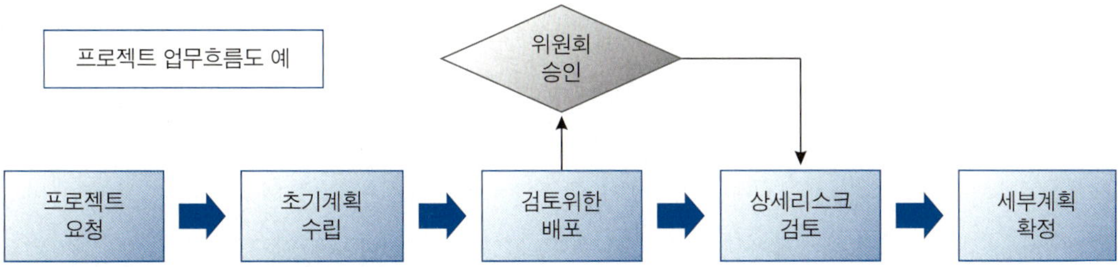

출처 : 프로젝트 관리 흐름도 참고, 리스크 방지 업무흐름도 작성

정리를 "창업희망자가 어떻게 진행하는 것이 좋을까", 또한 "창업후 지원이 어떻게 진행되었을까" 이들의 포인트를 "창업의 지침"에 부가한 내용으로 되었다. 창업지원자 여러분이 창업을 지원할 때, 그 방식의 기본적 내용을 기반으로 한 지침서로 지원현장에서 활용할 수 있으면 좋겠다.

본 가이드북의 전체구성원의 흐름은 다음과 같다. 창업에 관한 기본적 사항을 망라하면서 창업희망자의 스테이지와 타입을 지켜보며 창업의 스테이지에 따른 지원틀을 얼마나 활용하는가 하는 구성으로 정리했다.

(2) 업무의 흐름도 참고계획

업무를 수행계획함에 있어 프로젝트 업무흐름도를 참고하는 것이 리스크를 줄이고 효율성을 높이는 길이다. 프로젝트시스템이란 언제, 무엇을, 누가, 어떻게, 언제까지로 프로그램이 있기 때문에 성불성사(成不成事)의 매듭이 조기에 실현된다.

(3) 창업의 4개의 스테이지

창업희망자는 창업하고 싶다고 생각하기에는 쉽지만 실제로 개업하기까지에는 몇 가지 단계로 나눌 수 있다. 스테이지마다 창업희망자의 심리나 과제가 다르기 때문에, 지원자는 먼저 창업희망자가 어느 무대에 해당하는지를 파악할 필요가 있으며, 또한 각 스테이지에 의해서 지원툴을 효과적으로 활용하고 지원하는 것이 요구된다. 각 지원툴의 특징을 바탕으로 확실히 스테이지 업에 연결하는 등 지속적인 지원체제를 구축하는 것이 중요하다. 본 장에서는 창업에 이르는 스테이지를 네 단계로 나누어 각 단계에서 지원의 포인트에 대해서 차례로 설명하고자 한다.

2) 창업지원 사업의 포인트

지원기관이 행하는 창업지원 사업은 지원자가 창업희망자와 당사자끼리 하는 개별상담과 창업세미나나 창업학원, 창업스쿨이라는 강습회관계의 사업이 있다. 우선 개별상담에서 창업희망자의 스테이지를 보고 스테이지에 있던 강습회를 유도하는 개별상담과 조합하면서 계속적으로 지원하며 꾸준한 스테이지 업을 촉진하는 것이 중요하며, 창업희망자에 의해선 개별상담이 아닌 강습회가 지원의 입구가 되는 경우도 있다. 이 경우 강습회에서 개별상담으로 하는 흐름을 원활하게 만들도록 강습회 내용을 검토하는 것이 중요하다. 또 창업희망자는 지원기관에 상담하기에는 문턱이 높다고 느끼고 스스로 적극적으로 상담에 오지 않는 경우가 있으며, 강습회의 장소 등에서도 쉽게 개별상담을 신청하고 뜻을 제대로 알리는 경우도 있다.

◈개별상담에 대응

① 창업희망자의 스테이지와 타입의 판별

개별상담을 할 경우 창업희망자의 창업스테이지와 타입을 지켜보고 대응해야 한다. 또 창업희망자는 성격과 사고·행동 등, 예컨대 〈표 2-1〉과 같은 8가지 유형으로 나눌 수 있다. 각각의 타입으로 장단점이 있기 때문에 창업희망자가 어떤 타입인지 판별하고 장점을 펴고 단점을 커버할 수

표 2-1 창업희망자 유형과 유형별 지원의 포인트

주저형 타입	아집형 타입
〈특징〉 ① 하고 싶은 일이 여러 가지 있지만 좀처럼 하나로 정하지 못한 몇 년이 지나도 앞으로 나가지 않는 타입 ※창업단계 초기단계에서 가장 많다.	〈특징〉 ① 주저형과는 반대로 창업주제를 처음부터 압축하여 지나는 타입
〈조언의 포인트 · 조언사례 등〉 ② 여러 가지 사려깊게 검토하는 것은 나쁜 일은 아니지만 우선은 잠정적으로 하나의 사업내용을 정하고 작은 비즈니스를 시작하는 등 구체적인 행동에 옮기는 것이 중요 ③ 지금까지 창업경험을 한 적이 없어서 미지의 세계에 불안을 가진 것은 당연하다. 미지인 동안은 불안은 가시지 않으므로 불안을 해소하려면 행동하고 그 세계를 체험하게 함이 중요하다. ④ 다만 실패하고 재기불능이 되는 것은 피해야 하기때문에 투자를 억누르고 위험을 낮추고 "잘 안 되면 다른 주제로 다시 도전하면 좋다"라는 정도의 가벼운 마음으로 시작하는 것도 좋다.	〈조언의 포인트 · 조언 사례 등〉 ② 예를 들면, 코칭을 공부해서 코칭스킬이 몸에 붙은 것으로 코칭에서 창업하는 것이 최선으로 믿어버리는 타입 ③ 그 동안의 직무경험을 살릴수 있는 분야 등 또는 그외 더 유망한 창업테마가 있는지, 다시 여러 가지 관점에서 주제를 찾을 필요가 있다. 그리고 그 보다 유망한 주제속에서, 코칭기술도 자신의 강점과 매도의 하나로 활용하는 방법을 검토받는 일도 중요 ④ 다시 한번 자신의 재고조사를 받고 자신의 강점을 많이 주고 그 중에서 "복수의 장점을 결합한 차별적 우위성이 있는 창업주제"를 재검토받으면 좋다.

있도록 지원하는 것도 중요하다. 유형별 조언의 포인트나 조언에에 대해서도 〈표 2-1〉에서 소개하고 있으므로 참고하라.

② 개별상담 진료기록 카드작성과 활용

개별상담은 1회에서는 종료하지 않고 여러 차례가 될 것으로 예상된다. 창업희망자의 계속지원 중에서 착실히 단계향상을 촉진하기 위해서는 개별상담 진료기록카드(상담시트)를 효과적으로 활용하는 것이 중요하다. 개별상담의 내용을 개별상담 진료기록카드에 정리하는 것으로 창업희망자에게서 같은 애기를 자주 듣는 것이나 쌍방의 사업진척에 대한 인식에 차이가 없도록 유의해야 한다.

창업희망자와 개별상담에서는 먼저 창업희망자 현황을 파악하고 사업컨셉의 정리나 창업계획작성을 위하여 창업희망자를 이끌어 가는 것이 필요하다. 그러므로 우선 상담의 초기단계에서 창업희망자의 약력과 창업동기를 파악하고 정리하는 것이 중요하며, 그 후 작성할 계획과의 정합성에 차질이 생기지 않도록 유의하여야 한다. 정보의 정리에 있어서는 개별상담 진료기록카드를 활용하는 것이 좋다.

표 2-2 자기 아이디어도취 일확천금형

자기 아이디어 도취타입	일확천금타입
〈특징〉 자신의 독창적인 아이디어의 아름다움에 스스로 취해서 자신만만한 타입	〈특징〉 어떤 비즈니스에서도 상관없으니, 어쨌든 돈 벌고 싶다는 타입
〈조언의 포인트 · 조언사례 등〉 ▪ 정말 요구가 있어 아무도 생각나지 않도록 획기적인 아이디어라면 좋지만 실제로는 수요가 별로 없는 경우가 많다. "돈을 주고라도 이용하고 싶다"라는 정도의 요구가 없다. ▪ 이 멋진 아이디어를 남에게 말하고 싶어하지 않는다. ▪ 사업을 시작한다는 것은 어느 정도 자신의 비즈니스 모델을 세상에 드러내게 되므로, 쉽게 모방하는 비즈니스 모델이라면 결국 사업을 시작하자마자 모방되고 만다. ▪ 우선 여러 사람들에게 아이디어를 말하고 객관적인 의견을 듣고 더 다듬자마자 궤도수정하거나, 여러 가지 검토하라고 조언하면 좋다. ▪ 새로운 아이디어의 비즈니스는, 비록 멋진 것이라도 처음부터 세상에 퍼뜨리고 나가야 할일은 없고, 궤도를 타기까지 꽤 시간이 걸린다. ▪ 독립하려면 우선 전통적인 사업으로 생활이될 매출의 체제를 만들어 순수한 아이디어 사업은 한 부문 혹은 남과의 차별화 요소라는 위치에서 하나의 특화로서 어필하고 조언하면 좋다.	〈조언의 포인트 · 조언사례 등〉 ▪ 스스로 장사를 하려면 열의와 파워가 있으니 "부자가 되고 싶다"라고 생각하는 것 자체는 나쁘지 않다. ▪ 지금의 시대에서는, 쉽게 돈을 벌수 없음을 인식할 필요가 있다. ▪ 악덕상법의 돈 벌이 이야기에 속거나 "화제성이 있고 성장분야"라고해서 많이 달려들다. 결국은 경쟁이 심하거나 일과성 붐이기도 해서 마지막은 실패할 위험성도 있다. ▪ 돈을 벌고 싶다와 같은 그 힘을 지혜로 바꾸고 자신의 강점을 파악하여 그 이점을 살릴 창업주제를 찾는다. ▪ 비즈니스 성공의 철칙은 "남는 것 같은 분야"보다 "자신의 이점을 살릴 분야"라는 것을 인식시키면 좋다. ▪ 예전 일이지만, 고객이 돈을 대 주는 것은 어떤 메리트를 느끼고 난 후이며 따라서, "누구에게 도움을 줄것 같은가"이라는 관점을 가질 필요가 있다. ▪ 무엇보다 사람은 "자신 때문"보다 "누군가를 위해서" 열심히 공부할 것이다.

③ 다른 지원기관이나 지원메뉴 소개

상담내용에 따라서는 전문적인 조언이나 지원이 필요하게 될 수도 있다. 상담자의 상황에 따라서는 다른 지원기관에 연결하거나 다른 지원메뉴를 소개하는 등 섬세하게 대응한다. 지원기관이나 지원메뉴의 소개에 편리한 사이트를 찾아 참고하는 것이 도움이 된다.

표 2-3 주요 강습회관계 사업

	창업세미나	창업학원 · 창업스쿨*	
일 수	1일	3~5일 정도	8~12일 정도
총 강습시간	1~3시간 정도	20~30시간 정도	24~37시간 정도
수강자 수	15~20명	20~40명 정도	30명 정도
내 용	창업에 관한 특정 주제	창업전반 · 비즈니스 플랜작성	창업전반 · 비즈니스 플랜작성
방 식	강의	강의 · 개인워크그룹 토의	강의 · 개인워크그룹 토의

※창업스쿨은 지역에서 창업을 목표로 하는 창업에 필요한 기본지식의 습득이나 창업을 위한 비즈니스 플랜의 작성 등을 지원하기 위한 지역 창업촉진지원사업으로 베이직코스, 둘째 창업 · 챌린지코스 여성기업가 코스의 3코스가 있다.

표 2-4 강습회관계 사업의 목적·테마설정·강사선정 등의 포인트

	창업세미나	창업학원 · 창업스쿨
목 적	▪ 창업에 관심있는 사람의 발굴 ▪ 창업학원이나 창업스쿨에 연결하는 역할	▪ 창업에 관한 폭넓은 실천적인 지식습득 ▪ 창업 및 사업운영에 따른 각종 절차, 자금조달 등 실무포인트의 학습 ▪ 비즈니스 플랜작성 ▪ 개별상담에 연결역할
테마 설정 포인트	▪ 창업자의 체험담 ▪ 창업의 마음가짐 ▪ 창업 성공비결 ▪ 시의 적절한 화제 등	▪ 경영이념 ▪ 마케팅, 영업 · 판매전략 ▪ 매출, 이익계획, 자금계획 ▪ 비즈니스 플랜의 작성방법 등
강사선정 포인트	▪ 수강자를 긍정적으로 하는 말을 할 수 있는 강사 ▪ 주목을 끄는 저명한 강사 등	▪ 지원경험이 풍부하고 실무에 정통한 컨설턴트나 중소기업 진단사 등 ▪ 강좌전체에 일관성을 갖고 총괄적으로 관리하는 강사를 한명 선임하면 좋다
고지포인트	▪ 창업세미나는 창업희망자의 발굴이라는 목적이 있으므로 잠재적인 창업마인드를 불러 일으킬 같은 제목이나 슬로건을 내세우는 것도 중요 ▪ 고지자료에는 수강대상자나 강사프로필 등도 게재하면 좋다	
고지매체 (告知媒體)	▪ 신문이 유력하지만 최근은 인터넷 경유의 신청도 증가 ▪ 각 지원기관의 홈페이지에 공지 ▪ 메일 매거진, 검색광고, 세미나정보를 제공하는 전문사이트 등에 고지	

④ 강습회관계 사업(창업세미나 · 창업학원 · 창업스쿨)

강습회관계 사업은 창업세미나, 창업학원, 창업스쿨 등이 있다. 각각의 특징은 〈표 2-3〉과 같다. 창업희망자의 발굴이나 창업마인드 향상을 주요 목적으로 하는 창업세미나 구체적인 사업계획과 창업계획을 작성하는 창업학원·창업스쿨과 같이 각 사업에는 특징이 있으며, 잘 활용하면서 창업희망자를 지원하는 것이 중요하다. 또 〈표 2-4〉에서 강습회관계 사업의 목적, 주제설정, 강사선정의 포인트 등을 정리하였다.

표 2-5 자원봉사타입과 여가시간 활용 탑

자원봉사형 타입	여가 시간활용타입
〈특징〉 사회적으로 입장이 약한 분에게 도움이 되고 싶다하는 마음으로 무언가를 시작하고 싶다고 생각하는 타입	〈특징〉 전업주부 등 가구주의 벌이로 생활은 해내고, 자기가 하고 싶은 것을 하고 싶은 타입
〈조언의 포인트 · 조언사례 등〉 ▪ 너무 멋진 것이다. 꼭 그런 생각을 실현하기 바란다. ▪ "비즈니스로서 임하는지" "봉사를 할 것인가"의 어느 쪽인가, 조만간 입장을 분명히 하여야 한다. ▪ 사회적으로 입장이 약한 사람은 대개 금전적으로는 여유가 없으므로 그 분들을 대상으로 한 사업은 채산을 취하기 어렵다. ▪ 사회적으로 입장의 약한 쪽에서 돈을 맡기는 것 자체에 열등감을 느낄 가능성이 있다. ▪ 이른바 사회적기업으로 사업을 채산에 태우고 있는 분도 있지만 그것은 일반적인 비즈니스 이상으로 큰 고생과 노력과 연구를 거듭 온 결과이다. 비즈니스로서 임한다면 그렇게 각오를 가질 필요가 있다. ▪ 행정에 압박하는 등, 보조금을 활용하는 것도 하나의 방법이다.	〈조언의 포인트 · 조언사례 등〉 ▪ "자신의 꿈을 실현하는"이라는 점에서 대단히 어려운 환경에 있다고 말할 수 있으므로, 무리하지 말고, 신장에 있던 사업 규모에서 즐기면서 임하고 받으면 좋다. ▪ 다만, 고객에서 보면 "여가" 여부는 상관없는 이야기인 상품이나 서비스 · 접대 등에서 틈틈이 감을 내어 버리지 않도록 주의해야 한다.
공부 면학형 타입	**의존심 의타심형 타입**
〈특징〉 여러가지 책을 줄줄이 읽고 많은 세미나를 수강하고 지식이 충분하지만 행동에 옮기고 있지 않는 타입	〈특징〉 자신이 결단하거나 책임질 수 없이 누군가의 판단에 맡기는 타입
〈조언의 포인트 · 조언사례 등〉 ▪ 본인은 "행동하는 것은 좀 더 지식을 모아서부터"라고 생각하고 있지만, 책과 세미나에 전달한 것은 "본질부분이 모두 비슷하고 있는지 겨우 몇 패턴"임을 인식한다. ▪ 계속 공부하는 것은 좋지만 적어도 그것과 병행하여 흡수한 지식을 실천으로 사용하는 시기가 오는 것을 알아야 한다. ▪ 실천에서 얻을 것은 탁상 공부로 얻는 것보다 훨씬 크다. 실천하면서 책이나 세미나에서 배우면 더 깊은 의미를 이해하게 된다.	〈조언의 포인트 · 조언사례 등〉 ▪ 지금까지 7가지 유형은 어떤 장점이 있지만, 의존심형은 적어도 창업에 관해서는 긍정적인 점은 없다. ▪ 창업한다는 것은 누군가에게 상담하든 최종적으로는 자신이 결단하고 그 결과도 모두 자신으로 받아들여야 할 것이며, 누군가에게 의존하는 상황에서 창업해서는 안 된다. ▪ 창업하고 싶은 것이면 모두 자신이 결단하겠다는 각오를 가지거나 할 수 있지 않는다면 누군가 리더십있는 사람과 함께 그 사람에 추종하는 것인지 누군가가 필요하다는 것을 인식한다.

주) 창업희망자 유형분류는 이것이 절대라는 것은 아니지만, 참고로 봐주세요.

2. 창업단계별 스테이지 포인트

1) 제1단계(창업이미지가 아직 막연한 단계)

첫 단계에서는 창업아이디어로 여러 가지 떠올리지만 자신감을 갖지 못하고 좀처럼 행동으로 옮기지 않는다. 따라서, 제2단계로 진행되지 않는 경우가 더 많은 것 같다. 개별상담을 진행하면서 개별상담 진료기록카드(페이스 시트)를 활용하여 창업희망자의 현황과 강점을 파악한 후 창업아이디어를 정리하는 것이 좋다. 창업에 대한 마인드와 대처자세에 대해서도 어느 정도 조언하는 것이 좋을 것이다.

(1) 창업희망자의 강점

창업희망자의 현황과 강점을 파악하기 위하여 우선 개별상담에서 창업희망자에게 앞으로 무엇을 하고 싶은 것인지, 새 구상과 하고자 하는 사업에 관해 어떠한 생각을 가지고 있는지 등에 대하여 이야기 해주는 것이 좋겠다. 창업희망자가 "지금까지 어떤 일에 참여했는지 등과 어떤 자격을 가지고 있는지" 등을 듣고 창업희망자의 현상과 강점을 개별상담 진료기록카드(페이스 시트)에 정리해 보겠다. 다음은 개별상담 진료기록카드(페이스 시트) 작성의 포인트를 제공한다.

그림 2-5 창업성장과 스테이지 순서

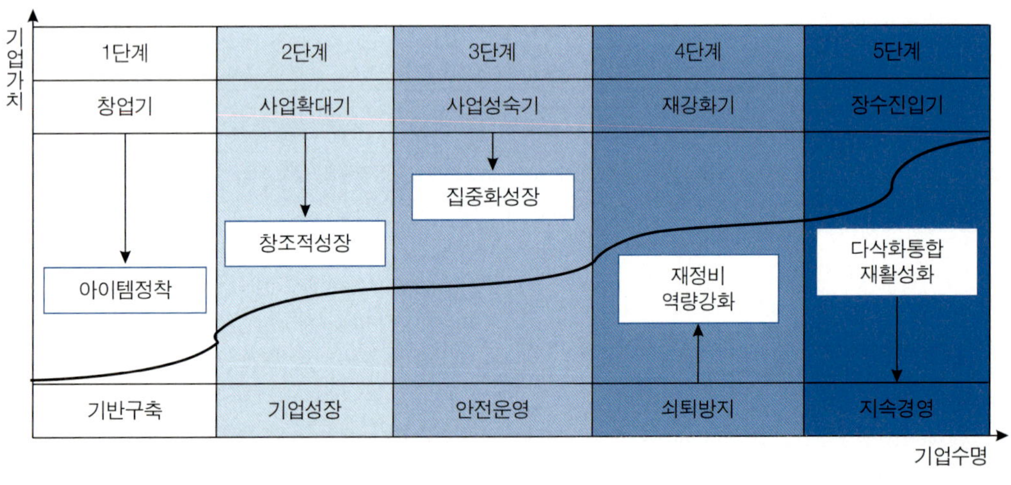

출처 : 成長政略類型과 제품라이프사이클관계 참고, 기업가치와 수명 모형작성

(2) 창업아이디어의 정리방법

개별상담 진료기록카드 항목이 있다. 상담자가 하고 싶은 일을 정리하는 방법의 일례를 소개한다. 먼저 자리를 잡고서 창업아이디어를 받아낸다.(최근 작성날짜)

- 상담자의 개요와 상담자 성명
- 상담자 정보, 계기, 상담자의 하고 싶은 일
- 왜 상담하러 온 것인가
- 앞으로 무엇을 하고 싶은 것인지
- 지금까지 어떤 일에 참여했는가?
- 새롭게 시작하는 사업에 어떤 생각을 가지고 있는가?
- 새롭게 시작하는 사업이 지금까지의 경력 등을 살릴 수 있어 유연하게 창업할 수 있는가?
- 상담자의 개인특성에 대해서도 지원자로서 이해를 해주면 유연하게 진행된다.
- 여러 차례의 개별상담을 통해 조금씩 알고 간다.
- 1차 상담에서 정리가 되지 않는 항목은 2차 이상 상담에서 추가한다.

(3) 창업아이디어를 생각할 때

창업아이디어를 생각할 때 많은 사람은 갑자기 어떤 상품을 취급하거나 검토하는 것부터 시작해 버린다. 그러면 자신의 강점을 살릴 수 있는 승산있는 창업아이디어를 발상하는 것이 어렵다.

① 제1단계의 경우는 우선 자신의 강점을 살릴 수 있는 분야를 결정하고 나서, 창업 아이디어를 점차 좁혀가는 것이 좋다. 창업내용을 검토하고 창업의 흐름에 자신의 강점을 파악하여 전문 분야를 결정한다. 아이디어를 발상하고 수정하여 사업컨셉을 결정하는 단계라 할 수 있다.

② 제2단계는 사업의 구체적인 내용을 아이디어로 추출하는 단계이다. 예를 들어 가족이 즐길 수 있는 엔터테인먼트가 있는 라면가게 · 상품 · 서비스 · 가격 · 접객방법 · 설비 · 점포외관 · 가게이름 등을 검토, 자신의 장점을 활용하여 사업의 구체적인 내용을 정한다.

우선은 자신의 인벤토리(자사의 품목)에서 강점이 있는 것을 많이 추려내고, 그 강점 중 특히 유망한 것을 몇 가지 추출하여 그의 강점을 살린 창업아이디어를 많이 내는 것이다. 이 많은 창업아이디어 중에서 유망한 것으로 생각되는 것을 좁혀가면 비즈니스 전개의 이미지가 구체적으로 보여지게 된다.

(4) 창업마인드와 대처자세에 대한 조언포인트

① 자신감을 갖게 한다

제1단계의 사람은 먼저 희망과 자신감을 갖고 행동으로 이어지도록 하는 등떠밀기와 같은 조언이 중심이 된다. "자신이 창업할 수 있는지, 창업해서 먹고 살 수 있을지"라고 하는 막연한 불안을 갖고 고민하는 사람이 많다. 창업은 대부분의 사람들에게는 미지의 세계이므로 불안을 느끼는 것은 당연하다.

② 행동을 촉구한다

미지의 세계에 대한 두려움은 미지의 세계를 실제 체험하지 않는한 제거되지 않는다. 불안을 해소할 수 있는 유일한 방법은 행동하는 것이다. 조금씩이라도 상관없기 때문에 미지의 세계에 실제로 발디디고 행동을 계속 해가면, 불안전은 점점 없어지고 대신 과제가 명확해지면서 지혜와 행동에 의해 충분히 해결할 수 있는 것이다.

③ 무엇을 할 것인가 보다는 어떻게 할까

어떤 사업을 창업할 때 고민하는 사람이 많지만 창업의 성공여부는 "무엇을 할 것인가"보다 "어떻게 할것인가"가 훨씬 중요하다. 음식점에서도 미용실에서도 성공하는 사람이 있는가하면 실패하는 사람도 있다. 결국에는 성공여부는 의지와 대처방법에 따라서 달라진다고 말할 수 있다. 따라서 "무엇을 할 것인가"로 언제까지 고민하는 것이 아니라 우선 하려고 하는 노력이 중요하다.

2) 제2단계(하고 싶은 것이 명확해진 단계)

2단계로는 아직 구체화하지 않은 사업아이디어를 보다 구체적으로 매듭짓기 위해서는 사업분석시트를 만들도록 하라. 사업개념, 강점, 시장성과 독창성, 실현가능성 등 도전하고자 하는 사업을 정리해 둔다. 창업아이디어의 개념과 특징을 정리해 두는 것이 목적이므로 면밀히 수지계획 및 자금계획 등의 수치계획까지 할 필요가 없다.

① 사업의 테마

제1스테이지에서 압축한 유망 창업아이디어를 사업의 테마로 기술해 둔다. 사업의 테마는 사업컨셉을 (누구, 무엇을, 어떻게) 한마디로 알 수 있게 하여야 한다.

② 사업컨셉

사업테마에서 들어나 있는 사업개념(누가, 무엇을, 어떻게)을 깊이있게 파악해서 정리한다. 누구,

무엇을, 어떻게 해서 3개는 서로 밀접하게 관련되어 있다. 때문에 지원자의 객관적인 눈으로 사업개념에 모순이 없는지, 일관성은 있는지 등을 확인한다.

③ 강점과 시장성

작은 강점을 쌓아올려 보자! 강점이 뭔가? 뛰어나게 우수한 재능, 기술, 경험이 있을 필요는 없이 작은 강점만 갖추고 있으면 된다. 강점을 얼마나 많은 비즈니스 모델에 받아들일 수 있을까가 가장 중요하다. 자신만의 강점이 곳곳에 내장되어 있다면 타사가 흉내내려고 해도 쉽게 모방할 수 없어 진입장벽이 높아진다. 이것이야말로 강한 사업모델이라고 할 수 있다.

④ 독창성, 실현가능성

선택해야할 이유를 쌓아 올려보자! 독창성이 불명확하다면 고객이 제품이나 서비스를 선택할 이유가 없다. 독창성이라고 해도 획기적인 비즈니스 모델을 이룰 필요는 없다. 작은 차별화가 비즈니스 모델 곳곳에 많이 쓰여, 있다면 그것이 쌓여 큰 차별화와 연결되어있다고 하는 것도 훌륭한 차별화라고 할수 있다. 또한 독창성이 명확하다고 하더라도 사업개시 이후에 간단히 흉내낼 수 있는 사업이라면 피하는 것이 좋다. 실제로 그 사업의 지속성이 중요하다.

⑤ 벅찬 비즈니스 모델이 되어 있지 않은가?

신규 고객을 개척하고 유지할 필요가 있는 사업은 언젠가 고객이 고갈되어 버릴 가능성이 있다. 사업분석시트가 완성되었다면 각 항목에 대해서 정말로 수요가 있는가, 팔릴 수 있는가 등을 확인하는 것도 필요하다. 그 위에 창업희망자는 창업하는데 있어서 가족의 이해를 얻고 있는지, 창업초기에 수익을 얻을 수 없는 경우에도 금전적으로 괜찮은지를 재차 확인함으로써 본인의 의지가 굳어져 있는지 한 번 더 확인하는 것이 좋다.

창업의지가 확고하게 된 경우 창업을 향한 구체적인 준비를 위해 창업계획서 작성에 임하는 제3단계에 들어가게 된다.

3) 제3단계(창업내용이 구체화된 단계)

사업분석시트에서 창업아이디어가 구체화되고 창업의사도 굳어지면 다음 단계로 창업계획서를 만들도록 한다. 창업계획서는 어떤 사업을 어떻게 실현해 나갈 것인가를 설명하는 계획이다. 금융기관에서 대출을 받을 때나 가족 등 주위의 협력자에게 설명할 때에 필요하다. 또한 다른 사람에게 설명할 필요가 없더라도 자신의 사업에 책임실현의 가능성이 있는지 확인하거나 창업을 위한 과제나 해야 할 일을 명확하게 하기위해 창업계획서는 필수적이라고 할 수 있다.

- 개별상담 진료기록카드에서 정리한 내용 등을 바탕으로 기재한다.
- “왜 창업하는지, 창업을 위해 어떠한 경험을 쌓아왔는지.”라는 관점에서 사업을 구성하고, 구체적이고 객관적인 근거로 자신의 경험을 바탕으로 담아낸다면 설득력이 높아진다.
- 학력과 경력은 당시를 되돌아보고 현재 창업을 계획하고 있는 사업을 실시하는 것에 덧붙여서 도움이 되었다고 생각되는 경험도 기재하는 것이 좋다.

마지막으로, 창업계획서의 처음부터 끝까지 모순없이 일관성을 유지하고 있는지 확인하고 문제점이 있으면 수정하도록 조언한다. 예를 들어, 수지계획이 매출은 많고 비용은 적게 예측되어 있는지, 입지조사와 시장조사 등 다각적으로 검증함으로써 수지계획의 객관성을 높여 가도록 조언하는 것이 좋다.

4) 제4단계(행동으로 옮기는 단계)

(1) 창업계획서 완성후

창업개업을 향해 행동으로 옮기는 사람에 대해서는 자금조달방법과 물품찾기, 계약이나 시설 등의 준비, 홍보도구준비 등 개업을 향한 구체적인 행동에 대한 조언을 한다. 창업초기 중요한 포인트 중 하나가 과도한 차입금지이다. 창업초기 상환부담의 무게를 감안할 때 차입금은 적은 게 바람직하다. 창업을 생각했다면 우선 착실히 자기자본을 저축하는 것으로부터 시작한다라고 하는 견실한 자세가 중요하다. 또한, 이상적인 면을 추구한 나머지 훌륭한 사무실이나 점포를 구하려고 하는 경향이 있지만 현재 업무에 필요한지 여부를 엄밀하게 검증하는 것이 중요하다. 우선은 필요한 최소한의 사무소 또는 시설에서 시작하여 수익의 증가에 따라 점차 알차지도록 하는 “작게 낳아 크게 키움”이라는 발상이 중요하다고 할 수 있다. 또한 창업자금 대출시에는 보증인이나 담보 등이 필요한 경우가 있으므로 미리 검토해 두는편이 필요시에 이용할 수가 있어서 좋다. 또한 대출이외에도 친척 등으로부터의 출자나 보조금의 활용이라는 것도 자금조달의 유력한 수단으로 사업범위에 넣어 둔다.

(2) 비즈니스의 방향

비즈니스의 방향성을 보려면 자신이 행하고자 하는 비즈니스의 시장과 지역에서 경합하는 서비스상품을 조사하여 일반적으로 경쟁을 피하면서 처음에는 작지만 장래에 크게 성장하는 시장을 찾을 새로운 사업을 개척하는 것이 유효한 방법이다. 아무도 시작하지 않은 비즈니스는 처음에는 시장규모도 작고 대기업에 있어서도 매력이 적은 시장이기 때문이다. 시장의 선두로서 선행자 이익을 누릴 수 있을까, 다만 경합이 전혀없는 사업은 거의 없다. 분명히 똑같은 사업을 찾을 수 없을지는 모르지만 실제로는 목표가 같거나 유사한 사업은 반드시 있을 것이다. 똑같은 비즈니스 유사사업을 제대로 분석하면 타깃이 어디에 있는지 알게 된다. 구체적인 내용은 마케팅에서 참고할 수도 있다.

성공포인트

1. 감사하는 마음으로 비평을 받아드려라

성공하는 사람은 남들의 비평에 다른 사람에게 귀를 기울일줄 안다. 그래서 그들은 타인의 지식과 지혜를 폭넓게 받아드려 성공의 풍부한 자양분으로 살아간다.
타인이 비평할 때 변명이나 논쟁을 벌리지 말고 진지하게 귀를 기우려라. 그리고 공감대를 찾아내라. 혹시 악의적인 비평이라 할지라도 민감하게 반응하지 말라. 성공하거나 유명한 사람일수록 비판을 많이 받는다. 혹독한 비평은 당신의 관심도가 그만큼 높다는 것이다.

2. 감나무 밑에서 감 떨어지길 기다린다

당신이 진정 위대한 사람이라면 다른 사람에게 행동으로 증명하라. 행동이나 실천이 없는 성과는 기대할 수 없다. 계획이 아무리 좋아도 실행하지 않으면 쓸데없는 것이다. 원숭이처럼 계획하고 소처럼 믿음을 가지고 코뿔소처럼 밀고나간 연후에 가려도 늦지 않다.
가만히 앉아 기다리고 있는 상태에서는 금전운이 다가오지 않는다. 마음으로 정성을 다하고 몸으로 실행하여야만 비로소 운이라는 것도 열리게 된다.

요 약
summation

＊ 사업가이드 이행

사업가이드북 작성의 목적 ; 우리나라의 경제 · 사회구조의 변화 및 경영자의 고령화에 따른 세대교체로 중소기업 · 소규모 사업자 수는 해마다 다생다사(多生多死)의 악순환을 거듭하고 있다. 이런 상황에서 새로운 창업자를 육성하고 창출한다는 것은 그 의의가 크고 우리나라 경제를 활성화하는데 큰 역할이 된다.

＊ 창업지원 사업의 포인트

지원기관이 행하는 창업지원 사업은 지원자가 창업희망자와 당사자끼리 하는 개별상담과 창업세미나나 창업학원, 창업스쿨이라는 강습회관계의 사업이 있다. 우선 개별상담에서 창업희망자의 스테이지를 보고, 스테이지에 있던 강습회를 유도하는 개별상담과 조합하면서 계속적으로 지원을 함으로써 꾸준한 스테이지 업을 촉진하는 것이 중요하다.

＊ 창업단계별 스테이지

첫 단계에서는 창업아이디어를 여러 가지 떠올리지만, 자신감을 가지지 못해서 좀처럼 행동으로 옮길 수 없기 때문에, 제2단계로 진행하지 못하는 경우가 더 많은 것 같다. 개별상담을 진행하면서 개별상담 진료 기록카드(페이스 시트)를 활용하여 창업희망자의 현황과 강점을 파악한 후 창업아이디어를 정리하는 것이 좋다.

＊ 자신의 능력과 비즈니스 시장

비즈니스의 방향성을 보려면 자신이 행하고자 하는 비즈니스의 시장과 지역에서 경합하는 서비스상품을 조사하여 일반적으로는 경쟁을 피하면서 처음에는 작지만 장래 크게 성장하는 시장을 찾을 새로운 사업을 개척하는 것이 한 방법이다. 아무도 시작하지 않은 비즈니스는 처음에는 시장규모도 작고 대기업에 있어서도 매력이 적은 시장이기 때문이다.

＊ 경쟁하는 비즈니스 통찰

우선은 자신의 지역이나 자기와 같은 업종에서 경합하는 서비스상품을 분석해 보자. 이때에는 자신의 비즈니스와 완전히 일치하는 서비스 상품뿐 아니라 그 밖의 것도 폭넓은 조사하는 것이 중요하다. 대표적으로 업계의 수익성을 결정하는 5개의 경쟁요인을 생각하는 방법이 있는데 이것을 FiveForce 분석이라고 한다.

제 3 장

창업전 필요확인사항

사회에서 가장 성공적인 사람

연구결과 우리 사회에서 가장 성공적인 사람은 장기적인 안목을 가진 사람들이다. 성공한 사람들은 10년 20년 후의 미래를 줄곧 생각하여 왔으며, 이러한 긴 세월을 수평선 위에서 필요한 의사결정을 해온 사람들이다. 장기적 시각을 갖는다는 것은 먼 미래에 대한 통찰력과 장기목표를 갖고 꾸준히 실천하여 나아가는 것이 끈기를 포함하는 개념으로 실천경영의 비법이다.

– 에드워드 밴필드(Edward Bantield) 하버드대 교수 –

제1절 기업도메인과 혁신프로세스의 관계

♣ **승자들이 가지고 있는 공통의 특성**

승자와 다른 사람을 구분시키는 특성을 꼽는다면 그것은 바로 열정일 것이다. 너무 사소해서 땀 흘릴 가치가 없는 일이란 존재하지 않으며 실현을 바라보기에 너무 큰 꿈도 존재하지 않는다. 열정은 내면 깊은 곳에서 비롯되는 것이다. 오직 훌륭한 조직만이 그러한 열정을 불타오르게 할 수 있다. 열정은 전염되고 동화됩니다.

- 잭 웰치 GE 전회장의 말 -

1. 문제의식과 프로세스

1) 문제의식

기업의 연역(年歷)은 그 기업의 성장의 과정이요 기초적 초석이 된다. 기업의 성장에는 여러 가지 요인들이 작용하나 업무상 영역은 으뜸가는 요인중에 하나가 될 것이다. 창업을 하는 기초적인 문제에 있어서 사업적 영역의 문제의식이 정립되지 않으면 좋은 프로세스를 이행하기 어려워진다 하겠다. 경영학은 기업이 성장하는 요인으로 조직과의 관련성이나 그 기업이 가진 경영자원의 이야기가 자주 논의되고 있다. 그러나 기업의 성장과정의 구조를 조직의 흐름과 경영자원의 열기를 감안한 것만으로 좋은 성과를 거둘 것인가라는 하나의 의문이 생겨난다. 따라서 본 절에서는 기업성장구조에 대한 생각은 사업영역의 설정(도메인 설정)과 경영학자가 말하는 기업전략적 창조를 감안한 것이 중요하다는 점에 주목한다, 타니타이라는 회사가 세계적인 점유율을 가진 측정장비제조회사로 발전시킨 기업성장의 구조는 무엇이었는가를 분명히 해나가는 것이 본 절의 목적이 있다.

2) 선행연구 기업도메인

사업이라는 것은 기업의 활동영역이며 사업의 선택에 따라 그 기업의 활동범위나 무엇을 해야한다는 구상이 정해져감으로 사업의 선택과 설정이라는 것은 기업의 발전성에 크게 영향을 미친다. 기업의 사업성을 파악하거나 어디까지 사업영역으로 할지를 정하는 틀이 기업도메인이다. 도메인과 조직체 활동범위 내지는 영역이며, 조직의 존재영역이라고 정의하고 있다. 특히 기업전략론 중에서는 기업도메인을 전략영역이라고도 말할 수 있다. 그것은 기업도메인을 설정하는 것이 기업의 사업전개 방향을 보며 기업의 활동범위로 미래 지향해야 할 방향이 예상되기 때문이다.

또한 기업도메인에는 2개의 정의가 존재한다. 그것은 물리적 정의와 기능적인 정의이다. 기업이 도메인을 정의한다는 것은 자사의 사업이 어떠한 것인지, 또한 향후 어떻게 수행해 나갈 것인가라는 전략결정의 첫 번째 질문이 될 수 있다. 따라서 회사도메인을 정의하고 설정하는 것은 기업에게는 자사의 출발점으로서 관계기업과의 미래도 그 결정에 따라 변화해 나가는 것이다. 또한 기업도메인은 물리적 정의 및 기능정의라는 두 가지 정의에 의해 이후의 경쟁에 크게 좌우된다. 기업의 제품과 서비스활동의 성과만을 나타내는 물리적 실체이다. 이에 착안한 정의를 도메인의 물리적 정의라고 한다. 한편 도메인의 기능적 정의는 제품이나 서비스자체가 아니라 그들이 가진 기능에 초점을 맞춘 것이다.

이 두 정의의 차이를 보여주는 유명한 예는 미국의 철도회사가 실패한 사례이다. 왜 실패사례인가 하면, 미국의 철도회사가 자신의 사업을 운송사업 등 다양한 사업으로 생각하는 것이 아니라 단순하게 철도사업이라고 생각했기 때문에 고객의 요구에 부응할 수 없었기 때문이다. 이 회사도메인의 정의에 적용하면 철도사업은 도메인의 물리적 정의와 운송사업은 도메인의 기능적 정의라고 생각할 수 있다.

이처럼 물리적 정의의 도메인을 설정하여 사업을 수행하면 철도주체의 사업이 되어 버리지만, 철도가 아닌 수출수송이라고 하는 기능적 정의의 관점에서 기업도메인을 정의하면 사람 또는 물건을 운송하는 서비스사업으로 파악할 수 있도록 되어 고객의 요구에 유연하게 대응할 수 있으며 사업의 폭을 넓힐 수 있다. 따라서 회사도메인을 정의할 때 물리적으로 정의하고 기업도메인을 설정하는 것은 전략적으로 권장되지 않는다고 생각되어 왔다. 그러나 사카키 바라이 사례의 실패요인은 기업도메인의 정의를 잘못 설정하기 보다는 어느 일정한 기업도메인에 집착하고 그것을 고정으로 잡고 있던 것도 잘못되었다고 지적하고 있다.

물리적 정의의 기업도메인이 권장되지 않는 것은 도메인을 물리적으로 정의해 버리기 때문이다. 그것은 종종 고정적이고 변화에 대한 적응성과 탄력성이 없기 때문이다. 또한, 사사 카토(2014)는 기업도메인을 정의한 후, 기업도메인이 후속전략전개를 어떻게 작동했는지 논의되어 오고있지 않다고 지적하고 있다. 효과적인 기업도메인을 정의하고 이 유효한 전략전개에 결합하는 인과론이 주류를 이루고 있었지만, 회사도메인의 정의에 묶여 있었기 때문에 어떤 전략전개과정을 만들어

낼 수 있었는지, 기획사업 전략배포 프로세스를 논하기는 회사도메인을 정의하는 것의 중요성에 주목한다 할 것이다.

따라서 본 절에서는 시계열에서 바라보는 기업도메인이 어떻게 변화해 가는가를 관찰하고 기업도메인의 정의를 어떻게 변화시킬 것인가를 기업의 중요한 과제로 파악해 기업도메인이 정의된 후, 기업도메인이 어떻게 작동하는가에 초점을 맞추어 간다. 또한 기업도메인이 기업에 어떻게 기능해 나갈지 주목할 때 도메인구성 컨센서스도 중요하다. 경영과 조직구성원의 상호작용을 통해 또는 기업조직과 외부환경과의 상호작용을 통해 형성되는 도메인에 대한 합의가 도메인 컨센서스이다. 도메인 컨센서스에는 두 가지 측면이 하나가 '내적합의'이고 다른 하나는 외적합의이다. 내적합의는 경영의 주도로 만들어진 도메인에 조직구성원이 어느 정도 동의 공명납득할 것을 나타내며 외적합의는 조직체의 기업도메인 외부의 사람이 어느 정도 동의 공명납득할 것을 나타내고 있다. 기업이 사회적으로 잘 작동하려면 회사도메인을 정의하는 것만으로는 아니다. 정의된 기업도메인이 얼마나 조직의 내부 또는 외부에서 공통의 인식을 얻게되었는지도 중요하다.

3) 기업혁신모델 혁신전략

(1) 혁신전략

혁신경영은 바닥부터의 경영혁신이며 경영자의 혁신적 전략의 역할은 그 내용 그대로 하나하나가 중요시되고 있다. 요즘은 미(美)를 창조하는 아이디어를 내놓고 노력하지 않으면 안된다. 그 실현을 위해서는 최고의 노력을 하는 것이 과제로 되어 있다. 그리고 대표는 사업혁신의 기획선도자임을 보여 주었다. 기업에 전략적 혁신을 일으킬 미지(未知)의 세계로 개척의 도전이며 고난의 시련과 극복의 싸움이다. 미지의 세계로 나아가는 도전은 주로 신사업의 개척으로 사업의 기폭제가 되는 것이 위기의식에서 나온다.

위기의식이란 기업의 실적적 악화를 초래할 우려가 있다. 또한 반면으로, 위기의식이 심해지면 심해질수록 신사업진행의 기회가 늘어난다. 그러나 신사업진출은 매우 어렵게 하는 일이 생겨난다. 그것은 변화에 거부감을 안고 기존사업에 충실하고 유지하려는 기존층들이다. 여기서 중요시하는 경향은 기업의 조직에서는 조직의 관성이라고 하는 습성이 기업혁신의 저해요소가 됨으로 혁신을 실현하기 위해서는 이 조직관성에서 탈피하는 조직개편이 필요요인이라고 주장한다. 조직관성에서 벗어나는 것은 어렵지만 또한 가능하게 하는 것으로서 최고 선견력을 들을 수 있다. 경영자는 시대의 흐름을 전망하고 자사의 기존사업의 미래성과 성숙쇠퇴의 방향으로 향하는 것은 아닌지. 성장의 방향으로 향하고 있는 것인지를 관찰대안을 결정하지 않으면 안 된다.

그러기 위해서는, 선견력을 갖고 장기적인 관점에서 환경변화의 예측이 필요하다. 또한 그렇게 환경과 기업의 미래를 내다보는 것으로 최고의 경영자는 새로운 사업이 궤도에 오르는 것까지 주도적인 역할을 하여야 한다. 이것은 위에서 논한 조직관성의 타파와도 관련하고 있으며 최고의 경영자는 스스로 앞장서 사업을 키워 올리는 전략의 방향설정을 한다. 이처럼 전략적 혁신은 상위주도인 것이 혁신의 중요한 요소이며, 특히 환경을 혁신의 중심이라고 말했다. 이와 같은 생각을 가진것을 진화론 모델이다.

(2) 진화론 모델

전략적 혁신모델과는 달리 조직이 자율적으로 시행착오를 통해 실천적인 전략을 낳는 행동지향 모델인 진화론 모델을 보여 주었다. 이 모델은 기업혁신의 중심에 있는 구성원들의 역할이 중요하다고 주장하고 있다. 진화론 모델의 변이(變異)는 선택 – 도태 – 유지의 세 가지 주요 개념으로 구성된다. 변이는 쌍방의 도적으로 또는 무의식적으로 일으키는 변화의 변형이며 조직체에서 태어나 수많은 변형은 선택·도태되어 결국 조직내에 유지되고 전파된다. 진화론에서 변형의 발생은 중요하며 이 변화가 조직의 지식경험의 폭을 넓힐 것으로 생각되어 진다. 그리하여 변형의식적 창조가 톱(Top)의 역할비율이다.

조직은 환경변화에 따라 주체적으로 전략창조하고 환경적응행동에 따라 정보가 축적되고 그것이 학습된다고 주장한다. 즉, 진화의 본질은 학습이다. 따라서 상급자는 일상행동에서 조직구성원의 긴장과 학습동기를 부여하고 학습활동을 지속적으로 유지시키는 것이 중요하다. 조직의 헝그리 정신을 끊임없이 자극한다. 누진적 학습(progressing learning)을 만들어 조직의 지속적인 진화에 연결하기 때문이다. 또한 탑은 진화의 방향성을 바탕으로 인적네트워크를 공고히 해 언제 축적된 변형을 도태를 도모하는 역할도 있다. 이때 진화의 방향으로 전략론으로는 다변성을 가지고 학습활동에 변화를 발생시키는 기업도메인을 정의하는 것이 바람직하다.

(3) 환경변화에 의한 경영전략

경영환경은 유동적이다. 유동성에 대응능력이 부족하면 경영효율은 멀어진다. 그러므로 사업환경분석을 정확히 하고 올바른 경영이념하에 비전이 제시되어야 하며 가시적 목표가 설정됨으로 전사적 협력체계가 구축되는 것이다. 이로 인해 사업발전의 구도가 전개되고 기업도메인 즉 사립의 영역을 넓혀 나가는 초석이 다져지는 것이다.

그림 3-1 경영전략과 사업환경분석도

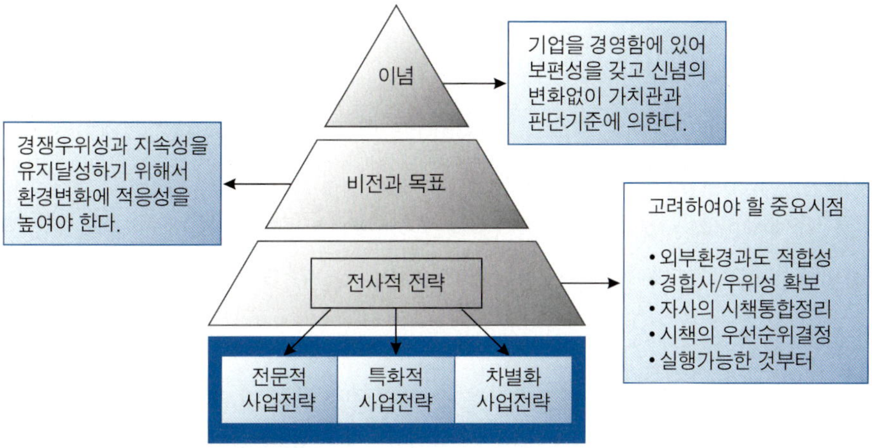

출처 : 成長企業の 法則 名和高司 著 CSV經營の全體像 参考 在圖

3) 유발형 자기조직의 이론

(1) 기업의 전략적 행동과 환경

기업의 전략적 행동은 환경에서 현실에 일어난 변화 또는 예상되는 변화에 대응하여 발생하는 것으로 생각했지만, 변화에 대한 적응이 어떻게 일어나는지 또한 어떻게 유도할 것인가에 대해서는 다양한 이론이 있다. 그러나 크게 나누면 분석적 접근과 진화론적 접근이다. 분석적 접근은 기업대표가 주도(主導)되고 환경 및 자사자원을 분석·예측하면서 환경에 적응해 가는 것이 옳다고 생각된다. 반면, 프로세스 접근방식은 중간관리를 핵심으로 기업의 환경적응을 자연발생적인, 즉 응급(emergent)과정으로 파악하는 견해이다. 이 두 가지 방법은 전 상위의 적극적인 개입의 필요성을 논하고 하향식에 의한 명확한 전략제시를 권장하고 있지만, 후자는 다의적으로 다양한 해석을 포함한 전략이 좋다고 생각된다. 기업의 중간관리자들 레벨에서 발생하는 기업의 혁신적인 움직임을 주장하고 있다.

이 두 개념 중 어느 쪽이 옳다는 것은 아니고, 여기에 제 3의 접근율을 강화하는 것이 유발형 자기조직이론이다. 유발형 자기조직이론에서는 상위역할이 중요한 최고의 프로그램이다. 변화의 개입은 기업변혁과정의 하나로서 필요하지만 표면이 변화의 리더라는 것은 아니고, 변화의 원동력은 인간의 집단이 가지고 있는 자기조직력과 능력임을 주장하고 있다.

자기조직화 능력이 클수록 상위의 조치가 기업혁신에 미치는 보스영향이 커지는 것을 나타내고 있다. 또한 기업변혁이 일어날 때까지에는 지속했다. 네 가지의 단계가 존재한다.

- 제1단계는 톱(Top)에 의한 전략적 혼(魂)이 들어 있다. 기업내부에 위기감의 해소는 질서를 강화하여 문제를 해결하는 환경을 조성한다.
- 제2단계는 중간이 새로운 액션과 발상을 창조하는 단계이다. 톱이 만들어 낸 문제를 전진적으로 해결함으로써 전략적으로 돌출(突出)하게 한다.
- 제3단계에서는 2단계에서 발생한 변화를 지렛대로 기업내부에서 변화가 추진된다.
- 제4단계는 제3단계와 병행하여 진행단계이며, 최상위 레벨에서 전략적 비전이 명확히 되어가는 과정이다.

이상의 네 가지 단계를 거쳐 기업변혁과정이 진행된다. 유발된 자기조직이론은 특히 환경의 역할, 중간역할 각각의 특징을 향하고 있다. 양자의 상호작용에 착안 한 이론이다

(2) 기업이론

기업전략적으로 중요한 것은 어떻게 하면 경쟁우위를 구축하고 유지하는 방법이 아니라 어떻게 새로운 가치를 창조하는 가이다. 그리고 기업이론은 기업이 가지고 있는 새로운 가치창조를 창출하거나 그 전략을 선택하기위한 지침이다. 기업이 장기간 성공을 유지할 수 있는 것은 일관된 기업의 신뢰성(信頼性)이 계속해 있다

기업이론에는 세 가지의 사이트가 존재한다.

- 첫 번째가 포어사이트라고 불려지는 것으로 예상되는 세계의 미래상에서 어떤 투자전략행동의 가치를 창출하는 것인가를 시사하고 있다.
- 두 번째는 인사이트이다. 인사이트는 조직의 또 하나는 기존의 자산과 활동에 대한 깊은 이해를 바탕으로 해당 기업에만 통용되는 것인지 파악하는 것이다.
- 세 번째 크로스 사이트는 그 기업만 구축하고 추진할 수 있는 상호관계를 밝힐 것을 제안하고 있다. 그것은 포어사이트를 통해 미래의 전망과 고문고객의 요구, 외부환경을 파악하고 인사이트를 통해 자신의 자산을 파악하고 함께 가는 것이 가능해진다. 또한 이론은 동적이며 반증과 피드백을 통해 비전을 높일 수 있다. 기업이론은 가치창조를 가져올 전략행동의 원인이다.

(3) 분석프레임 워크

이상을 근거로 하여 기업이 사업을 할 때 회사도메인의 설정은 필요불가결하다.

자사의 기업도메인을 이용하려면 어떻게 하면 좋은 것일까. 기업도메인은 기업이 취급하는 사업

영역의 범위이므로 기업은 이 범위내에서 전략을 세워야 한다. 그래서 기업혁신은 기업도메인의 범위에서 이탈할 수 없을 것이다. 그러나 기획사업 도메인은 불변이 아니라 환경에 따라 변화하는 것으로 생각하면, 기업혁신은 기업도메인 프로그램의 변화에 연동하여 어떤 변화가 생긴다고 생각할 수 있다.

따라서 본 절에서는 기업도메인의 정의가 변화하는 것으로 전략창조에 어떻게 포함하여 영향을 작용하는지를 기업혁신모델과 관련시키면서 타니타의 사례를 이용해 계열적으로 분석한다. 또한 전략창조와 새로운 가치를 창조하는 것이기도 하다. 즉, 기업도메인의 정의가 변화하는 것으로 전략창조에 어떤 영향이 있다고 하는 것이라면, 기업이 가지고 있는 기업의 조치에도 변화가 초래되고 있다고 생각된다. 즉 본 절에서는 기업이론의 변화에 대해서도 밝혀나갈 필요가 있다.

(4) 사례분석; 주식회사 타니타

사례묘사는 기업안내와 홈페이지 잡지기사, 사장의 인터뷰기사, 책 등의 자료를 기반으로 하고 있다.

① 주식회사 타니타의 개요

주식회사 타니타는 1923년에 구상(具商, 금속기기)업체로 설립되었다. 그래서 시계 및 귀금속, 담배케이스 등의 잡화를 판매하고 있었지만, 전쟁중인 1944년에 군수산업으로 전환이 되어 전선·전기제작소로 통신기기의 부품을 군부에 납품하는 부품을 제작했다. 이것이 정밀기기 메카로 취급 타니타의 원점이기도 했다. 전후는 담배케이스와 토스터의 OEM사업을 전개해 나갈 수 있었지만 매출이 좋지 않아 적자경영이 계속되고 있었다. 그러나 1987년에 2대째 승계한 경영자타입이다. 다이스케씨가 취임후 회사에 큰 변화가 찾아왔다.

다이스케씨는 자사가 취급하는 사업시스템을 바꾸고 어떤 부문에서 적자가 발생하는지를 명확히 했다. 그리고 적자인 사업은 점차 버리고 건강측정기 사업하나에 한정했다. 1990년에는 연구소를 설립하여 의사나 전문가로부터 비만이란 무엇인가를 배우고 상품개발에 주력했다. 그 후, 업무용, 가정용 체지방측정기에 대해서 건강측정기를 개발하여 그것이 세계적인 히트를 일으켰다. 또한 세계 최초의 가정용 신체조성계 등의 히트상품을 잇달아 출시하였으며, 해외진출도 적극적으로 실시한 결과 체중기사업에서 세계적인 특수기업으로 성장했다. 그리고 만성적인 적자경영을 흑자경영으로 전환시키고, 경영도 정상궤도에 오르는데 성공한다. 현재는 건강미터에서 점유율 세계 1위이다.

② 주식회사 타니타의 기업도메인과 기업혁신모델

타니타에서 주목할 점은 위에서 일련의 흐름속에서 3번 회사도메인의 정의가 변화하고 있는 것이다. 또한 그 변화는 그때의 경영자마다 다르다. 또한 타니타 회사도메인 변화는 점진적으로 이루어지고 있으며, 변화에 따라 경영자가 변화함으로써 기업혁신모델도 변화하고 있는 것도 특징의 하나이다.

2. 1차 변혁기의 기업이론

1) 변혁기의 기업도메인

타니타의 1차 변혁기의 기업도메인은 체중계 전문도메인으로 물리적 정의의 기업도메인이다. 이 시기에는 적자경영이었다. 타사업을 접고 체중계사업에만 성공을 위하여 혼신(魂身)으로 연구에 몰두하던 것이 회사체제를 크게 변모하는 변혁기라고 할 수 있다. 그리고 다이스케씨는 타니타를 건강측정기 사업하나에만 집중적인 사업전략으로 성장세를 높였다.

기업이 앞으로 지향해야 할 목표를 명확히 제시공감되어야 한다. 지금까지 진행되어 온 사업의 대부분을 축소하는 기업에서는 도박이라고도 할 것이다. 하지만 단지사업을 종료하는 것이 아니라 미래의 방향성을 뚜렷하게 정리하는 것이다. 회사를 재건해 나가지 않으면 안 된다고 하는 위기의식을 강하게 갖는 것으로, 기존사업에 충실하는 것이 곧 신사업추진의 기반이요 동기유발의 제공이다. 건강분야는 향후 사회적 수요가 높아지는 것이 틀림없다는 것을 예지(豫知)하고 있기 때문이다.

따라서, 기업의 미래를 내다보고 어떤 투자나 전략적 행동을 취할지의 길은 1차 변혁기의 기업이론의 호아사 사이트의 측면을 가지고 있다고 할 수 있을 것이다.

그리고 기업도메인을 설정한 후 체중계를 제조하는 과정에서 체중계의 측정성능향상에만 눈을 돌리는 것이 아니라, 어떤 때에 체중이 증감하는지, 비만이란 무엇인가, 체중을 어떻게 컨트롤하면 건강해질 수 있는지 생각을 가지게 되었다. 그리고 다이스케씨는 베스트 웨이트센터를 설립하고 의사와 영양사, 강사 등을 모아 건강과 체중의 관계 등을 듣고 제품개발을 실시했다.

그래서 비만이 말하는 것은 체중이 아니라 체지방으로 결정된다는 사실이 발견되어 그것이 체지방 측정기개발의 실마리가 되었다. 또한 다이어트가 지나치게 건강에 해가 미치지 않도록 근육을 유지하면서 체지방을 떨어뜨려 체중감소할 수 있도록 생각하고 개발된 것이 신체조성계이다. 이 베스트웨이트 센터의 설립을 통해 자사에 있던 원래 기술요소와 비만에 대한 지식자원을 이용하여 결합에 성공한 것이 다이스케씨가 주도가 되어 재검토하고 구축한 것이, 기업이론의 인사이트면을 포함하는 것으로 간주한다.

다이스케씨는 사업의 장래성을 내다보고 기업도메인을 다시 설정하고 적자경영이라는 위기의식을 이용하여 주도적으로 전략을 실시하고 있었다. 그가 한 기업혁신전략으로 기업혁신모델에 근거한 것이라고 할 수 있다. 그리하여 1차 변혁기는 기업도메인과 다이스케씨의 주도적인 전략이 결합된 새로운 가치창조(크로스 사이트)가 태어나 제품개발에 성공해 갔다.

2) 변천기의 이론

도모를 베이스로 한 제품은 건강에 관한 주제로 이어질 것이라는 생각을 컨셉으로 하고 있다. 그렇게 체중계에 주목한 다이스케씨는 체중이 나타내는 건강이라는 분야도 사업영역에 포함하는 것을 깨달았다. 이 시기에 회사도메인의 정의가 물리적 정의에서 기능적인 정의로 다시 정의되었다. 이렇게 타니타는 사업영역을 넓힐 가능성을 발견하는데 성공하고 1차 변혁기와는 또 다른 포어사이트를 가지게 되었다. 그리고 타니타는 1997년에 체지방측정기 헤앤젤레스 미터를 히트시키는 등, 세계의 "도모"회사로 성장할 수 있었다. 보수계와 요당계 등 여러 측면에서 자신의 건강을 수치화할 수 있는 제품을 창조해 가는데 성공했다.

또한 사내에서는 다양하고 새로운 노력을 하고 있었다. 두 가지 예를 들면, 우선 첫 번째는 혁신의 날이라는 제도이다. 그것은 "건강미터로 세계를 제패한다"고 다이스케씨가 목표를 내건 것이다. 적자로 어두워 있던 사내를 밝게하는 것으로 부터 목표의 이행은 사람이 바뀌는 계기라고 생각하기 때문이다. 혁신의 날은 직원이 올해의 목표를 정하고 그 목표가 달성되면 혁신날의 회사는 휴무와 포상의 제도이다. 이날을 설정함으로써 사내의 보수적인 공기가 점점 변해가고 있었다. 또 다른 예는 사원식당의 설립이다. 베파업웨이트 센터에서 뚱뚱한 사람을 위한 요리교육을 실시하고 칼로리와 염분함량을 고려하면서 건강을 위한 식사를 제공했다. 다이스케씨는 베스트웨이트 센터에서 고안된 건강메뉴를 사원식당에서도 내도록하여 타니타 전체적으로 비만뿐만 아니라 건강을 목표로 하는 시스템을 구축했다. 이 식당이 후에 "타니타식당"의 시작이다.

또한 업무시작전에 건강체조를 실시하도록 하여 건강에 관한 의식을 사내에 침투시키고, 직원자신들도 건강을 의식해 나갈 수 있게 했다. 1차 변혁기에서 다이스케씨는 사내의 의식을 바꾸는데 최선을 다하기 위에서 혼신의 노력을 실시하는 것으로 직원의 의식을 바꾸고 건강을 생각하는 문화를 사내에 정착시켜왔다. 이것이 전환기의 다이스케씨의 인사이트이며 건강문화는 사내에 일어난 새로운 크로스 사이트이다. 이 문화에서 직원 한 사람 한 사람이 건강을 의식하게 혁신의 날이 뒷받침되고 사원에서 건강에 관한 아이디어가 증가할 수 있도록 전사적으로 건강에 관한 학습태도가 달라지기 시작했다. 또한 구내식당의 건강메뉴는 베스트웨이트 센터에서 레시피를 관리영양사가 계승하고 있다. 그것은 지식의 계승과 지식경험에서 새로운 변화의 창조의욕에 연결되어 있다고 할 수 있다. 이렇게 많은 계층에서 학습의욕을 자극했다. 전략적 기업혁신 모델에서 진화론 모델의 요소를 가지고 시작한 것으로 생각된다.

3) 성장기의 기업이론

타니타는 체중계 회사로 많은 점유율을 차지하고 있었지만, 다른 기업도 동일한 사업분야에 진출해 왔기 때문에 체중계의 매출이 침체하기 시작했다. 그리고 여기서 데이터의 변혁기가 일어났다. 그것은 사장교체이다. 천리씨는 사장이 없이 경영하는 회사라고 칭하고 있으며 사장실도 두고 있지 않다. 매일매일 다른 책상에서 일을 하고 직원들과 서로 교류를 도모하고 있다. 또한 부하도 자신이 생각하는 것을 제대로 전달한다고 생각을 가지고 있기 때문에 직원들끼리 교류할 수 있도록 사내에는 업무시간외 교류의 장과 타니타 주최의 지역이벤트로 가족끼리의 교류의 장을 마련하고 있다. 이렇게 하면, 다른 부문의 각종 정보를 공유할 수 있으며 타니타의 인적네트워크 강화가 이어지고 있다.

예를 들어, 영업부문에서 상품기획부서에 고객정보를 공유할 수 있게 한 것은 새로운 상품개발의 계기를 얻을 수 있는 것이다. 사업책임자는 젊은 사람에게 맡겨야하는 등 직원들이 스스로 생각하고 행동할 수 있는 역량의 육성에도 힘을 쏟고 있다.

1차 변혁기와 전환기와는 달리 직원 스스로 움직이면서도 천리(千里)씨가 적극적으로 다양한 활동에 종사하고 있는 인사이트는 유발된 자가 조직이론에 기초인 것 같았다.그리고 직원과 사장의 아이디어에서 이루어지고 있는 것이다, 그런 가운데 기업도메인에도 변화가 일어나 건강을 도모해서 건강한 사회를 만든다.

"건강을 만든다"라는 기업도메인에서 나온 것이다. 지금 타니타식당의 메뉴는 그러한 흐름에서 메뉴의 연구를 쌓아 축적된 학습의 하나이다. 그리고 무리하지 않고 살을 뺄 수 있고 만족감을 얻을 수 있는 메뉴가 세간의 화제를 불러 요리책의 출판과 식당의 개설에 이어, 지금까지 타니타가 제공해온 제품과는 다른 서비스라는 제품을 내놓는 데 성공하고 있다.

위의 노력에 의해 타니타의 지명도도 올라 타니타 = 체중계가 아닌 타니타 = 건강이라는 새로운 인식이 외부에 퍼졌다. 이것은 기업도메인의 외부 콘센트사스가 일하고 있다고 말할 수 있을 것이다. 제조업 뿐만 아니라 음식, 요리 책 등의 새로운 사업전개를 펼친것은 타니타 건강측정기기 제조업체가 아닌 건강종합산업으로 변화시켰다. 이 건강종합산업으로의 변화가 성장기에서 일어난 크로스 사이트였으며, 지금도 타니타는 성장을 계속하고 있다.

3. 고찰과 결론

1) 고 찰

본 절에서는 타니타의 성장과정에 대해 회사도메인의 변화와 기업혁신 프로세스는 일련의 흐름을 분석하고 있다. 우선 타니타의 성공의 한 요인은 초기에 물리적 정의에서 회사도메인을 설정할 수 있었던 것이다. 사업을 파악하고 기업도메인을 설정한 것이 기업이 앞으로 무엇을 할 것인가 하는 방침을 결정하는 데 도움이 되었다. 그것뿐만 아니라 물리적 정의와 관련된 기능적인 정의를 재설정함으로써 최고경영자 및 중간경영자도 기업의 방향을 자유롭게 생각할 수 있게 될 것이다. 그리고 밖으로 이 회사도메인의 정의를 활용할 수 있도록 혁신모델이 변화해 나가는 것이 성공요인으로 작용할 것이다. 이처럼 기업도메인의 변화와 혁신모델의 변화가 잘 어울리면서 변화를 계속할 수 있을 것인지? 그것은 기업도메인 정의와 혁신모델의 상호작용에 의해 만들어진 기업이론에 기인하여 이루고 있다.

[그림 3-2]에서 명시하고 있는 바와 같이 매사에 임하는 자의 열정이 결실을 이루고 못 이루는 원인의 요소가 된다. 우리의 속담(俗談) "위물이 맑아야 아래물이 맑다"라는 말과 같이 상층 경영

그림 3-2 기업성장촉진 구동경영모형

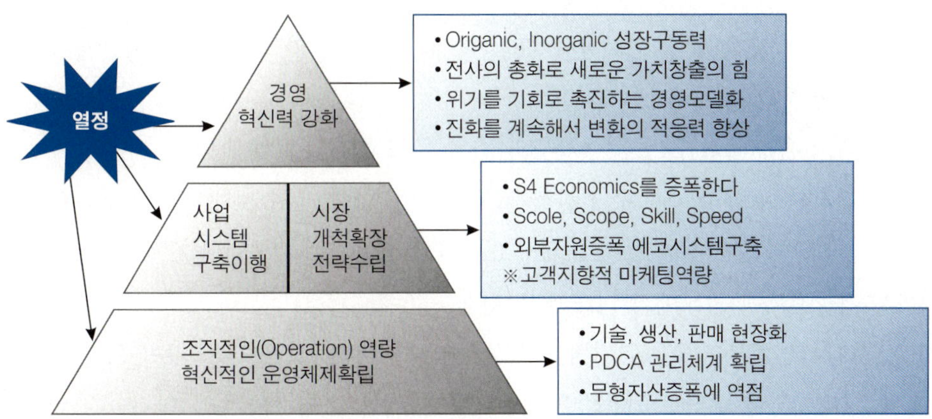

출처 : 成長企業の 法則 p 22 次世代成長を驅動するX經營モデル 參考在圖

층에서 모범적으로 혁신체제를 강화하지 아니하면 하부조직원은 안일(安逸)함에 젖어 업무를 수행하거나 피동적으로 업무에 임할 확률이 높아진다.

그러기 때문에 새로운 구동력에 의한 S4 Economics(Scole, Scope, Skill, Speed.) 시스템을 구축하여 새로운 변혁기로 조직력을 강화함으로서 시장을 개척하는 고객지향적 마케팅전략의 수립 이행이 가능해진다. 기술력을 강화하며 생산성을 높이고 판매를 촉진하려면 PDCA 관리체계를 합리적으로 운영하려면 조직적인 역량이 필요하다.

2) 변혁기

먼저 1차 변혁기에서는 많은 사업에 손을 대고 있었기 때문에, 적자를 어디에서 보고있는지 인지하고 있어 자신이 해야 할 방향(포어사이토)을 명확히 했다. 이에 따라 사장이 주도적으로 수행하는 전략적 혁신모델은 인사이트에서 건강측정기 사업의 일원화이다. 또한 베스트웨이트 센터를 설립하여 건강에 관한 지식을 축적하는 토대를 만들어 여기에서 축적한 지식이 전환기의 기업이론에 참여하고 있다.

거기에서 전환기를 맞아 베스트웨이트 센터에서 비만에 대해 배워갈 때에 체중이 아닌 건강자체에 눈을 돌리게 됨으로서 기업도메인이 건강을 도모(포어사이트)로 변화하고 있다. 여기서 태어난 전략창조(크로스 사이트)가 다수의 "도모" 제품 아이디어이다. 또한 새로운 사업이 궤도에 오르기 시작하여 사내에서 건강을 걱정하는 문화의 육성이 시작되었고 그것은 건강이라는 회사의 경영목표가 내적으로 작동함으로써 직원들이 스스로 건강을 생각하고 행동하는 의식개혁이 되었다.

그리고 이 의식개혁을 위해 노력을 다한 조직개혁이다. 이 시기에 다이스케씨는 이들의 아이디어도 소중히 하고, 직원 스스로 건강에 대한 걱정하는 것으로부터 진화모델(인사이토)를 혁신모델로 변화시켰다고 생각된다. 조직개혁 이후 성장기 직원의 활약이나 신사업전개에 관련된 중요한 전략적 창조의 하나라고 생각이 된다.

또한 전환기에서 태어난 "도모" 상품과 건강을 걱정하는 문화에 따라 직원 스스로가 건강할 수 있도록 노력하다 보면 건강하게 만든다는 포어사이트라는 기업도메인 프로그램으로 변화가 일어났다. 또한 식당에서 맛있는 웰빙메뉴가 표시되어 비만직원의 비율이 줄어들 것으로 화제가 되어 타니타의 건강문화가 외부에 알려지게 되었다.

이것은 타니타 회사도메인이 내적합의뿐만아니라 외부와도 합의를 가지기 시작했다고 할 수 있다. 특히 천리씨는 주도적으로 움직이면서도 많은 직원과 협력의 힘을 타니타의 인지도가 오를 수 있도록 활용했다. 이것은 진화론 모델에서 유발된 자가추천(인사이트)으로 변화한 것으로 생각된다. 타니타는 그렇게 요리책의 출판과 타니타식당 개설 등 건강분야 중심의 음식에 특화한 새로운 서비스를 사업화하는데 성공했다. 이것은 타니타에게 향후 성공의 길이 이어질 중요한 전략창조(크로스 사이트)이다.

이처럼 타니타의 성장과정은 전략적 창조가 기업도메인의 정의와 혁신모델의 변화를 촉구하는 일련의 연쇄과정이라고 할 수 있다. 또한 일련의 과정이론은 1차 변혁기의 전환과 성장기마다 태어난 기업이론에 의해 연쇄적 가치를 창조했기 때문이라고 생각된다. 장기간 성공하고 있는 기업은 창업당시부터 일관된 기업이론을 가지고 있다고 주장하고 있었지만, 타니타의 성공의 길 프로세스의 경우, 일관된 기업이론을 가지는 것이 아니라 각 시기마다 기업이론을 가지고 있다. 일관된 기업이론도 환경이 바뀌면 그 시대에 대응하고 갈 수 없는 것이 아닐까 한다. 타니타의 장기적인 기업성장과정을 가질 수 있었던 것은 각 시기의 기업이론이 다음 전략전개를 낳고, 그리고 새로운 기업의 기업상을 구축한다는 끊임없는 변화를 일으키고 계속 환경에 적응할 수 있었기 때문인 것이다.

성공포인트

1. 차곡차곡 신용을 쌓아라

변명으로 일관된 소인배는 큰일을 할 수 없다. 신뢰는 약속을 이행하는데서부터 시작된다.
노자(老子)는 도덕경(道德經)에서 "신용이 없는 말은 누구에게도 신뢰를 받지 못한다"라고 말하고 있다. 사람들로부터 신뢰를 받지 못하는 사람은 자신으로부터 신용을 지키지 않기 때문이다. 말과 행동이 일치하는 자는 큰 인물로 성인의 가능성이 보이며, "언어일치 불일치자 면종복배(言語一致 不一致者 面從腹背)한다"라는 말에 유의하라. 확신이 서지 않는 일에는 소신으로 답하라 일단 수임한 일에는 최선의 결과를 도출하라 이것이 능력의 신뢰이다.

2. 자신의 삶을 탄식말고 남을 미워하지 말라

타인의 성공과 행복을 축복하는 것이 바로 당신의 처신을 축복하는 것이다. 남을 질투하고 증오하는 것은 자신을 증오하고 질투히는 것이다. 동료의 승진과 성공을 너그러운 마음으로 축복하여 주라 그러면 개인의 잠재의식에 존재하는 색인법칙과 인간공통의 잠재의식에 존재하는 부메랑효과에 의해서 주위 사람들로부터 승진과 성공의 축하를 받게될 것이다.
당신이 바라는 것이 있다면 다른 사람에게도 그런 행운이 깃들기를 기원하라. 당신이 바라지 않는 것은 다른 사람도 바라지 않는다. 당신이 만약 타인의 불행을 바란다면 당신자신도 불행해질 것이다.

요 약
summation

＊ 선행연구 기업도메인

사업이라는 것은 기업의 활동영역이며 사업의 선택에 따라 그 기업의 활동범위나 장래 무엇을 해야 한다는 구상이 정해져 감으로 사업의 선택과 설정이라는 것은 기업의 발전성에 크게 영향을 미친다. 기업이 사업을 어떻게 파악할까 어디까지 사업영역으로 정하거나 그 틀이 기업도메인이다. 도메인과 조직체 활동범위내지는 영역이며, 조직의 존재영역이라고 정의하고 있다.

＊ 기업혁신모델 혁신전략

혁신경영은 바닥부터의 경영이며 경영자의 전략적 역할의 내용은 그다지 중요시 되지 않았다. 그러나 요시(1987)는 이들 창조적 아이디어를 내고 노력했다고 해도 높은 동참이 없으면 그 노력이 실현하는데 대해 과제를 요하고 있다. 상위방향지정 및 지원의 중요성에 대해 논의했다. 그리고 탑은 기획사업혁신의 선도자임을 보여 주었다. 기업에 전략적 혁신이라는 혁신을 일으킬 수 있는 이미지의 세계로 도전이며, 그 이미지의 곤란성과의 싸움이다.

＊ 1차 변혁기의 기업이론

변혁기의 기업도메인 : 타니타의 1차 변혁기의 기업도메인은 체중을 모으며, 이것은 체중계 전문도메인으로 물리적 정의의 기업도메인이다. 이 시기에는 적자경영이었다. 타사업을 접고 체중계 사업에만 혼신으로 짜낸 것이 회사체제가 크게 바뀌었다. 이것을 변혁기라고 할 수 있다.

＊ 고찰(考察)과 결론

본 절에서는 타니타의 성장과정에 대해 회사 도메인의 변화와 기업혁신 프로세스일련의 흐름을 분석하고 있다. 우선 타니타의 성공의 한 요인은 초기에 물리적 정의에서 회사도메인을 설정할 수 있는 것이다. 사업의 파악 폭을 좁혔다. 기업도메인을 설정한 것이 기업이 앞으로 무엇을 할 것인가 하는 방침을 결정하는 데 도움이 되었다.

＊ 기업혁신모델의 관계

기업도메인의 정의와 기업혁신모델이 관계하고 있는 사실이 밝혀졌다고 할 수 있다. 그리고 성장과정을 낳으려면 기업은 일관된 기업이론을 가지는 것이 아니라, 기업이론에서 태어난 전략창조를 다음의 기업이론을 창출기회라고 파악하고 지속적으로 기업이론에 변화를 가져가야 한다고 생각한다. 즉, 기업의 연속이야말로 기업의 지속적인 성장을 촉진전략전개 프로세스이다.

제2절 기업창업지원

♣ **자신감과 단순함, 그리고 속도**

자신이 있는 사람만이 심플(단순)해질 수 있다. 자신감이 없으면 복잡한 말을 하게 된다. 심플하지 않으면 빨리 내달릴 수 없다. 빠르지 않으면 글로벌경제에서 승리할 수 없다. 그래서 우리는 직원들에게 자신감을 구축시켜 주므으로서 심플하게 달릴 수 있게 하여야 한다. 구성원의 자신감을 키워 모두가 리더가 되는 조직을 만들면 당연이 성과는 높아진다.

- 잭 엘치 GE 전회장 -

1. 기업창업에 대한 정부시책

1) 기업창업에 기대를 거는 이유

창의적 창업은 국가경제를 활성화시키는 근간의 큰 요소가 된다. 그러므로 새로이 참신한 아이디어로 창업은 그 나라 미래경제의 새로운 동력이 된다. 한 나라의 미래경제는 그 나라들의 젊은 세대들이 어떠한 열정을 가지고 도전하고 있으며 정부는 정책적으로 어떻게 뒷받침하여 주고 있느냐가 좌우된다 할 수 있다.

저성장 고령화사회로 급속하게 변해가고 있다. 경영자의 평균연령도 서서히 상승하고 최근 몇 년간 사업승계에 대한 경종이 울리고 있다. 중소기업의 사업승계를 원활하게 하는 전문가의 사업승계지도대책과 후계양성의 필요성이 대두되고 있다. 경영승계가 원활치 못하여 지속경영이 난항으로 기업쇠퇴를 자초함은 각 지역경제발전에 적신호를 보이고 있으며 지원기관의 상담체제의 구축으로 폐업체수를 줄이고 싶지만 그 노력이 한계에 이르고 있다.

폐업으로 지역경제에 마이너스 효과를 그대로 내버려두면 지역의 활력이 상실된다. 마음이 크다고 문을 막을수는 없는 것이다. 창업강국이 되는 길은 창업가를 늘리고 폐업기업을 막고 창의가 웃도는 기업에 의한 신진대사를 촉구하는 아이디어가 다음의 시책이 창업을 늘리려면 어떻게 하여야 할것인가.

◇중소기업 백서(2014년판)

① 창업을 늘리기 위해서 필요한 두 가지 대책은 다음과 같다

- 창업희망자를 늘리는 활동
- 창업희망자가 기업가가 되어서 사는 환경을 정비하기 위한 대책이 필요하다.
  - 창업희망자를 늘리기 위한 대책을 우선적으로 창업에 대한 사회적의식과 환경이다. 창업하면 얼마나 풍요로운 삶을 보낼 수 있을지라든지, 창업한다면 이렇게 된다라고 하는 정보제공이 필요할 것이다. 구체적으로는 실제 기업가의 성공사례의 세미나 등이다. 또한 창업에 따른 자금조달이나 고객개척의 과제목, 여성이라면 가정의 양립의 과제 등에 대해서 공적인 지원을 준비함으로써 창업을 바라보는 시각도 달라진다고 생각한다.
  - 창업희망자가 기업가가 되기쉬운 환경을 준비하기 위한 대책이 필요하다. 창업을 생각했다고 해도 자금면이나 인재면의 불안, 고객판로개척 등 사업에 대한 불안한 요건의 필수적인 과제에 대해서 적절한 상담체제나 대안의 제공을 확충하는 것이 중요한 스토리를 이룰 것으로 생각된다. 창업지원상담에 대하여 적절한 창업희망자가 다음의 액션을 신속하게 옮길 수 있다. 지지자로서의 활약이 기대되고 있는 것이다.

② 산업경쟁력강화법에서의 지원책

프롤로그에서도 언급하였지만, 2014년 1월에 수행된 산업경쟁력강화법에서는 새로운 지역경제 역군들을 창출할 수 있도록, 지역의 창업지원을 강화하고 있다. 구체적으로는 이하의 3개의 지원책을 제시한다.

- 지원자, 시, 읍, 면에서의 지원
- 창업자 지원
- 특정 창업지원을 받은 창업자 지원

시 구청이 창업지원 사업자와 연계하여 책정한다.

지역활성화에 많은 성과가 보인다. 또한 향후에는 활동하기 나름이지만 창업희망자의 증가와 창업희망자 등 실제 창업자의 스텝촉진에 기대가 되고 있다.

③ 지역진흥에도 필요한 창업 및 창업활성화

창업 스타일을 세 가지로 구분했다.

- 지역수요 창출형
- 두 번째 창업
- 해외수요 획득형의 3유형이다.

그 중에서도 지역수요 창조형이 더욱 건수가 많다. 지역진흥에도 창업 및 창업활성화가 요구되는 것으로 이는 전국적 경향에 미치고 있다. 중소기업 백서(2013년판)에서는 "창업이 지역사회에 미치는 영향으로 지역주민생활의 충족과 질향상에 보람있는 취업기회를 제공하는데 기여하고 있다"고 하는 결과가 나온다.

2) 창업의 유형과 특징

① 여성의 기업창업

일반적으로 여성은 남성에 비해 섬세하고 인자한 면이 있어 사업수행 시 리스크를 줄이고 인화조성에 효율성을 높이는 편이 강하게 부각되고 있다. 여성은 일을 잘한다. 출산율이 좋은 기혼여성들이 출산후에 계속 일하는 경우가 높은 것처럼 여성의 기업창업도 결코 드물지 않는 것이다. 여성의 창업은 젊은 여성부터 시니어여성에 이르기까지 다양하다.

② 청년창업

전술한 것처럼 후쿠이현에서는 많은 젊은이들이 진학·취업 시 고향을 떠났다, U턴률도 25%로 그리 높지 않았으며 전출자가 전입자를 넘어섰다. 그러므로 젊은이에 대한 기업수요가 높고 취업률도 높아 기업가의 길은 상대적으로 낮고 그러므로 젊다고 마을에서 창업을 꿈꾸는 것은 결코 많지 않다. 실제, 인터넷관련에서 창업한 사례는 많아 보였다. 또, 젊은 창업자와 2대째 경영자를 중심으로 한 커뮤니티도 충실하고 공익재단법인 후크이 산업지원센터가 중심이된 비즈니스교류회 "후쿠이 비즈카페"에서는 젊은이 경영자가 모이는 차세대의 창업희망자이나 초기의 기업가들과의 교류를 도모하고 있다. 이런 교류회를 계기로 창업을 결정하는 경우도 있다고 한다.

③ 시니어의 창업

지난해 조사·연구사업에 있어서, 본현 협회모임 회원그룹이 주제로 내세운 것이 시니어의 창업이다. 시니어가 기업을 창업해도 그 형태는 다양하다. 정년후에 오랜 꿈이나 취미를 사업화하는 경우 기업전사(企業戰士)로 익힌 노하우와 경험을 컨설턴트로 제공하는 경우, 지역 및 커뮤니티의 연장선상에 비즈니스화 하고 전개하는 경우 등 다양하다. 시니어의 기업창업에 공통적인 것은 "건강한 사고력을 갖고 있다"는 것이다. 나중에 창업한 사례들을 보면 스스로 지역활성화의 핵심이 될 수 있도록 창업하고 있다는 것이다. 전국 각지에 전개되고 있는 시니어의 창업은 무엇보다 기업가정신(起業家精神)에 보람을 느낀다는 것이고 고령화의 진전만이 시니어의 기업창업의 이유가 되지 않는 시대에 왔다.

3) 시대의 변천에 따른 기업창업

기업창업은 다음 시대의 변천에 따른 "성장분야"로 보인다. 이루어지고 있는 사업별로 기업창업의 패턴은 어떻게 되어 있는지를 검증한다. 이 차이도 지원을 제공하는 측에서는 그에 상응하는 지식이나 경험이 요구되는 것은 물론 아니다.

(1) 환경 · 에너지분야의 창업

한마디로 환경·에너지라고 해도 그 폭은 훨씬 넓다. 에너지절약대책부터 대체에너지의 창조업종으로는 서비스업에서 중화학공업에 이르기까지 온갖 업종들의 업태로 임하는 비즈니스이다. 그러나 자원수입국인 우리나라에 있어서 환경·에너지문제는 절실한 문제이기도 하고 해당 분야에서의 기업창업도 절실히 요구되는 충분한 가치가 있다고 생각한다. 구체적으로는 가정이나 기업에서의 에너지 절약화를 지원하는 컨설턴트로서 창업은 절실한 분야임으로 기업하기 좋은 예이다. 또 에콜로지 상품의 인터넷판매나 의류 등 리사이클 비즈니스도 기업하기 좋은 분야이다. 또, 소규모 태양발전이나 풍력·수력의 발전수요도 점차 높아지고 있다.

(2) 건강 · 의료분야의 창업

건강·의료분야에서의 창업의 대표는 의원, 치과 등의 개업이다. 개업한 실태로서는 무상진료의 수는 증가하고 있지만, 유상진료소는 감소경향에 있어 소규모 진료소개업이 늘어나고 있다. 또한 향후에도 증가가 예상된다.

(3) 농업분야의 창업

농업에는 4개의 자원이 필요하다. 즉 토지, 인재, 기술, 자금이다. 여기서 생각해도 '농업분야의 창업은 어렵다'라고 할 것이다. 식료자급율의 개선을 위한 TPP(환태평양경제동반자협정)에의 참가 등 농업을 둘러싼 외부환경은 결코 쉬운 것은 아니다. 농업은 자연과 연결고리 경계와의 싸움이기도 하다. 자연재해와 기상이변의 영향 등 일반경제 분야와는 종류가 다른 컨트롤이 불가능한 과제를 항상 의식해야 한다. 그러나 생명과학과 식물공장 등 새로운 농업의 형태가 보이며 향후 비즈니스로서의 가능성이 높아지고 있다.

(4) 농업분야의 창업은 크게 두 가지로 나눌 수 있다

첫 번째는, 생산자로서의 창업이다. 농업생산법인 등 농사경험을 갖는 청·장년들이 겸업(兼業) 후 농가에서 전업농사로 이행하는 시니어 등의 패턴이 있다.

두 번째는, 농업의 주변 비즈니스에 의한 기업창업이다. 지역브랜드 농산물인 인터넷판매나 가공식품의 상품개발, 마케팅이나 판로개척 등 지원사업도 생각해볼 수 있다.

(5) 창업 및 창업지원에 요구되는 것

지금까지 살펴보았듯이 시대가 바뀌면 기업창업의 스타일도 변화한다. 기업창업을 지원하는 진단사(診斷士)에도 변혁이 요구되는 것은 말할 필요도 없다. 마지막으로, 진단사에게 새 시대의 창업·창조업지원에는 어떤 생각이 중요한지 고찰하기로 한다.

① 반주자적 입장

기존의 창업지원은 지도조언입장에서 어드바이스를 실시하는 것이 많았지만, 지금의 복잡화, 다양화한 비즈니스에서는 지도할 분야에도 전문성이 필요한 단계에 있다, 이념적 철학이나 때에 따라 기업가의 반주자로서 기업집단의 멘토(판단기준을 제공하는 사람)로 할 필요가 활동할지도 모른다.

② 이해자

앞에서도 말한대로 기업가는 불안한 불확실한 미래이다. 기업가의 마음이 커가고 안정되어야 제대로 될수 있기에, 무엇이든 상담할 수 있는 보다 좋은 이해자가 되어주는 것이 중요하지 않을까 한다.

③ 제너럴리스트

기업가는 아무래도 전문가적인 요소를 중용삼아 창업하는 경우가 많다. 그래서 세계경제와 일본의 정치·경제의 움직임에 민감한 기업집단이 많다. 그런 외부환경이 사업에 미치는 영향에 대해서 객관적 입장에서 적절한 조언이 필요할 것이다.

2. 창업기업가의 성공요인

1) 기술혁신창업은 사회에 공헌

경제이론상 마이크로 및 매크로 모두 기업의 관점에서 경제적으로 중요한 행위이다. 미시경제학적인 관점에서 말하면 기업은 기술혁신을 사회에 이익을 가져다주는 형태로 제공하는 역할을 담당하고 있다. 예를 들어 미국의 데이터는 기술적인 발견 중 제품화되어 시장에 제공되는 경제적 이익창출은 전체의 1-2%에 불과하다는 계산도 있다. 또한 거시경제학적 관점에서 실업률의 개선과 지속적인 경제성장의 실현이라는 두 가지 측면에서 중요한 의의를 가지는 것으로 알려져 있다. 실업률은 실업했을 때 취직처의 대안으로 기업과 오바마 행정부의 국정연설(Obama 2012)에서도 지적된 같은 벤처기업의 새로운 일자리창출이 기대된다. 또한 금융자본과 노동의 새로운 일자리 실현으로 생산요소가 안정속에서도 생산성을 향상시키고 지속적인 경제성장을 가능하게 하는 측면에서 바람직한 실상이라 할 수 있다.

이러한 상황에서 경제계에서는 기업을 늘릴 뿐만 아니라 크게 성공하는 기업가를 한 사람이라도 많이 탄생시키려는 노력은 단순히 개인사업의 성공이라는 범위를 넘어 경제계 전체에 있어서 중요한 과제로 되어 있다. 이 문제에 대해서는 기업의 인적자원과 사회자원관계에 대한 검증은 학문적인 기여를 할 것은 물론 실무에도 도움을 줄 것이다. 기업가에게 사회관계자원이 인적자원과 함께 중요한 것은 많은 연구가 지금까지 밝혀왔다. 그러나 기업은 창업기회를 발견하고 창업을 실행하고 첫 이익을 올릴 것이라는 단계가 있다. 기업이 이러한 단계를 넘는데 필요한 인적자원과 사회관계자원은 항상 똑같을까. 단계별로 필요한 인적원본과 사회관계 필요자원을 분명히 하는 것이 업무의 효율성을 높이는데 유익할 것이다. 기업가가 하나하나의 단계를 넘어가는 환경적 변화의 대응력과 적응력을 길러가는 것이 더 쉽게 하는 것이 아닐까 생각한다.

또한 사회관계자본은 기업 스스로가 선택하여 쌓아 올리는 것이 가능하다고 되어 있다. 인적자본과 사회관계자본의 대부분은 기업에 우연히 주어지는 물건이 아니라 기업이 스스로 구축하는 것으로 생각되기 때문이다. 그렇다면 성공하는 기업과 그렇지 않은 기업은 사회관계자본의 구축방법에 어떤 차이가 있는 것일까. 그 차이를 알수 있다면 기업가의 성공에 도움이 될 것이다. 본 론에서는 먼저 기업활동을 3단계와 2개의 기간으로 분류하여 인적자본과 사회관계자본책의 기업활동에 미치는 영향을 검증하고 있다. 또한 기업상담상대의 선택과 상담상대에 따라 상담내용의 선택에 대해 성공한 기업가에 보이는 경향에 대해 검증한다.

2) 창업단계의 이론적 연구

(1) 창업단계

기업은 미래의 제품이나 서비스를 발견하고 평가개발하는 것으로 정의된 새로운 기업의 설립외에 사내벤처와 공동사업에서 발생 루(Eckhardt and Shane 2011)가 본 연구에서는 특히 새로운 기업의 설립에 초점을 짠다. 기업은 다양한 단계를 포함한다. Bhave(1994)는 기업에 인터뷰를 하고 사업기회의 발견(Opportunity Stage), 조직의 출범(Technology Setup & OrganizationCreation Stage), 제품을 시장에 출시(Exchange Stage)의 세 가지로 단계분류했다. Shaneand Venkataraman(2000)은 기업기회의 발견과 그 고객개척 및 기금조성개척으로 나누어 2개를 완료하는 것을 기업이라고 정의지었다. 또한, 첫 매출, 이익, 법인세 납부처럼 실무적으로 세분화 창안프로세스라고 하는 연구도 있다.

(2) 기업활동에 영향을 미치는 인적자본과 사회관계자본

기업에 필요한 인적자본과 사회관계자본에 대해 특히 인적자본에 의한 기업의 실행에 미치는 영향은 고전적인 관심사에서 Davidsson and Gordon(2011)이 정리한 인적자본은 긍정적인 영향을 미칠 것이라는 것이 공통된 견해이다. 인적자본은 기업의 능력, 교육과 과거의 경험으로써 기업가 본인 고유의 자질이다. 학력이 높거나 과거의 경험이 풍부한 경우 기업의 창업기회가 쉽게 주어진다. 또한 창업후에도 경영방법을 관리직 경험을 통해 미리 배우고 창업후 성공확률을 높일 수 있다.

그러나 최근 기업의 성패에 대한 사회관계자본의 영향을 고려한 연구가 증가하고 있다. 사회관계자본이 기업의 매출, 이익, 고용에 긍정적인 영향을 미칠 수 있다는 것으로 밝혀지고 있다. 또한 사회관계자본, 특히 상공회의소에 소속 등 비즈니스 네트워크에 미치는 영향이 큰 것으로 나타났다.

(3) 사회관계자본과 자원

사회관계자본과 Adler and Kwon(2009); Nahapiet and Ghoshal(1998) 등을 거느리고 있다. 당신의 기업가 본인고유의 자질과는 별도로 기업의 친구나 지인과의 교제를 통해 얻을 수 있는 자원, 여기에서는 정보와 지식이다. 또한 기업 A의 친구나 아는 사람은 기업가 A를 중심으로 한 1차 자아중심 네트워크를 의미하며, 여러 지인으로부터 기점인 기업가 A에 전해지는 창업에 필요한 정보와 지식에 착안한다. Adlerand Kwon(2009)는 "사회관계자본이 다양한 정보에 대한 액세스를 허용하거나 정보의 질과 신뢰성을 높이거나 정보를 얻을때까지의 시간을 단축할 수 있다."고 지적한다.

그러나 Baron and Markman(2003); Ozgen and Baron(2007)는 기업이 지인으로부터 얻을 정보가 기업의 인지력을 높인다는 관점에서 사회관계자본이 기업의 성공에 영향을 미치는 것으로 나타났다. 기업가의 두 자본은 독립이 아니라 사회관계자본이 인적자본인 인지력에 영향을 미친다는 연구는 기업가연구에서 일정한 지지를 얻고 있다. 또한 "인적자본이 높은 사람은 사회관계자본 획득에 더 걸린다"는 연구도 있다. 그러나 본 론에서는 Davidsson and Honig(2003) 뿐만 아니라 인적자본과 사회관계자본은 독립적으로 서로 영향을 미치지 않는다고 가정하고 논의를 진행하고 있다.

(4) 창업의 성공요인

성공이란 눈앞에 이익만을 추구한다고 해서 성공을 가져올 수는 없다. 작은 규모의 사업으로 창업자 본인이 모든 것을 해결하여야 되는 소규모라 할지라도 구매고객과의 교감되는 소통을 잘못하면 재구매로 이어지지만 성장은 어려워진다. 기업의 성장으로 사업의 영역(도메인)이 확대되면 창업자 본인의 역량만으로는 한계에 부딪히게 된다.

이때 필요를 절감하게 되는 것이 성공요인 3원칙이라 할 수 있다.

첫째로 조직이 확대되고 인원이 증가하면 인사원칙과 조직능력강화라는 필연적인 요소가 따르게 된다. 왜냐하면 만사재인(萬事在人)이요 적재적소(適材適所)는 업무효율의 기본이 되기 때문이다.

둘째로는 기술능력배양이다. 경쟁우위의 기본은 품질과 원가다. 고품질, 저원가는 기술력에서 생출하기 때문에 새로운 아이디어개발이 요구된다.

셋째로는 실천의 효율성이다. 전략만으로 성공할 수 없다. 결실이 있어야 한다.

3) 사업지속의 포인트

사업을 계속할 때에 참고가 될 것이 과거에 창업해서 성공한 사례와 실패한 사례이다. 성공과

그림 3-3 창업의 3단계 성공방정식

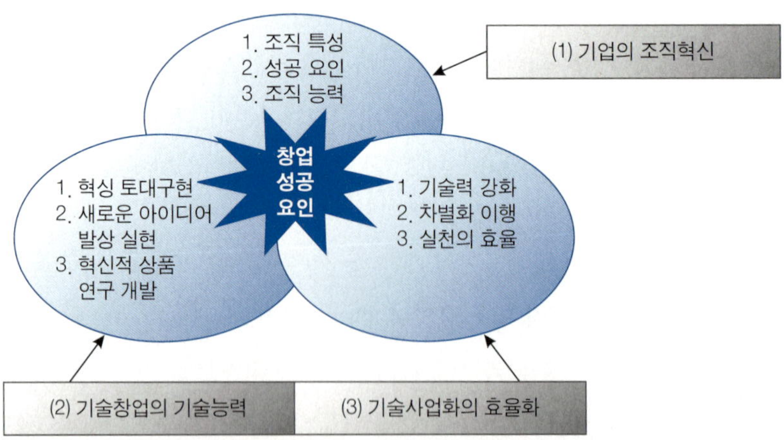

출처 : 프로젝트 관리 흐름도 참고 리스크 방지 업무흐름도 작성

실패의 사례를 알아두는 것이 사업의 지속성에 좋은 참고가 된다. 성공한 사례에 대해서는 어떠한 요인이 성공을 맺을 수 있었는지, 실패한 사례는 어떤 판단을 가지고 어떻게 실행하였기 때문에 실패에 이르렀는지를 알 것으로 자신의 사업운영에 큰 도움이 된다.

(1) 창업에서 성공한 비밀

사업의 성공은 유관된 정보에 있다. 서점에는 그런 종류의 책이 많이 마련되어 있기 때문에 비교적 정보가 손에 들어오기 쉽지만, 책에서 얻는 정보만으로는 충분하다고 할 수 없다. 왜냐하면 책이란 지난 과거사를 정리한 것으로 미래지향적인 판단에 뒷받침을 해주는 참고자료일 뿐이다. 그러나 창업을 성공시키려면 실패하기 쉬운 포인트를 누르고 잘 피해가는 것이 중요하다. 경제유관기관 중소기업청, 미래창조부, 신용보증공단 등의 산업홈페이지에는 창업한 분들로부터의 정보를 모아 경영위험계기의 데이터베이스를 참고하는 것이 효과적이다. 선배기업인들이 어떤 곳에서 실수를 했는지, 또 어떻게 회피하고 갔는가를 참고하는 것이 틀림없이 자신의 창업에도 도움이 되는 정보가 될 것이다.

(2) 실패사례에서 생각을

창업하면 모든 것을 스스로 결정할 수 있게 되지만 그만큼 대응하는 문제가 발생한다. 조금이라도 문제를 줄이려면 평소부터 주의는 물론 실제로 경험을 하고 있는 선배창업자의 실패사례에서 지식과 경험을 얻는 것도 중요하다. 사업은 실패를 반복하고 그것을 수정함으로써 보다 효율적인 기업운영의 노하우가 축적될 것이다. 실패하지 않도록 노력하는 것은 당연지사이다. 그러다 실패하게 되면 큰 실망을 안게 된다. 실패하지 않을 것으로 생각하는 사람이 한번 실패하면 그 사업을 포기하기 십상이다. 혼자서 생각뿐 실패는 당연하다고 생각하고 자신의 실패를 남에게 말할 수 있게 되는것이 중요하며 재기의 기회를 찾는것이 중요하다. 창업에는 자신의 노력이 필요한 것은 물론이지만 주변의 협조와 조언이 필요하다. 가급적 정기적으로 의논할 상대를 하는 등 여러 사람의 의견을 듣도록 하자. 의논할 상대는 전문가뿐 아니라 똑같이 창업한 동료끼리도 꼭 해야 한다.

(3) 실패의 원인은 무엇인가?

성공에도 이유가 있다면 실패에도 이유가 있다. 지식집약사회에서 경쟁사보다 지식수준이 뒤떨어지면 낙오의 거름이 시작된다. 왜? 성공이 실패로 작용할까? 시대흐름을 인식하지 못하고 과거의 성공의 관습대로 독선할 때 옳은 진언자는 사라지고 면종자만 남게 된다. 여기서 시대변화에 적응되는 창의성이 나올 수 없다.

그림 3-4 실패원인 결과도

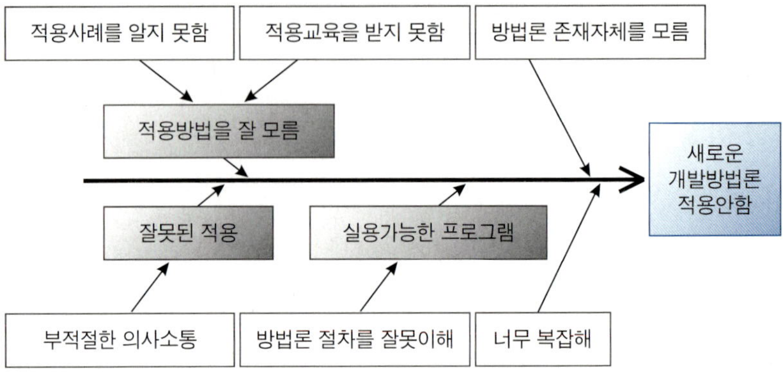

출처 : 글러벌 품질경영 박영사 발행

지금시대는 창의와 도전을 요구하고 있다. 창의와 도전정신은 지속적인 교육에서 얻을 수 있는 산출물이다. 실패의 원인독선에 의한 소통부재로 야기되는 사례로 구습에서 탈피하지 못하고 적용오류에서 야기되는 사례들이다.

실패에서 재생의 길은 시대요구에 적응력을 길러가는 것이다. 21세기의 풍조는 자기혁신관리에서 출발한다. 이 혁신의 가장 필요한 무기는 지식과 정보, 창조력에 있다.

모든 조직원들이 기술력, 디자인력, 마케팅력 등 소속업무에서 선점하려는 노력이 소생하는 잠재력이 발동한다면 그 기업은 새로운 물줄기에 따라 재생의 영광을 찾을 것이다.

생각이 바뀌면 길이 생긴다. 관심이 있으면 길이 보인다. 모든 것이 어디서부터 생겨나는가? 자기열정에서부터 생겨난다는 것이다. 그래서 혼창통(魂創通)이란 말이 생겨났다. 혼신의 힘으로 전력투구할 때 무사불성 안되는 일이 없으며 창조는 관심의 깊이에서 태동하는 것으로 지식의 바탕과 경험속에서 소생되며 통하는 자에게는 적이없다 하였다. 소통은 인화의 바탕이요 협력의 원천으로 발전의 초석을 이루게 된다.

(4) 경력자 창업의 유의점

기업에 근무하던 분이 창업할 경우 근무하던 기업의 상식을 그대로 일반적인 것으로 알고 그것에 젖어 버린다. 기존의 기업과 새로 창업한 비즈니스는 보이는 방법을 생각해야 한다. 기업의 간판을 뗐을 때 외부에서 어떻게 볼까를 실감하는 것이 중요하다. 최대한 비용을 생각하지 않고 자신이 하고 싶은 데로 생각하고 시간을 다 사용하는 사람도 있다. 사업에서는 먹는다는 것과 깎는 것이 중요하지만 프로의 서비스를 받는다는 생각 때문에 투자를 할 자리에는 돈을 투자하는 것이 중요하다.

창업에 있어서 지식을 공부하는 것은 중요한 일이다. 책과 인터넷에서 배우는 사람들은 많다. 다만 스스로 보거나 읽고 얻은 지식에만 의존하고 있다면 자신의 비즈니스의 최신동향과 노하우를 배울 수 없다. 실제로 창업을 체험한 선배창업자 또는 창업을 지원하는 전문가에게서 들은 최신정보가 도움이 된다. 다만 정보는 진부화 될 것이므로 항상 새로운 정보를 얻은 노력의 습관이 중요하다. 문제를 줄이는 노력을 하고 있어도 전혀 문제가 없으리란 것은 없다. 일어난 문제로 스트레스가 쌓이거나 낙심하기도 하겠지만, 최대한 빨리 일어남으로써 깊은 문제를 삼지 않도록 용기와 지혜가 필요한 것이다.

3. 인력의 모집과 활용

1) 인적자원확보

기업의 성공과 실패는 구성원에 달려 있다. 그러기 때문에 만사는 재인이라 하였다.
그래서 인사는 만사요 성패(成敗)의 근원(根源)이다.

(1) 인적자원모집과 방법

① 사용자 스스로 직접 채용하는 방법

사용자가 스스로 모집하는 경우는 그 구인 수, 규모 등에 따라서 직접 개인에게 권유하는 케이스지만 보다 폭 넓게 인재를 찾기위해서는 신문이나 잡지, 자사홈페이지 등에 모집광고를 올리는 경우도 있다. 모집광고를 할 때의 유의점은 다음과 같다.

② 모집조건 명시

직업안정법에서는 노동자 모집에 있어서 구체적인 노동조건을 명시하는 것을 의무화하고 있다.

- 노동자가 종사해야 할 업무의 내용
- 근로계약기간
- 취업장소
- 종업시간, 소정근로시간을 넘는 노동의 유무, 휴식시간 및 휴일
- 임금(임시로 지불되는 임금성과급 등 제외)의 금액
- 건강보험, 후생연금보험, 노동자재해보상보험, 고용보험적용

한편 허위광고와 허위의 조건을 제시하고 노동자를 모집한다면 일자리직업안정법 65조 8호로 6개월 이하의 징역 또는 300만원 이하의 벌금에 처하는 경우가 있으므로 충분히 주의하여야 한다.

(2) 각종 법령에 위반하지 않기

모집조건은 원칙적으로 사용자가 자유롭게 결정되지만 사용자 채용의 자유는 각종 법령으로 일정한 규제를 받고있고 모집조건의 책정에 있어서는 법령을 준수할 필요가 있다. 법령위반에 대해서는 "그런 법률의 규정이 있을 줄은 몰랐어"라는 경우에도 면책되지 않기 때문에 충분히 주의하여야 한다. 남녀고용기회균등법에 의한 규제. 사업주는 이하의 사항에 대해서 노동자의 성별을 이유로 차별하는 것이 금지되어 있다.

- 노동자의 모집, 채용
- 노동자의 배치승진 또는 강등, 훈련 및 인재모집
- 복리후생
- 노동자의 직종 및 고용형태변경
- 퇴직권장, 정년, 해고, 근로계약의 갱신

그러므로 남성만을 모집하는 또는, 여성만을 모집한다는 것은 금지되고 있다.

(3) 노동법, 근로기준법 준수

상기의 차별금지규정을 위반한 경우는, 근로감독관의 조언, 지도 또는 권고의 대상이 되고 권고를 따르지 않는 경우 그 취지를 공표할 수 있다고 한다(동법 29조, 30조). 노동부부령으로 정하는 다음의 다섯 가지 사례가 간접차별로서 합리적 이유없는 한 금지되어 있다.

① 근로자모집 또는 채용시, 노동자의 키, 몸무게 또는 체력을 요건으로 하는 것
② 노동자의 모집채용, 승진, 직종의 변경에 있어서 의사에 따른 전근에 응하지 않음을 허용할 수 있는 것을 요건으로 하는 것
③ 노동자의 승진에 있어서 전근의 경험이 있는 것을 요건으로 하는 것
④ 성에 관해서 중립적으로 보이는 규정, 기준, 관행이 실제로는 남녀 한쪽 성에만 불이익을 주는 것이다.
⑤ 직무에 관련이 없는데도 불구하고 노동자모집조건으로 키, 몸무게를 정하거나 복리후생적용에 대해서 세대주인 것을 조건으로 하는 경우가 해당한다.

(출처 : 법·법률관련 용어에서 발췌)

(4) 파트타임 노동법에 의한 규제

파트타임 노동법은 사업주에 대해서 단시간 근로자(1주간의 소정근로시간을 동일 사업소에 고용되는 정기근로자의 1주간의 소정근로시간에 비해서 짧은 노동자)을 고용할 경우 규제를 정하고 있다.

① 근로조건 등의 문서로 명시

우선 사업주는 단시간 근로자를 고용했을 때는 근로기준법(15조 1항, 시행규칙 5조)에 의하면 명시의무사항 외에 승급여부와 직책수당의 유무, 상여의 유무상담창구를 문서의 교부 등에 의해 명시하지 않으면 안 된다(파트타임 노동법 6조, 시행규칙 2조).

2) 근로환경의 정비

(1) 근로환경정비

근로환경을 정비개선함으로서 근로의욕과 충성도를 높일 수 있다. 사업주는 단시간 근로자의 취업실태, 정규직과의 균형 등을 고려하여

① 적정한 노동조건의 확보

② 교육훈련실시

③ 복리후생의 충실 그 다른 고용관리개선

④ 정규직 전환추진에 대한 조치를 강구하도록 노력하지 않으면 안 된다.

(2) 차별적 취급의 금지

단시간 근로자의 업무방식에 따라서 균형잡힌 대우를 확보하지 않으면 안 된다.

직무내용 단시간 근로자에 대해서도 일의 내용과 성과는 능력과 경험, 의욕을 고려하여 정규직과 균형을 맞추는 같은 대우(임금의 결정방식, 교육훈련의 기회, 복리후생시설이용 등)를 하도록 노력하지 않으면 안 된다.(동법 10조)

(3) 정규직 전환

단시간 근로자가 통상의 노동자로 전환을 꾀할 수 있도록 다음 조치중 몇 가지 조치를 강구하도록 요구하고 있다.

① 통상근로자의 모집을 실시하는 경우에 해당모집에 해당하는 사업소에 게시함으로써 그 사람

이 종사할 업무내용, 임금, 근로시간당 해당모집에 드는 사항을 사업소에서 고용하는 단시간 근로자에 알림

② 통상근로자의 배치를 새로 할 경우 해당배치의 희망을 신청하는 기회를 해당위치에 있는 사업소에서 고용하는 단시간 근로자에게 주기

③ 일정한 자격을 가지는 단시간 근로자를 대상으로 한 통상의 노동자로의 전환을 위한 시험제도를 마련하는 것, 기타 통상근로자 전환을 추진하기 위한 조치를 강구하는 것이다

(4) 대우에 대한 설명

단시간 근로자를 고용했을 때 단시간 근로자로부터 대우에 대해서 설명의 요구를 받았을 때에는 근로조건에 대해서 설명하는 것이 의무로 되어 있다.

정규직과의 대우차이가 있는 경우에는 업무내용과 그에 따른 책임의 정도도 배치전환 등에 어떤 차이점이 있기 때문인지를 설명할 필요가 있다.

3) 고용대책과 인재육성

(1) 고용의 대책

고용대책법이 개정되어 동법 제10조에 의한 사업주의 책무로서 노동자 모집 및 채용에 대해서 연령에 관계없이 평등기회를 주는 연령제한이 금지되게 되었다.

합리적인 이유가 있어서 예외적으로 연령제한이 인정되는 경우에 대해서 노동부 부령에 규정되었다.(동법 시행규칙 1조의 3 제1항 각호)

기능, 노하우의 계승의 관점에서 특정직종에서 노동자 수가 적은 특정 연령층에 한정하고 기간에 정해진 근로계약대상으로 모집채용하는 경우 60세 이상 고령자 또는 특정 연령층의 고용을 촉진하는 시책(국가시책을 활용하려는 경우에 한한다)의 대상이 되는 것에 한정하고 모집채용하는 경우 예술·연예분야에서의 표현의 진실성 등의 요청이 있는 경우를 말한다.

(2) 인재육성

① 인재육성

사원의 능력을 최대한 끌어내고 높은 성과를 발휘하기 위해서는 인재육성이 필요 불가결하다. 인재육성은 크게 OJT(직장내 훈련)와 Off-JT(직장외 훈련)으로 나누어진다. OJT(직장내 훈련)은 직장내에서 상사, 선배가 일상의 업무를 통해서 필요한 지식·기능을 교육하는 것을 말한다, Off-

JT(직장외 훈련)은 실제의 일이나 직장을 떠나서 주로 공동연구소 등에서 교육을 하는 것을 말한다.

② 정 착

아무리 뛰어난 인재를 채용·육성한다고 해도 인재가 정착하지 않으면 조직력의 향상에는 불통이다. 최근에는 노동자의 가치관도 다양화하고 있다. 그래서 사람재목의 정착률 향상을 위한 보수제도의 재검토, 조직풍토나 직장환경의 재검토, 육아계획의 양립지원 등 개개인의 라이프스타일에 따른 구조를 검토한다.

성공포인트

1. 타인의 성공을 도와라

사회는 공동의 장이다. 경쟁심리가 너무 강하고 이기적일 때. 자신의 성공만을 바라는 소인이 될 우려가 있다. 큰 인물은 개인의 우수성보다는 집단의 우수성을 중시한다. 타인의 성공을 질투하거나 시기하지 말라. 성공의 내면을 배워라. 세상은 넓다. 당신의 주변에 있는 사람들을 경쟁자가 아닌 진정한 협력자 및 동반자를 만들어라.

2. 요행수를 노리고 무리수를 두지마라

정상에 오르려 애쓰지 말라. 그 다음은 내리막 길이다. 오르막이 있으면 내리막이 있다.

만약 남을 속여 돈을 번다면 당신자신도 언젠가는 하늘의 제재를 받고 많은 돈을 날리게 된다. 속이면 속임을 당하는 것이다. 속이는 행위는 당신마음에 독약을 투여하는 것과 같다. 독 때문에 고통을 받는 것은 바로 당신 자신이라는 것을 잊지말라.

요 약
summation

＊기업창업에 기대를 거는 이유

창의적 창업은, 국가경제를 활성화시키는 근간의 큰 요소가 된다. 그러므로 새로이 참신한 아이디어로 창업은 그 나라 미래경제의 새로운 동력이 된다. 한 나라의 미래경제는 그 나라들의 젊은 세대들이 어떠한 열정을 가지고 도전하고 있으며 정부는 정책적으로 어떻게 뒷받침하여 주고 있느냐가 좌우된다. 할 수 있다.

＊시대의 변천에 따른 기업창업

기업창업은 다음 시대의 변천에 따른 성장분야로 보인다. 이루어지고 있는 사업별로 기업창업의 패턴은 어떻게 되어 있는지를 검증한다. 이 차이도 지원을 제공하는 측에서는 그에 상응하는 지식이나 경험이 요구되는 것은 물론 없다. 그러나 향후는 컨설팅요구가 높아지는 분야이며, 진단사로서의 활약을 할 수 있는 스테이지인 것도 시사하는 점이라 하겠다.

＊창업기업의 성공요인 사회에 공헌

사회관계자본은 기업 스스로가 선택 쌓는것이 가능하다고 되어 있다. 인적자본과 사회관계자본의 대부분은 기업이 우연히 주어지는 물건이 아니라 기업이 스스로 구축하는 것으로 생각되기 때문이다. 그렇다면 성공하는 기업과 그렇지 않은 기업은 사회관계자본의 구축방법에 어떤 차이가 있는 것일까. 그 차이를 알 수 있다면 기업가의 성공에 도움이 될 것이다. 인적자본과 사회관계자 본책의 기업활동에 미치는 영향을 검증하고 있다. 또한 기업상담상대의 선택과 상담상대에 따라 상담내용의 선택에 대해 성공한 기업가에 보이는 경향에 대해 검증한다.

＊창업성공의 비밀

창업을 성공시키려면 실패하기 쉬운 포인트를 누르고 잘 피해가는 것이 중요하다. 경제유관기관 중소기업청, 미래창조부, 신용보증공단 등의 산업홈페이지에는 아직까지 창업한 분들로부터의 정보를 모아 경영위험계기의 데이터베이스를 참고하는 것이 효과적이다. 선배기업인들이 어떤 곳에서 실수를 했는지, 또 어떻게 회피하고 갔는가를 알고 참고하는 것이 틀림없이 자신의 창업에도 도움이 되는 정보가 될 것 이다.

＊인재육성

사원의 능력을 최대한 끌어내고 높은 성과를 발휘하기 위해서는, 인재육성이 필요 불가결하다. 인재육성은 크게 OJT(직장내 훈련)와 Off-JT(직장외 훈련)으로 나누어진다. Off-JT(직장외 훈련)은 실제의 일이나 직장을 떠나서 주로 공동연구소 등에서 교육을 하는 것을 말한다.

제3절 기업조합과 공동사업

♣ **미래의 관점에서 현재를 보는 습관**

미래의 관점에서 현재를 보는 습관이 나의 성공비결이다. 이외에 균형감각 소수게임(남들과 다른 관점에서 보기) 즉, 원칙을 염두에 두고, 밝을 때는 그림자를 어두울 때는 빛을 볼 수 있는 인식의 전환이 또 다른 성공의 요인이 된다. 어려운 시기일수록 작은 일에 일희일비(日喜日悲)하지 않으면서 미래의 관점에서 현재를 거시적 안목에서 견지하는 지혜가 필요하다.

- 박현주 미래에셋 회장 -

1. 조합활동의 경제적 가치창조

1) 공동사업의 효과성

(1) 공동사업의 실시상황

공동사업의 필요성은 1+1=2가 아니라 X의 시너지효과의 발산에 기인되는 것이다.

특히 전문기술집단인 조합 간의 제휴나 조합과의 공동사업은 광범위한 정보와 지식의 SUPPORT로 미래개척에 효능을 발휘하여 나갈 수가 있을 것이다. 전국규모로 봤을 때 중소기업에 의한 공동사업의 실시상황은 46.6%로 과반수에 육박하는 비율로 되어 있다. 게다가, 고속대금별납제도를 제외하면 중소기업의 경영혁신에 연결후 가능성이 높은 공동연구개발 12.3%, 공동수주 8.7%, 공동매입 5.9%, 공동선전 5.0% 등을 실시하는 조합이 많다.

한편, 타 업종간의 연계·조직화, 혹은 상생공영의 네트워크구축이 필요되는 물류효율화를 목표로 대처인 공동배차 0.6%, 공동보관 0.7% , 동시배송 3.2% 등은 여전히 실시비율이 낮은 상황에 있다. 즉, 반대로 보면 정책적으로 여전히 물류효율화 요구가 존재하는 기존의 같은 업종 간에 연계가 아니라 상류로부터 하류에 이르는 공급체인전체 최적화를 목표로 조직화지원정책이 필요하다고 할 수 있다.

(2) 공동사업과 업무개선 효과

제휴·조직화를 통한 공동사업의 실시에 따른 업무개선 효과로 눈부신 것이 있다. 공동사업을 실시하는 중소기업과 하지않는 중소기업과의 격차를 비교하면 그 차이는 역연하다. 공동사업을 실시하고, 특히 업무개선 효과가 생겼던 일로 수주확대 23.0%, 물류비용절감 21.1%, 신제품개발 18.9%, 거래처확대 16.7%, 신시장창출 14.5%, 조달코스트의 삭감 14.5%, 신기술개발의 길안내 12.3% 등을 들 수 있다.

(3) 공동사업의 매출에의 공헌

공동사업을 실시하는 편이 안 하는 것보다는 매출증가로 이어질 가능성이 높은 공동사업을 실시하지 않아도 매출을 증가시키는 중소기업도 존재하지만 공동사업을 실시한 기업의 43.1%가 매출증가의 성과를 거뒀다. 공동사업 혹은 연계처의 내용을 감안하면 우선 공동사업으로 공동배차 동시에 공동구입을 실시한 경우, 이들 공동사업을 실시하지 않은 경우보다 매출을 증가시킨 기업의 비율이 매우 높다. 또 연대상대로 조달, 매입측과 연계한 경우 이 제휴를 실시하지 않는다. 경우보다 매출을 증가시킨 기업의 비율이 매우 높다. 시장에 대한 접근과 조달처와의 신뢰관계구축은 서플라이체인 구조에서 공존, 공영의 공급망의 구축을 가능하게 한다. 그 결과 서플라이 체인을 구축하지 못하는 기업보다 대폭 경영체질을 개선하고 고객니즈에 대응하는 것이 좋다는 것이다. 그 결과 매출증가로 이어졌다.

2) 제휴·조직화의 새 조류

(1) 개인그룹의 활동상황과 지원기관에 요구되는 것

불특정다수의 개인그룹의 최대활동은 무상에 의한 지역공헌활동이다.

사업화를 지향하는 가능성이 있는 활동으로서 인재육성·직업훈련, 유상에 의한 지역공헌형 비즈니스, 멤버의 특기분야를 살린 비즈니스화를 위한 연구가 있다. 실시비율은 2~5%로 낮지만, 유효응답 수 325건 중 4~9건이 현재 힘쓰고 있다는 것은 35~80건 중 1건은 이미 영리사업을 실시하고 있는 셈이므로 자원봉사단체도 포함한 모든 개인그룹을 대상으로 조사였음을 생각하면 결코 낮은 수치가 아니다. 또 현재 어떤 사업을 영위하고 있고 그것과의 관련해서 실행되고 있다고 생각되는 그룹공통분야의 인지도 향상을 위한 선전PR도 된다.

(2) 개인그룹의 현재활동

향후의 개인그룹활동의 주력은 현재와 마찬가지로 무상에 의한 지역공헌활동이 된다고 하고 있지만, 전술한 그룹활동을 비교하면 무상활동의 비율이 줄고 유상의 활동비중이 증가한다. 참고로 인재육성직업의 훈련은 5.1%~6.7%(현재~앞으로) 이하와 같다. 유상에 의한 지역공헌형 비즈니스 3.9%~6.7%로, 멤버의 특기분야를 살린 비즈니스화를 위한 연구 2.2%~6.1%로 그룹공통분야 인지도향상을 위한 선전PR 8.4%~12.3%로 모두 증가할 전망이다.

실시 예정비율은 여전히 무상의 활동과 비교하면 낮지만 유효응답 수 284건 중 11~22건이 현재 힘쓰고있다는 것은 15~26건 중 1건이 앞으로 영리사업을 실시할 예정이라는 계산이다. 봉사단체도 포함한 모든 개인그룹을 대상으로 조사인 점을 감안하면 매우 높은 수치이다. 그러므로 앞으로 개인그룹의 영리사업의 원활한 실행을 재촉하기 위해서 중소기업지원 기관은 기업조합, 유한 또는 주식회사 형태의 동시출자 회사설립지원과 지도가 개인그룹에 의한 개업을 촉진하기 위해서 필요불가결인 대처가 된다. 특히 사업경험이 적은 개인이 많은 것을 생각하면 법인설립을 위한 지원뿐만 아니라 재무, 노무, 인사, 생산, 개발측면에 관한 학습기회나 창구의 제공이라는 경영지도도 필요불가결한 지원내용이다. 또 기존기업이나 지역대학을 비롯한 연구기관과의 연결을 주선하는 역할도 다시 구축할 필요가 있다.

(3) 사업자그룹의 활동상황과 지원기관에 요구되는 것

사업자그룹이 현재하고 있는 최대의 공동사업은 정보교환 51.8%이 되고 있다. 이어 공동교육연수 19.6%, 공동선전 14.3%, 공동판촉 12.5%, 공동판매 12.5%이다. 여전히 사업협동조합의 전통적인 경제사업이 주력이고 특히 정보교환, 공동교육연수 등 부드러운 사업이 중심이다. 오히려 힘든 공동사업은 별로 행해지지 않으며 신사업창조와 신분야진출·경영혁신의 실현으로 연결되는 공동연구개발, 저스트인 타임과 물류코스트 다운과 같은 기업간 공정의 리엔지니어링에 의한 제3의 이윤원의 획득에 이어지는 공동보관, 공동배송은 거의 실시되지 않는다. 이들 사업은 향후 경영전략상 지속적인 기업경영의 실현에 불가결한 공동사업으로서 지원, 지도가 필요한 분야이다.

3) 사업자그룹이 가는 공동사업

(1) 협동조합운영에 필요불가결

한편 협동조합운영에 필요불가결하다고 한다. 공동사업은 공동교육연수, 정보교환을 실시하는 비율이 높다. 사업자그룹이라는 언어도 휴먼네트워크를 바탕으로 신용과 신뢰의 조직 아니면 경제적인 공동사업 활성화가 중요하다. 거기에서 사업자그룹이 안하는 과제 및 문제점에 대해서 보면 협동조합이 오랜 세월안고 온 조직운영에 관한 과제 및 문제점이 드러난다. 참고로 조직운영에 관련된 과제 및 문제점은 인력부족 30.0%에 달하여 중소기업이 여전히 인적자원확보, 육성, 보유에서 과제를 안고 있다 하겠다. 사실, 현지조사와 조직운영의 문제가 최대과제가 되고 있는 그룹이 많아 이 과제 및 문제점이 자명한 것으로 방치됐을 가능성이 높다. 현재 사업자 그룹이 안고 있는 과제·문제점에서 최대의 것은 수요의 감소 43.3%이다.

그래서 이와 관련되는 시장의 문제이다. 판매가격의 저하가 21.7%나 된다고 한다.

불황형, 디플레이션형 문제가 중심이다. 한편 신기술에 대응 13.3%, IT화에 대응 15.0%, 설비의 노후화 11.7%임으로 되어 있어 결코 낮은 비율은 아니다. 이들의 과제는 제조·가공기술, 제품이 가진 신기술, 생산·물류·유통공정 및 결제·근로·인사업무에 관여하고 IT 등 신기술에 대한 대응의 내용은 업종, 업태, 사업규모, 지역 등으로 매우 다양한 가능성이 높다. 이 과제 및 문제점에 대응한 지원방안으로 케이스 바이 케이스로 유연하게 대응할 수 있는 지원체제와 각종 교육·연수메뉴상품이 필수적이다.

(2) 사업자그룹이 안고 있는 과제 및 문제점

다음에 사업자그룹이 장래계획하고 있는 공동사업에 대해서 보면 여전히 정보교환이 25.0%로 그에 대한 요구는 높고 앞으로도 최대의 공동사업임에 변함이 없을 것이다. 그러나 현재 별로 행해지지 않은 공동사업도 새로 가세할 가능성이 있다. 참으로 공동배송 1.7%이 낮은 비율이지만 새로운 공동사업으로 부상해 시작할 가능성이 있다. 또 공동연구개발 6.7%를 앞으로 실시하는 사업자그룹의 비율이 현재와 비교해서 크게 증가하고 있는 것도 알 수 있다. 이 변화는 분명히 중소사업자 스스로 나서서 경영실력을 쌓는 것에서 경영혁신을 이루려는 것으로 보이는 표현이다. 특히 공동연구개발의 비율이 격증하고 있다는 점에서도 사업소그룹이 요구하는 기술니즈, 특허정보 및 연구개발활동에 필요한 사람, 물건, 돈, 기술에 관한 정보와 매칭에 대한 요구가 향후 높아질 것으로 예상된다.

그래서 중소기업지원기관은 지금까지 이상으로 전문성과 기술성 및 다양한 인적네트워크에 뿌리내린 기획력을 요구하게 된다. 여기서 말하는 전문성과 기술성은 전술한 바와 같이 제조·가공기술, 제품자체가 가진 신기술, 생산물류·유통공정 및 결제·근로·인사업무에 관여하고 IT 등의 사례를 케이스 바이 케이스로 유연하게 대응할 수 있는 지원체제와 각종 교육·연수메뉴의 상품이 필요로 될 것이다.

그리고 사업자들은 이러한 지원메뉴를 적극적으로 활용함으로써 경영혁신과 경영능력강화를 도모할 수 있게 될 것이다.

2. 선진기업조합에서 배운 사업창조

1) 미래창업을 원하는 조직형태

미래창업을 원하는 사람이 어떤 조직형태를 원하는지에 대해서 살펴보자. 법인조직이 좋다고 하는 사람과 개인기업이 좋다는 사람의 비율이 동수로 22%였으며 무응답자는 48%로 많았다. 창업의사가 확실할 때 어떤 조직형태로 하면 좋을지 망설이고 있는 상황을 나타내고 있다. 다음에 창업하려는 사람들이 생각하는 구체적인 법인조직에 대해서도 무응답이 77%로 다수를 차지했다. 전술한 바와 마찬가지로 창업하려는 사람들이 창업할 때 어떤 조직형태로 하면 좋을지 망설이고 있는 상황을 나타내고 있다. 참고로, 기업조합에 의한 창업을 정하고 있는 사람은 3%에 불과하다. 그래서 협동창업을 향상시키기 위해서도 소액의 자본금에다 비즈니스 파트너와 함께 공동창업하는 것이 가능한 기업조합에 대한 인지도 향상, 설립지원은 중앙회업무의 주임무로 규정할 필요가 있다.

그림 3-5 창업에서 성공으로 가는 3단계 순서

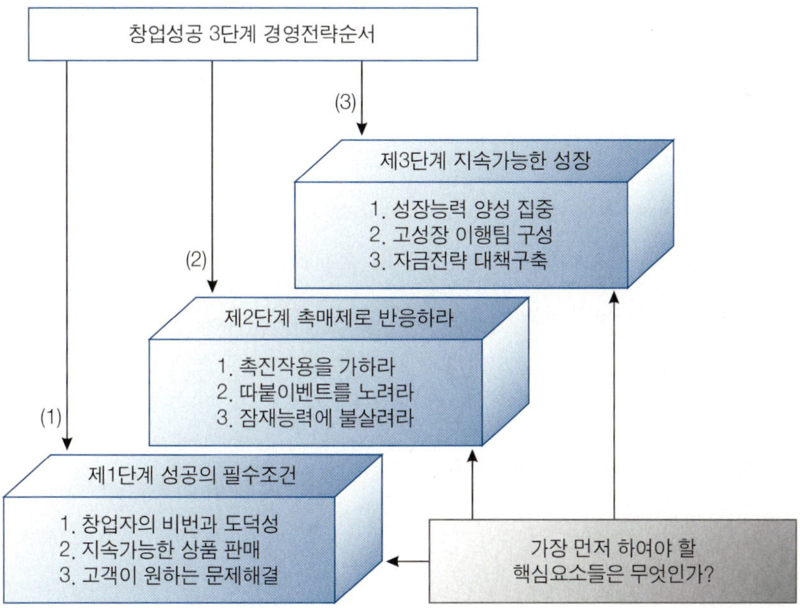

출처 : 프로젝트 관리 흐름도 참고, 리스크 방지 업무흐름도 작성

창업은 누구나 성공을 목적으로 착수한다. 그러나 성공률은 높지 못하다. 그 이유는 무엇일까? 일에는 순서가 있고 단계가 있다. 이 과정을 무시하면 일은 복잡하여지고 어려워진다. 이를 극복하지 못하면 기업은 지속하기 어려워진다. 그러므로 성공의 단계, 순서를 살펴보기로 하자.

- 비전을 정확이 하자 ; 목표없이 속도 없다.
- 촉매로 반응하라 ; 자극없이 능률없다.
- 성장동력을 찾아라 ; 지속가능한 경영을 하라

① 설립목적과 경위

중년이 되어 퇴직한 뒤 그 경험을 살려 창업의 길로 들어서는 경우가 종종 있다. 그 이유는 가족을 부양해야 하는 책임과 지역사회의 발전 때문에 다시 사회에 나가는 것이 필요한 시대가 되었기 때문이다. 거기에서 고령자가 자신의 체력에 맞게 가벼운 작업에 종사함으로써 건강하고 자신의 기량을 살려서 지역에 공헌하는 활동을 하면서 생활자금도 확보할 수 있는 것을 목적으로 기업조합마을을 설립했다.

② 사업추진

지역발전과 환경개선을 위해 하천, 도로 등의 정비, 풀베기, 제초, 정원수의 정돈, 소형화물의 배송 등의 일을 조합이 통합하여 수주를 받으면 작업주임이 직접 현장에 나가 작업내용을 확인하여 견적을 내고 조합원에 작업연락을 취하고 인원을 확보하고 실행하는 것이 있다. 임금의 지불방법은 작업에 근거하여 조합사무국에서 작업에 종사한 조합원에게 일당과 제경비가 지급되는 구조로 되어있는 시스템을 말한다.

③ 성공의 비결

협동조합의 창업 첫해 매출보다는 다음해 매출액이 20% 이상의 증가율을 나타내고 있으며 3년째부터는 현지기업이나 자치단체로부터 수주는 물론이고 가정집에서도 수주가 확대되고 있고 조합을 지원하려는 지역의 휴먼네트워크가 확대 중에 있다. 앞으로는 소형화물 운송사업허가의 취득, 자연의 마 재배 등 신규사업을 계획하고 있어 사업확대의 의욕과 복지향상을 불태우고 있다.

2) 선진 협동조합에 배운 경영혁신

협동조합을 통한 경영혁신을 성공시키기 위해서는 다음의 사항들이 중요하다. 확고한 조직의 목표와 구성원 간의 공통인식과 강한 동료의식, 구성원의 자구노력을 전제로 한 공동사업참여가 필요하다.

(1) 설립목적과 경위

건설·건축관련 업종이 모인 타 업종 제휴형태로 주택리모델링 공동수주를 목적으로 조합을 설립했다. 그러나 초창기에는 조합원의 참여의식이 희박하고 조합원 상호 간에 소통과 이해가 부족하였으며 독립된 노조사무실도 없는 구조였다. 다만 리모델링 명품희망고객의 주문을 기다리고 있었다. 수주하는 자세가 친절하지 못했기 때문에 생각한 업적이 오르지 않았으며 자구노력이 부족한 것으로서 수동의 자세로 있는 상황에 빠졌다.

그러나 조합설립 후 어느 날 이사장의 가족중에서 간호를 필요로 하는 사람이 생겼다. 여기서 간호체험을 통해서 일반 리모델링에서 바리어프리 리폼으로 수주를 짠것으로 결정했다. 이 단계에서 목적, 생각, 도전심, 동료의식의 차이 등으로 조합원의 탈퇴가 잇따르면서 종합원 수는 절반으로 줄어 들었다. 그래도 잔여조합원은 간병관련 리모델링기술과 간호보험사업에 대응하기 위한 전문지식습득을 목표로 수련회와 학습모임을 정기적으로 실시하여 왔다.

조합사무소를 신축이전하여 조합원과 고객이 하나가 되는 장을 완성하였으며 배리어프리 리모델링 사업공동수주확대에 기대는 가능성이 높은 간호·복지용품 판매리스목적으로 공동출자에 의한 유한호사 경우 리스를 만들어 오늘에 이르고 있다. 현재 지역에 있어서의 재택복지에 관련된 가옥이 갖는 문제해결에 적극적으로 임해 공적원조와 간호·복지용품에 관한 고객으로부터의 상담에 충분히 대응할 체제가 확립되고 있다.

(2) 사업추진

실제로 베리어프리 리모델링사업에 착수하면서 간병전문 리모델링에 필요한 새로운 기술과 노하우의 축적이 진행되고 있다. 물론 노조가 제공하는 연수회나 학습모임 이외에도 조합원의 일상적인 학습이 한창이다. 그 덕분에 보통의 시공자나 리모델링들이 흉내낼 수 없는 차별화된 복지리모델링을 시공할 수 있게 되었다. 예를 들어 간호를 필요로 하는 사람들에게 가장 생활하기 쉬운 주거환경을 제공하기 위해서는 고객 개개인의 개성과 신체적 특성에 맞는 시공기술의 축적이 있어야 가능하다. 이사장을 비롯한 모든 조합원이 항상 실제체험에 근거한 요구를 확실히 파악하는 것이 바다리어프리 리모델링시공후, 사고가 없고 사용하기 쉬운 품질보증을 실현하여 고객의 신뢰도를 높여갈 수 있었다.

고객으로부터의 상담이나 사무처리대행의 서비스를 제공함으로써 고객의 신뢰를 높이고 있다. 하지만 배리어프리 리폼의 간판을 내걸고있는 것만으로는 전혀 수주가 크지않는 시장인 것이 사업을 전개하는 과정에서 밝혀졌다. 그래서 간호·복지용품의 회관에 진출함으로써 고객이 조합 및 공동출자 회사존재를 알리는 것과 동시에 신뢰를 획득하면서 리모델링 사업수주에 연결하는 비즈니스 모델이 나왔다. 현재 리모델링은 월 5~6건의 수주를 획득했으며, 리모델링 시공은 모두 조합원의 손에서 실시되고 있다. 또 사회복지법인이나 케어매니저가 있는 시설에 대하여 조합원이 전담하고 있다.

조합원은 모두 건축관련사업을 하고있어 일이 없을 때와 일이 있을 때가 분명히 나눈것이 업계 특유의 구조였다. 그러나 리모델링과 리스사업을 공동출자 회사형식으로 시작하면서 조합원은 매월 정해진 수입을 확보하는 것에 성공했다. 이후 조합원사업경영 안정화에 기여하는 것은 틀림없다. 향후에 난관이 생기더라도 고객의 요구에 맞춘 시행을 보장하고 소수의 정예(精銳)만 항상 학습하여 기술을 연마함으로써 비즈니스 분야를 확대하는 것이 미래의 목표이다.

(3) 성공의 비결

조직원(조합원) 상호간에 밝고 거리낌없는 멤버로, 게다가 대인관계가 매우 좋고 누구나 좋아하는 타입의 조합원들이 간호관련 공부가 어려워도 인내하며 성실하게 밤낮으로 학습에 힘쓰고 있다. 그 동안에 타깃마케팅의 생각에서 개호분야에 압축함으로써 이 조합과 그 공동출자 회사는 다른 리모델링 사업자와는 다른 고객접근에 성공했다. 종래형의 건설업의 틀에서 뛰쳐나와 간호용품 대여를 묶은 사업을 성공시키고 있는 노력이 있었던 것이다.

3) 중소기업의 창생과 재생의 조합지원방향

(1) 경영은 경제활성화를 위해 필요 불가결하다

지금까지의 사례연구와 겹치지만 현재 중소기업의 제휴·조직화를 통한 창업과 경영은 경제활성화에 있어서 필요 불가결하다. 그래서 다음과 같은 조합지원방향이 향후에는 갈수록 높아질 것으로 보인다. 우선 기업조합설립 및 운영지원으로 중소기업단체중앙회는 이하의 세 가지 방안에 임할 필요가 있다.

① 사업경험이 적은 개인이 많기 때문에 법인설립지원은 필수적
② 사업경험이 적은 개인이 많기 때문에 재무, 노무, 인사, 생산, 개발측면에 관한 학습기회나 상담창구의 제공이라는 경영지도도 필요 불가결하다.
③ 지역의 기존기업·지방자치단체나 대학 등 연구기관과 연계하는 코디네이터이다.

성공사례 아바라키 바이오 협동조합

(1) 설립목적과 경위

이바라키 바이오 툴 협동조합은 2003년 4월에 창설된 새로운 조합이다.

현 조합이사장은 이바라키현 공업기술센터의 센터장을 맡고 있었다. 당시 히타치지역 기업과의 연구교류사업을 실천했다. 또 2001년부터는 히타치 나카 테크노 센터로 옮겨 여기에서도 중소기업에 대한 지원사업을 실시했다. 이러한 대처에 실천해온 다양한 연구회와 그 분과회에서 모이고 현내 중소기업 중에서 중성자연구회 멤버 60사중 17개 사가 바이오분과회를 작품정리, 임의의 그룹에 의한 연구활동을 하고 있었다.

거기에서, 현내 특히 츠쿠바 시에는 쓰쿠바대학뿐 아니라 제약관련 기업연구소가 24곳이 있어 이 단지를 활용함으로써, 츠쿠바 바이오 게놈산업 클러스터를 창조하는 실행조직으로서, 또 임의 그룹의 상태로는 새로운 기술이나 니즈에 신속대응을 할 수 없기에, 생물분과회를 법인조직으로 협동조합화하게된 것이다. 또 2004년도 신제휴대책 위탁사업이 채택됐던 것은 이 같이 오랫동안 다양한 대처의 결과가 열매를 맺은 것이다.

(2) 사업추진

2004년도는 신제휴대책 위탁사업의 대처로서 동물자원 사업화계획을 추진한다. 현재 5개의 테마에 대해서 연구회를 만들어 조합원이 각 주제는 5개의 주제로

① 동물자원생산과 서비스의 사업화(쓰구파도 대학생명과학 동물자원센터와 연계)
② 레이저 가속기응용기술에 의한 암진단 · 치료기계기구의 개발(도쿄 이과대학과 연계)
③ 생체분야의 구조해석 기술개발분광 분석 —(이바라키 대학 이학부와 연계)
④ 임상바이오정보학 기술개발분석지원장치개발 —(츠쿠바대학 · 산업기술종합연구소와 연계)
⑤ 나노기술 응용기술개발 바이오칩 개발 —(산업기술종합연구소 바이오닉스 연구센터와 관련종사)이다.

중소기업의 사업자 스스로가 하고 싶은 것, 꿈, 마음을 가지고, 자주 자립적으로 활동하며 가지 않으면 신제휴도 안 된다는 방침 아래 이 5개의 테마에 임하고 있다.

조합에는 기술과 영업 코디네이터가 있지만 어디까지나 대학 등, 연구기관과의 연계를 조정하는 역할에 충실하고 있다. 즉, 연구기관과 조합원을 결합한 후에는 각 조합원이 연구기관의 연구자와의 관계를 강화하고 연구자가 가진 기술이나 니즈를 조합원 자신의 힘으로 풀어나감으로써 공동수주, 공동연구 혹은 위탁생산 · 서비스제공에 이어 나가도록 조합원은 요구되고 있다. 현재 이 5개의 테마에 대해서 사업화를 위한 비즈니스 플랜과 계획을 책정하여 각 연구기관에 제안할 예정이다. 그중에서도 2004년도는 동물자원생산과 서비스의 사업화를 위한 협력체제구축을 권하고 그뒤 1년 정도에서 사업화를 실현했다.

최종적으로는 조합원은 동물자원의 사육 · 생산기술을 대학으로부터 계승하고 유전자 조작생산에서 계통유지까지 일관하고 위탁받을 수 있는 통로로 한다. 저가의 마우스의 생산과 납기단축을 목표로 한다. 한편 대학에서는 비용절감과 시간을 절약할 수 있도록 목표로 하고 있다. 2004년도는 이어 레이저 가속기 응용기술에 의

한 암진단 · 치료기계기구의 개발과 생체분자구조해석 기술개발의 제안을 각 연구기관에서 수행했다. 2005년도에는 동물자원생산과 서비스의 사업화도 본격화되면서 영업활동이나 기술자육성, 품질보증과 제품비율향상에 따른 원가절감 등 구체적인 대처가 요구되고 있다.

(3) 성공에의 길

대학의 지적재산을 활용하고, 게다가 대학 등 연구기관과 대기업연구소 요구에 맞는 기술제품 · 서비스개발을 한다는 목표의 명확한 연구와 사업화접근법은 다른 신제휴조직의 참고가 될 것이다. 즉, 기술니즈만이 선행하기 쉬운 첨단분야의 고객에게 처음부터 엄선, 요구가 존재하는 분야에서 첨단기술니즈 활용한 제품 · 서비스개발을 실시함으로써 확률을 높여 들어갈 수 있게 된다는 것으로 보인다.

(2) 중소기업 단체중앙회는 이하의 네 가지 방안에 임할 필요가 있다

① 휴먼네트워크를 바탕으로 신용과 신뢰의 조직구성에 필요 불가결한 공동교육연수와 정보교환에 관련된 학습기회와 학습메뉴를 제공한다.

② 전문성과 기술성이 높은 신기술, 생산 · 물류 · 유통공정 및 노무 · 인사업무에 관련하여 유연하게 대응할 수 있는 지원체제와 각종 교육 · 연수업체에 유의구성한다.

③ 다양한 인적네트워크를 바탕으로 산업클러스터를 구축하는 것이 최고의 기획력이다.

④ 이를 실시하는 비율이 극단적으로 낮은 사업자그룹은 경제적인 공동사업활성화에서 멀어진다. 이러한 지원책을 중앙회가 강화됨으로써 중소기업의 창생(기업조합의 창조)과 재생(기존기업의 재활성화)을 실현하는 것이 가능하게 될 것이다.

3. 창업과 기업설립

1) 법인의 설립

① 주식회사 형태로

상당히 많은 사람들이 법인설립에 대한 번거로움 때문에 개인회사나 유한회사 등으로 등록한다. 그러나 결국 법인(주식회사)으로 전환하는 작업이 기다리게 된다. 아예 처음부터 법인으로 가는 것이 좋다.

② 사업규모에 걸맞는 최초 자본금확보

하고자 하는 사업의 성격과 규모에 맞게 초기 자본금설정을 해야 한다. 법인설립의 최소자본금은 현재로서는 2천만원부터 가능하지만, 자기자본이 열등한 상태에서 보증기관이나 금융기관들은 좋아하지 않는다.

③ 유력한 경영진

주요 경영진(이사진)은 사회통념상 가급적 유력한 경력과 기술력, 학력을 보유한 사람으로 하도록 한다. 가족을 사랑하고 믿는 마음에 모든 경영진을 가족으로 하는 경우가 많이 있는데, 결코 권장할만한 사항은 아니다. 다만 신용불량자는(부부간 모두) 어떠한 경우에도 등재해서는 안 된다.

④ 적절한 연고지

법인의 주사업장을 어디로 할 것인가? 우선은 창업자의 주소인근으로 할 것이며 혹은 공장부지를 확보할 수 있는 곳으로도 할 것이다. 정책의 지원여부에 따라 아니면 다른 요인에 따라 더 유리한 사업장 소재지가 있을 수 있다. 내재적 가치나 지방자치단체의 관심도나 역점사업 등에 따라 충분히 있을 수 있는 얘기다. 충분히 고려해야 할 사항이다.

2) 지원정책의 활용

① 지원에 의존한 창업은 성공률이 떨어져

대부분의 창업자들은 제품의 생산을 준비하는 직접적인 시설, 즉 공장부지나 기계기구(機械器具), 운전자금 등의 융자지원만을 생각한다. 기술개발하는데 모든 정력과 돈을 쏟아부은 후 막상 생산단계에 가면 여유자금이 전혀없어 급기야는 신용불량자가 되기도 하는 경우가 많다. 막상 지원정책은 있어도 창업자금을 받는다는 것이 그리 만만치는 않다. 그러나 자세히 살펴보면 오히려 창업전 단계에 지원해주는 정책들이 훨씬 더 많고 절차도 비교적(보증인이나 담보가 있어야하는 대출보다는) 간단한 편이다.

② 착수전 충분한 연구검토

구성단계부터 정부의 각종 지원제도를 활용할 줄 아는 것이 훨씬 일을 쉽게 풀어주며 오히려 그런 지원을 받은 사실이 본 사업수행 자금지원받는데 더 유리하다는 점을 알아야 한다. 그러한 지원정책은 이 책의 두께 만큼이나 많이 있다. 꼭 직접적 자금지원분만 아닌 여러 제도가 있으니 이러한 정보를 충분히 알아서 자신의 창업스케줄에 적합한 제도를 맞춰 나가야 한다.

③ 비용에 대한 정확한 서류보관

기술개발과정에서 들어간 모든 직·간접비를 반드시 증빙처리해 두어야 한다. 특히 이 자료는 여러 부분에서 유용하게 쓰이므로 명심해야 한다.

④ 연구소 등록

연구소라고 해서 어렵게 생각할 필요가 없다. 공장이나 회사에 당연히 있는 부서를 인정받는다고 생각하면 된다. 기업부설연구소 등록까지 필하면 운신의 폭이 상당히 넓어진다.

⑤ 공장의 설립

이 부분은 특별한 노하우가 필요하다. 왜냐하면 대부분은 공장을 지을만한 여유자금이 없이 대출에 의존하려고 하기때문에 결국 닭이 먼저냐 달걀이 먼저냐 하는 논쟁을 금융기관과 벌이게 된다. 즉 돈을 주면 공장을 지어서 담보로 제공하겠다는 달걀과 담보가 있으면 돈을 주겠다는 금융기관의 닭이 서로 먼저라고 싸운다는 말이다. 물론 충분한 여유자금이 있다면 먼저 짓고 나중에 자금인출을 할 수도 있겠으나 그렇지 못한 경우에는 정말 많은 테크닉이 필요하다. 그러한 테크닉은 부동산 시장상황, 창업관계법령, 부동산을 보는 안목 등이 적절히 믹스되어 나오는 것으로 임야·논·밭이 공장용지로 바뀌는 과정을 면밀히 연구하면 가능한 일이다. 참고로 공업단지나 농공단지가 아닌 일반부지에 공장을 짓고자 할 때 점검사항만을 간단히 보기로 한다. 기본원칙은 땅은 가급적 넓게잡되 건물은 작게 시작하라는 것이다. 물론 기본용적률이 있기 때문에 무한대로 부지를 넓게 잡을 수는 없지만 말이다.

- 진입도로를 4미터 이상 확보가능한지
- 폐수처리가 가능한지
- 2차선 도로와 비교적 쉽게 접근할 수 있는지
- 창업승인이 가능한 용도지역인지
- 민원제기 가능성은 없는지
- 토지가격상승이 가능한지
- 묘지나 지상건축물의 권리침해는 없는지
- 주변시세보다 유리한지
- 남향으로 건축가능한지
- 토목비가 과중하지는 않는지

이외에도 점검할 만한 사항이 더 있지만 기본적으로는 땅을 재산으로 평가할 수 있는 기본안목이 있어야 한다.

⑥ 창업계획승인

부지가 정해지면 시·군에 창업계획신청서를 제출하여 공장창업에 대한 허가를 받는다. 중소기업창업지원법에 의한 다양한 혜택이 있어 중요한 사항이다. 가급적 대행기관과의 협의나 도움을 받는것이 결과적으로 더 효율적이고 경제적이다.

⑦ 활용가능한 시설자금의 선택

승인이 이루어지면 본격적인 공장건축이 이루어지므로 다시한번 어떤 정책자금을 활용하여 설비를 할 것인가를 결정하여 업종에 최적인 정책자금을 신청하도록 한다. 구체적인 것은 다음 파트에서 기술될 것이다.

⑧ 토목건축설계 및 공사

자금이 결정되면 토목에 대한 설계와 공사를 착수한다. 물론 위탁할 것이지만 많은 주의사항이 있다.

⑨ 기계설비

기계설비전에 다시한번 완벽한 공정도를 만든다. 최적의 효율을 올리고 불필요한 설비가 들어가지 않도록 공정을 다시한번 점검하고 필요한 기계리스트와 제작업체를 선정한다. 특히 고가의 설비는 파일노트를 제작하여 최종점검을 하도록 해야 한다. 제작업체로 하여금 보증보험증권을 제출하게 하는것이 나중에 발생할지도 모르는 기계의 하자를 책임지게 할 수 있는 최선의 방법이 될 수 있다.

⑩ 공장등록

공장이 완공되고 기계설비가 갖추어지면 공장등록을 한다.

⑪ 회사의 조직구성과 관리시스템 점검

회사의 운영에 최적의 효율을 줄 수 있는 인원과 업무분장을 완료하고 ERP 등 사무를 전산화하도록 시스템을 구축한다.

⑫ 홈페이지 제작

어떤 아이템이 되었건 반드시 홈페이지를 제작하도록 한다. 무료제작을 해주는 제도도있지만 추천할만한 방법은 아니다. 어설픈 홈페이지는 회사의 이미지만 추락시킨다. 홈페이지는 마켓팅의 기본이며 대표주자라고 생각해서 그러한 관점에서 통일된 컨셉을 주어야 한다. 할 수 있으면 영문화작업도 병행해서 올리는 것이 좋다.

⑬ 주식공모나 PR

어느 정도 골격이 갖추어졌으면 주식공모나 투자유치를 시도해보도록 한다. 이는 실질적으로 자금의 유입뿐만 아니라 이 과정에서 회사의 경쟁력과 취약점을 다시 한번 점검해 보는 기회가 되기도 하고 외부인들이 자신의 아이템에 대한 평가를 어떻게 하고 있는지를 심도있게 평가받을 수 있기 때문에 설사 자금이 유입되지 않는다고 해도 회사의 향후 발전계획수립과 단기전략수립에 많은 도움을 줄 수 있을 것이며 그 과정중에 접촉한 사람들에게 회사와 아이템에 대한 각인을 시켜주는 성과를 낳을 수 있기 때문에 시도해볼 만한 작업이다. 물론 이것은 회사의 설립구상단계부터 아무 때나 할 수 있는 것이지만 효과적인 PR을 위해서는 이 정도의 단계에서 시도하는 것이 바람직하다.

⑭ 각종 인증획득

회사의 제품에 대한 여러 인증제도를 획득하는 것이 모든 기업활동에서 중요한 역할을 한다. 특히 관련분야의 NT를 취득한다면 상당히 유리하다.

⑮ 무형자산에 대한 자산평가

대표가 개인적으로 갖고있는 특허 등은 법인으로 귀속시키고 이에 대한 자산평가를 반영하도록 한다.

⑯ 대학·연구소 등과의 산학협동과 기술이전계약

실질의 유무를 떠나 자신의 기업을 치장하는데 모든 노력을 기울여야 한다. 대학이나 연구소는 회사의 지원세력이 든든한 배경이 될 수 있다. 관련기술에 대한 끊임없는 탐색을 통해 회사와의 연관성을 맺어두도록 한다.

3) 우리경제의 지향점

우리나라 경제는 한국전쟁 이후 최고의 위기였던 IMF사태를 맞았다. 그 이후 3년 동안 정부와 국민들이 합심하여 슬기롭게 이를 대처하여왔지만 최근의 대구·경북지역경제는 삼성자동차, 쌍용자동차의 퇴출과, 대우자동차 부도여파 등으로 협력업체들의 연쇄도산이 예견되고 있어 우리들을 허탈과 불안에 몰아넣고 있다. 이러한 위기가 왜 왔는지 정부와 재계에서 벌어지는 책임공방론은 오히려 사태의 심각성을 간과하는 것같아 안타까울 뿐이다. 책임의 소재가 어떻든 간에 지금은 다시한번 모두 한 마음으로 경제의 원기를 불러일으키는 지혜가 절실하다. 정부는 경제회생을 위한 비상수혈정책으로 기업, 금융 및 노동부문의 구조조정을 촉진하고 그에 필요한 몇 차례에 걸친 수십조원의 공적자금을 투입하고 있다.

이러한 과정에서 수반되는 부실기업의 퇴출과 실업자의 속출 그리고 그에 따른 사회적 불안이 커져가고 있다. 이제는 또 다시 정부와 국민모두가 현재의 암울한 난국을 돌파할 수 있는 새로운 정책적 대안을 모색할 수밖에 없는 압박을 그 어느 때 보다 더 심하게 받고 있다. 이러한 시점에서 우리는 이제 새로운 경제기초생성에 창업이 얼마나 중요한지를 절감한다. 최근 급속한 환경변화와 역경에도 불구하고 소자본창업 및 벤처창업 등의 성공사례들은 우리들에게 무엇인가를 보여주고 있다. 즉 자본주의 국가경제의 풀뿌리로서 이러한 소상공인의 창업활동이 우리의 경제환경을 변화시킬 수 있다는 믿음을 우리들에게 심어주고 있다.

성공적인 창업은 우리들에게 개인적인 수입의 안정과 심리적 평안을 주며, 개인발전과 국가발전을 주도해 나가는데 중요한 역할을 한다. 창업활동은 몇 가지 유형으로 나누어 볼 수 있다. 소상공인, 소기업, 중기업, 벤처기업 등 우리 주위에는 다양한 창업유형들이 존재하고 있다. 최근 우리는 소상공인이라는 명칭을 자주듣고 있다. 창업형태 중 우리 주위에서 가장 손쉽게 시도할 수 있는 것이 소상공인 기업의 창업이다. 소상공인이란 무엇인가? 우리나라에서는 1995년에 개정된 「중소기업기본법」에서 소기업의 범위를 중기업과 구별하여 규정하고 있다. 1966년 「중소기업기본법」이 제정된 이후 1982년 이전까지는 소기업과 중기업을 구분하지 않고 중소기업이라는 복합적인 명칭아래 제조업, 광업 및 운송업의 경우 상시 종업원 300인 이하 또는 자산총액 5억원의 기준 중 양자택일하여 중소기업의 범주를 규정하고 있었다. 그러나 소기업의 범주는 1995년 개정이후 「중소기업기본법 시행령에 규정하였다.

성공포인트

1. 독선을 버려라

시야가 좁을수록 자신의 생각이 오른 것으로 주장이 강하다. 지휘급의 독선과 아집은 그 조직의 수준으로 미래를 위하여 간부들의 자질개선이 요구된다. 타인의 말에 귀를 기우려라.

과도한 자신감에 사로잡혀 독선하지말라 사람은 누구나 편견이나 선입견에서 자유로울 수 없다. 다양한 의견들을 개술할 수 있께 기회를 주어라 창의적인 공통분모를 찾아라.

잘못된 주장을 알면서도 최면과 지위 때문에 끝까지 고집하는 것은 조직을 망치는 길이다.

2. 사소한 성공에 오만하거나 거만하지 말라

그릇이차면 넘치는 법. 자기소양과 능력에 따라 자기의 그릇크기는 조정된다. 사람이 자만하면 더 성장할 수 없다. 벼는 익을수록 머리를 숙인다고 했다. 일이 잘풀리거나 순조로울 때일수록 겸손하며 보답의 자세로 마음을 갖추고 있으면 더 많은 돈이 돌아온다. 돈이란 사람의 인격을 바꾸는 매력체이다. 돈이 고개숙여 들어올 때 돈과 같이 고개를 숙여라.

요 약
summation

* 공동사업의 효과성과 실시상황

공동사업의 필요성은 1+1=2가 아니라 X의 시너지효과의 발산에 기인되는 것이다. 특히 전문기술집단인 조합간의 제휴나 조합과의 공동사업은 광범위한 정보와 지식의 서포트로 미래개척에 효능을 발휘하여 나갈 수가 있을 것이다. 전국규모로 봤을 때 중소기업에 의한 공동사업의 실시상황은 46.6%로 과반수에 육박하는 비율로 되어 있다

* 협동조합운영에 필요 불가결

한편 협동조합운영에 필요 불가결하다고 한다. 공동교육연수 정보교환을 실시하는 비율이 높다. 사업자그룹이라는 언어도 휴먼네트워크를 바탕으로 신용과 신뢰의 조직 아니면 경제적인 공동사업은 활성화가 중요하다. 거기에서 사업자그룹이 안하는 과제 및 문제점에 대해서 보면 협동조합이 오랜 세월 안고온 조직운영에 관한 과제 및 문제점이 드러난다.

* 미래창업을 원하는 조직형태

미래창업을 원하는 사람이 어떤 조직형태를 원하는지에 대해서 살펴보자. 법인조직이 좋다고 하는 사람과 개인기업이 좋다는 사람의 비율이 동수로 22%였다. 무응답자는 48%로 많으므로 창업의사가 창업할 때 어떤 조직형태로 하면 좋다는지 망설이고 있는 상황을 나타내고 있다.

* 선진협동조합에 배운 경영혁신

협동조합을 통한 경영혁신을 성공시키기 위해서는 다음의 사항들이 중요하다. 확고한 조직의 목표와 구성원 간의 공통인식과 강한 동료의식, 구성원의 자구노력을 전제로한 공동사업참여가 필요하다.

* 성공의 비결

조직원(조합원) 상호간에 밝은 마음거리낌없이 멤버로, 게다가 대인관계가 매우 좋고 누구에게도 좋아하는 타입의 사람들의 조합원들이 간호관련 공부가 어려워도 눈을 크게 뜨고 어깨를 펴고, 인내하며 성실하게 조합원들은 밤낮으로 학습에 힘쓰고 있다.

* 성공에의 길

대학의 지적재산을 활용하고 게다가 대학 등 연구기관과 대기업연구소 요구에 맞춘 기술제품 · 서비스개발을 한다는 목표의 명확한 연구와 사업화접근법은 다른 신제휴조직의 참고가 될 것이다. 즉, 기술니즈만이 선행하기 쉬운 첨단분야의 고객에게 처음부터 엄선, 요구가 존재하는 분야에서 첨단기술니즈 활용한 제품 · 서비스개발을 실시함으로써 확률을 높여 들어갈 수 있게 된다는 것으로 보인다.

제 4 장

창업 초기단계의 기업경영

세상에는 두 종류의 사람이 있다.

이 세상에는 자신이 할 수 있다고 생각하는 사람과 할 수 없다고 생각하는 사람의 두 부류가 있다. 물론 두 사람 다 옳다. 언제나 자신의 경험과 지식의 바탕위에서 내리는 결정이기 때문이다. 그러나 그러한 판단은 오히려 생각에 따라서 성공과 실패가 갈리는 경우가 많다. 위대한 성과는 큰 목표를 세우고 할 수 있다는 강한 자신감과 도전만이 결과를 이루어 낸다. 반면 할 수 없다, 어렵다, 안 될 것이다라는 부정적인 생각을 해서는 될 것이 아무것도 없다.

– 핸리포드 포드 자동차 창업주 –

제1절 중소기업 현상과 금융의 역할

♣ **변화속에서 살아남는 종**

결국 살아남는 종은 강인한 종도 아니고 지적능력이 뛰어난 종도 아니다. 종국에 살아남는 것은 변화에 가장 잘 대응하는 종이다. 21세기의 경영환경은 급속히 변화하는 글로벌 무한경쟁이라는 시대이다. 이러한 환경에서 생존하기 위해서는 변화하는 환경을 좇아가지 말고 환경보다 더 빨리 변화해야 한다.

- 윤종용 삼성전자 전 부회장의 말 -

1. 창업 · 신규사업의 중소기업금융의 역할

1) 창업 · 기업환경 등 현황

최근들어 중소기업의 실태는 창업율이 약간 증가하는 경영이 있는 것으로 관측된다. 이는 정부의 고용증대와 창업지원의 시책에 의한 반사적인 추이로 보여진다. 이를 계기로 국가재부흥전략의 목표달성을 위해서 보다 더 노력해야 하는 것은 필요 불가결한 일이다. 또한 보조지표인 기업활동지수에 대해서도 3. 8%로 OECD 주요국가중 최하위가 되고있어 향후 10년은 증가시키는 것으로 하는 목표의 달성을 위해 사회의 창업에 대한 의식개혁도 필요하다. 기업활동지수는 기업가정신에 관한 조사(글로벌 안 트레플레너십 · 모니터 : GEM)에서 창업자 · 창업예정자이다라는 응답을 얻은 비율. GEM은 1999년 이후 100개국 이상 3000상의 연구기관이 참여하며 매년 국제비교분석결과를 공표하고 있다.

창업과 신사업전개에서 중소기업금융상황을 분석하고 활성화를 위한 해결해야 할 과제를 밝히는 동시에 최근 주목받고있는 클라우드펀딩(이하, CF이라 약칭)을 거론하며 CF의 활용을 포함한 중소기업금융의 역할을 고찰했다. 먼저 중소기업금융상황으로 중소기업과 대기업의 자금조달구조를 밝히고 중소기업금융의 금융기관의 중요성을 지적했다. 한편 창업과 신사업전개에 관한 대출이 늘고 있다고 해서 창업과 신사업추진 자체가 활성화하고 있다고는 반드시 말하지 못하고 금융을 통한 기존의 창업과 신사업전개지원의 한계점도 밝혀졌다. 그리고 생활의 불량안정화와 사업이 실패하는 리스크라는 창업희망자가 느끼는 불안해소와 충분한 정보수집과 분석을 통한 사업분야의 확인을 지원하는 대처가 창업과 신사업전개를 활성화하기 위한 과제로 떠올랐다.

다음에 CF에 대해서 거론하며 CF가 마케팅기능을 갖춘 새로운 자금조달방법임을 지적했다. CF는 전술한 과제인 정보수집을 통한 사업분야의 판별에 도움이 되고 나아가서는 창업희망자가 느끼는 불안해소에도 기여할 것으로 기대되는 한편, CF에는 자금조달자의 설명노력과 정보개시를 통한 부정방지라는 두 가지 과제가 있는 것도 지적된다. 거기에서 금융기관의 CF에 대한 대처사례를 거론하며 금융기관이 사업계획의 책정지원응원이나 모니터링 등을 통해서 관여함으로써 자금조달자의 설명력향상이나 자금제공자에 대한 안심감 조성에 이어지고 이에 의해서 CF의 과제를 보완할 것으로 기대된다. 그러므로 금융기관이 기존지원과 마케팅기능을 갖춘 CF에 의한 지원을 병용하고 양자의 특징과 과제를 보안함으로써 중소기업금융이 보다 폭넓은 역할을 갖고 창업과 신사업전개의 활성화에 기여한다는 결론이다.

2) 창업은 새로운 신진대사 성장동력

(1) 창업은 신진대사 활성화의 동력

창업은 우리나라의 경제에서 경제의 활성화, 성장력이 높은 신규기업의 탄생과 새로운 삶, 일자리 창출 및 창업이 만들어 내는 사회의 다양성과 같은 효과가 있다. 지역금융기관이 독자적인 기술이나 제품 등의 잠재적인 씨앗을 보다 적극적으로 창업자금을 대출하여 기업활동을 촉진하는 것은 지방경제 활성화로 이어진다. 또한 중소기업의 새사업전개는 기업스스로의 성장으로 이어질 뿐만 아니라 우리나라 경제의 활성화에 기여할 가능성도 크게 작용한다. 자금을 현재 가지고 있지않는 사람에게 도전기회를 주는것은 금융이며 금융기관은 그 도전을 해야할지 판단하고 도전의 성공률을 높이는 기능에 관련하여, 창업지원기관은 기능강화에 액션 프로그램을 공시하고 창업지원기능 등의 강화를 최우선목표로 게시하였다.

우리나라의 창업수를 대폭증가시키고 개업률이 폐업률을 웃도는 상태로 만들어 다산다사의 실태를 보여주고 있다.

(2) 창업을 부흥하려면 이해와 촉진

창업의 부흥을 촉진하는 수단은 무엇인가? 성공기업들의 성공의 차별적인 특성을 이해하고 자

그림 4-1 최고의 방법이해하기(Understanging Best Prsctices)

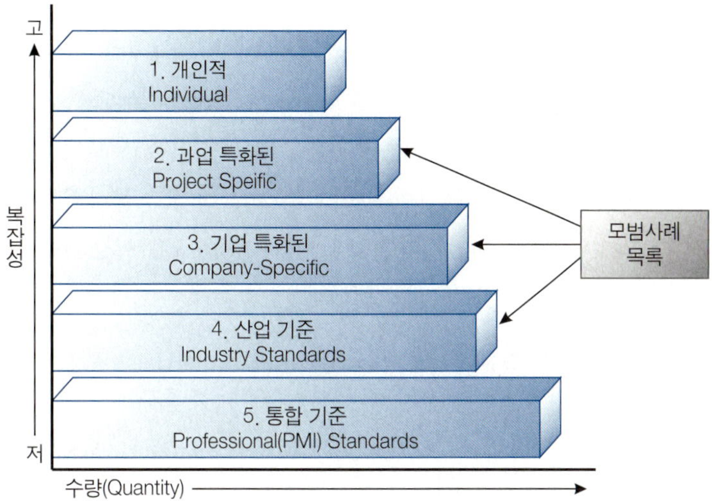

출처 : 프로젝트 관리 흐름도 참고, 리스크 방지 업무흐름도 작성

기특성에 조화의 가능성을 부합시켜 차별화를 창조하는 것이 아닌가 생각하여 본다. 기본적으로 SWOT분석에 의한 강점, 약점, 기회, 위험 등을 고려한 자기능력에 대입하여 영향관계의 원인변수 등을 고려 리스크를 줄이는 것도 한 방법이다.

창조는 이해에서부터 시작된다.

① 구성원 개개인의 특성과 업무의 효과성과 직결된다. 그러므로 적임적소(適任適所)에 인사배치는 업무의 효율을 높이는 첫 번째 단계의 과정이다. 개개인의 특성을 발휘하게 함으로써 쾌적한 업무환경이 조성된다.

② 과업의 특화는 한 아이템의 프로세스로서 차별화를 추구하는 기능적 특화물이다. 이를 성취하기 위해서는 특화 아이템선정과 실해의 플랜이 전제되어야 한다. 이 플랜을 이행함에 있어서 이를 이행할 수 있는 기능소유자들의 능력발휘의 장으로 승화되어야 한다.

③ 기업의 특화는 벤처기업처럼 업체의 특화를 말하는 것으로 출발점부터 기술창업으로 구성자체가 기술인의 집합체로 차별사업을 지향하는 모체이기 때문에 목표하는 창조적 산출물이 분명한 차별적 가치성이 있어야 하고 이행할 수 있는 기술수준이 충만되었을 때 기업특화는 가능하여진다.

④ 산업의 기준 오늘날 산업조직은 국제화로 산업규격기준이 세계표준에 부합하지 못하면 통상유통이 불가능함으로 대한민국 국가기준규격의 준수는 물론 국제기준인 ISO제반 제품규격

을 준수하는 것이 일차적인 제품생산의 과제이자 기술집약적 산업으로 차별적인 제품으로 고객의 인정을 받는것이 기업의 성장진흥에 진입하는 과정이라 할 것이다.

이상의 모든 과정을 효율화의 안내는 성공기업의 모범사례를 목록으로 작성자신의 기업과 유사성 적합성을 찾아 상생의 길이 무엇이냐의 방도를 모색해 보는 것도 한 방도이며 여기에 자신이 고안한 대안을 가미하여 창출한 방안으로 차별화하는 것이 바람직하다.

⑤ 통합기준은 수집된 정보를 통합하여 통합기준을 설정하고 종사원교육으로 훈련하여 정예화 함으로서 경쟁사보다 앞서가는 시스템구성으로 경쟁우위기업으로 육성될 것이다.

3) 창업과 신사업전개의 중소기업

① 금융의 현황과 과제

기업의 자금조달수단은 단순한 것이 아니다. 내부자금은 사업활동을 통해서 스스로 창출되면서 외부자금은 외부자금을 조달함으로써 얻어지는 직접금융은 외부자금 중에서도 자본시장을 통해서 자금공급자들이 직접자금을 조달하는 것으로, 주로 주식회사채 및 기업어음의 발행 등이다. 대기업과 중소기업의 자금조달구조를 분석하면 다음과 같은 차이가 난다.

- 중소기업과 대기업의 순자산비율은 중소기업이 대기업보다 순자산비율이 낮다.
- 중소기업과 대기업의 금융기관 차입비율은 금융기관에서 차입금은 특히 중소기업에 있어서 중요한 자금조달수단이다.
- 중소기업과 대기업의 회사채에 의한 조달비율은, 소기업은 회사채를 거의 이용하지 않아 그만큼 간접금융으로의 의존도를 높일 것이다.

액션프로그램은 창업신사업지원기능 등의 강화를 다하기 위해서 기업의 장래성이나 기술력을 정확하게 평가할 수 있는 인재육성, 산학관네트워크의 구축과 활용 및 벤처기업업무에 관한 정부금융기관 등과의 제휴강화 등을 지역금융기관에 대해 요구하는 계기가 된다. 심의회보고는 창조업·신사업지원의 중소기업기반 정비기구의 펀드를 활용하기나 산학관제휴의 중요성을 지적하는 한편, 지역금융기관이 리더십을 취하는 것을 기대하고 있다. 지역금융기관은 중소기업창업이나 신사업전개의 지원은 물론 자체창업 등의 지원대출상품을 개발하고 대출실적을 늘리고 있는 것이 드러났듯이, 창업과 신사업에 지역금융 대출금액이 증가하는 추세이다.

② 자금조달

정책금융공고에 따른 대출과 신용보증협회에 신용보증을 실시하는 동시에 창업을 촉진하는 지원자금을 조치, 산업혁신기구, 정책투자은행 및 상공회의소 활용 등 보상수당공급을 강화, 개인투자로부터의 자금조달의 원활화 및 민간기업 벤처투자촉진을 위한 환경을 정비한다. 창업자의 재도전을 촉구하는 구조를 강화(개인보증의 재검토 등)한다.

③ 경영 노하우부족

전국거점을 모두 활용하고 지원시책을 널리 주지하고 지역으로부터의 성장의 싹을 발굴지역자원을 거쳐 영역을 이어가고 창업이나 두 창업을 원활하게 환경을 정비, 일류벤처경영자나 자본가 등을 프로모터와 묶어 비즈니스 모델의 형성을 지원한다.

④ 인재확보

여성이나 신규졸업자를 대상으로 중소기업과 소규모 사업자가 실시하는 직장실습(인턴십) 등을 지원한다. 창업환경규제개혁과 공적분야와의 제휴 등에 의한 신 시장개척 및 고부가가치 서비스창출을 촉진하는 것이 과제이다.

⑤ 과제 구체적 시책

인재를 확보하는 여성이나 신규졸업자를 대상으로 중소기업과 소규모 사업자가 실시하는 직장실습(인턴십) 등을 지원응원한다. 판로개척중소기업과 소규모 사업자의 신상품과 신서비스의 개발이나 판로개척을 보조지원한다.

⑥ 자기자금부족

대출한도 금액인상, 상한금리인하 등 정책금융공고의 자본성 후순위대출의 확충을 도모 사업재생뿐 아니라 신사업전개에 힘쓰고 있는 중소기업과 소규모 사업자의 재무기반의 강화가 필요하다. 새사업전개를 촉진하는 환경정비로서 조직개편에 따른 공장설비 및 기타 경영자원의 이전, 양도 및 폐기에 관한 기업의 재정적 부담경감을 검토한다.

창업때 생기는 과제가 창업의 형태에 의해서 이의되는 것이나 기업의 성장단계별로 변화하는 것을 바탕으로 다양한 지원제도를 준비하고 있다. 이 중에서도 자금조달에 관해서는 정책금융공고 등 국책금융기관대출 신용보증협회에 따른 신용보증을 실시, 창업보조금 개인투자가로 부터의 자금조달의 원활화, 민간기업의 벤처투자의 촉진 및 개인보증재검토 등의 창업자의 재도전촉진이 행동한다. 정부는 새 사업을 하기쉬운 환경을 준비하기 위한 지원정책을 강구하고 있다.

자금면의 문제에 대해서는 정책금융공고에 따른 자본조성 후순위대출의 확충 등이 꼽힌다. 정책금융공고의 창업과 신사업전개에 대한 대출실적은 증가경향에 있다. 우리나라의 개업률이 낮은 이유와 과제를 분석하고 기업의식문제, 창업후의 생활이나 수입의 불안정화 및 창업비용과 절차의 문제 등 창업의 첫발을 보자. 사업이 잘 되지않고 수입의 감소, 생활이 불안하거나 사업실패 시 리스크를 우려하는 사람이 많은 것을 지적하고 있다.

불안감을 조금이라도 덜어주는 창업을 대상으로 한 사회안전망의 정비가 필요하다. 여기서 분명한 것처럼 중소기업자금조달은 금융기관 차입금이 큰 비중을 차지하고 중소기업 금융기관의 중요성을 지적할 수 있다. 그러나 창업과 신사업전개에 대한 대출실적은 늘고 있지만 우리나라의 개업률의 하락세와 함께 신사업전개에 적극적인 기업과 소극적인 기업으로 양극화할 가능성을 지적한다. 그러므로 창업과 신사업전개에 관해 대출이 늘어난다고 해서 창업과 새 사업자체가 활성화하고 있다는 건 반드시 아니다. 창업이나 신사업전개를 활성화하기 위한 과제로서는 생활의 불안정화와 사업의 실패에 대한 리스크라는 창업희망자가 느끼는 불안의 해답은 충분한 정보수집과 분석을 통한 사업분야확인을 지원하는 것이다.

2. 창업과 신사업전개의 클라우드펀딩의 검토

1) 클라우드펀딩의 특징과 과제

영국과 미국 등에서는 인터넷의 보급에 호응하는 형태로 1990년대 후반부터 2000년대 초까지, 클라우드펀딩이 뮤지뉴욕이나 제작자를 지원하는 방법으로 점차 높여 나갔다. 특히 기업가나 벤처기업은 2008년 금융위기때 대출 등 자금조달을 실시하는 것이 어려워진 것을 계기로 클라우드펀딩은 발전하면서 대형중개사업자로 지명도 높은 미국의 indiegogo와 Kickstarter는 각각 2008년과 2009년에 서비스를 시작했다.

일본에서는 2000년에 시작된 뮤직세큐리티라는 음악펀드가 첫 클라우드펀딩으로 알려졌다. 클라우드펀딩은 재해지원 프로젝트로 활용되고 있으며 지진을 계기로 신뢰성이 향상되고 크게 성장하고 있다. 클라우드펀딩은 자금제공자에 대하는 리턴의 형태로 기부형, 구매형, 대출형 및 투자형으로 대별된다. 기부형은 자금제공자가 조달자에게 자금을 기부하는 것으로 되어 있다. 기부형에서는 자금제공자에게 경제적 편익은 없지만 자금조달자로부터 자금의 활용상황 등을 기재한 뉴스레터 등이 송부되는 것이 일반적으로 최근에는 자금제공자의 기명과 물품제공 등의 사례를 부여하는 경우도 있다.

구입틀에서는 민법상의 매매계약에 근거하여 자금수행자가 자금조달자에게 자금을 제공하되 보수로서 상품이나 서비스를 받는다. 여기서 보수는 자원조달자의 감사의 메일, 완성한 작품의 신용에 대한 기명, 프로젝트의 성과물의 제공 및 비매품의 제공 등이 꼽힌다. 자원형은 대부업(貸付業)

법상의 계약에 근거하여 자금제공자가 자금조달자에게 대출하고 원금과 이자를 받는다. 투자형은 펀드형태것과 주식형태의 것으로 세분화된다. 자금제공자가 자금조달자와 익명조합출자계약 등을 체결하고 자금을 제공하는 분배 등을 받아 주식형태에서는 자금제공자가 자료조달자에게 주식 등의 출자에 의한 자금을 제공하면서 배당 등을 받는다.

2) 클라우드펀딩을 활용한 장점

(1) 장점은 다음과 같다

첫 번째 장점은 새로운 자금조달수단이 되는 것이다. 인터넷을 통해 예전에 비해서 쉽게 개인이나 기업의 정보거 입수가능해 졌다. 모니터링비용을 포함 자금제공자의 거래비용은 인터넷을 매개체로 하기 때문에 줄어들고 개인이 개인사업주나 중소기업에 직접 자금을 제공하는 길이 열릴것과 동시에 자금제공자와 자금조달자 쌍방이 소액화할 수 있을 것. 또 클라우드펀딩에서는 공감대가 투자와 기부의 원동력으로 되어있어 금융기관이 주저한 위험사업 및 수익성이 낮은 사업에도 자금이 모여든다. 클라우드펀딩은 자신아이디어를 타사에 공감할 수 있게 노력이 필요하지만, 사업계획에 못 미치면 빨리 이 단계에서 창업가 예비군에 대한 자금제공중단 가능성이 있는 것이다.

두 번째 장점은 새로운 마케팅수단이 되는 것이다. 클라우드펀딩은 자금이 모이는 식으로 제품이나 서비스가 어느 정도 사회에서 요구되고 있는지를 알고 마케팅이 생긴다. 즉, 지원의 참가에 의해서 신상품, 신사업전개의 성패를 추측할 수 있고 자금제공자는 대출형자금 조달자에게 질문과 의견을 낼 수 있다. 그 중에는 개선의 제안 및 프로젝트를 성공시키기 위한 어드바이스도 올라올 수 있으므로 정보수집역할도 있다. 이러한 정보는 거래처나 금융기관을 설득하는 재료이다.

또한 클라우드팬 자금을 웹사이트는 투자가 이외에 매스컴이나 새로운 상대를 찾는 기업도 본다. 정보가 소셜미디어로 확산되는 과잉정도로 자금제공이 되지 않지만 상품이나 콘서트 서비스에 관심을 갖고 소비자를 획득하는 것이 동시에 가능하므로 클라우드펀딩에는 광고효과도 기대할 수 있다.

이렇게 클라우드펀딩은 인터넷의 발전과 함께 우리나라에서도 성장하고 있다. 클라우드펀딩을 활용하는 최고의 장점은 새로운 자금조달수단이 되어있고 기존 금융기관이 다루지 않은 안건을 통틀어 자금제공자가 직접 투자할 기회의 확대이다. 공감만되면 종래보다 이른단계에 기업가예비군에 자금제공가능하다.

(2) 클라우드펀딩에 대한 금융기관의 대책

클라우드펀딩에 대한 금융기관의 역할에 대해서 다음과 같이 소개한다.

첫 번째, 투자대상기업이나 사업을 클라우드는 중개사업자에 소개하는 것이 꼽힌다. 지역금융기관은 투자대상기업 등에 대해서 계속적으로 관여하고 싶지만 수익변제까지 시간이 많이 드는 등의 이유로 대출하기가 어려울 경우 클라우드펀딩을 소개한다. 또, 지역금융기관은 중개사업자를 통해서 사안이 널리 소개된다는 PR효과나 판로확대효과도 중시하고 있다.

3) 결 론

본 란(欄)에서는 창업과 신사업전개에 있어서 중소기업금융의 현황과 클라우드펀딩에 관해 고찰했다. 우선 중소기업금융의 현 상태로는 금융기관 차입금이 중소기업 자금조달에서 큰 비중을 차지하고 있다. 중소기업의 경영은 금융기관의 영향에 중요성이 있음을 지적하고 있다. 그러나 금융기관의 창업과 신사업전개에 대출실적, 우리나라의 중소기업백서의 분석을 통하여 창업과 신사업전에 대한 대출이 늘어난다고 해서 신사업추진 자체가 활성화되었다고는 말할 수 없다.

클라우드펀딩에서 자금조달은 능숙한 설명노력과 정보개시를 통한 비리예방과 두 개의 과제도 지적됐다. 거기에서 금융에 의한 클라우드펀딩에 대한 대처사례를 거론하며 지역금융기관이 다양한 방식으로 클라우드펀딩과 관계를 가지게 되는 것이 밝혀졌다. 금융기관에 의한 사업계획의 책정지원과 경영지도는 자금조달자의 설명력 향상에 연결된다, 금융기관의 모니터링은 그는 사기와 부정을 방지할 뿐이고 자금제공자에 대한 안심감 조성에 연결되어 클라우드펀딩의 과제를 보완한다.

이처럼 본 란에서는 금융기관을 중심으로 한 기존 중소기업금융과 클라우드화는 새로운 중소기업금융을 비교하는 형태로 검토했다.

그러므로, 본 란은 금융기관이 기존지원과 클라우드 파운데이션의 지원을 병용하고 양자의 특징과 과제를 보안함으로써 중소기업금융이 종전보다 폭넓은 역할을 가진 창업과 신사업전개의 활성화에 기여한다고 결론지었다.

3. 창업 · 기업의 촉진과 과제

1) 창업 · 기업의 촉진과 과제분류

(1) 실제 창업의 어려움(자료자금, 노하우)

(2) 창업을 생각하는 사람들 그들이 경쟁자다. 환경 · 의식의 두 가지를 들 수 있다

① 과제 1은 실제창업의 어려움(자금 · 노하우)

창업자가 창업을 포기하게 되었을 때에 직면한 과제로 자금조달이라고 답한 비율이 제일 많았다. 한편, 2014년도 조사에서 약 9할의 창업자가 금융기관대출에 따르지 않고 자기자금 등에서만 창업. 창업자금조달의 원활화가 큰 과제였다. 창업자는 창업준비를 잘못하는 것과, 구체적인 절차를 모르는 것, 전문지식과 경영지식의 습득이 과제라고 대답하는 사람이 많다. 이런 지식을 배울 기회를 제공하는 것이 필요하다.(중소기업 백서 2014, 일본정책금융공고 2015년판 개업 백서)

② 과제 2는 창업을 하려는 사람 자체의 의식이다(환경 · 의식)

창업이 취업의 한 형태로 고려하지 않고 있어 공무원 · 대기업사원을 지향하는 사람의 비율이 매우 높다. 또 창업에 전혀 관심이 없고 오히려 부정적으로 파악하는 경향이 있다는 것이다. 창업무관심층의 비율이 70.9%라고 구미제국(25~50% 정도)과 비교하여 매우 높다.

(3) 과제분야의 해결의 방향성

실제로 창업의 어려움(자금 · 노하우)에 대한 해결의 방향성이다

① 자금/돈

현 시점에서 창업자들은 실패한 경우 등을 상정하고도 빚으로 창업을 선호하는 경향이 있다. 한편, 최근 새창업대출제도의 활용건수의 증가와 함께 대출활용률도 상승하고 있지만 추가사용에 편리성향상은 신용대출의 활용건수, 비율을 높이는 것을 중요시 한다. 그 때, 지역금융기관 등의 도움수지확대에도 배려하는 것이 필요하지 않을까. 그래도 대다수가 대출을 쓰지않는 상황에서 창업보조금의 역할은 국가에 의한 보증수표효과의 관점이나 소규모사업 개시단계를 지원하는 시책으로서 계속 의미있는 것이 아닌가 한다.

(4) 노하우

지역창업을 늘리기 위해서는 전국에서 가까운 곳에서 창업의 지식을 배우는 장소가 필요하기 때문에 전국 어느 지역에 있어도 창업 등에 필요한 일정수준의 지식이 배우는 환경을 조성하는 것이 필요하다.

(5) 의 식

보조금 등의 시책에서 정부가 창업을 촉진하고 있는 것을 널리 알리고 지역에 친밀한 창업자를 많이 만들어 내는 것으로, 창업자는 특별한 존재가 아니라 의욕과 아이디어가 있으면 누구나 성공할 가능성이 있다는 것을 알리고 창업관련층의 패러다임변화를 유도하는 것이 중요하지 않을까. 또 전국적인 이벤트개최, 뛰어난 비즈니스 플랜을 가진 창업자 표창을 소개하기로 창업의 주목도를 높이고 전국적인 창업기운의 양성을 도모하고 나가는 것이 중요하지 않을까.

(6) 환 경

본업을 갖기 때문에 실패한 경우의 위험이 적으므로 향후 잠재적 창업자의 자원으로서 기대할 수 있는 겸업·부업에 주목하고 더 많은 겸업·부업을 통한 창업을 창출할 수 있는 환경을 갖추어 나갈 필요가 있지 않을까.

(7) 창업성공의 6단계

창업하여 성공에 이르기까지에는 6단계의 과정을 밟게된다. 그 과정마다 정한 전략을 세워 이행함으로써 사업기반이 다져져 지속경영으로 이어지게 된다.

① 창업의 성공은 상품화에 있다. 상품의 품질은 기술에서 나온다. 상품의 재화란 제품서비스 환경 등의 총칭이며 이를 차별화 함으로써 일단계 기반조성은 가능하다.

② 기술의 실용화다. 필요재화의 조달은 신뢰에서 얻어진다. 신뢰의 근본은 열정, 능력, 도덕성의 결합물이다. 열정속에 후원자의 손길은 뻗어진다.

③ 시련없인 성공없다. 시련은 발전의 동기부여이다. 죽음의 계곡이라는 어려운 과정을 지혜롭게 극복함으로써 도약할 수 있는 기틀이 조성되는 것이다.

④ 사업이 성장기에 접어들면 적소적인(適所適人)이 필요하다. 이 적인을 어찌 양성할 것인가? 사람이라고 해서 다 같지 않다. 천부적 자질의 소유자가 있다.

⑤ 경영능력의 고도화란 거시적인 안목으로 윤리도덕성을 갖춘 사회적기업으로 인본주의 경영

그림 4-2 창업성공 단계의 경영과제

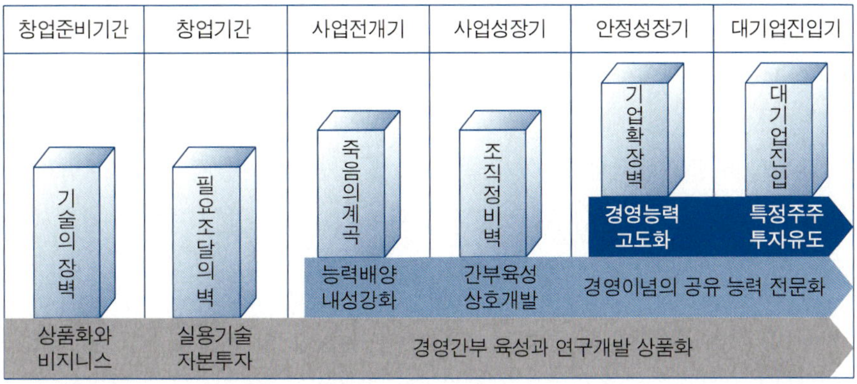

출처 : 平尾光司 ベンチャータイムズ參考 창업준비에서 상장 각단계에서 참고 모형작성

선진화가 궁극적으로 대성을 가져오게 되는 것이다.

⑥ 기업의 목적완수다. 기업은 사회적공기로서 복지실현의 능력배양에 있다. 고품질 저가격 국민생활의 풍요로움과 안전에 기여함이 기업의 사명이라 하겠다.

2) 구체적인 창업시책과 기본방향(1안)

◈정책금융문제

① 창업 · 사업승계 보조금

지역경제 활성화를 촉진하기 위해서 새로 자기 돈으로 창업하는 자에게 보조를 실시한다. 또 경영자의 고령화문제 등의 과제를 겪고있는 중소기업의 세대교체와 지속발전의 활성화추진이 급선무로 대두되면서 창업에서 사업승계에 오르기까지 일체적으로 지원이 요청되고 있다.

향후의 재검토의 방향성은 보조금심사 프로세스를 가시화하거나 보조금 수급자의 성공사례소개를 통하여 단순히 각자 지원이 아니라 잠재적 창업자의 발굴로 이어지기도 한다.

② 정책금융공고의 새 창업대출제도

금융기관의 대출을 활용하는 비율을 높이기 때문에 무담보 · 무보증인의 새 창업대출제도의 일자리를 낳지않는 창업에 대출신청요건을 더욱 확충을 검토. 지방은행 등과의 협조융자확대 및 지방자치단체와의 연대강화를 계속 모색한다.

- 향후의 재검토의 방향성 : 프리랜서 등을 포함한 개인사업주에 대해서도 해당대출을 활용할 수 있도록 자기자본 요건완화 등도 포함하여 한층 더 확충의 검토가 필요하다.

③ 창업지원 사업자보조금

창업의 지식을 배울 수 있는 환경을 갖추기 때문에 창업자의 상담사업 등을 실시하는 사업자를 보조하는 제도로 지방자치단체가 그 지역수요를 창조하고, 인접지자체도 포함하는 광역제도를 신설검토하여야 한다. 그리고 겸업부업으로 창업 등을 촉진하는 지원방안도 검토시행이 요구된다.

④ 창업스쿨사업

창업 등에 필요한 일정수준의 지식을 배우게 하기 위하여 창업스쿨 실시사업자에게 위탁사업은 폐지하고 나라에서 정한 일정수준의 커리큘럼을 실시하는 창업스쿨을 인정하며 창업자의 기초적인 지식습득을 지원한다.

3) 구체적인 창업시책 등의 기본방향(2안)

◈환경 · 의식해결의 과제와 시책

① 창업 · 사업승계 보조금

창업무연층에 대해서 창업에 관심을 갖도록 창업 등에 필요한 비용의 일부를 보조한다.

- 향후의 재검토의 방향성

② 잠재적 창업자 발굴사업

창업의 주목도를 높이고 전국적인 창업기운의 양성을 도모하기 때문에 지역에서 개최하는 비즈니스플랜 콘테스트 등과도 연계하여 많은 사람의 눈에 관련 행사개최를 검토하고, 향후는 지역의 비즈니스플랜 대회와의 연계를 강화한다,

③ 겸업부업을 통한 창업 등의 촉진

겸업 · 부업이 자유롭게 가능한 환경을 갖추기 위해서, 겸업부업을 활용하고 창업 중소기업 등에 대한 지원방안을 검토하기 위한 위탁조사사업을 실시하는 동시에, 겸업부업의 성공사례를 발굴하여 그 사례를 홍보 · 개발한다.

④ 산업경쟁력강화법 개정

질 높은 선진적인 창업지원사업을 중점적으로 지원할 것을 포함한 법개정을 검토

- 향후의 재검토의 방향성 : 산업경쟁력강화법을 집중실시하고 있는 가운데 자치단체가 전국적으로 확산되고 있지만 계획내용이 비슷한 사례가 많아 각 지자체 창업지원대책을 촉진할 과제이다.

⑤ 창업 · 기업지원에서의 리뷰지적사항 발췌

- 효과측정지표를 재평가와 함께 자금의 투입효과, 사업의 지속성, 수익성, 판공비투입의 필요성을 포함한다.
- 보조금과 대출의 성질의 차이를 고려하고 보조금투입의 필요성이 있는 것에 한정하여 실시해야 할 것이다.
- 보조사업의 실시에 있어서는 외부효과의 좋은 일자리창출에 이바지하는 사업이나 지역경제 활성화에 기여하는 사업을 모을 것
- 개업의 안정적인 증가를 위해서도 민간을 활용한 자금조달구조를 검토해야 한다.
- 민간에서도 유사한 서비스가 있는 가운데 창업스쿨의 기본방향, 지원의 필요성에 대해서 검토해야 한다.
- 사업종료 후 5년 경과시의 사업지속률을 성과목표로 하고 있지만 중간단계에서도 제대로 보충하고 실시하는가의 점검을 요한다.
- 각각의 사업지속률 뿐만 아니라 파급효과의 검증에 대해서도 검토해야 한다.
- 필요한 특허심사체제의 정비를 실시하고 심사나 부여의 신속화를 도모하는 것이 중요하다.
- 인재육성에 대해서는 창업에 실패한 사람이 다시 도전할 수 있는 것이 중요
- 장기적인 관점에서 진정으로 효과적인 시책에 중점화해야 하는 것이 중요
- 민간의 장기보상수당공급을 촉진하는 것이 중요
- 관계부처의 종적관계를 배제하고 일본전체의 벤처지원의 그랜드디자인 하에서 실시해야 한다.
- 창업보조금 : 산업경쟁력강화법의 인정시 지방자치단체에서는 특정 창업지원사업의 창업을 목표로 하는 자에게 창업에 필요한 경비의 일부를 보조하여 창업지역 활성화를 촉진한다.

성공포인트

1. 일을 즐겨라

일을 즐기는데서 방법은 생겨난다. 생각이 바뀌어야 방법이 생겨난다. 일은 고된 업무라고만 여기지 말고 일을 즐거운 오락으로 생각을 바꾸어 보라. 성공자는 일 자체가 즐거움이요 흥미를 느끼며 희망이기 때문이다. 일을 좋아하는 주된 요인은 일 자체에서 즐거움을 얻기 때문이다. 그 즐거움을 찾아내는 것은 당신 몫이다. 무슨 일이든 열정을 다하면 일에서 느껴지는 괴로움이나 짜증따위는 눈녹듯 사라질 것이다.

2. 부자로 당신도 성공할 수 있다

당신의 내부에는 무한한 보물창고가 있다. 마음만 먹는다면 필요한 만큼 언제든지 꺼내쓸 수 있다. 단지 사람들 대부분이 보물을 끌어내는 방법을 제대로 알지 못하고 있기 때문이다.

모든 부(富)는 마음속에 존재한다. 부와 가난을 결정하는 것은 당신마음이고 어느쪽을 선택하느냐는 당신자신에게 달려있다.

요 약
summation

＊ 창업은 새로운 신진대사 성장동력

창업은 우리나라의 경제에서 경제의 신진대사 활성화, 성장력이 높은 신규기업의 탄생과 새로운 삶, 일자리 창출 및 창업이 만들어 내는 사회의 다양성과 같은 효과가 있다. 지역금융기관 그리고 독자기술이나 제품 등의 잠재적인 씨앗에 대해 보다 적극적으로 창업자금을 대출하는 기업활동을 촉진하는 것은 지방경제 활성화로 이어져야 한다.

＊ 창업과 신사업전개에서 중소기업

중소기업 창업초기 금융과제는 기업의 자금조달수단은 단순한 것이 아니다. 내부자금은 사업활동을 통해서 스스로 창출되면서 외부자금을 조달함으로써 얻어지는 직접금융은 외부자금중에서도 자본시장을 통해서 자금공급자들이 직접 자금을 조달하는 것으로, 주로 주식회사채 및 기업어음의 발행 등이다.

＊ 클라우드펀딩 활용의 이점

장점은 새로운 자금조달수단이 되는 것이다. 인터넷을 통해 예전에 비해서 쉽게 개인이나 기업의 정보가 입수가능해 졌다. 모니터링 비용을 포함 자금제공자의 거래비용은 인터넷을 매개체로 하기 때문에 줄어들고 개인이 개인사업주나 중소기업에 직접 자금을 제공하는 길이 열릴 것과 동시에 자금제공자와 자금조달자 쌍방이 소액화할 수 있는 이점이 있다.

＊ 창업의 어려움(자금 · 노하우)

창업자가 창업을 포기하게 되었을 때에 직면한 과제로 자금조달이라고 답한 비율이 제일 많았다. 한편, 2014년도 조사에서 약 9할의 창업자가 금융기관대출에 따르지 않고 자기자금 등에서만 창업 · 창업자금조달의 원활화가 큰 과제였다. 창업자는 창업준비를 잘 못하는 것과 구체적인 절차가 모르는 것, 전문지식과 경영지식의 습득이 과제라고 대답하는 사람이 많다.

＊ 창업 · 사업승계보조금

지역경제 활성화를 촉진하기 위해서 새로 자기 돈으로 창업하는 자에게 보조를 실시한다. 또한 경영자 고령화의 문제 등의 과제를 겪고있는 중소기업은 세대교체와 활성화를 추진할 급선무가 되면서 창업 · 사업승계를 일체적으로 지원한다.

제2절 창업·사업의 착수

♣ **조직혁신의 첫걸음은 위기의식의 공유**

조직혁신을 시도하려 할 때 우리가 범하는 가장 큰 실수는 동료경영진이나 직원들에게 충분한 위기의식을 불어 넣기전에 혁신을 시작해 버리는 것이다. 이런 실수를 범하는 것은 매우 치명적인데 자만심과 무사안일이 팽배해있는 조직에서 경영혁신의 목적달성은 매우 어려운 일의 하나다. 위기감이 전파되는 것을 오히려 걱정하고 방해하는 사람도 있다. 그러나 확언컨대 변화와 혁신의 첫 단계는 위기의식의 전파와 공유함에 있다.

\- 존 코터 하버드대 교수 -

1. 사업착수와 수순

1) 사업의 운영과 주체

(1) 사업의 주체성

사업의 주체성과 사업체의 구성은 목적사업에 큰 영향을 주고있다 하겠다. 개인사업과 주식회사의 창업을 검토할 때 중요한 포인트의 하나로 운영주체기업의 형태를 결정하여야 한다. 구체적으로 개인사업으로 개업할 것이냐 법인체를 설립할 것이냐를 구분하여야 한다. 개인사업은 개인이 사업주가 되고 자기책임으로 사업을 벌이며 모든 책임을 사업주가 부담하는 것으로 자영업자라고도 불린다. 그 조직형태는 사업주 혼자 또는 가족끼리 소수의 직원만으로 소규모경영하는 일반적인 형태를 말한다. 경우에 따라서는 종업원수 제한이 없고, 대규모기업체를 경영하는 것도 가능하나 많은 개인사업주는 소규모로 경영하고 있어 일반적으로 소규모사업자라고 불리는 것이 현실적인 실태이다.

법인은 주식회사 이외에도 합동회사(LLC), 합자회사, 합명회사, 기업조합, 유한책임사업조합(LLP) 등과 같은 법인형태의 기업조직이 존재한다. 여기에서 법인의 중심은 주식회사에 있으나 그 이외의 법인형태에도 각각 장단점을 가지고 있다. 법인은 그것 자체가 사업주로서 파악된다. 여기서 생긴 책임도 사업주자신과 별개로 법인이 부담한다. 예를 들어 사업추진때에 차입을 할 경우 개인사업주의 경우는 사업주 본인에 따른 차입이 된다. 그리고 사업에 실패해서 차입을 갚을 수 없게되면 사업주 개인재산을 매각해서라도 갚지않으면 안 된다. 반대로 법인의 경우 개인과는 별도이기 때문에 어디까지나 법인의 차입이 되는 법인의 재산범위 내에서 갚게 된다. 경영자 개인의 재산으로부터 변제할 필요는 없다.(단, 창업하자마자 차입을 할 때 경영자 본인이 연대보증인이 되는 경우가 많으므로 이러한 경우에는 경영자 본인이 상환할 책임이 있다.)

개인사업으로 할 것인지 주식회사 법인으로 할 것인지 어느 쪽의 운영주체로 사업을 계속할 것인지는 창업자의 사업규모에 따라 판단해 결정할 문제라 하겠다.

간단하게 양쪽의 이점을 정리하면 다음과 같다.

우선 개인사업으로 개업하면 최대장점은 운영의 협의도 거치지 않고 곧 바로 자기소신대로 할 수 있다는 점이다. 정관작성도 등기도 불필요하고 세무서에 개업신고 등을 제출하면 바로 시작할 수 있다. 또, 경리나 세무 등 운영이 간단하고 비용도 적게 든다는 좋은 점도 있다. 책이나 회계소프트웨어 등을 공부하여 확정신고의 시기에 규정대로 써내면 세무사에 의뢰하지 않아도 세무신고가 가능하리라고 생각된다.

(2) 창업성공의 방향

① 기업가정신

모형에서 명시하고 있는 바와 같이 사업의 주체는 사람이며 이를 리드해 나가는 것은 가업가정신이다. 기업가정신이란 미래 지향적인 선구자적 행동력을 말한다.

미지의 미래 불확실에서도 위험을 감수하면서 도전하여 사업을 성공으로 이끌어가는 선견적 안목으로 사업을 성장시키는 경영능력과 혁신적인 업무관리와 진취적인 사업계확 등을 아울러 기업가정신이라 말하고 있다.

② 경영역량

기업경영의 역량이란 기업은 기술력을 보유하지 못하면 경쟁력을 유지하기 어려워진다. 기업의 지속력은 연구개발능력과 비례된다 하겠다. 개발된 기술이 얼마나 축척되어 있느냐가 그 사업의 미래상(未來像)이라 할 수 있다. 헌신적인 노력으로 기술력이 축적되었다 하더라도 운영과정에서 혁신체제를 갖추지 못하면 효과성은 떠러질 수밖에 없다. 적응성을 높여 나가기 위해서는 변화하는 정보력에 비례되는 것이므로 경영의 영향력 연구, 기술, 혁신, 정보의 네 박자가 잘조율될 때 발휘된다 하여도 과언이 아니라 하겠다.

그림 4-3 창업기업 성장 성공 연구모형

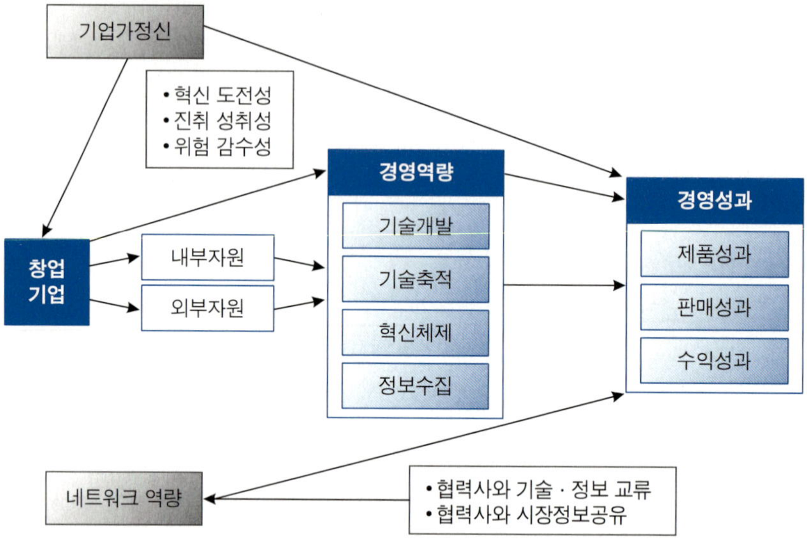

출처 : 창업기업 성공요인 기업가정신.네트워크역량이 경영역량과 경영성과의 영향 창작모형

③ 경영성과

제품의 우수성은 고객의 만족을 이끌어 재구매를 촉진하게 된다. 제품의 우수성은 연구개발의 산물이며 차별화의 기본이다. 그러므로 제품의 성과는 연구개발에서 시발된다. 우수한 제품이 생산되었다 하더라도 공급매체가 원활치 못하면 제품의 위상은 빛을 상실하게 된다. 그러므로 판매의 조직망이 수요공급을 원활하게 함으로서 판매성과는 높아지고 시장점유율은 확대되어 경쟁우위를 전하게 된다. 판매의 성과는 수익성과 비례된다. 즉 경영성과의 도출은 수익성에 있다면 수익성은 연구성, 제품성, 판매성에서 차지한다 하겠다.

2) 개인사업과 주식회사의 차이

(1) 사업체구성 비교

주식회사를 설립하는 장점은 절세의 폭이 큰 것이나, 신용력을 높이기 위한 것으로 자금조달·결산 등의 면에서도 자유도가 큰 것을 들 수 있다. 앞으로 규모를 키우고 많은 매출을 달성한 경우에는 처음부터 주식회사를 설립하는 것이 좋은 결과를 가져온다. 또한 개인사업자로부터 법인으로 전환하면 "법인인"라고 한다. 창업시작은 작은 규모에서 개인사업으로 시작한 후 사업이 확대하여 큰 매출이 발생하게 되면 법인으로 전환한다는 것도 가능한 방법이다.

표 4-1 개인사업과 주식회사의 비교

내 용	개인사업주	주식회사
절차 등	비교적 간단하게 수속을 할 수 있다(권한부여 및 자격이 필요한 사업은 제외). 법인설립과 비교하면 등기수수료 등이 들지않아 저렴한 개업이다.	주식회사의 경우는 등기가 필요하다. 기타 필요한 각종 수속도 많이 힘들다. 또한 등기관련 비용만 25만원 정도가 필요하다.
책 임	무한책임(무한책임)	한도가(유한책임) 출자하고 있는 범위만
사회적 신용도, 자금조달	법인과 거래를 할 경우 거래를 거절하는 경우가 있다. 대출에 있어서는 개인자산의 많고 적음으로 결정되는 경향이 있다.	자본금 및 임원, 회사의 규모에 따라 결산내용을 공개할 의무가 있기 때문에 이해관계자에서 신용을 얻기 쉽고 사회적으로도 신용이 높다.
사 업	절차필요없이 언제든지 자유롭게 변경할 수 있다.(인허가 및 필요한 사업에 따른 절차는 필요).	사업내용을 변경하는 경우 정관을 변경해야 한다. 그때 주주총회 등 절차가 필요하다.
접대 교제비	필요하다고 인정되는 교제비같은 내용은 전액비용으로 인정된다.	한계가 있다.
회 계	구분이 불필요한 간단한 부기도 좋다.(그러나 청색신고 65만엔 공제를 받는 경우는 복식부기가 필수).	복식부기의무가 있다.
적자의 이월	백색신고의 경우 이월이 인정되지 않는다. 청색신고의 경우에도 이월 기간은 3년만 인정된다.	이월기간은 9년

각종 신고시에는 개인사업자보다 주식회사의 경우에는 필요한 신고서류가 복잡하기 때문에 주의를 요한다. 개인사업자에 대해서는 절차도 간소하기 때문에 개인이 하는 것도 가능하지만 주식회사의 경우는 절차가 복잡해지기 때문에 개인으로 하는 건 많은 노력이 필요하므로 개인이 하는 것이 어려울 경우 세무사의 지도를 받는것이 바람직하다.

(2) 각종 제출서류 개요(신고절차 구분표)

대 상	신고의 명칭	신고처	제출기한
개인사업을 시작하는 모든 사람	개인사업의 개업 · 폐업 등 신고서	납세지관할 세무서	개업일로부터 1개월 이내
	개인사업개시 신고서	사업장소재 관활사무소	개업 후 신속하게
	소득세의 재고자산의 평가방법 · 감가상각자산의 감가상각방법 신고서	납세지관할 세무서	첫 확정신고의 제출기한까지

대 상	신고의 명칭	신고처	제출기한
청색신고를 희망하는 사람	소득세의 청색신고승인 신청서	납세지관할 세무서	개업의 날이 1월 15일 이전의 경우 3월 15일까지, 개업의 날이 1월 16일 이후의 경우 개업일로부터 2개월 이내
파란색 전임자 급여지불인	파란색 사업전임자 급여에 관한 신고·변경신고서		
직원에게 급여 지불인	급여사무소 등의 개설·이전·폐지신고서	사무소소재지 관할 세무서	급여의 지불을 처음으로 1 개월 이내
원천세납기의 특례를 받는자	원천소득세 납기 특례 승인에 관한 신청서		수시(빨리 신고할수록 적용이 빠르다)

(3) 법인설립의 절차(유의사항)

법인설립절차의 대략적인 흐름은 다음과 같다. 법인의 종류에 따라서 절차가 다른 경우도 있는 등 알기 어렵다는 점도 많아 행정사, 법무사에 의뢰하여 추진하는 것도 한 방법이다.

① 발기인을 결정한다

1인 이상의 발기인이 필요하다. 발기인은 회사설립의 발안자 또는 찬동자이다. 등기완료때까지 일절의 수속을 추진해 가는 인물이다.

② 유사(類似)상호 조사실시

회사를 설립하기 위해서 상호(이름)를 결정한다. 동일한 상호로 이미 등록되어 있는지 같은 이름을 붙이는 것은 금지되어있어 사전에 설립예정지 법무당국의 등기소에 동일 상호가 없는지 조사할 필요가 있다.

③ 회사의 기본사항을 결정한다

상호(이름), 목적(사업의 내용), 본점소재지, 자본금(출자액) 등은 주식회사, 합동회사, 합자회사 등의 구별에 관계없이 이 시점에서 정한다. 다른 회계연도는 몇 월에서 몇 월까지로 할지, 임원은 누가 맡을지, 보수(급료)는 어떻게 할건지 설립비용은 회사가 부담하는지, 또 주식회사의 경우 주식을 몇 주 발행하는지 등도 정한다.

④ 회사대표 도장을 만든다

상호가 확정되면 회사대표자의 인감을 작성하여 설립등기에 대표자 인을 날인한다. 그 후의 계약서작성 등에서도 대표자의 인장이 필요하며 은행도장, 회사직인, 주소, 전화, 명함, 도장 등도 함께 만들어 두면 좋다.

⑤ 관계자 개인의 인감증명을 취한다

필요한 인감등록증명서는 관계자의 인원으로 매수가 다르며 제출처는 주식회사, 합동회사, 합자회사마다 다르다. 또한 유효한 인감등록증명서는 등기신청일로부터 3개월 이내에 발행된 것이어야 한다.

⑥ 정관을 작성

주식회사의 경우는 상호, 업종, 소재지 회사가 발행하는 주식을 공고하는 방법, 발기인 이름과 주소, 이들이 기재해야 할 사항, 상대적 기재사항 및 임의적 기재사항은 주식주주 임원에 관한 기재사항, 주식의 양도양수에 관한 사항 등을 기재하는 경우가 많다. "당 회사의 주식을 양도하기 위해서는 이사회의 승인을 얻어야 한다."라고 정하는 것이 일반적이나 이는 제삼자에게 회사를 지키는 의미에서 중요하다.

⑦ 공증인에 정관의 인증을 받는다

• 주식회사

공증사무소에서 작성한 정관을 공증인 인증을 받는다. 이 때 인증수수료를 지불하고 공증사무소에 보관하는 정관 1부에 수입인지부착이 필요하다. 단, 전자정관의 경우에는 수입인지의 부착이 불필요하다.

⑧ 위탁금융기관에 출자금을 지불하다

발기설립의 경우 자본금의 납입에 대해서는 불입금보관 증명서가 아니라 잔고증명으로 족하다.(모집설립의 경우에는, 종래대로 불입금보관 증명서를 요한다) 금융기관은 은행, 신탁은행, 신용금고(연합회), 신용협동조합(이연협회), 노동금고(연합회), 농업협동조합(연합회), 어업협동조합, 상공조합, 중앙금고, 농림중앙금고가 있다.

• 창립총회를 개최한다

발기설립의 경우는 이사·감사역을 사전에 선임하면 개최가 불필요하고, 모집설립의 경우는 주주가 모여서 개최할 의무가 있다. 총회당일에는 의장선출, 발기인에 의하여 창립사항보고, 정관의 승인결의, 임원과 감사의 선출 등을 갖추어 의사록을 작성한다.

• 이사회를 개최한다

선출된 이사에 의해서 이사회를 개최한다. 여기에서는 우선 대표이사선출을 실시하고 정확한 소재지(정관에는 행정구역)만 결정한다. 총회에서 정해진 이사의 보수총액의 범위내에서 각 이사의 보수를 정한다.

표 4-2 업종신고구분

업 종	접수창구	신청·신고처	적용되는 주요법
음식점 등	보건소	지사	식품위생법
건설업	도도부현청	국토교통 대신 또는 지사	건설업법
심야 주류제공 음식점 등	경찰서	공안위원회	풍속영업법
고물영업	경찰서	공안위원회	고물영업법
숙박업	보건소	지사	여관영업법
제1종 여행업	운수국사무소	관광청 장관	여행업법 외
제1종외의 여행업	도도부 현청	지사	여행업법 외
주류판매	세무서	세무서장	주세법
택지건물거래업	도도부 현청 또는 지방정비국장 등	지사 또는 국토교통대신	택지건물거래업법 외
병원	보건소	보건소장	의료법
미용실, 이용원	보건소	지사	미용사법, 이발사법
세탁소	보건소	지사	청소법
행상인	보건소	지사	식품제조업 등 단속조례

⑨ 설립등기 신청서를 작성하고 등기신청한다

신청서기입은 특별히 어려운 것은 아니다. 이미 정관에 기재한 사항 및 총회결정사항(합동회사, 합자회사는 필요없음)을 다시 기입하는 정도. 이 신청서와 각종 필요서류를 함께 법무국(등기소)에 제출한다. 먼저 신청서 등에 기재누락이 없는지 잘 확인하고 정해진 순서로 지정된 곳에 기입하는 방법으로 서류를 작성한다. 또 목적(사업의 내용)이 추상적인 경우에는 보정할 필요가 있다.

(4) 주요 업종의 신고업체

법령이나 조례로 실제영업을 시작하기 전까지 관련관청에 인허가의 신청이 필요한 업종이 있다. 인허가업종에도 불구하고 무허가로 영업하면 벌칙이 적용되거나 영업정지 등의 처분을 받을 수 있다. 창업목적의 업종이 허가를 요하는 업종인지는 확인후 절차에 따라 사업을 시작해야 손실을 막을 수 있다.

2. 사업체의 구성후 업무의 실행

창업의 방침이 결정되고 사업전략도 마련되면 나머지는 사업을 시작하는 것뿐이다. 사업을 실행할 때는 이하의 세 가지 포인트에 주의해야 한다.

1) 고객을 확보한다

매출을 확보하는 데는 고객의 수와 욕구충족여부가 최대 중요포인트이다. 아무리 멋진계획을 세운다고 해도 고객을 얻지 못하거나 충족을 주지못하면 매출은 오르지 않고 사업을 진행할 수가 없다. 고객획득을 위한 작전이지만 실제로 작전에서 얻는것은 미지수이다. 그 경우는 신속히 다른 방안을 요한다.

고객잡기에 대해서는 갑자기 생면부지의 사람이 고객이 될 일은 많지 않다. 처음엔 자신의 주변의 가족이나 친지를 활용하면서 그에 알맞은 광고를 하도록 노력해야 한다. 전혀 생면부지의 사람에게 상품이나 서비스를 소개해도 구입에까지 이르게 되는 것은 힘들지만, 자신에게 가까운 사람에게 소개된 것은 신뢰감이 있기 때문에 이 사람들이 광고한다면 사볼까하는 기분이 되기 쉽다고 할 수 있다. 처음엔 활용할 수 있는 인맥을 최대한 이용하고 첫 고객획득에 노력해야 한다. 그리고 고객이 되면 그 고객에게 자신의 상품서비스에 대한 인상과 느낌을 받고 상품의 수준향상에 도움이 되는 아이디어 발상이 중요하다.

마케팅믹스는 고객획득을 위한 수단을 설정한 것이어서 이보다는 실제고객의 의견을 반영시킴으로써 보다 정밀한 마케팅전략을 설정할 수 있다.

◈고객접근방법

구체적인 고객접근방법으로는 대표적인 것에서 다음과 같은 방식이 있다.

- SNS나 블로그 등의 web매체에 의한 광고선전
- 전단 등의 종이매체의 광고선전
- 전단배포
- 인맥을 통한 입소문 소개
- DM전송

기본적인 곳은 AISAS 이론대로 이쪽의 정보를 제대로 고객에게 전달하고 최종적 고객에게 전달하려는 흐름이 된다. 각 접근방식에는 AISAS단계의 계층이 효과적이며 어떤 고객층에 효과적인지

그림 4-4 기업의 성장과정

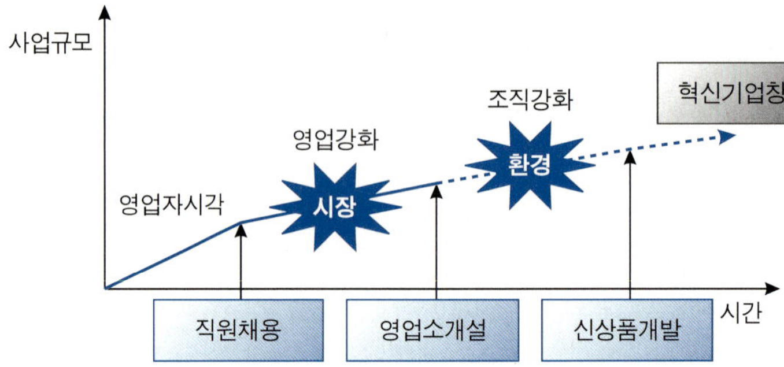

출처 : 벤처기법의 성장모형창작

등의 특징을 갖고 있다. 필히 각각의 특징을 파악한 뒤 자신의 사업에 맞는 접근방법을 고려하여 창안하여야 한다.

2) 수지계획을 세운다

(1) 대차대조표, 손익계산서

결산서류를 읽는 법, 만드는 방법(대차대조표, 손익계산서)사업계획서를 만들 때 얼마정도의 매출을 목표로 어떤 경비가 얼마나 필요한 것인지, 또 그 때문에 필요한 자금은 얼마정도인데 어떻게 조달하느냐의 생각을 해야 한다. 또 창업후에 자신의 사업을 하는데도 자신의 사업이 얼마나 매출이 있는지를 경영자는 파악할 필요가 있다.

① 결 산

결산은 회계기간 회사의 경영성적 및 기말의 재정상태를 확인하는 작업을 말하며, 그 때문에 작성되는 서류를 결산서라고 한다. 회사의 결산서, 계산서류 모든 것이 회사가 작성하는 것을 의무화되어 있다.

(2) 대차대조표

① 대차대조표의 구조

대차대조표는 회사의 기말의 재정상태(자산 · 부채자본상태)를 나타내는 결산서이다. 일명 Balance Sheet(줄여서 B/S)라고도 부른다. 대차대조표에는 기업이 소유하는 현금이나 건물, 토지가 얼마나 있는지(자산상황), 또 어떠한 자금을 조달하고 있는가(부채 · 순자산의 상황)와 같은 재정상태를 이해관계자에게 명확하게 하기 위한 서류이다.

(3) 유동자산 · 고정자산

유형고정자산 · 무형고정자산 · 투자 기타자산 · 이연자산 회사가 모은 자금을 어떻게 운용하고 있는지를 나타내는 것이다.

① 유동부채 · 고정부채

- **자본금** : 자본잉여금, 이익잉여금, 주식 등 평가차액금, 자기주식회사의 자금조달의 원천이 주로 채권자에 의한 것으로 타인자본이라고도 한다. 회사의 자금조달의 원천이 주주의 불입자본과 그 자본을 활용해 번돈(내부유보)으로 이루어진 것을 자기자본이라고도 한다.

3) 기업의 손익구조

(1) 손익계산서의 구조

손익계산서는 회사의 일정 기간의 경영성적을 보여주는 결산서이다. 〈표 4-3〉 회사의 경영성적을 수익(돈)과 비용(비용)으로 대비하고 그 차액으로 이익(손실)을 나타낸다. 손익계산서는 기본적으로는 다음의 기본적인 수급에 따른 이익을 요구하고 경영성적을 판단하는 것이다.

(2) 손익계산서의 이익

손익계산서에서는 수익과 비용을 그 성질에 의해서 몇 가지로 구분하고 이익을 다음처럼 다섯 가지로 분류하여 구한다(그림 4-5 참조).

① 매출액 – 매출원가 = 매출총이익

매출액은 상품 및 제품 등을 판매하거나 서비스를 제공하거나 기업의 주된 영업활동에서 나오는 수입이다. 매출원가는 그 매상고에 대응하는 원가이다. 그 차액을 매출총이익 이른바 총이익으로 알려지면서 기업의 기본적인 수익력을 나타낸다.

② 매출총이익 – 판매비 및 일반관리비 = 영업이익

판매비 및 일반관리비는 회사의 판매활동과 관리 등의 비용을 말한다. 그 차액영업이익은 기업 본연의 영업활동에서 생긴 이익을 나타낸다(예를 들면, 판매비 및 일반관리비에는 종업원급여, 교통비, 소모품비 등이 있다). 판매비는 상품이나 제품을 판매하기 위해서 직접비용(판매비)에서 판매원급여,

표 4-3 손익계산서양식 예

항 목		금 액	
매출			○○○
매출원가			○○○
	매출총이익		○○○
판매비 및 일반관리비			○○○
	영업이익		○○
영업외이익			
수취이자		○○	
수취배당금		○○	
잡수입		○○	
	영업외수익 합계		○○
영업외 비용			
지출이자		○○	
어음양도손		○○	
잡지출		○○	
	영업외 비용합계		○○
	경상이익		○○
특별이익			
고정자산매각익		○○	
투자유가증권매각익		○○	
전기존익수정익		○○	
	특별이익 합계		○○
특별손실			
고정자산 매각손		○○	
감손손실		○○	
재해손실		○○	
	특별손실 합계		○○
	세금공제전 당기순이익		○○
	법인세 · 주민세 및 사업세		○○
	법인세등 조정액		○○
	당기순이익		○○

그림 4-5 손익계산서에 의한 이익

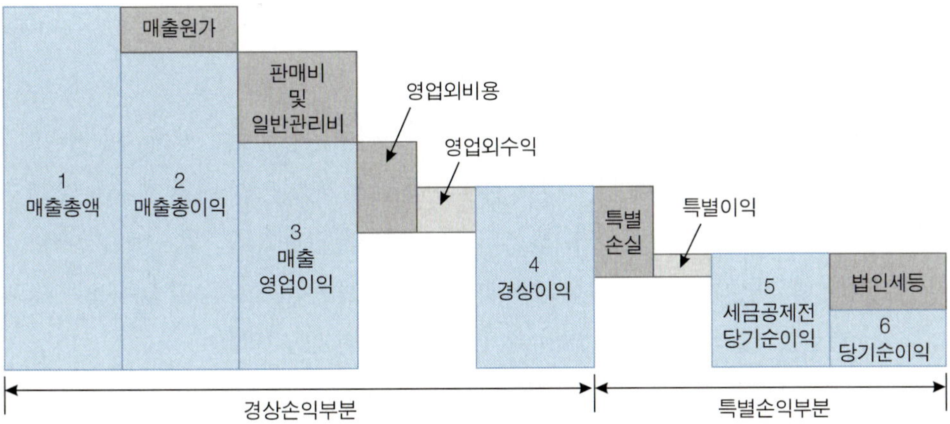

교제비, 광고선전비, 판매수수료, 운송비 등이 해당된다.

일반관리비는 회사전체를 관리하는 데 사용된 비용으로 간접부문의 인건비, 감가상각비, 교제비, 교통비 등이 해당된다.

③ 영업이익 + 영업외 수익 − 영업외 비용 = 경상이익

영업 외 수익은 본래의 영업활동 이외에서 발생한 수익을 말한다. 그결과 경상이익은 기업의 경상적인 활동으로부터 생긴 이익을 나타낸다(예를 들어 영업외 수익에 수취이자, 수취배당금, 잡수입 등 영업외 비용에는 이자 · 잡지출 등이 있다).

④ 경상이익 + 특별이익 − 특별손실 = 세금공제전 당기순이익

특별이익은 본래의 영업활동 이외에 임시적으로 발생한 수익을 나타낸 것이다. 특별손실은 본래의 영업활동 이외에 임시적으로 발생한 비용을 나타낸다. 그 결과로써 세금공제전 당기순이익은 기업의 최종적인 세금을 공제하기 전의 이익을 나타낸다(예를 들어 특별이익에는 투자유가증권매각익 등 특별손실에는 고정자산삼각손 등이 있다).

⑤ 세금공제전 당기순이익 − 법인세등 = 당기순이익

법인세 등은 이익에 관계되는 법인세 · 주민세 및 사업세를 말한다. 그 차액의 당기순이익은 기업의 최종적인 이익이다.

(3) 장부관리의 필요성

자금마련과 비용관리계획을 실행하는 데 필요한 자금을 계산한다.

① 현금흐름과 장부관리

매달 수지를 관리하는 것도 중요하다. 창업한 직후에는 운영시간이 할애되어 매월매출과 경비에 대해서 관리가 소홀히 되기 쉽다. 그러나 매출관리를 하고 있으면 매월 현금(돈의 출입)의 동향을 파악하는 것이 사업이 잘되고있는지, 잘못되고 있는지를 판단할 수 있는 계기가 된다. 오히려 매출관리가 제대로 되지않으면 매출대금이 제대로 들어있는지, 그리고 지출이 많은지 파악할 수가 없게 된다. 현금수지계산서를 쓰고 매달 돈의 수지를 살펴봐야 한다.

② 장부관리

손익계산서나 대차대조표와 같은 재무제표는 결산때 사업의 경영성적과 재정상태를 요약한 것으로 그것들을 구성하는 각각의 거래는 날마다 발생하므로 기록을 할 필요가 있다. 매출관리에 대해서는 처음부터 회계소프트웨어를 사용하여야 한다. 창업한 직후에는 엑셀 등으로도 충분히 대처하지만 사업이 엑셀만으로는 관리가 어려워지게 된다.

사업도중에 회계관리방법을 바꾸는 것은 매우 번거롭게 되고 특히 녹색신고에서 특별공제를 받는 경우에 복식부기는 필수적으로 경비처리에 실수가 없도록 일정한 회계기능이 첨부된 회계소프트웨어를 사용하는 편이 좋다.

수주(受注)가 많아 외견상매출이 많을 것 같아도 실제로는 외상매출금이 대부분이므로 수금이 들어오지 못한 결과, 채무를 갚지 못한 채 도산을 하게되는 사례가 있기 때문에 장부를 관리하고 자금의 흐름을 관리하고 있었다면 피해를 막을 수 있을지도 모른다.

기본적인 현금의 사이클링 방법으로는 매출대금은 일찍회수하고 지급할 것은 늦게하는 것이 이상적이라고 한다. 그럼으로써 조금이라도 자금이 남아 있을 수 있기 때문이다.

다만, 별도로 대금조기회수 및 지급을 독촉하면 거래처 사이의 관계가 악화로 이어질지도 모르기 때문에, 서로의 신뢰관계가 무너지지 않을 정도의 범위안에서 행하는 것이 바람직하다.

3. 비즈니스플랜을 만들다

1) 스케줄을 프로젝트방식으로

계획을 세울때는 언제까지라는 마감을 설정하는 것이 중요하다. 마감을 설계계획하지 않으면 무엇을 언제까지 하지 않으면 안 되는지 알기 어려워지며 생각대로 사업을 추진하기가 어려워진다. 또한, 스케줄을 세울때는 무엇을 어떻게 하여야 되고 무엇을 하지말아야 하는지가 필요하지만, 그 때 행동이 결정되지 않은 곳이 있는지도 확인할 수 있다. 자신이 실행하는 것을 인식하지 못한 것은 매우 빨리하지 않으면 안되는 일인지도 모른다.

간트차트(Gantt chart)를 활용하는 요령은 성실하고 부지런히 유지(정보갱신)관리를 하는 것이 중요하다. 세로축을 하고자 하는 하기(태스크)을 찾아내지만 상황에 따라 하고자 하는 일은 변한다. 그 경우는 당장 간트차트를 수정해서 지금 무엇을 할 필요가 있을까. 최신정보로 갱신해 두어야 한다. 이 작업을 게을리하면 정보가 구식된 간트차트가 되어 진척관리의 의미를 갖지 못하게 되어 버린다.

창업할 때 비즈니스플랜을 작성하는 이유가 있다. 비즈니스를 하는데 필요한 업무를 밝히고 자원을 집중시키거나, 비즈니스에 거슬리는 해로운 것을 예측하고 대응하거나 출자자에 사업내용을 알기쉽게 설명하여 투명하게 밝히고 신뢰성을 구축하는 이유에서 비즈니스플랜의 작성이 필요하다. 또, 비즈니스플랜의 작성은 창업때 이외에도 여러 곳에서 필요한 경우가 있다. 기업중에서는 새로운 사업분야에 진출할 때 신규사업의 사업계획서를 작성하고 경영진에 제안하고 승인을 받는다.

비즈니스플랜을 만들 때는 겉보기의 완성도를 올리는 것에 신경을 쓰거나 화려한 프리젠테이션 때문에 만들 필요는 없다. 비즈니스플랜의 작성목적은 완벽한 계획을 만들어 내는것이 아니다. 처음에는 생각한 계획을 바탕으로 업계의 데이터를 수집하거나 실제로 행동을 일으키고 그 결과를 확인하고 다시 계획을 수정해 보는것이 필요하다. 그런 의미에서 비즈니스플랜의 작성에는 끝없이 항상 진행형으로 생각하는 것이 중요하다.

비즈니스플랜을 마련하려면 다음과 같은 절차로 쓰는것을 추천한다.

① 창업과 비즈니스의 가치제공

우선 많은 사업아이디어를 내고 이를 바탕으로 창업하는 비즈니스의 컨셉을 생각한다. 당신이 고객에게 서비스를 제공함으로써 고객에게 어떠한 가치를 제공할 수 있을지를 생각한다. 가급적 고객으로 보고 당신의 서비스의 매력을 키우기 쉽도록 표현하는 것이 중요하다.

② 데이터를 조사한다

창업하는 비즈니스의 컨셉이 정해지면 비즈니스의 내용을 구체적으로 생각하기 위해서 데이터 조사를 한다. 당신이 창업하는 비즈니스의 매력을 고객이나 주위사람에게 전달하고 이해하기 위해선 생각과 감정뿐만이 아니라 객관적인 숫자나 데이타로 보일것이 필요하다. 비즈니스플랜은 자신의 창업에 대한 생각을 형상화하고 자신의 생각을 알기쉽게 표현하고 전달하기 위해서 작성하는 것이라 할 수 있다. 우선 무엇을 조사하면 좋은지 스스로 생각해야 한다. 예를 들어 창업하는 시장의 규모, 성장성, 경쟁상대 등 다양한 시점에서 데이터를 조사하고 창업에 있어서의 의문점을 해결해야 한다. 인터넷에서 검색하거나 도서관에서 책을 찾거나 잡지나 신문의 기사검색을 행한다. 최대한 객관적인 데이터를 모으는 것을 추천한다. 또 고객이 되는 사람을 직접 만나서 이야기를 듣는 것도 중요하다.

③ 데이터에 기초하여 사업컨셉을 수정한다

데이터를 수집하고 창업하는 비즈니스에 대해서 조사를 하면 이미 비즈니스로서 행동하고 있거나 비슷한 서비스나 상품이 이미 있을 수도 있다. 그것을 기회로 삼아 아이디어를 개발하여 더욱 매력적인 서비스를 제공하려면 어떻게 해야 좋을지 생각해야 한다. 이렇게 해서 처음으로 생각한 비즈니스플랜에 대해서 깊이 생각하고 데이터를 수집해서 창업해야 창업후 성공에 이어진다. 조금씩 아이디어를 부풀리고 컨셉을 수정하면서 매력적인 비즈니스플랜을 만들어 가는 것이다.

2) 비즈니스플랜의 프리젠테이션

① 프리젠테이션

모처럼 멋진 비즈니스플랜을 만들어도 사람에게 매력적·논리적으로 전달되지 않으면 공감을 얻지 못하고 사업의 협력자를 찾기 어려워지며 시간만 소비된다. 그러면 사람들에게 공감을 얻는 프리젠테이션을 어떻게 하면 좋을까? 프리젠테이션을 하면 자신이 준비한 자료를 설명하는 것이기 때문에 자사의 상품이나 기획을 설명하는 것으로 이미지가 되기 쉽지만 중요한 것은 창업까지의 자신의 생각과 열정을 상대에게 전하고 이해를 얻는다. 프리젠테이션은 일방적으로 전달만한다는 것이 아니라 상대(청중이나 고객)의 반응을 보고 이해받고 있음을 확인하는 커뮤니케이션이라고 생각한다.

② 프리젠테이션 준비

프리젠테이션을 준비하는 데 중요한 것은 프리젠테이션의 목적을 명확히 한다는 것이고 어떤 상대(청중이나 고객)에 대해서 실시할지를 분석하는 것이다. 프리젠테이션을 함으로써 미치는 영향을 고려하여 상대방의 지식수준이나 관심도 등을 잘 분석하고 도전에 임해야 한다. 자료를 준비하는 데는 자신이 전하고 싶은 것뿐 아니라 상대가 알고싶은 것을 알기 쉽게 쓰는 것이 중요하다. 긴 문장을 줄줄이 적는 것이 아니라 구성(스토리)을 조립시켜서 자신이 만든 비즈니스플랜에서 키워드를 활용하고 자료를 준비해야 한다. 프리젠테이션 시작을 맞이하기 전에 꼭 하고 싶은 것이 가능한 실전과 가까운 환경에서 진행리허설을 한다. 우선은 자신이 이야기하는 장면을 상상하면서 이미지의 훈련을 반복해서 본다. 그 뒤 다른 사람에게 보여가며 리허설을 진행한다. 가능하면 당일 상대(청중이나 고객)의 지식수준에 가까운 사람에게 보이는 것이 더욱 좋다고 생각한다. 또 프로젝트나 포인트 등 당일에 사용될 자료를 뿌리고 리허설을 하는 것도 중요하다

③ 프리젠테이션의 인상

프리젠테이션은 첫인상으로 평가가 내려진다고 해도 과언이 아니다. 상대(청중, 고객)는 프리젠터의 얼굴, 표정, 머리모양, 복장, 자세, 대응 등 무척 많은 포인트를 보고 있음을 의식하고 하여야 한다. 예절의 방법에 의해서도 호감을 받는 방법이 다르다. 예를 들어 프리젠테이션을 할 때의 인사는 자신의 얼굴을 보이고 주위 분위기를 느낄 수 있도록 천천히 인사를 하는 것이 예의적이다. 끝날때는 확실한 표현으로 예(禮)를 전하고 감사의 마음을 나타낸다.

인사를 하고 자기소개를 하면 드디어 프리젠테이션 내용에 들어 간다. 주된 내용은 큰 목소리로 천천히 설명하는 것이 기본이다. 또 특히 중요한 말은 반복하여 상대에게 인지도를 높일 수 있다. 또 어려운 말이나 전문용어는 피하도록 하고 상대의 수준에 따라서는 말의 수준을 조절하는 것이 효과적이다. 프리젠테이션 마지막에는 전체를 마무리하기 때문에 키워드를 마련해야 한다.

성공포인트

1. 충직(忠直)하라

정직은 최상의 예의이다. 조석변(朝夕變)이란 말이 있다. 아무리 재능이 충만하여도 정직하지 못하면 신뢰를 할 수 없다. 사리사욕을 탐하는 자에게는 책임을 부여할 수 없다. 충직한 인물만이 회사발전에 기여도를 높일 수 있다.

타인에게 충성하는 것은 당신자신을 존중하는 행위이다. 누군가를 위해 충성을 다해 일한다는 것은 바로 당신의 선택과 약속을 충실이 이행하는 행위이다. 충직성은 상사에게만 국한하는 것이 아니다. 부하직원이나 동료에게도 마찬가지로 충직한 마음가짐으로 대하라. 그래야만 타인들도 마찬가지로 당신에게 충성을 다할 것이다

2. 성공의 맥을 짚고 싶으면 자신의 관점부터 바꿔라

관점이 바뀌면 또 다른 세상이 보인다. 어떤 경우든 부정적인 생각이 잠재의식에 입력되면 이 오염된 부정적 잠재의식이 행동으로 드러난다. 돈의 흐름을 바꾸고 싶으면 당신자신부터 바꾸어라. 즉, 당신이 변하면 돈의 흐름도 바뀐다. 이 사실을 깨닫는 것이야 말로 금전운이 따르는 첫걸음이다.

요 약
summation

* 사업의 운영과 주체

사업의 주체성과 사업체의 구성은 목적사업에 큰 영향을 주고 있다. 개인사업과 주식회사의 차이로 창업을 검토할 때 중요한 포인트의 하나로 운영주체 기업의 형태를 결정하여야 한다. 구체적으로 개인사업으로 개업할 것이냐, 법인체를 설립할 것이냐를 구분하여야 한다.

* 고객을 찾아얻는다.

매출을 확보하는 데는 고객의 수와 욕구충족 여부가 최대 중요포인트이다. 아무리 멋진 계획을 세운다고 해도 고객을 얻지 못하거나 충족을 주지 못하면 매출은 발생하지 않고 사업을 진행할 수가 없다. 고객획득을 위한 작전을 짰지만 실제로 작전에서 얻는 것은 미지수이다. 그 경우는 신속히 다음 손을 쓸 필요가 있다.

* AISAS 이론

어떤 단계에서 고객이 되어 가는가를 체계화한 프레임워크에 AISAS 이론이라는 것이 있다. 사람은 전혀 지금까지 몰랐던 상태에서 새로운 물건이나 서비스에 대해서 광고를 봐도 갑자기 이용하리라고 기대하지 못하며 살아가리라고 생각하지도 않는다. 일반적으로는 인지하고 서서히 그 상품이나 서비스에 대해서 견문후(見聞後)에 구입할지 어떻게 할지를 결정한다. 이들의 구매의식의 변화를 나타낸 것이 AISAS 이다.

* 비즈니스플랜은 프로젝트방법으로

어떤 일도 계획을 세울때는 마감을 설정하는 것이 중요하다. 마감을 설계계획하지 않으면 무엇을 언제까지 하지 않으면 안 되는지 알기 어려워져서 생각대로 사업을 추진하기가 어려워진다. 또, 스케줄을 세울때는 무엇을 어떻게 해야되고 무엇을 하지말아야 하는지가 필요가 있지만, 그 때 행동이 결정되지 않은 곳이 있는지도 확인할 수 있다.

* 비즈니스플랜의 프리젠테이션

모처럼 멋진 비즈니스플랜을 만들어도 사람에게 매력적 · 논리적으로 전달하는 것이 오지 않으면 공감을 얻지 못하고 사업의 협력자를 찾기 어려워지고 시간만 소비된다. 그러면 사람들에게 공감을 얻는 프리젠테이션을 어떻게 하면 좋을까? 프리젠테이션을 하면 자신이 준비한 자료를 설명하는 것이기 때문에 자사의 상품이나 기획을 설명하는 것으로 이미지가 되기 쉽지만 중요한 것은 창업까지 자신의 생각과 열정을 상대에게 전하고 이해를 얻는다.

제3절 창업기업가의 성공요인

♣ **고용보장은 사장이 아니라 고객이 하는 것이다**

고용보장은 사장이 아니라 고객이 하는 것이다. 열심히 일해 좋은 물건 만들면 고객이 사원들 고용도 보장하고 급료도 올려 줄 것이다. 쉽게 말해서 내가 추진해온 경영혁신의 목표점은 거창한 것이 아니라 모든 사람들의 고용을 보장해 줄 수 있는 사람도 내게 급료를 줄 사람도 결국 고객이다라고 확고하게 인식하도록 하는 것이다

- 서두철, 동원시스템 사장 -

서두철사장은 고용을 보장하라는 노조의 요구에 위와 같이 답했다. 그리고 고객으로부터 고용을 보장받기 위해서는 좋은 물건을 값싸게 그리고 열심히 만들어 내야한다고 설득하였다. 모든 직원들이 이런식으로 무장된 회사라면 어려운 환경속에서도 번영을 이룰것이며 직원의 복지는 향상되어 나갈 것이다.

1. 인적자원관리와 기업의 효과성

기업이란 사람들이 모여 자기의 능력(노동)을 제공하고 댓가를 받아가는 집합체이다. 사람들이 모여 자기의 업을 수행하는 자생력을 길러 미래를 준비하는 장이기도 하고 또는 구성원들이 자생적 능력을 발휘할 수 있도록 터전을 조성하여 주는 곳이기도 하다. 그래서 성실성은 최상의 능력을 만들어내고 환경은 최상의 성실성을 이끌어 낸다 하였다. 경영자의 자질에 따라 환경은 조성되고 기업의 고유문화는 자리를 잡는다. 사람은 감성의 동물이다. 매개에 따라 기분좋은 날에 일도 잘 되고 능률도 오른다. 직원의 창의성을 북돋으려면 작은 일부터 성공을 맛보게 하는 것이 최고 수단이다. 사람은 기분이 좋을 수록 창의적인 발상과 성취의 확률이 증가하므로 기분이 좋은 하루의 업무성과는 높아진다. 무언가 진전을 경험했을 때가 격려를 받는 것보다 더 큰 효과가 나타나므로 직원의 내면상태에 관심을 가져야 효과성을 넓힐 수 있다. 회사에서 하는 일 중에서 작은 성과를 많이 낼 수 있도록 지원하면 인센티브에 의존하는 것보다 훨씬 효과적이다.

1) 기분이 좋아야 업무능율이 향상된다

(1) 영원한 고민의 하나는 바로 인재기용이다

인사는 만사다(人事萬事)하였다. 사람을 만나는 것이 그만큼 중요하고 어렵다. 기업이란 조직이 생겨난 이래 지금까지 풀리지 않는 영원한 고민의 하나가 바로 인재등용관리(登用管理)이다. 어떤 사람을 채용해야 업무적성에 맞아 효과성을 높일수 있을까? 어떻게 하면 직원들이 주인의식을 갖고 열정적으로 일할 수 있게 만들까? 이 문제를 집중적으로 파고든 하버드대 경영대학원의 두 석학 테레사 에머빌 교수와 보리스 그로이스버그 교수가 전하는 이야기이다.

(2) 그렇다면 무엇이 가장 좋은 기분을 만드는 것인가?

기분이 좋아지면 성과가 좋아진다는 여러 연구결과로 이것은 많은 사람들이 알고 있는 사실들이다. 그런데 테레사 에머빌 교수의 설명은 많은 사람들이 복지의 혜택이나, 보너스 같은 인센티브에 의한 기쁨보다 최고의 기분을 유지하는 하루를 만드는 방법이 기쁨을 주는데 더욱 중요하다고 한다. 그것은 매일 사소한 업무라도 의미있는 작은 성공을 맛보게 해주는 것이 최상의 기쁨을 주는 것이라고 말한다. 그것은 욕구충족의 수단이 단순혜택보다 가치창조의 욕망과 보람이 크기 때문인 것이다.

(3) 직장에서 어떨 때 기분이 좋아지는가?

하는 일에 진전이 있으면 기분이 좋고 기분이 좋으면 성과가 좋게 나타난다. 그렇다면 어떻게 하면 종사원의 기분을 좋게 만들어 줄 수 있을까? 일과 중 기분을 좋게 만들어주는 요소는 크게 세 가지가 있다. 즉

- 일에서 작은 성공을 경험하는 것
- 업무에 필요한 지원을 받는 것
- 사내 대인관계에서 좋은 경험을 하는 것 등이다.

그런데 이 세 가지 중에서도 기분을 최고조로 만드는 데 단연효과가 큰 것이 바로 일에서 작은 성공을 경험하는 것이었다. 사람들이 가장 기분이 좋다고 느낀 것은 업무에서 뭔가 진전을 경험한 것이 가장 높았다. 업무에 필요한 지원을 받았다거나, 사내 대인관계에서 좋은 경험을 했다는 것보다 높았다. 인간은 성취욕의 동물이다. 작은 성취의 쾌감이 큰 성취로 이어져 개인과 기업사회가 발전으로 이어진다.

(4) 가장 기분 나쁜 하루는 어땠을까?

기분이 가장 나쁜것은 인격적 모욕을 당하였을 때와 하는 일이 절망에 부딪혔을 때일 것이다. 인간은 존재감이 중요하고 성취감이 중요하기 때문에 업무에서 좌절을 맛본것을 이유로 꼽는 직원이 가장 많았다.

우리가 가장 중요한 것은 양면성의 원리에 의해 나쁨을 좋음으로 전환할 수 있는 방법은 점차 활성화하는 것이다. 어떻게 하면 나쁨을 좋음으로 전환할 수 있을 것인가? 생각을 180도로 바꾸어 보자 모욕적인 것을 좋은 충고로, 절망을 재기의 동기로 희망의 재생으로 바꾸어 생각하고 자기의 존재를 감사한다면 새로운 진로를 개척하여야 할것이다.

(5) 종업원의 나쁜 기분은 조직을 망하게 한다

하버드대 에머빌 교수는 오랫동안 창의성을 연구한 학자로서 그의 저서에서는 직장에서 인정을 받는것이 최고의 내면상태를 만드는데 가장 중요한 요소가 된다고 한다. 그런데 그것보다 더 중요하게 생각되는 것은 인정을 받든 안받든 일에서 성과를 내는 것 자체가 더 중요한 것이다. 왜냐하면 결과로서 평가되기 때문이다. 보다 의미있는 일을 하고 거기서 뭔가 진전된 가치를 이뤄낸다면 사람은 긍정적 감정을 갖게되는 것이다. 동료와 사이가 좋아지고 동료들에게 강력한 동기부여가 된다. 게다가 뭔가 인정을 받기위해선 업무에서 어떤 형태로든 작은 성공을 맛보게하면 성과는 크게 올라간다. 반대로 실제로 성과를 내지 않았는데 인정의 평가를 하면 많은 직원들이 냉소적으로 바뀌고 기분이 나빠 작업의욕이 떨어져 기업은 쇠퇴하게 된다. 평가는 공정하고 모두가 공감할 때에 그 효과성이 발휘된다.

2) 행복한 직장을 만드는 방법

(1) 명확한 목표를 심어줘야 한다

목표를 정확히 인식해야 수행구상이 입안된다. 1915년 남극에서 고립된 인듀어런스호의 대원 27명이 전원생존한 이유도 대장이 명확한 목표를 정한 데 있었다 한다. 한 사람 한 사람에게 모두 할 일을 지정하고 고립이후에도 음악과 꽁트공연을 통해 긍정마인드를 대원들에게 심어주었다.

명확한 목표를 심은뒤엔 자율성을 부여해야 개개인의 자기업무수행의 창조력이 발휘되어 효과를 가져온다. 사소한 일에까지 간섭하고 시시콜콜한 내용까지 지시하는 것은 비능률적인 일이 된다. 그리고 심리적으로 안정감을 주는 기업문화가 필요하다. 실패도 경험의 산물이기 때문에 격려가 바람직하고 부하직원을 억누르고, 비난하고, 비판하고, 처벌하는 행위는 비생산적인 결과를 가져오게 된다.

(2) 행복한 직장을 만들 수 있는 10가지 방법을 공개했다

헨리 스튜어트 해피 CEO는 자신의 베스트셀러 「해피 매니페스토」에서 열정적인 직원들로 가득찬 행복한 직장을 만들 수 있는 10가지 방법을 공개했다. 이중 하나로 스튜어트 CEO는 '실수를 축하해 주기'를 꼽았다. 만약 당신의 회사가 지난해 어떤 실수도 겪지않았다면 정말 지루하기 짝이 없는 회사임이 틀림없다. 특히 유의하여야 할점은 일을 하지 않으면 성과도 없고 실수의 결점도 없어 무결점사원이 됨을 유의깊게 살펴야 한다. 무행무결(無行無缺)일을 하지 아니하면 결점도 없다.

표 4-3 행복한 직장만들기 10계명

1	당신의 직원을 믿어라	6	실수를 축하해 주어라
2	당신의 직원을 기분좋게 해주어라	7	사회와 상호 간의 관계를 형성하라
3	명쾌한 가이드라인과 자유를 주어라	8	일을 사랑하고 삶을 얻어라
4	개방적이고 투명한 직장을 만들어라	9	전문성보다 직원관리에 능한 관리자를 뽑아라
5	태도를 보고 뽑은 후에 기술을 가르쳐라	10	직원이 장점을 펼칠수 있도록 하라

출처 : 헤리 스튜디어의 책 해피 매니퍼스트

(3) "실수가 없다는 것은 새로운 것도 전혀없다"는 뜻과 같다

실수는 성공의 어머니다. 실수없이 성공은 없다. 실수는 성공의 밑거름과 같다. 실수를 중단시키는 것은 개발과 혁신을 중단시키는 것과 같은 것이다. 열심히 일하고 새로운 것을 시도하려다 잘못한 실수라면 직원들이 실수를 많이 저지르고 이를 통해 무엇이 옳고 그름을 직접 깨닫고 새로움을 발견하고 창조하며 새로운 길을 찾아가는 것이다. 새로운 방향을 찾아 열심히 일하는데서 더 나아가 좋은 영향을 미치는 직장을 만드는 것은 실수에서 창조를 이루고 또한 감사하는 마음이 있어야 행복한 직장을 만드는 중요덕목이 되는 것이다.

(4) 명쾌한 가이드라인…실수를 축하하라…

열정속에 창조가 있다. 열심히 일하다 실수하는 것은 내일을 기약할 수 있다. 내일을 위하여 일하다 생기는 많은 실수는 더 많은 노하우를 축적하게 되는 것이다. 작은 실수가 큰 리스크를 예방할 수 있어 큰 손실을 막기 때문이다. 직원들이 행복하고 일하기 좋은 기업일수록 투자자에게 높은 이익을 제고시켜줄 수 있다. 왜냐하면 즐거움 속에서 발상력과 창조력이 생기(生起)며 경쟁력이 제고되고 수익성이 향상되기 때문이다. 일하기 좋은 기업이 우량기업보다 수익성이 좋다는건 결국 행복한 직원이 열심히 일하는 회사의 주가를 끌어올려 회사를 발전시킨다는 이야기 이다.

3) 직원들이 힘나서 일하게 하는 방법

(1) 5W의 조건칭찬

ⓐ 왜(Why), ⓑ 누구(Who), ⓒ 무엇(What), ⓓ 언제(When), ⓔ 어디서(Where)

칭찬은 고래도 춤추게 한다는 말이 있다. 이 말은 고래가 인간보다 지능이 낮기 때문인 것으로 과거 교육수준아 낮은 노동자의 지적수준이 관리자에 비해 이하에 있을 때 통용되던 어구로 교육수준이 높아진 지금은 잘못 칭찬을 하면 역효과를 가져오는 시기에 와있다. 사람에게는 특단의 기술이거나 기술을 뛰어넘는 마음의 칭찬이 필요하다. 속이 훤히 보이거나, 성의없는 겉치레식 칭찬이거나, 허례식칭찬, 야단이나 곤란한 내용을 전달하기 위한 짝퉁칭찬을 이용할 경우엔 백전백패이다. 진품명품 칭찬의 노하우를 5W로 풀어서 알아보자. 모든 것은 진정성을 가지고 소통에 임할 때 상호의 신뢰성은 높아진다.

첫째, 왜(Why) 칭찬을 하는가

칭찬하는 당사자부터 그 효용을 분명히 인식하라. 구체적 효용을 알아야 바쁜 업무시간을 짜내 칭찬에 우선순위를 둘 에너지가 솟을 것이기 때문이다.

갤럽에서 1만개 기업들 직원 500만명 이상을 대상으로 칭찬과 포상이 비즈니스에 미치는 영향을 조사해본 결과 개인의 생산성 증가, 동료들 사이에 일에 대한 애착, 조직을 위해 오래도록 일할 가능성, 고객으로부터 높은 성실도와 만족, 업무안정성을 향상시키고 업무사고율을 저하시킨다는 결과가 나왔다. 사람은 자신들의 성과를 인정해주는 사람을 위해 더욱 열심히 일한다. 칭찬은 단지 보기좋은 떡이 아니라 조직의 성과를 향상시키는 밥이자 법이다.

둘째, 누구(Who)에게 칭찬을 해줄것인가

성과보다 과정에 주목해야 한다. 고-성장과정에서는 성과에, 저-성장과정에서는 성장에 초점을 맞춰 작은 진전이라도 매의 눈으로 포착해 격려하는 것이 좋다. 과장되거나 시혜성 칭찬이 아니라 사실에 기반을 두어 진정성 있게 칭찬하는 것이 중요하다.

셋째, 무엇(What)을 칭찬할 것인가

건(件) 바이(by) 건(件)으로 사후 쫓아가는 칭찬보다는 어떤 행동이 칭찬과 인정을 받는지 기준을 먼저 세우는 것이 보다 더 효과적이다. 조직과 회사에서 중요시 하고 칭찬받을 만한 일이 무엇인지에 대해 구체적으로 기준을 설정하고 공유하라. 직원들도 상사를 기쁘게 하고 회사에 기여하고 싶지만 그 방법을 모르는 경우가 많다. 조직은 기본적으로 야생의 습성이 있다. 라이벌의식을 가지고 있는 것은 직장인의 본능이다. 기준에는 미흡한데 리더의 인정이 과도한 경우 구성원들은 반기를 든다. 칭찬의 근거가 명료해야 조직에 보약이 될 수 있다.

넷째, 언제(When)이다

쇠뿔도 단김에 빼라는 말이 있듯이. 마일리지 적립보다는 그때그때 즉시 해주는 것이 효과적이다. 때로는 기대치 않았던 때에 불시에 해주는 서프라이즈 칭찬도 좋다. 나중에 지난번에 보니까… 잘하더군 하는 것은 김빠진 맥주다. 시기를 놓쳤을 때에는 제3자를 통한 간접칭찬을 하는 것도 방법이다.

다섯째, 어디서(Where)이다

사무실 전체를 순시하며 엄지손가락을 치켜세워 "모두 최고"하는 식의 불특정다수에 대한 칭찬은 효과가 적다. 그보다 부하가 이룬 성과에 대해 구체적으로 치하하라. 내가 잘하고 있다는 것을 상사가 인정하고 있구나라고 생각할 것이다. 또는 엘리베이터나 식당같은 곳에서 마주쳐 갑자기 떠오른 것처럼 불쑥 칭찬을 던져보라. 우연과 의외성은 칭찬의 신뢰도를 높인다. 이처럼 5W를 지키는 진품명품 칭찬이야말로 어떤 인센티브도 뛰어넘는 강력한 조직의 동기부여가 보약이다.(성공하는 리더의 습관직원을 춤추게 하는 칭찬의 조건 5W조건 칭찬법)

4) 인적자원개발의 개념

일반적으로 인적자원개발이라 함은 조직의 효율성과 생산성 제고를 위하여 조직 내에서 기획된 체계화된 학습활동을 일컫는다. 인적자원개발은 인적자원관리(human resource management)와 상보적(相補的)인 관계에 있다. 인적자원개발이 교육·훈련 등 학습활동을 통하여 현재 및 미래 직무에 필요한 능력과 품성을 기르는 것이라면, 인적자원관리는 조직직무설계, 인적자원 미래수요판단 및 충원계획, 인력선발 및 배치, 평가 및 보상, 인적자원정보관리, 조직원 지원 등을 통하여 조직의 성과를 제고하는 경영활동을 의미한다. 조직원의 능력 및 경력개발은 조직목적실현을 위한 개별직무내용 및 이들 간의 관계, 관련인력의 변화전망, 인력업무성과에 대한 점검과 조직차원에서의 인력관리 등과 밀접한 연관을 갖지 않을 수 없다. 예를 들어, 조직이 요구하는 직무능력을 개발하지 못하거나 조직원이 자신의 능력을 충분히 발휘할 수 없는 부서에 배치를 받게 될 경우 인적자원개발은 의미를 잃게 될 것이다.

① 인 간

인적자원개발 차원의 철학의 의미는 인간의 학습력과 발달가능성에 대한 신뢰이다. 인간의 철학적 관점에서 다양한 범주의 인간활동의 근간에는 학습이 있다고 볼 수 있다. 인적자원개발의 실제적 활동학습기반으로 하는 활동이 주이다, 최근에는 시스템적 접근을 통해 학습을 간접적으로 지원하는 활동도 인적자원개발의 몫이다.

② 자 원

자원의 철학적 의미는 인간의 고유능력, 즉 휴먼웨어의 활용가능성이라 일컫는다. 경영학분야에서 필요한 물적, 재정적 조건을 의미한 자원이 인간도 자원의 범주로 보는 시각의 확대로 이는 인간만이 가지고 있는 능력을 자원으로써 활용할 수 있다는 관점이 기초이다. 휴먼웨어는 지식과 역량을 기반으로 하는 노동 또는 직무형태로 인간만이 가지고 있는 능력을 필요로 한다.

③ 개 발

개발(development)이란 사람의 성장과 발달을 도모하는 활동을 말한다. 즉, 사람을 개발한다는 말은 조직내에서 수행을 개선하기 위한 목적으로 지식, 기술, 역량을 증진시키는 것을 의미한다. 조직내에서 사람은 업무를 수행하고 다른 사람들과 관계를 맺는 가운데 학습하고 성장함과 동시에 체계적인 교육을 통해 지식과 기술을 더욱더 신장하고 태도를 변화시킬 수 있다. 인적자원의 개발은 사람을 관리의 대상으로 보는 활동과는 구분된다. 조직은 새로운 구성원을 선발하고 업무에 배치하며, 임금을 지급하고 노사관계를 조정하는 등 구성원들을 관리한다.

이와 더불어 구성원들의 지식과 기술, 태도를 증진하고 개발하는 활동을 하게 된다. 인적자원에 대한 개발은 훈련, 교육 등의 개념과 혼용되기도 하지만 구분할 수도 있다. 훈련은 현재의 직무수행을 위해서, 교육은 미래의 직무수행을 위해서, 그리고 개발은 직무에 초점을 두지않고 개인의 성장을 도모하기 위해서 이루어지는 학습활동이라고 보았다. 또 다른 견해로, 훈련은 더 세부적이고 구체적인 업무수행기술을 반복적으로 숙달하여 일정한 기준점에 도달하도록 하는 낮은 수준의 교육활동이며, 교육은 가르치고 배우는 활동을 의미하는 포괄적인 의미로서 훈련을 포함하는 개념으로 보고 있다. 그러나 개발은 자원을 개척하고 활용한다는 의미를 내포하고 있다.(인적자원개발론 인적개방의 세 가지 유형)

2. 결론 및 향후 연구과제

1) 기업에 필요한 인적자본과 사회관계자본

(1) 성공에 필요한 인적자본

기업의 성공에 필요한 인적자본은 기업의 기회발견에서 첫 번째 이익까지 향상 같지 않고, 기업가가 되기에 적당함이 있어도 성공할 수 있다고는 할 수 없는 것으로 나타났다. MBA와 투자자경험은 창업기회의 발견에 대해 일반적으로 유포하는 정보중에서 기업에 유익한 정보를 찾을 기회발견능력을 높이는 효과를 가진다. 그러나 이 기회발견능력은 기업의 이익기여에 직결하지 않으며 또한 투자자경험은 창업기회의 발견과 실행에 긍정적인 이익에는 부정적인 영향을 미치고 있었다. 기업창업 전후로 기업에 필요한 자질이 어떻게 다른지 알 수 있다. 그런 사회관계자본에 대해서도 창업기회의 발견에서 첫 이익을 얻을때까지 단계별로 요구되는 사회관계자본은 다른 것으로 밝혀졌다. 또한 성공하는 기업은 목적을 합리적으로 선택하는 경향이 나타났다.

선행연구에서는 사회관계자본은 기업에게 불변이 아니라 기업스스로가 선택하여 구축(bridging) 또는 결합을 강하게(bonding)할 수 있다로 되어 있다. 또한 기업은 필요한 소스를 인식한후 인적관계를 맺는 상대를 선택하게 된다. 이런 결과에서 말할 수 있는 것은 기업의 진행단계에 따라 필요한 사회관계자본을 구축함으로써 성공률을 높일 수 있다는 것이다. 예를 들어 기업경험자나 경영자가 있는 가정에서 성장하면 창업을 수행할수 있는 확률은 높고 그 성공확률을 높일 수 있다.

(2) 시간자원의 활용

시테크탄생의 배경을 보면 선진기업에서는 시간혁명이 가속화되고 있다. 타임베이스전략(Time Based Strategy)이라고 일컬어지는 시간중심의 전략이 나타나면서 새로운 풍토가 조성되고 있다. 시간중심의 전략이 탄생하게 된 배경에는 원인적 측면(Seed)과 필요적 측면(Need)으로 나누어 볼 수 있다.

앞으로의 기업경쟁은 시간의 활용경쟁이다. 제한된 시간에 누가 먼저 새로운 연구실적을 쌓고, 가치있는 제품을 생산하며 부과율이 높은 상품을 판매하느냐가 기업의 성패를 좌우한다. 이 모두가 시간의 활용도에 따른 결과의 소산이라 할 수 있다.

시간중심으로한 경쟁(Time Based Competition)이 점점 심화됨에 따라 첨단기술과 접목하여 시간의 단축생산성을 높일 수 있느냐가 판세를 가늠하게 된다.

림 4-5 시간의 활용가치 모형

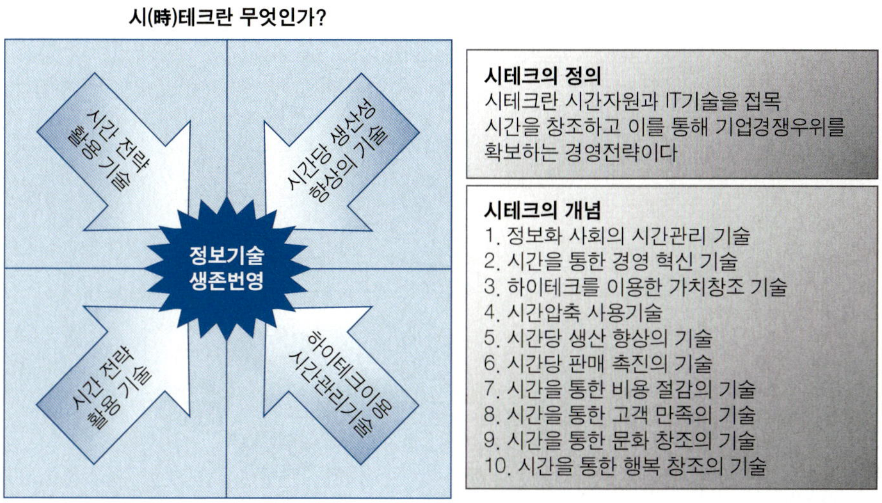

: 시테크전략 윤은기 저, 정보혁명과 시간혁명 참조

필요적 측면에서 보면 고객의 다양한 욕구에 대응하지 못하면 시장에서 생존할 수 없는 현실환경에도 그 원인을 찾아볼 수 있다. 고객의 선택권이 넓어진 현실환경에서 생존의 수단은 고객만족을 제공함에 있어서 고객의 요구는 품질·가격뿐만 아니라 신속성·다양성 등 비중있게 요구되고 있다. 제품의 다양성과 공급의 신속성은 상호 배반적인 속성을 가지고 있기 때문에 첨단기술이 접목된 시간관리기술 시스템이 필요로 하는 것이다.

새로이 창업하여 기업을 성공으로 이끌기 위해서는 인적자원 효용도를 높일 수 있는 방안이 무엇인지? 시간적 자원을 어떻게 활용하여 가치창출에 기여할 것인지를 고민하고 방도를 찾아야 리스크를 최소화할 수 있다

(3) 정보의 효능

창업의 성패는 정보에 있음을 유의하고 정보의 효능성을 이해하고 실천성을 높이는데 설립기업의 성장성이 가늠된다. 정보력은 기업의 생명력이라고 할 정도로 중요성을 갖고 있다. 통계적인 데이터를 이해함으로서 미래를 가늠하는 예지능력이 향상된다. 지능지견(知能知見)이란 알지 못하면 새로운 능력도 새로운 아이디어도 창출하기 어렵다는 뜻으로 자기사업의 전문적인 지식이 사업성장의 밑거름이 된다는 것이다. 정보자원은 외부자원과 내부자원의 연결효율성을 높이여 기업성장의 가속성을 더해줄 매체의 역할을 한다.

그림 4-6 정보의 효능

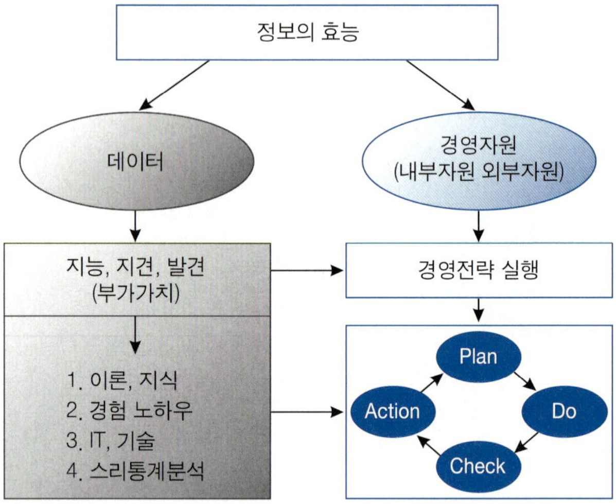

출처 : 정보테이터의 활용과 재부자원의 효용성 극대화 모델

2) 자력갱생의 과제

(1) 운명을 역전하는 방법

절체절명(絕體絕命)의 운명속에서 기사회생(起死回生)의 찬스로 역전하는 것은 시련속에서 새로운 차원의 현실속에서 생겨나는 것이다. 기적(奇蹟)이란 하나의 선택에서부터 시작된다. 알아야 세상이 변한다. 혼(魂)을 배우는 세계관이 필요하다. 혼의 힘은 인간의 힘이요 운명의 역전을 가져온다.

■ 인생의 중력권

마음의 유전자를 아시나요 누가 나의 인생의 중력을 만드는 것일까요. 우리는 부모가 있기 때문에 존재하는 것이다. 용모·체격·신체의 조건 등 많은 것이 부모로부터 유전된다. 육체적 유전뿐만 아니라 마음의 유전자는 우리의 마음을 결정하는 인자(因子)를 형성하고 있다. 생각하는 방향·판단·행동·언변·상식·습관·가치관 등이 마음의 유전에서 영향을 받는다.

마음의 유전자는 마음속에 부모로부터 이어받은 혈통에서 여러 가지 가치관이 생겨난다. 또한 어느 지역에서 태어났고 어느 풍토속에서 성장하였는지에 따라 특유의 습관을 가지게 되며 시대적 배경에 따라 침투해 오는 상식과 가치관이 달라진다.

어느 시대건 그 시대가 갖고있는 풍조풍토가 있다. 그리고 그 시대에 통용되는 상식이 유행되고 있으며 사람들이 암묵(暗默)적으로 인정하고 가치의 서열화가 있게 된다. 여기에는 물론 오류나

림 4-7 운명의 중력

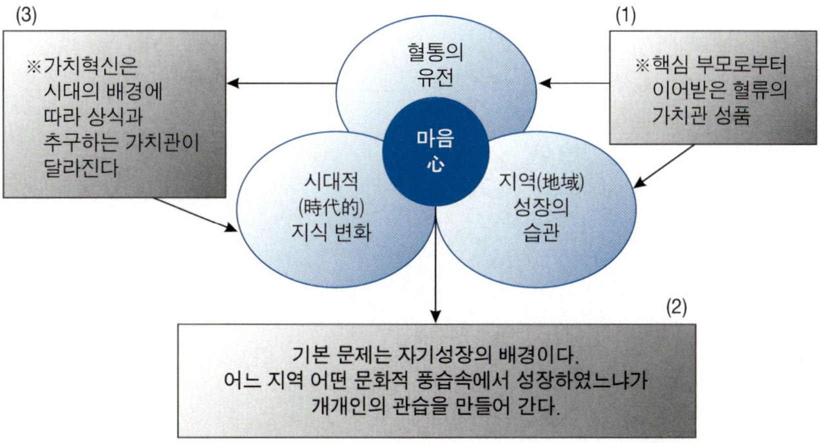

: 成長企業の法則 動的特性 참고

편견도 같이 존재하고 이러한 환경속에서 자각하고 자기를 음미하며 선택한다는 것은 매우 어려운 일이다. 시대의 상식과 가치관으로부터 자유로워진다는 것은 기적이라 말하여도 과언이 아닐 것이다.

중력권을 넘어 세 가지 배경이라는 것은 크게 변화하는 중력에 의해 운명을 (生)낳게 되는 것으로 이를 속박하는 것은 자유로웠을때 생겨나는 것이다. 이것은 새로운 인생의 창조에 한발 다가가는 것이다. 세 가지 중력권에서 시련 후 이를 초월하여 새롭게 태어나는 것이 자신의 내면에서 솟아나는 것이 운명이 역전하는 결과이다.

(2) 인생창조의 법칙

관성력이라고 하는 운명을 넘어 인생이란 평범하게 살아가는 사람이 있는가 하면 파란만장(波瀾萬丈)한 운명속에 살아가는 인생도 있다. 어제와 같이 오늘도 지나가고 오늘과 같이 내일도 살아간다면 그러한 사람에게는 운명이란 말이 어울리지 않을 것이다. 인생이란 의도하는 방향으로 급회전하는 힘이 운명이라 말하여진다. 어제와 같은 오늘, 오늘과 같은 내일이라면 인생의 관습력에 의하여 살아가는 것이 운명의 힘은 아니다.

관성력(慣性力)도 하나의 운명. 언제 태어난지도 모르면서 인생은 흘러간다. 인생은 표류에 편승되어 어디로 가는지도 모르며 간다. 아마도 대해로 흘러가는지 알 수 없는 장소로 가는지 모르며 흘러간다. 신뢰할 수 있는 것은 자신외에 아무것도 없다는 강렬한 불신감이 분노를 자아내며 폭발

그림 4-8 인생창조의 법칙

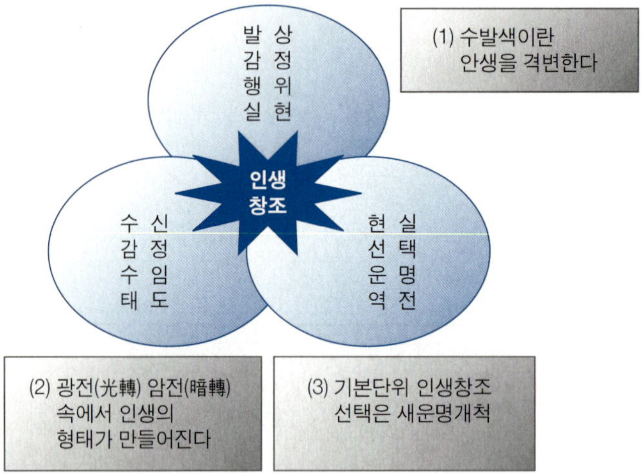

출처 : 成長企業の法則 靜的特性 참고

하게 된다. 자신은 독자적인 존재로 고립무원(孤立無援)의 처지로 자애감에 빠진다.

운명의 역전은 하나의 선택에 달려있다. 인생은 불우한 환경을 만족할 사람은 없다. 운명이란 피할 수 없는 것으로 생각하여서도 아니되고 목전의 현실을 타개할 접근성을 가져야 한다. 운명이란 변화할 수 있는 것이다. 우리들이 어떠한 행동으로 실현하느냐가 과제이다. 그래서 인생은 거대한 흐름에 동요되기 쉬우나 변하지 않는 진실이 있다.

절체절명(絕體絕命)의 시련속에서도 길은 있다. 맹자의 말에 순천자는 흥하고 역천자는 망한다는 말이 있다. 혼학(魂學)을 배우는 것은 인간의 본질은 영원한 생명력을 갖고있기 때문에 태어나서 교육받고 경력을 쌓아가며 과거와 현실, 현재 사회적 입장에서 자신의 혼이든 목적결과를 이루어 가고 있다. 여기서 결정적인 가치의 창조가 이루어진다. 자신의 혼의 성장은 진화되는 것이고 인생기본조건에 한발 다가가는 것이다.

3) 인생창조와 진화

(1) 인생창조와 진화의 법칙

변해가는 운명인생은 3단계로 진화한다. 생각의 전환은 인생의 조건을 결정하고 인생은 현실에 존재함으로 인생의 길을 만들어 가야한다. 혼이라는 것은 자신의 신뢰를 전환하는 것이다. 가치란 필요에 의하여 생겨나는 것이며 전환은 공동의 가치에 의하여 이루어진다. 운명이란 외부에 의하여 이루어지는 것은 아니나 외부에 의하여 받아들이는 우리들의 마음속에 의하여 이루어진다. 운명은 외부로부터 침투역량과 내부의 흡수력의 충격력에 의하여 자신의 운명을 만들어 내게된다. 자신의 운명을 만드는 것은 운명의 중심을 자신이 어떻게 받아들이느냐에 따라 운명의 역전을 하게 되는 것이다.

① 변화할 수 없는 인생의 조건하에서 불가피하게 자동적으로 되어버린 인생의 단계라 하였기 때문에 이렇게 된 인생 1단계라 하겠다. 가난하게 되면 마음도 작아져 세간에는 한많은 피해의식속에서 살아가는 사람들도 있다. 부모의 사랑이나 배움을 받지못했으므로 세상을 신뢰할 수 없게되고 지역이나 빈부의 차별화에 직면하면 반발의 경향이 나타날 수 있다. 그러나 자기중심의 성격이 강하게되면 무엇인가 된다는 소신의 감각을 갖게된다. 이렇게 하면 이렇게 된다는 것이 진화의 첫단계라 할 것이다

② 누구든지 세 가지 조건 혈지지(血地知)와 부합되지 않는 인생은 없다. 그렇기 때문에 부담의 조건에서 구출생성하느냐가 중요하다. 어려운 환경에서 비굴해짐을 벗어나는 노력은 인물이 되는 길이다. 인생이란 포부의 조건에 극복의 도전이 필요하다. 많은 고난의 과정을 뛰어넘는 생의 단계가 2단계라할 수 있다.

③ 부담의 조건에 도약한다는 것은 그 조건의 배경을 안다는 것으로 인생에 있어서 깊은 차원의 지도가 필요하다. 고독으로 인해 강해지는 것만 아니라 어렵기 때문에 부를 구축하게 되는 것이다. 고독은 고생하는 사람의 기분까지 헤아려 후일 얻은 부를 고생하던 추억으로 사회에 환원하며 살아가는 인생은 부담의 조건을 체험하면서 그 의미를 추월하는 단계 또한 인생 3단계 인생진화이다.

그림 4-9 인생진화의 법칙

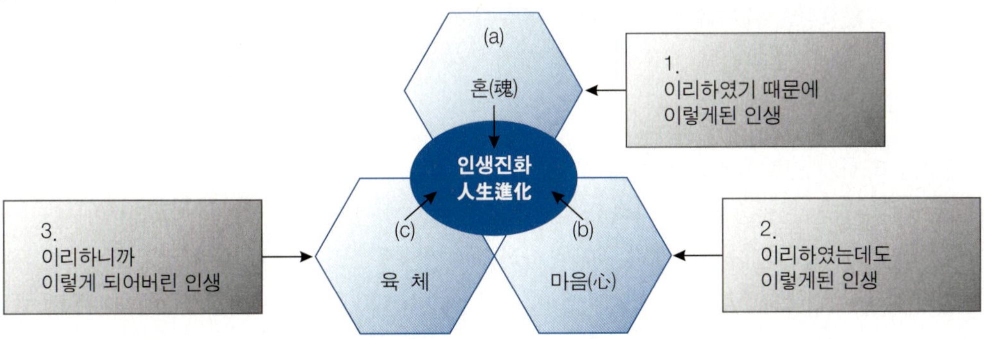

: 成長企業の法則 靜的特性 참고

성공포인트

1. 침착(沈着)하라

위기사항이 닥칠수록 침착하라 침착성은 처세의 기본이며 재능보다 중요하다. 급격한 사항변화에도 당황하지 않고 억울한 모욕에도 분노를 억제함으로 경지에 오른 사람도 있다. 첫째로 사물과 사람에 대한 통찰력을 길러야 한다. 둘째로 일의 결과가 어찌되었던 있는 그대로 담담하게 받아들일 줄 알아야 한다. 침착성을 유지하지 못하고 냉정하지 못하면 대사를 그리칠 수 있다.

2. 간절하게 원하는 일이라면 두려움없이 꿈을 가져라

아무리 황금을 가득실은 배라도 나침반이 없다면 아무소용이 없다. 자신이 평소에 간절히 원하는 일을 성취하기 위해서는 두려움없이 꿈을 꾸어야 성공의 첫 번째 황금율이며 나침반을 이룬다. 꿈이 없는 사람은 부자의 바다에서 조난을 당하는 것이다.

구체적이고 위대한 꿈을 가지도록 하라 그리하면 머피의 말처럼 사고회로를 담당하는 뇌가 개조되어 사고방식이나 행동에 활기가 일어날 것이다. 인생에서 무엇을 원하는지 확실이 정하고 그것을 얻기위해 무엇을 쏟아부을 것인가를 더 확실히 정하라 불변의 목표야말로 성공의 첫 번째 황금율이다.

요 약
summation

＊ 기술혁신은 사회에 공헌

경제이론상 마이크로 및 매크로 모두 기업의 관점에서 경제적으로 중요한 행위이다. 미시경제학적인 관점에서 말하면 기업은 기술혁신을 사회에 이익을 가져다주는 형태로 제공하는 역할을 담당하고 있다. 예를 들어 미국의 데이터는 기술적인 발견 중 제품화되어 시장에 제공되는 경제적 이익의 창출은 전체의 1~2%에 불과하다는 계산도 있다.

＊ 기업활동에 영향을 미치는 인적자본과 사회관계자본

기업에 필요한 인적자본과 사회관계자본에 대해 특히 인적자본에 의한 기업의 실행에 미치는 영향은 고전적인 관심사에서 Davidsson and Gordon(2011)이 정리하도록 인적자본은 긍정적인 영향을 미칠 것이라는 것이 공통된 견해이다. 인적자본은 기업의 능력, 교육과 과거의 경험함으로써 기업가본인 고유의 자질이다.

* **창업단계에 따른 필요한 자본의 차이**

기업활동의 성공에 기업가의 인적자본과 사회관계자본의 관계는 기업의 창업단계에서 필요한 자본은 동일한 것일까, 아니면 다른 것이 있을까? 이 문제에 대해 기업은 창업과정에 따라 필요한 정보와 출처가 다른 것으로 밝혀졌다는 연구이다. 창업기회발견은 기업이 본래 가지고 있는 성질이나 정보에 따르면 기업의 실행은 실행전에 본인이 가진 정보뿐만 아니라 본인 이외의 정보원으로부터의 정보가 중요하다.

* **기업에 필요한 인적자본과 사회관계자본**

기업의 성공에 필요한 인적자본은 기업기회발견에서 첫 번째 이익까지 항상 같지 않고, 기업가가 되기에 적당이 있어도 성공할 수 있다고는 할 수없는 것으로 나타났다. MBA와 투자자경험은 창업기회의 발견에 대해 일반적으로 유포하는 정보중에서 기업유익한 정보를 찾을 기회발견능력을 높이는 효과를 가진다.

* **향후 연구과제**

상기와 같이, 기업전과정에 기업에 필요한 사회관계자본이 크게 다른 것은 알았지만 그 이유는 많은 연구과제가 남아 있다. 특히 기업경험자나 경영자의 가족과 기업경험자나 경영자의 친구라는 사회관계자본의 존재가 기업의 성공확률을 높이는 메커니즘은 흥미로운 주제이다.

제 5 장

창업 후기단계의 기업경영

원하는 환경을 만들어 가는 사람

사람들은 그들이 처한 환경을 탓한다. 나는 환경을 만들어가며 세상을 이끌어가는 사람들은 자신이 원하는 환경을 찾아다니고 만약 찾을 수 없다면 그 환경을 만드는 사람들이다. 개인이나 조직이나 환경을 탓하면 스스로 소극적으로 변하게되고 자신감을 잃게 된다. 위대한 경영자들은 자체환경을 변화시키는 환경창조경영으로 성공을 모색한다.

– 조지 버나드쇼 영국 극작가 –

제1절 창업 후 성장과 기업의 특성

♣ **이제는 흙다리도 건너야 하는 시대**

이제는 돌다리가 아니라 흙다리도 건너야 한다. 돌다리도 두들겨보고 건너는 것은 지금 시대가 원하지 않는다. 지금처럼 시간과 공간의 장벽이 무너지는 시대에는 흙다리라도 건너는 과감한 자기혁신이 필요한 시기이다. 혁신을 위해서는 속도조절이 중요하다. 그러나 이것저것 재다가 천천히 가면 경쟁업체에 우위를 빼앗길 수 있다.

안전추구보다는 위험을 무릅쓴 과감한 도전이 기업생리에 맞을 것이다.

\- 윤종용 삼성전자 부회장 -

1. 개 론

창업 후기단계에 접어드는 성장과정에 접근하는 기업은 좀 더 발전성을 지속하려면 타사의 성패과정 즉 무엇이 발전했는가 왜 실패했는가의 사례는 물론 어떤 배경을 가진 기업들이 성장하고 실패하는지를 면밀히 살펴 자사의 실정에 대입 부족함을 보완함으로서 지속적인 발전의 가능성을 찾고자 하는 것이다. 본 연구는 크게 나누면 기업의 제약요인분석 등 기업에 이르기 이전문제의 분석과 창업한 후 해당 기업의 성과결정요인, 기업의 생존, 성장과 기업의 창업자 특성과의 관계분석으로 나뉜다.

본론은 후자의 범주에 속하는 기업후 얼마되지 않은 경우 기획업무의 성능과 기업가의 특성의 관계를 조사하는 것이다. 즉, 성별, 연령, 학력 및 기업가개인의 특성 스핀아웃 자회사형태, 프랜차이즈형 등 기업의 유형, 더욱이 기업가가 어떤 동기와 목적에서 창업한 것이냐는 기업동기와 창업후 성능관계를 탐구하는 것이다. 창업 후 얼마되지 않은 기업의 성과결정요인은 다음의 점에서 경제학적으로 흥미로운 연구과제이다.

첫째, 기업이 창업 후 얼마되지 않은 기업일 경우 정보, 신용의 부족 등으로 경영자원을 외부에서 쉽게 시장가치평가로 조달할 수 있다는 전제가 성립되지 않는다.

둘째, 창업자의 경영의사결정 전반에서 차지하는 역할이 크기 때문에 창업자의 효용기대, 형성이 회사의 실적을 좌우하는 경향이 기존의 기업에 비해 강해진다.

이처럼 당초 기업성능은 기업의 경영자로서의 지향하여야 할점은 단순한 이윤극대화의 문제해결은 환경의 변화, 자원의 제약 창업자의 특성 등에 의해 좌우된다.

전술한 바와 같이 서양에서는 이 분야의 연구가의 축적은 상당히 존재한다. 그 연구와 비교했을 때의 본론의 특징은 다음과 같다. 즉, 많은 서양의 연구가 기업가본인의 특성과 기업성장률과 관계가 분석의 중심이었던 반면, 여기에서 기업의 유형 등 기업특성과 더불어서 기업동기를 설명변수에 추가하는 것이다. 이에 따라서 기업후의 성능이 기업가본인의 속성뿐만 아니라 기업이 처한 주변상황과 기업가의사 등 다양한 요구사항에 따라 표시된다.

1) 데이터셋트와 모델

본 고에서 사용하는 데이터는 경제산업성 중소기업청 2001년 12월에 실시한 창업환경에 관한 실태조사에 관한 것이다. 이번 조사는 기업의 특성과 그 후의 성능 등에 대해 민간조사기관인 주식회사 상공리서치 데이터베이스를 바탕으로 작성한 1989년에서 2002년에 창업한 기업을 모집단으로 무작위추출에 의해 발송수 15,000기업을 조사한 것이며 회수율은 33.7%(5,055 기업)였다. 조사항목은 기업경위 창업후 상황과 사업의 특징, 창업가의 특성. 창업가의 사업경영경험이나 취업경험 등 여러 가지에 걸쳐있다.

또한 이 조사는 「통계보고조정법」에 따라 실시되는 통계이며, 개표의 이용은 실시부처의 경우에는 중소기업청의 승인이 필요하다 한다. 이 글은 중소기업청에 승인신청하여 승인을 얻어 개표를 사용하여 분석을 실시하였다. 분석대상 기업수는 전체응답 기업수 5,055기업 또는 앞 설문지 중 사용항목에 대한 대답 이상 값을 제외한 3,525기업이다.

본 고의 실증모델을 나타내는 것으로 한다. 실증의 대상이 되는 기본모델은 다음과 같다.

첫째, 기업후(起業後)의 성능을 나타내는 피 설명변수 숫자로는 각 기업의 종업원의 기업후의 연평균 성장비율(Gi)을 사용한다. 창업실태조사에서는 창업시 및 조사시점(2001년 10월)의 직원(그 각각 E start, i 및 E present, i)에 대해 질문하고 있다. 또한 창업시기와 기반구성으로 질문하고, 기업시점을 조사시점에서 공제하여 기업의 경과월수(Mi)를 산출할 수 있다. 여기서 연평균성장률(Gi)은 다음과 같이 정의할 수 있다.

$$Gi= \frac{\ln Epresent,\, i - \ln Estart,\, i}{Mi/12}$$

창업 후 성능의 지표로는 직원인구 성장률의 다른 채산성(적자 · 흑자), 매출성장률, 자산규모 성장률이나 여기에서 종업원 성장률을 이용하는 것으로 하는데 이유는 다음과 같다. 즉 채산성은 경영자이며 오너인 기업의 경우 회계조작으로 변동할 가능성이 있다. 매출성장률은 물가변동의 영향을 받는 반면 종업원수 증가율은 사람 베스성장률을 성능지표로 하는 많은 선행연구와 일치인 것을 기업의 중요한 경영자원으로 사람을 지표로 그 성장률의 척도가 된다

2) 창업환경 조건에 관한 실태조사

(1) 창업시 기업규모, 기업의 조업기간

설명변수로 우선 생각할 수 있는 것은 기업시 기획사업규모 기업의 조업기간(기업연령)이다. 기획사업 성장률과 기업규모의 관계에 대해서는 비례효과법칙 검증의 형태로 1960년대부터 많은 분석을 하지않고 있다. 이러한 분석에서 얻은 공식화된 사실은 기업규모가 클수록 성장률은 낮아지는 것이었다. 창업한지 얼마되지 않은 기업에서도 이 점에 대해서는 적용된다. 예를 들자면 중소기업청(2002)에 따르면 5, 개업 후 1년 사업소의 종업원 수 기준성장률은 개업초기 영업소규모와 반비례관계를 갖는것을 나타내고 있다.

또한 기업의 창업후 평균성장률과 기업나이 관계에 대해서도 1980년대 후반부터 분석이 추가시작되어 현재는 기업성장률이 기업나이와 부정적인 상관관계를 가진다는 공식화된 사실을 구성하는 단위이다. 그렇다면 창업년의 낡은, 즉 조업기간이 긴 기업일수록 다른 조건이 동일하다는 경우에도 연평균성장률이 낮아지지는 않고 있다. 그래서 본론에서도 직원으로 파악한 기업규모 및 기업의 조업기간을 설명변수로 사용하기로 한다.

(2) 창업가의 연륜(年輪, 창업가의 나이)

창업의 나이가 개업후 성공에 미치는 영향에 대해서는 두 가지 가설이 제시되고 있다.

첫째는 젊은 창업인이 더 성공하는 경향이 높다는 것이다. 왜냐하면 젊은 창업가는 사업성공에 필요한 힘을 가지고 장시간 노동과 전략을 이행함으로 더 성공하는 경향이 있는 반면, 나이든 창업가는 힘든 일을 추진하는 육체적 에너지가 부족함에도 불구하고 사업에서 생계를 얻는 노동기간

이 젊은 사람보다 짧기 때문에 젊은 창업가보다 훨씬 목표가 작다.

두 번째 젊은 창업가는 더 많은 에너지를 가지고 있을지도 모르지만, 사업경험과 신용이 부족하고 나이가 있는 창업가보다 금융제약 아래에 놓여있는 경향이 있다. 이렇게 한 이유로 나이가 든 창업가분들이 기업을 성장시키는데 경향이 있다.

첫 번째 논제에 대해서는 영국 Dunkelberg = Cooper(1982), Kalleberg = Leicht(1991)의 실증결과가 이 설을 지지했다. 일본에서는 개업후 수지상황과 기업가속성 간의 관계를 분석한 Honjo 성장성으로 본 경우 젊은 창업(30대)가가 좋은 실적을 나타내고 있다. 또한 Harada(2002), 중소기업청(2002)도 사업의 채산성을 보면 젊은 창업가일수록 실적이 좋다고 지적하고 있다.

한편, 기업의 생존비율을 피 설명변수로 한 경우 미국에서 Bates(1990)가 40세 이상의 기업가의 경우 존속률로 본 실적이 더 젊은층보다 감소하는 것을 보여 주었다. 어쨌든, 창업가의 창업시의 나이는 창업후 성능에 영향을 주는 것이 있다. 따라서 본 론에서는 창업가의 창업시의 나이를 설명변수에 추가한다.

(3) 창업자의 학력

교육에 대해서도 창업의 실적관계는 두 가지 관점이 가능하다.

첫째는 더 높은 교육을 받는다는 것은 더 고급 인적자원의 축적을 의미한다는 견해이다. 이 견해는 고도의 교육을 받은 사람은 더 좋은 실적을 나타내게 된다. 이에 대해 창업이라는 행위는 지적활동과 관계없다는 견해도 있다. 새로운 사업을 하는데 필요한 것은 공식화 체계화된 지식이 아니고 현실정세의 변화에 대한 유연한 대응력, 대담한 실행력이나 조직과 사람을 움직이는 리더십이다. 그러므로 교육의 축적이 얼마만큼 이루어지더라도 창업가의 행위와는 그다지 관계가 없는 것이다.

서양의 실증연구에 따르면 교육이 기업에 부여된 영향에 대해서는 전자의 설이 지지받고 있는데 Storey(1994)의 조사가 이 설을 지지하고 있다. 한편 일본(학력과 기업의 실력관계)에 대해서는 검증결과는 아직 명확하지 않다. 예를 들어, Honjo(2001)의 실증결과가 이를 지지하고 있다. 한편, 중소기업청(2002)은 창업의 채산성으로 실적을 본 경우 언뜻보기에는 학력은 자금의 조달에 긍정적으로 작용하지만 창업설립 때 자금규모를 제어해버리면 창업의 실적에 영향을 주지않게 된다고 하고 있다.

학력에 대해 「창업실태조사」에서는, 이과·문과·대졸·석사과정 등 세부선택을 나누어 묻고 있다. 여기서 전술한 바와 같은 논의를 바탕으로 본론에서는 학력은 대졸이상으로 나누어 대졸이상의 경우 1을, 그렇지 않으면 0을 취하는 대졸이상 더미를 설명변수로 이용하여 교육의 축적이 그

후 실적에 미치는 영향을 볼 수 있다.

(4) 창업자 부모의 경력

자주 지적되는 것은 창업가의 부모의 경험과 창업실적과 관계가 있다. 창업가의 부모가 가진 경영자인 경우, 창업의 성장기에 경영자로 마음가짐과 경영에 필요한 무형의 노하우를 습득하기 때문에 부모가 경영자가 아닌 경우에 비해 좋은 실적을 얻을 수 있다는 것이다. 창업실태조사에서는 창업자가 자란 환경에서 부모의 직업에 관해서 질문하고 있다. 본 론에서는 부모가 회사경영을 하는 경우 1의 값을 다른 경우에는 0의 값을 갖는다. 부모사업자 더미를 설명변수로 이용함으로써 위 가설이 타당한 지를 검증하기로 한다.

(5) 관련업무 경험연수

창업자가 현재 종사하고 있는 사업과 관련된 일을 과거에 경험하였는지 여부이다, 있다면 관련업무에 얼마나 종사하였는 지와 기업(창업)후 업무실적에 대하여서도 두 가지 대립가설을 세울 수 있다.

첫째는 관련경력이 길어지면 기업운영에 필요한 해당 특유의 지식 노하우를 익힐 수 있기 때문에 창업후 운영의 효율성이 좋아진다라고 하는 견해가 있다.

둘째는 관련경력이 길어지면 업계의 전통적인 관습에 익숙해지게 된다. 기업에 중요한 신규성 있는 프로젝트를 내놓을 수 없게되기 때문에 기업후 실적이 악화된다는 견해도 있다. 이 점에 대해서도 실증결과로 나타나는 것은 중소기업청(2002)이 관련업무경험과 창업의 성과간의 긍정적인 관계를 보이고 있다. 창업실태조사에서는 창업경영자가 현재 일하고 있는 사업과 관련된 업무경험이 있는 경우에 대해 내용은 그 기간을 질문하고 있다. 본 론에서는 관련업무 다년간의 경험의 설명을 변수로 사용하기로 하고 위의 가설을 검증하였다. 또한, 본 변수는 관련경험이 없는 사람에 내용 0의 값을 취한다.

(6) 전직직장의 기업규모

경영자가 창업할 경우 전에 근무하던 회사의 규모와 창업실적 사이의 관계에 대해서도 종종 불리는 것에 '중소기업은 중소기업의 학교'라는 말이 있다. 이것은 중소기업 근무자들이나 대기업 근무자들은 전직기업에 근무경력이 많은 사람은 그렇지 않은 사람에 비해 경영자 책임경력이 있기 때문에 창업을 하기가 쉽다는 것이다. 이 말의 진실인 면은 중소기업에 근무하고 있던 사람은 그렇지 않은 사람에 비해 창업후 실적이 좋은 것으로 생각된다.

그러나 다른 한편으로 중소기업에 근무하고 있는 사람의 경우 그렇지 않은 사람에 비해 대체로 소득수준이 낮고, 노동시간이 길고 근무한 조건이 좋지 않은 관계로 기업가가 될 경우 유보소득이 낮을 것이라고 생각된다. 이 경우에는 중소기업출신이 손쉬운 개업이 많은 것은 오히려 실적이 나쁘다는 결과가 될것으로 생각된다.

2. 창업실태조사

1) 창업자의 실태조사

① 창업후 실태조사

창업실태조사에서는 창업자가 창업직전의 직업에 대해 질문하고, 직전회사경영자 기업임원, 직원과 유대관계를 가지고 있다. 이러한 자에 대하여는 이전회사의 직원으로 전작회사의 규모를 묻고 있다. 본 론에서는 기업자가 전 직장에서 사장의 얼굴을 볼 수 있는 종업원 20명 미만의 소규모 기업에 종사하고 있던 경우에 1로 그렇지 않은 경우를 0의 값을 갖는다. 전직 중소기업 더미를 설명변수로 사용하기로 한다.

② 사업경험 유무의 관계

사업경영경험의 유무에 대해서는 창업실적과의 관계에서 긍정적인 경우와 부정적인 경우가 있다. 그것은, 사업경영의 경험이 있는 사람은 기업경영 노하우를 축적하고 있는 것으로 생각된다. 한편, 과거의 사업경험이 다시 사업을 실시하는 것에 과거의 사업에 어떤 한계가 있었다고 추정은 창업가자신이 창업가로서의 능력이 부족하기 때문이다.

창업실태조사에서는 창업자에 대한 것이 사업경영관리 경험의 유무에 대해 묻고 있다. 그래서 본 론에서도 사업경영경험이 있는 경우를 1, 기타의 경우를 0으로 하는 사업경영경험 더미를 설명변수로 사용하여 위의 두 가설을 검증한다.

③ 창업가의 혼인관계

창업가와 그 가족의 관계를 설명변수로 창업후 성능과의 관계를 분석한다.

사업행위가 기업생명의 존립에 있어서 중요한 결정이 있다하면 기업을 둘러싼 가장 가까운 존재로 가족과의 관계가 창업후의 효능에 영향을 미치는 것은 충분히 있을 수 있는 일이다. 이러한 관점에서 본문에서는 기업가와 가족관계에 관한 설명변수를 이용하기로 한다. 즉, 창업시의 배우자 더미(배우자 있음 = 1, 그외 비 = 0)를 이용하는 것으로 한다. 이 변수가 기업의 성능에 미치는 영향은 사전에 분명한가 아닌가를 실증에 의한다.

④ 스핀아웃형 창업더미

창업의 형태에는 여러 가지가 있다. 창업실태조사에서는 이것들은 ① 기존기업을 퇴직하고 그 기업과 관계를 갖지않고 창업했다는 스핀아웃형 창업, ② 기존기업은 퇴직했지만 그 기업과의 관계를 유지하면서 독립적으로 창업했다는 분권형 창업, ③ 기존기업의 지휘계통하에서 분사 또는 계열사로 창업했다는 분자형 창업, ④ 업체에서 근무경험없이 독자적으로 창업했다는 독자형 창업, ⑤ 프랜차이즈 형태로 창업했다는 프랜차이즈형 창업으로 나누어 질문하고 있다.

이들 중, 스핀아웃형 창업은 어떤 것인가에 후원을 배경으로 한 다른 형태의 개업에 비해 자금면이나 판로면의 제약도 강하기 때문에 실적이 나쁠 것으로 생각되는 한편, 기존의 근무를 희생하고 창업한다는 의미에서의 기회비용은 많이들겠지만 그에 맞는 성장이 사전에 예상되는 장점의 경우에 행해지는 것이라고도 생각된다. 본 론에서는 이 스핀아웃형 기업에 대해서는 1, 그것 이외에는 0으로 하는 스핀아웃형 기업더미를 설명변수에 추가한다. 예상되는 부호는 사전에는 불분명하다.

⑤ 창업전 이직의 형태

창업이전에 근무하고 있던 회사에서 전직이직의 형태로는 정년이나 고용계약이 종료되거나, 회사의 도산 등 해고와 인원정리, 독립과 결혼 등을 이유로 개인사정이 발생한다. 이중 회사의 도산 등 해고후 창업하는 경우, 기타의 경우에 비해 일반적으로 창업까지의 준비기간이 단축되는 가능성이 높고 실적의 불량이 예측된다. 또한 정년이나 고용계약의 종료에 의한 창업자는 개인사정으로 퇴사하여 창의적인 창업에 이르는 경우에 비해 소극적인 선택으로 창업이 선정됐다고 생각하기 때문에 개인사정 퇴직후 창업자보다 실적이 나빠질 것으로 생각된다.

창업실태조사에서는 창업의 계기와 연계하여 선택하고 있다. 따라서 본 론은 창업후 실적의 설명변수로 정년과 고용계약의 종료를 계기로 하는 경우 1, 그 다른 경우를 0으로 하는 정년 등 더미 회사의 파산 등 해고와 인원정리를 계기로 하는 경우에 1, 기타를 0으로 하는 구조조정 더미를 설명변수에 사용하기로 한다. 예) 측정되는 계수의 부호는 구조조정 더미 모두 마이너스로 작용한다.

⑥ 창업과 자금조달방법

창업자금조달방법의 차이는 창업 후 실적에 영향을 주는지 지적하고자 한다. 즉 외부에서 자금이 차입될 경우 기업의 외부에서 모니터링의 강화로 이어 좋은 효능을 가지고 있다고 생각된다. 또한, 외부자금조달에 확고한 경영계획이 필요함을 감안할 때, 외부자금의 조달기관이 신뢰하고 있다. 창업은 이미 좋은 성능을 올리는 것만의 계획을 가지고 있는 것도 있다.

창업실태조사에 개업비용 및 자금조달처에 대해 질문하고 있다(복수응답). 본 론 가운데 자기자금을 개업비용으로 사용했다고 답한 경우 1, 그렇지 않은 경우를 0으로 하는 자기자금더미 부모, 형제, 친척 등으로부터의 차입 및 출자, 친구 등으로 부터의 차입출자, 모기업이나 전직장에서의 차입 및 출자라고 하는 얼굴이 보이는 네트워크에서 자금을 개업비용으로 사용했다고 응답한 경우 1, 그렇지 않으면 0으로 하는 사적금융더미 사업에 동참해준 개인, 법인사람의 출자 거래처로부터의 출자, 민간금융기관에서 차입벤처캐피털이나 벤처재단에서의 출자자금차입을 개업비용으로 응답한 경우를 1, 기타를 0으로 하는 외부금융더미, 지방자치단체대출, 정부계 금융기관에서 대출을 개업비용으로 사용했다고 응답경우를 1, 기타를 0으로 하는 공적금융 더미의 4개의 더미변수를 설명변수로 사용한 것으로 한다.

선행연구에서 미루어 볼 때 외부금융 더미는 양의 부호를 갖는 것으로 생각된다. 전술한 바와 같이 외부에서의 자금조달은 기업의 실적에 미치게 하는 외부에 의한 모니터링의 존재를 시사한다. 공적금융더미에 관한 계수는 마이너가 생각된다. 공적금융을 이용하는 창업은 그렇지 아닌 기업에 비해 자금조달능력이 부족할 가능성이 있기 때문이다. 또한 자기자금더미, 사적금융더미에 관한 부호는 불분명하다.

⑦ 창업동기

창업동기가 창업후 기업의 성장에 영향을 주는것은 종종 지적된다. 예를 들어 Storey(1994)는 시장기회의 인식 금전적 욕망 등 긍정적인 동기에 의해 창업하는 사람은 고용주에게 불만이나 실업우려 등 부정적인 동기에 의해 기업하는 사람에 비해 성장할 것으로 논의되고 있다. 이러한 기업동기와 창업가의 성공의 관계에 대해서 서양에서 보고된 것은 있지만 일본에서는 창업동기와 창

그림 5-1 창업의 가치창출모형

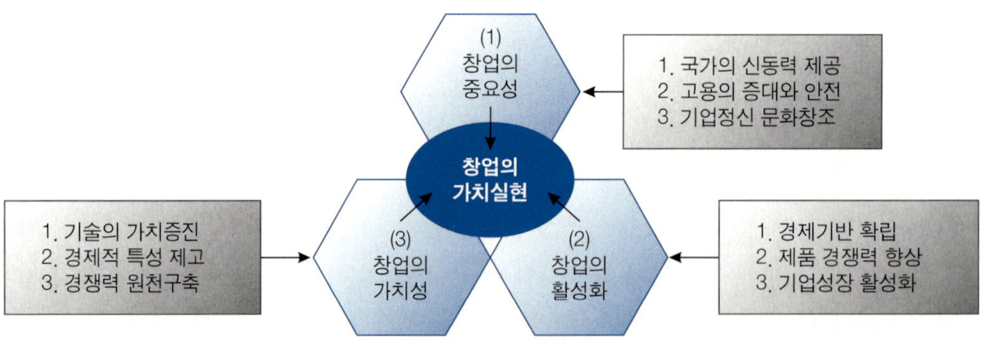

출처 : 창업의 사회적가치창출모형 창작도

표 5-1 창업동기 목적

1. 일을 통해서 자기실현을 추구하고 싶다.(자기실현)	9. 부모와 친척 등 사업경영경험의 영향(타인영향)
2. 보다 높은 소득을 얻고 싶다.(고소득 기대)	10. 아이디어를 사업화하고 싶다.(아이디어 사업화)
3. 자신의 재량으로 자유롭게 일하고 싶다.(자기재량권)	11. 연령에 관계없이 일하고 싶다.(생애근로)
4. 사회에 공헌하고 싶다.(사회공헌)	12. 그 밖에 일한 적이 없다.(무직)
5. 이전 근무처의 장래전망이 어둡다.(전직장래비관)	13. 경영자로서 사회적 평가를 얻고 싶다.(사회적 평가)
6. 이전 근무처의 임금면에서 불만이 있다.(전직임금불만)	14. 시간적 · 정서적 여유를 갖고 싶다.(여유지향)
7. 전문적인 지식 · 기술 등을 살리고 싶다.(전문지식 등 활용)	15. 기 타
8. 부동산 등 자산을 유효하게 활용하고 싶다.(자산활용)	

업의 실적에 대한 분석은 거의 없다.

본 론으로 사용된 창업실태조사에서는 창업동기에 대해 [그림 5-1]에 나타내는 15의 대안 〈표 5-1〉을 제시하고 해당 모든 것을 답변해달라는 형태로 기업동기에 대해 묻고 있다. 본 론에서는 기타를 제외한 14개 각각의 답변을 적용하면 1, 그렇지 않으면 0을 취하는 더미변수를 설명변수에 창업동기와 창업후 실적의 관계에 대해 분석한다. 또한 여기에 올려진 각 대안의 답변에 대해 밖으로는 대중공선성이 인정되지 않지만 한 답변을 선택한 사람이 동시에 다른 답변을 선택하는 방향이 있다는 일정한 패턴이 존재한다. 거기에서 본 론에서는 주성분분석을 이용하여 답변패턴에서 창업동기성분을 추출하여 어떤 성분을 반영하는 기업이 성공을 이끌어 내는지를 분석해야 한다.

⑧ 업종더미와 기업연도더미

창업 후 성장이 창업업종에 따라 달라지는 것이 확실하다. 본 론에서는 창업실태조사에 따라 제조업, 건설업, 도매, 소매업, 음식점, 서비스업, 운수·통신업의 7개 업종더미의 변수를 이용하는 한편 창업년도의 경기 등은 창업후 실적에 영향을 미칠 것이다. 이 때문에 12개 창업연도(1989~2001) 더미를 설명변수에 추가해서 그동안 43개 변수에 대해 설명했다. 다음에서는 이 설명의 변수를 창업시 기업규모, 현재의 기업의 나이, 창업의 경과년수와 기업가본인의 특성에 관한 설명변수들, 창업동기에 관한 설명변수들을 그룹으로 순차투입하여 기업의 성장률을 다중회귀한다.

2) 창업의 중요성과 가치창출

창업은 창조적 가치에 수반되는 국가경제의 신동력창출에 그 목적이 있다. 그러므로 창업의 가치는 경제성장·고용증대·사회안정의 3대 가치를 지니고 있다.

첫째로, 창업의 중요성은 산업신동력 제고, 고용의 창출, 기업문화의 창달이라는 경제적, 사회적 가치를 제공하고 있다

둘째로, 창업후 성장기에 진입하여 경제기반을 구축하여 경쟁력을 확보함으로써 경쟁우위의 차별성 있는 기업가치를 이룬다.

셋째로, 창업의 가치는 지속성에 있다. 지속성은 제품의 가치에서 이어진다. 제품의 가치는 기술의 뒤받침에서 생산된다. 고로 기술의 가치증진이 기업의 지속성으로 장수기업으로의 성장진입이 이루어진다.

3. 측정결과와 정리

1) 측정결과

창업후 성장과 창업시 기업규모, 기업조업 년수, 기업가본인의 특성의 관계는 처음 창업후의 평균성장률을 창업시 기업규모, 조업기간 및 창업가본인의 속성 및 사업업종더미로 회귀한 결과이다. 여기에서 알 수 있듯이 기업의 큰 정도, 기업조업연수가 긴 정도, 기업의 연평균성장비율은 의미있게 감소한다. 창업가본인의 속성에 관해서 우선 여성창업가 더미계수는 마이너스였지만 유의하지 않았다. 이 때문에 여성창업가의 실적이 보수가 나쁜 것은 반드시 말할 수 없다. 또한 창업시 기업가의 나이를 보면 고령자는 마이너스이고 실적이 저하하는 것을 보여주고 있다. 이 결과는 중소기업청(2002)의 조사결과와 일치했다.

학력의 영향을 보면 대졸 이상자가 크게 고성장을 이루고 있다고는 말할 수 없었다. 또한 전직 기업규모가 작을수록 창업후 성장률은 상당히 낮다. 중소기업에 근무하는 것은 사장의 업무를 가까운 곳에서 보게되고 결과적으로 기업에 도움이 된다는 중소기업은 중소기업의 학교라는 견해는 여기에서는 확인되지 않았다.

경험을 얻을 수 있고 그것을 어떻게 체계화하는 것이 중요하다. 경험을 해도 거기에서 습득없는 것은 분해될 가능성이 있는 것이다. 사업경영경험의 유무에 대해서는 그것이 어떤 사람의 특성만큼 성장률이 크게 높아지고 있었다. 이 결과는 예상할 것이다.

또한, 사업경영경험이 있는 자의 다른 특성을 본것이 〈표 5-2〉이며, 여기에서 사업경영경험들은 스핀아웃형 창업가가 아니라 자금으로도 외부자금에 의지하는 경향이 강한 것을 알 수 있다. 즉 비즈니스 연속성측면과 자금면에서의 후원자가 있는 창업에서 과거의 경영경험을 살리면서도 더 나은 환경에서 재창업하고 있다고 할 수 있다. 지금까지 설명한 이외의 의미가 없었다. 변수로

표 5-2 사업경영경험이 있는 창업가의 속성

	사업경영경험있음(a)	기 타(b)	(a)와 (b)의 차이 유의성
여성창업가	3.0%	2.9%	
연령	48.9세	44.1세	**
대졸여성	49.4%	48.5%	
친족자영업자	51.3%	34.9%	**
관련업무경험연수	15.6년	14.6년	**
전직소규모기업	44.2%	34.4%	**
기혼자	93.1%	89.3%	**
스핀아웃형	40.9	61.0%	**
정년등	5.2%	6.4%	
구조조정	13.4%	16.6%	
자기자금	82.4%	87.4%	*
사적금융	51.6%	51.8%	
외부금융	47.5%	38.3%	**
공적금융	18.1%	17.3%	
자기실현	38.8%	45.3%	**
고소득기대	17.6%	23.9%	*
자기재량권	34.9%	55.1%	**
사회공헌	33.7%	30.4%	
전직장래비관	15.0%	23.9%	**
전직임금불만	2.7%	6.5%	
전문지식 등 활용	32.4%	35.3%	
자산활용	6.0%	2.5%	
타인영향	4.2%	4.0%	
아이디어 사업화	24.0%	18.7%	*
생애근로	16.6%	19.4%	
무직	3.6%	5.4%	
사회적평가	11.4%	9.7%	
여유지향	4.1%	8.9%	

는 부모의 경영자경험, 관련업무 경험연수를 들 수 있다.

이 중 부모의 경영자경험이 유의한 설명력을 가지고 부모에서 자식으로 경영에 필요한 노하우의 일상생활을 통한 승계라는 가설을 기각하는 것이다. 관련업무 경험연수가 성능에 미치는 영향은 긍정적이다는 유의수준에 훨씬 미달했다. 그리고 여기에서도 경험이 바로 창업에 필요한 노하후획득이 아니라는 것을 알게 된다. 또한 창업자와 가족과의 관계가 기업후의 퍼포먼스에 미치는 영향에 대해서 살펴보고자 한다.

첫째, 배우자의 유무를 보면 배우자가 존재하는 것이 그렇지 않은 사람에 비해 성장률이 높아진다는 효과가 있지만, 그 효과는 유의하지 않았다. 이상의 점을 총괄하는 창업가가 창업하기 전에 처한 준비경험도 창업후 실적에 미치는 영향은 제한적이라고 할 수 있다.

창업의 형태와 창업후의 실적 등 같은 관계가 있는 것일까. 먼저 사업의 유형과 그 성공의 관계를 보면 스핀아웃형 기업의 경우, 개업후 성장비율은 긍정적인 상관관계이지만 의미가 없었다. 앞서 언급했듯이 스핀아웃형의 경우 후원자가 없기 때문에 경영의 안정화를 목표로 한 규모확대가 강한 것이지만, 도움을 얻기가 어려움이 있다.

개업자금의 조달방법과 창업후의 실적의 관계를 보면 자신의 자금더미는 유의하게 마이너스의 영향을 미치는 한편, 얼굴이 보이는 네트워크에서 자금은 성장률에 플러스 영향을 주고 있었지만 의미가 없었다. 외부금융이용 창업후의 성장에 상당히 플러스에 영향을 주고 있었다. 또한 공적금융기관의 이용은 성장률에 마이너스의 영향을 미치고 있었다.

이 중 자기자금더미가 마이너스로 작용하는 이 변수가 0을 시도해 보고 자신의 자금전체를 이용할 수 없고 외부자금만으로 만든 기업자회사 등 어떠한 형태로 외부에서 자금을 수용하기 쉬운 형태의 기업이라는 것과 관계라고 생각할 수 있다. 즉, 시료에서 자신의 자금이용하는 기업은 스핀아웃형 기업이 60%였으며, 자신의 자금을 이용하지 않는 사람은 18%에 불과했다. 또한 조사에 자기자금을 이용하고 있는 사람과 그렇지않은 자의 창업형상태를 보면 자신의 자금을 필요로하지 않는 기업의 대부분이 자회사형태로 이루어지고 있는 것을 알 수 있다.

창업시 자금제약은 창업후 성장에 제약이 되지만, 자회사의 경우 공적자금면에서의 제약은 다른 형태의 창업에 비해 자금제약이 적고 그것이 더 좋은 실적을 제공하는 것으로도 생각할 수 있다. 외부에서 자금과 창업후 실적에는 유의한 양질의 관계는 외부에서 모니터링, 즉 태그가 존재하는 것이 기업의 실적이 개선된다. 외부로부터의 자금조달이 가능한 기업만큼 사업이 잘되고 있다라는 견해가 일치했다.

공적금융기관을 이용해 보면 성장률이 크게 마이마스 영향이 있었다.

첫째는 안이한 공적금융기관에서 자금조달은 창업에도 도덕적 해이한 원인은 창업가로서 경영 노력을 게을리하는 방향일 것이다,

둘째는 공적금융기관에 의한 자금조달은 나아가 창업가로서의 능력이 부족하고 이른바 한계적 창업가에 속하고 있다는 것이다.

셋째로는 전직, 이직의 형태에 따라 창업후의 실적이 다른지 살펴나가기로 한 경우 전직, 이직, 형태에 대해서는 정년 등을 계기로 이러한 정보를 이용한 결과는 구조조정 유형의 이직에 따른 기업에서는 유의하게 성장률이 낮다는 것이었다.

2) 창업후 성장률과 창업동기와의 관계

지금까지는 기업규모, 기업조업기간, 기업가본인의 특성과 기업후의 성장률의 관계를 보았다. 그러면 창업동기와 창업후 성장속도의 관계에 대해 살펴보기로 하자. 추정식에서 개업자금조달처 창업의 계기에 관한 설명변수를 제외하고 창업동기에 관한 변수를 추가한 것이다.

첫째, 기업동기가 사회공헌과 자기실현인 경우 성장률은 상당히 높아진다. 한편, 연령제한없이 일하고 싶다거나 다른 선택의 여지가 없는 동기에 창업한 사람은 성장률이 낮았다. 아이디어 사업화를 동기로 하는 기업의 실적은 유의하게 높았다.

고소득기대나 임금불만 등 금전적인 동기는 모든 성능에 상당한 영향을 미치지 않았다. 재정인센티브는 기업가자신의 능력에 대한 자기평가와 실제로 얻고자 하는 소득과의 관계에서 결정된다.

이러한 결과는 전반적으로는 선행연구가 가리키는 것과 유사하다. 그러나 생각을 하여야 할 것은 창업가의 창업동기에 나와있는 것 중 하나의 것이 아니라 창업실태조사도 창업동기에 대해 복수응답방법식 취하고 있다는 것이다. 이 경우 대답을 선택한 사람이 동시에 다른 답변을 선택의 경향이 있다는 기업의 특정 답변패턴이 있는 것이다. 이러한 이유로 기업동기의 답변에 대한 주성분분석을 실시하기로 했다

첫 번째 주성분은 자기실현 · 고소득 · 자기재량 · 사회공헌 · 전문지식 등 활용, 아이디어 사업화 · 사회적 평가희구의 5개의 주성분 중 가장 높은 요인부하량을 나타내고 있다. 한편, 자산의 유효활용이라는 항목에는 가장 낮은 요인부하량을 담고 있다. 기업에 의해 현재량권 고소득같은 인생의 성공을 희구한다. 이런 점에서 우리가 일반적으로 상상하는 기업이미지의 전형을 나타내는 것이라고 할 첫째 주성분은 적극적인 기업가동상을 대표하고 있다고 할 수 있다.

두 번째 주성분은 전직 미래보고를 통한 어려움, 임금불만 등 다른 대안없이 높은 값을 나타내는

반면 자기실현·사회공헌·자산유효활용·아이디어 사업화 등 긍정적 항목이 낮은 요인부하량을 나타내고 있다. 즉, 전직에 대해 부정적인 견해가 강하고 적극적으로 창업동기가 없었다는 점이 특징적이다. 그런 의미에서 두 번째 주성분은 비자발적 기업가상을 보여주고 있다고 할 수 있다.

세 번째 주성분은 친족 등 주변의 영향이 매우 높은 고소득 사회적 평가희구가 높은 반면, 전문성이나 나이에 상관없이 일할 수 있다. 다른 선택여지가 없으며 여유지향이 매우 낮은 요인부하량을 나타내고 있다.

세 번째 주성분은 가까이에 있던 기업가속에 존경할 대상을 찾아내 그 사람에게 가까이 하고자 하는 동기를 나타내는 것으로 말할 수 있을 것이며, 이른바 주변환경영향형 기업상을 나타내는 것으로 할 수 있다.

넷째 주성분은 고소득 전직미래 예측에 임금불만이 매우 낮은 반면, 나이에 관계없이 일할 공간지향이 매우 높은 계수를 나타내고 있다. 말하자면 전직의 처우에 대한 불만은 그 이상으로 자신의 생활공간을 중시하고 질을 높이고자하는 패턴으로 보이며, 이에서 네 번째 주성분은 자신의 삶의 시간적 질적재물에 지향을 나타내는 라이프스타일형 기업상을 나타내는 지표라고 할 수 있다.

다섯째 주성분은 자산의 활용의 계수가 높은 반면에 한편 재량, 친족의 영향, 사회적 평가원자는 낮은 포인트가 되고 있다.

다섯째 주성분은 자산활용형 기업상을 보여주고 있다.

다섯 가지 성분에 따라 각 기업에 대해 주성분점수를 산출하고 이를 설명변수로 이용한 기업의 실적회귀분석을 실시했다.

즉, 적극적인 기업가상을 나타내는 첫 번째 주성분으로 관계하는 주성분 득점은 창업후 성장에 긍정적인 영향이 있지만 통계적으로 유의한 것은 아니었다. 비자발적 기업상을 대표하는 두 번째 주성분으로 관련 주성분점수는 상당히 부정적인 영향으로 보고 되었다. 주변환경영향형 기업상을 나타내는 셋째 주성분에 관한 주성분득점은 창업성능에 대하여 상당히 긍정적인 효과가 있었다. 생활중시형 기업가상을 나타내는 네 번째 주성분에 따른 주성분점수는 창업후 성장에 상당히 부정적인 영향을 미치고 있었다. 다섯 번째 주성분은 성장률에 대한 상당한 영향이 없었고 자산활용형은 기업을 대표하는 기업상의 표시다.

이러한 결과에서 비자발적인 기업가나 기업에 따른 주성분점수의 성장률에 대하여 부정적인 영향을 준다는 것은 합리적이다. 그에 대해 예외인 것은 적극적으로 기업가상을 나타내는 첫 번째 주성분에 따른 주성분점수가 기일 후 성장에 통계적으로 유의하지 않고, 주변환경영향형 기업상을 나타내는 세 번째 주성분이 유의하게 플러스하다는 것이다.

그래서 첫 번째 주성분을 조사하면 확실히 자기실현, 사회공헌, 아이디어 사업화 등 개별회귀분석에서는 유의한 기업동기요인 부하량이 크기는 하지만, 한편으로 개별동기별 분석에서는 기업후 실적에 큰 마케이지 클램프영향을 미치는 평생근로라는 동기도 큰 요인부하량이 부과되는 것을 알 수 있다.

적극적인 기업가상을 비추는 기업의 자기실현, 사회공헌 등 많은 긍정적인 동기에 자극을 받아 창업하지만, 한편 스스로 일으켜 사업을 평생계속하고 싶다는 것이 소망이다.

한편, 세 번째 주성분을 통하여 각 기업동기의 영향을 보면 이와 대조적인 모습을 간파하여 첫째, 자기실현, 사회공헌, 아이디어 사업화의 개별동기별 회귀분석에서는 유형에 긍정적인 기업동기요인 부하량이 적게 내포되어 있으며, 셋째 주성분을 통해서 그 동기의 창업후 실적에 미치는 영향은 작다는 것을 알 수 있다. 한편 개별동기별 분석에서는 기업후 실적에 큰 마케이지 클램프 영향을 미치는 평생근로 동기요인 부하량은 대폭의 마이너스되고, 즉 평생근로를 가리지 않는 경향이 강해지고 이 세 번째 주성분의 주성분득점을 통해 기업후의 성장에 대해 긍정적인 영향을 주고 있다.

이러한 첫 번째 주성분, 세 번째 주성분의 생(涯勤) 노동의 영향의 차이가 일방적으로 성장률에 유의해 영향력 없음이라는 결과를 이끌게 되었고, 한편 성장률에 대한 상당한 긍정적인 영향이라는 결과를 이끌어 내었다고 생각되기 때문이다. 적극적인 기업가상을 나타내는 첫 번째 주성분에 대하여보면 “나이에 관계없이 일하고 싶다”라는 답변요인 부하량이 큰 것은 이 주성분이 샘플전체 몸의 창업동기의 선택결과와 패턴을 가지고 모두 표현하는 이른바 다수파를 표현하고 있는 것이다. 현실은 많은 기업이 자기실현 또는 자기재량과 적극적으로 동기뿐만 아니라, “연령에 관계없이 일하고 싶다”라는 탄탄한 목표를 가지고 있는 것을 반영하고 있기 때문일 것이다

이상의 분석에서 분명한 것은 기업후의 퍼포먼스에 대한 기업의 특성 뿐만 아니라 기업의 동기가 일정한 영향을 미치고 있는지, 또 오버거의 교육, 근무경험 등 기업의 특성에 비해 영향을 주고 있는 것이다. 기존 해외연구에서도 필자가 아는 한, 적극적 또는 소극적인 기업동기와 창업후 실적의 분석이 이루어져 왔지만 여기까지 온 것처럼 창업동기 및 후속실적의 관계에는 더 복잡한 것이 있다고 생각된다.

지금까지의 정리된 결과는 사용된 모든 설명변수를 이용하여 기업의 실적에 대한 다중회귀분석을 실시했다. 여기서도 모든 설명변수계수의 유의성 부호가 밀집한다. 인상적인 것은 기업의 성공을 좌우하는 것은 본 분석에서 보는 한, 기업가본인의 지금까지의 삶의 환경과 경험보다는 창업동기, 사업의 형태 및 외부자금조달의 방식이라 말하는 것이며, 그런 의미에서 창업의 성공을 좌우한다. 창업준비시에는 더 이상 바꿀 수 없는 지금까지의 인생에서 얻은 축적보다는 오히려 창업의

결심시점에서의 동기와 그후의 창업방법이 중요하다고 할 수 있다.

마지막으로 주의할 것은 이러한 많은 변수를 넣은 경우에도 창업후 성능할인정도밖에 설명할 수 없다는 것이다. 이 결과는 논문에서 사용한 데이터와 분석의 불완전 전체성을 나타내는 것은 반드시 없다. 서양의 다른 분석에서도 기업후의 성장을 포괄적으로 설명모델은 제기되지 않았다. 구미에서도 또한 일본에서도 창업후 성능의 결정요인에 대해 포괄적으로 분명할 수 없다는 것은 어떤 기업이 성공한다는 것을 예상할 수 없다는 것에 있으며, 이는 특성을 가진 기업을 유망기업으로 인정하고 집중적으로 지원을 할 수 있는 한계를 보여준다고 할 수 있다.

3) 정 리

이상, 본 고에서는 기업의 성공요인에 대해 기업후 성장률의 결정요인에서 얻어진 결과는 기업가의 특성과 연륜(年輪)이 유의하게 영향을 미치지만, 성별 · 교육 · 결혼의 직업, 관련업무를 거쳐 체험 등 창업에 앞서 결정되는 요인은 기업의 성공에 영향이 있다고는 말할 수 없다. 창업에 앞서 결정되는 요인중 선별력이 있었던 것은 전직 소규모와 사업경험이었으며, 전자는 성공에 부정적인 후자는 플러스의 영향을 가지고 있었다.

이러한 기업가가 되기이전에 이미 주어진 것이 있었다는 요인보다 창업의 성능에 영향이 있었다는 것은 전직, 이직형태 창업시 자금조달, 기업동기였다. 전직, 이직형태로 구조조정형식 성능이 나쁘고, 기업은 심리적, 물리적 준비기간의 시간이 필요하다는 것을 말해 준다. 창업시 자금조달에서 외부자금의 도입이 좋은 실적과 관련이 있었다. 공적금융의 이용은 이와는 반비례관계를 보여주고 있었다.

창업동기에 대해서는 자기실현과 사회공헌인 경우 성장률은 상당히 높아진다. 한편, 나이제한없이 일하고 싶다, 다른 선택의 여지없이 창업한 사람은 성장률이 크게 낮아졌다는 것이었다. 아이디어 활용동기를 부여하는 기업도 성능이 유의하게 높았다. 한 창업동기에서 추출되는 기업의 퍼터 프로그램과 창업후의 성능의 관계를 보면, 비자발적인 기업가나 라이프스타일형 기업이 창업후 성능에 상당히 부정적인 영향을 가지고 있는 반면, 주변환경영향형 기업은 창업후 성능에 크게 플러스의 효과가 있었다. 다소 의외이다. 적극적인 기업가는 기업후의 성능에 대해 유의한 관계가 없었다는 것이다. 이처럼 이력이나 경험보다 동기가 기업의 성공을 좌우될 수 있기 때문이다.

성공포인트

1. 용서하라

용서는 대자연의 일류대법칙이다. 자신을 용서하라 상대를 용서하라 모든 것을 용서하라 용서한다는 것은 지나가버린 피해실책 죄책감 등에서 구속된 자아의 정신을 해방하여 참신한 자아를 찾는 것이다. 자아를 구속하는 옳지 못한 감정은 정신과 신경에 오염장해를 가져온다.

용서한다는 것은 정신과 신경을 오염장애로부터 청감시켜주는 것으로 건강과 진보에 필요한 인간생활의 근본이 된다. 용서는 이해요 사랑이다. 무엇이나 상대방의 입장에서 생각하면 이해할 수 있고 이해하고 나면 용서되는 것이다. 인간생활에 있어서 가장 현명한 방법은 이해와 용서이다.

2. 사소한 일에도 열정과 신념을 가지고 도전하라

나는 해야 한다. 그러므로 나는 할 수 있다라는 자신감과 신념이 행운의 출발점이다. 인생에 있어서 아무리 거대한 꿈이 있다 하더라도 불가능한 이유만을 생각하면 꿈은 이룰 수 없다. 반대로 현실가능한 것만을 찾으면 마음이 안정되고 자신감과 용기가 생기고 의욕과 활기가 솟아오른다. 신념이란 마음의 상태를 가리키며 신념이 바로 당신인생의 기적을 가져온다.

요 약
summation

＊성장과 기업의 특성

본론은 후자의 범주에 속하는 기업후 얼마되지 않은후 기획업무의 성능과 기업가특성의 관계를 조사하는 것이다. 즉, 성별, 연령, 학력 및 기업가개인의 특성 스핀아웃 자회사형태, 프랜차이즈형 등 기업의 유형, 더욱이 기업가가 어떤 동기와 목적에서 창업한 것이냐는 기업동기와 창업후 성능관계를 탐구하는 것이다.

＊관련업무 경험연수

기업이 현재 종사하고 있는 사업과 관련된 사건을 과거에 경험이 있는지 여부이다, 관련업무에 얼마나 종사하였는지와 기업(창업)후 업무성능에 대하여서도 두 가지 대립가설을 세울 수 있다.

첫째는 관련 경력이 길어지면 기업운영에 필요한 해당 특유의 지혜식별 노하우를 익힐 수 있기 때문에 창업후 운영의 효율성이 좋아진다는 견해가 이다.

둘째는 관련 경력이 길어지면 업계의 전통적인 관습에 익숙해진다. 기업에 중요한 신규성 있는 프로젝트를 내놓을 수 없게 되기 때문에 기업후 성능이 악화된다는 견해도 있다.

* 창업전 이직의 형태

창업이전에 근무하고 있던 회사에서 전직 이직의 형태로는 정년이나 고용계약이 종료되거나 , 회사의 도산 등 해고와 인원정리, 독립과 결혼 등을 이유로 개인사정이 발생한다. 이중 회사의 도산 등 해고후 창업하는 경우, 기타의 경우에 비해 일반적으로 창업까지의 준비기간이 단축되는 가능성을 높고, 실적불량이 예상된다.

* 창업동기

창업동기가 창업후 기업의 성장에 영향을 주는것은 종종 지적된다. 예를 들어 Storey(1994)은 시장기회의 인식, 금전적 욕망 등 긍정적인 동기에 의해 기업하는 사람은 고용주에게 불만이나 실업우려 등 부정적인 동기에 의해 기업하는 사람에 비해 성장할 것으로 논의되고 있다.

첫째, 기업동기가 사회공헌과 자기실현인 경우 성장률은 상당히 높아진다. 한편, 연령제한없이 일하고 싶다, 다른 선택의 여지없다. 그리고 동기에 창업한 사람은 성장률이 유의하게 낮았다 했다. 아이디어 사업화를 동기로하는 기업의 퍼포먼스 등은 유의하게 높았다.

제2절 각광받는 제2창업

♣ 신규사업의 성공원칙

이랜드는 신규사업에서 성공도 하고 실패도 했다. 거기서 하나의 공통된 원칙을 발견했다. 사업성공이나 돈을 벌려는 목적을 우선시한 비즈니스는 거의 실패한 반면 고객의 불편을 해소하기 위해 시작한 비즈니스는 대부분 성공했다. 고객은 자신을 돈벌이 대상으로 여기고 잇속을 챙기는 사람보다 진심으로 자신을 염려하고 도와주는 사람을 좋아한다. 그런면에서 고객은 이기적이다. 그래서 사업을 하는 사람은 이타적 공급자가 되어야만 성공할 수 있다.

- 박성수 이랜드 회장 -

1. 제2창업의 개요

1) 제2창업의 동기와 지원

제2창업의 발상적 시점은 기업을 창업하여 의욕적인 성장기를 거쳐 안정적인 성숙의 경영과정을 거치면 자연적으로 찾아오는 것이 쇠퇴기에 직면하게 된다. 이런 시기에 다변화되고 다양해진 시장구조를 제대로 읽지 못하고 대응하지 못하면 고객은 이탈되고 기업은 위축될 수밖에 없다. 이때 시장동향을 직시하고 새로운 수요창출의 제2창업(두 번째 창업)으로 시장을 회복하고 영역을 넓혀나간다면 쇠퇴지향적 성장상향곡선을 그려 나갈 수 있을 것이다.

기업을 지원하는 금융기관들은 최근 들어 제2창업에 관심을 높이고 있음을 보이고 있다. 금융기관도 사업이라는 측면에서 보면 안전성과 효율성이다. 우리나라 기업실태를 보면 다생다사의 실정이 깔려있다. 창업은 경제발전의 원동의 구축이라 할 수 있으나 생존율이 떨어지고 폐업율이 높아지는 실정에서 보면 금융기관시각에서 보면 당연한 귀결이 아닌가 싶다.

제2창업(두 번째 창업)이란 기존기업의 골격을 유지하면서 업종을 추가하거나 병설하여 기업을 확장성장시키는 운영제도로 다년간 경영의 경험과 구축된 거래의 조직, 인적자원이 확보된 상태에서 실행하는 것으로 새로이 창업에 비하면 안정성이 높고 실패율이 떨어진다 할 수 있다. 최근 창업·제2창업지원에 나서는 금융기관의 움직임은 꾸준한 확대를 보이고 있다. 한편 그 대처는 다양하게 못 미치고 있다. 창업·제2창업에 대해서 전국각지의 움직임이 보이고 있다. 금융기관에서 그 지원 등을 주체적으로 관여하는 경우를 소개하며 향후 방향성 등에 대해서 전망을 찾아본다.

최근 중소기업의 업계상황이 완만한 개선추세를 보이고 있는 반면, 중소기업의 수익증가와 질의 강화가 요청되고 있다. 지역경제에 뿌리를 내리는 전국중소기업 정책금융기관은 창업지원활동을 하고 있다. 제2창업을 지원하는 움직임이 퍼지고 있지만 최근에는 지방창생의 다양성과 연동하는 형태로 자체진화를 이루는 경우도 일부추정되는 다양화가 전개되고 있다.

중소기업이라 하더라도 그 성장스테이지마다, 혹은 그 사업규모에 따라 다양한 경영과제를 안고 있다. 그것은 정책금융의 창업·제2창업지원의 다양성에 이어지고 있다. 앞으로 중소기업의 질적 향상에 따라 우리나라 경제전망을 밝게해 주고 있다. 기업수의 감소에 제동을 걸어주는 창업을 지원하는 것은 미래성장기초를 구축함에 있어 매우 중요성이 크지만 현 사업전개의 방향성에 대해서는 현상유지를 벗어나지 못하고 있는것이 창업기업의 대부분의 실정이다.

이와 같은 중소기업의 실태에 대해서 제2창업의 길을 모색하는 것만이 지원자의 손실을 줄이는 중요한 포인트의 하나로 여긴다. 그리고 만일 제2창업의 주역이 기업을 승계하는 후계자라면 사업지원초기의 지원과 함께 일체적으로 추진하는 것도 향후 더욱 중요하다. 최근 신규창업지원에 얽힌 움직임이 우리나라의 경제사회 속에서 영역확대를 보이면서도 기존사업자에 따른 신사업개발과 경영혁신을 총칭한 제2창업이 새로운 키워드로서 각광을 받기 시작했다.

2) 제2창업을 성공으로 이끄는 근원

제2창업은 이른바 신규창업과 달리 기존사업을 떠안은 상황에서 대처가 되는 큰 특징을 가지고 있으며 기존사업에 한계감을 갖는 많은 중소기업 경영자에게 절실하고 친밀한 경영과제 중 하나라고 생각된다. 본 절에서는 제2창업에 대해서 창업에 임하는 유의점과 후계자문제와 관련 등에 대해서도 그 대략을 소개했다. 한계감과 위기감을 갖고 있는 중소기업자들이 그러한 상황타개의 목표로 이어지면 다행이다.

제2창업은 “기존사업의 재검토향상에서 한걸음 나아가면서 기존사업의 경영자원을 살려가며 마치 신규창업처럼 신규사업분야에 걸어가는 것”이다. 이제와서 제2창업이 각광받는것은 기존중소기업 상당수가 경기침체와 아슬아슬한 기존사업의 성숙, 쇠퇴 등을 배경으로 한계감을 가지고 어떻게든 이 상황을 타개하고 싶다는 생각이 그 배경에 있다.

제2창업을 성공으로 이끌려면

- 기존사업의 강점을 최대한 활용
- 사업계획서 등의 작성 등을 통해서 각 방면의 이해와 협력을 얻어내는 등의 대응이 필수적이다.

제2창업의 아이콘은 기존사업의 성공체험에 얽매이기 쉬운 현경영자보다는 세대교체(사업승계)와 권한이양 등을 계기로 야심차게 나올 젊은 후계자인 경우가 많다. 자영업자의 높은 연령대가 일반적으로 진전하는 가운데, 제2창업도 염두에 둔 사업승계를 모색해야 할 때에 불필요한 중소기업이 적지않을 것이라고 추측된다. 최근 중소기업정책은 최근 새 사업에 대한 도전지원이 큰 기둥이 되고있어 앞으로는 제2창업을 지원하는 움직임이 큰 조류가 되어 갈 수 있다. 키워드는 두 창업, 라이프사이클, 좌절감, 신사업분야 사업승계, 젊은 후계자의 혁신적 도전이다.

3) 제2창업이란

최근 기존사업자에 따른 신사업개발과 경영혁신 등을 총칭한다. 제2창업이라는 말이 갑자기 주목을 끌고 있다. 제2창업의 정의에 대해서는 제설(諸說)이 혼돈한 부분이 있는 가운데 전국상공회연합회와 일본 상공회의소가 2004년 5월에 공동으로 마련한 창업인재육성사업 제2창업코스 실시매뉴얼에서는 기존사업과 신규사업분야의 관계 등에 의해서 제2창업은 세 가지 유형으로 대별할 수 있다. 즉, 기존사업 · 기존제품과 기존시장의 조합으로 파악할 경우 제2창업은

① 새 시장과 신제품세트
② 기존시장과 신제품의 조합
③ 기존제품과 새로운 시장의 조합, 세 가지에 대해 구별할 수 있다고 생각되고 있다.

제2창업을 좁게 할 경우에는, ① 같은 조합만이 이에 해당한다고 하는 생각도 일부에는 있는 것 같다. 그러나 현실에 시야(視野)를 옮기면 ②와 ③의 조합으로 인정받는 기업에도 새로운 사업분야를 지렛대로 약진하는 경우가 너무 적은 것 등에서 이 매뉴얼에서는 ①에서 ③까지 널리 제2창업으로 삼아 체감하는 것으로 추측된다. 참고로 이 매뉴얼에서는 ①을 신제품과 새로운 시장의 조합에 의해 기업혁신형 제2창업은, ②를 신제품개발과 기존시장의 조합에 의해 경영혁신형 제2창업, ③을 새시장개발과 기존제품의 조합에 의해 경영혁신형 제2창업으로 일컫고 있으며 여러가지 설이 혼돈되기 쉬운 제2창업 개념을 명확히 한 예로서 참고가 될 것으로 되어 있다.

이런 것을 토대로 하면서, 제2창업에 대해서 본 장에서는 "기존사업이 존재하는 가운데 기존사

업의 재검토향상에서 한 걸음 내디뎌서 기존사업의 경영자원을 살려가며 마치 신규창업처럼 신규사업분야 등에 걸어가는 것"이라고 정의한다. 제2창업은 창업이후 아직까지 해온 기존핵심사업의 여러 요인에 의한 한계성을 분석해 보면서 기존사업의 경영자원 즉 보유기술과 노하우, 종업원, 거래관계, 기계설비, 오랜 사업활동에서 길러온 신용 등을 어떠한 형태로 살리면서도 마치 신규창업처럼 신규사업분야나 경영혁신 등에 도전하는 기업의 존속·발전성을 도모해가는 국면을 이미지화하면 좋을 것이다.

2. 왜 제2창업인가

1) 제2창업이 주목받는 원인

제2창업이 갑자기 주목받는 것은 기존기업, 특히 존재하는 중소기업 상당수가 거품붕괴 이후의 체감경기침체상태 등에서 기존사업에 대한 불안감을 갈고 미래에 대해서 구체적인 것부터 막연한 것까지 포함해서 어떻게든 이 상태를 타개하고자 생각하고 있는 것이 그 배경에 있는 것으로 생각된다. 그리고 그 한계감을 가속화하고 있는 것은 모든 경제활동의 라이프사이클이라고 추측된다. 즉 모든 경제활동에는 도입기 → 성장기 → 성숙기 → 쇠퇴기라는 라이프사이클을 더듬어가는 것으로 인식된다.

최근 수많은 중소업체들이 안고 있는 한계감은 오랜 경기침체에 기인하고 있는 면도 있지만, 보다 근본적인 부분에서는 큰 시대변화(환경변화)에 적응할 수 없는채 기존사업의 라이프사이클이 성숙기부터 쇠퇴기에 가는것에 기인하고 있는 경우도 적지않을 것으로 추측된다. 이러한 상황을 끝없는 시간에 장기간방치하면 기업체력저하는 피하지 못한 채 최악의 경우는 폐업도산에 쫓기는 경우도 생긴다. 이런 최악의 사태를 미연에 방지하려면 기존사업의 라이프사이클을 정규하게 잘 인식하고 성숙기 또는 쇠퇴기에 있는 기업은 기존의 경영자원이 크게 훼손하지 않는 범위안에서 신규사업분야를 모색하여, 즉 제2창업에 이어지는 신제품개발과 신시장개척을 모색하고 이에 도전

표 5-3 기존사업과 제2창업의 차이

구 분	기존 제품	신제품·신규확장
기존시장	기존사업 안정화	신제품신시장 → ① 기업혁신형 제2창업
신시장	③ 신시장개척 경영혁신형 제2창업	↘ ② 신제품개장 경영혁신형 제2창업

하고 나갈 필요가 있을 것으로 생각된다.

◈현실을 직시해 보자

후술하는 자영업자의 고령화와도 함께 기존사업의 성숙·쇠퇴에 속수무책으로 주저앉는 중소기업이 증가하고 있는 실태로 인하여 특히 업력의 긴 중소기업을 중심으로 만연한다. 한계감의 타개를 위한 상징으로서 또한 기존사업의 수명주기 라이프사이클을 고려하여 제2창업이 최근에 와서 급속히 주목받는 현상을 이루고 있다. 또한 제2창업은 전혀 새로운 곳에서 사업을 시작하는 신규창업보다 사업실패의 리스크가 작은 것으로 생각된다.

① 제2창업의 경우는 기존의 경영자원, 거래처나 종업원 혹은 오랜 사업활동에서 배양되어 있는 노하우를 어느 정도 활용할 수 있기 때문이다.

② 기존사업이 수익(캐시)을 내고있기 때문에 그것을 충당할 수 있기 때문이다. 다만 특히 ②에 대해서는 기존사업의 성숙, 쇠퇴의 정도에 따라서는 제2창업의 강점으로 기능하지 않는 것은 명백하다. 즉, 제2창업의 리스크를 최소화하기 위한 포인트의 하나로서 "기존사업이 어느 정도의 수익(캐시)을 낳다가" 환언하면 늦기전 점이라는 것이라 생각한다.

2) 제2창업을 성공으로 이끌기 위해

창업을 성공으로 이끌기 위해서는 기업문화창달이라는 숙제에 놓이게 된다. 기업특유의 창조문화가 조성될 때 그 기업은 성공이란 문이 열려 성공으로 진입이 가능해진다. 기업이란 인적, 창조적 조직체로 조직운영의 효능이 개발되지 못하면 경쟁우위의 차별성 기업으로 육성되기에는 요원하여 질 것이다. [그림 5-2]는 조직개발 6단계를 제시하고 있다.

제2창업은 이른바 신규창업과 달리 기존사업을 갖춘 상황에서 대처가 되는 곳에 최대의 특징이 있다. 그러므로 두 창조업위험을 최소화하고 이를 성공으로 이끌기 위한 최대의 포인트는 우선은 기존사업의 강점을 어떻게 다음 전개에 활용할 수 있느냐는 것이라고 생각된다. SWOT분석 등의 수법을 이용함으로써 자사의 경영자원과 그것을 둘러싼 외부환경의 조성을 검토실시하고 그 결과로 기존사업중에서 잠재된 자사의 강점을 추출할 수 있다면 그것을 최대한 실리를 추구하는 형태로 신제품개발과 신시장개척 등을 축으로 하는 신규사업분야 진출전략을 세우는 것이 가능할 것이다.

새로운 방안으로는 구체적인 사업계획책정에 연결하는 것으로 초고(草稿)를 작성 제2창업을 현실화되어 가게 된다. 또 이러한 프로세스계획속에서 제2창업의 쓸만한 신규사업분야 진출계획방

그림 5-2 조직개발 6단계모형

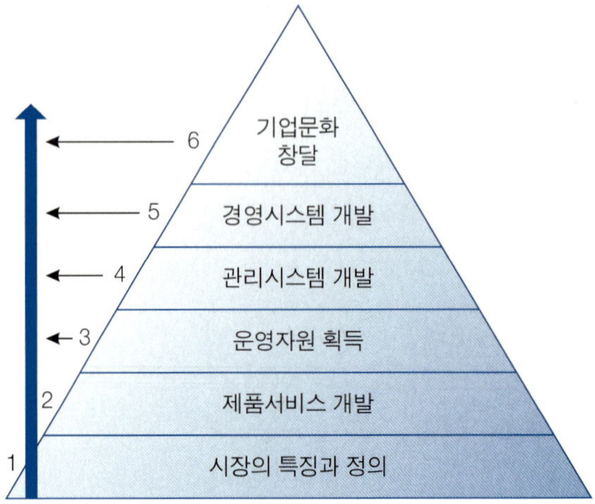

출처 : 조직개발의 단계와 순서의 6단계 모형도

안을 예정할 경우에서도 새로운 기획을 만들 신규창업의 경우와 비슷하게, 실적숫자에 상당하는 것은 제시하는 안이한 경우가 많을 것으로 추측된다. 그러므로 기존사업의 강점을 살려가며 제2창업이 기본이지만 거래금융기관 등의 이해와 협조를 받는다. 한때 그 과정에서는 상응하는 업력을 가지는 중소기업이라 할지라도 과거기존사업의 경영성과를 제시하는 자료(결산서 등)의 제시만으로는 불충분함은 말할 필요도 없다.

즉, 제2창업을 성공으로 이끌기 위한 포인트의 하나는 이른바 신규창업에 따른 대응을 추진하는 것이며 구체적으로는 필요에 응하고 사업계획서 등을 작성하여 금융기관을 비롯한 관계기관의 여러방면으로 이해와 협조를 받고 대응해 나가는 역량이 필요하다고 생각된다. 또한 제2창업은 기본적으로 기존사업을 떠안은 상황에서 대책을 세우기 때문에 기존사업에 대한 대응에 따라 뒤로 밀려내려가는 경우도 있다. 제2창업에 대한 대응이 뒷전 등의 형태로 내린다.

기존사업의 위기감에 고민은 경영자는 당연히 그 상황을 타개해야 하기 때문에 신사업분야에 나설 중요성을 크게 인식하고 있었다. 그럼에도 불구하고 제2창업에의 대처가 뒷전이 되는 추세에 있는 것은, 바로 눈앞의 기존사업에 대한 대응으로 집중되어 버리기 때문이다. 이것이 바로 그레삼법칙이다. 이러한 상황을 회피하지 말고 성취하기 위해서는 이 사업계획에 실행가능한 행동계획을 부가하고 종업원 등에 약속(공약)될 것이 효과적으로 알려졌다. 구체적으로는 목표를 명확화하는 것(수치화)에다 언제까지 누가 어느 수준, 어떻게 대응하는지 같은 행동계획을 부가하는 듯한 대응이 불가결이라고 생각된다.

표 5-4 중소기업 신사업전개 경영혁신 3통합개념

신규사업 창출촉진	신사업개척지원	→	중소기업 신사업활동촉진 ① 창 업
	지역사회발전구축		
중소기업 창업창조	기술창업지원		② 경영혁신 소득증가
	연구개방지원		
경영혁신 안정경영	기술향상부과율 향상		③ 신제휴사세확장 외부자원활용
	소득향상고용창출		

제2창업을 염두에 두고 경영자는 이 그레샴의 법칙에 안이하게 빠지지 않기 위해서도 부단한 각오로 신사업분야진출을 결심하고 분명한 의식과 개혁으로 그것을 구체적인 행동에 옮기고 그 진척상황을 세세하게 검증할 필요가 있을 것으로 생각이 든다. 참고로, 도쿄상공회의소의 신산업분야개척 위원회보고서 신산업에 도전하기 위해 구조개혁에 몰두하고 있다.

제3통합개념은 ① 창업, ② 경영혁신, ③ 신제휴로 창업기업의 운영의 효율성을 높이는데 있다

3) 후계자 문제와 제2창업

제2창업은 중소기업의 후계자 문제와도 밀접하게 관련하는 측면이 있다.

즉, 현실에 눈을 돌리는 것은 한마디로 말할 수 없지만 제2창업의 아이콘과 되는 것은 기존사업의 성공체험에 얽매이기 쉬운 현경영자(창업사장도 적지 않다)보다는 세대교체(사업승계)와 권한이양 등을 계기로 야심차게 추진하는 젊은 후계자들이 훨씬 더 많은 것 같다. 최근 중소기업 백서(2004년판)에서도 중소기업의 세대교체와 승계문을 둘러싼 문제에서 어디까지나 일반적이라고 전제한뒤 인간은 나이가 젊은 체력적, 정신적으로도 충실하고 있을 때는 새로운 일, 미지의 일에 도전할 수 있다는 것이지만, 나이를 거듭하는 동안에 체력도 떨어지고 생각도 보수적으로 된다. 기업의 경영자도 마찬가지이다. 경영환경이 변화하는 경영방침을 고치지 않으면 안 되는 시기가 되더라도 경영자의 고령화가 되면 그 사실을 모르거나 또는 알고 있어도 어떻게 고치면 되는가를 모르는 경우가 있어 쇠퇴를 가져온다.

특히 중소기업에 있어서의 현실은 대기업과 다르게 오른 팔이 될 수 있는 사람이 적어 경영자의 능력의 쇠퇴가 그 기업의 존폐까지 영향을 미칠 수 있다는 지적이 있다. 반드시 그러한 예가 있으나 많은 성공사례가 보이는 것을 생각하면 그런 것만은 아닌것 같기도 하다. 하지만 자영업주의 고령화가 급속도로 진행하고 있는 실정을 생각하면 경영자의 고령화라는 국면에 있는 많은 중소기

그림 5-3 경영자의 고령화와 종업원수 성장률

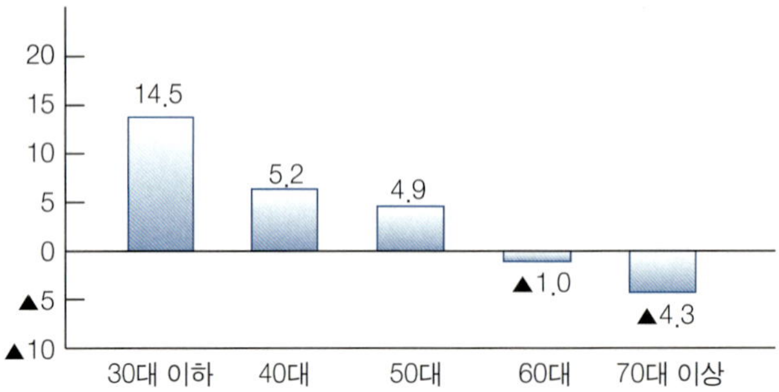

업의 실태에 대해서는 제2창업도 시야에 넣으면서 사업승계를 모색해야 할 때가 와있을 경우도 적지 않을 것으로 추측된다. 가령 경영자승계의 연령을 보면, 선대경영자 나이의 경우 35~39세, 40~44세, 45~49세. 그래서 승계한 경영자가 적당한 나이였다라고 응답하고 있다. 계승년 나이만 있는 것은 아니지만 사업승계가 완료될 때까지 무려 3년 정도의 기간이 필요하다고 알려져 있다. 젊은경영자가 모두 많은 종업원 수 성장률(=기업성장)을 나타내고 있는 것을 고려하면 30대 후반부터 40대 전반이거나 사업승계란 타이밍이 그것을 계기로 제2창업에 이어갈 후계의 적령기라는 전망도 있다.

과거의 성공체험을 가진 현경영자가 시간의 경과와 함께 고령화되고 가는 과정에서 기존사업의 성숙, 쇠락이라는 벽에 부딪쳤을 때 그 성공체험이 보이지 않는 해로움을 준다. 해가 되어 의식개혁하지 않고 제2창업의 계기만 잡을 수 없는 상황에 있다고 하면 어쩌면 그것은 경영자 교체시기로 해야 할 때인지도 모른다(그림 5-3).

3. 정책적으로 지원제도(제2창업)

1) 경제활성화를 위해서 필요성

제2창업에서 보인 새로운 사업분야에 도전하는 중소기업지원은 최근 국가의 중소기업정책의 큰 기둥하나가 되고 있다. 예를 들어 중소기업청은 2005년도 이후 중소기업정책의 방향성으로서 "계속 중소기업금융재생지원에 만전을 기하는 것과 동시에 중소기업의 신사업에 도전을 강력히 지원 응원함으로써 경제활성화와 고용확대를 보다 확실한 것으로 할 필요가 있다."라며 구체적인 정책들을 제시하고 있다. 제시되는 4개의 생각은 기본적으로 향후의 중소기업시책을 전개하는 것을 내놓고 있다. 특히 이 중 제1의 되는 시장에 도전하는 중소기업의 지원을 통한 경제활성화 · 지역재생에 있어서는 벤처같은 신규성 높은 비즈니스 외에도 자금조달 및 판로개척이 충분하지 않은 기존중소기업의 신사업전개에 대해서도 국가로서 지원하는 것이 우리나라의 경제정책이다

신사업창출촉진법, 중소창조법을 통합하고 중소기업신사업활동촉진법(가칭)과 창업경영혁신 · 신제휴(타사의 장점의 보완)를 일관하고 강력지원하는 자세를 밝히고 바로 기존중소기업의 제2창업

사 례 제2창업 이미지

2004년 10월에 발행한 산업기업정보(16-6) 환경변화적응이 요구되는 중소소매업에서는 중소소매업에서 새로운 분야진출의 필요성 등을 고찰한 뒤 6개의 새 분야진출 등 활동사례를 소개하고 있다. 여기에 소개된 사례는 중소의 소매업에 국한된 것이지만 이들은 업종여부에 관계없이 제2창업 활동사례로서 크게 참고할 수 있는 것이므로 꼭 참조하기 바란다.(신용금고중금종합연구소)

대한상공회의소 경영자연합회 등에서 제2창업 등에 관한 학술세미나를 개최하는 등 창업인재육성사업과 제2창업코스 실시 메뉴가 신산업분야에 도전하고 어느 정도 성과를 올리고 있다. 제2창업을 구체적으로 이미지 조성을 하는데 함께 참고가 될 것이다. 마지막으로 제2창업은 90년대 중반이후의 개폐율역전(폐업률이 개업률을 웃도는 상황)을 배경으로 한 창업지원을 확장연상의 각광을 받아온 측면이 있어 창업과 혼합이 되는 경우도 종종있지만 본래는 제2창업과 다른 행위이다.

즉, 창업은 회사설립 등을 동반하는 제로부터 스타트측면이 강하고 그것을 실천한 경험이 없는 사람(근로자 등)에게 어떤 의미에서는 비일상적인 행위로 비치게 된다. 제2창업은 과거창업을 실천했던 창업자 사장 등에서도 사업존속을 전제로 하고 있는한은 창업에 대해서 임박한 문제와 인식하지 않는 것이 통상의 모습이다. 이에 대해서, 제2창업는 기존사업자가 신규사업분야 및 경영혁신 등에 도전하고 가는 것으로 해석된다. 그것을 고려하면 발사대의 고저에는 차이가 있지만, 적어도 이제로부터 시작이 아니라 기존의 경영자의 대부분이 일상적으로 직면한 경영문제 하나로 창업과 비교해서 압도적으로 친밀한 문제라고 느낄 것이다.

그러나 제2창업과 창업에는 공통되는 부분도 있다. 그것은 어느 국면에 두고도 창업가정신(엔트러프러너십)이 중요한 역할을 하는 것이 있다. 일반적으로 기업가정신은 창업에 불가결한 것으로 인식되고 있는 것이 많지만 사실 기존사업자가 상황에 만연한다. 한계감을 타개하고자 제2창업에 도전한다. 그래서 가는 국면에서도 창업때와 마찬가지로 기업가정신 고취가 필요불가결한 것이 있다고 생각된다. 기업력을 가진 중소기업이 기존사업의 라이프사이클에 기인하는 기업의 쇠락을 막고 다시 성장궤도로 돌려서 나가기가 쉽지않다고 하여 네네? 하고 혁신적 도전을 기피한다면 회사의 전망은 무너지고 말것이다. 그러나 이대로는 안 된다라는 위기감에 기초한 다음의 전략적으로 창업에 도전해 가는 창업의 기업가정신의 고양이 많은 기존 중소기업에 확산되어 간다면 우리나라의 경제사회도 지금까지 이상으로 활성화함에 틀림없다. 기존 중소기업 상당수가 친밀한 경영문제로 인식해야 할 제2창업의 향후에 주목한다.

의 지원이 중소기업정책의 중심에 올라서온 모양이다. 이러한 흐름을 받고 정부금융기관의 국민생활금융공고에서는 제2창업을 대상으로 한 새로운 대출제도경영혁신 등 종합지원센터가 설립된다. 창설 및 창업·제2창업지원기능을 강화·충실한 창업지원부를 본점에 신설하는 방향으로 준비가 진행되고 있다. 전국상공회연합회와 상공회의소의 주도아래 전국상공회와 상공회의소가 개최하고 있다.

제2창업학원도 2005년도부터 실시하는 거점을 대폭늘리고 개최할 예정에 있는 등 제2창업을 정책적으로 지원하는 움직임은 그 동안의 창업지원의 경우와 마찬가지로 앞으로도 더욱 활발해지게 될 것 같다. 기존사업에 한계감을 품었다. 제2창업 예비군은 전국방방곡곡에 다수 존재하고 있다고 볼 수 있는 것부터 향후는 이러한 지원움직임도 한층확대를 보이게 된다.

2) 제2창업의 다양화·고도화

지금까지 살펴본 것처럼 전국신용금고에 의한 창업·제2창업지원은 필요에 상응한 다양화(또는 고도화)가 진전하고 있는 것이 실태로 볼 수 있지만, 이는 중소기업이라는 경제주체 본래의 다양성에 기인하고 있는 것이기도 하다. 즉 한마디로 중소기업이라 하더라도 그 성장스테이지마다, 혹은 그 사업규모별에 다양한 경영과제를 안고 있는 것이 그 배경에 있는 것으로 생각된다.

예를 들면, 중소기업의 라이프사이클을 테마에 내건 2017년판 중소기업 백서에서는 중소기업의 성장스테이지(라이프사이클)별 경영과제에 대해서 자세히 분석하고 있다. 이것을 보면, 성장스테이지가 창업기 혹은 성장초기단계에 있는 중소기업에서는 자금조달을 경영과제로 제시되고 있는데 반해 안정과 확대기에 있는 중소기업에서는 자금조달보다 오히려 인재확보와 관련된 경영과제의 중요성이 높아지고 있다는 기미가 엿보인다.

또 같은 조사속에서의 판로개척의 관련에 대해서 보면 모두 성장스테지에서도 판로개척은 중요한 경영과제로서 인식되고 있지만 그 내용에 대해서는 성장 스테이지와 연동하고 상응의 변화를 이루고 있는 상황도 보인다. 즉 창업기 혹은 성장초기의 판로개척에 걸린 경영과제가 마케팅의 관련에 중점을 두고 있는 상황에 있는 반면 제2창업도 시야에 들어가고 있을 수 있다. 안정과 확대기에서는 새로운 제품·상품·서비스의 개발쪽으로 경영과제의 중점이 옮겨지고 있다.

한편 2017년 전국중소기업 경기동향조사에서 "이에 부수해서 소기업의 3~5년 후의 사업전망에 대해서"란 특별조사를 실시, 향후 사업전가의 방향성 등에 대해서 향후의 성장매트릭스 4와 포개며 물었다. 이에 따르면 향후 사업전개의 방향성에 대해서는 현상유지 43.8%로 가장 많았고 이어 새판로·시장개척이 33.2%, 신제품·상품·서비스의 개발이 11.9% 등이다. 다만 이를 종업원 규모별로 분해하면 종업원규모가 작은 업체는 신제품·상품·서비스의 개발, 새판로·시장개척이라는 응답이 떨어지는 경향이 있고, 대신 현상유지라는 응답이 높아지고 있는 것이 실태로 되어 있다.

■현상유지가 뜻하는 바는 무엇인가

이것이 가령 향후전망을 찾지 못한 상황밑에 있는 중소기업에 의한 응답이라면 당면한 곳은 별로 문제가 없다고 할 수도 있다. 그러나 시간의 경과와 함께 시대의 수요도 변화하는 것을 고려하면 조만간 새로운 사업전개의 방향을 모색하면서 그것을 실천할 필요가 있다. 더구나 이미 무책감과 피동성이 있어 진보하지 못하고 현상유지인 경우도 적지않게 보인다고 생각하면 이 현상유지라고 응답한 중소기업에 대해서 어떠한 길을 모색하는 것만이 지원자 가이드에게 요구되고 있는 중요한 포인트의 하나가 아닌가 싶다.

첫머리에서도 말했던 대로 중소기업의 감소경향을 약간이라도 막을 수 있다면 창업의 지원을 강화하는 것은 물론이지만, 그 이상으로 현상유지라고 응답하는 중소기업에 대해서 제2창업에의 이치를 매기는 것의 중요성이 앞으로 갈수록 높아지지 않을까 생각된다. 그리고 만일 제2창업의 주요 담당자가 후계자라면 폭넓은 의미의 사업승계의 지원응원이야말로 최종적으로는 중소기업의 감소세를 막기위한 왕도이다.

신용금고에 의한 창업·제2창업지원은 이미 다양화하고 있어 향후도 그 경향은 계속되어 간다고 보이지만, 향후관계는 사업지원을 포함하여 일체적으로 지원의 중요성이 중소기업의 라이프사이클과 함께 키워드로 한층 높아질 것으로 보인다. 마지막으로 본 고에서는 창업과 두 창업을 한 묶음으로 창업·제2창업으로 정리하여 오지만 특히 제2창업에 대해서는 사람마다 생각은 다양하고 정의와 마음이 아직 충분히 확립되어 있다고 말할 수 없는 것이 실태이다.

성공포인트

1. 나쁜 일에서 행운을 만드러라

세상매사는 동전의 양면성과 같아서 희낙(喜樂)·고애(苦哀)가 교차연주되며 지나간다. 위기는 기회를 동반한다. 나쁜 일에서 행운을 만들어내는 인물, 큰인물은 한결같이 불행에서 행복을 창조하는 능력을 발휘한다. 불행을 접하였을 때 근심과 절망하기 보다는 어떻게하면 행운으로 바꿀 수 있을지 고민하며 행동하라. 그러면 행운은 찾아진다.

2. 늘 생각하고 늘 행동하라

사람이 지혜가 부족해서 실패하는 경우보다는 성실성 부족에서 야기되는 사례가 더 많다. 성실하면 지혜도 생기지만 성실하지 못하면 지혜도 흐려진다. 꿈을 이루기 위해서는 신념·노력·행동 등 삼위일체가 되었을 때 당신의 인생은 당신이 바라는 방향으로 전개될 것이다.

사고와 행동이 결합되면 당신의 운명이 바뀐다. 행동력없는 생각은 무의미하다.

요 약
summation

*** 제2창업의 동기와 지원**

제2창업의 발상적 시점은 기업을 창업하여 의욕적인 성장기를 거쳐 안정적인 성숙의 경영과정을 거치면 자연적으로 찾아오는 것이 쇠퇴기에 직면하게 된다. 이런 시기에 다변화되고 다양하여진 시장구조를 제대로 읽지 못하고 대응하지 못하면 고객은 이탈되고 기업은 위축될 수밖에 없다. 이때 시장동향을 직시하고 새로운 수요창출의 제2창업(두 번째 창업)으로 시장을 회복하고 영역을 넓혀 나간다면 쇠퇴지향적 성장상향곡선을 그려나갈 수 있을 것이다.

*** 제2창업이 주목받는 원인**

제2창업이 갑자기 주목받는 것은 기존기업, 특히 어렵게 존재하는 중소기업 상당수가 거품붕괴이후의 체감경기침체상태 등에서 기존사업에 구체적인 것부터 만연한 것까지 포함해서 "어떻게든 이 상태를 타개하고 싶다"라고 생각하고 있는 것이 그 배경에 있는 것으로 생각된다. 그리고 그 한계감을 가속화하고 있는 것은 모든 경제활동의 라이프사이클이라고 추측된다. 즉 모든 경제활동에는 도입기 → 성장기 → 성숙기 → 쇠퇴기라는 라이프사이클을 따라 이동되고 있다.

* **제2창업을 성공으로 이끌기 위해**

제2창업는 이른바 신규창업과 달리 기존사업을 갖춘 상황에서 대처가 되는 곳에 최대의 특징이 있다. 그러므로 제2창조업 위험을 최소화하고 이를 성공으로 이끌기 위한 최대의 포인트는 우선은 기존사업의 강점을 어떻게 다음전개에 활용할 수 있느냐는 부분에 있다고 생각된다.

* **경제활성화를 위해서 필요성.**

제2창업에서 보인 새로운 사업분야에 도전하는 중소기업지원은 최근 국가의 중소기업정책의 큰 기둥하나가 되고 있다. 예를 들어 중소기업청은 2005년도 이후 중소기업정책의 방향성으로서 "계속 중소기업금융재생지원에 만전을 기하는 것과 동시에 중소기업의 신사업에 도전을 강력히 지원응원함으로써 경제활성화와 고용확대를 보다 확실한 것으로 할 필요가 있다"라며 구체적인 정책들을 제시하고 있다.

* **창업 · 제2창업지원, 다양화 · 고도화**

지금까지 살펴본 것처럼 전국신용금고에 의한 창업 · 제2창업지원은 스스로에 상응의 다양화(또는 고도화)가 진전하고 있는 것이 실태로 볼 수 있지만, 이는 중소기업이라는 경제주체 본래의 다양성에 기인하고 있는 것이기도 하다.

제3절 시니어창업과 여성창업의 필요성

♣ **성공하는 회사의 경영전략**

성공하는 회사는 총체적 목적에 관해서 최고경영진에서 말단직원에 이르기까지 하나의 공감대를 이루고 있다. 아무리 현명한 경영전략이라 할지라도 종사원의 공감을 이끌어 내지 못하면 성과를 이룰 수 없다. 목표의 공유 없이 구성원의 참여와 협력을 얻을 수 없다. 목표를 다른 구성원들과 공유하고 그 과정에서 열의가 불붙을 때 막강한 에너지가 발생한다. 비전과 목표전략을 수립할 때 첫 단계에서부터 구성원의 참여를 유도하는 이유가 역기에 있다.

- 쫀 영 HP 전 회장 -

1. 시니어창업의 필요성

1) 시니어창업의 필요성의 개요

우리나라 평균수명 연장상태를 보면 1945년 8.15 해방 당시의 평균수명은 45세(당시에는 유아조사가 많았음)로부터 2015년에 이르러 수명주기변동을 보면 남자가 78세, 여자가 83세로 평균수명이 80세로 수명이 연장되었다. 이를 보면 70년 사이에 35세의 평균수명이 연장된 것으로 이를 10년 단위로 보면 10년에 5세씩 평균수명이 연장하고 있음을 말해주고 있다.

급속한 고령화사회로 진입한 우리경제는 고용없는 성장의 지속과 경기침체로 인하여 시장경쟁은 날로 심화되어가고 생활경제는 악화되고 있다. 우리나라는 급속한 고령화사회의 형성과 함께 베이비붐 세대의 퇴직이 2010년 이후 본격화되었으며 시니어는 45세 이상 65세까지의 연령기(年令期)를 말하는 것으로 수십년간 직장에서 전문경력을 가진 사람으로, 현재 사회적 이슈로 대두되고 있는 베이비부머의 사회적 특성을 가지고 있다.

베이비부머는 6·25 전쟁이 끝난 직후인 1953년~1963년 간에 태어나 급격한 경제성장의 주역으로 활동하고 1997년 국제통화기금(IMF)외환위기, 2008년 서브프라임 모기지사태에 따른 글로벌금융위기를 모두 경험한 세대들 이다. 베이비부머는 우리나라의 고학력화 제1세대로 약 47%가 고졸, 27%가 대졸이상의 고등교육을 이수하는 등 양질의 교육훈련을 받고 노동시장에 진입하여 산업화의 원동력 역할을 하여 왔으며, 2010년 베이비부머가 약 732.6만명으로 전체인구의 14.6%를 차지하며, 2010년부터 본격적으로 은퇴가 시작되었으며 베이비붐 세대의 경제활동 참가율은 75.9%에 달하고 있다.

2011년 통계청 발표에 의하면 매년 수십만 개의 사업체가 생겨나고 있으나 생존 및 성공확률은 낮은 수준이다. 2004~2010년 사업체의 생성·소멸현황 분석결과에 따르면 해당기간 동안 연평균 59만 5336개 사업체가 새로 생기고 57만 7501개사가 휴업 또는 폐업을 하였다. 신생업체가 휴업이나 폐업을 하지 않고 버티는 기간을 의미하는 생존율을 보면 1년 평균 생존율은 평균 72.6% 수준이지만 해가 지나가면서 생존율은 계속 떨어져 2년차에는 56.5%, 3년차에는 46.4%만이 살아남는 등 신설사업체중 절반이 2~3년 내에 문을 닫으며 5년후 생존율은 33%에 불과하였다.

개인사업자 창업동향을 살펴보면 매년 100만명에 육박하는 개인사업자가 창업을 하고 있으며, 개인사업자 업종별로는 도·소매업(22.2%)과 음식·숙박업(10.3%)이며 30% 이상을 차지할 만큼 생계형 자영업에 종사하는 비중이 가장 높다. 그러나 시니어의 법인창업은 생계형 창업이 아닌, 제조업·지식서비스업 등 축적된 기술과 지식을 활용한 창업이 주류였다. 따라서 일자리 중심의 창조경제실현을 위해서는 보다 많은 시니어경력창업이 이루어져 고용증대와 수명주기가 오래가는 장수기업의 바탕이 이루어져야 한다. 이에 따라 본 연구는 창업기업이 성장하는 창업–생존–성장–성공–장수의 성공경로 및 단계별 성공요인을 파악하고 이러한 경력창업을 성공적으로 이끌어 갈 수 있도록 준비와 정책의 뒤받침이 필수요건이라 하겠다.

2) 사회구조변화에 대응력

다가오는 100세 시대의 사회구조에 대응하여, 세대 간 일자리 나누기, 유연화 등 고용증대정책과 패러다임을 정립해 나가는 것이 급선무라고 생각되나 근본적인 생산의 바탕없이 일자리를 만들어 낼 수 있느냐가 관건이다. 그러기 때문에 퇴직한 시니어의 경력과 적성에 맞춰 창업이 이루어져 성공적으로 기업을 성장시킴으로써 경제적 성장과 일자리가 생겨남으로 취업의 노동시장은 확대될 것이다.

시니어의 창업설계는 창업자 본인의 투철한 기업가적 정신의 토대위에 다양한 지원 정책 마련이 필요로 하다. 일자리를 창출하고 경제적 격차를 줄이기 위한 방안의 하나로 실패없는 창업을 이루기 위해서는 기술적 업무적 경험을 가지고 있는 시니어창업 제시되고 있다. 창업에 대한 연구와 정부정책의 지원은 이미 오래전부터 시행되어 왔다. 그러나 성공률이 떨어진 것은 기업가정신 등 창업정신에 대한 기존연구들과 비교하여 본 시니어창업에 대한 연구는 양적, 질적으로 미미하다. 창업성공요인의 품질활동에 대한 요인을 추가하였다. 품질활동에 대한 의식이 기존경영자에게 중요하다고 인식되고는 있지만 창업품질에 대한 의식은 미미하다

이러한 사회적·경제적 문제에 따라 정부는 정체된 고용환경과 창조경제의 밑거름을 위해서 새로운 일자리창출을 위한 적극적인 대응방안으로 시니어세대의 경험과 전문성의 잠재자원을 효율적으로 활용할 수 있는 사회적 네트워크를 조성하는 시니어창업육성정책을 본격적으로 실시하고 있다(중소기업청, 2010).

정부의 시니어창업육성책은 시장에서의 실패를 줄이기 위하여 준비된 창업을 위한 정보제공 및 교육기반확충 등에 초점을 두고 있으며 유망업종 사업모델개발과 보급방안으로 희망창업형, 경력활용형, 문화연계형, 사회봉사형 등으로 세분화하여 업종을 개발하고 있다.

이와 같은 정부의 대응방안에도 불구하고 시니어창업은 이들 세대가 차지하는 사회적 비중과 중요성을 감안할 때, 적극적인 대응방안이 요구된다 하겠다. 급변하는 경제적 환경에서 새로운 경쟁력을 조성하려면 차별화된 시니어세대의 특성적 지식을 토대로 시니어창업의 성공을 위한 다양한 정책연구가 실현되어야 할 것이다.

시니어창업의 핵심은 혁신적인 아이디어와 차별화된 도전정신으로 창업품질에 대한 정의를 내리고, 시니어창업 초기단계에서부터 성장과 존속 성공요인에 대한 연구와 모델을 제안하고 신성장동력의 모델을 구축함에 있다.

성장단계별 요인은 첫 단계인 창업단계에서는 아이디어도출, 사업화 가능성검토·평가, 초기제품화를 실행하는 단계로 창업자의 역할이 가장 중요하다. 둘째로 성장단계에 있어서 생산제품출시와 판매가 일어나는 시기로 생산장비와 생산효율성 제고와 원가절감연구개발 역량확충이 필요로 하며 셋째, 성숙단계에서는 기업성장률이 산업의 평균성장률에 수렴하는 단계로 성장유지를 위한 제품다각화 및 사업다각화가 중요하다.

3) 시니어창업의 정의

창업과 가업가정신연구에서 시니어창업의 역할의 중요성이 새롭게 대두되고 있다. 가업가정신 연구는 비단 경영학분야에서 뿐만 아니라 사회학, 경제학, 심리학 등이다. 기업의 환경적 불확실 속에서 혁신적으로 대응하고 개발하는 기업가정신의 특성을 규명하는 연구에서 기업의 창업프로세스와 기업성장에 새롭게 동기부여의 요인으로 적용되고 있다.

(1) 시니어창업의 중요성과 특성

우리나라는 경제발전과 더불어 수명주기가 빠른 속도로 진행되어 고령화사회로 진입하고 있다. 우리나라 산업의 중추적 역할을 해온 베이비붐 세대들이 퇴직년기에 진입하면서 이들에 대한 일자리 문제가 사회적 과제로 대두되기 시작하였다.

2009년부터 총 712만명으로 추산되는 베이비붐 세대가 은퇴가 시작되면 50세 이상의 인구비중이 2005년 23.8%에서 매년증가하여 2010년에는 29.1%, 2018년에는 37.4%에 달해 1,866만명에 이를 것으로 추산되고 있다(통계청, 2010). 시니어세대의 경제참가율이 저하의 속도가 지속되면 중고령 실업자는 현재(2009) 10만명 수준에서 27.6만명으로 더욱 증가될 것으로 예측되고 있다(한국고용정보원, 2009).

시니어세대의 특성은 지난반세기 동안 사회·경제의 급변속에서 성장동력의 역할을 담당해 왔으며 경제적 사회적 책임과 함께 가정의 책임까지 성실이 수행한 세대이다. 어려웠던 농업기반경제구조에서 지식정보사회로 변화를 이끌어낸 중심세대로 평가받고 있다(한국노인인력개발원, 2010). 이러한 시니어세대는 과거세대와는 다른 은퇴를 실현화기회로 또는 제3의 인생으로 간주하여 기존세대에 비하여 합리적이고 미래지향적인 사고와 생활의식을 보유하고 있다.

(2) 기존 고령자세대와 베이비붐세대 차이비교

구 분	기존 노년층	베이비붐 세대
생활양식	보수, 비관적, 인생관	합리적, 미래지향적
노년기 의식	인생의 종말기	자기실형, 제3의 인생
삶의 태도	검소, 소박, 무취미	여유, 즐김, 다양한 취미
독립성	자녀 등에 의지	강한 독립성, 사회시스템에 의지
노후설계	자녀세대에 의지	계획적인 노후설계
가치관	노인은 노인답게	나이와 젊음은 별개
레저관	일미, 재미, 여가는 수단뿐	여가자체의 목적화
자산처분	자녀에게 상속	자기를 위한 처분
여행형태	친목단체 등 단체여행	여유있는 부부여행
취미생활	단순오락, 노인끼리 교류	취미다양화, 다른 세대와 교류
생활스타일	한국식 선호	타문화 교류적 생활

(3) 우리나라 산업구조

다생(창업)이 많은 원인 창업신드롬과 불확실한 소상공인창업 우리나라의 산업구조가 노동절약적으로 바뀌고 있는 가운데 IMF 외환위기이후 기업도산으로 해외이전 등으로 인해 유휴인력이 늘어나면서 생활형 창업이 급증하고 있다. 사양산업에서도 구조조정지연에 따라 취약업종이 발생하였고 이들 업종의 수익성이 저하되면서 양극화 심화요인으로 작용하고 있다.

이들 업종들이 중소기업·사회복지정책의 사각지대에 존재함에 따라 방치할 경우 경제·사회전반의 구조적 문제로 부각될 우려가 있다. 또한 급변하는 기업환경에 따라 혁신선도 또는 잠재혁신집단에 있던 제조업·서비스업 일지라도 어느 순간 한계기업이 될 수 있는 것이 현실이며, 이 경우 퇴직인력들은 진입장벽이 낮은 생활형 개인서비스 부문으로 진입할 가능성이 높다.

매년 새로 생기고 사라지는 자영업자들의 수는 불확실하게 많은 숫자를 나타내고 있다. 한국외식산업협회, 소상공인진흥원에서 발표한 자영업자 통계자료에 따르면 매년 60만개가 창업되고 비슷한 규모인 58만개가 폐업된다고 한다. 그야말로 끊임없이 새로 생기고 사라지는 것이 반복되고 있다. 이렇게 자영업이 다산다사구조를 갖게된 원인으로는 여러 가지 원인이 있을 것이다. 과연 그 이유는 무엇일까?

단적으로 말하면 진입장벽이 비교적 낮은 소자본창업이 늘었고 창업에 대한 준비가 미흡한 상태에서 진입한다는 것이다. 유사업체의 난립으로 경쟁이 치열해지면서 휴·폐업이 늘어난 것으로 분석된다. 매년 수많은 자영업자가 생겨났다가 사라지는 것을 막기 위해서는 다양한 업종개발을 통한 개개인의 특성에 맞는 창업수요를 흡수하도록 하는 것이 필요한 방법의 하나로 제시되며, 무작정 창업에 뛰어들기보다는 철저한 시장조사 후 진입하여 보다 안정적으로 출발하는 것이 필수요건이다(출처 : 창업정보 2012. 12. 4).

4) 창업성공요인

창업성공요인은 창업자 개인능력, 사회적 인프라, 품질활동, 사업의 매력도와 창업의 적합도로 나눌 수 있다. 본 절에서 설정한 조절변수들의 선행연구에서는 모두 유의한 영향을 미치고 있으나, 시니어창업에 영향을 주는 활동요인관계의 유의한 정도를 집단별로 비교분석을 통해 연구결과에 따른 도출된 시사점의 일반화 및 사실화에 집중할 필요성이 있다. 시니어창업과 성공요인과 관련된 활동요인 간에는 서로 유기적인 영향을 미치고 있음을 통해 실제창업에서 얼마만큼의 인과관계를 형성하고 있는지 검정하고 시사점을 도출하고자 하였다.

시니어창업의 동기가 성과에 미치는 영향은 성공을 위한 창업품질, 요인분석 및 실증연구로 중요국가들이 시니어(유경험)창업의 활성화를 강조하는 이유는 크게 세 가지로 분류요약해 볼 수 있다. 첫째는 취업난에 따른 고학력실업이 사회적 문제로 대두되고 있어 이를 해결하려는 방법의 하나로 창직창업(創職創業)이 부상하고 있으며, 둘째로는 IT와 기계의 융합은 산업의 성장과 고용증대의 비례를 가져오지 못하여 고용창출의 한계에 도달하고 있기 때문이다. 셋째는 창조경제의 핵심은 새로운 아이디어 산업육성으로 경제적 저축을 이루고자 하는데 있는바. 참신한 젊은이들의 벤처창업과 유경험시니어들 잠재적 기술력의 창업을 통해 국가차원의 새로운 성장동력의 활성화에 목적이 있다하겠다.

시니어 창업동기가 성공에 영향을 미치는 것은 창업자의 전문성 및 의지와 사업에 필요한 요소등이 사업의 매력도와 자사적합도에 영향을 미치고 사업의 매력도와 창업의 적합도는 창업성공에 영향을 미칠 수 있음을 제안하였다.

그리고 창업의 적합도는 활동요인과 연계되어 창업성과에 미치는 구조적으로 파악하여 개념간 인과관계를 실증분석하여 시사점을 도출하는데 연구의 목적이 있다.

성공적인 시니어창업을 위해 창업성공에 영향을 미치는 창업자의 전문성 및 의지와 사업성에 필요한 요소들이 사업의 매력도와 창업역량의 적합도와의 조화를 이루고 사업성의 매력도와 창업의

그림 5-4 시니어(Senior)의 창업이 성공, 실천,성과도출 구조모형

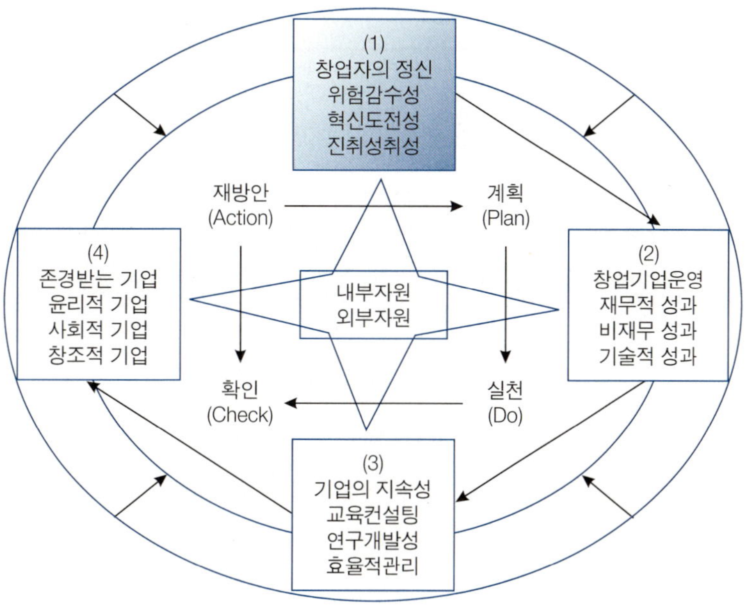

출처 : 시니어창업 성공을 위한 성공요약 모형도 작성

적합도는 창업성공에 영향을 미칠 수 있다는 것이다

2. 여성창업의 필요성

1) 고급인력의 활용과 경제. 사회의 발전

(1) 산업구조변화와 여성인력

성 기업가의 수는 확대되고 있으며 업종도 다양하게 확대되어 가는 것으로 보인다. 산업구조는 노동집약생산구조에서 지식집약구조로 변화되어 가고 있다. 정신노동의 수가 늘어남으로서 고 기능적 여성인력의 필요의 장이 넓어지고 창업의 필요성도 대두되고 있다. 현실은 여성 기업가의 수에 관해서는 합계가 나오지 않으므로 정확한 수는 파악 못하지만, 여성 기업가의 수는 상상외로 그리많지 않다. 한편 대마(2002)에 따르면 미국, 캐나다, 프랑스, 스웨덴 등의 이들 나라에서는 일찍부터 여성 고용확대나 승진 등의 면에서 노력하고 구조변화를 촉구한 결과, 사회제도와 지원제도에 충실하여 여성의 고학력화와 함께 여성의 노동능률이 높아지면서 결과적으로 여성의 관리직에 비중이 높아지고 여성들이 창업개업하는 수도 많아 졌다. 그러나 한국의 경우는 고학력화만이 선진국가가 상위에 있으면서, 여성 관리직의 비율도 여성 경영자의 증가속도도 선진국 중에서는 최저등급이다. 사실은 인재를 효율적 활용이란 측면으로도 한국전체의 경제발전에 마이너스이다.

(2) 본 난기술의 목적

여성 기업인의 정의와 개념은 여성 기업인에 대한 명확한 정의는 없지만, 일반적으로 개인사업주도 포함한 일을 일으킨 여성전반을 가리키는 경우가 많다. 그러나 본 란(欄)에서는 여성 기업가란 자신의 아이디어에서 사업을 만들고 회사가 제공하는 서비스나 상품, 일자리가 사회에 적잖은 그림자를 주는 기업을 오랜 세월에 걸쳐서 운영하는 여성으로 정의했다. 그래서 개인사업주는 여성 기업가는 다르다.

여성 기업가가 어떻게 사업아이디어인 사업기회를 발견하고 그것을 실현하기 위해서 어떤 전략을 세우고 사업을 확대하고 성공하고 갔는지, 어디에 여성의 강점을 살렸는지 사례베스트리서치에 의해서 그 요인을 밝히고 분류함으로써 나중에 이어 여성 기업인의 자신은 어떤 타입에 속하는 어떤 전략으로 창업하면 성공의 방정식에 가까운지를 알고 용기를 갖고 창업에 도전하게 되는 것을 목적으로 한다.

2) 여성 기업인 현황

(1) 한국의 여성 기업인 현황

한국에서는 여성 기업인에 관한 연구는 거의 이루어지지 않아 또 그 전체상을 파악한 체계적 데이터도 부족하다. 그래서 늘어나고 있다고 논하는 사람이나 줄고 있거나 제자리걸음이라고 논하는 사람도 있다.

(2) 일본의 경우

2009년의 여성 사장수의 비율은 전체의 5.8%로 낮고, 또 여성사장취임 패턴 중 창업자가 전체의 16%를 차지하면서 일본의 여성 기업가 비율을 유추하면 불과 전체의 약 0.8%로 매우 적다. 이 사실을 반영하도록 2009년 남성의 기업활동율에 대한 일본여성 기업활동율이 선진국중 최저수준에 있다.

(3) 미국의 여성 기업인 현황

미국 여성 기업가의 상황은 어떨까. 1982년부터 1999년까지 미국의 여성 기업인 기업수는 2.03배, 고용자 수는 4.2배, 매출은 5.4배로 급증했다. 1997년부터 2004년까지 여성 소유기업 수는 전 미국기업인 수의 14% 증가하고 이는 전체 기업평균의 2배의 비율인 고용은 미국평균 1.5배의 30%의 비율로 증대했다, 매출은 미국평균과 비슷한 40%성장하던 요인으로서는 미국의 관련 정부차원에서 여성 기업인 지원활동이 매우 크게 실시된 것이다. 미국정부가 여성 기업인 지원제도를 확충하는 이유로 미국의 소수자배려와 불균형을 시정해야한다는 생각으로 보인다. 이들의 지원성과가 있어 2007년의 미국 여성 기업전체의 28.7%에 이르고 있다.

(4) 여성 기업가의 특징

여성 기업가의 경영적 특징은

- 사업분야는 소매업, 음식점, 개인 서비스업이 많다.
- 확대지향이 약하다.
- 창업시 인재확보에 개인적 네트워크를 활용
- 기업규모와 소득이 작다.
- 관리경험자 비율이 낮다.
- 일을 좋아하는 것과 취미와 특기의 활용이 사업분야의 결정이유가 돼는 비율이 높은 것으로

꼽힌다.

이들 각각의 특징은 그 이외의 여성 기업인이 지닌 특징과 서로 영향을 주고 받고있는 결과라고 생각되지만 한편으로는 기존의 조사에서는 드러나지 않은 여성 기업가가 갖는 특성도 중요한 요인이 추측된다고 하고 있다. 또 오이시(2000)는 여성 기업가의 특징의 하나로서 처음엔 개인사업으로 사업을 시작하고 실적에 따라 서서히 유한회사, 주식회사로 성장시키는 듯한 초기투자가 적은 저부담경영을 꼽았다. "작게 낳아서 크게 키운다" 방법은 육아와 닮았고 아이를 키우는 기회가 많은 여성에게는 땅에 발이 달린 효과적인 수단이다. 또 여성 경영자는 여성을 고용하는 비율이 높아 자신이 조직속에서 느낀것이나 육아와 일의 양립에 고생한 것 등을 살리고 근로조건을 고려하는 경우가 많고 여성의 활용이 잘하는 것도 여성 경영자만의 것이라고 지적하고 있다. 이상의 선행연구에서 여성 기업가의 특징을 ① 고객이 여성 혹은 아이이며, ② 여성 종업원의 인적자원의 활용이 잘, ③ 소자본으로 만들어, ④ 사업아이디어 및 경영에 여성의 감성을 살리고 있는 점이라면 사례분석을 할 때 각 여성 기업인이 이들의 특징을 얼마나 갖췄는지에 의해서, 그 여성 기업인 여성 기업가로서의 특징이 높은지 낮은지를 측정하는 기준으로 했다.

3) 이념의 중요성과 사례연구

(1) 이념의 중요성

사례를 분석하고 여성 기업인과 이념의 관계가 매우 큰 것 아니냐고 느끼고 이하의 가설을 설정했다. 아이디어 발견기+설립초기+사업확장기의 모든 과정에서 이념이 큰 영향을 끼치는 것 아닌지. 이념의 유무, 강약, 범위가 그 후의 경영스타일이나 기업존속 기간에까지 영향을 주는 것은 아닌지 알아야 한다.

본 론의 이념은 원래 기업가들이 사회에 대해서 갖고있던 문제의식에 자신이 일으킨 사업을 통해서 변혁하고 싶다는 생각이다.

(2) 사례연구

사례연구할 때 케이스의 선정기준을 정했다. 자신의 아이디어로 스스로 사업을 일으킨 여성 사업가이자 그 사업에 관해서 약 10년의 커리어가 있고 그 기업이 제공하는 서비스와 상품, 일자리가 사회에 적잖은 영향을 주는 것 두 가지의 기준에 업종 및 여성 기업가의 유형이 현저하게 치우치지 않도록 배려하는 것을 선택하였다.

사례 1 주식회사 워크라이프 밸런스 코무로 요시에

코무로가 2006년에 설립한 (주)워크라이프 밸런스사는 육아, 케어, 정신적 결핍 등의 여러 이유로 직장을 휴직하는 사원이 순조롭게 복귀할 수 있도록 지원하는 프로그램의 제공 및 기업의 워크라이프 밸런스의 컨설팅 사업 등을 전개하는 회사이다. armo는 200개 이상에서 도입실적이 있어 코무로가 워크라위프균형 컨설팅에 연루된 기업은 600곳 이상에 이른다. 이른바 코무로는 일본의 워크라이프 밸런스 실천을 대표하는 인물이다.

코무로는 이념이 강한 여성 기업가의 특징이 높은 여성 기업인이다. 가정환경에 대해서는 코무로의 생육환경에 관한 자료는 못 찾고 확인되지 않았다. 비즈니스 스킬에 관해서는 인턴을 하던 벤처기업에서 경영이익의 8할을 혼자 남기거나 시세이도 시대에 사내벤처를 창업성공으로 이끄는 등 창업전의 비즈니스 스킬은 높았다. 창업후는 워크라이프 밸런스의 개념을 넓히고자 저술과 강연회, 내각부의 워크라이프 밸런스에 관한 위원회에서 임원을 맡기면서 자신이 이 분야의 제일인자로서 활약함으로써 회사의 브랜드가치도 동시에 향상시키고 있다.

사례 2 주식회사 하노버·스토리이 히노 가혜자

(주)허어, 스토리이는 히노가 비즈니스 파트너의 사토 미도리와 1990년에 설립한 회사이다, 여성, 특히 주부를 전문으로 한 마케팅 리서치 및 컨설팅이 주요 사업에서 주부 마케팅분야에서는 선구자적인 존재이다. 히노는 기업가로서의 특징적인 부분은 끈기이다. 자본금도 적고 설립 당초 1990년은 요즘처럼 여성의 기업에 대한 이해되지 않는 시대에서 더구나 효과적인 비즈니스 모델을 그녀자신도 확립하지 않았는데도 불구하고 여러 차례 곤경을 극복하는 사업을 확대했다. 이 끈기의 근원을 생각할 때 원래 자신의 성격도 그렇지만, "세상에 주부의 힘을 나타내고 싶다"는 강한 이념을 했다는 것도 원인중 하나로 컸다고 생각된다. 또 괴로울 때 서로를 격려하면서 비즈니스 파트너의 사토 미도리의 존재도 히노가 포기하지 않고 사업을 계속할 수 있었던 큰 요인으로 보인다. 구체적인 전략에 대해서는 주부를 받을 뿐만 아니라 배우는 장을 마련하거나 교류의 장을 마련하여 커뮤니티를 형성하기 위한 고민이 타사에 대한 경쟁우위가 되었다.

(3) 사례연구 요약

사례분석에서 알게 된 것은 분석한 사례 2의 여성 기업가의 사례에서 드러난 것을 설명한다(이념의 중요성).

사례분석하고 이념이 아이디어 발견기+설립초기+사업확장기의 모든 과정에서 큰 영향을 끼치는 것은 아니지만 이념의 유무, 강약, 범위가 그후의 경영스타일이나 기업존속 기간에까지 영향을 주는 것으로 인식되었다. 또 본 론에서 이념이란 원래 기업가들이 사회에 대해서 갖고있던 문제의식에 자신이 일으킨 사업을 통해서 변혁하고 싶다는 사회기업가적인 것이다. 이념이 강한 여성 기업가와 이념보다는 자신이 창업가로서 성공하고 싶은 마음이 강한 캐리어 달성형의 경우와 느리지는 않지만 자신의 이념을 달성하기 위해서 끈질기게, 착실하게 사업을 확대하는 경향을 보였다.

3. 여성×시니어의 창업성공사례

1) 어머니의 손맛으로 지역경제부흥!

문전성시 반찬뷔페점, 후쿠이 현에 평일 낮에도 문전성시 채소뷔페식 음식점은 상당한 유명점이 되어 있다. 그 가게가 입지하고 있는 곳은 후쿠이시와 에치젠시에서 차량으로 수십분 걸리는 외딴곳에 위치하고 있다. 사람들의 말에 의하면 외진곳에 있는 반찬가게가 순조롭게 고객을 모으고 인기음식점이 되었다는 것이다.

(1) 지은베에의 사람됨

입지&건물은 옛 오다마을의 산간에 전원지대에 들어있기 때문에 인구는 약 5,000명의 사람들이 사는 작은 마을이다. 오다 노부나가공을 배출한 일가의 발원지로 하여 노부나가공을 수호신으로 숭상한, 에치젠 니노미야이기도의 검신사의 문전에 지은베에 점포가 있다. 그 개점전에는 오타쵸우상공회(당시)에 관광안내소로 사용하고 있었다. 검신사는 유서있는 회사이지만 첫 참배 등 제철을 제외하고 참배자는 많지 않다. 오너 점장님이신 하야시 타에코 씨는 창업에 해당하므로 지은베에이 검신사의 관광거점이 된다는 것을 목적에 두고 있었다.

(2) 메뉴&서비스

메뉴는 말 그대로 무공해천연의 맛 그대로의 반찬이다. 모리점장을 비롯한 시니어세대의 현지의 아주머니 집이 있다. 사계절의 식단과 사계절을 통한 차례메뉴는 총 40여 가지 내외로 갖추고 있다.

① 수제품의 맛

그리고 어머니의 맛 재료를 냉동보존하고 사용하는 이른바 냉동식품 등의 가공품은 일절 쓰지않고 모두 지역생산품 소재로의 수제품이다.

현역 어머니들이 레시피연구 및 개발을 실시하고 옛 어머니의 맛을 재현하고 있다.

② 제철 맛 & 신토불이

전국 각지에서 엄선된 제철식재료를 사용하여 사계절 음식을 제공. 또 신토불이도 당점의 큰 주제이며, 현지 농가와 제기종사한 자가 채소밭을 운영하고 그날 나온 신선한 재료도 제공하고 있다.

③ 뷔페점심

세금포함 735엔으로 시간 무제한의 뷔페콘서트 서비스, 가게안에 늘어선 약 40종의 메뉴에서 좋고 큰 것을 자유롭게 선택하고 먹을 수 있다. 다음에 필요한 메뉴는 팩으로 사서 돌아가는 시스템이 인기를 끌었다.

(3) 진베에 고객

진베에의 고객층은 현지인들로부터 남녀노소와 관광객들로 다양하다. 절정의 런치시간대는 후쿠이시나 사바에 시같은 시가지에서 중장년 주부층을 중심으로 한 손님이 오며 동시에 비즈니스 고객도 눈에 띈다. 주말은 하미리 관광객과 젊은 커플 등의 모습도 보이고 피크가 지난 시간에는 그 지역의 주부나 통근후에 돌아오는 취업 주부층이 반찬을 구하러 온다

(4) 창업 및 지원의 경위

창업자인 임씨가 후쿠이현의 산업지원센터를 찾은 것은 2004년 봄, 도쿄에서 레스트랜 경영의 경력을 가진 임씨가 정년을 계기로 귀성했다, 늙은 어머니의 모습을 보며 일하려고 집을 개장하다 반찬가게 개업을 결심한 것이다.

후쿠이현에서는 당시 개업특별지원자금이라고 하는 우대형 창업자대상 대출제도를 시작했으며, 창업지원 담당자가 지원(서포트)하기로 해서 산업지원센터의 코디네이트 이네-타인 츠다 균 진단사(현 후쿠이 현 중소기업 진단사 협회회장)와 2인 체제로 컨셉과 사업계획을 갈고 닦았다. 동시에 현지 에쯔젠 쵸우 상공회의 경영지도원과도 연계하고 현지 및 금융기관과의 협상 등을 도왔다.

계획을 구체화하는 단계에 있어서는, 콘서트세프토에 맞는 점포설계를 잘하는 건축디자이너를 소개하고 개축에서 로고디자인까지 전체설계를 작성했다. 대출제도의 활용, 인력채용은 순조롭게 나아가서 후쿠이 호우의 부흥수요영향으로 시공이 예정보다 늦어지는 사고는 있었으나 2004년 10월 진베에 개점의 날을 맞은 것이다.

(5) 진베에의 사업전개

진베에는 수제품반찬의 테이크아웃, 735엔하는 점심부페의 두 가지로 하는 사업을 시작하고, 당초는 현지 수요의 획득에 주안점을 뒀는데 인적이 드문곳의 개업은 반대로 성공한 면이 있다.

현지 음식점이 적어지고 있는 것과 관혼상제 등 검소화도 있으며, 인근의 제사에 도시락주문 등도 도움이 되었다. 지역침투는 의외로 빨리진행되고 지역신문 등 언론의 소개나 소문 등 손님에게도 순조롭게 인지되었다. 그러나 당초부터 인터넷 등에서의 정보발신인도 의식하고 명절요리는 현의 전문화 파견제도도 활용하고 사용하였으며 홈페이지와 인터넷판매도 자연스럽게 매년완판되는 인기상품이 되었다. 또 여성의 창업, 시니어창업, 코뮤니테 비즈니스의 성공사례로도 주목받고 현내의 음식점관계자는 물론, 행정과 민간의 도시관계자에게도 입소문을 늘리는 효과도 거두었다. 수제품의 맛, 어머니의 맛, 제철의 맛에서 오는 맛을 근간으로 분위기 있는 가게다.

2) 진베에의 비즈니스 모델

(1) 창업의 목적(사명, 이념)

진베에 대표인 임씨에게 창업상담하러 찾아온다. 사업의 목적과 의도, 아이디어 등 진베에의 매장 10개소, 기업진단뉴스 2014년 9월 특집, 손익사업계획서 등을 제시하였다. 같은 지역을 활용하고 싶다는 열정이 담겼다. 생활하는 것만을 생각한다면 그 필요가 없는 임씨가 창업에 나선 것은 자신의 이익때문이 아니다, 오래 떠나 있었던 망향의 애향심이었다.

고향생각을 형상화하기 위해서 “지역과 접목을, 지역의 자원을 사용한 비즈니스로 해결하고 지역을 활성화시키려는 것”을 카페니티 비즈니스라고 정의한다면, 하야시씨라고 진베에는 바로 그것이다. 그리고 일반적으로는 커뮤니티 비즈니스 일꾼으로 여성이나 시니어판이 먼저 들 수 있지만, 공교롭게도 임씨는 그 양쪽을 겸비했고 그것이 진베에 비즈니스 모델에 잘 살린 것이다.

(2) 소통의 장으로

하야시씨가 진정으로 팔고싶은 것은 반찬도 점심도 아닌, 찾는 사람끼리 다시 찾아온 사람과 오다라는 도시가 소통의 장이 되는 것이었다. 웃는 얼굴로 서로 소통하기 위한 툴로서 40여 종류의 맛있는 반찬이 마련된 것이다.

(3) 진짜의 상품, 파격인 서비스

그 장을 물들이는 주역의 반찬은 진짜 어머니의 맛을 추구한 음식(飮食)이다. 조림을 중심으로 크로켓과 돈가스, 생선튀김, 스파게티나 샐러드 등의 양식, 탕수육, 마파두부인 중국음식의 식탁을 채색하는 주역들이 결코 넓지 않은 점내에서 이루어진다. 재료를 최대한 그 지방산을 사용하지만 그것에도 구애되지않고, 전국 각지의 제철의 소재를 수주해서 아낌없이 투입한다. 한끼에 735

엔으로 무제한이라는 점심뷔페, 파격적인 가격설정, 맛있고 풍부한 메뉴에서 단연 우세의 상품이다.

(4) 시니어 일자리의 장으로

진베에의 점원은 모든 지역의 60세대를 중심으로 하는 노년층, 전문인력 샌드타 등도 활용하고 채용하고 있다. 현재 소스탓후는 임씨를 포함하여 10명이지만, 과소한 도시에서 걸어다닐 수 있는 곳으로 이 정도의 일자리를 만드는 효과는 매우 값지다. 현지직원들이 건강하게 일하고 있으므로 그들과 소통을 요구하는 지역주부들이 늘어나고 있다. 또, 네트워크 조성은 관혼상제(冠婚喪祭)의 음식문화변화의 요구에 따라 제사, 혼사, 경사의 음식과 일반도시락 등의 수주도 늘어나고 있다. 시니어 스태프들도 일상의 생활의 양식을 얻기 위해서라기보다 밖에서 일하기 위해서는 상황요구의 의미가 강하다.

(5) 신토불이의 추진

지역오다를 어필하고 또 제철음식을 즐겁게 그리고 받는 의미에서 모든 재료를 현지산에 하고싶은 것이 사실이지만 지역농산물은 종류나 양이 한정된다. 그 현실을 받아들이고 전국의 맛있는 재료를 얻는다. 한편, 임씨가 상속한 논밭을 활용하여 스스로 만들 수 있는 것은 만들어 가는 자급자족을 하고 있다. 현지농가와 제휴하고 3반의 밭에서 무, 가지 등 순무, 고-야, 호박 등 20종류 이상의 여름야채를 재배한다. 그날 아침에 순한 안심, 안전한 제철식 재료를 고객이 먹어주는 것은 다른 가게에는 없는 가치이다.

(6) 정보의 발신

그는 진베에를 오리다나 에쯔젠정의 장점을 전달하는 자리로서 파악하고 당초부터 정보발신을 위해서 IT활용을 염두에 뒀다. 결코 밝히지 않았지만 만학도로서 후크이 산업지원센터의 IT강좌에 다니며 스킬을 몸에 익히고 홈페이지를 개설, 또 블로그, Facebook과 그 폭을 넓히고 있다. 온라인 샵에서는 명절에는 오르되브르와, 각종 반찬을 자신과 조합에서 판매할 수 있도록 하고 있다. 이것도 에쯔젠, 오리다의 손 맛을 전국에 발산하기 위한 시금석이 되었다.

성공포인트

1. 자기금정(自己昑靜)

민주사회에서 대중적인 평가도 중요하지만 시대흐름의 시류에 의한 평가보다는 정도에 의한 세인의 금정적인 평가가 영원하리라. 자신의 행위에 대해서 스스로 판단할 수 있다. 자기관리의 기본이다. 스스로 내리는 자기평가야 말로 가장 정확한 평가일 것이다. 정당한 노력으로 소신을 기울였다면 언젠가는 정당한 평가를 받을 수 있다는 것을 믿어라.

2. 금정적인 사고로 성공하려면 성공한 사람처럼 행동하라

성공한 사람처럼 행동하면 당신은 성공을 향하여 나가고 있는 것이다. 성공과 실패는 드러난 사실이 아니라 그것을 느끼는 사람의 마음속에서 시작된다. 마음을 금정적인 상태로 유지하면 첫째, 인생을 활기차게 살 수 있는 꿈을 그리게 되고, 둘째, 할 수 있다는 신념으로, 셋째, 행동력을 높일 수 있다. 행복의 싹은 위기와 재난속에서 깃들어 있다. 문제를 해결하는 방법은 뜻밖의 기회에서 찾아오기도 한다. 긍정적인 노력이 기회의 문이 열린다.

요 약
summation

＊ 시니어창업의 필요성

베이비부머는 6·25 전쟁이 끝난 직후인 1953년~1963년 간에 태어나 급격한 경제성장의 주역으로 활동하고 1997년 국제통화기금(IMF) 외환위기, 2008년 서브프라임 모기지사태에 따른 글로벌 금융위기를 모두 경험한 세대들이다. 베이비부머는 우리나라의 고학력화 제1세대로 약 47%가 고졸, 27%가 대졸 이상의 고등교육을 이수하는 등 양질의 교육훈련을 받고 노동시장에 진입하여 산업화의 원동력 역할을 하여 왔으며, 2010년 현재 베이비부머가 약 732.6만 명으로 전체 인구의 14.6%를 차지하며, 2010년부터 본격적으로 은퇴가 시작되었으며 베이비붐 세대의 경제활동 참가율은 75.9%에 달하고 있다.

＊ 시니어창업의 정의

창업과 가업가정신 연구에서 시니어창업의 역할의 중요성이 새롭게 대두되고 있다. 기업가정신 연구는 비단 경영학분야에서 뿐만 아니라 사회학·경제학·심리학 등이다. 기업의 환경적 불확실 속에서 혁신적으로 대응하고 개발하는 기업가정신의 특성을 규명하는 연구에서 기업의 창업 프로세스와 기업성장에 새롭게 동기부여의 요인으로 적용되고 있다.

* 창업성공요인

창업성공요인은 창업자 개인능력, 사회적 인프라, 품질활동, 사업의 매력도와 창업의 적합도로 나눌 수 있다. 본 절에서 설정한 조절변수들의 선행연구에서는 모두 유의한 영향을 미치고 있으나, 시니어창업에 영향을 주는 활동요인관계의 유의한 정도를 집단별로 비교분석을 통해 연구결과에 따른 도출된 시사점의 일반화 및 사실화에 집중할 필요성이 있다. 시니어창업과 성공요인과 관련된 활동요인 간에는 서로 유기적인 영향을 미치고 있음을 통해 실제창업에서 얼마만큼의 인과관계를 형성하고 있는지 검정하고 시사점을 도출하고자 하였다.

* 산업구조변화와 여성인력

산업구조는 노동집약 생산구조에서 지식집약구조로 변화되어 가고 있다. 정신노동의 수가 늘어남으로서 고기능적 여성인력의 필요의 장이 넓어지고 창업의 필요성도 대두되고 있다. 현실은 여성 기업가의 수에 관해서는 합계가 나오지 않으므로 정확한 수는 파악 못하지만, 여성 기업가의 수는 상상외로 그리 많지 않다. 한편 대마(2002)에 따르면 미국, 캐나다, 프랑스, 스웨덴 등의 이들 나라에서는 일찍부터 여성고용확대나 승진 등의 면에서 노력하고, 구조변화를 촉구한 결과, 사회제도와 지원제도에 충실하여 여성의 고학력화와 함께 여성의 노동능률이 높아지면서 결과적으로 여성의 관리직에 비중이 높아지고 여성들이 창업 개업하는 수도 늘어나고 있다.

제4절 바람직한 사내벤처창업

♣ **실행이 전부다**

실행이 곧 전부다. 이것이 나의 지론이다. 아이디어가 전체업무에서 차지하는 비중은 5%에 불과하다. 아이디어의 좋고 나쁨은 어떻게 실행하느냐에 따라 결정된다고 해도 과언이 아니다. 아이디어의 좋고 나쁨이 성과로 차이를 불러오는 것은 분명하다. 더 중요한 것은 성공적인 실행이다. 같은 아이디어라 할지라도 어떻게 실천하느냐에 따라 결과는 천차만별이다. 그래서 전략(아이디어) 5% 실정실행이 95%라 말한다.

\- 카를로스 곤 닛산 자동차 사장 -

1. 대기업의 신규사업개발과 벤처기업 창업의 차이

1) 사내벤처의 특성

(1) 벤처의 성패는 인재가 전부

창업은 사업의 성공을 위해 모든 사재를 투자하기 때문에 개인의 인생에서 아주 중요한 일이여서 대기업의 신규사업개발보다 마음에 안이한 것이 아님은 명백하다. 가장 열심히 일하는 컨설팅 성공사례를 하나만 꼽으라면 역시 한 벤처기업을 지원한 사례가 가장 먼저 떠오른다. 대기업의 신규사업개발에서도 벤처기업을 일으키는 것(창업)과 같다.

창업지원의 장에서는 뜨거운 마음을 가진 소수의 엘리트들이 철저한 논의가 이루어진다. 밤을 지새우며 연구와 논의를 거듭하기도 한다. 한 인간이 될 싹을 기르고 있다는 것을 알면서도 기존의 개념에 맞서는 열정에 미치고 있는 것처럼 보인다. 제삼자에게는 무엇을 하는지 이해못하는 경우도 있고 무슨 짓을 할지 모르는 무서움을 익히는 것도 있다.

한편, 사업의 입장에서는 비합리적인 낭비도 많고, 급한것이 상례이다, 사랑스런 미치광이(실례)와 스테이크 홀더 간 사업이란 공통언어 중에서는 넓은 의미에서의 커뮤니케이션을 도모하는 것이 중요한 일이다. 이것만은 체험이 없는 사람에게는 아무리 설명해도 이해할 수 있다고는 생각하지 않지만, 그런 것이다.

또 창업의 특수성을 강조했지만 대기업의 신규사업개발이 벤처창업과 비교해서 반드시 좋다고 단언하는 것은 아니다. 다만 개인적으로는 욕망충족의 수단이며 기업에서는 필요가치 조기응용으로 경쟁력 제고에 있다. 벤처기업의 정신과 행동의 차이성, 또는 정도의 차이를 인정하면서도 대기업의 신규사업개발은 벤처창업과 같다고 하는 것은 다음의 이점이다.

사업주제를 사업화하기 위한 사고검증 실행프로세스는 아무런 변화가 없음이다. 인재, 특히 이번의 초점자체이지만 사업의 성패는 인재가 전부임

이 신규사업개발 = 창업이고 성패는 인재가 전부에 주목했다는 해석을 포함하면 신규사업개발의 한 기법으로서 많은 대기업이 도입한 사내벤처제도의 방향으로는 맞다.

(2) 벤처기업의 성공 자기혁신에서

대기업은 조직이 움직인다면 소기업은 경영자의 인품이 움직인다 하여도 과언이 아니다. 그렇기 때문에 경영자 자신이 모범이 되는 선두주자가 되었을때 그 기업은 경쟁우위를 점할 수 있다. 시

그림 5-5 자기혁신과 기업성공

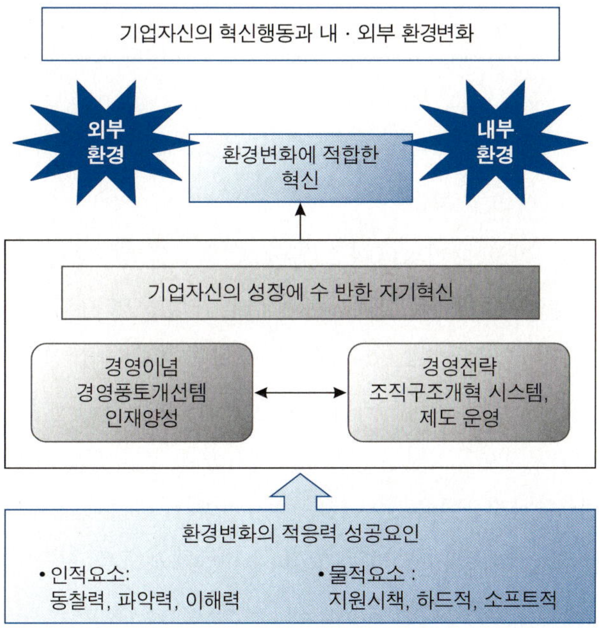

출처 : 中小企業診斷協會 企業環境의 關連參考

장변화에 적응함에 있어서도 경영자 자신이 혁신의 선두에 있을 때 그 기업은 혁신체제로 성장되고 성공으로 이어진다.

(3) 사내벤처제도의 공과

공의 부분을 집약하면 다음과 같다.

① 사업 : 주제

- 사내에 파묻혔던 사업과제가 가시화됐다.
- 많은 벤처기업이 설립됐다.
- 사내에 파묻혔던 사업주제의 가시화는 사업과제발굴이라는 점에서는 좋지만 그것만 있으면 사내벤처제도보다 사업아이디어 공모제도가 아직 좋다.
- 사내벤처제도에서 많은 기업을 설립한 것은 회사를 만들려고 하면 얼마든지 만들 수 있으므로 제도의 성과에 대해서 눈에 보이는 형태로 설명책임을 다한, 혹은 제도의 PR을 했다는 것이다.

② 인재 : 잠재력

- 일상업무에 매몰되던 인재가 제안의 기회를 주고 업그레이드했다.
- 사장이 된 인재는 사업개발의 생생한 기회를 주고 업그레이드했다.
- 여기에서 말하는 것은 둘 다 사업인력의 육성이다. 사원교육, 기업활성화, 혹은 사원의 불만해소를 위한 복리후생이다.

어쨌든, 일부예외를 제외하고 사내벤처제도가 대기업의 신규사업개발의 성공에는 직접적으로 결합되지 않은것은 사실이라고 본다.

그러나 이러한 실상이라도 대기업에게 도입한 의미가 없었다고는 결코 생각하지 않는다. "신규사업개발 등 못해도 기업의 PR이나 인재육성에 효과가 있으면 대단히 좋잖아"라는 대기업도 적지 않기 때문이다. 각 기업이 공개하고 있는 목적을 보면 표리없이 인재육성과 말하는 기업도 보인다. 또 굳이 기재하지 않지만 필자가 여러 기업을 인터뷰한 결과, 겉으로는 신규사업개발을 목적으로 있어도 사내에서는 인재육성의 수단으로 삼고 있다. 신규사업개발을 성공시키고 싶은 분들은 사내벤처제도에 관한 일반적인 논조로 이해하며, 만약 그것이 제도를 도입한 기업의 제도운영 책임자로부터 정보라해도 그대로 수긍하지 않고 사내벤처제도를 신규사업개발의 성공의 관점에서 설계를 고려하고 받아들였으면 한다.

사내벤처제도가 신규사업개발의 성공에 직접 이어지지 않은것이 사실이더라도 사업인재의 입장에서 보면 사내벤처제도같은 신규사업 개발방법은 어디까지나 방향성은 긍정할 수 있다고 생각하기 때문이다.

(4) 성공의 정의

일정 사업규모로 할 생각으로 사내벤처제도의 현상적 문제를 정의한다. 사내벤처제도로 설립된 기업(이하, 이러한 기업을 사내벤처기업이라고 한다)의 사업규모의 총합은 신규사업개발의 성과로 사업규모가 작아지고 버리는 원인은 무엇인가?

(5) 문제의 원인의 추구

우선 제도의 운영프로세스에 대해서인데, 필자 자신의 경험을 토대로 사내벤처제도의 운영프로세스를 중심으로 하면 대체로 다음과 같다.

- 사업주제의 공모
- 서류심사, 면접심사로 응모된 사업주제의 스크리닝
- 선별된 사업주제의 예비조사, 브러시 업, 사업계획서 작성
- 사업계획서의 심사, 합격여부판정, 창업의 사내승인, 창업
- 창업 후 사업평가와 사업전략의 재구축

운영프로세스의 항목과 순서, 즉 어느 의미, 범용적인 프레임자체에 원인이 있다고는 느끼지 못하고 있다.

2) 사업주제의 공모

- 제도를 조용하게 존속하고 놓을 수 있는 주제를 기다린다.
- 공모라는 수법이 일정한 역할을 마쳤다고 인식하고 지명제로 전환
- 모수를 늘리려면 대상으로 하는 조직을 넓힌다(기업내에서 기업밖을 포함).

현행제도방식을 정당화하고 또 존속시키는 것을 목적화하고 겉보기에 응모수를 늘리기에 고심하기로 피폐하지 않도록 조심해야 한다.

(1) 서류심사, 면접심사에 의한 스크리닝

스크리닝 프로세스에서는 다양한 복수의 인력에 의한 심사가 기본이다. 이 점에서는 아마 어느 기업도 사내의 복수의 인재뿐만 아니라 사외고문들과 전문지식인도 심사위원으로 참여시키고 실시하고 있다고 생각한다.

특히 응모하고 온 인재의 가능성을 보아야 한다. 즉, 사업은 인재의 입장에서 말하면 응모한 인재를 어떻게 평가할지도 중요한데 오히려 누가 심사를 하는지 심사위원의 인격배려가 필요하다.

심사위원에게는 선별후의 프로세스인 사업주제의 브러시 업에 책임을 가진 인재가 들어 있어야 한다. 심사에서는 그 인력이 어떻게 생각할지가 포인트이며, 다른 심사위원의 의견은 그 인력이 판단하기 위한 참고의견으로 유익하다고 규정짓고 있다. 이미 실시해온 신상품이나 신규사업이 잘 안되는 것을 자각하고 새 전략을 재구축할 경우는 따로 아이디어 모집부터 상품화 사업화에 있어서는 심사하고 선택한 테마를 발전해서 사업주체가 자신을 갖는것이 중요하다.

(2) 사업주제의 예비조사, 브러시 업, 사업계획서 작성

일반적으로 심사를 통과한 뒤 일정기간 사업주제의 FS및 브러시 업의 기회를 만들고 있으며 제도운영자 혹은 제도운영자로부터 의뢰를 받은 인력이 응모자를 지원하는 것이 통상의 제도이다. 만약 그 지원이 응모자의 업무의 진척관리에 머무르고 있다면 거기에 아무런 부가가치가 없다. "가만히 둬도 하는 놈은 한다."라는 생각은 일부러 제도를 만들고 있는 것 자체에 의심을 갖는다.

멋대로 기대를 담고 상상하면 제도를 도입하고 있는 기업에서는 관리라는 지원을 하고있지 않고 사업주제의 시장성, 경쟁력 실현성의 각각의 문제에 파고들고 같은 눈높이에서 함께 생각하고 적절한 조언을 보내고 있는 것이다.

사업주제의 성패는 설계단계에서 결정되고 있다. 따라서 이 FS, 브러시 업의 프로세스가 가장 중요하다, 여기에서는 이 프로세스에서 제도운영자가 인식해야 할 것은 사내벤처제도로 설립된 기업의 매출총합이 작은 원인이 제도의 특징자체에 기인함을 유의하여야 한다.

3) 사업의 영역과 사업의 가능성 응모

(1) 사업영역이 응모자 본인의 관심과 강점에 의존하고

사업수행을 위해서 생각해야 하는 요소의 시장성, 경쟁력 실현성 가운데 시장성은 응모자의 흥미, 경쟁력은 응모자의 강점에 의존할 수밖에 없다. 그러므로 개인에 의존하고 응모된 안건의 사업영역에서 사업성에 매달릴 것은 기업의 신규사업으로는 별로 충격이 있는 대처는 못한다고 생각하는 것이 타당하다.

(2) 사업의 가능성이나 경영을 응모자 본인의 능력에 의존하고 있다

처음에 제안된 사업주제는 신규사업개발의 목적에서 보면, 기점, 더 말하면 계기에 불과하다. 그러나 일정규모 이상의 사업으로 조립가능성이 있더라도 응모자의 인재의 능력이 그 구조에 못 미치는 경우가 많다.

(3) 인재육성으로 상기 2개의 문제를 해결 못하는가?

상기 (1)에 대응하고 기업에 필요한 기능이지만 자신이 갖고있지 않는 기능을 제공하는 만능공업화하는 폭넓은 교육이 요구된다.

(2)에 대응하고 사업에 필요한 생각이나 동작을 익히는 깊이의 실무기능교육이 필요로 생각한다. 자신의 사업에 대한 열정, 강점, 가능성에 입은 먼지와 녹을 제거하고 자신을 연마한뒤 사업의 가능성을 쌓기, 예로서 엔지니어 출신자에 마케팅을 가르치거나 영업출신들이 추상화, 개념적 사고를 가르치고 기획출신자에게 현장을 가르치는 것으로 생각된다. 그러나 그것나름의 강점이 있는 인재는 나름의 나이가 되고 머리가 드러나더라도 그 동안의 사고·행동패턴은 쉽게 바꿀 수 있지 않고 쉽게 흡수할 수 없다.

(4) 이 시점에서 관여는 다음과 같다

- 개인이 아니라 집단을 대상으로 사업주제를 발전했다.
- 개인의 것이 아닌 부문은 단적으로 횡단조직에의 활용생각한다.

사업주제의 공모끝에 말했다. 지명제도에의 이행과 이러한 개인으로부터 집단·부문 횡단조직에의 이행의 생각을 합치면 사내에 있는 조직을 그대로 사업별 인재로 외부에 들어낸 커브 아웃라는 방식에 대면하게 된다. 일정사업규모를 충족하며 개인의존이라는 약함을 커버하려면 납득감이 있는 방법이다.

대개의 경우는 사회안전망이 붙어있으니 외부에 내놓아도 기업본체의 컨트롤화에 배치되고 벤처기업의 자본경영을 기업본체가 통제하면 벤처기업에는 자립이 아니라 의존성향이 높아진다. 금까지도 사내벤처기업 사장이 사업의 성공보다는 자신의 회사본체로의 승격/진급을 의식하는 종류의 현상을 보이고 있다. 사내벤처기업 사장이 무엇을 착각하고 있는지, 왜 제도운영자는 그들을 테두리 안에서 기르는가에 의문을 품게 한다.

이러한 제한적인 사태를 피하기 위해서 제도운영자는 어느 일정한 사업규모로 선 긋기를 해야 한다. 즉, 일정사업규모를 안건평가기준의 전제로 그 사업규모를 달성하기 위해서는 그러지 못한 벤처기업 등은 쓸어버려도 좋다는 의연한 태도가 있어야 한다. 사내벤처제도에 관한 메시지는 사내벤처제도가 신규사업 개발기법으로서 성공여부는 제도운영 프로세스의 "각 작업내의 설계에 따라"이며 "제도운영자 자신의 기량이 시도되고 있다."것을 자각하고 말자는 것이다.

2. 벤처창업의 자원

1) 경영의 지식, 기술, 비즈니스

기업의 성장은 사장나름 것으로 알려져 있지만 어떤 점에 주의해야 할지를 알아야 한다. 경영자로서 성공하기 위한 조건은 두 가지 측면에서 생각할 수 있다. 하나는 경영에 대한 지식과 기술, 두 번째는 비즈니스 태도이다. 창업자는 자신의 자질을 확인하고 부족한 곳은 노력하고 강화 또는 협력자의 도움을 받아 보충할 필요가 있다.

① 경영에 대한 지식 · 기술

높은 목표 · 비전의 책정하고 지금까지의 사업경험과 성공체험토대로 경영에 관한 기본지식(마케팅, 계수관리, 인간 · 조직 · 기업문화)경영전략수립능력 프리젠테이션능력 경영자리더십 인적네트워크를 구축한다.

② 사업태도

태도는 심리학용어로 사람의 상(여기에서는 기업경영)에 대해 조치를 취할전에 마음의 준비상태를 말한다. 태도는 타고난 성격과 후천적인 노력습관에 의해 달라진다. 경영자의 바람직한 비즈니스 태도를 정리하면 다음과 같다.

사업의욕은 경영감각창업에 성공하기 위한 필수항목이며, 실행력 · 대인관계 · 마음가짐 기업을 성장시키기 위한 필요조건이다. 사업태도는 경영자리더십에 큰 영향을 미친다.

③ 창업시 조언

- 경영자의 업무는 다방면에 걸친다. 혼자있지만 책임을 갖고 있으면서도 지원자나 협력자가 필요하다고 생각한다.
- 높은 목표를 가지고 먼저 조치를 취할 것. 난관에 닿으면 조금씩 개선하고 계속 노력해야 반드시 길이 열린다.
- 사업실행은 직접 작성한다. 처음에는 점점 좋게 해나가는 것

- 사용하는 자금은 가능한 적게하도록 고안한다.
- 행정기관의 서비스(상공회의소, 상공회, 현 · 시의지원책)은 십분활용한다.
- 창업기를 벗어나 여유가 되면 외부고문(고문, 컨설턴트 등 베테랑전문가)의 의견을 듣는 것. 그쪽이 빨리 성장한다.

④ 창업즈음 파트너와 핵심인재를 요구하는 경우의 유의점

- 현실적으로는 혼자개업하는 것은 어렵기 때문에 경리와 금전관리는 사장이 아닌 사람에게 맡기는 케이스가 많다. 그러나 이 경우 타인에게 재정을 맡길 경우 원칙과 신뢰성이 중요하다.
- 출자형태로 파트너를 모집한 경우, 자신의 지분을 가능한 한 50% 이상으로 함이 좋다. 주식회사는 주주의 것이라는 원칙을 잊지않는 것이다. 출자를 의뢰하는 경우, 상대의 선택은 신중하게 검토하고 싶다.
- 경쟁사에서 인재를 팀으로 이적하는 방법도 있지만, 이런 경우에는 기업문화도 함께 반입때문에 경영상의 지장이 될 수 있으므로 주의가 필요하다.
- 인재를 요구하는 경우의 방법으로 인재파견 회사에 의뢰해 파견사원으로 정기적 시간을 두고 인품 · 능력 등을 확정후 정사원으로 채용하는 방법도 있다.

2) 아이디어를 신규사업으로 연결방법

① 아이디어 및 창업기회의 차이

뛰어난 아이디어의 발굴은 기업의 독창성을 창업기회에 묶는 작업의 첫걸음이다. 생각자체는 무형가치이며 도구에 지나지 않는다. 고객이 진정으로 요구하는 제품이나 서비스는 시행착오의 반복을 거쳐 처음으로 태어난다. 단순한 영감만으로 급성장하는 벤처기업은 없다.

② 아이디어의 맹신은 유해

발명자는 아이디어의 포로가 되기 쉽다. 또한 신제품의 개발자도 거기에 강렬한 소유자 의식이 있는 경향이 그것을 더 좋은 것으로 하고 싶다고 하는 과학적 · 기술적 지향도 강하다. 그러나 이 애착은 사업에 대한 열정과는 다른 것이며, 사업의 성공에 필요한 관점에서 통찰력을 저해하는 결과가 된다. 아이디어에 대한 심리적 주인의식과 믿음은 벤처창업에 필요한 요소이지만, 그 시야의 좁음이 치명적인 결함이다. 아이디어는 단순히 사업의 한관점에 지나지 않고 창업의 육성에 초점을 맞출 필요가 있다.

③ 아이디어의 선구자는 성공의 보증

최선의 아이디어를 다른 최초로 사업화하더라도 동시에 경쟁업체의 진입을 거부 충분한 마켓점유율을 확보하는 능력 또는 넘을 수 없는 장벽을 만들 수 없는 한, 기선을 하나 차지함으로써 시장의 존재를 경쟁사에게 알리고 치열한 경쟁에 대치하는 함정에 빠지게 될 수도 있다.

④ 아이디어 평가는 경험이 필요

아이디어없이 성공사업을 구축할 수 없지만 아이디어의 평가는 경험이 필요하다. 경험이 풍부한 기업가는 다양한 패턴을 차례로 빠르게 인식하는 능력을 가진다.

이 패턴인식은 직관적, 귀납적으로 여러 작은 경험, 노하우, 인맥의 창조적인 조합과 상호연쇄를 수반한다. 창업기회가 될 수 있는 아이디어를 인식하는 것은 다른 사람이 하지 않는것이 알 능력에서 발생한다.

⑤ 기업은 기회의 문

창업기회는 아이디어와 달리, 매력 · 지속성 타이밍 요구사항을 충족하고 고객이나 최종 사용자에게 새로운 가치의 창조, 또는 가치를 제공하는 제품과 서비스를 포함한다. 그리하여 이러한 요

그림 5-6 벤처창업의 검토순서

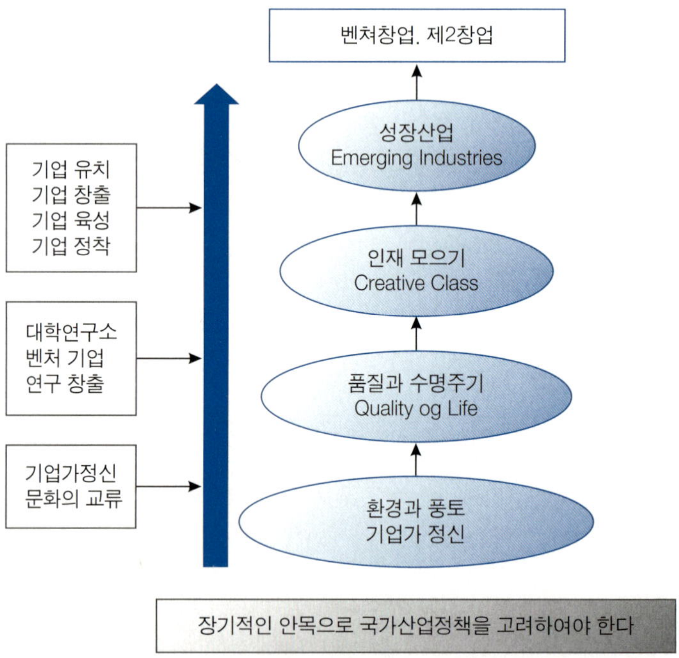

출처 : 平尾光司 パンチャータイムズ參考

구사항을 충족하기 위해 기업기회의 문이 기업에 충분히 열려있을 필요가 있다. 또한 기업이 시장의 특성을 정확하게 파악 참가방법을 채택하고 그것을 실행할 수 있는 능력이 있고, 처음 벤처기업이 경쟁우위를 달성할 수 있다. 잠재적 기업가기회에 대해서는 그 출현을 인식하는 능력을 입구가 닫은 후가 아니라 열렸을 때 잡는 센스가 중요하다.

3) 사업계획과 마케팅지원

① 사업계획

창업하거나 사업의 재건을 도모하는 경우에는 사업계획의 작성이 필요하다. 사업계획은 앞으로 수행하는 사업의 계획이며 예측에 틀림없다, 그러나 기업하는 사람자신이 자신의 머리속에 있는 사업을 서류형태로 표현하는 것이 중요한 것이다. 처음부터 좋은 도표를 만들 필요는 없지만, 객관적으로 검토하고 절대로 성공할 것으로 확신 사업계획을 만드는 것이 창업의 첫 걸음이 된다. 사업은 혼자서는 할 수 없다. 성공하기 위해서는 많은 협력자가 필요하다. 당신의 사업에 많은 사람들이 협력하고 싶어하는 사업계획이 필요한 것이다.

② 사업계획은 무엇을 위해 만들것인가?

- 창업자 자신이 사업의 타당성을 객관적으로 확인하기 위해
- 창업 후 사업목표달성에 나침반하기 위해
- 자금조달에 대한 설명자료로 사용하기 위해
- 사업내용을 이해받고 협력자를 얻을 수 있기 위해

③ 사업계획 작성의 포인트

사업의 종류를 기초로 하여 비즈니스 모델을 생각하고, 실제로 창업하기 위해 구체적인 사업프로그램을 만들게 되는데, 작성에 해당하는 포인트는 다음과 같다.

- 자신이 성공을 믿고 정말 실행할 수 있는 계획을 만들기
- 데이터 또는 숫자를 사용하여 신뢰할 수 있는 계획을 세운다.
- 신뢰할 수 있는 파트너와 컨설턴트에 체크하기
- 수정가능한 계획을 만든다(PLAN → DO → CHECK → PLAN).

④ 사업계획의 내용

- 사업개요 설명
- 경영자의 소개

- 경영이념 경영방침
- 사업콘셉트
- 마케팅계획
- 생산계획
- 대차대조표(예상)
- 손익계산서(예상)
- 자금계획

⑤ 마케팅지원

신사업의 창출을 목표로 하는 벤처기업을 창업하는 분에게 마케팅활동은 가장 중요한 경영과제이다. 마케팅은 쉽게 말해버리면 시장에서 돈을 받기위해서는 어떻게 하면 좋은가를 구축하는 과정이다. 자신의 생각 아이디어를 상품서비스에 연결 누구에게, 어떻게, 어느 정도의 가격으로 제공하는가 하는 것을 구체화해 나갈것이다. 기업의 성장단계에서 마케팅활동도 다르다. 그래서 우리그룹은 기업의 성장단계에 맞춘 마케팅에 대한 조언을 한다. 예를 들어, 앞으로 기업이 발전하는 단계에서는 한정된 경영자원을 위해 대기업이 실시하는 대규모 마케팅활동은 불가능하다. 먼저 자신이 만든 제품과 서비스를 자신의 수행하는 범위에서 테스트 마케팅할 것을 권한다. 거기서 얻어진 결과를 상품서비스에 반영하여 더 많은 사용자와 테스트해 주신 분들에게 다시 평가해 주기를 목표로 하고 있었다. 결국 효과를 얻을 수 있는지 확인하는 과정을 지원한다. 우리는 기업가여러분과 제공정보를 정리하고 여러분이 생각해낸 아이디어가 비즈니스로서 성립하는지, 어떻게 키워하면 좋을지 함께 고민하며 지원해 나갈 것이다

3. 창업멤버와 스타트업의 성장

1) 창업멤버, 창업자, 기업신규개업

(1) 창업멤버, 창업자

창업의 시작은 끊임없는 변화, 불명료성, 불확실성에 맞서야 하고 가장 부도가능성이 높은 시기이다. 이 시기를 극복하기에는 창업자를 포함한 창업멤버의 기능이 필수적인 것이지만, 창업멤버들과는 도대체 어떠한 속성이며 그 속성이 시작기의 성장에 영향을 미칠지에 대해서는 밝혀지지 않았다. 거기에서, 본 고 13개 회사의 기업에 인터뷰조사한 결과, 창업멤버들과는 "함께 설립하는 실무를 함께한 임직원 및 설립후의 빠른 단계에서 채용한 종업원"을 가리키는 경우, 또 "창업자

혼자 실질적으로 창업하고 그 후에 종업원으로 채용한 인력으로 구성된 창업멤버만큼 고용성장이 높은 것"을 밝혔다.

창업멤버들과는 도대체 어떠한 속성이며 그 속성이 시작기의 성장에 영향을 미칠지에 대해서는 명확하지 않다. 창업자 2는 창업 3을 성공시키기 위해서는 함께 일하고 주는 우수인재가 필요하다고 인식하고 있지만, 우수하고 함께 창업할 것 같은 사람을 만나거나 만나더라도 함께 창업할 수 있다는 것은 매우 어려운 경우가 많다. 또 헬로우 워크 등의 일반적인 구인을 생각했을 때, 우수한 인재를 채용할 수 있는가, 우수인재정도 급여는 높아지는 게 아닌가, 인재소개 회사의 이용은 어떤가 등, 창업멤버 만들기에 관한 과제는 좀처럼 해결이 되지 않는다. 그런 상황에서 창업하는 것이 중요하다. 창업자는 창업후에 함께 작업한 인력으로부터 인재를 구하고 창업멤버에 대한 분명한 지침없이 종업원이 늘어난다면 그 창업멤버에 대한 평가는 그 결과로 판단할 수밖에 없게 된다.

이러한 창업멤버들이 과제를 해결하려면, 먼저 창업멤버가 대체 어떤 속성이며 그 속성이 시작기의 성장에 영향을 미칠지를 명확히 하는 것이 중요하다고 생각한다. 그 사실이 밝혀지면 창업자는 창업시에 어떻게 창업멤버를 구성하는가라는 지침이 생기며 창업이라는 새로운 발걸음을 내딛는 창업자들에게, 스타트업 분기성장에 대한 한 가지 시사를 제공할 수 있다고 생각한다.

(2) 선행연구

벤처기업의 성장메커니즘을 설명하는 이론구축이 아직 불충분하다고 밝혔었다. 약 20년을 경과한 2005년에도 키츠나(2005)는 "우리나라에서는 개업기업이나 기업가(개업자)에 대한 연구분석을 유럽에서보다는 상당히 뒤지고 있다"고 지적했다. 이런 학술적 견해가 있는 가운데, 우선 벤처기업의 성장모델연구로서 Timmons(1994)이 주장하는 벤처매니지먼트의 변혁이론을 다룬다.

벤처기업은 급성장과 정체, 그것에 따른 위기를 겪고 계단모양의 성장곡선을 형성하며 성장한다. 그 성장은 기본적으로 스타트업기, 급성장기, 성숙기, 안정기의 네 가지 과정으로 구성된 4개의 단계는 시간과 규모(매출액과 종업원)로 나뉜다. 그 각 단계의 경계선 부근에서 기업이 변혁기를 맞이하여 이 변혁기에 대응하는 관리가 필요하다라고 Timmons(1994)는 주장한다. 이 주장은 조직성장모델의 공통점도 많고, 즉, 어떤 기업에서도 성장하는 시기도 있고, 정체될 시기도 있었는데 그 정체기에는 고유의 문제가 생긴다는 생각이다.

본 고의 조사대상기간인 스타트 업기에 초점을 맞추면 기간은 설립 후 3~4년을 가리킨다, 규모는 매출액 300만 달러, 직원 수 30명으로 이 시기의 특징으로는, 선도하는 창업자와 창업멤버가 솔선해서 행동하고 끊임없는 변화, 불명료성, 불확실성에 맞서야 하며 이 시기가 가장 위험한 시기라고 Timmons(1994)는 지적했다.

스타트 업기의 연구에서는 성장을 무엇의 지표로 측정하는지에 대해서는 확인이 필요하다. 거기에서 선행연구안에서도 정량적인 성장지표를 피설명변수로 채용하고 있는 연구를 검토한다. Storey(1994)은 성장에 관계한 많은 정량적인 연구를 검토하고 분석하고 있다. 그 성장지표의 상당수는 고용성장이 사용되고 있다. 단, 일부에서는 매출성장, 주인의 사업수입이란 지표도 채용되고 있다. 그리고 고용성장과 매출액성장은 강한 연관되어 있는데, 고용성장과 고수익의 상승은 그만큼 상관은 없다고 지적했다.

(3) 창업멤버

창업멤버에 초점을 맞춘 연구는 결과는 없고 그것 때문에 창업멤버의 정의에 대해서도 명확하지 않다고 생각한다. Timmons(1994)는 창업멤버와 유사한 표현으로 벤처경영 팀, 뛰어난 기업가와 그 파트너라고 표현한다. 또, 벤처창조의 과정에서 가장 이해가 부족한 영역이자, 신규벤처기업의 성장잠재능력과 벤처팀의 질과 사이에는 강한 상관관계가 있다고 주장하고 있다.

야마다(2005)는 경영파트너라는 표현으로, 경영파트너라고 정의하는 1995년부터 1999년의 5년에 설립된 개업기업을 대상으로 한 개업에 걸린 실태조사 것이라는 중소기업 종합연구기구의 조사 프로젝트에서, 2002년 11월에 설문조사를 실시하고 유효응답 수 2,157건을 얻었다. 경영파트너를 사내와 사외로 나누어 사외의 경영파트너로는 예전직장의 거래처, 세무사, 회계사 경영컨설턴트의 비율이 높다고 밝혔다. 그리고 파트너의 유무를 조사한 결과, 사내에 경영파트너가 존재한 기업은 38.6%로, 존재하지 않은 기업과 비교하여 낮았다(표 5-3).

야마다(2005)는 경영파트너를 경영상담만한 파트너라고 정의하고 있기 때문에 창업자의 약 6할이 또 상의없이 단독으로 경영판단을 한 것이다.

Timmons(1994)도 파트너를 싫어하고 모든 것을 자신의 지배하에 두지 않으면 용서하지 않는 창업사장도 존재하는 것도 사실에서 그들이 원하는 고분고분한 종업원도 지적했다. 그러나 야마다(2005)같은 연구에서 경영파트너의 유무와 최근 년도 수지상황이 동업타사와 비교하고 어느 정도 좋은 것인지와 같은, 척도에 의한 통계분석에는, 사내에 경영파트너가 있어 사외에 경영파트너가

표 5-3 사내외의 경영파트너에 대해서

구 분	사내파트너		사외파트너	
	응답 수	구성비	응답 수	구성비
존 재	412건	38.6%	665건	61.0%
존재X	654건	61.4%	426건	39.0%

없는 조합이 가장 수지상황이 좋다고 하고 있다. 이 사실로부터 사내파트너가 존재하고 상담하는 게 수지상황이 좋음에도 불구하고, 61.4%의 창업자는 그 방법을 채용하지 않게 된다.

2) 설립시 임직원과 발전의 영향

(1) 설립시 임원수의 영향

설립시 임원수는 설립시에 선택한 조직형태로 설립요건에 영향을 받는 경향이 있다. 전술한 것처럼 임원수 요건에서 주식회사설립의 경우는 가족이나 친지를 임원으로 하되, 실무에 관여하지 않은것이 많은 것으로 나타났다. 즉 가족이나 지인의 도움인원을 늘리고 주식회사설립을 할지, 늘리지 않고 유한회사설립할지에 나뉜 것이다. 왜 가족친지의 인원을 늘리고 1000만 자금을 마련하면서까지 주식회사설립을 선택하려는 목적으로는, 인터뷰에서는 회사로서의 신용력을 얻기 위한다는 의견이 대다수였다. 즉 거래처개척, 채용 등에서 유한회사에서는 단점이 크다고 판단하는 듯하다. 그 결과로서 본 경우에는 회사의 유한회사도 포함되어 있지만, 주식회사 설립의 우위성은 볼 수 없어서 이 점에 대해서는 13회사의 인터뷰에서 만큼의 결과이기 때문에 결론짓는 게 경솔하다고 생각된다.

다음에 고용성장과 설립시 임직원의 실무에 관여수를 상관분석한다. 〈표 5-6〉에서, 고용성장으로 설립후 5년 종료시점에서 임직원 수를 설립시 임직원 수에서 나눈것을 산출하고 〈표 5-7〉의 설립이 임직원의 실무에 관여 수와의 2변수간에, 어느 정도 순위부여의 직선관계가 있는지를 나타내는 순위상관분석한 결과, 상관계수는 −0.77로 유의수준은 1% 이하가 됐다. 즉, 고용성장이 높은 기업일수록 설립이 실무에 관여수는 많지 않고 실질적으로 창업자만 회사를 설립한 편이 고용성장이 높은 것으로 나타났다.

(2) 창업멤버의 속성

창업멤버의 속성에 대해서는 창업멤버 수, 창업멤버인 내역, 창업멤버가 모인시기와 설립의 시기, 질문을 집계하고 13의 경우를 일람으로 확인한다(표 5-8). 〈표 5-8〉 창업멤버인 내역에서 창업자들의 말로 창업멤버를 어떻게 인식하는지를 볼 수 있다. 즉, 창업멤버들과는 같이 설립하는 실무를 함께 한 임직원 및 설립후의 빠른 단계에서 채용한 종업원을 가리키는 경우가 13의 사례이긴 하지만 드러났다. 나아가서는 창업멤버인 결정으로 창업한 기업군과 그렇지 않은 기업의 고용성장의 순위와 검정을 실시한 곳으로는 1%의 유의수준에 차이가 있다는 결과도 얻었다. 즉, 고용성장이 높은 기업일수록, 설립후에 종업원으로 채용한 멤버가 창업멤버가 되는 것으로 나타났다.

표 5-6 인터뷰대상리스트

순서	회사명	5기 종료시점에서 임원 · 종업원수	설립시 임원 · 종업원수	업종	위치
1	A사	10	4	정보통신	동경
2	B사	10	5	정보통신	동경
3	C사	12	4	정보통신	동경
4	D사	13	4	정보통신	동경
5	E사	14	4	정보통신	동경
6	F사	17	4	정보통신	동경
7	G사	20	4	정보통신	동경
8	H사	21	4	정보통신	동경
9	I사	23	2	정보통신	동경
10	J사	25	2	정보통신	동경
11	K사	36	4	정보통신	동경
12	L사	50	5	정보통신	동경
13	M사	140	5	정보통신	동경

표 5-7 설립시 임원·종업원 내역

순서	회사명	조직형태	설립시 임원원 · 종업원 수	창업자	동료임원	임원 가원 · 친족	지인	감사인	종업원	실무 관계자
1	A사	유한회사	4	1	1				2	4
2	B사	주식회사	5	1	1		1	1	1	4
3	C사	주식회사	4	1		1	1	1		1
4	D사	주식회사	4	1	1			1	1	3
5	E사	주식회사	4	1	2			1		3
6	F사	주식회사	4	1			2	1		2
7	G사	주식회사	4	1	2			1		3
8	H사	주식회사	4	1			2	1		1
9	I사	유한회사	2	1		1				1
10	J사	유한회사	2	1		1				1
11	K사	주식회사	4	1		1	1	1		1
12	L사	주식회사	5	1		2	1	1		1
13	M사	주식회사	5	1		2	1	1		1

표 5-8 창업멤버내역

순서	회사명	창업 멤버수	창업멤버내역 ※창업자는 모두포함	비고 1. 설립후, 창업멤버 획득 2. 창업멤버결정 후 설립 3. 상기 1, 2 혼합 4. 창업멤버는 없다
1	A사	3	함께 설립한 임원 1명과 설립시 채용한 종업원 1명	
2	B사	4	함께 설립한 임원 1명과 설립시 채용한 종업원 2명	
3	C사	1	설립후, 채용을 순서대로해서 창업멤버는 없다	
4	D사	3	함께 설립한 임원 1명과 설립 시 채용한 종업원 1명	
5	E사	4	함께 설립한 임원 2명과 설립 시 채용한 종업원 1명	
6	F사	2	설립후 채용한 종업원 1명	
7	G사	3	함께 설립한 임원 2명	
8	H사	3	설립후 채용한 종업원 2명	
9	I사	1	설립후 채용을 순서대로해서 창업멤버는 없다	
10	J사	3	설립후 채용한 종업원 2명	
11	K사	3	설립후 채용한 종업원 2명	
12	L사	5	설립후 채용한 종업원 4명	
13	M사	4	설립후 채용한 종업원 3명	

창업멤버들과는 어떠한 속성이며 그 속성이 스타트업 분기고용성장에 영향을 미칠가라는 연구과제에 대해서 창업멤버들과는 함께 설립하는 실무를 함께 한 임직원 및 설립후의 빠른 단계에서 채용한 종업원을 가리키는 경우, 또 창업자 혼자 실질적으로 창업하고 그 후에 종업원으로 채용한 인력으로 구성된 창업멤버만큼 고용성장이 높아지는 영향을 미치는 것이 실증되었다.

본 조사결과에서는, 조직형태는 설립요건과 자금력의 영향을 강하게 받을 것이며, 고용성장은 조직형태 자체보다 창업멤버의 속성에 영향을 받는다는 견해를 이끌었다.

성공포인트

1. 자기자신을 믿어라

인간의 운명은 성격과 습관으로 결정된다. 작은 인물은 자신의 성격상 결함이나 불량한 습관을 고칠 생각을 하지않기 때문에 운명의 지배를 받을 수밖에 없다. 큰 인물은 성공을 이루기까지 수많은 곤경과 위기를 겪었다. 그때마다 그들은 용기와 지혜로 곤경을 헤쳐나갔다. 바로 자신의 운명을 스스로 개척하는 것이다.

운명은 어느 누구에게나 완벽한 불행이나 완벽한 행운을 가져다 주지않는다. 선천적인 조건과 후천적인 환경의 모든 일은 당신의 노력여하에 따라 변한다. 우리가 처해있는 환경이 마음에 들지 않는다면 그 환경을 바꾸면 될 것이다. 개선의 방법은 행동이지 원망이나 체념이 아니다.

2. 자신을 소중이 생각하라

자신을 가치있는 사람으로 생각하라. 사람의 인물상을 마음에 새긴다. 자신감에 넘치고 결단력 있고 유능하며 침착한 사람이 되도록 확신하고 노력하라 두려워하는 불안한 장벽을 도파하라 열등감이나 자기혐오감은 인간으로서의 정상적인 반응이다. 자기혐오감에서 벗어나지 못하는 이유는 자기통제능력결여에서 발생된다. 불필요한 의식을 떨쳐버리는 자기관리의 혁신이 필요하다.

요 약
summation

∗ 벤처의 성패는 인재가 전부

창업이란 물론 창업은 사재를 털고 사업의 성공에 걸것이지 개인의 인생에서 아무래도 성공시켜야 할 큰 일이어서 대기업의 신규사업개발보다 마음에 안이한 것이 아님은 명백하다. 가장 열심히 일하는 컨설팅 성공사례를 하나만 꼽으라면 역시 한 벤처기업을 지원한 사례가 군소리없이 가장 먼저 떠오른다. 대기업의 신규사업개발에서도 벤처기업을 일으키는 것(창업)과 같다.

∗ 사업영역이 본인의 관심과 강점에 의존

사업수행을 위해서 생각해야 하는 요소의 시장성, 경쟁력 실현성 가운데 시장성은 응모자의 흥미, 경쟁력은 응모자의 강점에 의존할 수밖에 없다.

따라서 개인에 의존하고 응모된 안건의 사업영역에서 사업성을 바짝 매달릴 것은 아니지만 기업의 신규사업으로는 별로 충격이 있는 대처는 못한다고 생각하는 것이 타당하다.

* **경영자원은 지식, 기술, 비즈니스**

기업의 성장은 사장 나름것으로 알려져 있지만, 어떤 점에 주의해야 할지. 경영자로서 성공하기 위한 조건은 두 가지 측면에서 생각할 수 있다. 하나는 경영에 대한 지식과 기술, 두 번째는 비즈니스태도이다. 창업자는 자신의 자질을 확인하고 노력하고 강화 또는 협력자의 도움을 받아 보충할 필요가 있다.

* **아이디어를 신규사업으로**

아이디어 및 창업의 기회이자. 뛰어난 아이디어의 발굴은 기업의 독창성을 창업기회에 묶는 작업의 첫걸음이다. 생각자체는 무형가치이며 도구에 지나지 않는다. 고객이 진정으로 요구하는 제품이나 서비스는 시행착오의 반복을 거쳐 처음으로 태어난다. 단순한 영감만으로 급성장하는 벤처기업은 없다.

* **설립시 임원수의 영향**

설립시 임원수는 설립시에 선택한 조직형태로 설립요건에 영향을 받는 경향이 있다, 전술한 것처럼 임원수 요건에서, 주식회사 설립의 경우는 가족이나 친지를 임원으로 하되, 실무에 관여하지 않은 것이 많은 것으로 나타났다. 즉 가족이나 지인의 도움인원을 늘리고 주식회사를 설립할지, 늘리지 않고 유한회사설립할지에 나뉜 것이다.

P·A·R·T

02 성장과 성숙단계

제 6 장

성장 초기단계의 기업경영

혁신(革新)은 가죽을 벗기는 아픔을 이겨내는 것

혁신의 혁(革)은 갓 벗겨낸 가죽(皮)을 모두 질해 새로 만든 가죽(革)을 말하는 것으로 면모를 일신한다는 뜻을 갖고 있다. 즉 혁신은 경쟁우위를 창출하거나 잠재적 위기를 돌파하고 역량을 구비하기 위해 기존 것들을 새롭게 바꾸거나 고쳐나가는 것을 말한다.

조직의 생존과 번영을 위해 혁신은 중단없이 지속되어야 한다. 혁신을 멈춘다는 것은 곧 사망신고를 말한다, 지속적으로 혁신의 아픔을 감수하면서 새로움을 추구할 때 그 기업은 번영과 장수기업으로 진입되는 것이다.

– 서경태 현대오일뱅크 사장 –

제1절 기업성장과 성공조건

♣ 남과 똑같이 하면 성과는 기대난망

다른 사람들이 하는 것을 그대로 따라해서는 탁월한 성과를 달성하는 것은 불가능하다. 또한 남들과 똑같이 행동함으로서(정상적이기를 바라면서) 비정상적인(탁월한)결과를 기대할 수는 없다. 탁월한 성과를 기대한다면 남들과 뭐가 달라도 달라야 한다. 성공하는 조직이 되기 위해서는 그 자신만의 길을 개척해 나갈 수 있는 남다른 지혜와 용기가 필요하다. 조직의 리더가 진정해야 할 것은 다른 조직이 무엇을 행하던가에 개의치 않고 경쟁우위확보와 기업의 성공을 위해 나만의 독특한(비정상적인)방안을 찾아 이를 실천에 옮기는 것이다.

- 제프리 페퍼 "휴먼 이퀘이션" -

1. 기업성장의 개요

경제는 저성장기로 경제성장률이 평균 1~2%를 오르내리는 저 성장기를 맞이하고 있다. 고도의 안정성장기에서는 꿈에서도 생각할 수 없었던 매출저하에서 고통을 겪는 기업이 적지 않다. 그러나 그 한편에서는, 수익(收益), 수익결산수정(收益決算修正)이라는 호업호황(好業好況)의 기업도 있다. 기업성장의 성공조건이 어디에 있으며, 또한 공통요소가 어디에 있는지에 대해 벤치마킹으로 샘플링하여 조사분석하고자 한다. 각 기업의 상태를 기업의 라이프사이클(Life Cycle)에서 보면, 창업기, 성장기, 성숙기, 쇠퇴기의 네 가지로 나누어지고, 각각의 단계에서 특색. 성공요인. 과제점. 대책안 등을 정리하고 기업성장에서 공통의 주요 성공요인을 도출하였다.

1) 서 론

국내기업은 고도성장기에서 안정성장기를 거쳐, 버블쇼크 이후에는 평균경제성장율 1~2%이하라는 저 성장기에 들어갔다. 1970~80년대의 고도성장기에 비교하면 매우 어려운 상황으로 시장환경이 변화되어 가고 있을 뿐만 아니라 세월이 흘러 창업세대에서 2세의 후계자로 사장이 바뀌고 경영체계도 변화를 가져오고 있다. 기업의 다양성을 추구하기 위하여 분사화(分社化)로 업적을 향상시킨다는 등 여러 가지 변화가 보인다. 저 성장기에 대응하는 시스템을 함께 생각하던 고객중에는 새로운 방식으로 업적을 향상시켜 업계로부터 주목을 끌고있는 기업도 있다.

많은 고객을 담당할 때 사례를 조사하여 기업성쇠의 요인에 대해 생각할 때가 적지 않다. 따라서 본 장에서는 제조업에 초점을 맞추어 기업성쇠의 공통점을 조사분석하고, 금후의 성공요인을 생각하는 토대를 만들기로 하였다.

어패럴제조업의 성쇠를 분석하는 방법으로 각각의 기업이 라이프사이클상 어느 단계에 있는가, 어떠한 특색이 있는가, 무엇이 성공요인이 되는가, 과제점과 대책안은 무엇인가 등을 정리하고 그 위에서 기업성장의 패턴부터 공통의 성공요인을 집약해 보았다.

2) 기업의 라이프스테이지 분류

① 분류방법과 샘플기업에 대해

제조업기업의 라이프사이클로 보아 창업기. 성장기. 성숙기. 쇠퇴기의 4단계로 나누고, 각 단계에서 기업은 어떤 방법으로 대응을 취하고 있는지 정리하였다.

제조업체들은 어떠한 라이프스테이지에 위치하는지는, 메이커의 최근 5년간 매상증감으로 판정했다.

② 창업기에 있는 기업의 정의

창업에서 10년 미만으로 더욱 금후 매상증대가 보이는 곳과, 경제성장의 레벨을 조금 초과하는 정도의 경영실적에 있는 기업을 창업기로 정의한다.

기간을 10년으로 한 것은 창업에서 10년간에는 성장기에 이르지 못한 상태로 때로는 도산에 이르는 기업도 있으므로 기업으로서 성장기에 진입하는 기간적인 구간으로 생각하였기 때문이다.

③ 성장기 기업군의 정의

창업에서 10년 이상에 걸쳐 기업으로 존속하면서, 매년 경제성장률을 넘어 발전성장을 계속하는 기업군이다. 이러한 기업군으로는 업계에서도 주목을 받으며 제조 도·소매업으로 발전하고 성공하여 성장을 지속하고 있는 기업사가 대표적이다.

- **제조소매** : SPA(Specialty store of Private label Apparel)업태로, 자사상품을 기획제조하여 소매점포로 소비자에게 판매한다.

④ 성숙기 기업군의 정의

성숙기에 있는 기업은 경제성장율 1% 넘는 정도의 경제성장률의 기업상태를 성숙기로 한다. 백화점, 전문점을 중심으로 한 제조에서 성장을 추구하며 현재는 직영 소매점포를 가진 E사, F사. G사가 이 성숙기 후기(成熟期後期)에 해당한다.

라이센스, 브랜드, 비지니스(상품의 차별화. 부가가치를 디자인이 아닌, 유명브랜드로 하는 방법)으로 성장해 온 H사와 1개사를 비교해 보면, H사는 미증(소폭증가)을 유지하면서 성장기 전기에 있다. 한편 1사는 미증을 반복하면서 성장기 후기에 있으므로 동업(同業)이지만 왜 이와 같은 차이가 발생하는지를 알아보기로 한다.

또한, 할인점(割引店) 위주로 성장한 J사, K사, L사의 실적을 평가해보면, 연간매상의 미증(微增)을 유지하고 있는 L사는 성숙기 전기를 답습하고 있으나, K사는 연간매상의 정체, 미감(微減)이 이어지고 성숙기 후기에 들어서고 있다. 1970년대 초 K사는 연간매상이 커지고 J사, L사에 앞섰으나 최근 몇 수년 사이에 K사의 성장력이 다하여 k사의 매상을 빼고, L사의 매상에 가깝게 되었다. J사의 활성화요인에 대해서도 기업군의 특색을 비교하여 밝힐 생각이다.

⑤ 쇠퇴기에 있는 기업군의 정의

경제성장률을 크게 하회하여 감소를 계속하는 기업상태를 쇠퇴기로 하였다. N사는 1980년대에 E사, F사, G사와 같이 백화점전용 전문점을 G사 매상의 50%정도의 실적을 올렸다. 그러나 요즘 수년간은 전년매상 대비 마이너스 5~10%로 이어져, 최근에는 G사 매상의 30%정도의 실적이 되었다. 쇠퇴기에 있는 기업이라고 단정을 지을 수 없다. 또한, M사는 1980년대에 할인점을 주력으로 한 회사로 K사, L사와 같이 비즈니스로 성장을 지속하였으나, 최근 수년간 감소경향이 멈추지 않고 1970년대 매상의 50%이하로 되어 전형적인 쇠퇴기에 있다고 할 수 있다.

⑥ 난외(欄外)에 있는 기업군의 취급

네 가지 스테이지 더하여 해산, 도산이라는 난외의 스테이지로 옮겨진 기업이 존재한다. 단, 해산, 도산의 근본원인을 파악하기는 곤란하므로 본 고에서는 분석대상에서 제외하였다.

3) 라이프스테이지별 기업의 특색과 성장

(1) 기업별 비교항목 검토분석(항목별 정보수집)

구 분	비고항목에 대하여	보수집 중요도
1	업무프로세스(기획, 생산, 판매등)	시장
2	판로(백화점, 전문점, 할인점)	업태
3	업태(제조, 판매, 서비스)	상품 계획
4	고객관리 전략, 재무관리	생산 체계
5	사업영역(업종별 수요처)	판매체계
6	관리 사이클(연월일, PDCA)	재고 처분
7	관리태상(매상, 이익, 고객만족도)	경영자
8	리더십, 창업자, 후계자	사원
9	사원(실무능력 권한이양)	성공요인 실패요인
10	정보시스템	과제점
비고	기업의 특징은 항목 검토 비교	항목별 정보수집 중요도 분석

(2) 라이프스테이지의 성장(성공기업의 발달패턴)

창업기, 성장기, 성숙기에 있는 기업은 현재나 과거에 대한 특색을 정리해본 결과 성공하는 기업의 패턴이 약간씩 상승하고 있다.

① 업태에 대해

제조도매에서 창업을 시작한 기업은 백화점 등의 인숍(in-Shop)형식의 준 직영매장의 경영경험을 쌓아 마침내 직영점에 의한 판매, 제조소매업 사업을 확대해 나가고 있다. 소매업으로 창업한 기업은 리스크분산의 관점에서 제조도매와 협력하여 제품개발을 하고, 소매업에 철저한 기업군과 필요한 제품을 직접 제조·판매하는 제조유통업태로 성장하는 기업군으로 나누어진다.

② 상품기획에 대해

상품기획의 발달은, 제조도매에서는 히트상품기획의 모방에서 출발하였다. 해외정보/상품을 참고로 한 기획력향상과 유명디자이너와의 계약에 의한 기획력향상의 경험을 축적하여, 소비자상을 명확히 의식한 자주 기획력향상으로 변천에 따르고 있다. 특히, 인·숍, 직영점포에 의한 소비자의 파악과 소비자카드에 의한 매장방문 구매자의 실태파악, Web사이트에서 브랜드 팬클럽이나 브랜드채팅정보를 활용함으로써 소비자에게 밀접한 상품기획능력이 크게 향상된다. 소매업에서 제조기능을 추가한 제조소매업에서는 도매업체의 제품선택에서 기획력을 강화시켜 해외패션정보를 수집하고, 유행의 첨단정보가 많은 수도권에 실험점포를 설치하고 조금씩 기획력을 향상시켜 나가고 있다.

③ 생산체제에 대해

처음에는 외주공장을 선택하고 생산능력을 강화시키고 있으나 결국은 전속 외주공장(국내·해외)을 확립하고, 궁극적으로 자사공장(과거에는 국내, 최근에는 중국의 해외공장이 일반)에 의한 품질향상·원가절감활동을 지속적으로 개발하고 있다. 전속 외주공장을 활용하고 있는 기업도 결국은 비용절감과 생산관리능력의 강화를 목적으로 자사공장화를 추진하게 된다.

④ 판매체제에 대해

창업기에서는 미분화였던 판매기능도 곧 기능별 조직(기획생산 및 판매 등)이 되어, 그 후에는 사업부제(기획생산 판매사업부화)에 의해 생산판매의 최적화를 늘린다. 결국 제조유통과 같은 직영매장을 통해 판매체제를 강화해 나가고 있다.

⑤ 재고처분에 대해

제조도매에서 불량재고는 소매에 할인판매로 시작되고 백화점이나 상사 협찬행사판매(바겐세일) 등의 임시처분방법 아울렛이라고 하는 명품상설판매 자영점포에 의한 판매와 직영매장신설의 복주머니 등의 처분방법으로 발전해 나갈 것이다. 국내에서 처분할 수 없게되면 처분점포와 환율위험감소를 위해 해외 특히 생산거점에 있는 중국에 판매거점이 설립된다.

(3) 소비자의 시점에서 마케팅(마케팅의 판매자와 매입지의 이론)

종래의 판매시점에서 마케팅 4P
1. 제품(Product)
2. 가격(Price)
3. 유통(Place)
4. 판매(Promotion)

매입의 시점에서 마케팅 3A
1. 수용성(Acceptability(
2. 경제성(Affordability)
3. 입수성(Availability)

그림 6-1 성장전략과 마케팅4P 모형

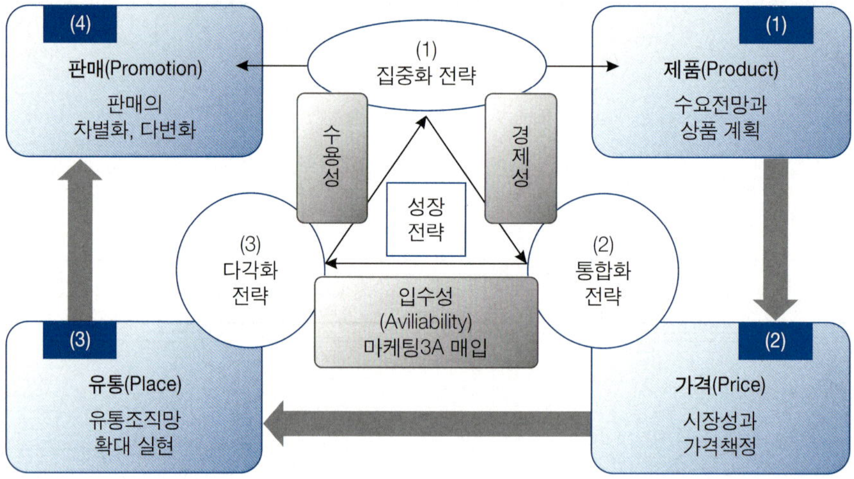

출처 : 성장전략 3조건과 마케팅4P의 연관, 연계적 효율화 모형

(4) 어떻게 마케팅전략으로 고객에게 만족을 제공할 것인가?

마케팅 4P전략이란

- 제품은 품질의 차별화와 수요공급의 물량조정에 있다.
- 가격의 형성시장에 있으나 차별화로 만족을 줄 수 있다.
- 유통은 신속정확이다. 품질은 만족을 주지만 서비스는 감동을 준다.
- 판매의 차별화 다각화는 적재적소에 적요판매가 효과적이다.

(5) 성장전략 3단계

- **집중화전략** : 목표가 있는 자에게는 계획이 있다. 변화하는 자에게는 승리가 있다. 역량을 집중함으로서 목표를 달성할 수 있다.
- **통합전략** : 뭉치면 강하고 흐틀어지면 약해진다. 개개인의 역량을 통합함으로서 시너지효과를 도출한다.
- **다각화전략** : 다양한 고객층에 수요공급은 회일적인 전략에서 다각적 다변화의 차별화의 전략이 성장을 가져온다.

표 6-1 통합화 성장전략

성장전략의 정형		통합화에 의한 성장전략	
집중화에 의한 성장	시장침투 시장개발 제품개발	후방통합	
통합화에 의한 성장	후방통합 전방통합 수평통합	전방통합	
다각화에 의한 성장	동심원적 다각화 수평적 다각화 공구로마아트	수평통합	

4) 기업의 안정과 판매전략의 정형

기업의 안정적 성장과 운영을 위해서는 판매전략의 정형적 안전이 필요하다. 판매전략의 정형(定型)을 크게 나누어 보면 ① 성장전략, ② 경쟁전략, ③ 시장포지션전략, ④ 라이프사이클전략, ⑤ 저성장시대전략 등 다섯 가지 종류로 구분된다.

판매전략을 입안할 때에는 복수의 판매정항을 동시에 채택함에 유의할 필요가 있다. 다음의 용어에 주의하여야 할 항목들이다.

제품개발 → 시장개발 → 시장침투 → 후방통합 → 전방통합 → 수평통합 → 동심원적 다각화 → 수평적 다각화 → 차별화 → 집중화 → 시장포지션을 이루어야 한다.

또한 수명주기 라이프사이클 관점을 두어야 한다. 도입기 → 착수전략 → 침투전략 → 성장기 → 성숙기 → 쇠퇴기로 이어짐을 심도있게 관찰하여야 한다.

2. 기업의 특색과 과제대책방안

1) 창업기에 있는 기업군의 특색, 과제점, 대책방안

① 시 장

A사, B사 모두 대기업으로 진출하지 않고 틈새시장을 대상으로 하고 있다.

A사는 옷가게(양품점)를 판매처로 하고 있으며, 옷가게의 판매처는 중견기업(자본금 10억엔 미만의 기업(재무국의 정의))과 대기업(자본금 10억엔 이상의 기업)이 판로의 대상으로 하지 않는 분야이다.

B사는 패션빌딩에 출점하여 다점포전개로 매상을 확대하여 소매점과의 경쟁이 적은 시장이다.

② 업 태

A사는 제조도매이고 성숙기에 있는 E사, F사나, J사, K사, L사와 같이 제조도매로 창업을 개시한 기업과 같은 업태이다.

B사는 제조소매로 성장기에 있는 C사, D사와 같다. 단, 소매점포가 몇 개 안되는 상황으로 다점포를 갖지 못한 점과, 카리스마 있는(개성적인) 점원의 접객판매력에 중점을 두고, 표준화된 점포운영을 하지 못하고 성장기에서 출점을 이어가는 C사, D사와 다르다.

③ 상품기획

A사는 자사 리스크가 있는 독자의 상품기획을 하지않고, 시장히트상품을 찾는 추종기획을 특색으로 하고 있다.

B사는 사장의 개성이나 카리스마 점원의 감성을 살려 독자상품기획을 하고 있으며 추종기획방식은 생산력에 따라 진행한다.

④ 생산체제

A사는 근년의 국내봉제공장에서 신속하게 생산하는 방식이다.

B사는 한국의 봉제공장에서 신속하게 생산하는 방법을 채용하고 있으며 양사가 공통으로 하는 것은, 시장활력을 잃지 않도록 짧은 기간에 발주·생산·판매체제를 유지하고 있는 점이다.

⑤ 판매체제

A사는 도매판매를 주체로 하고 있다. 사장자신이 영업을 하고 있기 때문에 기능별로 조직화돼 있는 중견기업과 비교하여 영업비용이 들지않는 만큼 저렴한 도매가격으로 되고 있다. 도매옷가게 소매점으로 폐업이 진행되는 업태임에도 불구하고, 일정한 판매력을 가진 옷가게는 전략상품을 적시에 하나하나 저렴한 비용으로 제공할 수 있어 성공하고 있다.

B사는 패션빌딩내 직영매장에서 접객하고 판매하는 주체로써 카리스마 점원이 판매하고 있다.

⑥ 재고처분

의류경영에서는 매년 계절별로 신상품을 기획하고 생산·판매하고 회수대금으로 다음 제품을 생산하는 비즈니스 사이클을 기본으로 한다. 따라서 계절의 끝에서 재고의 대부분 등 모두 폐기대상(불량재고)이 되기 때문에 어떻게 재고를 판매처분하느냐가 수익을 좌우하는 중요한 경영포인트가 된다. 제조도매 A사 및 제조소매기업 B는 모두 판매상황을 보고 소량으로 생산·조달하고 있으므로 불량재고의 발생은 억제되어 있다.

B사는 매장판매이기 때문에 팔리지 않고 남기전에 할인판매로 처리한다.

⑦ 경영자

A사, B사 모두 창업자인 사장이 스스로 상품을 기획·생산지시·판매함으로써 리더십을 발휘하고 있으며, 다시 말하면 기업 조직적인 활동(분업체제 등)은 아직 제대로 갖추지 못한 것으로 일반적으로 창업기기업은 이러한 매니지먼트 스타일이다.

⑧ 사 원

A사 및 B사도 업무의 분업화 및 기능별 직원체제가 확립되어 있지 않으며, B사에서는 카리스마가 있는 제한된 판매원에 의한 접객에만 주력하고 있다.

⑨ 주요 성공요인

창업기에 있는 기업이 생존하기 위한 주요 성공요인으로 다음의 세 가지를 들 수 있다.

- 경쟁자가 적은 특정시장에 특화한다.
- 시장대응 상품을 적시에 생산·판매하여 비용을 줄인다.
- 저렴한 가격에 판매한다.

⑩ 과제점과 대책방안

현상유지가 목표라면 별문제가 없지만 매상을 확대하려면 여러 문제가 발생한다. 생산기능을 확충한 제조도매 A사와 제조소매 B사도 신속한 생산대응이 성공요인의 하나가 되고 있지만, 판매량 증가로 생산량이 증대하면 봉제공장의 확대, 소재, 수당 등의 과제가 나온다. 특히 소량시장 대응생산을 특징으로 하고 있는 창업기 기업이 상품을 대량신속하게 시장에 제공하는 것은 큰 과제이다.

대책으로는 국내협력 공장군을 편성하는 것으로 작은 회전의(작은 이익을 회수하는) 해외협력공장을 편성하는 것이고, 또한 히트상품의 소재확보도 중요시 되고 있으며 일정량의 소재를 확보하기 위한 조달처의 고려도 필요하다.

⑪ 판매처 확대

A사는 도매로 B사는 소매로 판매하지만 매출확대는 전국에 판매처를 확장할 필요가 있다. 현재 특정 판매채널과 판매점포의 한정판매체제에서는 기업의 성장에 제약이 있으며, 판매체제의 확대는 영업사원의 확보 및 점포신설 등 비용·조직·관리체제의 정비가 필요한 점 등이 있다. 직원체제의 정비판매/생산강화를 추진하려면 사장개인의 힘으로는 한계가 있으며 직원의 채용과 조직의 설립 등 기업으로서의 체제강화가 필요하다. 유통하는 업태의 출발점에 있고, 성장기·성숙기·쇠퇴기에 있는 기업도 창업을 따라가면 여기로 돌아간다. 기업의 원점은 창업기에 있음을 잊어서는 안된다.

2) 성장기에 있는 기업의 특색과 과제대책방안

성장기에 있는 기업은 성장의 가속화이다. 기업을 점차 가속적으로 발전하기 위해서는 전략(PLAN) · 실행(DO) · 평가(SEE)라는 원칙의 사이클이 회전함으로서 업무의 효율화와 리스크 최소화라는 두 가지를 동시에 풀어갈 수 있는 효과를 동시에 이루어갈 수 있다. 기업의 성장은 제품판매에 있다. 마케팅부문의 계획을 잘짜고 실행목표를 보다 명확하게 함으로서 달성확률을 높여 나갈 수 있는 것이다. 이러한 성과를 얻기 위해서는 상품브랜드 가치가 높아야 하고 마케팅의 시책. 실행의 달성과 검증이 분석됨으로 상관관계의 효율성을 높일 수 있다.

그 뒷받침은 시장성 · 상품계확성 · 생산체제 · 판매체제 등의 조직이 활성화됨으로서 기업은 성장의 가속폐달을 밟을 수 있어 목적성취가 가능하여 진다.

(1) 시 장

C사는 젊은이들을 중심으로 한 캐주얼의류로 분업특화되어 있다.

D사에도 캐주얼의류를 주체로 하고 있으며, C사와 비교하면, 가격 · 제품품질 · 디자인을 구체화

그림 6-2 목표달성계획주기 사이클모형

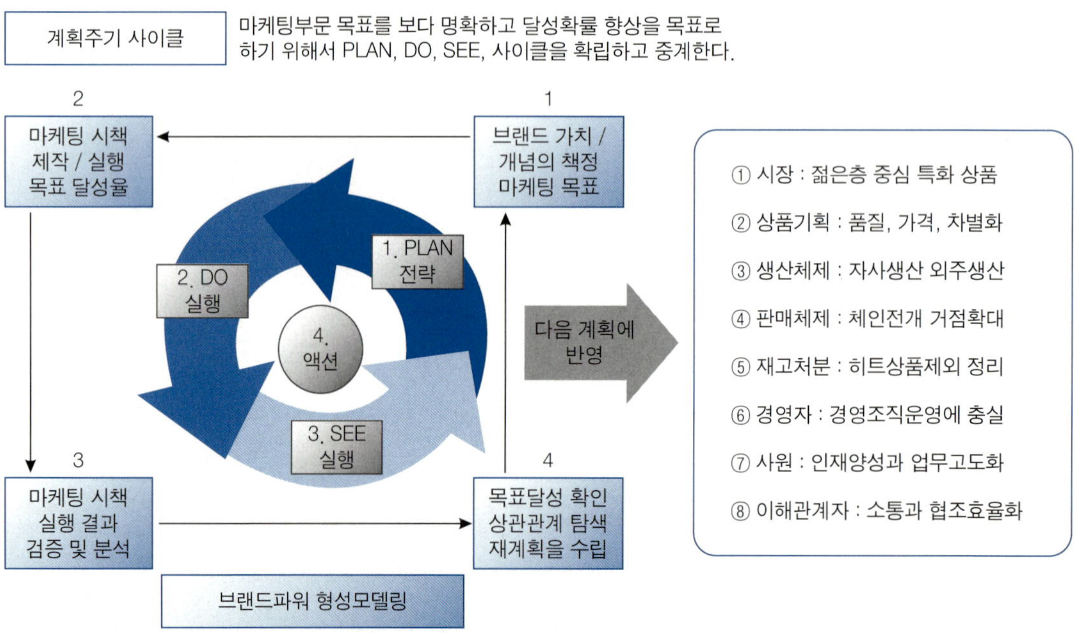

출처 : ブランドパワス-形成モデリ 参考 목표달성 확률향상 지속성의 모형도

한 상품으로 가격 대 부가가치에 민감한 패밀리층에 초점을 맞춘 것이다.

(2) 업 태

C사, D사 모두 소매업으로 창업했지만 의류제조업체에서 상품을 선택하는 방법부터 자사상품을 기획하고, 생산을 위탁하여 소매하는 제조유통업태로 바뀌어 성장을 계속하고 있다.

창업기에 소매점이었던 양사는 제품조달에서 자사에 의한 상품기획·생산을 통해 시장의 요구상품의 판매에 종사하여 SPA(Specialty store of Private label Apparel : 제조유통)라는 업태를 확립했다. 점포확장도 순조롭게 확대하고 경제성장률을 크게 웃돌고 매상도 늘어나는 기업으로 성장하고 있다.

C사, D사 모두 진상품종류로 낮은 가격이면서 일류상품 레벨의 품질을 실현시키는 전략을 가지고 독자적으로 상품을 기획하고 있다.

특히 D사는 철저한 가격차별화를 실현하기 위해 신소재를 채용하고 있으며 또한 디자인부문을 집결시켜 전 세계적으로도 패션정보입수의 거점을 마련하여 디자인면에서도 차별화할 수 있도록 기획역량을 강화하고 있다. 또한 매스고객(대량고객)을 대응하여 색상크기를 확충하여 공급하는 방법을 채용해 매장에 진열할 수 없는 상품은 인터넷에서 판매하는 방법을 취하고 있다.

(3) 생산체제

C사, D사 모두 생산기능면에서는 의류제조업체와 비고해 후발주자이기 때문에 처음부터 해외생산공장에 외주방식을 채용하고 있다.

C사는 상사와 제휴하여 특정 공장과의 협력을 추진하는 방법을 채용하고 있고 D사는 많은 해외공장의 개척을 하고 있다. 한층 더 저가격화 및 국내물류능력향상, 지속적인 품질개선, 로스비용절감을 노려 외주에서 대응능력이 있는 공장으로 교체함과 아울러 봉제미싱 등의 시설개선에 노력하고 있다.

(4) 판매체제

C사, D사 모두 직영소매점에 의한 체인전개를 실시하고 있으며, 처음에는 점포개발비용을 줄이기 위해 교외에 출점하였다. 그 후, 쇼핑센터나 할인점, 전문점 거리에도 진출하여 판매거점을 확대함으로써 매상을 증대시키고 있다. 다점포전개·신규출점에 따른 매출확대가 체인점으로 성장하는 기업의 기본적인 전략이다.

판매면에서는 다음과 같은 수법으로 매장의 경영효율을 높이고 있다.

- 고급브랜드의 진열방법에 유사한 밝고 넓은 매장
- 처음 방문고객서비스로 방문즉시 사이즈 수정
- 본부주도에서 특정 점장의 의사결정권한 위임

또는 매장에서의 판매외에 인터넷통신판매로 매장에 두고있지 않은 동일한 디자인의 다른 색상 크기를 제공한다.

(5) 재고처분

소비자와 접하는 제조소매에서도 점포수가 증가하여 판매를 포함한 생산규모가 확대됨에 따라, 히트상품을 제외한 상품의 불량재고가 대량으로 발생하는 위험이 커진다. 제조소매는 지속적인 출점정책을 실현하는 한, 신규매장오픈시 판매제품으로 불량재고발생이 증가하면 처분점포가 한정되어 불량재고로 인한 고통의 가능성이 있다.

(6) 경영자

C사, D사 모두 창업자가 경영을 이끌어왔지만 경영규모의 확대에 따라 제조소매로써 경영조직을 충실히 하고 있다. 양사 모두 공개기업으로서의 체제를 정비하고 경영자금과 우수한 인재의 조달을 적극적으로 추진하고 있다.

(7) 사원(인재의 활용)

급속한 매출증가를 지원할 수 있도록 인력활용의 효율화가 필요하다. 쇠퇴기에 있는 과거 성장기업이나 다른 업종에서 인재를 중도에 채용하고 업무수준을 고도화시키고 있다. 업계밖에서도 널리 업무의 전문가를 중도채용하고 업무수준의 강화를 추진하고 있다.

(8) 중요 성공요인

① 가격경쟁력

당초부터 시장가격을 고려하여 저가격을 실현하기 위한 체제로 하여 취급상품에 한해서는 업계에서 빼어난 원가율을 달성하고 있다.

② 제품경쟁력

원가절감의 목적도 겸하고 프리스라는 선진적 소재를 사용하고 가격만이 아닌 품질개선에 임한 결과, 제품기획력과 품질·가격의 균형이 잡힌 발군의 경쟁력을 확립하고 있다.

③ 계속적 개선체질

비용절감을 위한 신소재조달, 해외생산, 생산공장의 집약화, 품질개선을 위한 최신 봉제설비 및 기술지도, 지속적인 개선을 겨냥해 공장제휴시책 등을 추진하고 있다.

④ 주식공개(상장)에 의한 자금과 인재조달

주식공개를 통해 얻은 자금을 점포개발비용과 제품조달비용에 충당하고, 최소의 차입자금으로 많은 출점을 실현하고 있으며, 또한 공개기업에 의한 지명도 신용도의 향상결과 중도채용에 의한 인재강화를 실현하고 있다.

(9) 과제점과 대책방안

① 상품기획력 향상

순조롭게 성장하고 있는 제조소매업이지만 성장요인은 적극적인 출점정책과 점포의 대형화에 의한 것이 크다. 다만, 소비자에 질리지 않는 상품기획을 계속하지 않으면 해외에서 대량생산품 유입으로 비축재고 및 매장재고까지도 불량재고로 변해버리게 되고, 대책으로 D사는 이미 해외주재원을 두고 세계의 패션정보를 수집하고 국내에서 기획부문을 집중시켜 기획력향상에 노력하고 있다.

② 생산비용 품질향상

후발주자가 생산비용절감노력으로 쫓아오는 가운데, 생산시설은 새로울 수록 품질에 대한 대응이 용이하기 때문에 설비의 갱신을 포함한 품질개선지원이 필요하다. 대책방안으로는 생산설비의 정기적인 업데이트와 JIT(Just In Time : 공정별 연속생산방식)생산 등의 생산기술체제 비용절감을 위한 철저한 현장개선활동, 기술개선지도, 성취감이 있는 품질개선활동 등을 생각할 수 있다.

③ 불량재고를 만들지 않는 생산·물류관리

판매상황을 보고 추가생산·생산중단 및 결품이 없도록 하는 물류관리 등의 강화가 과제가 되고 있으며 대책방안으로는 기획·발주·입고·공장재고·국내재고·점포재고를 파악하고, 생산·공급을 제어할 수 있는 제도 및 매장진열재고의 적정보충체제 대형매장과 소형매장의 재고회전율을 고려한 물류시스템이 필요하다. 또한 불량재고에 대해서는 현지판매로 인한 재고의 현금화가 있을 수 있다.

④ 성장성의 지속

국내에서의 신규출점과 점포의 대형화에 의한 성장력이 시장포화에 의해 둔화된다면 멀지않은 시기에 성숙기가 도래할 가능성이 있다. 대책방안으로는 국내시장포화에 대비하여 또는 과잉생산의 안전책으로 공장과 같은 지역에서의 판매체제를 정비하고, 품질·가격·기획력을 살려 구미시장에 진출할 생각을 하여야 한다.

3) 성숙기 전반기에 있는 기업의 특색과 과제점대책안

(1) 시장 · 백화점 · 전문점을 주력판로로 한 여러 세그먼트(분업)대응

성숙기라도 성장을 계속하는 E사, F사, G사는 소년소녀기에서 30대까지 폭 넓은 시장에서 백화점 · 전문점가(거리)를 주체로 각각의 세분화된 세그먼트에 맞춘 브랜드를 제공함으로써 일정한 시장을 확보하고 있다.

H사는 백화점에서 시장을 확립한 후 양판점에도 진출하여 각 판매루트를 향상시키고 브랜드를 나누어 대응하고 있다.

J사는 이익을 내기 어려운 할인점에서 백화점 · 전문상점에도 적극적인 영업활동을 전개하고 있다.

(2) 업태제조도매에 제조소매업태를 겸비

성숙기 전기의 기업군에 속하는 E사, F사, G사, H사는 성장기에 있어서는 제조도매업태를 기본으로 백화점안에 인숍(in Shop)이라는 자사고유의 코너를 마련하여 자사제품을 판매하고 있었지만, 성숙기에 들어서는 인숍의 경영경험과 자사의 생산능력을 살려 제조소매업태를 세워 성장을 계속하고 있다.

같은 할인점(일본에서는 量販店)을 판로로 한 제조도매로 성장해온 J사, K사, L사 중 J사는 백화점이나 전문점과의 거래를 늘리고 인 · 쇼핑 등의 실적을 올리고 제조유통업태까지 시작하고 매출증가율은 K사, L사를 웃돌고 있다.

(3) 상품기획

E사, F사, G사는 해외거점에서의 정보와 자영점포의 정보, 다른 상점정보 등을 참고로 독자브랜드의 상품기획 및 해외디자이너 제휴에 의한 상품기획으로 브랜드력(기획력)을 높이고 있다.

(4) 생산체제

F사, G사는 창업기부터 성장기까지 국내공장을 설립하고 또한 국내에서의 가격경쟁에 대비한 해외공장설립으로 처음에는 저렴한 가격으로 생산하고 판매하였고, 추가생산분은 국내에서 신속하게 대응하는 등 국내외 조합생산체제를 채택하고 있다.

E사는 원단메이커를 포함하여 생산공장의 수직통합을 추진하여 QR(Quick Rseponse: 판매상황

에 따른 생산공급)체제를 추구하고 있다. H사는 성장기단계부터 장래의 가격경쟁을 예상하여 업계 최초로 중국에 공장을 설립하고 있으며, 이것이 오늘날의 엄격한 가격경쟁에 대한 대응을 가능하게 하고 있다.

(5) 판매체제

E사, F사, G사, H사는 백화점에서의 인숍형식에 따라 소매경험을 살려 기존의 제조도매판매체제뿐만 아니라, 전문상점거리 등에 직영매장을 출점하는 제조소매 판매체제도 강화하고 있다. 오늘의 매출증가는 이 제조유통판매체제가 기여하고 있으며, 도매 및 점포개발을 담당하는 영업조직 이외에 점포매출관리 DB(Distributor) · MD(Merchand iser) 등의 체제도 정비할 수 있다.

(6) 재고처분

E사, F사, G사 주식처분의 대응방법은 기본적으로 신점개점세일에서 판매된 제품과 백화점 특판품/행사판매라는 특매기획 등으로 처분하는 한편, 대폭할인으로 브랜드 이미지를 저하시키지 않도록 직영 아울렛매장을 상설하고 있다.

H사, I사 주식처분의 대응방법은 백화점내의 특매세일과 동일하게 처분판매하고 있으며, 또한 특정일을 사원의 직접판매일로 하여 특정 관계자가 판매를 실시하고 있다.

(7) 경영자와 후계자

E사, F사, G사는 창업자의 후계자로 경영을 이관하고 있으며, 후계자는 업계에서 실무경험을 살려 기업의 성장을 위한 리더십을 발휘하고 있다.

(8) 사 원

성숙기 전기에 있는 기업은 어려운 경영환경을 나름대로 넘어가는 실적과 성장기의 직원채용결과 우수한 직원이 성장하고 있으며, 각 부서에서 업무를 추진하고 있다.

(9) 주요 성공요인

① 브랜드증가와 브랜드 이미지 확립

고객세그먼트의 세분화에 대응하고 상품을 기획한 결과 소비자에게 받아드려진 브랜드가 남아 있다. 경영을 지지하는 주력브랜드를 사업부의 핵으로 브랜드증가 = 매출증가의 도표식이 나오고 PR도 활용한 브랜드 이미지의 고양책이 성공하고 있다.

② 준직영매장의 활용

성장기에서 일본경제의 성장기와 겹쳐 순풍을 맞이하여 백화점 · 전문점에서의 매출비중을 높이고, 인숍코너판매라는 전용매장의 매장정보를 살린 기획 · 생산조정을 실현시켰다.

③ 제조소매업태의 확립

성장기에 있어서는 자사공장을 국내에 설립, 가격대응을 위하여 중국에 공장을 설립해 왔으며, 이를 통해 제품의 저가격조달과 국내의 신속한 조달을 가능하게 하였고, 또한 준직영매장 운영경험에서 직영매장에 의한 제조소매업태를 꾸준히 추가시켰다.

④ QR 생산기능의 충실

QR은 Quick Response의 약자이며, 매장의 판매상황에 따라 생산 · 공급을 할 생각이다. 제품수명이 짧은 패션제품은 소재생산 · 조달 · 생산 · 물류의 짧은 사이클화는 곤란하지만 자영점포의 매장정보와 자체공장을 사용하여 QR대응을 실현하고 있다.

⑤ 매니지먼트 능력의 강화

기획 · 생산 · 판매의 균형관리, 장외상품 최적배분, 불량제품이 될 것 같은 제품의 조기단념관리 등 제품의 관리 이외에 부문손익 및 현금흐름 등의 재무관리강화를 하고 있다. 예를 들어 D사에서는 결산기 실시하는 재고평가손실을 더 엄격한 재고평가 0으로, 월별로 부문손익평가의 실시 등 관리능력을 높이고 있다. 이러한 성공요인 중에서 특히 경영에 공헌한 것은 자사 공장경영강화, 제조소매업의 확립에 있다고 생각하고 있다.

(10) 과제점과 대책방안

성숙기 전기에 있는 기업이 경제성장침체기인 오늘날에 더 성장을 계속 실행하려면 다음의 과제를 해결해야 한다.

① 자사공장의 철저한 활용

제조도매로 생산기능을 자사내에 가지고 있기 때문에 제조업의 노하우를 결집시키고, 또한 생산효율성과 품질관리능력을 더욱 높일 수 있는 대책안으로 생각한다.

② 브랜드와 회사수익성을 극대화시키기 위한 구조

브랜드별로 보면, 제품의 라이프사이클에서 쇠퇴기나 성장기에 있는 브랜드도 나오기 때문에 브랜드 소유자가 하는 생각을 높이는 구조로, 예를 들어 다른 회사방식으로 하여 사업부제보다도 더 엄격한 대응으로, 손실로 인한 회사해산까지도 고려한 그룹경영방식이 대책방안으로 생각된다.

성공포인트

1. 당신이 처한 환경

사람은 환경의 지배를 받느냐 환경을 조성하느냐 기로에 선다. 위인은 환경을 조성하나 법인은 환경의 지배를 받는다고 한다. 진실한 자아는 그 사람의 영혼이다. 영혼을 다스리는 주인은 바로 가슴속에 담긴 꿈과 포부이다. 작은 인물은 꿈과 포부가 없기 때문에 방황하기 마련이다. 반면 큰 인물은 가슴속에 확고한 인생의 목표가 있기 때문에 고난과 역경앞에서도 흔들리지 않고 불우환경을 개선하며 자신의 꿈을 실현한다.

장래에 어떤 사람이 될지 결정했다면 그 모습을 상상하면서 모방성을 가져라 일종의 자기수련이다. 가난이든 치욕이든 좌절이든 지금 당신이 처한 현실을 이상적으로 받아드려라 당신의 꿈과 포부를 잃지 않는다면 환경의 지배를 당하지 않고 당신의 꿈을 이루어 나갈 것이다.

2. 타인의 삶을 존중하라 상대를 먼저 배려하라

세상에서 출세하는데는 두 가지 방법이 있다. 남을 딛고 올라서거나, 남의 충직한 발판이 되어 주던가 하는 것이다. 부를 이루는 방법은 사람과 사람과의 관계라는 매개를 통하여 성공과 부의 기회를 엮는 방법이다. 성공하기 위해서 가장 중요한 것은 무엇인가? 다른 사람의 삶을 존중하고 원활한 인간관계를 만들고 유대관계를 소중이 여기는 생활문화조성이다. 돈이 필요하다면 우선 인간관계를 소중이 여겨라 그러면 돈은 저절로 따라온다. 성공한 사람들은 모두 이 진리를 피부로 느끼며 터득한 사람들이다.

요 약 summation

* 기업성장의 개요

경제는 저성장기 경제성장율 평균 1~2%를 오르내리는 저성장기를 맞이하고 있다. 고도/안정성장기에서는 꿈에서도 생각할 수 없었던 매출저하에서 고통을 격는 기업이 적지 않다. 그러나 그 한편에서는, 수익(收益), 수익결산수정(收益決算修正)이라는 호업호황(好業好況)의 기업도 있으며, 기업성장의 성공조건이 어디에 있으며, 또한 공통요소가 어디에 있는지에 대해 벤치마킹이 필요하다.

* 분류방법과 샘플기업에 대해

제조업 기업의 라이프사이클로 보아 창업기 · 성장기 · 성숙기 · 쇠퇴기의 4단계로 나누고, 각 단계에서 기업은 어떤 방법으로 대응을 취하고 있는지 정리하였다. 제조업체들은 어떠한 라이프스테이지에 위치하는

지는, 조사한 메이커의 최근 5년간 매상고 증감으로 판정된다.

＊ 성공기업의 발달패턴

창업기, 성장기, 성숙기에 있는 기업은 현재나 과거에 대한 특색을 정리해본 결과 성공하는 기업의 패턴이 약간씩 떠올라 있다. 업태별로 제조도매에서 창업을 시작한 기업은 백화점 등의 인숍(in-Shop)형식의 준직영매장의 경영경험을 쌓아, 마침내 직영점에 의한 판매(제조소매업)사업을 확대해 나가고 있으며, 소매업으로 창업한 기업은 리스크분산의 관점에서 제조도매와 협력하여 제품개발을 하고, 소매업에 철저한 기업군과 필요한 제품을 직접 제조판매하는 제조유통업태로 성장하는 기업군으로 나누어 진다.

＊ 성장성의 지속

국내에서의 신규출점과 점포의 대형화에 의한 성장력이 시장포화에 의해 둔화될 때 멀지 않은 시기에 성숙기가 도래할 가능성이 있다.

대책방안으로는 국내시장 포화에 대비하여, 또는 과잉생산의 안전책으로 공장과 같은 지역에서의 판매체제를 정비하고, SPA에서는 본가인 XYZ를 타도할 품질·가격·기획력을 살려 구미시장에 진출할 생각이다.

＊ 주요 성공요인 : 브랜드증가와 브랜드 이미지 확립

고객세그먼트의 세분화에 대응하고 상품을 기획한 결과, 소비자에게 받아 들여진 브랜드가 남았다. 경영을 지지하는 주력브랜드를 사업부의 핵으로, 브랜드증가 = 매출증가의 도표식이 나오고, PR도 활용한 브랜드 이미지의 고양책이 성공하고 있다.

제2절 제품개발과 상품화 경영전략

♣ **페덱스사의 1 ; 10 ; 100의 법칙**

서비스부문에서 말콤 브리지 상을 수상한 페덱스사에서는 1 ; 10 ; 100의 법칙이라는 것이 있다. 이 내용은 제품을 생산할 때 불량이 생길 경우 즉각 수정하면 1의 원가가 추가되지만 책임이나 문책이 두려워 이를 숨긴채 공장문을 나서면 10의 원가가 더들고 이것이 고객 손에 들어가 클레임이 발생하면 100의 원가가 더든다는 법칙이다.

- 페덱스 -

품질이 핵심이 되는 경쟁에서 상품개발은 계획설계의 초단계에서부터 불량을 없애는 것이 고객만족 경쟁력확보의 최선의 길이다.

1. 제품개발의 필요성과 수명주기

1) 제품개발전략의 필요성

좋은 제품으로 평가되고 있어도 영구적으로 팔리는 제품은 존재하지 않는다.

폴크스바겐 카브토훼이라 불리는 차는 히틀러가 포르쉐 박사의 이름을 붙여 생산한 것이지만, 제2차 세계대전 후에도 전 세계에서 애용된 차량중의 1종이다. 세계에서 가장 많이 생산되어 판매된 차량일 것이다. 그러나 지금은 그 모습을 볼 수는 없다. 그 원인은 공기냉각의 엔지니어링, 큰 타이어 2문방식 등으로 대표되는 이 차량은 실용본위의 설계가 풍부하고 요구가 다양화된 시대에 맞지 않기 때문이다.

그러나 같은 포르쉐 박사가 설계한 스포츠 카 포르쉐는 몇 차례 모델을 변경하였지만, 기본설계를 바꾸는 일없이 생산이 계속되고 있다. 아직 제품의 라이프사이클은 끝나지 않았으며, 한 회사의 제품이라 하더라도 제품의 라이프사이클에 의하여 제품의 수명을 달리하고 있다. 제품의 수명주기가 끝나지 않은 사이에 제품개발을 시작할 필요가 있지만 생각대로 신제품이 나오기는 힘든 것으로 확고한 제품연구개발 전략을 세우고 그에 기초위에서 제품연구를 수행해야 한다.

약자의 관점에서 접근방법은 다양하다. 상품화 속에서 또한 각각의 순간에서 부가가치발생여지가 있음이 나타나고 있으며, 또한 최근에는 인간적인 가치가 높아지고 있는 것 등의 연구결과에서 얻어지고 있다. 본 연구에서 진행한 상품화에 초점을 맞춘 연구가 전례없는 시도라는 점에서 사회에 공헌될 것이다.

경쟁우위의 전략은 가치사슬, 핵심역량과 경영전략 및 마케팅텍스트 등 친숙한 이론은 20세기 후반의 안정적인 성장이 전망되고 산업화사회의 말기에 만들어진 프레임워크이며, 이러한 이론을 배운 일부전략수립은 수많은 현장직원을 지휘하면서 실천함으로써 기업이 성장할 수 있는 기회는 끝났다고도 단언하고 있다.

상품화시장의 마케팅논리를 전통적인 마케팅논리에 근거한 발상을 전환하고 기업이 도전하고 대응하기위한 새로운 논리를 체계화하는 것이다. 그것은 세분화, 타겟팅, 포지셔닝 등 STP를 중심으로 하는 전통마케팅논리는 상품화한 시장에서 예전의 유효성이 떨어지고 있다. 그것을 보완하는 새로운 마케팅논리가 강하게 요구되고 있는 것으로 보인다.

이러한 패러다임변화의 배후에 있다고 하는 시장 코모디티화를 거론하며 선행연구에서 연구결과를 감안해서 더 깊은 고찰 그 실체를 명확히 하는 새로운 패러다임의 경영전략, 마케팅전략의 방향성을 찾아가고 싶다고 생각하고 있다. 지금까지 경영전략과 마케팅에 대해 다소 애매하게 다루고 있다. 그 이유 중 하나는 둘 사이에서 다루는 이론이나 논리에 대체로 중복되는 부분이 많아 명확하게 두 범주로 구분되어야 할지 여부를 판단하기 어려운 면이 있다고 하겠다. 다른 하나는 엄격한 구분을 하지 않음으로써 글의 논리가 막힌다는 것은 없다고 생각하기 때문이다.

2) 제품의 수명주기(라이프사이클)

제품의 수명주기인 라이프사이클(Product Life Cycle)은 어느 제품의 매출동향과 그 수익성의 시간적 변화에 주목한 것이다. 이는 ① 도입기, ② 성장기, ③ 성숙기, ④ 쇠퇴기로 나누어 생각하고 관찰하는 것이 일반적이다.

(1) 도입기

시제품 라이프사이클 장에 제품이 도입되는 시기에는 광고나 판매망의 구축 등으로 많은 지출을 수반하므로 이익이 나오지 않는 경우가 생길때가 많다. 기술적으로 아직 시행착오단계에서 여러 문제점이 생기는 경우가 많으며 생산설비투자가 충분히 이루어지지 못하고 소비자의 요구에 제대로 부응하지 못하며, 아직 소비자에게 제품의 존재가 인지되지 않거나 혹은 극소수에 인지되었을 뿐이어서 매출성장은 완만하다.

(2) 성장기

이 시기는 제품이 시장에서 인지됨으로써 소비자의 구매의욕이 상당해 매출이 급격히 증가하고 이익도 순조로운 발전시기이다. 품질을 개량하여 새로운 모델도 추가되어 소비자가 제품선택의 폭이 넓어진다. 또한 제품을 전문으로 다루는 유통채널도 등장하고 또 소비자측과 제조회사가 제품을 잘 연구하고 다양한 개량과 개선이 시작된다. 단, 경쟁사가 참가하기 시작, 가격경쟁이 시작하는 시기가 된다.

(3) 성숙기

이 시기는 많은 소비자가 제품을 구입한 결과 시장이 성숙하고 점차 매출이 늘어나지 않는 시기이다. 그래서 새로운 시장을 발견하기 위해서 마케터 세그먼테이션(시장세분화) 등을 함으로써 시장에서 약자의 수정이 이루어진다. 또 현재의 소비자에게 제품의 사용량을 증가시키는 궁리를 하거나 제품기능의 재검토를 실시하기도 한다. 이익은 이 시기에 최대가 되지만 곧 경쟁사가 증가하고 가격경쟁이 격해지므로 점차 이익이 저하하기 시작한다. 자사제품의 경쟁상의 우위성을 유지하기 위한 지출이 늘면서 점차 이익이 압박을 받게된다.

(4) 쇠퇴기

이 시기에 들어간 제품은 보급이 일정해지며 교체수요가 이루어진다. 그러나 거래를 기대할 수 없기 때문에 매출액이 급속히 저하한다. 그에 따른 이익도 떨어지고 적자가 될 수도 있다.

경쟁업체중에는 탈락하는 것이 나오기 시작하며 이 시기에서 소중한 것은 매출부진이 일시적인 것인지 아니면 지속적으로 되어 버릴 것인지를 냉철하게 판단하는 것이다. 이런 경우의 판단기준에는 시장규모, 시장점유율, 가격, 비용, 이익 등이 있다. 또 전략의 선택사항으로서는,

① 그 제품을 현행 그대로 유지하고

② 마케팅전략을 수정한다.

③ 여의치 못할 경우 시장에서 철수한다는 세 가지를 생각한다. 특히 기본이 흔들일 경우를 대비해 대체투입의 타이밍을 생각하고 제품개발과의 제휴를 하여 타개책을 수립하여야 한다.

예를 들어 전기업계는 제품의 라이프사이클은 있지만 다양한 제품을 안고 그것들의 제품 라이프사이클의 시기가 조금씩 어긋나기 때문에 전체로서는 매우 활기찬 산업으로 보인다. 프로덕트 포트폴리오 매니지먼트(PPM:Product Portfolio Management)는 보스턴 컨설팅그룹에 의해서 개발사업(제품)의 분석수법인 자금유입과 유출의 전체상을 사업(제물건)의 균형과 연계하여 볼 수 있다.

PPM은 많은 제품을 안고 있는 기업이 어떤 자원배분을 실시하는 것이 가장 효과적인지를 검토하는 데 적합한 방법이다.

제1상한에 위치하는 제품군을 문제아(Question mark)
제2상한의 제품군을 인기상품(Star)
제3상한의 제품군을 효자상품(Cash cow)
제4상한의 제품군을 패배자(Dog)라고 부른다.

제1상한의 제품들은 성장률이 높은 시장에 있는데 시장점유율이 문제라고도 불린다. 제2상한의 제품군은 성장률이 높은 시장에 있는 시장점유율이 높아서 인기상품이라고 부른다.

제3상한의 제품은 성장률이 낮은 시장에는 있지만 시장점유율이 높아서 돈 카우라고도 불린다.

(5) 비즈니스개발

제품은 일정기간 지나면 수요감퇴의 쇠퇴기에 접어든다. 이때 필요한 것이 새로운 비즈니스방법의 도출이다. 새로운 비즈니란 무엇인가? 새로운 아이템을 생각하여 내는 것이다. 비즈니스란 누가(Who), 무엇을(What), 어떻게(How) 등을 생각하는 것이 기본이 된다. 비즈니스 아이템을 생각할 경우나 상품서비스를 구체적인 가설을 세워 명확히 하려면 [그림 6-3] 비스니스 5W H 모형을

그림 6-3 비즈니스 5W H. 모형

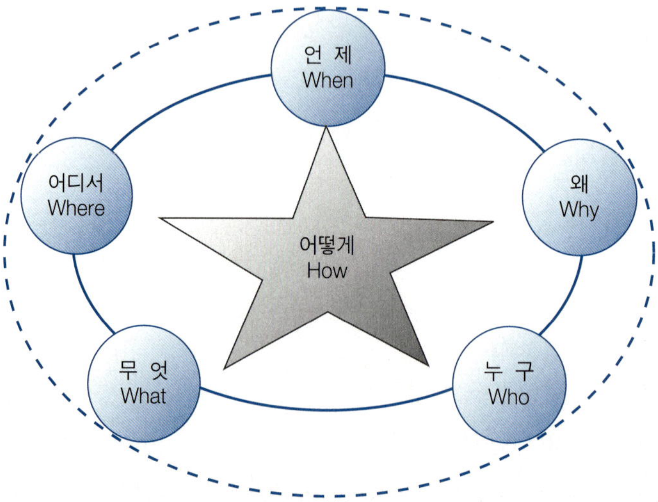

출처 : 成長企業の法則 p234 自覺 めた資本主義圖22參考 5W1H 모형 在圖

참고하기 바란다

2. 상품화란 무엇인가

1) 상품화라는 말

최근 경영환경의 특징을 나타내는 표현으로 상품화라는 말을 자주 듣게 된다. 그러므로 이 말은 상당히 일반화되어 있는 것으로 생각되어 있지만, 이상하게도 시중에 있는 일어, 영어의 여러 종류의 사전에서 찾아내는 수밖에 없다.

한편, 영어로는 상품화를 표현하는 단어로 commodification와 commodi tization 모두 혼합되어 사용되고 있다. 이에 대해서는 미국 언론비평가 Douglas Rushkoff가 자신의 홈페이지에서 전자는 1975년부터 사용되기 시작한 마르크스 주의이론에서 말하는 제품화를 가리키는 말이며, 후자는 1990년 초반부터 사용되고 있는 경영이론에서 말하는 코모디티화를 가리키는 말이므로, 그 유래에 따라 구분해야 한다고 주장하고 있다

한편, 상품화라는 단어를 인터넷에서 검색하면 비즈니스 용어, 경영용어로 다수 소개되고 있다. 그들의 객관적인 공통점은 제품이나 서비스가격이 하락하는 현상이며 이로 인해 기업수익의 악화를 초래하는 요인이 되고있다는 점에 있다. 그러나 그 현상이 왜 일어나고 있는가 하는 점에서는 각각의 해석의 뉘앙스차이의 의미가 가미된다. 이 점을 감안하면 상품화는 판매가격의 하락으로 기업수익이 확보되지 않는 경우에 사용되는 용어이지만 정확히 정의된 것은 없다. 상품화라는 말이 어떻게 정의되어 있는지를 정리하는 것으로부터 시작하고 싶다. 왜냐하면 이 말의 정의에 따라 그 전략이 크게 달라진다. 가능성이 있는 것으로 생각하기 때문이다.

2) 상품화의 정의

성숙된 경제사회에 있어서는 제품이든 서비스든 비슷한 상품이 쏟아지게 되므로 내용에 의한 명확한 차별화가 어려워지고 결국 동질화하고 소비자들은 다른 유사한 제품과 서비스로 언제나 대체 가능하고 상품화(일반상품화)로 정의하고 있다. 상품화는 시장이 확대왕성한 수요가 존재에도 불구하고 적정이윤을 확보할 수 없을 정도로 가격이 급격히 하락하는 현상이라고 하는 반면, 이토(2007)는 상품화는 판매가격이 내려가고 기업수익을 확보할 수 없는 경우 사용되는 용어이지만 정확한 정의는 없다.

제품이나 서비스의 가치를 특정소수의 차원에 따라 파악할 수 있는 정도를 의미하는 가치차원의

시정이라는 개념을 제시한후, 상품화의 본질은 경쟁에서 제품이나 서비스의 가치차원의 가시성이 점차 제품이나 서비스의 가치가 가격이라는 가장 가시적인 차원에 일원화된 가치차원의 가시성이 대단한 상품화의 정체라고 하고 있다. 平敷(2007)는 상품과는 품질, 기능, 모양, 기타 모든 속성이 표준화 개발기술의 발달, 시장의 발달 라이프사이클의 성숙화 기타 이유에 의해 안정적으로 균일화·공통(Common)화하고, 교환·대체가 쉬운 보편적(Universal) 가치로 확립된 상품이 된다. 상품화는 가격이외에 경쟁제품과 서비스와 차이가 만들 수 없는 상황 결과적으로 가격경쟁에 빠져버리는 상황이라고 했다.

竹之内(2008)은 경영학적으로는 보통 차별화없이 가격경쟁에 빠지기 제품을 상품이라고 부른다. 기업간 모방행동이나 경쟁의 결과 제품간의 차별화 가능성을 잃게되며 동질화되고 있는 실정을 가리키는 상품화로 정의하고 있다. 内海(2009)는 먼저 상품이라 함은 농작의 곡물과 금이나 광물 등의 생산제품을 가르치는 말이지만 확장으로 일용잡화품, 세제 등을 포함한 의미로 해석하고 있다. 그들은 수급균형에 의해 가격이 결정하는 생산자는 가격통제가 어렵다는 전제를 두고 안정적으로 균일화 공통화하고, 교환대체가 쉬운 보편적 가치로 확립한 상품이라고 할 수 있다고 말했다. 栗木(2009)는 상품화는 비슷한 제품과 서비스가 많이 존재하는 가운데, 기획사업이 가격에 호소경쟁에서 벗어나지 못하고 이익수준이 저하되는 현상을 정의하고 있다. 이상과 같이 보고를 보면 상품화라는 말이 나타내는 내용은 "상품과 서비스의 원재가격하락에 의해 기업의 수익이 압축되는 것이다"는 점이 최대공약수라는 것이 이상적이지만, 이것은 어디까지나 상품화의 효과일 것이다.

왜냐하면 그것이 정의라면 원래 상품화라고 명명 필요가 생기지 않고 이것만으로는 코모디티화라는 네이밍에 의미가 차지않기 때문에 코모디티화라는 단어의 정의를 찾기위해 시중의 영어사전을 찾아보면 a product that can be sold to make aprofit (Longman) an article of trade or commerce (Random House Webster's) something that is sold for money (Cobuild) 등 실로 컷트없이 표현되어 있다. 즉, 코모디티화는 제품이나 서비스 사이에 가격 이외의 차이가 없다.

3. 상품화의 지표

1) 왜 상품화는 일어나는 것인가

상품화는 왜 일어나는 것일까라는 관점에서 선행연구중에서도 깊이있게 동찰하고 있다. 상품화에 관한 연구에서 돌출되어 인용이 많은 분야의 연구자에 큰 영향을 주고 있는 것은 Christensen 것이다. 그 중에서도 Christensen(1997)에서 제시한 파괴적 혁신(disruptive innovation)라는 개념은 많은 연구자에 의해 관심을 높게 하고 있다. 그러나 작은 제목과 이 문장에서 Christensen이 생각하는 상품화는 제품이 상품이 될 수(A product becomes a commodity)있다라고 읽을 수 있다. Christensen은 우선 기술을 엔지니어링 및 생산에 그치지 않고 마케팅이나 투자관리 등의 프로세스를 폭넓게 포괄하는 개념이라고 정의한 후, 이노베이션 프로그램의 개념을 다양한 기술의 변화를 의미하는 것이라고 전해졌다. 그러므로 이노베이션이라는 말이 세상에 알려지게 되었다.

① 새로운 재화
② 새로운 생산방법 또는 제품의 상업적 취급에 관한 새로운 방법
③ 새로운 판로개척
④ 원료 또는 반제품의 새로운 공급원 확보
⑤ 새로운 조직의 실현, 독점적 지위의 형성 또는 독점타파 등 5개의 유형을 답습하는 광의의 혁신개념이라고 생각된다.

이를 바탕으로 Christensen은 기술을 지속적인 기술(sustainable technologies)과 와해성기술(disruptive technologies)로 구분하고 있다. 전자는 진보적인 불연속이라 하고 시장의 중요고객이 기존의 성능을 지표로 평가한 경우 기존제품보다 성능을 향상시키는 기술을 말하며, 새로운 기술이라고 불리는 것의 향상된 기술을 말한다. 한편, 후자는 적어도 단기적으로 제품의 성능을 갖추는 효과를 가진 기술이다. 그것은 시장의 다수고객이 아닌 소수의 새로운 고객으로 기존의 가치기준을 파괴하는 것 같은 기술을 기술제품이라고 말한다.

일반적으로 기업은 지속적인 기술로 경쟁자의 기업보다 우수한 제품을 공급하고 더 제품가격을 올리고 이윤을 증가시키려고 노력하지만, 때로는 그 노력이 시장의 요구성능을 오버슛될 수 있다. 거기에 파괴적인 기술을 감행할 기회가 생기고 그것이 받아들여지면 파괴적 혁신의 주역이 탄생된다. 특히, 지속적인 기술로 치열한 경쟁속에서 성공해온 기업은 그 성공의 법칙이 있다. 그러므로 파괴적인 혁신에 적응하지 못하는 기업은 혁신의 딜레마에 빠지게 된다.

2) 파괴적 혁신과 카테고리

특히 파괴적인 혁신에 대해 이 카테고리 안의 파괴이노베션 프로그램을 로우 엔드 파괴적 혁신(low-end disruption)이라 하며 새로운 카테고리에 미리 파괴적인 혁신을 신시장 파괴적 혁신(new-market disruption)라고 분류하고 있는 점이 특징이다. 또한, 제목은 "How to Avoid Commoditization"되고 상품화에 대해 언급하고 있다. 이는 얼마나 엄청난 이노베이션도 언젠가 반드시 상품화하는 운명에 있다고 생각하고 있는 경영자는 많다. 지속적인 기술에 의한 경쟁기업

의 성과향상으로 경쟁에 의해 고객의 욕구수준을 넘어 버리면, 그 이상의 성능을 가해져도 제품에 대한 높은 대가를 지급한다는 것이다. 이를 경제학적으로 설명하면 성능이 향상함에 따라 점차 고객의 한계효용은 감소하고 있고 결국은 한없이 제로에 가까워 짐을 바꿀 수 있다.

한편, 후자는 성능향상의 경쟁압력에 의해 제품의 점진적 진화가 요구됨으로 제품의 설계방법은 통합 리더상호 의존형의 사양에서 모듈형설계로 진화한다. 왜냐하면 성능향상경쟁에서 항상 경쟁사보다 시간제약이 따르기 때문에 특화형기업에서 부품공급을 받지 않았다. 모듈화에 의해 각 서브시스템의 성능을 높이기 위해 재설계시간을 절약할 수 있으며, 새로운 제품을 빠르게 시장에 출시할 수 있기 때문이다. 그러나 구조에 의해 각 통합기업이 제공하는 제품의 성능과 균일화, 표준화가 빨리되어 버린다라고 주장한다.

Rayport Jaworski(2005)는 디지털기기가 경제의 모든 영역에 보급함으로써, 거의 모든 산업에 제품 라이프사이클의 단기화현상이 만연하고 있다고 한다. 그 결과 새로운 상품이 전례없는 속도로 명명화 진부화하기 위해 경쟁적 차별화를 꾀하고 그것을 준비할 수 없는 경우가 늘고 거의 모든 것이 상품화한다고 주장한다. 이렇게 한 현상을 말해주는 예로, 대만의 가전업체 경영진들이 사용하는 3·6·1(쓰리 식스 원)라는 말을 채택하고 있다. 그것은 소비재시장에서 차별화로 제품을 만들어내는 데 3개월, 그 여백을 즐길 수 있는 것이 6개월, 그 상품의 재고를 정리하는데 1달이 소요되는 것을 의미하고 제품생명주기가 불과 10개월이라는 것을 나타내고 있다.

Moon(2005)는 Levitt(1965)이 제창한 제품수명주기 개념이 오늘날에도 마케팅 포지셔닝전략의 중심으로 자리매김활용이 되는 것이 한편으로 마케터의 시야를 좁히고 있다고 지적하고 있다. 이 모델을 활용하는 대부분의 마케터는 히트상품이 더듬는 길을 자칫 획일적으로 생각된다. 즉, 모든 제품과 서비스가 반드시 도입기, 성장기, 성숙기, 쇠퇴기를 나타내는 포물선 위를 따라 생각하는 결과, 라이프사이클의 각 단계를 통해 종래의 기업도 상품, 서비스에 대해 같은 위치를 채용하는 경향이 있다고 주장한다.

그러므로 상품이 성숙화됨에 따라 그 가치를 높일 필요가 있기 때문에 필연적으로 과당경쟁이 생긴다. 제품의 차별화 활성화를 끊임없이 계속하는 투쟁속에서 마케터는 부실특징에 새로운 특징을 덧붙여 나가게 된다. 그러나 일단 제품의 가치유지의 시간이 지나가게 된다. 경쟁력을 유지하기 위해서는 그 이상의 가치를 창출해야 한다는 생각에 빠져 다람쥐 쳇바퀴돌리는 현상이 되어 버린다. 이 제품 라이프사이클의 패러다임을 신봉하는 결과로 제품을 성숙하거나 퇴색시키거나 하는 우려가 발생한다. 그리고 이것 자체가 상품이나 서비스 획일화를 초래 상품화를 제공하고 있다고 지적하고 있다.

또한 Moon(2010)는 위의 주장을 바탕으로 경쟁시장에서는 한편, 상호주위의 경쟁사가 무엇을 하고 있는지를 감지하고 그것에 민감하게 반응위한 감지기능이 작동하고 다른 한편으로 반응에 의해 서로 다른 회사가 방향전환을 하면 신속하게 반응하는 행동을 취하는 유기계적인 공모(organic collusion)가 발생하고 있다고 한다. 이 카테고리내의 경쟁이 격화되는 것에 따라 경쟁기업은 무리하게 주변기업이 함께 같은 방향을 목표로 동일한 행동을 취하게 될 것이라고 말한다. 이렇게 각각의 기업이 차별화에 열심히 임하고 해결할수록 그 차이는 소비자의 관점에서 보면 작아져 가는 것이라고 주장한다. 또한 차별화를 위해 기업이 실시하는 제품의 확장은 대부분 부가형의 확장과 증식형의 확장 두 가지 방식이 된다고 하고 있다.

전자는 제품의 개선에 있어서 유익한 점을 강화되어 가는것을 의미한다, 후자는 기업이 소비자의 취향은 천차만별이라고 이해하고 그 니즈를 채우려는 많은 종류의 제품이 태어나는 것을 의미한다.

이처럼 제품확장의 방향으로 기업이 점점 시장을 하위세그먼트로 다져가는 상황을 이질적인 동질성의 진전과 함께 그 세그먼트는 점차 유명무실해 나가고 그 카테고리의 선택이 폭발적 성장과 의미있는 차이의 축소라는 최악의 상황으로 전락해가는 것이 된다고 한다. 변화는 이제 신속하게 줏대있게 진전되고 있으며, 본래의 목적을 잃은 단계 카테고리 복구 상태를 과도한 성숙이라고 명명하고 있다.

과도한 분할과 확장, 과도한 경쟁결과 이러한 변화 그 자체마저도 상품화로 해버리는 이런 현상을 진보의 역설이라고 부르고 있다.

본 절에서는 특히 Christensen과 Moon 연구에 대한 조사에 용지폭을 할애했지만 어느 견해가 정확한지, 혹은 합당한 것인가 하는 판단을 붙이는 것은 어렵다. 왜냐하면 그는 생각하는 상품화의 근원에는 큰 차이가 아니라 전자는 그것을 혁신의 관점에서, 후자는 그것을 마케팅의 관점에서 통찰력이 깊어갔다는 것으로 생각되기 때문이다. 경영학자 드러커(P. F. Drucker, 1954)는 "기업의 기능, 기업의 목적이 고객의 창조이기 때문에 기업은 두 가지 기본기능이 있는지에 따라 달라진다. 즉 마케팅과 혁신이다. 이 두 기능이야말로 바로 기업의 기능이다"라고 갈파하고 있다. 이에 따르면 Christensen과 Moon의 견해는 양자택일적인 것이 아니라 복합적인 것으로 파악할 수 있다.

4. 상품화속의 전략

1) 선행연구에서의 전략

본 절에서는 상품화속의 전략에 관한 선행연구를 연대순으로 조사하고 있다.

경쟁차별화와 시장세분화 차원에서 보험상품에 대한 소비자의 요구, 보험상품의 형태를 축으로

Porter(1980)에서 묘사된 전략그룹의 프레임워크에 더 가깝게 접근하고 이에 대응하기 때문에, 그 동안의 보험기능과 보험서비스가 혼재하고 보험상품(서비스 혼재형 상품)을 일단 분해(바운드들 링) 하고, 그것을 다시 통합하면서 심플하고 저비용의 보험상품과 여러 단계의 문제 솔루션결정 요구형 보험상품의 제공을 고객의 요구수준에 따라서 전략적으로 실시하자고 주장하고 있다.

온 조타(2000)에서는 구체적인 마케팅방안을 제시하고 개개인의 고객에게 개별대응 또 그것이 목표로 하는 것은 점유율확대가 아니라 감동의 창조이며, 경험이라는 가치에 고객이 지불하는 댓가는 감동의 크기에 비례한다. 말하자면 상품화를 타파하는 새로운 상품개발 가능성이 크게 남아 있다라고 주장하고 있다. 이밖에 경험가치에 근거한 전략을 제안하는 선행연구와 같은 출판물에 기재되고 있는 방(2000), 미무라(2000) 등이 있다.

2) 서비스재화보다 기술적 이노베이션

본 선행연구가 나타내는 지견 중 하나는 서비스화는 환상이라는 시점이다. 기술에 막히면 소프트화나 서비스화가 거론되는 경우가 많으나 아무리 서비스를 진행해도 그것이 가시적인 가치차원이라면 조만간 상품화하므로, 하드웨어냐 소프트화냐는 가촉성에 따른 차이가 없다는 견해는 정곡을 찌른 것이다.

또 하나의 지식은 닌텐도의 소프트웨어개발 리더가 게임소프트의 개발에 있어서 고객의 목소리가 아니라 많은 사용자가 게임을 갖는 장면을 직접 어깨넘어에서 관찰하고 사람은 많은 아이에서 즐겁다고 생각하고 어디서 놀라고, 어디에서 마음을 잡고, 어디서 재미없다고 느끼는지를 마냥본다.

본 선행연구에서는 언급되지 않지만 밑줄을 붙인 감정과 감동속에 바로 보이지 않는 차별화의 큰 힌트가 있는것 아니냐는 필자는 생각한다.

쿠스노키 · 아쿠츠(2006)는 구스노키(2006)에서 제창된 가치차원의 가시성이나 가시성의 덫이라는 개념을 이용하여 기업이 가시성의 높은 차원에서의 경쟁에 들어가는 이유를 경쟁의 압력, 고객의 압력, 내부조직의 압력이라고 밝혔다. 기업을 둘러싼 경합 타사, 고객, 자사 각각의 섹터가 모두 명시적 기준에 의해서 차별화를 평가하기 쉬움을 지적하고 그것이 상품화요인이므로 패러다임에서 벗어나야 한다고 주장하고 있다.

노베오카(2006)는 상품화를 고객측면, 즉 수요측에서 분석한 선행연구에서 알 수 있다. 상품화에 관해서는 기본적으로 Christensen의 생각을 답습하고 있다. 그 프레임-워크에서 기술발전이 고객니즈를 제치고 버리는 점을 고객요구의 포화라고 이름붙인 후에 노베오카는 이를 타파하는 방법을 전략으로 제시하였다. 그것은 요구의 포화를 기능적 가치가 포화되는 상태라고 파악하고 의미적 가치에의 확대를 만들어 내는 것이라고 주장한다. 의미적 가치에는 내향의 고집가치와 외향의 자기표현가치가 있어 특히 전자는 인지적 관여와 감정적 감지 양쪽의 의미의 고집이라고 설명하고 이들 의미적 가치제공이 상품화에서 벗어나는 유효한 전략이라고 한다.

그러나 이런 주장은 이미 책 『선행연구』에도 기재가 있는 Schmitt(1999)의 주장이 포괄된 것으로, 여기에서 주장하는 만큼 신규성이 있다고는 생각할 수 없다. 노베오카의 오해는 경험가치는 생산자체가 아닌 서비스의 중요성을 강조한다. 또 사업기능 중에서도 선전이나 애프터서비스 등 마케팅기능을 중심으로 한 개념으로 아밀랍이라는 잘못된 해석으로 야기되고 있다. 경험가치가 초점을 맞추고 있어 바로 사람의 감성이고, 고객에게 감동을 가져오는 방법은 제조와 서비스라, 기타 무엇이든 그 대상과 방법에는 별로 개의치 않겠다는 것이다.

후지카와(2006)는 상품화에 대해서 크게 두 가지의 전략이 있다고 한다. 첫째는 상품화를 스스로 이끌며 그 최전선에 서는 전략이며, 두 번째는 새로운 부가가치창조에 의해서 이익확보를 목표로 하는 전략이다. 그러나 전자의 경우는 규모의 경제에 기초한 비용우위성 확립을 목표로 하는 것이므로 성공하는 것은 소수의 기업뿐이다. 따라서 하고 많은 기업에 열리는 길은 후자이다. 성공사례의 특성상 후자의 전략은,

- 종래의 상식을 초월한 새로운 수요를 찾아낸 후
- 새로운 수요에 기업측 고객측 쌍방이라고는 알아 차리지 않았던
- 도입전에는 생각지도 못한 이 도입후에는 이런 것이 필요했다라는 고객에게 높은 가치를 찾아내고 있다는 공통점이 있다. 거기에서 이 논리에 기초하여 고객이 말할 수 없다. 잠재수요를 일구다. 이것이 중요하다며 마케팅 어프로치를 다음의 3단계로 나타냈다.

우선 제품개발단계에서는 고객의 심층에 있는 사고와 감정을 드러내(고객의 잠재수요를 찾기위한 구체적인 심리학적 수법이 소개되고 있다). 다음에 시장도입단계에서는 고객의 예상밖의 행동을 파악(마케팅리서치 방법이 소개되고 있다). 그리고 관계구축단계에서는 고객과의 관계를 깊이 간다의 수순이다. 첫 단계의 잠재수요 캐내기에 대해서는 지금까지도 수많은 주장이 제기되어 왔지만 후지카와는 심리학 등 이의분야의 첨단영역에서 마케팅에 대한 응용이 진행되는 구체적인 방법이나 선진적인 대응을 넣음으로써 앞으로도 유효성이 기대할 수 있다는 것이다.

성공포인트

1. 가난을 삶의 원동력으로 삼아라

가난은 절망이 아니라 기회와 동기의 부여이다. 그런데 왜 가난에서 벗어나지 못할까? 첫째로 그들은 자신이 처한 현 사항을 바꿀 수 있는 능력이 자신에게 있다는 사실을 믿지 않는다. 둘째로 인생의 본질을 땀과 눈물을 통해 느끼는 만족감을 모른다.

가난을 삶의 원동력으로 삼는 성공의 큰 인물. 물론 가난이 성공의 필수조건은 아니다. 끊임없이 목표를 향하여 나아가는 도전정신이다. 그들은 곤경에 빠질수록 왕성한 도전정신을 불태운다. 지금 당신의 미래의 모습은 아니다. 당신은 모든 것을 바꿀 수 있는 능력이 있다는 사실을 잊지말라.

2. 행복을 꿈꾸거든 주위사람에게 사랑과 기쁨을 베풀어라

인정은 다른 사람을 위한 것이 아니라 자신을 위한 것이다. 다른 사람에게 기쁨을 주는 마음이 없으면 재산이 늘어나기에는 어렵다. 행운이나 재산성공이란 쫓아가서 움켜쥘 수 있는 성질의 것이 아니다. 사람을 매개로 사람에 의해 도모되는 것이 행운이고 성공이다.

타인에게 베푼 기쁨은 당신의 내부에 존재하는 보물창고에 싸인다. 결국 당신을 행복으로 이끈다. 풍요로운 삶을 바란다면 우선 보물창고에 투자하라.

요 약
summation

＊제품의 수명주기(라이프사이클)

제품의 수명주기인 라이프사이클은 어느 제품의 매출동향과 그 수익성의 시간적 변화에 주목한 것이다. 이는 ① 도입기, ② 성장기, ③성숙기, ④ 쇠퇴기로 나누어 생각하고 관찰하는 것이 일반적이다.

＊왜 상품화는 일어나는 것인가

상품화는 왜 일어나는 것일까라는 관점에서 선행연구 중에서도 깊이있게 통찰하고 있다. 상품화에 관한 연구에서 돌출되어 인용이 많은 분야의 연구자에 큰 영향을 주고있는 것은 Christensen 것이다. 그 중에서도 Christensen(1997)에서 제시한 파괴적 혁신(disruptive innovation)라는 개념은 많은 연구자에 의해 관심을 높게하고 있다.

＊파괴적 혁신과 카테고리

특히 파괴적인 혁신에 대해 카테고리 안의 파괴이노베션 프로그램을 로우 엔드 파괴적 혁신(low-end

disruption), 새로운 카테고리에 미리 파괴적인 혁신을 신시장 파괴적 혁신이라고 분류하고 있는 점이 특징이다. 또한, 제목은 "How to Avoid Commoditization"되고 상품화에 대해 언급하고 있다. 이는 얼마나 엄청난 이노베이션도 언젠가 반드시 상품화하는 운명에 있다고 생각하고 있는 경영자는 많다.

＊상품화속의 전략

경쟁차별화와 시장세분화 차원에서 보험상품에 대한 소비자의 요구. 보험상품의 형태를 축으로 Porter(1980)에서 묘사된 전략그룹의 프레임워크에 더 가깝게 접근하고 이에 대응하기 때문에 그 동안의 보험기능과 보험서비스가 혼재하고 보험상품(서비스 혼재형 상품)을 일단 분해(바운드들 링)하고 그것을 다시 통합하면서 비용절제의 합리화로 심플하고 저비용의 보험상품과 여러 단계의 문제솔루션결정 요구형보험 상품의 제공을 고객의 요구수준에 따라서 전략적으로 실시하자고 주장하고 있다.

＊서비스재화보다 기술적 이노베이션

서비스화는 환상이라는 시점이다. 기술에 막히면 소프트화나 서비스화가 거론되는 경우가 많으나 아무리 서비스를 진행해도 그것이 가시적인 가치차원이라면 조만간 상품화하므로, 하드웨어냐 소프트화냐는 가촉성에 따른 차이가 없다는 견해는 정곡을 찌른 것이다.

제3절 새로운 고객관리와 빅 데이터 마케팅

♣ **우리는 기술보다 태도를 우선시 한다**

의욕이 넘치고 태도가 올바른 사람이라면 필요한 기술을 문제없이 습득할 수 있다. 하지만 의욕이 없거나 집중하지 않는 직원은 결코 기술을 배우지 못할 것이다. 능력이 개선하는 것은 태도를 개선하는 것보다 수월하다. 전혀 변할 것같지 않던 직원의 태도와 좌세 가치관이 바람직하게 변하는 것을 볼 때 경영자는 비할 수 없는 기쁨과 보람을 갖는다.

\- 토머스 골리사노 페이첵스 CEO-

1. 새로운 고객관리방법 RFM+I 분석에 의한 CRM

1) 전사형 업무개혁이 개척하는 새로운 경영스타일

(1) 종래의 고객관리분석

기존의 고객관리분석은 RFM분석으로 대표되는 고객본인의 구매력의 높이에 초점을 맞춘 것이 중심이었다. 그러나 소문 등 고객이 발신하는 정보의 중요성이 높아지고 계속 앞으로 고객본인의 정보발산력의 높이 = I(인플루언스)라는 관점을 포함한 고객관리가 필요하다.

(2) 노무라(野村)종합연구소 신고객관리분석

노무라종합연구소(NRI)는 2012년 새로운 고객관리분석의 실용화를 위한 연구의 일환으로 민간기업과 공동으로 실증실험을 실시했다. 그 결과 ① 소셜미디어를 활용하여 고객본인의 정보발신력의 높이를 파악하는 것이 가능했다, ② 정보발신활동은 일부 고객층(영향력)에 집중되어 있었다, ③ 고객자신의 정보발신력을 활용한 시책을 실시함으로써 종래 이상의 마케팅효과를 얻을 수 있음이 밝혀졌다.

(3) NRI가 제창하는 RFM-I 분석

NRI(野村綜合研究所)가 제창하는 RFM-I 분석의 관점을 활용하면 고객관리의 개념은 새로운 확대를 보인다. 예를 들어 개인으로 구매력이 낮은 고객도 사람에게 자사상품의 구매를 권장하고 있는 고객이면 고객은 특히 중시해야 한다는 관점이 더해진다. 또한 RFM-I 점수가 높은 고객은 자사상품의 발기인 및 여러 고객의 이반방지라는 두 가지 측면에서의 관계구축이 필요하다.

(4) 종래의 고객관리

기존의 고객관리는 해당 고객으로부터의 수익극대화에 초점이 있었다. 그러나 정보발신력이라는 관점도 포함한 RFM-I 분석에서는 그 외에도 고객끼리의 관계에서 신규고객확보도 기대할 수 있다. 이는 매출확대를 실현하는 새로운 마케팅의 가능성의 확대를 시사하는 것이기도 하다.

2) 기존의 RFM 분석과 NRI가 개발한 RFM-I 분석의 차이

(1) 고객관리분석의 의의

성숙화가 진행되고 있는 지금의 일본시장에서는 소비자의 취향이 세분화가 진행되어 소비가치와 구매행동도 복잡해지고 있다. 국민적 붐과 히트상품도 거의 나타나지 않은 기업의 매출확대의 난이도는 높아질 뿐이다. 이제 남녀노소불문하고 대중에게 한결같이 호소하는 상품서비스, 광고선전, 판매촉진은 거들떠 보지않게 되었다. 상품의 기획개발부터 영업판매촉진 등 상류에서 하류까지 모든 단계에서 타겟고객의 특성이나 특징을 파악하고 그 사람의 요구에 맞는 가치를 제공하지 않으면 상품은 팔리지 않는 상황에 있다. 최근 고객관리라고 표현하는 붐이 일어난 것도 기억에 새롭다. 성숙한 시장에서 고객관리는 가장 중요한 과제중 하나라고 해도 과언이 아니다.

기존의 고객관리분석, 고객특성과 구매이력이 축적된 데이터베이스에서 고객의 최근 구매일(Recency), 구매횟수(Frequency), 구매금액(Monetary)을 분석(RFM분석)하고 이로부터 도출한 우량고객 및 중점고객의 둘러싼 시책을 실시하는 것이 일반적이었다.

- 누가 자신의 수익에 있어 기여도가 높은 고객인가
- 미래에 수익확대에 전망있는 고객인지

그 분석 시 활용되는 데이터는 대상고객 자신의 성별이나 연령, 직업, 거주지, 가족구성 등의 인구통계특성과 상품·서비스구매실적으로 구매내역에 있다. 이를 통해 모든 고객에게 광고와 판매촉진 리소스(경영자원)를 균일하게 투자하는 것이 아니라 상대에 따라 효율적이고 효과적인 시책을 찾는 것이 가능하게 되었다.

이러한 데이터베이스 마케팅 작은 고객의 얼굴을 보면서 판매전략을 실행, 고객과의 유대관계구축, 관계유지, 팬성이라고 하는 바로 마케팅 고도화의 시작이기도 했다. 오늘날에는 고객데이터 정보분석없이 마케팅은 이루어지지 않는 시대가 되고 있다.

(2) 입소문효과의 중요성 고조

기업측의 입장에서 자사에 있어서 중요한 고객은 누군가를 생각하는 시점은 전술의 RFM분석과 같은 본인의 구매력을 높이는데 그치지 않을 것임을 지적할 수 있다. 이제 하나의 중요한 관점은 소문 등을 통해서 주위사람들에게 자사에 대한 긍정적인 평판을 형성한다. 정보발신력의 높이이다. 기업의 마케팅활동에서 입소문의 중요성이 지적되고 오랫동안 그 경향은 더욱 강해졌다. 노무라종합연구소(NRI)가 3년마다 실시하는 자주연구조사 생활자 1만명의 설문조사에서는 이하의 세 가지를 읽을 수 있다.

첫째, 생활자 중에서 입소문의 중요성이 높아지고 있는 것이다. 이는 소비자의 생각에 대해서 "쓰는 사람의 평판이 궁금하다"고 응답한 사람의 비율이 2000년 이후 일관되게 높아지고 있다.

둘째, 현재 생활자가 안고 있는 고민은 유용한 정보의 선별이라는 것이다. 이건 대부분의 사람들이 상품정보의 부족보다 상품정보과다로 고민을 갖고있다는 점에서 이다.

셋째, 생활자는 유용한 정보를 선별한다. 눈에 입소문을 중시하고 있는 것이다. 이는 업체의 공식정보보다 상품·서비스의 실제 이용자의 평가를 중시하고 있는 점에서 엿볼 수 있다.

인터넷의 보급이나 스마트 폰(고기능 휴대전화단말)의 등장으로 대표되는 정보통신기술의 진보에 의해서 최근의 생활자는 상품과 서비스에 관한 다양한 정보를 쉽게 빠르게 수집할 수 있게 됐다. 그러나 그결과 생활자는 정보과다의 상태에 빠지게 되었고 엄청난 정보를 노이즈로라고 밖에 파악하지 못하고 있다. 그래서 단순히 소문이 중요하다는 것이 아니며 신뢰에 충분한 정보를 발신하고 있는 소문발신원(플루엔 설:Influencer)의 존재가 아주 중요하게 된다.

Amazon.com(아마존 컴) 독자리뷰도 유용한 리뷰코멘도에 대해서는 별점으로 평가되거나 Klout(쿠라우토)처럼 그 사람의 정보발신력(플루엔 콘서트)이 스코어로 가시화되게 하는 서비스도 생겨나고 있다. 정보과다시대의 현재기업과 생활자, 사람과 생활를 잇고있는 윤활유가 입소문으로 있다면 신뢰에 충분한 정보의 발신자, 어떤 인플루엔자엔 콘서트는 생활자의 소비를 확대시키는데 향후 더욱 중요한 역할을 담당할 것이다.

(3) RFM+I 분석의 이점기존 RFM분석과 차이

논한 대로, 소문의 중요성이 높아질 것으로 예상되는 향후는 고객자신의 정보발신력은 고객데이터 분석하는데 중요한 시점이다. 즉, 고객데이터 분석에서도 기존의 RFM분석에다 손님의 I(Influence : 정보발신력)을 파악할 필요가 생긴다. 기존 RFM분석은 이른바 특정고객의 다음으로 구매예상금액에 근거한 고객관리수법이다. 구매횟수가 많아 1회당 구매값이 높은 고객은 앞으로도 고액구매가 기대된다.

고객으로 우량고객에 랭킹이 이루어진다. 이에 대해서 1회당 구매금액은 높은 것의 구매횟수가 적은 고객, 혹은 구매횟수는 많지만 1회당 구매금액은 낮은 손님 등은 구매예상액수가 그리 높지 않았다. 예상될 손님, 육성대상 고객으로 관리되고 우량고객에는 관계를 끊지 않도록 반복구매를 촉진하기 위한 시책이 필요하다. 고객에게 신제품의 맛보기 학습 등의 마중물을 준비하고 새로운 구매기회를 구축하는 고객군을 유인하는 시책이 필요하다. 종래 기존 RFM분석은 이러한 특정고객자신의 구매로 인한 매출기여도 지표에 있다.

NRI가 제창하는 고객관리방법 RFM+I 분석은 특정고객 본인의 구매예상 금액이고 그 고객이 정보를 발신하는 데 따른 파급효과, 즉 다른 고객의 집객력(다른 고객구매 예상금액)도 분석대상으로 끌어들이는 기법이다. 이는 이른바 사람과 사람과의 관계에 주목한 새로운 고객관리기법으로, 이 RFM+I 분석을 도입하면 새로운 구매를 불러들이어 CRM(고객관계관리)마케팅시책의 실현이 가능하다.

3) 고객간의 연관성이 소비에 미치는 임팩트

한 사용자의 행동은 다른 사용자의 행동에 영향을 주고 있다. 이것은 무엇보다 소문에만 나온 것은 아니다. 다양한 상품·서비스를 선택할 때 주변사람들의 평판과 실제 이익사용상황을 참고하고 있는 케이스가 적지 않다. 기업은 고객과 관련성이 있을 때마다 고객본인을 철저히 알기에 주력하지 않으면 안 된다.

즉 한편의 고객본인의 행동이 다른 생활자의 영향을 받고 변화한다는 것은 이상 본래 생활자들의 요구에 맞는 영향에 대해서도 고려해야 할 것이다.

물론 이것은 쉽지 않다. 하지만 이런 생활자가 다른 생활자에 미치는 영향을 고려한 마케팅활동은 이미 일부로 시작되고 있고, 그 예는 선진기업의 추진에 볼 수 있다.

① 휴대전화 사업자 T-Mobile USA의 사례

독일 텔레콤의 자회사의 휴대전화 사업자 T-Mobile USA(T모바일 USA, T-Mobile)은 계약자의 통화이력데이터, 속성데이터 등을 상세히 분석하고 계약자 해지방지에 성과를 거두었다. 이 회사의 특징은 계약자끼리의 연결을 해약방지책의 시점에 도입하고 있어. T-Mobile은 3400만 명분의 계약자 데이터정보를 분석하고 해지자의 경향을 추출했다. 그 결과 어떤 계약자가 빠져나가고 다른 휴대전화사 업체로 갈아타는 경우 계약자와 개인적 관계가 있다고 상정되는 계약자의 해지율은 일반적인 계약자와 비교하고 7배로 높다는 것이 밝혀졌다. 즉 연결있는 사람의 해약에 영향을 받은 "모두들 해지가 생기기 쉽다는 것이다.

② 소셜미디어의 활용에 의한 RFM+I 분석의 실현

T-Mobile의 사례에서 보듯 생활자가 다른 생활자에게 미치는 영향을 고려하고, 그래서 기업의 시책은 새로운 확대를 보이는 가능성이 있다. 그동안 많은 기업에게 T-Mobile처럼 휴대전화 통화내역의 같은 생활자들의 관계를 명확히 파악할 수 있는 데이터를 구하기는 불가능하였다. 그러나 소셜미디어의 보급에 의해서 그것을 대체하는 데이터가 오늘날까지도 많은 기업에서 입수할 수 있는 상태다.

예를 들어 최근 이용자가 급증하고 있다. Facebook(페이스북)에서는 기업이 생활 사람에 Facebook상에서 앱(소프트웨어)을 제공할 때에 이용자의 허락을 얻음으로써, 그 이용자의 Facebook상의 친구관계에 대한 정보를 받게 된다. 이에 따른 휴대전화통화이력같은 사용자끼리의 연결를 명확히 파악할 수 있는 정보가 취득가능하다.

2. RFM+I 분석의 CRM의 활용

I(인플루엔사)가 종래 이상으로 저렴한 물건·서비스의 구매결정에 영향력을 가지고 오늘날 기업에는 자사고객에 대한 마케팅에 이어, 영업·판매에 대해서 재검토할 필요성이 생기고 있다. 이는 생활자에 직접적으로 상품·서비스를 판매하고 있는 B2C 비즈니스뿐 아니라 법인전용의 B2B 비즈니스도 마찬가지이다. 자사의 상품·서비스를 더 많이 빈번하게 고액으로 구입하는 고객이 자사로 중요한 고객은 변하지 않기 때문에 고객을 소중히 처우하는 것은 기본방침이다.

한편, 자사상품·서비스의 구매도 하지만 반드시 높지않은 특정고객에 이어진 가족, 친구·지인에 그 특정고객에게 정보를 자사의 상품·서비스를 권장함으로 매출의 확대로 이어짐과 동시에 많은 구매가 있을 수 있다. 이는 특정고객 본인구매만으로는 실현할 수 없는 매출을 가진다는 가능성이 있다는 것을 비교하고 있다. 그리고 IT(정보기술)의 고도화로 사람과 사람과의 관계나 일정한 개인의 집객력을 파악하는 것이 가능한 능력이 되고 있다. 나중에는 그 특정고객의 가치를 사람과 사람과의 관계나 정보전파형태, 권장력·집객력까지 모두 관리하고 있다는 사태가 중요하다. 특정고객의 인간관계에 주목한 판매시책으로서 일찍이 자동차소개판매나 주택신용카드에 보이는 친구소개제도가 있다.

이는 기존고객이나 거래처에서 신규고객을 소개받고 소개한 쪽과 소개된측 쌍방에 혜택을 준다는 것이다. 이러한 기존시책은 사람과 사람과의 관계나 정보의 전파에 주목하고 있지만 소개사실은 그때마다 관리하고 있을 뿐이다.

1) 새로운 가치정의와 고객관리의 효용

향후는 고객을 단체로서 파악뿐만 아니라 그 사람이 속하는 커뮤니티와 인맥, 네트워크전체를 장래의 잠재고객으로 관리하는 것이라는 생각이 도입되어야 한다.

예를 들어 RFM 분석결과 연간구매액이 100만엔인 고객 A씨와 50만엔의 고객 B씨가 있었다고 한다(여기에서는 최근 구매시기와 구매빈도는 마찬가지). 기존생각에 따르면 A씨가 자사에 있어서 중요고객이며, B씨도 많은 포인트가 누적되면서 다양한 혜택을 빋게 된다.

그러나 RFM+I 분석에서 A씨와 B씨의 인맥을 지정하여 파악가능하면 기업에서 본 고객의 중요도는 달라질 수 있다. 자사상품·서비스의 구매의 점에서 A씨 기여도는 높지만 A씨는 소비에 관한 정보발신은 하지않는 타입에서 다른 고객과의 관계성이 상대적으로 소홀하고, 한편 B씨는 다른 고객과의 관련성도 얼마든지 있고 가족만이 아니라 친구나 직장동료들도 자사제품 서비스에 호의를 가지고 자주 중재·권장한다.

그 결과 B씨에게 그림자울림을 받는 또 다른 고객들이 연간 50만엔 이상 자사상품 서비스를 구매하고 있었다면 B씨도 A씨와 비슷하다. 소중히 간직해야 하는 고객이다. 상황에 따라서는 B씨의 영향을 받은 고객의 수가 늘어날수록 판매기회도 늘어난다는 의미에서는 B씨의 중요도를 더 해야 한다는 생각도 된다.

이처럼 RFM+I에서 관리·분석해야 하는 정보는 기존 속성정보에 포함되지 않는것도 파악해야 고객정보의 재검토부터 시작해야 한다. 예를 들어 가족·가구 등의 정보와 학창시절의 친구, 직장의 상사·동료, 부하, 근처의 친구같은 사회적인 인간관계의 정보를 모두 모아 그 의미에 맞게 근거하여 분석하면 다변적인 고객을 이해하게 될 것이다.

한편 최근 개인정보관리의 엄격성이 묻는다는 가운데 모든 정보를 모으는 것은 좀 부담이 된다. 다만 어떤 인간관계를 갖는다는 것은 같은 사회적 의미정보를 폭 넓게 파악할 때까지는 못해도 B

씨의 사람사이 관계를 계속해서 포착됨으로써 B씨야 거의 접촉이 잦은 다른 고객 C·D씨와 E씨로 밝혀지면 RFM+I 분석은 가능하게 된다.

2) RFM+I 분석에서 본 기업과 고객의 바람직한 관계

RFM+I 점수가 높은 고객, 즉 B씨처럼 정보발신력이 높은 고객에 대해서는 다른 중요고객 이상으로 기업은 2개의 측면에서 그 관계를 강화할 필요가 있다.

첫째는 자사의 상품·서비스의 프로모터로서의 관계구축이다. RFM+I 점수가 높은 대상고객에 대해서 핀 포인트에서 다른 고객에 대한 소개나 구매의사결정의 영향 및 보스행동을 적극적으로 촉진하는 시책을 쫓았다

예를 들면 RMF+I 점수가 높은 고객에 대해서 시제품 등의 샘플링을 우선적으로 행하며, 다른 사람에게 권장받는다. 또는 다른 고객과의 공동구매를 노린 대량구입 카페를 실시함으로써 다른 고객에 대한 확장을 촉진하는 것 등이다.

둘째는 이반방지시책이다. 입소문의 중요성이 높아지는 현재 지금까지 것보다 이상으로 주의해야 하는 것이 RFM+I 기록 높은(정보발신력이 높은) 고객의 이반에서이다.

이러한 고객은 한 기업의 상품·서비스에 대한 로열티(충성심)이 높은 한편으로 그 기업에 불신과 불만을 가져가 타사로 갈아타면 그 기업의 불신과 불만 등의 나쁜 영향까지도 타인에게 전파할 가능성이 높다는 것은 의외로 영향력이 큰 만큼 매우 위험한 존재가 된다는 것이다. 그래서 RFM+I 점수가 높은 고객에 대한 타사에의 스위칭코스트가 높아지도록 관리의 시책을 우선적으로 취할 일이다. 단순히 그 고객의 혜택을 늘리는 방법도 있지만 반드시 경제적인 장점만 아니라 예를 들어 정보기기 등의 하드웨어로 하면 그 상품의 주변기기나 소프트웨어를 크로스셀하거나 그 고객만의 커스터마이즈에 대응하겠다던 만족도를 높이는 시책에서도 관계를 강화할 수 있다.

3) RFM+I 분석에 따른 기업의 고객관련 업무개혁

RFM+I 분석에 의한 고객관리기법을 도입했다. 거기에 있어서는 그것과 함께 기업내의 모양 여러색깔의 고객관련업무를 재검토의 필요성도 생긴다. 조사부문 및 마케팅부문의 경우 자사의 고객을 분석할 뿐 아니라 거기로부터 얻은 시사점을 영업부문이나 고객사 비스코스부문과 같은 고객프론트의 조직이나 넓은 광고선전부문, 상품기획 개발부문과 같은 사내조직 전체에 피드백하고 고객의 새로운 시각에 맞추어 각각의 업무를 수행한다. 일로 새로운 고객과의 진정한 관계구축과 그

고객에게 적합한 가치제공을 실현한다.

영업부문에서는 타겟고객이나 중요고객를 우대하고 다른 사람에게 영향력이 강한 인플루엔사 고객에게 응대하는 빈도 및 방법을 찾아 새로운 업무설계할 필요가 있다. 인플루엔자엔 서비스고객에 대한 인센티브(포상)부여방법과 인플루엔사의 힘을 사용한 판촉프로모션 시책도 새로 설계할 필요가 있다.

콜센터를 비롯한 고객서비스 부문에서는 인플루엔자엔 콘서트고객의 전화나 e메일을 식별하기 위해 정보시스템이 필요하며, 외에도 다른 응대매뉴얼이나 토크 스크립트를 세워 준비해야 한다. 분명히 어느 고객에게도 일률적으로 차별없이 대응하는 것이 기업의 정책이라고도 할 수 있겠지만 그 경우에도 힘에 대한 교육은 최소한 필요하게 되는것은 틀림없다. 광고선전부문에서는 이미 많은 기업이 매스미디어와 소셜미디어의 사용구분이나 광고투하량의 최적화를 찾는 노력이 시작되었다. 이에 RFM+I 분석결과를 활용함으로써 보다 정밀한 광고·선전효과가 실현된다. 또 광고·선전이 창조적인 내용에 반영시키거나 광고효과를 검증하는 PDCA(계획·실행평가값·개선)사이클에 넣기도 효과적이다.

4) CRM에서 CCM의 시대로

기존 CRM은 특정고객을 놓치지 않고 그 고객으로부터 수익을 최대화하는 데 주안점를 두고 있었다. 향후는 고객개인의 모관(울타리 도시오)만 아니라 어떤 고객개인으로부터 가족 및 친족, 친구, 동료 등의 정보발신력을 읽는 고객개인의 집객력을 관리·활용하는 필요성이 점점 높아진다. 기업과 고객개인의 관계관리(CRM)뿐 아니라 고객의 인맥까지 포함한 이른바 고객집단관리에 대한 확대가 필요하다. 인터넷과 SNS(소셜네트워크도 워킹서비스)의 보급에 의해서 기업과 개인정보의 비대칭성이 약화되고 있다. 오늘날 믹스마케팅은 물론 한 사람 한 사람을 공략하는 CRM에 의한 마케팅은 이제 성숙화된 축소시장에서 판매신장을 하기에는 매우 어려운 처지로 변해가고 있다.

NRI이 본 고에서 제창하고 온 고객의 인간관계나 정보발신력을 고려하는 생각은 이른바 CCM(Customer Connection Management)이라고 부를 수 있다. 이는 CRM의 생각에다 RFM+I 점수가 높은(정보발신력이 높은)고객을 시계열로 분석·관리함으로써 인맥이나 소문에 의해 소개되는 새로운 고객획득의 가능성에 대해서도 동시에 관리하고 효과적인 시책을 펼쳐 매출확대를 실현한다는 새로운 마케팅 가능성의 확대를 실현하는 것이다. 시장은 지금 틀림없이 CRM에서 CCM시대가 됐다. 자사고객의 입소문활용에 뒤쳐지지 않도록 기업은 고객관리의 재정의(再定義)가 시작하지 않고는 안 된다.

3. 빅 데이터시대의 마케팅 애널리틱스 전망

1) 빅 데이터를 둘러싼 기업의 요구와 필요성

① 빅 데이터가 화제

빅 데이터가 화제가 됐지만 데이터의 양(Volume)뿐 아니라 그 종류(Variety), 발생빈도 · 갱신빈도(Velocity)같은 특성도 포함한 관점에서 이전과는 다른 데이터활용에 대한 새로운 연구가 활발하다.

② 고객데이터가 디지털화

빅 데이터를 마케팅에 활용하는 통신판매기업의 사례를 보면 e커머스(전자상거래) 등 인터넷을 활용함으로써 고객데이터가 디지털화된 형태로 쉽게 구할 수 있게 된다. 고객에 관한 축적된 데이터를 분석하고 마케팅시책에 반영시킬 것이 아니라 티크스(분석기술)가 다시 중요하게 되고있는 것을 알 수 있다.

③ 데이터분석 마케팅분할

다양한 데이터분석, 애널리틱스의 활용이 확대되어 기업의 마케팅은 분할, KPI(핵심성과지표), PDCA(총화면 · 실행 · 과제추출 · 개선)의 세 가지 관점에서 큰 변혁이 된다.

④ 분석모델구축의 인재필요

애널리틱스에 필요한 인재로서 최근 주목받고있는 분석모델구축 · 검증을 담당과 업종별 지식을 가지고 개선가설을 구축하는 업무컨설팅의 존재도 중요하다.

⑤ 빅 데이터시대

마케팅 애널리틱스는 빅 데이터시대가 되고 바뀌는 부분과 변하지 않는 부분이 있음을 우리는 인식하면서 향후도 해나가는 것이 요구된다.

2) 빅 데이터시대의 도래

미국 Harvard Business Review 2012년 10월호에서 빅 데이터를 테마로 하는 특집 “Spotlight on Big Data”가 주선되었다. 신문 · 잡지, 세미나나 비즈니스 서적의 제목에는 그 빅 데이터를 시작으로 한 데이터분석에 관련한 키와–카드가 춤을 추고 그것에 호응하도록 데이터활용에 관한 기업의 기대는 나날이 커지고 있는 것으로 생각된다. 대용량의 데이터활용이란 측면에서는 이제까지도 데이터웨어, 하우스데이터, 마이닝구, BI(비즈니스 인텔리젠)라고 하는 키워드가 거론되고 IT(정보기술)벤더로부터 다양한 시스템의 제안이 이루어졌지만 기존의 이러하다는 대처는 주로 소매금융정보통신 특정업무에서 이용되는 경우가 많다.

한편 빅 데이터는 명확한 정의야 존재하지 않지만, Volume(데이터의 양) 비약적 증가와 함께 Variety(데이터의 종류), Velocity(데이터의 발생빈도 · 갱신 열심히도)의 세 가지 관점에서 논의되고 있으며(이들을 총칭해서 3V라고 부르기도 한다) 기존의 대용량 데이터활용과 다른 면이 있다.

첫 번째 관점인 데이터의 양(Volume)에 대해서는 대용량처리기술, 환경의 발전에 더불어 주는 물량이 늘어났다. 그 동안의 범용 소프트웨어수집과 관리가 허용된다.

두 번째 관점은 데이터의 종류(Variety)이다. 특히 인터넷기술의 보급을 동반한 정보의 다양화로 그동안 기업이 수집하고온 매출과 거래실적, Web사이트 접근 등의 데이터 뿐만 아니라 위치데이터, 각종 센서에서 취득하는 정보 등도 수집가능하게 되어 왔다. 또 그대로 집계 · 분석가능한 구조화된 데이터 뿐만 아니라 비구조화 데이터를 해석하는 기술도 진전을 보였다(텍스트데이터를 해석하다. 텍스트마이닝구 등). 그 결과 인터넷상의 문자정보를 분석하고 이를 마케팅에 활용할 수 있다.

세 번째 관점은 데이터의 발생빈도 · 갱신빈도(Velocity)이다. 예를 들어 각각의 데빈-정보의 볼륨이 반드시 크지 않을 것이지만 기업은 높은 빈도로 취득 · 이용하는 것이 가능하게 되었다. 그래서 종래보다 적절한 타이밍에서 마케팅시책을 실시할 수 있게 되고 있다. 빅 데이터라고 하는 키워드의 이메일에서 볼륨(Volume)에만 주목하는 경향이 있지만 이처럼 데이터의 종류(Variety), 발생빈도 · 갱신빈도(Velocity)량 이외의 2개의 특성도 잊지말라는 것은 없다. 실제로 이들 세 가지 관점에서 좋은 데이터활용의 또 다른 새로운 시각의 의미가 보인다.

예를 들어 소매로는 고객의 구매이력, 위치정보, 날씨 등에 따른 쿠폰을 스마트폰에 자동적으로 보내는 것이 기술법적으로 가능하도록 했다. 또한 제조업체는 등록한 고객 ID와 Twitter 계정의 ID를 연결하는 ID에 의한 정보발신력이 높은 소비자의 추출에 성공하고 이런 소비자는 구매액이 많은 소비자보다 마케팅효과가 높은 것으로 검증되었다. 또 금융기관에서는 복수의 이력데이터를 연결하는 것에 의해 해약예측의 검출율을 대폭개선하기에 성공했다. 이상처럼 빅 데이터에서 필요한 타이밍에서 데이터를 적절히 받고 다양한 종류의 데이터를 연관시킴으로써 마케팅시책의 실현가능성을 높일 수 있다.

3) 경영과제와 IT활용에 대한 기대

이처럼 빅 데이터를 활용하는 시대를 받는 상황에서 국내기업이 중점을 둔다. 경영시책에의 대처와 IT활용과 효과에 대한 기대, 쌍방에서 높은 자리매김하고 있는 항목을 보면 정보활용관련이 많다. 노무라종합연구소(NRI)와 대기업의 경영기획부문의 담당임원·실장을 대상으로 조사결과를 보면 경영시책에 대한 IT활용과 효과에 대한 기대 모두를 중시하려는 항목 중에서 두드러지는 것이다.

◈ 중요 영업전략과 IT활용의 기대

- 영업현장에서의 정보활용능력강화
- 부문정보집약에 따른 경영판단의 구조강화

표 6-2 경영전략 IT활용의 효과와 기대

경영전략 IT활용의 효과와 기대			
연구개발, 상품서비스개발		영업·판매	
1	기술. 특허보유기업의 매수 합병	14	영업현장의 정보활용강화
2	연구개발 문제점 통 폐합재배치	15	판매수단을 선별하여 통폐합
3	연구개발관리강화	16	종래와는 다른 판매수단구축
4	상품과 서비스 다양화	17	대면수단과 비대면수단의 연대강화
5	부과율 높은 상품, 서비스 친철화	18	고객정보 판매정보의 수집분석
6	시장에 투입하는 시간단축	19	수집된 정보는 고객단위로 통합관리
7	부대서비스 아후터서비스 충실	20	최종소비자와의 소통강화
조달·생산·물류		경영관리	
8	공급선의 변경과 범위의 확대	21	정보를 집약하여 경영판단자료로 사용
9	생산방식의 개선, 생산의 효율화	22	재무회계 적정화 신속화 업무개선
10	생산기술의 공동화방지	23	리스크 관리체제구축확장
11	정보공유에 의한 SCM 효율화	24	간접업무의 외부화
12	공급조달. 생산물류의 제휴	25	그릅재편 기능통합 업무공통화
13	단위규모의 SCM 최적화	26	경영관리수법의 개선
		27	경영조직의 재편효율화
		28	긴급시 사업지속가능한 체제구축
		29	환경문제에 대응설비개선

- 고객정보, 판매정보의 수집 · 분석기능 이상화
- 정보의 상류 · 하류공유에 의한 SCM(사프라이버시 체인매니지먼트)효율화
- 거래정보의 고객단위로 통합적 관리

같은 기업의 정보활용과 그것에 바탕으로한 의사결정지원, 영업력강화 등에 관련되어 있다. 또 MIT(매사추세츠 공과대학)북미의 주식공개기업 330개사를 대상으로 했다.

조사결과에 따르면 데이터중시를 자인하는 기업일수록 재무영업적의 객관적 지표가 뛰어나고 있는 것으로 드러나고 있다. 특히 의사결정의 데이터 중시도에서 업계의 상위 3분의 1까지 기업은 평균과 경합 타사를 생산성으로 5%, 수익성으로 6% 높았다. 이상과 같이 정보활용 · 데이터활용은 기업경영에 있어서 매우 중요한 과제가 되고 있다

4. 애널리틱스에 의한 마케팅의 변혁

앞 절에서 본 것처럼 기업이 활용할 수 있는 고객취향과 구매동향에 관련하는 데이터는 최근들어 이전과는 비교가 안될 정도로 증가하고 있다. 그 배경에는 인터넷보급이 말하고 있다. 고객데

그림 6-4 비즈니스모델의 특징포인트

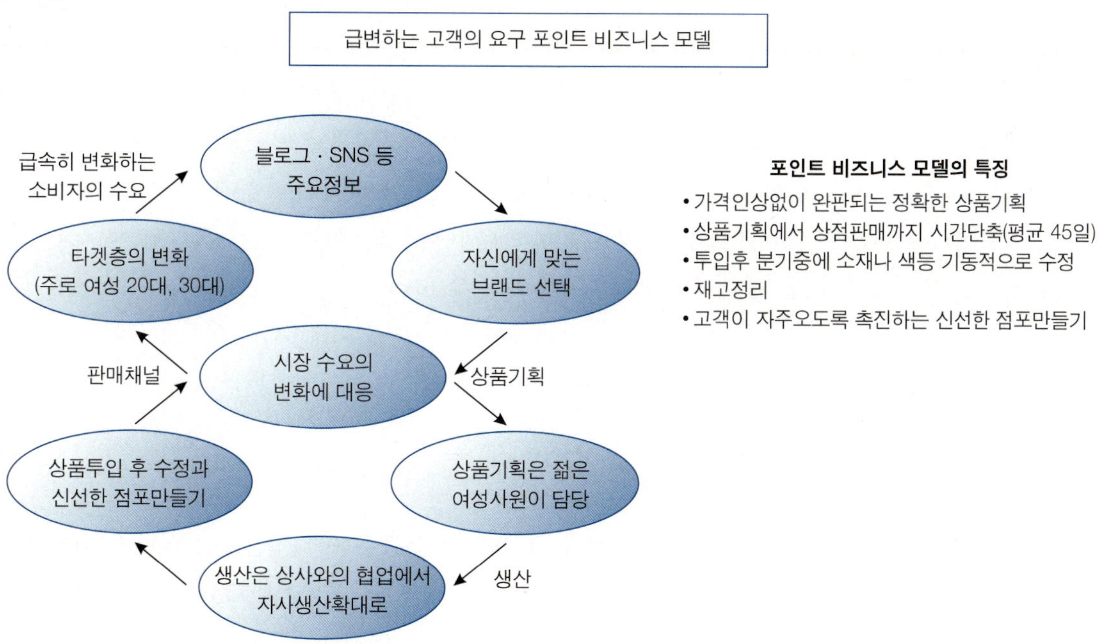

이터가 디지털화된 형태로 쉽게 입수할 수 있게 된 바 있다. 기업은 이러한 데이터를 분석함으로써 고객를 더 자세히 알 수 있게 되어 광고판매촉진은 물론이고 상품·서비스를 고객요구에 따라서 효율적으로 커스터마이즈할 수 있게 되었다. 이렇게 축적된 고객에 관한 데이터를 분석하고, 이를 마케팅시책에 반영시켜서 애널리틱스(분석기술)는 다시 중요시 되어 있다. 아나리티크스는 수중에 있는 데이터를 해석하기 위한 폭넓은 기술과 기법의 총칭이다. 다양한 데이터분석, 애널리틱스 활용이 확대되어 마케팅은 어떻게 변하는지에 대해서 세 가지 관점에서 논한다.

① 세그먼테이션
② KPI(Key Performance Indicator : 중요업적 평가지표)
③ PDCA(계획, 실행, 과제추출, 개선)

1) 애널리틱스에 근거한 새로운 세그먼테이션 가능성

기존의 마케팅에서는 일반적에 데모그래픽 속성이라는 성·나이대, 가구유형, 지역 등이 고객의 축으로서 이용되어왔으며, 소비자의 요구·행동의 다양화가 진행되어 일반적인 성·연령 등의 축으로 분석할 뿐 불충분한 경우가 많아지고 있다. 또 회원제조직 등에서 회원정보를 수집하고 그것을 분할에 활용하려는 것도 가족구성, 직업, 취미 등 본래 회원정보는 아직 갱신인 경우가 많아 충분한 것은 아니다. 고객설문을 통해서 수집하는 정보도 그 시점에서는 유효하지만 개개인의 기호나 행동은 시시각각 변화하고 있어 한계가 있다.

그것이 빅 데이터시대에서는 다양한 정보를 새로 획득, 활용할 수 있게 된다. 새로운 분할의 방식이 널리 알려지고 있다. 각종 회원 카마-도의 구조를 사용함으로써 이른바 ID가 마음의 구매이력(누가 어떤 품목을 구입했는지)데이터를 수집할 수 있다. 그 데이터에서 구매빈도 등을 산출하고 고객로열티에 바탕분할이 가능하다. 영국의 대형소매업인 테스코에선 회원카드 외상구매·결제의 보급을 추진하는 것이다. 그래서 회원 ID와 구매이력을 연결시키고 있다.

2) 애널리틱스에 따른 KPI의 정밀화

(1) 경영전략의 명제인 목표를 정하고

경영전략에서 우선 명제인 목표를 정하고 다음에 그 목표를 구체적으로 실현하기 위한 시책을 책정했을 때 그 시책이 확실하게 수행되어 있는지를 측정하는 KPI로 불리는 지표, 최근에는 마케팅에도 KPI를 정하고 4P로 불리는 Product(상품), Price(가격), Place(판매체널), Promotion(광고

판매촉진) 마케팅시책의 업무프로세스가 중요하다.

일반적인 일에 있어서는 KPI를 정치화하고 활용하고 있다. 예를 들어 DM의 효과를 DM전송 후의 반복-토률과 함으로써 보다 명확히 파악하고 있다. 또 크로스 셀의 효과, 고객의 소리, 개별 가게의 평가 등을 정의하는 우량고객층으로 좁혀 정량화함으로써 KPI를 보다 정밀한다 하게하고 있다. KPI의 설정은 전략상의 목표에 응하리라 예정하고 있다.

(2) PDCA 사이클운용의 고도화

설정된 KPI에 근거하여 마케팅의 PDCA 사이클을 운용하도록 요구 그것에는 과제추출(Check)의 계기능력확충을 위해서 각종의 빅 데이터를 구사했다. 루와 함께 그 실시간화, 아쟈이르화(기민·신속화)가 관건이다. 캐주얼의류의 핵심은 자사의 타 목표를 20대, 30대 여성을 압축한 데 상품기획부터 매장판매까지 시간의 단축(2009년 시점에서 평균 45일)을 실현하고 있다. 매출, 매입, 재고데이터를 바탕으로 재고관리를 날짜별로 하고, 상품투입중에 소재와 색상 등을 기동적으로 수

그림 6-5 마케팅 PDCA 사이클과 빅 데이터

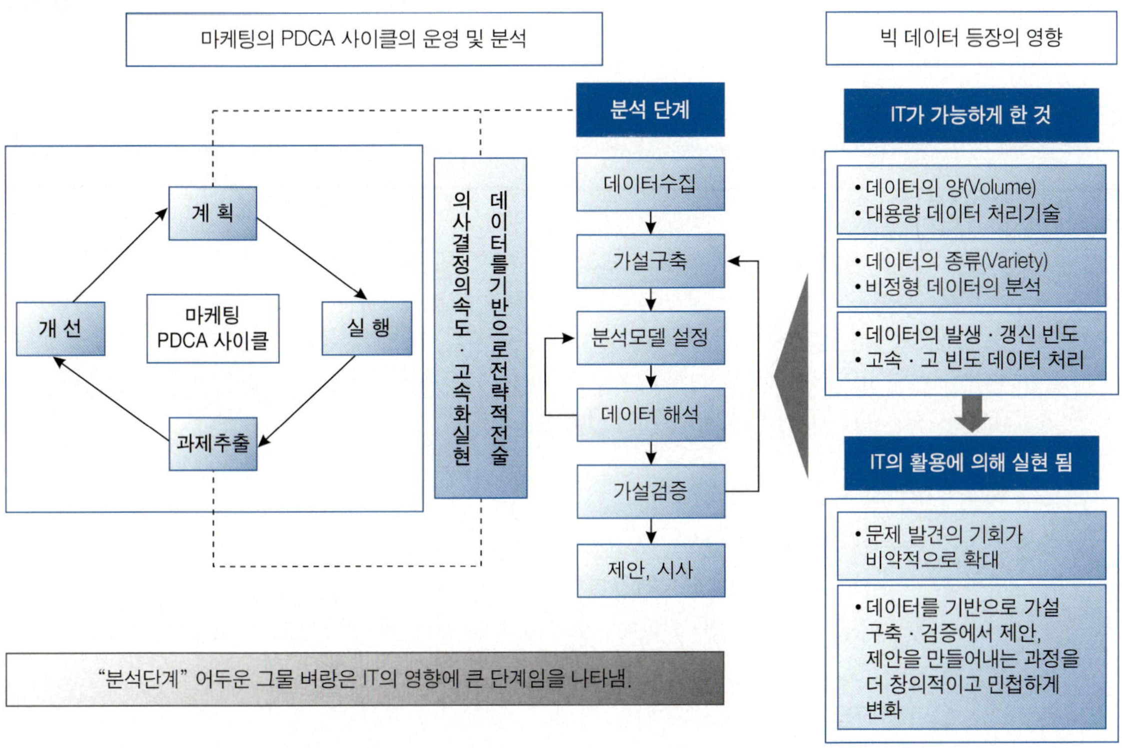

출처 : 마케팅 PDCA 싸이클과 빅 테이터의 상간관계와 효울성 모형도

정할 수 있도록 하고 최장 3개월의 상품공급, 평균 1개월에 상점의 상품대부분이 바뀌는 구조를 갖추고 고객에게 잦은 방문을 촉구하는 신선한 가게점포 양성을 전개하는 등 마케팅 PDCA 사이클의 신속화를 철저히 하고 있다

타 목표의 대부분이 바뀌는 구조를 갖추고 고객에게 잦은 방문을 촉구하는 신선한 가게점포 양성을 전개하는 등 마케팅 PDCA 사이클의 신속화를 철저히 하고 있다

포인트는 생산을 외부에 맡겨 ODM(상대편 브랜드에 의한 설계 · 생산)을 강점으로 매출액 1000억엔 이상의 기업으로 성장하였으나 최근에는 ODM이 경합 타사와 같은 동질화를 초래했다는 반성에서 SPA(제조 소매도)을 도입하고 디자인 및 생산기능 제품화를 도모하면서 시장변화에 대응하면서 PDCA 사이클을 어떻게 운용할까 새로이 도전하고 있다. Web마케팅의 세계에서는 특히 계획(Plan), 실행(Do)이 비교적 용이하다. 예를 들어 우선 일부의 층에 캠페인참가를 촉구하는 DM(전자메일)을 송부하고자 효과를 측정한 뒤 DM효과가 높았다. 세그먼트의 층에 추가로 바로 DM을 송부한 것과 같은 프로모션시책이다. 그 때는 뮤직의 효과를 곧 측정할 수 있는 분석프로세스를 PDCA 사이클에 짜는것이 요구되므로 ICT(정보통신기술)의 활용도 검토하는 것이 중요하다.

성공포인트

1. 차이를 인정하라

사회조직에 있어서 사회적 지위가 높고 낮음은 필연적인 순리이다. 이때 이상적으로 타인과의 격차를 인정하고 사회조직 순리를 따라야 당신 미래발전을 위한 현명한 선택이 될 수 있다. 당신보다 사회적 신분이나 지위가 높은 사람들과 교제를 피한다고 해서 그 사람과의 격차가 줄어드는 것은 아니다. 오히려 격차는 더욱 벌어지는 것이다. 성공하고 앞서가는 사람들과 친분을 쌓도록 노력하라 당신의 사고방식이 바뀌면 앞서가는 사람들과 격차를 줄일 수 있다.

2. 돈은 목적이 아니라 수단으로 생각하라

돈은 사람을 타락시키는 악의 근원이며 인생을 어지럽히는 마약과도 같다. 돈을 죄악의 근원으로 보는 마음으로는 돈에 다가가지 못한다. 돈이 목적이 된다면 돈을 버는 당신이 수단이 되고 다른 사람 역시 수단으로 보일 뿐이다. 돈이란 사람들과의 약속한 만물척도의 매개물이기 때문에 약속을 믿는 사람들과 더불어 삶의 목적과 가치를 이루는 수단으로 필요하다.

돈에 대한 올바른 마음가짐은 돈을 사랑하는 것이다. 돈을 사랑한다는 것은 돈이 꿈의 실현이나 삶의 보람을 창조해주는 중개의 역할을 하고 있기 때문이다.

요 약
summation

* NRI가 제창하는 RFM-I분석

NRI(野村綜合研究所)가 제창하는 RFM-I 분석의 관점을 활용하면 고객관리의 개념은 새로운 확대를 보인다. 예를 들어 개인으로 구매력이 낮은 고객도 주위사람에게 자사상품의 구매를 권장하고 있는 고객이면 고객은 특히 중시해야 한다는 관점이 더해진다. 또한 RFM-I 점수가 높은 고객은 자사상품의 발기인 및 여러 고객의 이반방지라는 두 가지 측면에서의 관계구축이 필요하다.

* RFM+I 분석의 CRM의 활용

I(인플루엔 콘서트)이 종래 이상으로 저렴한 물건·서비스의 구매결정에 영향력을 가지고 오늘날 기업에는 자사고객에 대한 마케터이은 그, 영업·판매에 대해서 새삼 살펴보면 고칠필요가 생기고 있다. 이는 생활자에 직접적으로 상품·서비스를 판매하고 있는 B2C 비즈니스뿐 아니라 법인전용의 B2B 비즈니스도 마찬가지이다.

* CRM에서 CCM 시대로

정보발신력을 고려하는 생각은 이른바 CCM(Customer Connection Manage-ment)이라고 부를 수 있다. 이는 CRM의 생각에다 RFM+I 점수가 높은 이(정보발신력이 높은)고객을 시계열로 분석·관리함으로써 인맥이나 소문에 의해 소개되는 새로운 고객획득의 가능성에 대해서도 동시에 관리하고 효과적인 시책을 펼쳐 매출확대를 실현한다는 새로운 마케팅의 가능성의 확대를 실현하는 것이다. 시장은 지금 틀림없이 CRM에서 CCM시대가 됐다. 자사고객의 입소문활용에 뒤쳐지지 않도록 기업은 고객관리의 고객의 재정의(再定義)가 시작하지 않고는 안 된다.

* 빅 데이터시대의 도래

미국 Harvard Business Review 2012년 10월호에서 빅 데이터를 테마로 하는 특집 Spotlight on Big Data가 주선되었다. 신문·잡지·세미나나 비즈니스의 서적제목에는 그 빅 데이터를 시작으로 한 데이터 분석에 관련한 키와-카드가 춤을 추고 그것에 호응하도록 데이터활용에 관한 기업의 기대는 나날이 커지고 있는 것으로 생각된다.

* PDCA 사이클운용의 고도화

설정된 KPI에 근거하여 마케팅의 PDCA사이클을 운용하도록 요구 그것에는 과제추출(Check)의 계기 능력확충을 위해서 각종의 빅 데이터를 구사했다. 루와 함께 그 실시간화, 아쟈이르화(기민·신속화)가 관건이다.

제 7 장

성장 후기단계의 기업경영

매일아침 눈뜨면 혁신을 생각하라

어떤 기업이든 현재의 영광에 안주해서는 안 된다. 여러분들도 아침에 눈을 뜨는 순간부터 긴장을 늦춰서는 안된다. 그래서 나는 리더의 지위를 이용하여 회사전체에 위기감을 조성했다. 그런데 위기란 한번으로 끝나는 것이 아니라 3~4년에 한번씩 반복된다. 극단의 경우에는 1년 안에 기업을 망칠수도 있다. 매일아침 눈뜨는 순간 혁신을 생각하여야 한다.

– 빌 게이츠 마이크로소프트 회장 –

성공하는 개인과 기업 장기적으로 성공하는 조직들의 공통점은 잘나갈 때 위기의식을 갖고 변화와 혁신에 도전한다. 동서고금의 진리는 일신우일신(日新又日新)과 일맥상통한다 하겠다.

제1절 기업혁신과 가치향상을 위한 성장전략

♣ 인재채용의 제1원칙

언제나 여러분보다 더 작은 사람을 고용하면 우리 회사는 소인국이 될 것이고 늘 여러분보다 큰 사람을 채용하면 거인국이 될 것이다. 자신보다 뛰어나고 영리한 사람을 고용해서 그들이 더욱 성장하도록 유도하고 지원하는 것 이것이 인재채용 제1원칙이다. 여러분보다 똑똑한 사람을 채용해야 기업을 발전으로 이끈다. 최고의 인재를 채용하지 않는것은 스스로의 손발을 묶는 것이다.

- 데이비트 오길비 유명 광고인 -

1. 성장전략의 개요

1) 전략적 표제

우리나라 경제는 근 10년 변화를 이루지 못하다 다시 성장궤도를 회복하기 위해서는 부정적인 유산의 청산을 마치고 체력을 회복하고 있다는 것은, 우리 민간기업이 주도적인 역할을 해야한다는 사명이 부여되고 있다. 경제성장의 원동력은 어느 시대에서도 어느 나라에서도 혁신의 수행속에서 이루어짐을 볼 수 있다. 또한 우리 민간기업은 본래 혁신의 끊임없는 수행을 통해 경쟁력을 강화하고 성장기업가치의 향상을 계속함에 존재의 의미가 있다. 그러나 기업을 둘러싼 사회환경이 크게 변화하고 있는 가운데, 기존의 기업본연의 자세를 그대로 유지하면서 새로운 제품과 서비스를 개발하고 새로운 경영체제 및 조직형태를 도입하고도 성장은 좀처럼 이어지지 않고, 기업가치의 향상도 이루지 못함을 보이고 있다.

오히려 지금 요구되고 있는 것은 기존기업의 본연의 자세 그 자체를 혁신하는 기업혁신의 수행이 필요하다. 즉, 변화하는 사회환경속에서 차기성장시장의 싹을 감지하고 그 시장을 주요 타깃으로 결정하는 것이 지금까지 기업을 구성해온 다양한 구조를 변혁하는 것은 물론이고 눈에 보이지 않는 기업문화까지 일신하는 같은 혁신을 수행할 필요가 있다고 하겠다. 본 제안은 이러한 문제인식을 바탕으로 지금까지 사업구조와 수익구조를 전환하여 다시 성장궤도를 회복하는 데 성공기업의 사례검토를 통해 현재의 경영자나 차세대 경영자가 앞으로 기업혁신을 수행하고 차기성장을 달성하고 기업가치를 향상시켜 나가는데 도움을 제시하는 것을 목표로 하고 있다.

◈ 제안요약

① 문제의식

기업을 둘러싼 사회환경이 크게 변화하고 있는 가운데 경영자의 대부분이 기업체제혁신과 경영혁신의 필요성을 이해하고 인식하면서 나름대로 성장을 위해 노력하면서 차기성장목표를 달성할 수 있는 것은 무엇인지? 고민하게 된다.

② 기업혁신

변화하는 사회환경속에서 차기성장 시장의 싹을 감지하고 시장을 주요 타깃으로 결정, 지금까지 기업을 구성해온 다양한 구조를 변혁하는 것은 물론, 눈에 보이지 않는 기업문화까지 일신하여 기존기업의 본연의 자세 그 자체를 혁신할 수 있는 것이 기업혁신이며, 이를 수행을 통해 기업은 차기성장을 달성하고 기업가치를 높일 수 있다.

③ 제 언

이제 기업혁신의 수행을 차기성장과 기업가치향상을 위해 기업혁신을 수행해야 한다. 기업을 둘러싼 사회환경이 크게 변화하고 있는 가운데, 기존의 기업본연의 자세 그 자체를 혁신하는 기업혁신을 수행해야 성숙기를 벗어나 차기성장을 달성할 수 있는 기업가치를 향상시킬 수 있다.

지속적인 성장을 위해 기업혁신을 지속적으로 수행해야 한다. 이제는 기업이 성장기에 있는 중에서 최고 경영진은 물론 전 임직원이 기업혁신의 원동력이 되는 위기감을 공유하고 지속적으로 기업혁신을 수행해야 기업생존 자체가 위협될 수도 있다. 우리 경영자의 임무는 기업혁신의 끊임없는 수행을 주도하고 지속적인 성장을 달성하고 기업가치를 향상시키고 유지하기 위한 것이다. 이제 경영진이 수범하여 기업혁신의 결과에 대한 명확한 의지를 공표하고 실제성과와 그에 따른 출처진퇴에 대해 공정하게 평가될 수 있도록 기업지배구조를 정비해야 기업혁신도 그림이 제대로 그려지는 것이다.

④ 사례검토 성공포인트

- 기업을 둘러싼 사회환경의 변화속에서 차기성장 시장의 싹을 감지한다.
- 차기성장 시장을 메인타깃으로 하는데 최적의 형태로 구조를 변혁한다.

그림 7-1 환경 분석과 수법

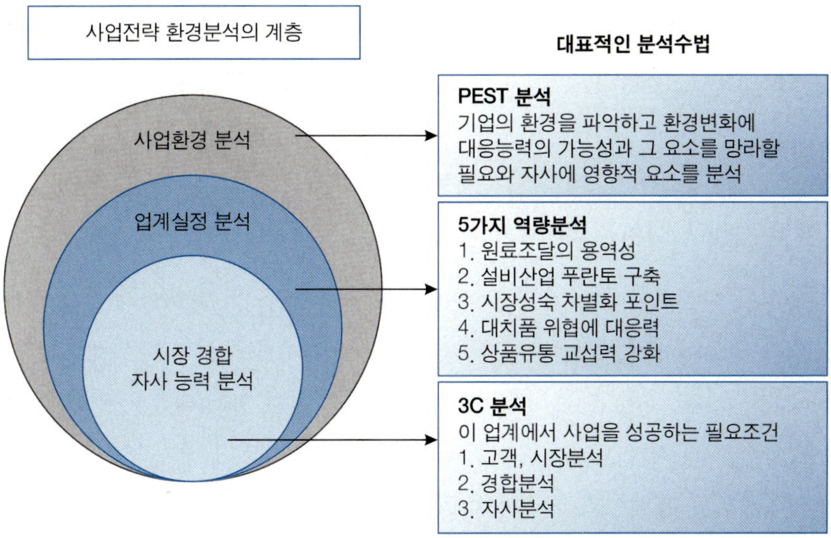

출처 : 事業環境分析の階層 PEST, 5력, 3C 분석 참고모형도

- 새로운 구조가 유효하게 기능하도록 기업문화도 일신하는 교육훈련실시를 한다.
- 위기상황에 빠지기 전에 기업혁신에 착수한다.
- 기업혁신의 지속적인 수행을 한다.

⑤ 환경분석 사업전략

PEST 분석이란 사업환경분석으로 기업이 처해있는 환경을 분석함으로 업계변화에 대처하는 능동적 능력배양에 있으며 그 요소가 무엇인지를 파악실천함에 있다.

다섯 가지 힘의 분석이란 업계의 구조를 파악하고 업계의 매력있는 수익성을 높일 수 있는가?

표 7-1 PEST, 5력, 3C 분석

구 분	PEST 분석	5력 분석	3C 분석
1	정치 : 환경, 세법의 규제	구매교섭력	잠재고객 구매결정요인?
2	경제 : 경기물가의 변동	신규참여의 위협	해당사업 성공을위한 요건?
3	사호 : 가치유행의 동태	업계내의 경쟁력	자사의 경쟁우위확보 요소?
4	기술 : 특허 신기술 보급	대체상품의 위협	
5		판매교섭력	

위협요소들은 무엇인가를 파악하여 대응능력을 양성함에 있다.

3C분석이란 시장경합 자사분석으로 잠재고객의 구매결정요인은 무엇인가? 사업의 성공요인과 자사의 경쟁우위확보의 방한 등을 창출하기 위한 분석이다.

2) 문제설정

(1) 기업을 둘러싼 사회환경의 변화

기업을 둘러싼 사회환경이 크게 변화하고 있는 것은 새삼 지적할 필요도 없지만, 변화의 속도에 있어서도 또한 변화의 질에 있어서도 그 어느 때보다 극적임을 다시 확인해 두는 것이다.

기업 간 경쟁의 관점에서 볼 때, 지금까지 시간과 공간의 차이가 높은 장벽이 기업 간 경쟁은 일정한 범위로 제한되는 반면, 일단 경쟁우위를 확보하면 비교적 장기간에 걸쳐 이를 유지할 수 있지만, IT화의 진전과 세계화의 진전에 따라 이러한 장벽은 급격히 낮아지고, 다른 산업과 해외에서 한때 예상도 할 수 없었던 기업이 경쟁자로 갑자기 출현할 가능성이 높아지고 있다.

또한 정보전달의 속도가 극적으로 빠르고 지연이라는 장벽이 거의 없어진 것으로, 상품이나 서비스의 진부화(상품화)의 속도가 매우 빨라 순식간에 점유율을 빼앗길 가능성도 부정할 수 없게 되어 있다.

국내시장의 관점과 국내의 인재확보의 관점에서 볼 때, 인구감소 사회의 도래도 주목할만한 변화중 하나다. 즉, 전후 일관되게 오른쪽 어깨위였던 국내시장이 축소경향으로 변하는 것으로, 기업은 그 어느 때보다 엄격한 선택과 집중적으로 파악하여 대비하여야 한다. 생산의 원동력인 노동인구가 감소하여 우수한 인재를 확보하기 위한 비용이 어느 때보다 증가할 가능성이 높아지고 있다.

(2) 기업의 현황과 기업혁신의 필요성

2000년대 들어 많은 기업들이 승계의 유산구조조정을 거의 완료하고 체력을 정리하고 있지만 경제전체를 다시 성장궤도에 올려놓기 위한 견인력에까지는 이르지 않는다. 기업이 성장하기 위한 원동력은 어느 시대에서도 혁신의 수행에 있어 격변하는 사회환경속에서 혁신을 수행하기 위해 계속할 수 있도록 기업이 자기 변혁을 이룰 필요가 있는 것은 지금까지도 반복지적되고 있다.

또한 많은 기업에서는 크든 작든 어떤 변화가 시도되고 있음에도 불구하고, 일부기업을 제외하면 그 성과는 한정적인 것에 머무르고 있다. 많은 기업들이 기업혁신과 경영혁신의 필요성을 충분히 이해하고 나름대로 노력하고 있음에도 불구하고, 성숙기를 벗어나 차기성장을 달성할 수 없는 것은 무슨 이유일까?

물론 개별기업이 처해있는 상황에 따라 여러 가지 이유가 있을 것이며, 경영자의 능력부족이라고 말해 버리면 그것까지도 이유가 될지 모른다. 그러나 기업을 둘러싼 사회환경이 크게 변화하고 있는 것이나, 이에 따라 자기변혁을 이룰 필요가 있다는 것을 이해하면서도 여전히 수익의 대부분을 한번의 성장시장(성숙되고 있다)에서 얻고있기 때문에 대담한 전략전환을 단행하지 못하고 있다. 기업변혁과 직함 부분적인 조직개혁에 착수하는 정도에 그쳐 그 결과 차기성장을 달성할 수 없는 이치(理致)가 있다는 것이 많은 기업의 실태가 아닌가. 기업경영위원회는 이 같은 인식을 바탕으로 지금까지 사업구조와 수익구조를 전환하여 다시 성장궤도를 회복하는 데 성공기업의 사례검토를 통해 이 문제를 해결팁을 얻으려고 생각했다.

자세한 내용은 다음에서 소개하는 2개의 사례로 다음과 같은 특징이 나타났다. 즉, 변화하는 사회환경 속에서 차기성장 시장의 싹을 감지하고 그 시장을 주요 타겟으로 결정, 지금까지 기업을 구성해온 다양한 구조를 변혁하는 것은 물론 눈에 보이지 않는 기업문화까지 일신했다.

본 제언에서는 이와 같이 기업을 구성하는 모든 요소 4의 모습을 전체적으로 쇄신하는 과감한 기업변혁을 기업혁신이라고 성숙(저성장)단계에 있는 기업이 차기성장을 달성하기 위해서는 기업혁신이 필요하다고 생각한다.

3) 사례검토 있어서

① 사례검토

본 절에서 검토한 사례는 2개사이며, 지금까지 사업구조와 수익구조를 전환하여 다시 성장궤도를 되찾는 데 성공했다. 기업을 다룬 사례를 검토하는 방법으로는 각 사례기업의 경영자를 강사로 초청하여 사업구조와 수익구조를 전환하게 된 비교적 최근의 기업변혁에 대해 임한 내용이나 고생한점 등을 이야기해주고 본위원회의 위원여러분과 의견을 교환하는 형식을 취했다. 이하에서는 편의적으로 다음의 네 가지 관점에서 각 사례의 요점만을 소개하면서 본 제언을 목표로 하고 있다. 기업혁신의 수행에 있어서 도움이 될 만한 포인트를 정리했다.

- 기업변혁에 임하는 계기는 무엇이었는가
- 다음 성장시장의 싹을 어디에(어떻게) 찾아낸 것인가
- 다음 성장시장을 주요타겟으로 하는 기존의 구조를 어떻게 변화했는지
- 새로 도입한 구조를 유효하게 기능하기위해 기존의 기업문화에 대해 어떤 대책을 강구했는지

② 체크항목

- 계기(동기)
- 다음되는 성장시장의 싹
- 구조에 대한 변화
- 기업문화에 대한 대응책

사례 1 한국 IBM 사례

컴퓨터관련 하드웨어 제조업체에서 종합적인 시스템 솔루션을 제공하는 서비스업으로 사업구조를 전환하여 다시 성장궤도를 회복하는 데 성공사례로 검토했다.

① 계기

기술혁신의 진전, 산업구조변화, 고객요구의 변화에 직면하면서 과거의 성공경험에 의해 부풀어 조직과 전통적인 기업체질이 멍들어 의사결정이 지연되었다. 주력 컴퓨터조립사업의 수익성이 악화되어 1993년도에는 사상 처음으로 적자 결산이 됐다.

② 다음 되는 성장시장의 싹

향후 도래하는 오픈시스템의 시대에는 시스템 설계능력과 시스템 구축능력이 차별화의 관건이 될 것으로 예측하고 목표시장을 시스템 관련 서비스분야로 전환했다.

③ 구조에 대한 변화

고객만족을 중시하는 회사를 목표로 하기 위해 사장이 위원장의 임원이나 이사가 참여하는 고객만족도 향상위원회를 설치했다.

프로젝트관리(시스템구축 공정관리) 기술의 노하우와 소프트웨어 엔지니어링(시스템설계) 기술의 노하우(기능흐름 중심이 아닌 데이터중심의 설계)를 축적하고 표준화하기 위해 데이터베이스를 정비했다.

또한 서비스사업은 구조적으로 인건비비율이 높기 때문에 비용구조를 대담하게 재검토하는 한편, 조직 및 인사제도를 대폭개혁하여 인적능력을 최대한 활용할 수 있는 체제를 구축했다. 한편, 재교육에 의한 배치전환이나 조기퇴직 우대제도도 실시했다.

④ 기업문화에 대한 대응책

경영진의 강한 의지를 보여주기 위해 내부반발을 무릅쓰고 표준화방법을 고안한 직원을 임원으로 등용했다. 회사의 나아갈 방향을 이해시키기 위해 이메일이나 웹 등 모든 수단을 이용하여 경영진과 직원이 소통하는 기회를 늘렸다.

고객의 변화를 빨리 감지하고 신속하게 결정하고 실행하는 것을 칭찬하는 기업문화를 생성하기 위해, 경영자 스스로 조령모개를 실행했다.

사례 2 일본 마쓰시다전기(松下電氣) 산업의 사례

전통적인 사업부제의 해체와 유서깊은 그룹각사의 통폐합을 통해 사업구조를 전환하여 다시 성장궤도를 회복하는 데 성공사례로 검토했다.

① 계기

IT화와 세계화의 급속한 진전에 따라 전 세계적으로 기업의 비즈니스 모델이 변화하고 있는 시기에 쇠퇴기업에 공통되는 4개의 문화(오만, 자기만족, 내부논의 마찰을 두려워)가 사내에 만연하고 2001년 창업이래 첫 적자를 기록했다.

② 다음 되는 성장시장의 싹

다양한 제품제공에서 특허와 지적재산으로 보호된 자신의 노하우는 쉽게 모방되지 않는 기술을 핵심으로 유니버설 디자인과 환경친화적인 제품과 아이디어의 제공으로 목표시장을 좁혀 나간다.

③ 구조에 대한 변화

고객과의 거리를 좁히고 고객요구에 대응한 제품을 신속하게 개발판매할 수 있도록 하였으며 다단계적으로 유통단계를 재편했다.

사업의 중복으로 인한 낭비를 제거하고 사업의 선택과 집중이 사기책임으로 실시할 수 있도록 제품별 사업부제를 도메인별로 재편하고 권한을 대폭이양하는 한편, CCM(자본원가관리)를 도입하여 성과를 평가하는 지표를 단순화(영업이익 − 사업자산비용 ×연리 8.4% > 0)했다.

최대 13계층 있었다. 피라미드형 조직을 플랫 & 웹형으로 변경했다.

타사가 모방할 수 없는 블랙박스기술을 핵심장치 완제품서비스를 수직통합하여 시너지 효과를 발휘하는 가치사슬을 구축하고 전 세계에서 동시에 발매할 수 있는 체제를 정비했다.

④ 기업문화에 대한 대응책

성역을 마련하지 않고 대담하게 개혁을 단행함으로써 전 직원이 개혁에는 금기가 없는 것을 실감할 개혁에 대한 의지를 공유하기로 이어져 직원개개인의 의식이나 행동도 달라졌다.

2. 성공포인트 정리

이상 본 바와 같이 과거에 다시 성장궤도를 회복하는 데 성공하고 있는 기업은 그 기업이 당시 처해있던 환경변화속에 차기성장시장의 싹을 감지하고 그 시장을 주 대상으로 하기로 결정, 지금까지 기업을 구성해온 다양한 구조를 새로운 시장을 개척하는 데 적합한 형태로 변화하는 것은 물론, 눈에 보이지 않는 기업문화를 일신하는 기업혁신을 수행하고 있었던 것이다.

물론 업종업태에 따라 기업의 구조와 기업문화의 모습에도 큰 차이가 있기 때문에 위 사례기업이 실천한 각종 혁신기법을 그대로 다른 기업에 적용시킬 것은 아니지만, 앞으로 각 기업이 기업혁신에 착수하는 데 많은 팁을 포함하고 있다고 할 수 있다.

1) 성공한 포인트를 정리

(1) 성공포인트 1 : 성장시장의 싹을 감지

어떤 사례에서도 구조에 그치지 않고 기업문화에 이르기까지 기업을 구성하는 모든 요소를 거의 동시에 혁신하고 있지만, 이 벡터를 갖추는 역할을 했던 것이 분명하고 구체적인 목표이다. 전사적인 목표로 각 사례도 성장시장을 향후 주요 목표시장으로 한다는 것을 다시 한번 입증했고, 각 조직수준에서의 구체적인 목표로는 예를 들어, 페덱스 서비스레벨 테이블과 엠씨 MCVA8, 파나소닉의 CCM9 등 수치화된 간단한 목표를 설정했다.

차기성장 시장의 싹을 감지하는 것은 매우 중요하지만 성공의 방정식은 없을 것이다. 사례검토 속에서 후각이나 정보감도 기존 주력사업에서 고객의 작은 불만뒤에 펼쳐지는 숨겨진 요구에 대한 상상력과 통찰력이 중요하다는 의견이 나왔다. 한편, 실패의 방정식은 분명 이번사례에서도 과거의 성공체험이 걸림돌 위기상황에 빠져있기 때문에 고객요구의 변화를 허심탄회하게 관찰하는 것을 잊지않고 기존 경영자원에만 구애도 함께 차기성장 시장의 싹을 감지할 수 없고, 목표시장을 전환해 해치는 것은 틀림없다.

또한 페덱스의 사례처럼 기존의 시장을 완전히 버리고 차기성장 시장에 전면적으로 목표시장을 전환한 경우는 차지하고, 기존 시장에서 사업을 남기면서 차기성장 시장에 축을 이행해 나가기 위해서는 JSR과 엠씨의 사례처럼 기존사업에 대해 일정한 배려를 하거나 기존사업의 목표를 전환하는 등 상당한 노력이 필요했음도 주목할만 하다.

(2) 성공포인트 2 : 최적의 형태로 구조변화

사례마다 성장시장은 달랐다. 그 시장을 메인다겟으로 개척하는데 최직의 형태로 구조를 변화함에 있어서는 각 사례도 고객의 목소리와 고객요구의 변화를 최전선사원에서 최고 경영자까지 공유할 수 있도록 궁리나 고객에게 신속하게 적절한 대응을 할 수 있는 궁리를 하고 있었다.

예를 들어, 페덱스는 화물추적시스템을 구축하여 모든 짐을 고객과의 약속대로 다음날에 배달할 수 있는지 전사적으로 확인할 수 있도록 하는 한편, 드라이버의 역할을 바꾸고 권한을 부여함으로써 고객에 대한 대응을 즉시 판단할 수 있었다. 일본 IBM은 사장을 위원장으로 한 고객만족도 향상위원회를 설치했다. 엠씨는 새로운 비즈니스 모델을 구축하고 사업화를 추진하는 새로운 기능사업그룹과 새로운 기술의 향후 사업화를 모색하는 사업개발부를 경영기구나 사장직할 조직으로 창설했다. 마쓰시다 전기산업은 다단계로 되어 유통단계를 재편하여 고객의 요구에 대응한 제품을 신속하게 개발할 수 있도록 하는 한편, 다중계층 피라미드형 조직을 플랫 & 웹형 조직변경하여 고객에 대한 대응을 신속하게 확인할 수 있도록 했다.

또한 각 사례도 지금까지의 방식을 개선하기 보다는 하는 것 자체를 변경했다.

예를 들어, 페덱스는 드라이버의 집배작업방식을 개선하는 것이 아니라, 집배작업 뿐만 아니라 영업 및 수금까지 나오게 역할자체를 바꾸고 있었다. 일본 IBM은 비용절감방법의 하나로서 계약서를 얼마나 효율적으로 만들것이 아니라 계약서 자체를 없애는 발상을 전환했다. JSR은 기존시설을 어떻게 강화할지가 아니라 기존설비에 대한 투자자체를 그만두고 인재에 대한 투자로 전환했다.

구조의 변혁에 있어서는 고객의 목소리와 고객요구를 기점으로 하여 잔재주만의 구조변경에 그치지 않고 경영진을 포함하여 전사적으로 변화를 실감할 수 있는 규모로, 게다가 지금까지 해온 일 자체에까지 질적변화를 수반하는 수준에서 실행하는 것이 필요한 것이다.

(3) 성공포인트 3 : 기업문화도 일신

본 제언에서는 사례를 소개함에 있어서 구조의 변화와 기업문화에 대한 대응을 편의적으로 나누어 설명하고 있지만, 본래 이들은 불가분의 관계에 있다. 사실 각 사례에서도 인사제도 및 보상제도 등의 구조를 변경하여 지금까지의 기업문화를 새로운 구조에 적합적인 새로운 기업문화로 유도하려고 하고 있는 모습이 엿 보인다. 그러나 더 특징적이었던 것은 지금까지의 기업문화를 일신하기 위해 다양한 방법을 구사했다는 점이다.

예를 들어, 페덱스는 경영진의 주도로 기존의 법인고객과의 계약을 해지하는 육체적 노동을 이용하는 한편, 서비스의 향상에 집착한 3개년 계획을 3회 연속 총 9년간 실시했다. 일본 IBM은 경영진과 직원과의 커뮤니케이션 기회의 증대를 도모하는 한편, 발탁인사와 경영자 스스로 조령모개를 실천하는 등 경연합친기법을 사용했다. JSR는 경영진이 자진하여 기존의 사업계획을 백지화했다. 엠씨는 경영진과 직원과의 커뮤니케이션 기회의 증대를 도모하는 한편, 새로운 목표로 하는 기업문화에 가까운 기업문화를 가지고 있을 것 같은 기업에 직원을 파견했었다. 마쓰시다는 경영진이 솔선하여 지금까지 성역으로 간주되어 온 영역의 개혁을 단행했다. 견해를 바꾸면, 각 사례기업은 새로 도입한 구조가 유효하게 기능하도록 토양이라고도 할 기업문화를 일신하기 위해 부심하고 있었기에 기업혁신을 실현할 수 있는 것이다.

그러나 일반적으로 목적을 가지고 기업혁신에 착수하고 있다. 경영진과 지금까지의 방식과 기업문화에 익숙한 직원사이에는 의식에 큰 차이가 있다.

이 차이를 해소하기 위해서는 커뮤니케이션을 통해 목적이나 의도를 직원들과 공유하는 것을 목표로 방법과 경영진이 단호한 태도로 솔선하여 행동함으로써 결과적으로 직원들에게 목적과 의도의 설득방법이 있지만, 어느 쪽이 유효한지 통틀어 말할 수 없다. 앞서 언급했듯이, 이번 사례에서도 상황에 따라 경영진은 이 두 가지 방법을 구사했다.

전반적으로 직원의 질이 높은 것으로 알려져 있다. 일본에서는 커뮤니케이션을 통해 직원들이 경영진의 생각을 이해하고 스스로 행동하기 시작하면 신속하고 당초의 목적대로의 기업혁신을 수행하는 것이 가능하게 되는 것은 아닐까. 반대로, 하향식 경영스타일이 일반적으로 알려져 있는 미국 등은 경영진이 구조를 바꾸는 것만으로 어느 정도 기업문화도 바뀔지도 모른다.

어쨌든, 구조는 눈에 보이는 형태로 제시되기 쉽기 때문에 그들을 변화하기만하면 기업혁신을 실현할 수 있는 것 같은 착각에 빠지기 십상이지만, 눈에 보이지 않는 기업문화를 헌신하기 위한 꾸준한 노력을 게을리하면 아무리 이상적인 구조도 제기능을 발휘한다는 것이다.

또한 기업문화를 일신하기로까지 발을 디디고 있던 사례기업에서도 기업문화의 근간이 되는 기업의 DNA 또는 존재이유라고 할 전통적인 기업이념만은 과거로부터 계승하고 있는 경우가 많았다.

그림 7-2 성공1-3 포인트 모형

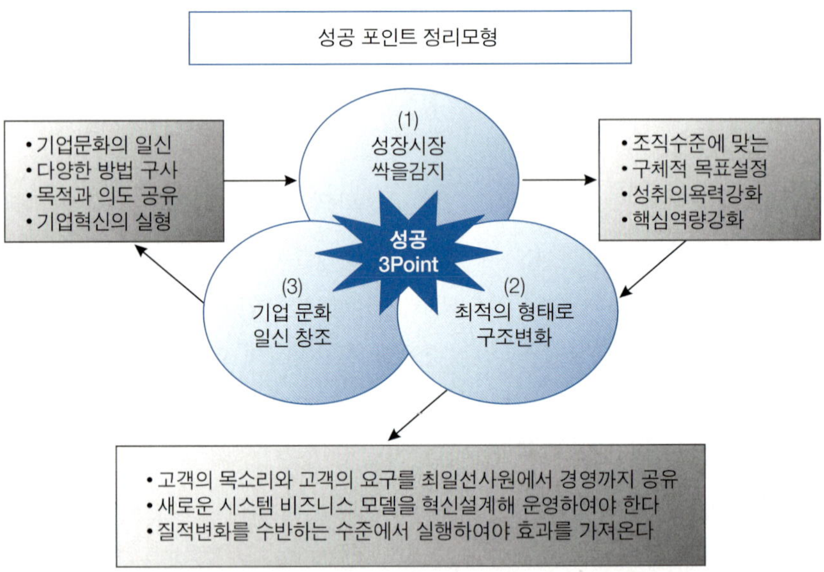

출처 : 성공 포인트 기업문화 조성 자작도

2) 기업성공의 교훈

① 교훈 1 : 위기상황에 빠지기 전에 기업혁신착수

각 사례에서 비교적 신속하게 기업혁신을 수행할 수 있었던 것은 각 사례기업이 당시 상당한 위기상황에 회사전체가 위기감을 공유하지 않을 수 없는 상황에 있었기 때문이다. 물론, 일반적으로 변화와 개혁의 원동력은 위기감인 경우가 많다. 하지만 이번에는 모두 성장을 달성하는 데 성공한 기업의 사례이지만, 기업의 흥망사적 관점에서 보면 위기상황에 직면해 기사회생을 목표로 다양한 개혁을 단행하지만 방책이 고갈되어 모습을 감추어 버렸다. 기업이 압도적으로 많다는 현실을 잊어야 하나. 본래라면 위기상황에 빠지기 전에 내부에 위기감을 조성하고 기업혁신을 수행해야하는 것이다.

② 교훈 2 : 기업혁신의 지속적인 수행

마지막으로, 이번 채택한 사례기업이 현재 어떤 단계에 있는가하는 것에 대해 언급하고자 한다. 기업혁신을 수행하고 혁신성장을 달성한 기업도 언젠가는 성숙(저성장)시대를 맞이하게 됨으로 이를 최대한 방지하고 성장하기 위해 계속적으로 기업혁신을 수행해야하기 때문이다.

3) 기업성장을 위한 제언

(1) 차기성장과 기업가치향상을 위해 기업혁신을

① 지금이야말로 기업혁신을 수행해야 한다

본래 기업은 혁신의 끊임없는 수행을 통해 경쟁력을 강화하고 성장기업의 가치향상은 존재 의의가 있다. 그러나 기업을 둘러싼 사회환경이 크게 변화하는 가운데, 많은 기업들이 변화의 필요성을 이해하면서도 수익의 대부분을 한번의 성장시장(성숙하는 시장)에서 얻고 있다. 대담한 전략전환을 단행하지 못하고 손재주의 변혁에 착수하는 정도에 그쳐 차기성장을 달성하지 못한 결과 경제전체가 정체되어 버리는 현상이 보인다.

이러한 상황을 타파하기 위해서는 각 기업이 변화하는 사회환경에 차기성장 시장의 싹을 감지하고 이 시장을 메인타겟으로 결정, 지금까지 기업을 구성해왔다. 다양한 구조를 최적의 형태로 변화하는 것은 물론, 직원의 행동양식이나 사고 등 눈에 보이지 않는 기업문화까지 일신하는 등 기업혁신을 수행하는 것으로 차기성장달성과 기업가치의 향상을 도모하고, 일본경제전체가 다음 10년으로 다시 성장궤도를 되찾을 수 있도록 주도적인 역할을 해야 한다.

또한 각 기업이 차기성장 시장의 싹을 개척하여 새로운 시장이 창출되기 때문에 사회전체에 대한 기여도는 헤아릴 수 없다.

② 차기성장 시장의 싹을 감지하려면

최고 경영자를 중심으로 전 직원이 평소 후각이나 정보감도를 날카롭게 두고 기존의 경영자원에 구애받지않고 고객요구의 변화를 허심탄회하게 관찰하는 것이 중요하다. 그리고 차기성장 시장을 주요 목표로 전사적인 목표로 함과 동시에 전 임직원이 하나가 되어 행동할 수 있도록 각 조직수준에 대한 수치화된 간단한 목표를 설정할 필요가 있다.

③ 새로운 구조가 유효하게 기능하도록 기업문화를 일신하려면

일반적인 형태로 보이기 쉬운 구조의 변화에만 집중하는 경향이지만, 구조는 수단에 불과하기 때문에 구조만 변화해도 기업혁신은 연결되지 않는다. 또한 만일 뛰어난 구조가 있었다고 해도 기존의 기업문화를 그대로 도입하면 본래의 기능을 발휘할 수 없다. 눈에 보이지 않는 기업문화를 일신하기 위해서는 최고경영자가 꾸준히 직원과 커뮤니케이션을 쌓아 경영진이 솔선하여 단호한 행동을 취하는 방법과 경연 두 가지 방법이 있다. 전반적으로 직원의 질이 높다고 말하는 일본에서는 의사소통을 통해 직원들이 경영진의 생각을 이해하고 스스로 행동하기 시작하면 신속하고 당초의 목적대로 기업혁신을 수행할 수 있을 것이다. 또한 기업문화를 일신하기는 하지만 전통이 있는 기업이념에 대한 배려도 필요하다.

(2) 지속적인 성장을 위해 기업혁신을 지속적으로

이제는 위기상황에 빠지기 전부터(성장기중에서) 기업혁신에 착수함과 동시에 지속적으로 수행할 필요가 있다. 기업혁신을 수행하는 데 원동력이 되는 것은 위기감이지만, 기업을 둘러싼 사회환경이 그 어느 때보다 급변하고 있기 때문에, 기업혁신의 수행에 걸린 시간으로 유예는 어느 때보다 짧아지고 한번 위기에 빠지면 기업혁신을 수행하기 전에 기업의 존속자체가 위태롭게 될 수도 있다.

따라서 향후 성장기 중에서 최고경영진은 물론 전 직원이 위기감을 공유할 수 있는 환경을 조성해야 한다. 또한 전반적으로 실적이 회복기조에 있다. 현재는 각 기업이 기업혁신에 착수하기에 좋은 시기이며, 지금이야말로 착수해야 한다.

(3) 경영자의 임무는 기업혁신의 끊임없는 수행

지속적인 성장을 달성하고 기업가치를 향상시키고 유지하기 위한 것이다.

기업을 둘러싼 사회환경이 그 어느 때보다 격변하고 있는 가운데, 앞으로 지속적으로 기업혁신을 수행하여 지속적인 성장을 달성하고 기업가치를 향상시키고 유지해야 기업의 존속자체가 위태롭게 될 수도 있기 때문에 최고경영자의 역할은 그 어느 때보다 중요하며 그 책임은 그 어느 때보다 중요한 것으로 되어 있다.

그래서 앞으로의 최고 경영자는 기업혁신을 수행하는 것은 당연한 결과 어느 정도의 성장을 달성하고 기업가치를 얼마나 높일 것인지, 구체적인 목표를 언제까지 그것을 실현하는지 명확하게 헌신하는 것이 요구된다.

또한 만일 당초 예정한 기간내에 목표를 달성하지 못할 경우 지금까지 한다면 달성연도를 연기할 수 있지만, 격변하는 사회환경 아래에서는 이러한 유예는 적기 때문에 기업혁신을 시도하거나 기업혁신검찰 = 경영진을 바꾸거나 빨리 판단해야 기업지배구조의 본연의 자세도 매우 중요하다.

3. 우리에게 남겨진 과제

1) 기업혁신의 평가와 본연의 자세

경영자는 향후 기업혁신의 끊임없는 수행을 주도하고 지속적인 성장을 달성하고 기업가치를 향상시키고 유지하기 위해 언제까지 어느 정도의 성장을 달성하고 기업가치를 얼마나 향상시키는 지 명확하게 헌신하는 것이 요구되기 때문에 기업혁신의 성과를 평가하는 방법을 정비할 필요가 있다.

기업가치를 평가하는 지표로서 대표적인 것은 물론 주가이지만, 기업혁신의 수행은 눈에 보이지 않는 기업문화의 일신도 동반주가 뿐이고 다면적인 평가가 필요하지 않을까 생각된다.

기업이 보유한 지적재산권의 가치와 인재가치 등 무형의 자산을 어떻게 평가하는가 등의 테마와도 함께 앞으로의 과제일 것이다. 또한 이러한 평가기법이 정착되면 경영자의 능력을 다각적이고 객관적으로 판단할 수 있고, 미래의 경영자시장의 창출에도 기여할 것으로 보인다. 한편, 향후는 외부경영자원도 기업혁신, 즉 M&A에 따르면 기업혁신의 수행도 증가할 것으로 예상된다.

참고로 M&A가 활발한 미국에서도 반드시 M&A가 차기성장의 달성에 연결되지 않고 오히려 잘되지 않는 케이스가 많은 것으로 알려져 있다. 이는 기업문화의 일신을 수반하는 기업혁신의 수행에까지 이르지 않았기 때문이 아닌가 생각된다. 따라서 전술한 바와 같은 평가기법이 정착되면 M&A 목적과 성과 또는 M&A에 대한 방어대책 등 다각적이고 객관적으로 평가할 수 있게 될 것이다.

2) 기업혁신의 실효성확보와 지배구조

경영진이 약속을 달성할 수 없다고 판단되는 경우나 M&A에 따르면 기업혁신이 당초 예상대로의 결과를 가져오고 있지않다고 판단되는 경우, 혹은 M&A에 대한 방어방법의 행사가 기업혁신

수행을 저해한다고 판단되는 같은 경우에는 경영진의 출처진퇴를 신속하게 판단할 필요가 있으며, 그렇지 않으면 격변하는 사회환경에서 기업의 생존자체가 위태롭게 될 수도 있다.

즉, 기업지배구조가 유효하게 기능하도록 정비되어 있지 않으면, 기업혁신의 수행이 기업의 성장과 기업가치향상에 있어서 매우 중요하다라는 제언도 물거품으로 돌릴 수 있다. 그러므로 기업지배구조의 본연의 자세를 어떻게 할 것인가도 매우 중요한 주제이며 이 또한 향후의 과제이다.

3) 기업발전의 결론

우리나라에서 기업을 둘러싼 사회환경은 전후 일관되게 안정되어 있었다. 즉, 시장 및 경제동향은 약간의 업다운이 있으면서도 기본적으로 한쪽으로 치우침에 남아있었고, 또한 기업간의 경쟁은 일부산업을 제외하고 국경과 산업이라는 진입장벽이 상대적으로 높았기 때문에 한정적인 것에 머무르고 있었다.

또한 경기순환 등의 영향으로 비록 일시적으로 실적이 악화된 경우에도 기존의 경영자원의 구조조정을 단행하여 그 시기를 극복하기만하면 원래의 성장세를 회복하였다. 이러한 환경에 있어서는 구조의 변혁조차도 상당한 일이 없는한 필요하지 않고, 하물며 내부에 갈등을 일으키는 것이 확실한 기업문화의 일신에 이르러서는 파고조차없었다고 해도 이상하지 않다.

성공포인트

1. 행동으로 옮겨라

지나간 시간은 다시 돌아오지 않는다 느꼈을 때가 제일 빠른 시기이다. 지체말고 행동으로 옮겨라. 머리가 좋아 전략을 잘짜도 행동으로 옮기지 못하면 공문서에 불과하다.
이미 잃어버린 것이나 잊지 못한 것에 범뇌하지 말아야 한다. 얻고 싶은것이 있다면 지금당장 실천에 옮겨라 지금 시작해도 전혀 늦지 않았다. 시간은 우리를 기다려 주지않는다.

2. 돈이 왜 필요한지 목적을 명확히하라

돈에 너무 칩착하지 말라 지나치게 집착하면 돈을 벌기도 어렵거니와 번돈도 내것으로 만들기도 힘들어진다. 돈이 필요하다면 왜 돈이 필요한 것인지 이유를 분명이 하는 것이 좋다. 단순이 돈만이 목적이 아니라 장래 어떤 삶을 살겠다는 꿈을 설정하는 것이 좋다.
무엇인가를 얻고 싶다면 우선 그것을 추구한다. 추구한다는 것은 막연히 그것을 가지고 싶다고 생각하는 것이 아니라 좀더 구체적으로 강렬하게 지속하여야 한다. 이러한 태도를 갖춘다면 손에 넣지 못할 것은 아무것도 없다.

요 약
summation

* 성장전략의 개요

전략적 표제 : 우리나라경제는 근 10년 변화를 이루지 못한다. 다시 성장궤도를 회복하기 위해서는 부정적인 유산의 청산을 마치고 체력을 회복하고 있는 것은 우리 민간기업이 주도적인 역할을 해야 한다는 사명이 부여되고 있다. 경제성장의 원동력은 어느 시대에서도 어느 나라에서도 혁신의 수행속에서 이루어짐을 볼 수 있다. 또한 우리민간기업은 본래 혁신의 끊임없는 수행을 통해 경쟁력을 강화하고 성장기업가치의 향상을 계속함에 존재의 의미가 있다.

* 성공포인트 정리

이상 본 바와 같이 과거에 다시 성장궤도를 회복하는 데 성공하고 있는 기업은 그 기업이 당시 처해있던 환경변화 속에 차기성장 시장의 싹을 감지하고 그 시장을 주 대상으로 하기로 결정, 지금까지 기업을 구성해온 다양한 구조를 새로운 시장을 개척하는 데 적합한 형태로 변화하는 것은 물론, 눈에 보이지 않는 기업문화를 일신하는 기업혁신을 수행하고 있었던 것이다.

* 성장시장의 싹을 감지

어떤 사례에서도 구조에 그치지 않고 기업문화에 이르기까지 기업을 구성하는 모든 요소를 거의 동시에 혁신하고 있지만, 이 벡터를 갖추는 역할을 했던 것이 분명하고 구체적인 목표이다. 전사적인 목표로 각 사례도 성장시장을 향후 주요목표시장으로 한다는 것을 다시한번 입증했고, 각 조직수준에서의 구체적인 목표로는 예를 들어, 페덱스 서비스레벨 테이블과 엠씨 MCVA8 파나소닉의 CCM9 등 수치화된 간단한 목표를 설정했다.

* 기업성장을 위한 제언

차기성장과 기업가치향상을 위해 기업혁신은 지금이야말로 기업혁신을 수행해야 한다. 본래 기업은 혁신의 끊임없는 수행을 통해 경쟁력을 강화하고 성장기업가치를 향상시키고 존재의의가 있다. 그러나 기업을 둘러싼 사회환경이 크게 변화하는 가운데, 많은 기업들이 변화의 필요성을 이해하면서도 수익의 대부분을 한 번의 성장시장(성숙하는 시장)에서 얻고 있다. 대담한 전략전환을 단행하지 못하고, 손재주의 변혁에 착수하는 정도에 그쳐 차기성장을 달성하지 못한 결과 경제전체가 정체되어 버렸다.

* 기업혁신의 평가와 본연의 자세

경영자는 향후 기업혁신의 끊임없는 수행을 주도하고 지속적인 성장을 달성하고 기업가치를 향상시키고 유지하기 위해 언제까지 어느 정도의 성장을 달성하고 기업가치를 얼마나 향상시키는 지 명확하게 헌신하는 것이 요구되기 때문에 기업혁신의 성과를 평가하는 방법을 정비할 필요가 있다.

제2절 벤처기업의 성장전략모델

♣ **성공과 실패의 실제차이**

어떤 기업이 성공하느냐 실패하느냐의 여부는 그 기업의 소속되어 있는 사람들의 재능과 열정을 끌어내는 능력에 의해 좌우된다고 믿는다. 사람이라는 자산(인적자원)은 개개인의 생산성(능력)의 차이가 현격하다는 특징을 가지고 있다. 개개인의 생산성도 마음, 자세, 태도, 열정, 집중도에 따라 발휘되는 정도가 천차만별이다. 관심과 배 조직원 모두의 재능과 열정을 이끌어내는 것이 조직의 성패를 가늠하는 요소입니다.

- 토마스 제이왓슨 전 IBM 회장 -

1. Greiner의 이론을 기초로

1) 벤처기업 개론

기술보국의 사회풍토가 조성되면서 벤처기업에 관하여 관심도가 매우 높아져 가고 있다. 그것은 벤처기업이 경제의 활성화, 기술의 발전과 보급고용창출, 결과적으로 국가의 발전 등 경제적, 사회적으로 중요한 역할을 담당하고 있기 때문이다. 경제산업성장을 위해, 중소기업청은 대학연구소에 벤처기업육성에 보조금지원을 실시하고, 많은 지자체에서는 벤처기업의 창업자 또는 창업희망자를 대상으로한 세미나를 개최하고 경영지원에 적극적이다. 그리고 이러한 세미나에 적극적으로 참여하는 창업희망자도 적지 않다. 이처럼 정책면에서도 그 관심은 높다. 이 벤처기업은 경제 및 사회문제를 해결하는 열쇠로서 기대되고 있다는 배경이 있다.

한편, 학술적으로 보면 벤처기업에 관한 연구에는 약간의 편차와 이견이 보인다. 우리나라의 벤처기업에 대한 연구는 김대중 정부시절 적극적인 정부지원으로 우후죽순 모양으로 마노의 투생하였으나 성공률은 저조한 편에 머물렀다. 기타 경영전략 등으로 도입논의되고 있으나 상대적으로 희박한 형편이다. 돌이켜보면 미국의 연구에 눈을 옮겨보면 우리나라의 그것과는 다른 상황을 볼 수 있다. 미국에서는 1980년대 또는 알 벤처기업의 경영전략에 관한 연구가 활발하게 전개되고 있다. 그 상황은 일시적인 현상이 아니라 오늘날까지 계속되고 있다.

그러나 미국의 벤처기업연구에도 문제가 없는 것은 아니다. 미국의 연구를 보고있으면 벤처기업의 창업전후에 초점을 맞춘 연구가 많다. 예를 들어, 창업이 얼마되지 않은 벤처기업에게 유효한 전략은 무엇인가, 어떤 사업모델을 구축할 벤처기업의 경쟁력으로 이어질 것인가 등으로 초기부터 확고성을 집고간다.

물론 창업시에 초점을 맞춘 연구축적이 많다는 것을 비판하고 있는 것은 아니다. Stinchcombe(1965)가 말한대로, 경영자원의 부족과 조직문제, 마케팅문제 등 벤처기업의 취약점이 있다는 것을 이해하고 있다. 또한 미국에서는 벤처기업의 4분 1은 창업 1년에 도산하고 있다. 또는 약 80%의 벤처기업이 창업 3년이내 도산하고 있다라고 하는 사실도 보고되고 있다. 그 때문에 창업시에 연구의 관심이 놓이는 것은 당연한 측면도 있다.

창업시 벤처기업의 존속이 가장 의심된다는 것이 있다. 즉 벤처기업의 성장으로 쉽게 이어질 것은 아니다. 오히려 그 후에도 다양한 문제에 직면해 나가게 된다. 벤처기업에 대한 관심의 배경에는 경제발전과 고용창출이 있다면 단순히 창업시에 초점을 맞춘 연구뿐만 아니라 그들을 밟은 벤처기업의 창업에서 성장·발전단계까지 염두에 둔 성장모델에 대해 고찰함이 중요하다. 그리하여 본 고에서는 벤처기업의 성장모델에 대해 고찰하고 싶다.

2) 벤처기업 경영의 성공요인

벤처기업을 창업하여 성장궤도에 올리고 성공을 이루기 위해서는 경영의 합리성이 필요로 한다. 그 요인은 무엇일까? 벤처경영 성공요인을 다음과 같이 정리하여 본다.

① 시대변화의 통찰력

시대변화의 세류에 편승하여 비즈니스의 안목으로 선견성을 가지고 시대조류에 호응성을 갖는 통찰력에 있다. 비즈니스는 흥미와 유행이 전제조건으로 필요불가결한 능력이라 하겠다, 사업이 정상궤도에 올라 성장을 계속하려면 시대변화에 민감하고 환경변화에 신속한 대응력이 필요하다.

② 열정적인 리더십

정열의 지도자는 사명감. 지속력. 새로운 아이디어로 사업을 일으키는 결과를 가져온다. 이러기 위해서는 천신만고의 인내성과 많은 사람이 반대하더라도 옳은 신념으로 과감하게 도전하는 것이 벤처경영자의 열정이다. 비즈니스 도전은 사회안전의 아이디어와 기술확장의 사명감에 있다.

③ 개발과 생산력

벤처는 어디에서 생겨나느냐. 좋은 아이디어. 기술. 노하우를 가지고 창업하는 것이 통상적이다. 개발생산력은 좋은 아이디어로 용도가치가 높은 상품종류를 구체화하고 필요량을 필요할 때 공급하는 역량을 말한다.

④ 판매력

판매력은 마케팅계획력, 고객개척영업력, 이러한 능력과 벤처경영의 노하우가 존재하게되면 기업은 차별화를 이루게 된다. 영업력과 기술력의 결합은 판매력을 낳는다.

⑤ 사무관리력

사무관리력이란 일상의 경리. 총무. 업무의 효율화이다. 경리업무는 매출금의 회수업무와 손익계산의 정확성은 자금의 순환은 경영기반의 능력이다. 이런 경우 흑자도산의 우려를 막고 자사능력 정확성을 파악 적절이 문제점을 해결한다.

⑥ 경영계획력

경영계획력이란 전략구축력. 사업계획책정력. 아이디어 또는 열정으로 사업방책을 생각해내는 능력. 외부자원을 사업계획에 흡수하는 능력 등을 말한다.

그림 7-3 벤처기업 성공 7항 요인도

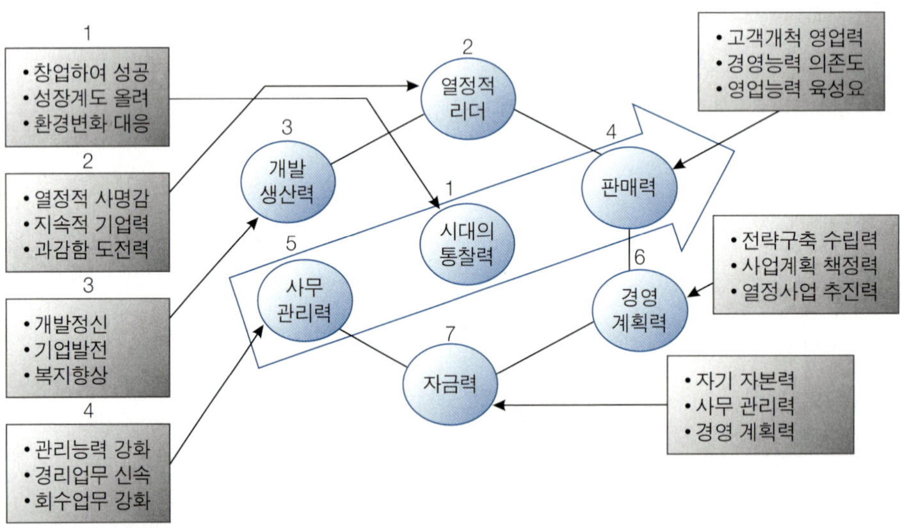

출처 : 平尾光司 ベンチャータイムズ參考 창업준비에서 상장 각단계에서 참고 모형작성

표7-2 벤처경영능력 평가시드

구 분	평가 항목		스고아 저↔
(1) 시대의변화	1-1	자사의 비즈니스에 대해 사회적 니-스가 높다	1. 2. 3. 4. 5
	1-2	시장에서 성장성이 있다	1. 2. 3. 4. 5
	1-3	사업의 신규성은 그 필요성에 있다	1. 2. 3. 4. 5
	1-4	시장에서 타사와 경합될 정도는 아니다	1. 2. 3. 4. 5
(2) 경영자의 열정	2-1	사업에 대한 신념과 열정이 강하다	1. 2. 3. 4. 5
	2-2	사업에 대한 지속력 점유성이 강하다	1. 2. 3. 4. 5
	2-3	경영자의 리더십이 우수하다	1. 2. 3. 4. 5
	2-4	경영자가 인간적이고 매력적이다	1. 2. 3. 4. 5
(3) 개발생산력	3-1	상품 서비스개발 아이템 창조력이 높다	1. 2. 3. 4. 5
	3-2	아이템을 상품화하는 능력이 높다	1. 2. 3. 4. 5
	3-3	양산능력을 갖고 있다	1. 2. 3. 4. 5
	3-4	생산관리력, 기술력이 높다	1. 2. 3. 4. 5
(4) 판매력	4-1	판매계획, 영업계획능력이 높다	1. 2. 3. 4. 5
	4-2	고객에게 서비스가 있다	1. 2. 3. 4. 5
	4-3	영업마인드의 능력이 높다	1. 2. 3. 4. 5
	4-4	상품서비스를 적시적기 고객에게 제공할 수 있다	1. 2. 3. 4. 5
(5) 사무관리력	5-1	수발수상황, 재고상항이 파악되고 있다	1. 2. 3. 4. 5
	5-2	경리시스템이 정리되어 손익이 정확히 파악된다	1. 2. 3. 4. 5
	5-3	매입금, 매출금관리와 자금순환이 파악된다	1. 2. 3. 4. 5
	5-4	급여계산 인사관리의 효율성 제도화	1. 2. 3. 4. 5
(6) 경영계획력	6-1	중장기 경영계획과 사업비전이 있다	1. 2. 3. 4. 5
	6-2.	연도별 예산을 수립하고 있다. 매상, 경비	1. 2. 3. 4. 5
	6-3	설득력이 있다. 사업계획서 작성이 된다	1. 2. 3. 4. 5
	6-4	투자계획을 음밀하게 작설하고 있다	1. 2. 3. 4. 5
(7) 자금력	7-1	자기자금 및 조달가능자금이 풍부하게 있다	1. 2. 3. 4. 5
	7-2	금융기관에서 자금조달이 용이하다	1. 2. 3. 4. 5
	7-3	벤처캐피탈 등 타인자본의 출자회득이 용이하다	1. 2. 3. 4. 5
	7-4	보조자금 등 공적지원책의 대상이 될 가능성이 높다	1. 2. 3. 4. 5

⑦ 자금력

자본력이란 자기자본을 얼마나 갔고있느냐이며 신용력은 외부자본을 활용할 역량을 말한다. 벤처는 자금력의 약체인 것이 통설적이지만 실제로는 사무관리력, 경영계획력 등은 사업계획서 작성의 실력은 외부자본조달에 큰 영향을 준다. 기술력은 자본력이다. 기술력이 특출하고 사업성이 있으면 투자자는 따라오게 된다.

3) 벤처기업의 성장모델에 관한 고찰

Greiner의 이론을 기초로 원래대로라면 다음에서는 벤처기업의 성장모델에 대한 몇 가지 제시하고 그것에 대해 생각고찰을 진행시켜 나가는 것이 하나의 방법일 것이다. 그러나 본 고에서는 그것과는 다른 절차를 밟고 가고자 한다. 이 글이 그렇게 생각하는 이유는 다음과 같다. 원래 벤처기업의 성장구조와 성장모델을 다룬 연구가 적고 불충분하다. 한편, 특정 벤처기업의 성장은 닛케이벤처를 비롯한 잡지나 서적 등에서 소개되고 있다. 이들은 창업자 자신이 집필하고 있는 경우도 있고, 평론가 등에 의해 기록될 수 있다. 이들은 이야기 바람(narrative)에 적혀있다.

이러한 잡지와 서적이 많은 것은 나쁜 일이 아니다. 이 중에서도 자료가치가 높은 내용은 적극적으로 활용되어야 한다. 종종 불리는 것처럼 좋은 과학은 좋은 묘사로부터 나온다. Alverez = Barney에 따르면, 현상묘사에서 설명하는 단계로 이행하는 경우, 우선 기존재의 프레임워크를 차용 또는 수정하는 것부터 시작된다. 또한 그들에 충분히 설명을 줄 수 없는 경우이든 해당 현상이 충분히 설명할 수 있도록 적용되어야 한다.

본 고에서는 Alverez = Barney의 말에 따라 우선 기존의 성장모델에 대해 고찰한다. 성장모델은 다양한 논의가 전개되어오고 있지만, 본 고에서는 그 중에서도 Greiner(1972)의 이론에 주목하고 그의 성장모델에 대해 고찰하고 그 특징을 보여준다. 이어서 지금까지 힘있는 벤처기업의 성장모델을 소개한다. 그리고 Greiner의 그것과 비교고찰하고 벤처기업의 성장모델을 고찰함에 있어서의 과제를 추출하는 것으로 하고 싶다.

4) Greiner의 성장모델의 개요

본 절에서는 앞에서 이미 언급한 바와 같이 Greiner의 성장모델에 대해 고찰한다. 그의 성장모델에 1972년에 보고된 것이며 이미 고전이 된 느낌도 있다. 그러나 그의 성장모델에서 얻은 제안은 크다. 성장모델에 관한 연구축적이 많으며, 거기서 전개되는 주장을 나누어 보면 두 개로 생각할 수 있을 것이다. “조직은 성장하면서 반드시 어떤 문제에 직면한다.”는 것이 있다. 이것은

Greiner의 주장과도 일치하는 부분이며, 비슷한 주장이 이루어지고 있다. 이어 거친영업자는 직면한 문제를 해결할 수 없기 때문에 고통받는 것이 아니라, 문제가 무엇인지 모르는 것이 고통이다라는 것이다. 즉, 그들은 경영자는 어떤 같은 문제가 언제발생하는지 알 수 없기 때문에 예측(predicitive) 성장모델의 필요성을 주장하고 하는 것이다.

Greiner는 "조직에 발생하는 문제의 원인은 과거에 채용한 관리방법에 있다"고 말한다. 즉 경영자가 직면하는 문제의 원인은 조직내에 있는 자칫 관리를 주도해야하는 경영자 자신에 있다고도 할 수 있다. 오해를 두려워하지 말고 말하면, Greiner의 모델은 예측뿐만 아니라 문제의 발생원인과 그 체제도 분명히 하려고 한 연구라고 할 수 있다.

(1) Greiner의 성장모델의 구성요소

Greiner의 성장모델은 조직의 탄생에서 성숙단계까지의 시간을 고려하여 조직규모가 증가과정에서 조직은 어떤 문제에 직면하고 그것을 어떻게 극복해 나감에 따라 조직이 성장해가는 것인가 나타낸 것이다. 그의 말에 따르면, 조직은 단순한 급등에 성장하고 있을 뿐 아니라 각 성장단계에서 성장기와 변혁기의 두 기간을 경험한다. 이 성장기와 변혁기영향에 있어 성장기가 변혁기를 만들어내는 모판이 되어 변혁기를 극복하는 데 사용된 관리기법 이후 성장기의 방향을 결정한다.

Greiner는 조직의 성장모델을 그리기 위해 5개의 구성요소를 올리고 있다. 즉, 조직의 수명주기, 조직의 규모, 성장단계, 변화단계, 산업의 성장률이다. 그 각각의 요소에 대해 설명하겠다. 조직의 라이프사이클은 조직이 탄생하고 성숙해가는 시간을 나타낸 것이며 오랜 시간을 시야에 넣는 것으로, 조직의 의사결정과 행동의 변천을 쫓는것이 가능하게 된다. Greiner는 시간을 축으로 채용함으로써 조직내에서 유사한 조직행동이 장기간 지속되지 않는 것을 나중에 그 자세한 내용기술이 조직의 경영상의 문제는 과거에 거슬러 올라가면 그 뿌리를 조직내에 찾을 수 있다, 그리고 왜 조직에서 조직구성원의 행동이 관례화 변화시키는 것이 곤란하게 되는지 설명할 수 있다고 주장하고 있다.

(2) 조직규모와 경영상의 문제

조직규모에 대해 살펴보자. 먼저, 경영상의 문제라는 말에 접했지만 그냥 시간이 경과함으로써 필연적으로 생기는 것이 아니다. 시간이 지남에 따라 조직규모의 증가도 동반은 처음 내가 낼 것이다. Greiner는 조직규모로 직원의 증가와 매출증가의 두 요인을 고려해 두고 있다. 직원과 매출이 증가하여 처음으로 의사소통 및 조정문제, 조직구성, 구조의 문제 등이 생기게 되는 것이다.

반대로, 조직규모가 크지않은 조직에 내용은 장기간에 걸쳐 유사한 문제에 직면 계속된다. 즉,

경영상의 문제가 발생할 주요 원인은 조직규모의 증대에 있다. 따라서 조직의 성장모델을 고찰하는 경우에는 조직규모라는 우축이 필요하다. 그러나 조직이 직면하는 문제가 항상 같은 것은 아니다. 오히려 각성(覺性)의 단계에 직면하는 문제는 다르다. 각기 다른 문제를 묘사하기 위해서는 장기적일 때 필요하다. 이리하여, Greiner의 성장모델은 조직규모와 조직의 라이프사이클(시간)이 각각 종축, 횡축으로 자리매김하고 있다.

(3) 성장단계의 변혁

다음은 성장단계와 변혁단계에 대해 살펴보고자 한다. 우선 성장단계는 조직내에서 큰 혼란도 없으며 지속적으로 성장하고 있는 단계이다.

성장단계와 변혁단계는 교대로 나타난다. 게다가 변혁단계는 조직이 다른 성장단계로 이행할 때 보이는 특징적인 현상을 나타내고 있다. Greiner에 따르면 기능 이 다른 조직으로 대표되는 중앙집권적 조직이 발전하는 분권적인 사업부제 조직으로의 변화가 요구될 수 있게 되도록 성장단계의 조직과 관리가 변혁기에 발생하는 문제의 묘상이 되고 있는 것이다. 또한 변화단계 문제해결이 다음 성장단계의 조직과 관리를 규정하고 있다. 좌우적 양단계는 각각 상호관계와 어울림이다.

마지막으로 산업의 성장에 대해 보고자 한다. 산업의 성장률은 조직규모의 성장에 큰 영향을 미친다. 성장은 규모를 따라가게 되어 있다. 산업성장률이 높은 산업은 조직규모가 증가하는 속도가 빠르다. 한편 산업성장비율이 낮은 산업에서는 조직규모가 증가하는 속도가 느리다. 앞에서 이미 언급한 바와 같이 조직규모의 증대는 소통 및 조정 등 조직적인 문제를 일으키는 요인이다. 따라서 산업성장률이 낮은 산업에 있는 조직보다 그것이 높은 산업의 조직 더 빨리 변혁기에 직면하게 된다. 이상이 Greiner의 성장모델을 구성하는 다섯 단계의 요인이다.

2. 다섯 단계의 발전단계

1) Greiner는 조직의 성장단계

기술 다섯 가지 요인을 바탕으로 Greiner는 조직의 성장단계를 다섯 가지로 분류했다. 여기서 특징적인 것은 다음의 두 가지이다. 그것은 각 단계에서 ① 각각 직면하는 문제가 다르다는 사실과 각각의 문제는 돌발적으로 발생하는 것이 아니라, ② 이전단계의 관리 및 의사결정이 다음단계 문제를 야기한다는 점이다. 그것을 나타낸 것이다. 이하에서는 각각 어떤 문제가 있는지 살펴보고자 하자. Greiner의 성장모델을 개관함에 있어서 주문할 만한 조직은 사람의 상호작용이다. 이들이 조직의 성장과 변화를 낳는 큰 요인으로 간주하기 때문이다.

처음에는 창의력 단계이다. 여기에서는 제품이나 마케팅에서 창의적인 활동을 중시된다. 창업자는 기술중심 또는 혁신지향이 강하고 생산·판매활동에 독점적으로 주력한다. 한편, 조직구성원과의 소통에 대한 충분한 배려를 하지않는 경향이 있다. 이것이 제1단계로 보인다. 고유의 문제를 일으킨다. 그것은 리더십의 위기이다. 여기서 문제점은 조직성원의 비공식적인 소통과 지도자 사이의 격렬한 충돌 등이라 한다. 주로는 창업자의 조직구성원에 대한 충분한 관리가 이루어지고 있지 않은것이 큰 문제의 원인과 생각된다. 이들이 리더십의 위기와 어떻게 연결되어 가는지 살펴보자.

먼저 조직규모가 커지면 생산을 효율적으로 할 필요가 나온다. 그러나 창업체는 이에 따라 조직성원의 관리방식을 변경하지 않고 비공식적인 소통을 도모하려고 하기 때문에 충분히 조직성원을 관리할 수 없다. 또한, 충분한 소통프로그램을 도모않고 멍한 로의 리더간에 격렬한 충돌이 생긴다. 창업자는 앞에서 이미 언급한 바와같이 제조판매에 주력하고 있기 때문에 이러한 문제에 대해 충분한 대응을 취하지 못하고, 결과조직에서 리더십의 위기를 낳게 된다. 이에 대해 Greiner는 창업자는 받을 수 있도록 새로운 관리자를 새롭게 채용하고 함께 조직을 관리하는 것으로의 문제로 벗어날 수 있다고 주장하고 있다. 제1단계에서는 창업자의 제조·판매에 대한 창조적 활동이 성장을 가져올 수 있지만 나중에는 조직내에서 혼란을 일으키는 원인이 되기 때문이다.

2) 권한 집중에 의한 성장과 자율성의 위기 5단계

① 제1단계의 위기를 극복

제1단계의 위기를 극복하고 다음 2단계 성장기로 이행해 나간다. 여기서 조직의 성장에 기여하는 것이 기능별 조직의 설립 및 지휘명령계통의 확립이다. 창업 및 관리자는 지휘명령계통의 확립에 큰 책임을 갖게 된다. 한편, 로와레베루 관리자는 기능별 전문가로 역할이 주어진다. 이것이 나중에 자율성의 위기를 유발하는 실험이다. 즉 로와레베루 관리자는 특정직무에 종사하여 최고보다 시장이나 생산에 대해 많은 지식을 유보하게 된다. 그러나 그들은 규정의 직무단계를 수행하는 것이 요구되고 자율적인 의사결정을 제한된다. 즉, 충분한 권한이 이양되지 않은 것에 대한 불만과 혼란이 태어나는 것이다.

이 경우 로와레베루에 허가를 실시하는 필요한 해결책을 생각할 수 있지만, 이 부드러운 전환이 어렵다. 그것은 조직을 구축하여 성장할 수 있던 것으로부터 다음 권제한 위임을 할 상위의 심리적 저항이 있기 때문이다. 따라서 많은 조직에서는 톱이 중앙집권적인 조직에 충실하여 상단과 로워사이에서 권한이양을 놓고 서로 아이디어가 상충한 것이다.

② 제2단계의 자율성의 위기

권한이양에 의한 성장과 통제의 위기는 제2단계의 자율성의 위기를 분권적인 조직을 채용함으로써 벗어난 조직은 3단계로 이행하고 여기 제2단계에서는 톱에 의해 장악된 권한의 대부분이 하위관리자에게 이양하게 된다. 이로 인해 로워더 동기부여를 받게되고, 더 큰 시장에 진출하여 고객에게 신속한 대응, 신제품개발 등을 적극적으로 전개되게 된다. 한편, 톱은 예외사건에 운영을 담당하게 되며, 이들에 대한 보고도 전화나 보고서에 의해 물건으로 변해간다. 이후에 통제권위기를 낳게 된다. 즉 큰 권한이양을 통해 톱은 그 통제권 많이 잃는것을 의미한다. 따라서 상위는 다시 조직전체의 통제권을 얻고자 제2단계에 보였다. 같은 중앙집권적 조직으로의 회귀를 요구하게 될 것이다.

③ 제3단계에서 발생하는 문제

제 3 단계에서 발생하는 문제이다. 이에 대해 Greiner는 특별한 조정기법을 도입함으로써 해결이 가능하게 된다고 주장한다.

④ 제4단계에서는 새로운 예산 및 평가시스템

조정에 의한 성장과 관료제에 의한 위기 제 4 단계에서는 새로운 예산 및 평가시스템 등의 공식적인 관리시스템을 채택하여 성장단계층으로 진입할 수 있다. 구체적으로는 특정 부문의 성과에 대해 큰 책임이 있는 반면 기술부문 등의 전문직원이 상위조직 전체의 계획을 수립하고 공식적인 관리시스템을 구축·운용하기 때문에 경영자원의 배분 등 조직전체의 조정을 할 수 있도록 된다. 톱과 현장을 묶는 관리-조정 메커니즘의 도입을 통해 조직은 안정적으로 성장이 계속할 수 있게 된다.

이처럼 조직규모가 커짐에 따라 그것을 관리하기 위해서는 관료적인 구조를 구축해야할 필요가 있다. 그러나 조직이 지나치게 복잡하고 큰것이 되어버리면 관료적인 구조의 준비가 어렵게 되어간다. 왜냐하면 로워는 조직전체의 목표보다 자기조직의 그것을 중시되거나 문제해결과 혁신보다 규칙을 준수하는 행동을 취하게 된다. 이른바, 관료제의 역기능이라는 상태에 빠질 것이다.

⑤ 제5단계의 협동에 의한 성장이다

관료제의 역기능이라는 상태관료제의 역기능을 극복하기 위해서는 인적교류를 촉진부서를 넘은 팀과 태스크 포스결성을 통한 협동이 필요하다. 이것이 제5단계의 협동에 의한 성장이다. 부문 횡단적인 팀편성이 요구되기 때문에 어느 때보다 유연한 관리가 요구된다. 이렇게 팀에 의한 행동의 중시와 새로운 성장을 위한 혁신에 대한 압력이 로워를 정해 피로시켜 버리는 것으로써 심리적 포화상태라는 문제가 생긴다. 이러한 위기를 극복하기 위해 정기적으로 휴식하고 다시 동기부여할

그림 7-4 다섯 가지 발전단계모형

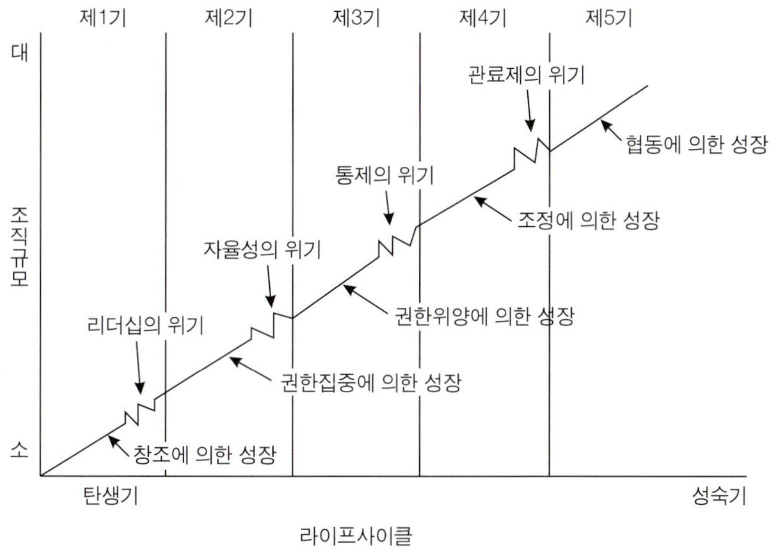

출처 : Greiner(1972 필자번역)

수 있는 조직구조와 프로그램이 필요하다.

3) Greiner의 성장모델의 특징

Greiner의 성장모델은 시간축을 조직의 탄생시기부터 성숙기까지 장기복용했다. 그 때문에 조직이 성장하고 직면하는 문제, 그 해결책이 논의되고 있었다. 그 특징을 쉽게 요약하면 다음과 같이 될 것이다.

① 성장기와 변혁기가 교대로 나타난다.
② 변혁기에 채용된 문제해결방법을 성장기의 방향을 결정한다.
③ 각 변혁기에는 고유의 문제가 존재한다.
④ 각 변혁기에 볼 수 있는 고유의 문제원인을 되돌림에 의해 밝혀진다.
⑤ 각 변혁기에 볼 수 있는 고유의 문제는 조직의 인간과 인간과의 상호작용에서 발생한다.

여기에서 이러한 다섯 가지 특징에서 성장모델이 가지는 기능으로 두 가지 관점에서 논의하는 것이 될 수 있도록 한다. 하나는 ①, ②, ③의 세 가지 특징을 볼 수 있는 성장모델에 자동조직을 자리매김함으로써 장래에 어떤 문제가 발생할 수 있는지, 일정한 예측을 할 수 있게 된다. 그러면 미래에 무엇(what)이 일어나고 거기에 대해 어떻게(how) 대응하면 좋을지 일정한 지침을 얻을 수 있다.

두 번째는 ④, ⑤의 특징보다는 특정문제가 발생한 원인을 규명할 수 있게 된다. Greiner에 따라 예를 들어, 조직고유의 문제는 돌발적으로 발생하는 것이 아니라 조직에 그것이 발생하는 요인이 존재한다. 그것도 성장모델에 자동조직을 자리매김을 되돌려 그 원인을 알 수 있게 분석한다. 그러면 왜(why) 특정문제가 발생했는지 분석할 수 있게 된다. 그는 반드시 또 명확하게 다룬 것은 아니지만 그것은 조직의 톱과 로워사이의 상호작용이 큰 요인이라고 생각된다.

Greiner의 성장모델은 더 많은 연구에 있는 것같은 what과 how를 강조하는 연구사례는 없었다. 성장단계에서의 두 가지 요인을 이해하는 것이 중요한 것은 틀림없다는 것이다. 여기에서는 이 [문제 → 대응]도식은 충분하지 않다. Greiner의 지적에도 있는 것처럼 문제뒤에 어떤 요인과 체제가 숨어 있다. 그 잠재적인 요인과 구조를 명확히 할고하여 문제가 발생한 원인이 밝혀져 직면하고 있는 문제에 대해 효과적인 대응이 가능해진다는 것이다. 말하자면, 문제 → 원인규명 → 대응이라는 도식이 성장모델을 고찰한다. 경우에 중요할 수 있는 것이다.

3. 벤처기업 성장모델의 연구

여기에서는 벤처기업을 대상으로 한 성장모델의 리뷰를 실시한다. 여기에서는 최근 벤처기업론 중에서 Timmons(1994)와 Flamholtz = Randle(2000)의 연구개요를 간략하게 언급하는 것으로 하고 싶다. 여기서 그들의 연구검토를 하는 목적은 앞에서 이미 언급한 다섯 가지 요소가 벤처기업의 성장모델에서 어떻게 논의되고 있는지 밝히기 위한 것이다.

1) Timmons(1994)의 연구

벤처기업을 대상으로 한 성장모델연구의 효시로는 Timmons들 수 있다. Timmons 성장단계는 벤처기업을 선도기업과 벤처기업 경영팀의 1명 또는 2명이 솔선해서 행동한다. 이 시기에 있어서 중심적인 활동은 고객 또는 투자자 등으로부터의 신뢰확보이다. 단, 기업스스로가 솔선하여 행동을 하고 있기 때문에 조직성원과의 커뮤니케이션은 비공식적인 것이 된다.

급성장기에 들어가면 기업가는 허가의 필요성을 느끼게 된다. 이 때 정체기획사업은 기업이 개인의 권한과 정치력확보에 열중한다. 한편, 이 급성장기에 성공하는 기업가는 공식적인 권한보다 조직전체의 목표달성을 위해 영향력을 발휘하려고 한다. 이것은 조직의 구성체계를 해결하거나 부하관리능력을 육성하는 것 등으로 인해 얻게되는 힘이다. 성숙기에 들어가면 창업자 간 조직의 목표와 지배권에 대한 대립과 차기경영자의 등장이 기대된다.

먼저 Timmons 벤처기업의 성장과정에 관한 생각을 보고가자. 이에 대해 그의 주장은 Greiner의 것과 동일하다. 즉, 어떤 기업도 성장단계도 있고, 정체시기도 그 정체기에는 고유의 문제가 생긴다는 생각이다. 그는 다음과 같이 말했다.

부드러운 곡선적인 성장을 경험하는 성장기업은 드물다. 신규벤처기업의 성장을 실제로 10년 넘게 그래프로 보면 성장곡선은 항상 그려진다. 보다 훨씬 롤러코스터 업다운같은 것이다. 전형적인 성장기업의 일생은 파란만장한 기사회생 평온의 연속이다. 시종상승을 계속하는 경우도 있겠지만, 파산에 이르지 않아도 붕괴직전의 위기를 경험하는 벤처도 많다.

이 기술보다 Timmons는 성장단계와 변화단계가 모두 존재하는 것을 인식하고 있다고 생각하는가가 문제아닐까. 각 단계에서 발생할 것으로 예상문제들이 열거되어 있다. 창업자의 행동, 시장의 불확실성, 조직의 소통프로그램의 문제가 지적되고 있다. 이것은 Greiner이 말하는 리더십의 위기에 대응한다고 할 수 있다. 급성장기에는 통제를 요구하는 창업자 및 허가를 요구하는 로워문제가 지적되고 있다. 이것도 거의 자율성의 위기에 대응하는 문제라고 생각된다. 마지막으로, 성숙기에서는 창업자 간의 질문제목이 지적되고 있으며, 이것은 Greiner는 지적되지 않았던 부분이다.

그 외에 변혁기의 문제해결방법이 성장기의 방향을 결정한다. 각 변혁기에 따라 고유문제의 원인, 각 변혁기에 보이는 별문제가 조직의 인간과 인간과의 상호작용에서 발생된다라는 상황이지만, 불행히도 이에 대해 Timmons는 논의를 하고 있지 않다. 그는 Greiner 연구에 말하면 조직은 어떤 과정을 거쳐 성장해가는 것인가, 각 성장단계에서는 어떻게 문제가 보인다?라는 점에 큰 관심을 보이고 있으며, 왜 문제가 발생하는가라는 이유, 그리고 그에 대한 언급은 보이지 않는다. 어쨌든 Timmons와 Greiner의 논의는 유사한 부분이 있는 것을 확인할 수 있다.

2) Flamholtz = Randle(2000)의 연구

Flamholtz들의 연구를 살펴보자. 그들이 생각하는 벤처기업의 성장단계는 Flamholtz들도 확실히 벤처기업이 성장함에 따라 위기를 맞을 수 있다고 한다. 그 말은 그것을 성장통증(growing pains)이라고 부른다. 그러나 이러한 성장의 통증이 생기는 원인에 대해서는 Flamholtz들의 연구는 Greiner들의 생각과는 다르다. 그들에 따르면, 이 성장의 통증발생은 성장과 조직개발의 차이에 기인한다. 이하에서는 먼저 Flamholtz들의 성장단계에 대해 설명한다.

제1단계는 뉴벤처의 창설이다.

이 단계는 매출이 업체에서 100만 달러, 서비스회사에서 30만 달러 정도에 도달할 때까지의 기간을 말한다. 이 단계에서 조직에 중요한 행동은 시장의 특정제품과 서비스를 개발하는 것이다.

제2단계는 사업확장이다.

이 단계에서는 매출과 종업원 수 등 여러 면에서 급격한 성장을 이룬다. 매출의 증가로 경영자원이 대량으로 필요하게 되는 것이다. 여기서 나타나는 대수문제는 사업규모와 운영체제의 간격이다. 매출과 직원은 증가하고 충분히 일상업무를 처리하는 운영체제가 확립되어 있지 않기 때문에 재고관리, 품질관리 등을 철저히 되지 않고 경영난에 빠질 수 있다.

제3단계는 프로페셔널화이다.

여기에서는 조직의 공식적인 계획입안 정기적인 회의조직의 역할·책임의 정의, 성과평가시스템 등의 정비가 요구된다. 이전 단계까지는 어느 정도 애매함이 허용된 조직이었다. 그러나 매출과 직원의 증가와 함께 모호함은 조직을 혼란무질서상태에 빠뜨릴 수 있다. 따라서 여기에서는 조직의 정비가 요구되게 된다.

제4단계는 기업문화가치관이다.

여기에서 관리할 요인은 기업문화이다. 기업문화는 기업의 가치관, 신념, 규범에 대해 조직이 중요하다고 생각하는 것이다. 가치는 운영프로그램, 직원, 고객 등에 대해 조직이 가장 중요하다고 생각하며, 믿음은 개인이 스스로 고객조직에 있는 아이디어이고 규범은 행동에 대한 규범적인 규칙이다.

이것은 조직구성원에게 상황을 인지하고 행동하는 기준이 되는 것이다. 조직이 보다 강하게 해나가기 위해서는 기업문화관리를 이 단계에서 필요하게 된다. 이상 벤처성장단계의 네 가지에 대해 말했다. 그것은 행동이 요구되는 각 단계로서 조직개발행동이다.

■ 자원의 획득

성장에 필요한 경영자원의 획득과 개발을 가리키고 있다. 아무리 시장을 파악하고 제품을 개발하고도 충분한 자원이 없으면 효과적인 경쟁을 할 수 없다. 벤처기업의 제품에 대한 시장의 수요가 높아지면 그만큼 더 많은 시설, 인력, 자금 등이 필요하다. 여기에서 오히려 자원의 획득은 단순히 많은 자원을 가지고 있다는 것만은 아니다. 또한, 중시되는 미래의 성장을 기대하고 얼마나 경영자원을 획득·축적할 수 있는가 하는 것도 포함한다. 운영체제의 개발은 기업이 효율적으로 기능하기 위해 회계, 광고 및 채용라우팅 등 기본적인 일상업무를 운영하기 위해 필요한 시스템의 개발을 사용하고 있다. 사업확대에 따라 일상업무가 소홀히 되지 않도록 운영기반구축의 요구들이 있는 것이다. 이들이 사업확대기에 중요해지는 작업이다.

■ **매니지먼트 시스템**

개발은 기획시스템, 조직구성과 매니지먼트, 기능능력의 개발시스템, 제어성과관리시스템의 4종류의 시스템개발이 포함되어 있다. 일정 규모이상 성장한 조직을 운영하는 데 필요한 시스템의 개발이 여기에서 요구되는 것이다. 이것은 단지 전문화단계에서 요구된다. 마지막으로 기업문화의 관리이다. 이것은 조직의 가치관, 신념, 규범 등이며, 조직구성원의 일상행동을 규정하는 것이다.

Flamholtz들은 조직의 성장단계와 거기에서 요구되는 조직개발 사이에 오차가 생겼을 경우에 성장의 통증이 나타난다. 예를 들어, 매출기준으로 볼 때 성장단계의 수준으로 자리매김함에도 불구하고 여전히 시장의 특정제품 서비스개발활동하고 있는 조직은 분명히 성장단계와 중요한 개발분야에 차이가 있다. 이런 경우 조직은 성장의 고통을 경험하게 된다는 것이다. Flamholtz들의 이러한 생각은 Greiner와 Timmons 등의 개념과는 다르다. 원래 그린의 생각에 따르면, 조직은 성장하면 반드시 문제가 생긴다고 생각하는 반면, Flamholtz들은 조직이 성장뿐만 아니라 성장단계와 거기에서 요구되는 조직개발에 차질이 생기면 조직에 문제가 생긴다고 생각하고 있는 것이다.

3) 정리와 결론

(1) 정 리

정리란 재기재요 Timmons모델로 나가기로 하자. 그의 모델은 Greiner모델의 두 가지 특징이 거의 같았다. Timmons는 벤처기업의 성장과정에서 성장기간 및 변혁기가 교대로 나타나 각 단계에 따라 발생하는 문제도 다르다는 것을 주장하고 있다고 했다. 또한 거기서 나와있는 특정문제에 대해서도 거의 Greiner와 같은 것이 나와 있었다. Timmons 성장모델의 관심은 벤처기업이 성장함에 따라 어떤 문제가 일어나는 것인가가 중심이며, 왜 그런 문제가 생기는 것인가에 대한 분석과 고찰은 쉽게 이루어지지 않는다.

그럼 Flamholtz들의 연구를 살펴보자. 그들의 연구는 오해를 두려워하지 말고 말하면 왜 조직성장단계에서 문제가 발생하는지 그 원인의 일단을 밝혔다는 것이었다. 그에게 따르면 뉴벤처창설기에는 신제품과 시장개발업무가 가장 중요하며, 사업확대기에는 경영자원의 획득과 운영시스템의 개발이 중요하다는 등 각 성장단계에서 조직이 해결해야 할 개발행동은 다르다. 그 성장단계와 개발행동 사이에 차이가 발생하여 조직에 문제가 발생한다. 이것은 Greiner의 연구특징에서 보면 왜 성장단계에서 질문제목이 발생하는 점에 초점을 맞춘 연구라고 할 수 있다.

또한 Timmons와 Flamholtz 양쪽 모델 모두 조직의 인간과 인간과의 상호작용에 대해 언급하고 있지 않다. 함께 기업가가 벤처기업을 주도하는 입장이며, 경영에 매우 중요한 만큼 친절함을 주고는 있지만, 기업가의 행동이 다른 조직성원에 어떤 영향을 미치는지, 그리고 그것이 벤처기업의 성장과 문제에 어떤 영향을 미치는지 논의가 전개되고 있지 않다. Greiner의 논의에서 알 수 있듯이 조직내의 인간과 인간의 행동을 분석하는 것은 중요하다 한다. 이 점에 대해서는 향후 고찰을 진행시킬 필요가 있을 것이다.

(2) 결 론

① 조직의 성장모델

본 고에서는 조직의 성장모델에 대한 주요 연구검토를 해왔다. 벤처기업에 관한 금융연구는 활발하게 이루어지고 있지만, 다른 분야에 대해서는 그 연구축적이 부족하다. 따라서 벤처기업의 성장모델에 대한 몇 가지 연구가 존재하고 있다해도 그것만을 검토하여 무엇이 누락된 것인지, 무엇이 벤처기업 특징을 나타내게 되는지 명확하지 않다. 따라서 본 고에서는 우선 Greiner의 연구를 해본후 벤처기업의 성장모델에 대한 약간의 고찰을 실시했다. 다음 세 가지가 본 고에서 밝혀졌다. 거기에서 성장모델을 생각할 때의 시점과 무엇이 문제인가(what), 문제에 대해 어떻게 대응해야 하는지(how), 왜 문제가 발생할 것인지(why)의 세 가지를 지적했다.

② Greiner 조직의 성장

Greiner는 조직이 성장해가는 과정에서 고유의 문제가 발생, 그것은 과거의 경영위치 및 의사결정이 영향을 주고있다고 주장했다. 본 고에서는 그의 연구를 고찰하는 가운데 조직의 상위나 로워의 인식과 행동에 주목하는 것의 중요성을 주창했다. 그들에 착안하여 문제의 발생메커니즘을 보다 명확하게 이해할 수 있을 것이다. 마지막으로, 벤처기업의 성장모델로 Timmons와 Flamholtz 그것에 착안하여 각 리뷰를 실시했다. 그리고 Greiner에서 얻은 관점을 바탕으로 각각의 연구를 자리매김하고 Timmons 연구는 what, how의 측면을 더 중시한 것이며, Flamholtz 그것은 why의 측면을 중시한 것임을 알 수 있었다.

③ 벤처기업의 성장

벤처기업의 성장모델연구의 현황과 과제를 분명히 하려고 한다. 이러한 연구에서 성장모델에 필요한 관점을 지적했음에 불과해 분석틀의 구축과 그에 기초한 실증연구를 실시한 것은 아니다. 기업가 등에 대해 보다 실천적인 함의를 나타내는 것이 필요하다. 또한 성장모델과 관계가 있는 분야로 조직변화이론, 조직개발론, 조직학습이론 등을 들을 수 있다. 이러한 내용은 본 고에서는 충분히 접할 수 없었다. 앞으로의 알과의 관계를 고려하면서 논의를 전개하는 것이 필요하다. 이러한 과제들에 대해 앞으로도 계속 끊임없는 고찰과 연구가 진행되어야 할 것으로 사료된다.

4. 고객유지확보전략은 외연으로

1) 고객상호작용에 의한 활성화

① 주변기능을 망라한

제품기능에 기본기능, 정보기능, 주변기능을 망라한 어느 계층일 수 있으며, 또한 브랜드관리 계층성이 같은 고객유지전략도 다음과 같은 계층일 수 있다.

고객만족을 통해 고객유지가 기본이다. 전통이 큰 비중을 차지하고 있기 때문에 커뮤니케이션 활성화(고객상호작용)가교의 구축 등 제반방법은 고객유지확보에 영향을 미친다. 고객만족으로 고객유지의 연결은 수익성이 있어야 하고 마케팅전략의 기반은 높은 직원의 충성도가 고객로알티를 높이고 나아가 기업의 가치향상에 참고가 된다. 고객유지전략의 계층구조를 가른다는 지적이 있다. 이는 관계마케팅의 깊이화의 기반이 서비스마케팅에 의거하고 있다는 주장으로 이어질 것이다. 고객만족과 고객유지는 지배종업원의 적절한 대응이 필수적이지만, 그를 포함하는 기준이 검토되고 있다.

② 고객만족의 탄력성

고객만족 탄력성(고객만족의 변화율에 대한 사용료의 변화율의 비율)은 시장환경에 의해 기업간이나 업계간에 따라서 고객만족을 기축으로 한 여러 정책활동은 무조건 중용이 되는 것은 아니다. 고객의 고객만족에 대한 감수성을 파악하는 것이 필요하다. 고객만족 극대화를 목표로하는 고객유지전략은 마케팅 콘셉트의 실천에서 비교할 수는 없지만 고객만족에 대한 평가는 다양하다.

고객지상주의로 비용의 증가는 초래이익을 압박하는 기본베이스로 고정되는 것도 아니다. 그것을 보강하는 마케팅은 외연적 제반대책이 필요한 점이 된다. 그 주요 논점은 고객에 대한 응용력의 정리이다.

③ 고객의 진화

고객의 진화에 대해 추종자의 상위에 파트너가 설정되어 있다. 이 충성도에 따른 혜택제공이다. 다른 관점에서 클라이언트 요소의 상위 구성원을 평가하는 멤버십 프로그램을 실시할 것을 제창되고 있다. 주 8클럽결성(회원화)은 소속감 가시적 서비스이며, 로열티는 계속될 것으로 예상되고, 회원화 클럽회원에게 서비스전개에 관해서는 일본에서도 적극적으로 대응하고 한다. 고객의 이반이탈 · 퇴출을 피하고 반복을 유지하기 위해 회원에 결정적인 혜택을 제공하고 회원을 위한 정보발신을 계속하고 있다.

④ 마케팅 커뮤니케이션 수준의 진화

이러한 국면을 종합하면 전도사를 육성하기 위해 자세마케팅 팀, 그룹커뮤니케이션 프로그램 배포(프리미엄지원 정보제공 등)가 요구된다. 그 결정은 장기적 시야에 입각한 기업수준, 마케팅수준, 마케팅 커뮤니케이션 수준의 단계별 메시지 검토가 요구된다. 브랜드수준의 집계도 다음 단계에서 검토되지만 콘텐츠에서 스토리 성, 상징성이며 정보발신의 미디어믹스의 멀티연락처이다.

관점을 바꾸면, 우량고객에게 호혜성이 확보될 필요가 있다. 고문고객의 익명성 및 표준제품으로 저비용화를 도모하고, 시장점유율 확대를 목표로 널리 고객을 유인 그리고 기본으로 해온 메스마케팅에 수정을 추가하는 것이다. 마지막으로, 에이징효과로 이탈퇴출고객을 커버하는 고객의 육성을 시야에 넣어야 한다.

예를 들어, 폭스바겐(VOLKSWAGENS)의 평균 고객연령은 46세로 되어 있다. 자동차의 보유기간을 고려하면 해당 국가의 인구피라미드를 시야에 넣으면 큰 효과의 큰 고려요인이 된다.

성공포인트

1. 의사소통

성공하는 사람은 의사소통을 중시한다. 성공한 인물은 인간관계에 있어서 발생하는 의견의 차이충돌 오해갈등 따위로 속을 썩혀가며 감정을 소모하지는 않는다. 그대신 적극적인 의사소통으로 서로의 의견을 교환하여 공감대를 형성함으로서 갈등과 반목을 우호적인 관계로 오해를 화해로 바꾼다.
상대방이 당신에 대한 증오의 감정으로 가득차 있을 때라도 상대방의 감정을 다독여주는 재량심이 중요하다. 한통의 쓸개보다 한방울의 꿀이 더 많은 파리를 잡을 수 있다라고 말한 링컨의 말을 기억하라 이성이 감정을 이길 수 없고 비판이 칭찬을 당할 수 없다

2. 강렬한 요구를 일으키는 꿈으로 잠재역량을 자극하라

돈을 벌고 싶다면 첫째 꿈을 설정할 것. 둘째 가능한 시한을 설정할 것. 셋째 내용을 구체적으로 설정할 것 등이다. 적당한 꿈이 가장 강렬한 실현요구를 자극한다.
잠재의식은 당신의 명령을 매우 충실하게 이행한다. 당신의 잠재의식에 항상 명확한 지시를 내려야한다. 그렇게 하면 잠재의식은 당신이 모르는 장소에서 최선을 다해 활동하다가 적당한 기회를 통해서 당신의 꿈을 실현시켜 줄 것이다.

요 약
summation

* 벤처기업 개론

기술보국의 사회풍토가 조성되면서 벤처기업에 관하여 관심도가 매우 높아져 가고 있다. 그것은 벤처기업이 경제의 활성화, 기술의 발전과 보급고용창출, 결과적으로 국가의 발전 등 경제적, 사회적으로 중요한 역할을 담당하고 있기 때문이다.

* Greiner 성장모형의 개요

Greiner는 "조직에 발생하는 문제의 원인은 과거에 채용한 관리방법에 있다"고 말한다. 즉 경영자가 직면하는 문제의 원인은 조직내에 있는 자칫관리를 주도해야하는 경영자 자신에 있다고도 할 수 있다. 오해를 두려워 하지말라고 말하면, Greiner의 모델은 예측뿐만 아니라 문제의 발생, 원인과 그 메커니즘도 분명히 하려고 한 연구라고 할 수 있다.

* 위기를 극복과 성장

제1단계의 위기를 극복하고 다음 2단계 성장기로 이행해 나간다. 여기서 조직의 성장에 기여하는 것이 기능별 조직의 설립 및 지휘명령계통의 확립이다. 창업 및 관리자는 지휘명령계통의 확립에 큰 책임을 갖게 된다.

* Greiner의 성장모델의 특징

Greiner의 성장모델은 시간축을 조직의 탄생시기부터 성숙기까지 장기복용했다. 그 때문에 조직이 성장하고, 직면하는 문제, 그 해결책이 논의되고 있었다. 그 특징을 쉽게 요약하면 다음과 같이 될 것이다.

① 성장기와 변혁기가 교대로 나타나는
② 변혁기에 채용된 문제해결방법은 성장기의 방향을 결정하는
③ 각 변혁기에는 고유의 문제가 존재한다.
④ 각 변혁기에 볼 수 있는 고유의 문제는 원인을 되돌림에 의해 밝혀진다.
⑤ 각 변혁기에 볼 수 있는 고유의 문제는 조직의 인간과 인간과의 상호작용에서

* 매니지먼트 시스템

개발은 기획시스템, 조직구성과 매니지먼트, 기능능력의 개발시스템, 제어성과 관리시스템의 4종류의 시스템개발이 포함되어 있다. 일정 규모이상 성장한 조직을 운영하는 데 필요한 시스템의 개발이 여기에서 요구되는 것이다. 이것은 단지 전문화단계에서 요구된다. 마지막으로, 기업문화의 관리이다.

* 결 론

본 고에서는 우선 Greiner의 연구를 보기로 한후 벤처기업의 성장모델에 대한 약간의 고찰을 실시했다. 다음 세 가지가 본 고에서 밝혀졌다. 거기에서 성장모델을 생각할 때 시점하여 무엇이 문제인가(what), 문제에 대해 어떻게 대응해야 하는지(how), 왜 문제가 발생하는지(why)의 세 가지를 지적했다.

제 8 장

성숙 초기단계의 경영전략

실패하는 리더의 공통점

실행력 부족이다. 실패하는 리더의 70%는 단하나의 치명적인 약점을 가지고 있다. 그것은 바로 실행력 부족이다. 오늘날 미국 경영자의 95%가 옳은 말을 하고 5%만이 옳은 말을 실천에 옮긴다.

– 포천 (Fortune) –

실력이 뒤따르지 않는 리더의 말에는 형식적 · 선언성 · 이벤트성 · 멘트가 많다. 언행일치(言行一致)가 않되면 신뢰성은 깨어지고 리더의 역할을 할 수 없게 된다.

제1절 국내시장의 성숙화와 해외시장개척

♣ **남에게 대접받고 싶은 대로 남들에게 하라**

구약성서 신약성서 모두 남에게 대접받고 싶은 대로 남들에게 하라고 가르친다. 이 가르침은 종교 윤리적 행동에만 국한되는 것이 아니라 훌륭한 리더십과 깊은 관계가 있다. 사람들은 자신을 제대로 대접하지 않는 지도자를 따르지 않기 때문이다. 나는 이를 경영의 황금시스템이라고 부른다. 나는 존경과 대접을 받고 있다고 생각할 정도로 구성원을 대접하면 그들도 당연이 경영자의 진심을 알고 최선을 다해 조직의 목표를 달성할 것이다.

- 메리 케이애시 메리케이코스메틱사 창업주 -

1. TOTO WAY의 추구와 한국병 타개

1) TOTO WAY의 추구

TOTO는 일본 기다규슈(北九州)에 자리잡고 있는 요업(窯業)계의 대표적인 기업이다. 일본경제가 저 성장기를 맞아 기업이 성숙단계에 직면하면서 TOTO는 TOTO WAY라는 새로운 경영방침 아래 운영을 개선하고 해외시장 개척에 성공한 사례이다.

일본경제는 1990년대에 접어들면서 저성장 불확실성 경제전망에 직면하게 되었다. 내국시장의 경기침체와 저 출산에 따른 수요감퇴는 일본기업인들의 생산기지를 해외로 이전하는 사태를 가져왔다. 그러나 많은 이전기업들이 성과를 거두지 못하고 2000년대 중반으로부터는 모국으로 회귀하여 생산성을 높이고 있다. 일본에서는 길어진 경제침체와 저 출산에 따른 국내시장은 축소하는 방향으로가, 그것이 일본기업의 성장을 막고있다. 그래서 많은 일본기업들은 사업을 해외로 이전하여 활로를 찾았지만 그 대다수는 낮은 이익률에 허덕이고 있다. 그런 상황속 TOTO는 높은 점유율을 자랑하는 국내사업을 유지하고 해외시장에서는 높은 수익률을 달성하고 있다. 본 절에서는 이를 가능하게 하고 있는 것이 TOTO WAY라고 생각한다. "TOTO WAY"의 분석을 위해서 수정모델을 이용했지만 이 모델의 중심이 되는 것은 추진성 퀼리티와 성능퀼리티이다. 여기서 추진성 퀼리티는 매출액확대에 기여하는 것으로 성능·퀼리티는 수익성향상에 공헌하는 것이다. 미시나(2011)는 기업의 상당수가 어려워지는 원인은 추진성의 퀼리티만을 추구하고 있기 때문이라고 주장하고 있다. 그 부분 TOTO의 전략과 업적이 어떠했는지 전략분석과 재무분석에 의해서 밝혔다.

전략분석에 있어서 처음으로 TOTO는 생산혁신과 마케팅혁신, 비용절감으로 국내사업의 기반강화를 목표로 해왔다고 밝혔다. 이 목표를 달성하기 위해서 TOTO는 국내시장에서 리모델사업과 원가절감전략을 추진하는 것으로 추진성·퀼리티와 성능·퀼리티를 동시에 추구했다. 또 한편, TOTO는 해외시장과 새영역사업에 있어서 높은 수익성을 바랄 수 있는 사업에만 초점을 맞추고 성능·퀼리티를 추구하는 것으로 수익성의 확대를 목표로 왔다. 또, 재무분석에는 TOTO가 국내시장에서 추진성·퀼리티와 성능퀼리티를 동시에 추구한 결과 높은 효율성을 달성해서 해외시장과 새 영역사업에서 성능·퀼리티를 추구함으로써 높은 수익성을 달성한 것도 밝혀졌다. 그리고 그 양측이 합하는 것으로 TOTO는 높은 총 자산이익률을 달성할 수 있는 높은 성장성을 가진 회사임이 확인됐다. 이 일련의 전략이야말로 TOTOWAY이다.

이 연구에서 얻어진 시사점에 대해서 생각하자. 많은 일본기업이 일본병이라고 부르고 있는 낮은 이익률에 시달리고 있는 원인은 추진성 퀼리티만 계속 추구하고 있기 때문이며, 대조적으로 TOTO는 추진성 퀼리티와 성능퀼리티의 양쪽을 추구하고 성공한 승자기업이다. 국내사업을 유지하면서 해외시장에서 이겨 TOTOWAY에 일본기업이 일본병을 타개할 힌트가 많이 숨어있으며, 일본병에 고전하는 많은 일본기업은 각각의 TOTOWAY를 모색하고 추구할 필요가 있지 않을까? 하는 것이다

2) 한국병 타개

한국기업들은 1990년대의 일본경제상황과 2010년대 한국경제환경을 대조할 필요가 있을 것 같다. 일본기업인들은 잊어버린 20년이라며 지나온 길을 뒤돌아보며 말하고 있다. 일본은 구인난인데 왜? 한국은 취직난인가? 우리는 우리를 성찰해 볼 필요가 있을 것이다. 필자는 1990년 인천상공회의소와 일본북구주상공회의소와의 자매결연 5주년 북구주상공회의소 창립 30주년 기념식에 인천상공회의소 대표단의 일원으로 참가한 바 있다. 그 당시 북구주상공회의소 소장을 TOTO사장이 겸임하고 있어 TOTO사를 방문하고 생산시설을 둘러볼 수 있은 기회가 있었다. TOTO는 세라믹전문회사로 생산시스템과 환경정리정돈 청결도에 감탄한바 있다. 여기서 기본이 확실해야 생산제품의 품질이 확실하다는 것을 읽을 수 있었다.

우리일행은 도구노쎈터 특강장에 안내되었다. 센터장을 북구주시장이 겸하고 있었다. 센터의 주업무는 민원의 조절, 인허가의 조정이었다. 예를 들면 대기업에서 중소기업 품목을 생산하려 허가요청이 들어오면 허가관청인 시청에서 설득하여 중소기업을 보호하고 있으며 기존공장이 생산품목의 허가요청이 있을 경우 수급실태를 조사해서 인허가를 취함으로서 과당경쟁의 소모를 미연에 방지하고 생산성을 제고하고 있으며 국력소모를 방지하고 경쟁력을 제고하는 국력지향적인 면에서 고려하고 본받아야할 가치가 있다고 하겠다.

특강의 내용이다. 강사는 일본 발명협회 부회장 마스가와 요시로(松川義郎)로 기억된다. 앞으로 일본경제는 10~15년간은 불황이 온다. 그 이유는 일본은 모방경제로 선진국대열에 갔으나 더 모방할 것이 없으므로 앞으로는 창의경제로 전환하여야 되기 때문에 창의경제가 자리잡기 위해서는 노사정(勞使政)이 힘을 합쳐도 10~20년이 소요된다는 것이다. 이러한 선지각자(先知覺者)들이 일본의 기술인이나 연구진을 자극시키었고 그 결과 일본경제는 쇠퇴기를 벗어나 다시 성장기로 도입하여 활력을 불어넣고 있다.

우리한국은 어떤 병을 타개하여야 할 것인가? 질병이라고 보면 단시일에 타개는 어렵다고 볼 것이다. 그러나 혁신의 치료방법을 도입하면 짧은 시일내에 건강의 완치를 가져올 수도 있을 것이다. 내가 남을 이기려면 내 체력이 더 건강할 때 가능하고 남(타의원인)을 탓한다고 하여 내 몸이 건강하여 지거나 환경이 바뀌지 않는다. 국력창달을 위하여 정책입안자는 거시적 안목으로 청책을 수립하여 국민의 공감으로 일체협력체제(一體協力體制)가 필요하다. 물론 국민역시 시대변화에 적응하는 의식개혁을 이루어 소통공감하는 정신문화가 일대변혁될 때 국력성장의 기반이 구축되고 경쟁우위의 국가로 남들이 부러워하는 국가경제를 이룰 것이다.

3) 일본병의 타개책

1990년대 이후 일본경제의 침체와 저출산화 때문에 국내시장은 포화상태였다. 이런 국내시장의 성숙화에 대응하기 위해서 최근에는, 상장 대기업은 해외에서 활로를 원하고 이익의 절반을 아시아에서 벌고있다고 보도되고 있다(일본경제신문, 2011년 12월 8일). 그러나 일본기업의 상당수는 해외시장에서 큰 이윤창출에 실패하고 이익률저하에 허덕이고 있다. 이 상황을 일본병이라고도 부른다(미시나, 2011). 많은 일본기업이 어려운 상황에서, TOTO같은 기업은 경제침체와 저출산, 혹은 그에 따른 1990년대 중반부터 신설주택착공 호수의 대폭감소에 대해서 대응하고, 해외, 아시아시장에서 이익률을 올리기 위한 부가가치의 추구를 실현시키고 있다.

덧붙여서 2008년도에는 리먼 브러더스사태로 불거진 글로벌 금융위기로 주가가 일본경제추가

침체에 박차를 가했다. 많은 일본기업이 어려운 상황에서 TOTO는 어떻게 이런 위험기회를 타개하려는 것인가. TOTO의 국내시장의 성숙화에 대한 대응으로 아시아전략, 금융위기대응은 다른 일본기업과는 다르게 대처하고 있다. 독창적인 이념과 비전으로 전략에 근거하고 있으며, 그것들은 TOTOWAY라는 말로 표현되고 있다. 진정한 글로벌기업도 온리원을 목표로 TOTOWAY를 일본경제의 동향과 동시에 경영전략 및 재무데이터를 사용하여 분석한 선행연구는 거의 없다.

거기에서, TOTO의 사례를 거론함으로써 국내시장의 성숙이라는 상태에 대해서 일본기업이 취할 수 있는 전략을 밝히고 싶다. TOTO는 1917년 창립하여 물배관을 중심으로 주택기기 제조사이다. 시장점유율은 약 60%로 본사는 기타 큐슈시에 있다. 주요경쟁상대는 INAX이다. INAX는 1921년 창립하여 시장점유율은 약 30%이며 2001년에는 주생활그룹과 경영통합을 했다. TOTO그룹은 기업이념으로서 풍요롭고 쾌적한 생활문화의 창조와 고객의 기대이상의 만족의 추구, 연구개발에 따른 질 좋은 상품과 서비스의 제공, 지구환경배려 개성을 존중한 직장 등을 내걸고 있다.

또, 비전으로서는 중. 장기계획으로 V계획을 2009년에 발표하고 있다. 이것은 1993년에 발표하고 1999년에 본격착수했다. 여기서의 목적은 TOTOWAY를 밝히는 일로서 전략분석을 통하여 어떻게 국내시장을 유지하고 해외시장, 특히 중국시장에서 성공했는지를 밝힌다. 또, 재무분석도 행함으로 본문에서는 일본기업의 매출과 이익률에 관한 수정 미시나(三品)모델을 이용한다. 키워드는 추진성 · 퀄리티이다. 이 본문의 분석은 일본기업에게 국내시장상황 등에 대한 대응이나 시장개척에 대한 시사점을 가져올 것으로 보고되고 있다.

4) 수정 미시나(三品)모델의 원용 일본기업의 현황

본 절에서 사용하는 경영학이론을 소개한다. 여기서 사용하는 모델은 미시나(三品, 2011)이론을 수정한 것이다. 미시나(2011)에 의하면 일본기업은 매출액에 대해서는 계속 성장하는데 이익이 따르지 않는 체질이 되고 있다. 실질매출액은 21세기 들어서도 계속 늘어나고 있지만 실질이익은 1970년 전후와 같이 침체기에 접어들고 있다. 영업이익의 급증에 선행하고 특별손실을 냄으로써 일시적으로는 회복이 보이는 것 같지만 실질 영업이익의 트렌드는 제자리걸음이다. 즉, 일본기업은 이익없는 성장을 계속하고 있다는 것이다. 그것에 따른 일본기업의 영업이익률은 낮아지고 있으며, 자아(自我)시장에 진출했지만 이익을 내지 못한 기업이 많음을 나타낸다.

그래서 품질의 다양성으로 설명되고 있으나 즉, 품질은 하나의 절대적인 정의가 있는것이 아니고 여러 측면이 있다는 것이다. 성능퀄리티란 제품이 고객의 기대를 웃도는 정도, 추진성 퀄리티란 제품이 고객의 기대를 저버리지 않는 정도라는 것으로, 성능퀄리티는 가치창조적이고 추진성공

퀄리티는 비용절감적이라고 본다.

추진성 퀄리티는 일정수준의 제품을 보급품으로 대량생산할 수 있으며, 또한 신규로 참가하기도 쉽고 이익을 낼 시기도 한정되어 있다. 성능퀄리티는 하나의 브랜드로 정착하고 높은 가격을 유지할 수 있다. 여기서는 2개의 키워드에 의한 분석을 한다.

하버드 비즈니스 스쿨 마이클 포터교수는 개개의 사업에서 우위성을 구축했다는 기본적인 전략은 세 개로 나눌 수 있다. "기업이 취할 수 있는 경쟁의 약자는 세 가지로 집약된다."라고 말할 수 있다.

첫 번째는 비용 : 리더십전략에서 폭넓은 고객층과 분야를 타깃으로, 비용우위를 구축하는 것을 목표로하는 경영전략이다.

두 번째는 차별화 : 차별화 전략에서 이것도 폭넓은 고객층과 분야를 표적으로 하되, 비용에서는 없는 차별된 독특한 제품·서비스의 제공에 의하여 우위성구축을 노릴 것이다.

세 번째는 집중화 : 집중화는 약자를 표적으로 하는 고객층과 분야를 압축, 비용우위냐 차별화냐, 혹은 그 양쪽에서 유의성을 구축할 필요가 있다. 이 세 개의 분류는 차별화성능의 퀄리티이고 공포먼스 퀄리티에 결부지어 해석할 수 있다.

게다가, 매출액 및 이익률 즉 규모와 수익성의 관계에 대해서는 보스턴 컨설팅그룹이 "어드밴티지 매트릭스"이라는 것을 나타낸다(엔도, 2011). 기업의 분석에는 이하의 3개 사업유형을 쓸 수 있다.

첫 번째는 규모형 사업이다. 이는 사업규모가 유의성을 구축하는 포인트에서 규모가 클수록 높은 수익을 올릴 수 있는 것으로 되어 있다. 그러므로 이 유형의 사업의 기본전략은 점유율확대에 따른 규모를 추구하는 것을 말한다. 예를 들면 철강, 화학플랜트이라고 하는 장치형 산업이다.

두 번째는 특화형 사업이다. 이것은 사업규모에 관계없이 특정분야에서 독특한 위치를 점함으로써 수익을 올릴 것이다. 예를 들면 의약품업계다.

세 번째는, 수힐형(手詰型) 사업이다. 사업이 성숙기부터 쇠퇴기로 향하고 소규모 기업이 도태되어 남은 대기업도 결정적인 우위성을 구축할 수 없는 상태에 빠졌을 때이다. 성숙산업인 만큼 독특한 부가가치를 창출하기 어려운 상황이며 새로운 혁신적 가치창출의 모색 등 전략의 근본적인 재검토가 요구된다. 예를 들면 시멘트업계가 꼽힌다.

많은 사업에서는 규모가 큰 스케일 메리트를 향하는 리더(규모)형 기업과, 규모는 작지만 독자적인 강점을 가지고 있는 특화형 기업이 고수익을 올리는 경향을 가지면서 강소형을 유지한다.

규모는 작지만 한정된 분야에서 독자적인 강점을 구축하고 고수익을 올리는 기업에서 어중간한 (죽음의 계곡)기업은, 지도자기업과 무리하고 싸울정도의 규모나 체력도 없는 비용우위를 창출할 수 없다. 그렇다고 강소기업처럼 하나의 분야에 특화한 강점이 명확한 것도 아니다. 매우 어려운 위치에 빠진다.

그리고, 리더(규모)형 기업은 규모를 자랑하는 수익성 높은 기업이다. 업계 톱 스케일의 이점을 누릴 수 있어 통상은 높은 수익을 올릴 수 있다. 이들의 매출액 및 이익률의 관계에서 기업의 포지션으로 내놓은 것이다, 다음에서 나타낸 모델을 이용하여 TOTO를 분석을 한다. 우선 경영전략에 대해서 분석을 해보자.

2. TOTO의 경영전략

일본병의 타개에서는, 1990년대 이후 일본경제의 침체와 저출산 고령화 때문에 국내시장축소를 배경으로 하는 다수의 일본기업은 해외로 진출하고 사업규모확대를 추궁하고 있는데, 그 대부분이 저이익에 허덕이고 있음을 설명했다.

이 연구에서 사용되는 수정 미시나모델을 설명했다. 모델을 이용하여 불황에 빠진 주택설비사업에 직면하면서도 해외진출을 적극적으로 진행, 승리조인한 TOTO가 까다로운 국내 · 해외시장에서 어떤 전략을 실행하고 왔는지를 밝힌다. 구체적으로는 TOTO의 사시와 기업이념아래, 1999년부터 본격적으로 전개된 리모델사업은 해외진출을 기해 2009년에 제출된 "V프라손 2017"에 대해서 분석한다.

1) 지도자 포지션강화를 위한 TOTO 리모델전략

본 절에서는 1990년부터 주택시장 및 주택설비기기 시장축소라는 시장전환기에 대해서 TOTO는 증개재건축을 위한 리모델에서 사업규모를 회복하며, 고부가가치의 신상품의 투입으로 이익률을 높인 것으로 밝혀졌다. 구체적으로는 TOTO는 신축주택시장에 대한 의존으로부터 탈피하고 기존주택 리모델링시장을 개척함으로써 사업규모를 회복하고 추진성 · 퀄리티의 추구를 진행, 일본내에서 지도자 포지솔루션을 유지한 것을 설명한다. 동시에, TOTO는 오랜 기간 기술력과 디자인 역량을 활용 리폼수요시장을 향해서 고부가 가치제품을 개발 · 판매한다는 추진성 퀄리티의 추구로 수익성을 향상시켰다는 것도 설명한다.

우선, 1990년대 일본내 위생도기 · 주택설비기기 시장의 추락에 대해서 설명한다. 1990년대 후반 저출산 고령화로 1997년부터 신설주택 착공호수의 급감이 시작되면서 위생도기산업에 큰 타격을 주었다. 위생도기산업은 성숙기를 지나 쇠퇴기를 맞은 것이다. 저출산 고령화진행 기존주택의 내구성향상 등의 원인으로 향후도 신설주택착공 호수의 감소가 이어질 것으로 예상된다. 그렇다면 위생도기산업은 죽음의 골짜기를 향한다. 그러나 물배관사업 가운데, 비데, 세발, 세면화장대, 시스템키친, 온수기의 보급률에 아직 성장할 여지가 있다는 것을 알게 되었다. TOTO는 1980년에 비데를 발매하기 시작했지만 1992년에서 그 보급률은 15% 정도에 머물렀다. 다른 상품의 보급률도 30% 미만이었다. 즉, 위생도기는 성숙기를 맞이한 것 같지만, 물배관사업은 성장기를 맞고 있었던 것 같다. 그 거대한 시장은 기존의 신설주택뿐만 아니라 증개축속에 숨어 있었다. 그러나 TOTO는 1998년 신설주택 시장에서의 매출액은 그룹의 매출액의 거의 70%를 차지하는 신설주택시장에 높게 의존하는 한편 증개축, 혹은 리폼시장개척은 별로 진전이 없었다. 그래서 신설주택착공 호수의 격감과 함께 TOTO는 매출액도 크게 감소했다. 1999년도에는 창업 80년이후 처음으로 영업이익손실이 발생했다.

1990년까지 보면 TOTO의 매출액은 INAX보다 1000억 엔 정도로 규모가 크다. 그리고 1968년부터 1990년까지 영업이익률에서도 TOTO가 높은 것을 알 수 있다. 게다가, 위생도기 시장에서 TOTO는 약 60%(INAX의 거의 2배)의 점유율을 유지하고 있다. 즉, TOTO는 물배관업계에서 압도적인 존재감, 절대적인 힘, 종합력을 가진 리더기업이다. 단, 일본의 주택불황속에서 TOTO는 매상고도 이익도 INAX보다 빠르게 떨어지고 있었다. 1999년도 영업이익손실이 발생하여 TOTO는 리더로서 빛을 잃고 있었다. 이대로 신설주택 경기침체와 함께 매출액이 급감할 수밖에 없으면 아마 죽음의 골짜기에 빠질 수밖에 없다고 여겨졌다. 그 곤경에서 벗어나고자 TOTO와 INAX는 다른 전략을 내놓았다. INAX는 2001년에 대기업의 건축재업체인 토스템과 합병함으로써 TOTO와 맞설 수 있는 규모의 우위성을 추구하겠다고 말했다. 한편, 리더로서의 TOTO는 신제품시장의 개척으로 사업규모를 확보하는 동시에, 비용다운에 의한 비용우위를 구축하고 여기에다 높은 브랜드 가치 상품의 투입으로 높은 이익률을 추구함으로써 업계의 리더로서 포지션을 강요화했다.

이러한 어려운 상황에 대해서 TOTO는 다음과 같은 추진성 퀄리티에 관한 전략, 즉 규모의 확대와 비용절감을 위한 방안을 내놓았다. 2001년부터 TOTO는 고비용구조에서 날씬하고 스피디한 저비용구조전환을 목표로, 근본적인 기업체질개혁을 추진하고 각종 비용절감 및 재고삭감 더 품종삭감 등의 각종 효율화라는 TSR(TOTO Self Revolution)활동을 중심으로 추진했다. 구체적으로는 ① 규모의 우위성을 활용하는 여러 자재와 자금의 그룹전체조달에서, 예를 들면 집중관리구매, 국제조달, 돈융자회사를 이용한 자금관리 등에 의한 비용다운을 실현, ② 생산자동화나 공장라인집약 등으로 인한 비용을 삭감, ③ 물류리드타임의 단축 및 간접관리활동의 효율화 등에 의한 판관비를 삭감, ④ 재고자산의 감소(재고삭감), 설비투자의 억제 등 현금흐름의 증가, 유이자부채의 감소에 따른 금융비용삭감 등이다. TOTO의 비용절감과 자산유동화의 성과에 대해서는 4절에서 나타낸다.

다음은 TOTO는 리모델사업에 있어서 성능·퀄리티의 추구때문에 어떤 전략을 내놓고있는지를 밝힌다. TOTO는 리모델시장을 위한 제품개발에서 자신의 기술력(특히 환경배려와 에너지절약)과 디자인역량을 활용, 경쟁권 외의 신사를 신설주택시장보다 고급상품을 제공함으로써, 즉 성능·품질의 추가자금으로 더욱 수익성을 높였다. TOTO의 절수 화장실은 INAX보다 높은 가격으로 판매되고 있으며 이외에 유닛버스나 시스템키친 등에서도 고급의 발매를 하고 있다. 그것은 TOTO의 총이익률이 INAX보다 평균 5% 높은 것으로도 보인다. 그리고 차별화우위를 확보하기 위해서는 기술, 특히 기초기술에 계속적인 투자가 필요하다. 그래서 TOTO는 INAX(주생활그룹)의 2, 3배의 연구개발비율(판매비 및 일반관리비의 연구개발비 ÷ 매출액)에서 TOTO밖에 없는 독점기술의 연구개발을 하고 있다. 게다가 높은 기능품개발에 필요한 일렉트로닉스와 IT(정보기술) 등에 정통한 전문가를 육성하기 때문에 TOTO는 연구개발부문을 대상으로 자체전문직제를 도입했다. 그런 전문직에 의해서 연구소인력에 대한 합리적인 평가체계를 구축할 수 있는 것이다.

그밖에 TOTO는 압도적인 판매망과 뛰어난 공급망의 구축, 더불어 리모델을 위해 광고에 적극적인 투자를 통한 타사를 능가하는 시장을 누르는 힘을 손에 넣었다. 쇼룸의 가게수는 2008년에는 최대 108개(유가증권 보고서보다)까지 늘어났다. 반면, INAX는 2009년에서 전시장 수는 66(INAX CorporateReport 2010보다)이다. 그리고 TOTO는 2005년 3월 말까지 리모델클럽(수도공사업체와 시공업체의 네트워크 조직)은 5000점포(TOTO의 상품이나 순정부품을 다루는 판매점)는 400점포였다.

덧붙여서, 이상의 판매점에서 IT시스템을 도입함으로써 고객의 최신정보도 재빨리 파악할 수 있게 됐다. 게다가, 쇼룸에서 대건공업과 YKK AP와의 TDY제휴에 의해서 공간리모델도 전개했다. 가장 새 상품을 전시장에 도입하고 깨끗하고 아름다운 공간을 전시하고 있으며 TOTO의 쇼룸은 TOTO의 확고한 종합력을 나타내고 있다.

이상에서 TOTO는 경쟁사보다 빨리 리모델수요를 개척함으로써 사업규모확대를 도모하고 규모우위성에 따른 원가절감의 철저한 실행으로 사업기반을 다져서 넣고 고부가 가치상품의 판매의 수익성을 향상시켰다. 또, TOTO는 리모델을 통해서 일본내에서 확고한 리더자리를 확보할 수 있었다는 것이 밝혀졌다. TOTO의 해외진출에 대해서는 성능·퀄리티을 추구하는 눈에 띄게 높은 이익률을 실현하는 데 대해서 설명한다.

2) 퍼포먼스 퀄리티를 의식한 TOTO의 해외진출

TOTO는 일본 국내시장에서의 확고한 지위확립을 목표로 비용다운에 의한 기초를 강화하면서 고객의 가치관을 추구한 상품을 핵심으로 고객의 취향이나 라이스스타일에 맞춘 최고의 물배관공간을 TOTO는 제안하고 즉 리폼수요를 위한 고부가 가치상품의 제공 등에 의해서 이익률을 높인 것에 설명했다. 여기에서는, TOTO는 해외시장에서 성능·퀄리티을 고수하고 사업규모확대를 도모하지 않고 특화된 고급품시장에서의 압도적 점유율을 요구하고 있다고 밝힌다.

리모델전략과 동시에 TOTO는 해외시장에서는 성능·퀄리티를 추구하고 매우 높은 수익성을 실현했다. TOTO는 해외시장에서는 일본내에서의 전략과 달리 고급시장에 엄선, 절수, 대기정화 등의 독점기술을 이용 세련된 디자인의 하이디자인이나 고기능, 환경배려 등 고부가가치 상품을 적극적으로 투입하기로 하여 높은 영업이익률을 달성할 수 있었다. TOTO는 전후 1977년 인도네시아에서 스루야 TOTO인도네시아라고 하는 제조회사를 설립하였으며 이를 시작으로 현재는 국내거점 외 15개국에 26개사로 연결대상 회사로서 일본, 중국, 미주, 아시아 유럽 등 글로벌체제로 운영되고 있다.

TOTO는 고급품의 뛰어난 개발·제조기술과 고급품시장에 대한 판매경험이라는 강점을 활용, 위에서 말한 해외시장에서 부가가치의 높은 제품이나 서비스를 제공함으로써, 항상 높은 수익성을 추구하고 있다. "차로 따지면 폭넓은 도요타보다 고급감으로 압축한 BMW를 목표로 한다"와 TOTO의 해외사업을 담당하는 상무는 말하고 있다. 그것은 TOTO가 글로벌경쟁 속에서 얼마나 살아남을지 중요한 것으로 TOTO는 일본내에서 확고한 리더로 연간생산량에서 보면 세계 4위이다.

2011년에 보고한 해외매출액은 TOTO그룹 전체매출액의 14.0%에 이른다. 해외사업에서의 13.9%의 평균 영업이익률은 일본국내 5.8%의 평균 영업이익률에서 보면 해외시장은 TOTO에게 매력적이며 기대할 수 있는 터전이라고 생각된다. 그 중에서도 중국시장은 2010년도 북중미를 넘어 최대 해외시장이 되고 국내시장의 약 5배의 영업이익률을 달성하고 있다. TOTO는 중국에서 이미 가격대가 상위 10%의 고가품시장에서 4할의 점유율을 갔고 있다. 특화된 분야에서 리더가 된다(경제산업신문 2008년 6월 17일). 리먼·쇼크의 충격은 받았지만 중국의 매상고의 견고한 성장은 TOTO의 조기회복에 기여했다. TOTO의 중국사업은 철저히 퍼포먼스 퀄리티에 집착하고 자신의 높은 기술력과 고급스위트란 공간형 상품을 PR하고 고급브랜드의 이미지를 도모하고 있는 특정 카테고리로 No.1을 목표로 이익률 추구형 니처(Nicher) 특정시장영역에서 우위를 차지하는 기업들이다.

TOTO는 2009년부터 본격적으로 유럽시장진출을 시작했다. 거기서 TOTO는 유명한 디자이너와 계약하고 질감이 높은 제품을 투입하고 있으며 그것에 의하여 세계 브랜드를 더욱 높이고 있다.

이상에서, TOTO는 해외시장에서 압축한 부유층전용의 고급품시장에서 독자적인 강점을 살리고 규모보다 수익성을 추구하고 있다. 즉, 성능·퀄리티의 추구이다. 그리고 특화된 시장에서 압도적인 존재감을 목표로 니처로서 글로벌경쟁 속에서 승리조에 들어가고 있다고 생각된다. 2009년 TOTO는 그 동안의 리모델사업과 해외진출을 포함한다, TOTO V플랜 2017이라는 장기비전을 제시, 진정한 글로벌기업을 목표로 V플랜 2017이라는 비전을 향하여 어떤 전략을 실행하려 하고 있는지를 확인도 한다.

3) 진정한 글로벌기업을 목표로 TOTO V플랜 2017

TOTO가 1999년부터 10년 동안 리모델사업에서 비용다운을 통해서 기업의 기반을 강화하는 한편, 그 리폼수요용으로 특히 해외시장에서의 고급품에 의한 사업전개에 의해 높은 이익률을 실현한 것으로 드러났다. 본 절에서는 리모델사업이나 해외진출을 포함한 진화된 V플랜 2017이라는 중장기 비전에서 TOTO가 어떻게 사업기반을 강화하고 수익성을 추구하고 있는가를 밝힌다. V플랜 2017은 TOTO가 2009년에 2017년 창립 100년을 목표로 하는 모습과 그 실현을 위해서 내세운 전략의 비전이다. V플랜 2017을 지탱하는 3개의 기둥으로서 국내주택설비사업, 해외사업, 새 영역사업에 대해서 설명한다.

우선, 국내주택설비사업에 대해서는 다시 리모델시장침투를 진행함으로써 규모의 확대와 근본적 비용구조개혁(비용삭감)을 통해서 사업의 기반을 강화하고 있다. 또, 리모델클럽점과의 협업강화 등 리모델사업에 대한 추가전환을 추진하고 TOTO와 DAIKEN, YKK AP의 3개 공동으로 그린 리모델이나 라이프스타일의 제안에 임해가는 것을 내놓고 있다. 즉, 국내에서는 리모델을 더욱 추진함으로서 리더포지션을 강화한다. 2011년도까지 리모델비율(리모델매출액÷(리모델매출액+신축매상고))과 탈착공지수((리모델매출액+해외매출액+신규매출액)÷전체매출액)의 각각의 비율은 69%~74%였지만 2017년에 그 비율을 75%~83%까지 늘리려 하고 있으며 동시에 철저한 비용삭감이라는 계획을 세웠다. 재고감소, 물류·매매비용감소, 제조비용삭감, 간접업무감축으로써 리더로서 원가우위를 확보하도록 한다. 생산, 판매, 물류, 정보의 각 부문이 일체가 된 활동을 통해서 조달, 생산, 물류의 리드타임을 단축하고 2017년까지 재고자산을 50% 감축하는 것을 목표로 하고 있다.

TOTO가 가속화시키고 있는 해외사업에 대해서는 기술력(절수변기, 하이드로 텍토)과 디자인과 브랜드로 니처(Nicher)기업의 압도적 위상을 추구하고 있다. 진정한 글로벌기업의 달성을 목표로 하고 있다. TOTO는 "해외 여러 나라나 지역을 단순한 생산거점이 아니라 기업시민의 일원으로서 현지에 뿌리를 내리면서 생활문화향상에 공헌한다." 이 프로젝트를 지탱하는 것은 TOTO가 오랫동안 쌓아온 기술력·디자인역량·판매역량이다. 글로벌시장에서는 TOTO는 여전히 규모를 목표로 하지않고 고급품시장에서 존재감을 추구할 것이라고 밝혔다. 유럽이라는 위생도기 및. 식기도기의 발상지에서 또 세계의 위생업계의 최강의 기업이 모인 땅에서 뛰어난 기술과 디자인으로 브랜드를 강화한다. 그리고 중국에서의 경험을 다른 신흥국에서 활용, 높은 이익을 올리는 것을 목표로 하고 있다. 하리 모토 사장은 중국에서 쌓은 노하우로 인도에 들어가고 싶어하고 있다. 현재 인도에서 특급호텔이나 신축사무실 빌딩에 세정변기 등의 고급물건을 판매하고 매출도 늘어났다.

새 영역사업에 대해서는 TOTO는 오직 독점기술을 이용, 이익이 나는 사업에 대한 선택과 집중에 의해서 특화된 분야에서 니처(Nicher)기업의 압도적 우세성을 꾀하고 있다. TOTO는 자사밖에 없는 독점기술의 연구개발로 전통사업영역 뿐만 아니라, 새 영역사업에서도 특유의 기술을 활용한 제품군에 특화하는 것을 목표로 하고 있다. 예를 들어 SOFC(고체산화물형 연료전지)는 TOTO가 쌓아 온 세라믹기술을 응용한 신제품과 그밖에 TOTO는 V플랜에서 광촉매기술 하이드로 텍토를 응용한 외장건재, 정전지퍼같은 높은 휘도에서 장수의 세라믹발광관 등의 기술을 활용 세라믹같은 사업의 강화를 꾀하고 있다. 장래를 위한 사업에 자원을 투입하기 때문에 전술과 같이 TOTO의 매출액에 대한 연구개발비율은 INAX(주생활그룹)의 거의 2배로 2011년도는 INAX(주생활그룹)의 3배 정도의 연구개발비율을 보고했다.

이상에서 TOTO는 진정한 글로벌기업을 목표로 생산혁신, 마케팅혁신, 혹은 비용다운을 실행함으로써 기반을 강화하는 한편 해외시장에서도 새 영역시장에서도 이익이 나오는 시장을 압축, 성능·퀄리티를 추구하고 이익률을 높이려 하는 것으로 나타났다. 이것이 TOTO WAY의 전체상이다. 이상의 전략과 구조가 TOTO그룹에 대해서 어떤 영향을 미쳤느냐는 것을 밝히기 위해서 다음 절에서는 TOTO의 재무분석을 논하기로 한다.

3. TOTO의 재무분석

전항에서는 국내시장의 포화화에 대한 TOTO의 대응에 대해서 분석하고 국내시장에서 자사의 위상강화를 위해서 리모델전략과 비용절감계획에 의해서 성능·퀄리티와 추진성 퀄리티의 양쪽을 추구하고 왔다고 밝혔다. 동시에 TOTO는 V플랜 2017에서 언급하고 있는 수익성 향상을 달성하기 위해서 해외시장에서의 차별화전략에 의해서 성능·퀄리티도 추구하고 있다. 이들을 바탕으로 본 절에서는 재무비율분석에 의해서 TOTO의 정한 목표와 추진성·퀄리티와 성능·퀄리티의 양쪽을 추구한다는 전략에 대해서 추가적인 증거를 제시하고, 그 업적을 평가한다. 재무비율분석에서는 효율성, 수익성, 성장성을 분석하고 경쟁사 INAX과 비교하며 TOTO의 업적을 평가한다.

1) 리모델전략에 의한 효율성 개선

TOTO는 1999년 창업 후 첫 적자를 계기로 매출확대와 제품개발에 따른 국내시장 위상강화를 위해서 리모델전략을 발표하고 그 결과 TOTO의 매출액은 1990년대 초의 수준까지 회복했다. 즉, 거의 모든 재무비율이 1999년의 큰 침체에서 회복한 것이다. 모든 효율성 지표가 매출액확대와 함께 점차 개선되어 총 자본회전율, 고정자산회전율, 재고자산회전율, 매출채권회전율에 관해서는 1999년부터 2001년까지 10%상승하고 있다. 또, 비용삭감계획은 주로 재고관리측면에서 열리고 보관비삭감과 자본유출의 억제에 초점이 맞춰졌다. 다음에 "현금유동수익률이라는 새로운 지표를 받아들이고 효율성 분석을 계속한다. 여기에서는, 현금유동수익률은 매출액과 수익성에 관한 지표의 보충으로서 이용한다."라는 것도 이번분석에서는 매출액과 수익성에 관한 지표를 중심으로 하고는 TOTO의 기업활동의 평가를 적정하게 할 수 없기 때문이다. 왜냐하면 TOTO는 일본에서 신설주택착공 호수의 감소에 의한 매출감소와 그에 따른 일시적인 적자에 직면했기 때문이다. 그래서 현금유동수익률이란 지표가 얼마나 현금흐름이 만들어지고 그것이 어떻게 자본에 투하되어 있는지를 밝히기 위한 수단으로 채용된 것이다(엔도, 2005). 현금흐름을 의식한 비용절감계획은 고정자산투자의 감소, 재고관리, 매출에서의 현금회수의 조기화 등 노동자본도 포함한 자산관리의 효율화의 동기부여를 기업에 가져온다. 그 결과 모든 효율성비율은 2002년 이후 극적인 회복을 나타내고 2011년에는 INAX의 무역액을 웃돌고 있다. 현금유동수익률의 수준 또한 변화는 있지만 전체적으로 증가추세다.

2) 퍼포먼스 퀄리티의 추구에 따른 수익성 향상

매출액증가와 비용절감계획은 효율성을 향상시킬 뿐만 아니라 수익성도 향상시키고 있다. 모든 수익비율은 2000년대 초기에는 향상하고 있어 2009년 금융위기의 영향으로 한번 하락하고 있지만 2011년에는 INAX보다 높은 수준까지 회복했다. 이 사실은 좀 경솔한 생각이지만 V계획의 성공의 조짐이라고 할 수 있을지도 모른다. TOTO의 이익률 추가분석을 나타내고 있으며, 이 때문에 TOTO의 제조활동, 일반관리활동, 판매활동의 각 성격과 수익성을 평가할 수 있다. 주목할 것은 영업이익, 경상이익, 순이익으로는 변동이 있지만 TOTO의 매출총이익률이 INAX를 과거 20년간 넘고있다는 점이다. 위생도기의 업계지도자 기업인 TOTO의 높은 매출총이익은 가격프리미엄 규모 효율성에 의해서 달성되고 있다. 즉, 차별화전략이나 고품질제품을 생산하여 TOTO는 국내시장에서 타사보다 제품에 고 가격을 설정한 것이다. 또, 대규모생산 비용삭감, 기술혁신, 해외생산에 따른 TOTO제품은 타사를 능가하는 고품질, 저비용을 실현했다. 기술혁신은 고객의 기대를 넘는 고품질제품제공의 일환이며 그 점에서 성능·퀄리티의 추구이다. 이 절의 마지막으로, TOTO의 매출액과 수익성이 향상하고 있는 반면, 총 자산이 감소하고 있다는 사실을 지적하고 있다. 즉, 자산운용의 개선과 생산의 효율화이며, 그 결과 2011년 시점에서 TOTO는 INAX보다 5.7% 높은 매출총이익을 실현하고 있으며, 높은 매출이익이 그대로 순수이익으로 직결하지 않는 것도 알 수 있다.

TOTO의 평균매출총이익률은 INAX보다 4. 4% 높은 것에 대한, 평균영업이익률에서는 불과 0.6% 높을 뿐이다. 이는 TOTO의 영업지출이 INAX보다 어떤 이유로 높아지고 있기 때문이라고 생각된다. 그 원인은 영업지출의 주요 구성요소인 판매비 및 일반관리비, 연구개발비를 보면 일목요연하다, TOTO의 그러한 지출이 INAX의 2배 또는 3배가 되는 것이 밝혀졌다. 품질로 경쟁, 성능·퀄리티를 추구하는 TOTO같은 회사는 경쟁사보다 높은 연구개발비가 발생하는 경향에 있다. TOTO의 경우는 자사제품의 품질을 향상시키고 지속적으로 고객의 기대에 부응하기 때문에 독점기술의 연구를 해오고 있다. 그 기술의 하나가 하이드로텍토로 불리는 광촉매도료이며 이를 건물에 바름으로써 벽에 부착한 대기오염물질을 태양광과 화학반응에 의해서 분해할 수 있다. 이는 TOTO가 세계 최초로 실용화에 성공한 기술이다. 그밖에도 화장실 바이크네오라는 가축의 배설물이나 가정의 쓰레기를 자원으로 만들어진 바이오가스를 연료로 달리는 오토바이도 개발하고 있다.

다음에 판매지출면에 주목한다. Palepu&Healy(2011)에 의하면 높은 판매비는 브랜드 이미지 구축을 위해서나, 유통라인·애프터서비스 등 고객의 만족을 얻기위한 기업노력의 결과라고 한다. TOTO의 경우는 디자인부터 제조, 애프터서비스로 이어지는 생산의 사이클을 통하여 제품의 품질을 향상시키고 고객이 만족하는 노력을 하고 있다. 그 예로서, TOTO는 리모델전략에서 매출액을 확대하기 위해서 많은 투자를 하고 전국에 전시장을 건설하고 그 지원 때문에 IT시스템을 구축하고 있다. 이들 사업은 고객곁에 그들의 애로와 욕구를 듣고 그것을 제품에 반영시키기 위해서 이뤄지는 것이다. 덧붙여서, 해외에서도 TOTO는 브랜드 이미지를 정착시키기 위해서 광고선전활동에 투자를 하고 있다. 이들이 TOTO의 판매비가 INAX보다 높아지는 원인이다.

매출액을 보면 총이익률과 영업이익률은 변동이 보인다. 한편, 경상이익률이 안정되고 항상 영업이익률보다 0.5% 낮은 수준에 머물고 있다. 이는 이 20년간 안정하고 있는 자본자산비율에 의한 것이며 그 지표로 유동성 비율에 제시한다. 이 안정의 배경에는 TOTO가 사업을 한층 더 국제화에 대응할 수 있도록 자금의 저금리조달을 목적으로 2002년에 싱가포르에 설립한

TOTOINTERNATIONAL FINANCEPTE. LTD.라는 금융자회사의 활약이 있다(엔도, 2005, 144~145쪽 참조).

다음은 당기순이익으로 1999년과 2009년에 특히 낮다. 이는 특별손실에 의한 것이며 1999년에는 157억 엔의 특별퇴직금을 계상하고 2009년에는 133억 엔의 감손손실을 계상하고 있다. 전자는 TOTO의 유일한 조정이 원인이며, 후자는 자산관리의 일환으로 열린 것이다. TOTO는 국내시장의 성숙화속, 매출액과 수익성 저하에 허덕이면서도 대규모 조직적 구조조정을 1999년 한번밖에 하지 않았다. 즉 TOTO는 구조조정에 의한 비용절감보다 제조 및 관리측면에서 효율성을 높임으로써 비용절감을 해온 것이다. 이들은 TOTO가 종업원을 제일로 생각하고 그들을 회사의 소중한 자산이라고 생각하고 있는 것의 표현이다. 이런 TOTO의 정신이 지속적인 회사경영과 기술혁신을 가능하게 해왔다고 생각된다.

성공포인트

1. 성공의 밑거름이 되어줄 조력자를 찾아라

사업의 성공여부는 인재를 만나느냐 못 만나느냐 갈림에 서있다. 매사는 재인이라 하였다. 적재적소(適材適所)에 인재기용(人材起用)하면 업무는 80%달성이란 말이 있다. 인재등용이 어렵다는 것이다. 훌륭한 인재를 조력자로 얻으면 당신의 성공을 10년 이상 앞당길 수 있다. 사람을 볼 때 그 사람의 현재의 모습보다 그 사람의 잠재능력 미래의 가치를 보라.

2. 타고난 적성을 찾아 천직으로 삼아라

자신의 적성에 맞는 천직을 깨닫지 못하면 행복하기 어렵다. 인생의 최대의 비극은 많은 사람들이 자기가 진정으로 하고 싶은 일이 무엇인지 알지 못하고 있다는 것이다. 우리 인간은 누구나 바닥을 알 수 없는 거대한 가능성을 가지고 태어났다. 그것을 이끌어 내는 것이 천직이다.
억만장자가 되기위한 자격을 아는가? 그것이 천직에 종사하는 것이다.

요 약
summation

* TOTO WAY의 추구

일본경제는 1990년대에 접어들면서 저성장 불확실성 경제전망에 직면하게 되었다. 내국시장의 경기침체와 저 출산에 따른 수요감퇴는 일본기업인들의 생산기지를 해외로 이전하는 사태를 가져왔다. 그러나 많은 이전기업들이 성과를 거두지 못하고 2000년대 중반으로부터는 모국으로 회귀하여 생산성을 높이고 있다

* 한국병 치료

우리한국은 어떤 병을 타개하여야 할 것인가? 질병이라고 보면 단시일에는 타개는 어렵다고 볼 것이다. 그러나 혁신의 치료방법을 도입하면 짧은 시일내에 건강의 완치를 가져올 것이다. 내가 남을 이기려면 내 체력이 더 건강할때 가능하다. 남을 탓한다고 하여 내 몸이 건강하여지지 않는다. 국력창달을 위하여 정책입안자는 물론 국민이 소통공감하는 정신문화가 개혁될 때 국력성장의 기반이 구축되고 경쟁우위의 국가를 이룰 것이다

* 포지션 강화를 위한 TOTO 리모델전략

사업규모를 회복하고 여기에 의한, 스케일 메리트를 감수하고 비용다운을 하겠다는 추진성 퀄리티"의 추구를 진행, 일본내에서 지도자 포지솔루션을 유지한 것을 설명한다. 동시에 TOTO는 오랜 기간 기술력과 디자인 역량을 활용, 리폼수요가 시장을 향해서 고부가 가치제품을 개발·판매한다는 퍼포먼스 퀄리티의 추구로 수익성을 향상시켰다는 것도 설명한다.

* 진정한 글로벌기업을 목표로 TOTO V플랜 2017

TOTO가 어떻게 사업기반을 강화하고 수익성을 추구하고 있는가를 밝힌다. V플랜 2017은 TOTO가 2009년에 2017년 창립 100년을 목표로 하는 모습과 그 실현을 위해서 내세운 전략의 비전이다. V플랜 2017을 지탱하는 3개의 기둥으로서 국내주택설비사업, 해외사업, 새 영역사업에 대해서 설명한다.

* 성장성과 TOTO WAY

TOTO는 국내시장에서는 성능·퀄리티와 추진성·퀄리티의 양쪽을 추구하고 효율성을 높이고, 해외시장과 신규사업에 대해서는 성능·퀄리티을 추구하고 수익성을 높여온 것으로 드러났다. 즉, 성능·퀄리티과 추진성·퀄리티의 조합에 의한 효율성과 수익성이 향상되어 ROA(총 자산이익률)이 향상되어 온 것이다. 이것이 결론이며 이것이 TOTOWAY이다.

제2절 성숙기업의 경영전략

♣ **최우선 순위는 직원**

우리 회사가 최우선 순위로 생각하는 것은 직원들의 만족이다. 직원들이야말로 화사의 열정을 고객에게 전달할 책임을 지고 있는 사람들이기 때문이다. 두 번째 우선 순위는 고객만족이다. 이 두 가지의 목표가 이루어져야만 주주들에게 장기적인 이익을 안겨줄 수 있다.

고객은 왕이다. 생산자(직원)는 1차 고객, 소비자(고객)는 2차 고객, 1차 고객이 만족해야 2차 고객에게 만족을 줄 수 있다. 2차 고객이 만족하였을 때 기업은 신장되고 이익은 주주에게 돌아간다.

\- 하워드 슐츠 스타벅스 회장 -

1. 성숙의 개념

기업이 성숙기에 접어들어 경재우위의 안전경영을 위해서는 과학적인 마케팅전략이 필수요건으로 대두되고 있다. 성숙기는 매출액이 체감적으로 증가하거나 안정된 상태를 유지하는 상태인데, 기업의 경영전략의 초점은 매출액의 상당비율을 차지하는 주력사업의 성장이 둔화한 기업이, 다시 스스로를 성장궤도에 진입하기 위해서 새로운 사업진출을 하거나 기존사업을 새로운 전략적 발상으로 다시 활성화할 수 있는 신제품개발 신시장개척을 탈성숙화라고 부른다.

2. 성장의 경제와 탈성숙화

1) 영업부문의 사람들

기업이 일정률로 계속 성장함으로써 장기적인 효율이 좋아지는 현상을 성장의 경제라고 부른다. 성장의 경제를 가져오는 가장 중요한 원천은 사람으로 개척과 도전정신에 입각한 자력갱생의 학습에의한 능력창출이다. 사람들은 일상의 일을 통해서 능력이나 지식, 기술 등을 축적해 간다. 이러한 능력이나 지식의 축적에 의해서 일에 투입될 에너지와 시간을 절약할 수 있다. 예를 들어 제조 현장의 사람들은 보다 능숙하게 기계를 사용하기 위한 숙련을 획득할 것이다. 그들은 작업시간이 단축되거나 그동안 1대밖에 맡지 못한 기계공이 복수의 기계를 동시에 운용할 수 있는 기능적 성숙도가 될 것이다.

업무를 통해서 고객과의 인적관계를 만들어 관계를 맺기까지에는 여러 번 방문해야 주문을 받을 수 있지만 일단 관계가 이루어지면 그 후에는 전화로 주문을 받게되는 것이다. 관계를 구축하는 노력에 비하면 관계를 유지하려는 노력은 적은 편이다. 또한, 같은 집단에서 일을 계속하다 보면 서로의 필요가치에 대한 지식이 획득되어 어떻게 하면 잘할 수 있는지에 대해서 지혜도 얻을 수 있다. 일일이 말로 전달하지 않아도 이심전심 알려지게 됨으로써 마음이 통하게 되고 전달에 필요한 시간과 에너지를 아끼게 되는 것이다. 이들은 모두 학습이 가져오는 효과이다. 학습에 의한 시간과 노력이 알뜰하게 하는 효과가 있는 것이다.

업무량이 늘어나지 않으면 이렇게 절약된 시간과 에너지는 미 이용으로 방치될 뿐이다. 눈에 보이지 않는 손실이다. 물론, 이것에 의해서 비용이 오르는 게 아니지만 이 시간과 에너지를 생산적으로 이용할 수 있다면 손실을 줄일 수 있다. 미 이용의 잉여자원은 기회손실이라는 눈에 보이지 않는 손실을 야기하는 것이다.

또, 모종의 조직에서는 기업내의 잉여자원이 비생산적인 일의 양을 증가하게 만들겠다는 경향마저 보인다. 시간이 있기 때문에 서류의 전형에서 실수가 발견되고 점검이 가해지기도 한다. 그래서 완벽한 서류를 작성하기 위해서 필요이상의 시간과 에너지를 소비하게 되며 나 아니면 안 된다

그림 8-1 3C분석과 마케팅 4P 믹스

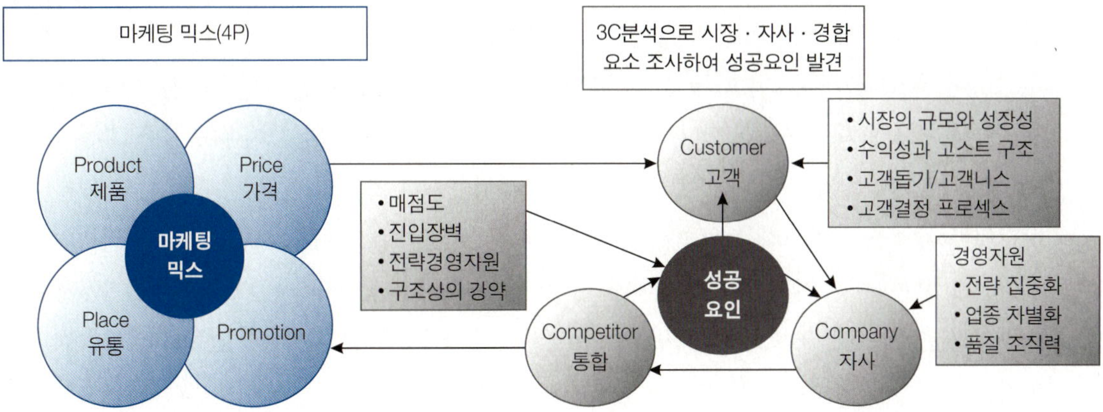

출처 : 3C분석과 마케팅 4P 믹스의 상관관계 효율화와 성공요인 모형도

는 비효율이 생긴다. 미 이용의 잉여자원이 눈에 보인다. 수 많는 손실뿐 아니라 눈에 보이는 손실을 낳는 사례이다. 이러한 비효율은 대규모인 관료적인 조직에서 생기는 경향으로서 잉여자원의 존재가 관료제의 폐해를 조장하는 것이다. 이런 의미로부터도 미이용 잉여자원을 유효하게 이용하는 방안이 검토되어야 한다. 이런 눈에 보이지 않는 손실을 잉여경영자원이라고 부를 수 있고 이 잉여경영자원을 유효하게 이용하려면 어떻게 하면 좋을까

탈성숙화는 성숙화되어가는 시장과 원인을 분석하고 대처방안을 모색실천함으로서 성숙도를 지연하여 활력을 찾아옴에 있다. 즉 시장, 자사, 경합요소들을 조사하여 성공요소를 발견하고 고객, 자사, 통합의 3C분석으로 성공요인을 제공함에 있다. 성숙화를 지연하며 재활성화를 촉진하는 마케팅믹스 4P를 적용 성장제의 영업활력을 재생함에 있다.

2) 경영인적자원의 축적

한 가지는 미 이용 경영자원의 축적에 응하고 사람을 줄이는 것이다. 각 사람의 능력이나 지식의 축적(蓄積)케 응하고 각각의 사람의 일의 양을 늘리고 사람 수를 감소하는 것이다. 그러나 이 방법은 사람들의 측에 다른 의미에서 학습을 가져오게 됨으로써 학습을 통해서 능력이나 지식을 축적하면 누가 일자리를 잃었다고 생각한다는 법칙의 학습이다. 이 법칙이 학습되면 사람들은 능력이나 지식의 습득이라는 학습을 정복한다는 것이다. 왜냐하면 그것이 누군가의 일을 빼앗아 버리기 때문이다. 지식의 습득을 마무리 하겠다는 적응이 일어나면 새로운 비효율이 생긴다. 이용자원을 생산적으로 이용하는 제2의 방법은 일의 양을 늘려내는게 기업의 사업활동을 확대하는 것이고 기업을 성장시키는 것이다. 즉, 사람들의 학습율과 사업확대율을 같게 하는 것에 의해서 기업의 내부자원 이용효율을 가장 높일 수 있다. 이것이 제2의 방법으로 사람의 자연스러운 학습율과 동일한 성장률을 소극적인 최적 성장률이라고 부를 수 있다.

그러나 현실의 기업은 이 소극적인 최적 성장률보다 좀 더 높은 율에서 성장을 계속함으로써 장기적인 효율을 최대로 할 수 있다. 왜 그 같은 일이 일어날까. 일의 양이 학습율을 결정한다는 반대의 인과관계때문이다. 기업이 소극적인 최적 성장률보다 조금만 높은 성장을 하고 있을 때에는 각각의 사람들은 자연스러운 학습율을 넘게 무리한 일을 해야 한다. 그들의 일은 단기적인 효율은 떨어질지 모른다. 그러나 자신의 능력을 조금 넘는 일을 하고있을 때는 학습적 측면에서 볼때는 효과성이 촉진된다는 것이 일반적인 법칙이 있다. 적당한 무리를 만들어 냄으로써 학습효과는 높아지는 것이다.

물론, 무리가 너무 크면 일의 단기적인 효율도 한층 저하하고 학습의 효율도 떨어진다. 정확히

는 특정할 수 없지만, 소극적인 최적 성장률보다 더 높은 어느 수준에 적극적인 의미에서의 최적 성장률이 존재하고 있다는 것이다. 비즈니스 세계에서 소수정예라는 말은 "소수로 하면 정예이다"라는 식으로 해석되어야 한다고 말하는 경우가 있는데, 이 주장은 적극적인 최적 성장률의 존재를 시사하고 있다.

성장기업내부의 사람들에 인센티브가 된다. 성장으로 고용은 안정되고 내부승진의 기회도 늘어나고 그것은 사람들의 공헌의욕과 학습의욕을 높일 수 있으며, 장기고용, 연공임금, 내부승진이라는 원칙을 바탕으로 경영되고 있다. 성장은 노동비용 상승률이 억제된다는 장점을 동반하고 있다. 왜냐하면, 성장으로 새 졸업생의 채용이 늘어나면 평균임금상승을 억제할 수 있다.

이와 같이, 사업이 순탄한 성장세가 있는 기업 가운데는 양호한 순환이 만들어지며 사업확대가 사람들에게 동기부여 사람들의 능력확대를 촉구하는 그것이 가져오는 효율화가 한층 더 기업성장을 촉진한다.

그러나 기업의 성장을 뒷받침했던 주력사업이 성장력을 잃고 성장이 둔화되면 기업 가운데 다양한 문제가 발생하기 시작하고 성장경제는 실현되지 않고 효율은 떨어진다. 노동비용은 상승하기 시작, 승진의 기회가 한정되기 때문에 사내의 사기도 떨어지며 능력이하의 일밖에 못하기 때문에 개개인의 능력의 확대도 억제되고 관료제의 폐해가 조장되는 형상이 나타난다. 이들 문제를 해소하기 위해서는 기업을 다시 성장궤도에 태우지 않으면 안 된다.

주력사업의 성숙화에 대응하고 혹은 그것을 선점하고 기업성장력을 회복하는 일련의 액션을 탈성숙화라고 한다. 탈성숙화에는 기본적으로 두 가지 방향이 있다.

첫째는 일신하여 사업개발로 사업구조의 전환이다. 아사히화성이나 테이진, 도레이, 스미토모전공 그에 의해서 성장의 힘을 회복한 예이다.

둘째는 신상품, 신사업시스템에 의한 성숙사업의 재활성화이다. 보화주조의 순수, 미놀타의 α 7000, 아사히맥주 슈퍼드라이가 그 예이다.

이 두 가지 길은 한쪽을 택하면 다른 한쪽을 선발할 수 없다는 배타성을 갖는 것은 아니다. 두 가지 길을 동시에 추구한다는 것도 가능하다. 소론(小論)에서는 패러다임전환을 따른 탈성숙화가 어떻게 되는가를 생각하기로 한다. 현재 몇몇 산업에서는 탈성숙화가 초미의 과제이다. 그러나 탈성숙화는 이들 특정산업만의 전략과제는 아니다. 산업의 성장에 라이프사이클이 있다면 모든 기업은 언젠가는 탈성숙화라는 과제에 직면하게 된다.

3. 탈성숙화 지연

1) 탈성숙화를 위한 액션

걸핏하면 늦어지기 쉬운 이상적으로는 주력사업의 성숙화에 앞서고 성장둔화조짐을 알아채고, 사전에 그것에 대응할 방법을 찾는 것이 바람직하다. 그렇게 행동하고 탈성숙화에 성공한 기업도 존재하지만 탈성숙화의 대응은 늦어지기 쉽다. (단품·단일재배형)기업일수록 일이 지연이 되는 것이 보통이다. 예를 들면, 일본의 대형지하철 강철회사가 탈성숙화의 액션이 본격화된 것은 조강 생산량의 피크가 10년 이상이나 지나고서다. 이러한 대응의 지연은 실은 조직이라는 집단에서의 사고와 감정의 역학의 자연스러운 결과이다. 그것이 탈성숙화의 장애측면에서 지연을 부른다.

제1의 장해는, 주력사업의 성숙화라는 사실 그 자체의 인식이 어렵다는 것이다. 업계의 성숙화는 한꺼번에 일어나는 것이 아니라 파동을 거치고 시장에서 시련을 겪은 후 다가오는 것이다. 많은 회사들은 몇 번의 산과 계곡을 거쳐 실험속에서 처음으로 성숙이라는 사실을 깨닫는 것이다.

제2의 장해는, 기존 사업운영의 패러다임에서 충분히 대응가능하다는 의식이다. 성숙기에 들어가서도 그 동안의 패러다임이 일거에 통용하지 않는 것은 아니다. 기존의 패러다임에 근거한 액션을 강화했다면 시장은 이에 보답한다. 그 때문에 문제가 늦춰지고 문제가 더 한다는 것을 그렇게 심화한다.

세 번째 장해는, 규모감각을 느끼지 못하고 있다. 대규모본업의 탈성숙화에 대응하고 성장력을 찾기위해서는 어느 정도 규모의 신사업을 추가해야 한다. 그러나 어느 정도의 사업규모를 달성할 만한 성장업종은 한정되어 있다. 기회는 극히 한정되어 있는 것처럼 보인다. 또, 그 같은 업종은 타사도 날을 내기위해서 진출후 경쟁도 심해 성공은 어려우나 주력사업이 성숙하면 사업은 수익기에 들어가고 기업의 이익률은 상승한다. 이 이익률을 기준으로 하면 다른 분야는 매력없는 것으로 보인다.

마지막은, 분류의식이다. 단일재배의 회사에서는 분류의식도 얼마든지 구, 신사업에 인사이동이 이루어진다.

신사업의 탐색적인 투자가 이뤄진다고 해도 투자의 효과는 침체되기 쉽고, 성과를 올리기까지 이르지 않는다. 그것이 "역시 본업에 의존하여 나오는 수밖에 없다"는 의식을 강화한다. 이들의 장애를 극복하려면 무엇이 필요할까. 그 방법을 확인하려면 사람들의 감정이나 견해의 변화의 역동성을 이해하고 여기에 유도해야 하는. 탈성숙화에 성공한 기업은 일련의 액션을 통하여 변화의 흐름을 만들고 있다. 마케팅믹스와 3C 분석대응력을 강화하여 나가야 한다.

2) 탈성숙화 프로세스

많은 기업의 탈성숙화 성공사례를 관찰하고 있고 알 수 있는 것은, 탈성숙화가 파업환율인 프로세스가 아니고 우회로를 포함한 과정이라는 것이다. 탈성숙화 과정에서 여러 가지 실패를 볼 수 있기 때문이다. 구체적인 예를 보자.

① 모기업의 전자업체 모토로라는 원래 자동차 라디오가게였지만 전후는 텔레비전 등의 통신기기에 진출하고 성장했다.

성숙화 초기단계에서는 다각화를 실시했다. 그 대부분은 매수라는 수단에 의한 것이었다. 그러나 그 다음에는 전략을 확립하고 통신기, 반도체, 컴퓨터를 3개의 뼈대로 하는 사업구조를 확립했다.

② 모기업의 담배회사도 마찬가지이다. 건강의 악영향의 인식이 확산, 금연운동의 고조에 의해서 미국의 담배산업은 빠르게 성숙기를 맞게 됐다. 각 기업은 60년대 후반부터 적극적인 다각화를 시작했다. RJR은 포장용 아키라, 식품, 음료, 컨테이너 수송, 석유 등 진출하고 필립 모리스도 식품, 음료, 세빙용품, 공업제품, 병원서비스, 지역개발 등에 진출했다. 그 중에서 잘 안된 것도 많다. 필립 모리스는 그 후, 병원서비스, 음료를 철수하고 말았다. 기업도 마찬가지이다. 종전직후의 제인은 인견의 성숙화에 직면하고 합성섬유(폴리에스테르)의 다각화에 나섰다. 이 합성섬유도 성숙화를 맞는다하면 제인은 다양한 방향의 다각화에 임하게 되었다. 1968년에는 미래사업부가 설치되어 식량, 석유, 자동차판매, 화장품, 의약 등의 사업의 다변화가 시작되었다. 크게 성공하지 않았지만 현재는 의약사업이 업체의 매출액 10%를 차지하게 되었다.

스미토모(住友) 전공도 마찬가지이다. 스미토모 전공은 이전에는 전선을 주력으로 하는 기업에서 현재는 광섬유, 반도체, 병원시스템 등, 다양한 사업을 하는 기업으로 변신하고 있다. 그러나 이들 많은 사업의 파종은 1960년대에 열린 것으로 뭐든지 이제부터라고 하던 시절도 있기도 하였으나 기대만큼의 성과를 거두지 않은 사업도 있다. 현재는 주력사업의 하나가 되는 갈륨비소의 반도체도 한때는 실패라는 것에서 프로젝트가 해산되기도 하였다.

카메라 메이커의 탈성숙화에 성공한 캐논도 마찬가지이다. 초기의 다각화 프로젝트였던 싱크로리더는 실패로 끝났고 계산기도 카시오와의 전쟁에 패배했다. 소주의 성숙화에 직면한 타카라주조는 많은 곳에 진출하고 심한 타격을 입었다. 새로운 타입의 소주 순수의 성공은 그 실패후에 나타나고 있다. 이 외에도 탈성숙화 성공사례의 대부분에서 각각의 프로젝트에서의 실패가 보인다. 왜, 이런 실수가 일어날까. 그것은 피할 수 없는 것인가. 혹은, 실패는 탈성숙화 프로세스에서 무언가 중요한 역할을 하고 있을까. 이 의문에 답하려면 탈성숙화 과정을 또 다르게(다른 시각으로) 바라볼 필요가 있다.

3) 탈성숙화의 과정

탈성숙화에는 톱 경영자가 대단히 중요한 역할을 하는 것으로 알려졌다. 확실히 경영자의 용기 있는 결단이 탈성숙화의 중요한 지렛대로 되고있다고 생각하는 경우는 많다. 그러나 그 결정이 열린 전후상황은 거기에 중요한 프로세스가 숨어 있다. 탈성숙화는 한번뿐인 중요한 의사결정에 의해서 실현되는 것은 아니다, 많은 사람들의 오랜 기간 수 많은 의사결정과 액션의 흐름의 결과로서 그 산물이다. 경영자의 중대결단은 그것이 매우 중요한 위치를 차지한다고는 하지만 이 프로세스에서는 꼬마에 불과하다. 오히려 탈성숙화는 시간 순간적인 프로세스로 간주돼야 한다.

탈성숙화 프로세스는 기업에 의해서 가지각색이다. 이 프로세스를 본업이 아직 성장하고 있는 신생기업도 있고 본업의 성숙화가 누구에게 이야기 시작한 기업도 있다. 이미 말한 것처럼 후자의 쪽이 압도적으로 많다. 또한 탈성숙화에 오랜 시간을 가진 기업도 있고 단기사이에 이룬 기업도 있다. 이러한 차이가 있지만 많은 기업에 탈성숙화 프로세스가 있다. 여기에서는 그것을 가설적으로 네 가지 단계로 살펴보면 이 단계는 명확히 구분할 수 있는 것이라기보다는 오히려 서로 침투했던 과정이다.

제1은, 주력사업부문이 성숙한 또는 성숙이 임박했다는 것을 인식하는 과정이다. 그 동안의 사업운영의 발상(패러다임)기업으로서의 건전한 발전은 어렵다는 것을 조직으로서 인식할 단계층이다. 이 단계를 성숙의 인식의 프로세스라고 부르기로 했다.

제2는, 성숙의 인식을 배경으로 지금까지의 발상과 다른 액션은 새사업의 진출이 개시되어 계속되는 단계이다. 어찌보면 이상적이고 뒤돌아보면 쓸데없는 우회라고 생각되는 액션이 많은 시기이다. 이 단계를 우리는 전략적 학습의 단계라고 부른다는 것이 아닌가 생각하고 있다.

제3은, 전략적인 학습을 통해서 점차 명확한 전략이 떠오르는 단계이다. 기업이 나아갈 방향, 기업재생의 드라이빙 포스와 자원과 능력이 드러난 단계이다. 이 단계에서는 경영자원의 경사적 재분배가 열리기 시작한다. 경영자의 중대결단을 볼 수 있는 시기이기도 하다. 이 단계를 전략의 재구축단계라고 부를 수가 있다.

마지막은, 기업이 새로운 성장궤도 속에서 자신감 넘치는 전략을 전개할 기회로서 새로운 패러다임이 정착하는 시기이기도 하다. 이 단계를 확대생산의 단계라고 부를 수 있다. 이들 네 개의 프로세스는 서로 겹쳐졌다. 각각의 프로세스가 언제 시작되어 어느 정도의 기간이 지속될 기업마다 다르다. 이상 네 가지 과정은 많은 기업에 공통적으로 볼 수 있다. 물론 예외는 있다. 4개 단계의 각각은 기업의 탈성숙화에 있어서 중요한 역할을 하고 있다. 각각의 단계에서 기업에서 무슨 일이 일어나고 있을까?

4. 성숙이 보인다

1) 성숙의 인식

탈성숙화의 첫 단계는 성숙의 인식이다. 주력사업이 성숙된 혹은, 성숙될 것같다는 인식이 조직 속에 침투하는 시기이다. 외부의 관찰자에서 보면 지당한 사실의 인식이 조직속에 침투하려면 시간이 걸리고 대단한 노력이 필요하다. 시장에서 모순된 신호, 왜 인연으로서 위력을 발휘하는 기존의 발상의 틀(패러다임), 사업에 대한 의리적 애착, 조직부문 간의 이해대립 등이 인식을 늦추는 원인이다.

이 인식은 우선 극히 일부사람들부터 시작된다. 그것이 크리티컬 매스에 이르렀다가 급속히 확산될 것이다. 그러나 그 단계에서도 성숙도를 인정하지 않는 완고한 보수파가 존재하고 있다. 이 단계에서는 장애물이지만 후의 단계에서 아주 막중하다 생각하여 중요한 적극적 역할을 맡기도 한다. 이 프로세스에서는 성숙의 인식의 강도도 이상하다. 처음의 막연한 위기의식이 강한 위기감으로 변한다.

그림 8-2 탈성숙화의 단계

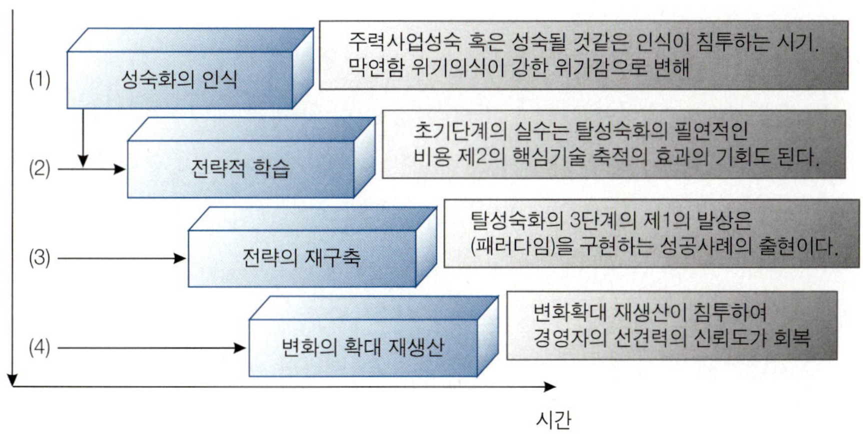

출처 : FIGURE 9-4 Creationg a Best Practces library참고 탈성숙 4단계 프로세스 모형재도

성숙의 인식이 어느 정도의 빠름으로 침투할지는 기업에 의해서 다르다. 단품·단일재배기업이란 단일사업이 기업의 매출액의 대부분 그 사업에 적합한 발상의 틀이 굳건하고 광범위하게 공유하고 있는 일이다. 이런 기업에서는 성숙과 인식의 침투는 늦게되기 쉬우며 피크를 한참 지나고 실적이 부진하여 인식이 퍼지는 것이 많다. 이들 기업에서는 탈성숙화 지연원인으로 이미 지적한 현상이 일어난 상태이다.

이 단계는 말하자면 탈성숙화로 질주하는 기업가운데는 두 가지 중요한 단계로 눈에 보이지 않는 변화가 진행되고 있다. 한 가지는 파워의 집중이다.

본업이 성숙화했다는 것을 논리나 데이터에서 사람들에게 설득하는 것은 어렵다. 탈성숙화 액션을 시동하려면 논리의 초월이 필요하고 논리초월을 위해서는 톱 경영자파워의 집중이 필요하다.

변화는 선이다. 왜냐하면 변화는 그 성질부터 선이기 때문이라는 논리를 초월한 설득과 그것을 바탕으로 한 액션을 따르려면 경영자의 파워의 집중이 필요하다. 경영자파워의 집중을 인정한다는 눈으로 볼 수 없는 합의는 조직이라는 사람의 집단이 성숙화와 그것이 가져올 위기의 인식을 표현하는 조직적인 의사이다.

두 번째는 변화와 에너지의 목적을 달성하는 작성프로세스이다. 에너지의 목적을 만드는 것에는 불필요한 에너지의 디스차지를 피할 필요한 요체다. 위기의 해소에는 직접 만나면서 없는 기구개혁, 전사운동은 불필요 디스차지를 가져올 수 있다. 그러나 성숙의 인식이 늦어지고 기업내에 자신감 상실과 상호불신이 퍼지고 있을 때에는 작은 성공을 통해서 자신감을 회복시키는 액션이 필요하기도 한다. 에너지는 자신감상실 체념하는 형태에서도 디스차지가 되기 때문이다.

2) 전략적 학습교육

제2단계는, 다양한 액션(사업개발 · 제품개발)이, 시행착오에 빼앗기는 단계이다. 사후적으로 보면 쓸데없는 우회에 보이는 액션이 많이 나타날 시기이며, 후에 실패와 이해같은 액션을 취하는 시기이다. 기업내부의 사람들이 자주 이야기하기 싫어하는 시기이며 이미 말했듯이 탈성숙화에 성공한 기업대부분이 이런 시기를 겪고있고 이런 우회실패는 없는 것이 좋다. 그러나 이러한 실패를 피하는 것은 가능할까. 아지노모토처럼 거의 실패를 경험하지 않고 단품사업에서 탈성숙화에 성공한 기업도 있다. 그러나 그것은 예외이다.

오히려, 초기단계에서 실패는 탈성숙화에 따른 필연적인 비용이 있어 보인다. 왜 이런 실수가 일어날까?

그 이유의 하나는 사업을 창업함에 있어 필연적으로 따른 위험이다. 사업창조가 얼마나 위험을 동반할지는 새로 설립된 기업 상당수가 초기에 붕괴한다는 것을 사실로 봐도 된다는 것이 분명하다. 대기업의 풍부한 경영자원을 이용했다고 해도 실패위험이 없는 것은 아니다.

둘째는 새로운 사업 혹은 전략에 기존의 발상의 틀을 들여오는 것도 편한 실패이다. 각각의 업계에서 성공을 거두기에는 그 사업과 적합한 발상의 틀이 필요하다. 그러나 발상의 틀은 쉽게 바뀌지 않는다. 기업속에서 그것이 충분히 인식되어 있어도 의식되지 않은 채, 기존의 발상틀이 반입된다. 특히 기존사업과 시너지가 강하다고 생각됨으로 성공되는 분야만큼 이에 따른 실패도 많은 듯하다. 기업의 오랜 역사를 보면 이 단계에서 우회 혹은 실패는 기업에 중요한 기능을 담당하고 있는 경우가 있다. 실패의 효용이라고도 할 수가 있는 것이다.

제1은 기존의 경영자원(특히 정보적 경영자원으로 불리는 기술이나 노하우 인간의 기능, 기업이미지와 브랜드)의 포텐셜의 발견과 그 한계를 보면서 기회를 부여해주는 것이다. 경영자는 경영자원의 포텐셜의 모든 것을 꿰고있는 것은 아니다. 경영자원의 잠재력은 벌레로 실제액션을 통하여 우연한 기회에 발견되는 것이 많기 때문이다.

제2는 새로운 핵심기술이 축적된다는 효과이다. 캬노소단독으로 지도자는 사업으로는 실패로 끝났지만 전자기술이라는 기술축적도 늘어뜨린 시행착오의 과정에서 예상도 하지 않았던 새로운 기술이 축적되는 것이다.

제3은 인재육성이라는 효과이다. 시행착오의 과정에서 사업개발경험을 지닌 인재발굴과 육성이 열린다. 이들은 본격적인 탈성숙화에게 흔히 필수인력이다. 사업가육성을 위한 가장 효과적인 방법은 근무중의 체험적 학습이다.

이상의 이러한 효과를 생각하여 보면, 이 시기는 학습의 시기와 전략적인 학습의 시기인 것이다. 물론, 실패에서 많은 것을 배워 기업도 소우데지(손해보지 않는) 기업이 존재한다. 그 차이는 어디서 오는가. 그리고 그에 대한 명확한 식별기준은 없지만 가설로 다음의 것이 중요하다는 생각을 얻을 수 있다.

제1은 실패의 방법, 시키는 방법이다. 샤프의 회장의 사에 키아키라씨는 다음과 같이 말했다.

뜻대로 생각대로 되지 않는 것이 비즈니스이며, 또한 그러기에 연구노력하는 재미가 있는 것이다. 스포츠에서도 마찬가지이지만 생각대로 되는 일은 드물다는 것이다. 뜻대로 된다면 그건 채시(採施)이다. 나는 항상 진입의 벽을 언급한 때에는 정공법에 의해야 된다고 하고 있다. 그래야 성의와 창의를 가지고 자신들의 피나는 노력을 하면 그 벽을 정공법으로 공격하는 것이 좋다라고 말한다. 요령으로 잘 회피하려는 것은 좋지 않다. 비록 성공하지 않아도 여러 가지를 시작해 봄으로써 체험이 남는다.

제2는 실패의 노하우 전승(傳承)의 단이다. 실패의 대처방법, 실패한 사람들의 처우의 방법이다. 실패한 사람들의 처우를 잘못하면 실패학습은 개인이나 집단수준, 조직차원에 이르지 않는다. 실패가 불가피하다고 해도 실패에는 비용이 든다. 때에 따라서는 기업의 존속을 위태롭게 하기까지 한다. 그러므로 쓸데없고 가치없는 실패를 하여서는 안 된다.

그것이 좋은 것은 알고 있으나 눈에 보이는 실패에만 눈을 빼앗기고 있으면 눈에 띄지않는 실수를 할 수도 있다. 전략적 학습단계의 의미를 이해하려면 이 단계에서 생기는 여러 가지 실패의 의미를 밝혀두는 것이 반드시 필요가 있다.

3) 주관적 시너지와 객관적 시너지

이 단계에서 실패의 의미를 이해하기 위해서는 두 종류의 시너지를 구별할 필요가 있다. 하나는 객관적 시너지이며, 둘째는 주관적 시너지이다. 객관적 시너지란 현실의 사업활동의 결과로서 기존 사업에서 길러진다. 경영자원이 새로운 사업분야에서 경쟁상의 우위성을 초래하게 이용할 수 있는 경우이다. 뒤늦게 혹은 현실적인 사례가 존재할 때 그것이 있는지를 알 수 있는 시너지이다. 이제 한 가지는 기업측이 기존사업에서 길러진 경영자원이 다른 사업분야에서도 이용가능하다고 판단한 사전의 판단단계에서의 시너지이다. 전자는 사후시너지, 후자는 사전시너지로 불릴지도 모른다.

사전시너지와 사후시너지는 일치한다고 하는 보장은 없다. 이 불일치보다는 이 단계에서 실패의 원인을 더 잘 이해할 수 있다. 여기에서는, 의정(議静) 단순화 때문에 2개의 시너지의 유무를 기준으로 네 가지 경우로 생각할 것이다.

① 주관적으로도 객관적으로 시너지가 존재하는 경우이다.

② 주관적으로 시너지가 존재하지만 객관적으로 시너지가 존재하지 않는다라고 하는 케이스이다.

③ 주관적으로 시너지가 존재하지 않는다고 생각하고 있지만, 사후적으로 시너지가 발견됐다는 사례이다. 마지막 사례 4는 객관적으로나 주관적으로도 시너지가 존재하지 않는 케이스이다.

그 동안의 연구는 신규사업의 성공을 위해서는 시너지의 존재가 필수적으로 나오리라는 것을 밝혔다. 거기에서 논의의 대상이 되고있는 것은 시각적, 객관적 시너지이다. 성공률이 높은 것은 ①과 ③이다.

그러나 기업이 사전에 알 수 있는 이유는 주관적인 시너지 즉, ①이다. 이 불일치가 이 전략적 학습의 필요성을 가져온다. 두 사람이 항상 일치하고 있다면 시행착오적인 전략적 학습은 불필요하고 실패의 확률도 낮다.

또, 각각의 경우별 전략적 학습단계에서 실패의 원인은 다르다. ①은 큰 실패가 적은 사례이나 그것이 모두 성공하는 것은 아니다. 전형적인 실패는 동업 타사의 움직임을 잊어버린 것에서 초래된다. 주관적으로 뿐만 아니라 객관적으로 시너지가 존재하는 케이스에서는 동업 타사도 그 존재를 알아낸 것이 많다. 그 결과 많은 기업이 나란히 진출하면서 새 시장에서의 경쟁이 치열하고 성공이 어렵네하고 있다고 하는 케이스이다. 게다가, 이러한 실패를 일으킨 경우에 그 담당한 사람의 책임을 엄하게 추구하는 경우는 적다. 왜냐하면, 동업 타사도 실패하고 부패하고 있는 것이 많기 때문이다.

②의 전형적인 실패는 주관적으로 시너지가 존재한다고 생각하게 된다. 이런데서 오는 실패이다. 그래서 기존의 사업방식이 그대로 포함되어 버리거나 신규사업에서의 학습이 저해되거나 하는데서 오늘의 실패이다.

③의 전형적인 실패는 눈에 보이지 않는 실패인 이것은 시너지를 발견할 기회를 잃었다는 의미에서 기회손실이다. 시너지가 없다고 생각하고 새로운 사업에 진출하지 않은데서 오는 기회손실이다. 이 실패에 의해서 누구도 상처를 입는 사람은 없다. 왜냐하면 눈에 보이는 실패가 일어나고 있기 때문이다. 만약, 전략적 학습단계에서 여러 가지 실패에 적극적인 의미가 있다면 그것은 이런 기회손실을 피하기 위한 비용을 의미하는데 있다.

④는 사업의 실패를 가져오는 것이 많다. 그러나 주관적으로도 실패확률이 높다는 것을 알고 있으므로 오히려 실패도 면할 수도 있는 사태에 대한 사전준비가 자상하고 있을지도 모른다. 이렇게 보면, 전략적인 학습의 단계에서는 다양한 실패가 생긴다. 이 점 충분이 검토하고 신중히 행동하지 않으면 ③의 실패가 발생한다. 그것은, 실제의 손실을 낳는 실패는 아니지만 경영적으로 보면 실패다. 늦은 편이다, 이 단계에서는 이 정도의 행운이 없는 한 실패는 불가피하다. 문제는 실패를 어떻게 없애느냐가 아니라 일어날 수 있는 실패에 어떻게 대처할 것이냐이다.

4) 전략의 재구축과 변화의 확대재생

탈성숙화의 3단계는 전략구상이 서서히 확립되는 단계이다. 제2단계에서 제3단계 이행의 계기가 될 것은 다음 두 가지의 발상은 (패러다임)을 구현하는 성공사례의 출현이다. 시행착오적 사고속에서 나온 성공사례를 봄으로써 사람들은 새 패러다임의 윤곽과 그 유효성을 알 수 있다. 제2는 톱(Top)의 결단에 있다.

이 단계에서는 기업의 장래성장의 방향이 뚜렷하고 그것이 새로운 도메인으로 말로 표현되기 시작, 기업의 성장 드라이브포스 경영자원이 무엇인지 구별되어 인식하게 되는 것이다. 구체적인 모델을 통해서 새로운 사업발상(패러다임)이 분명하고 그게 더 많은 사람들에 공유하게 된다. 시행착오속에서 무엇이 값이 있었는지, 어떤 것을 우회했는지가 이해되기 시작하고 과거의 성공실패에 대해서 뚜렷한 의미와 이론적 설명이 주어지게 된다. 보통 일반적인 경영전략론의 교과서와 같은 전략책정의 방법론으로는 도움이 되지않는 단계이다.

마지막으로는 변화확대 재생산은 새 기법이 침투하고 기업의 여기저기 이쪽저쪽으로 변화가 일어나는 시작시기이다. 사람들은 시행착오의 프로세스의 실패를 서서히 잊어간다. 성공체험만이 기억되어 경영자의 선견력에 대한 신뢰가 회복된다. 사람들 사이에 자신도 생겨난다. 새로운 패러다임에 함께 하고 싶어하는 신뢰가 탄생하며 일상의 행동을 통해서 그 타당성이 확인된다.

새로운 사업의 성공에 자극되어 성숙사업부문 중에서도 새로운 전략전개가 다를 수도 있다. 그 주역이 되는것은 성숙을 인식하지 않는 완미보수이다. 이들은 신규부문의 경쟁의식에서 성숙한 사업의 새로운 전략전개의 방법을 확립한다. 보수와 혁신파의 기묘한 협력관계가 낳는다라고 기업전체가 맞아 떨어지기 시작한다. 하는바에 따라서는 성숙부문도 활성화할 수 있다는 자신감이 고조된다,

이상이 기업의 탈성숙화 프로세스에 대한 가설이다. 한정된 경우에서 모델이므로 일반성은 주장할 수 없다. 그러나 탈성숙화를 일련 액션의 흐름, 프로세스로서 바라보면 몇 가지 중요한 특징을 시사한다. 그 중에서 가장 소중한 것은 탈성숙화를 일직선의 프로세스가 아니라, 곡절이 있는 프로세스로서 인식하는 것이다.

성공포인트

1. 그 사람의 미래를 보라

성공하는 사람은 미래비전의 가능성을 중시한다. 큰일을 도모하는 자는 작은 이익에 얽매이지 않는다. 이해관계에 따라 친구를 사귀지 말라 편견에 사로잡힌 눈으로 사람을 판단하여서는 안된다. 우리가 살아가는 이 사회는 기회로 가득차 있다. 누구든지 기회를 활용하면 언제든지 변신이 가능하다. 제아무리 능력이 있다 하더라도 인품을 간과하여서는 안된다. 재능이 있고 덕이 부족한 사람을 사귀면 엄청난 피해를 볼 수 있다.

2. 인정을 받고 싶으면 상대를 먼저 인정하라

상대를 인정하면 그는 저절로 당신에게 호감을 가진다. 능력이 뛰어난 사람은 언젠가 다른 사람의 도움으로 꿈을 달성하거나 성공할 수 있는 기회를 잡을 것이다. 사람은 누구나 자신의 존재를 인정받고 싶어한다. 자신의 존재를 인정받고 싶다면 먼저 상대방의 존재를 인정하라 그러면 자연스럽게 당신의 존재를 인정할 것이다.

요 약
summation

＊ 성장의 경제와 탈성숙화

기업이 일정률로 계속 성장함으로써 장기적인 효율이 좋아지는 현상을 성장의 경제라고 부른다. 성장의 경제를 가져오는 가장 중요한 원천은 사람들의 학습능력이다. 사람들은 일상의 일을 통해서 능력이나 지식. 기술 등을 축적해 간다. 이러한 능력이나 지식의 축적에 의해서 일에 투입될 에너지와 시간을 절약할 수 있다.

＊ 탈성숙화를 위한 액션

제1의 장해는, 주력사업의 성숙화라는 사실 그 자체의 인식이 어렵다는 것이다. 업계의 성숙화는 한꺼번에 일어나는 것이 아니라 파동을 거치고 시장에서 시련을 겪은 후 다가오는 것이다. 많은 회사들은 몇 번의 산과 계곡을 거쳐 실험속에서 처음으로 성숙이라는 사실을 깨닫는 것이다.

제2의 장해는, 기존 사업운영의 패러다임에서 충분히 대응가능하다는 의식이다. 성숙기에 들어가서도 그 동안의 패러다임이 일거에 통용하지 않는 것은 아니다. 기존의 패러다임에 근거한 액션을 강화했다면 시장은 이에 보답한다. 그 때문에 문제가 늦춰진다, 문제가 더 한다고 그렇게 심화한다.

＊ 전략적 학문

제2단계는, 다양한 액션(사업개발 · 제품개발)이 시행착오적으로 빼앗기는 단계이다. 사후적으로 보면 쓸데없는 우회에 보이는 액션이 많이 나타날 시기이며, 후에 실패와 이해같은 액션을 취하는 시기이다. 기업내부의 사람들이 자주 이야기하기 싫어하는 시기이다. 역사의 말에서 잊혀질 시기이기도 하다. 이미 말했듯이 탈성숙화에 성공했다. 기업대부분이 이런 시기를 겪고 있다.

* 탈성숙화의 3단계

제3단계는 전략구상이 서서히 확립되는 단계이다. 제2단계에서 제3단계로 이행의 계기가 될 것은 다음 두 가지 발상은 (패러다임)을 구현는 성공사례의 출현이다. 시행착오적 사고속에서 나온 성공사례를 봄으로써 사람들은 새 패러다임의 윤곽과 그 유효성을 알 수 있다. 제2는 톱의 결단에 있다.

* 정리매듭

이상이 기업의 탈성숙화 프로세스에 대한 가설이다. 한정된 경우에서 모델이므로 일반성은 주장할 수 없다. 그러나 탈성숙화를 일련 액션의 흐름, 프로세스로서 바라보면 몇 가지 중요한 특징을 시사한다. 그 중에서 가장 소중한 것은, 탈성숙화를 일직선의 프로세스가 아니라, 곡절이 있는 프로세스로서 인식하는 것이다.

제3절 성숙기의 재무관리

♣ **직원의 마음을 움직이는 3H경영**

직원들이 손을 움직였을 때에는 잠재능력의 20~30%를 끌어낼 수 있고, 머리를 움직이는 지식노동자를 양성하면 40~50%의 잠재능력을 발휘하게 할 수 있고, 마음을 움직이면 잠재능력의 120%를 끌어내는 것이 가능하다. 사람의 능력은 발에만 있는 것이 아니라 머리에도 그리고 가슴에도 있다는 것을 마음속 깊이 느꼈다.

- 문국현 대한민국 희망보고서 유한킴벌리 -

유한킴벌리 윤국현 사장은 이를 손(Hand) 머리(Head) 마음(Heart)라는 3H이론으로 설명한다.

일반적인 업무의 효과성은 얼마의 열정을 가지고 임하느냐가 결과를 가름한다고 하여도 과언이 아닐 것이다. 그러나 재무관리업무는 얼마의 세심성을 가지고 업무를 집행하느냐가 낭비요소를 막아내는 결과를 낳을 것이다. 이 낭비요소를 막아내고 촉진작용의 매개적 역할을 이행하는 것이 재무관리의 효능이요 장수기업으로 가는 길인 것이다. 본 장의 재무관리 의의는 회계학적 손익의 계산을 하는 것보다는 기업운영상 어떤 전략으로 재무구조를 튼튼히 구축하는 수단에 초점을 두고 있음을 전제한다. 그러므로 재무구조의 공고성은 수익성에서 이루어지며 수익성은 기술력에 기인되는바 기술기반의 도약만이 재무구조를 튼튼히 하고 장수기업으로 가는 길인 것이다.

1. 기업경영과 자원. 자본관리

1) 기업의 재화

기업은 재화와 용역을 제조, 판매하기 위하여 물적·인적자원, 자본 등 여러 요소로 구성된 조직단위이다. 기업의 기업경영은 여러 활동으로 나누어 이루어지나 재화와 용역을 교환하는 것이 가장 기본적이다. 교환에 의해 거래의 당사자들은 경제생활에 의미있는 상호이익을 얻는다. 교환에 참여하는 거래당사자들은 교환거래로부터 보상 또는 미래의 효익을 기대하고 기업은 이러한 기업 경영활동을 통해 부를 축적한다.

기업은 역할, 형태와 규모에 따라 다양하게 존재한다. 여러 기준에 따라 분류할 수 있으나 업종별로는 크게 세 가지로 나눌 수 있다.

첫 번째는 제조업이다. 제조기업은 고유의 생산시설에 원재료, 노동력, 기타 경비를 투입하여 제품을 제조하고 그 제품을 판매하는 제조와 판매를 겸하는 회사이다.

두 번째로는 판매업이다. 판매업은 특수한 매장을 가지고 상품을 판매하는 상업기업을 말한다. 상업기업은 상품을 제조기업으로부터 구매하여 일정한 마진을 부가하여 판매하는 구매와 판매활동을 하는 기업을 말한다.

세 번째로는 SK텔레콤, 제일기획과 같이 무형의 서비스를 서비스기업(용역기업)이 있다. 서비스기업은 인간의 인적용역 등 무형의 서비스를 제공하는 서비스업을 말한다.

기업의 형태는 소유구조에 따라 개인기업, 조합, 회사로 나눌 수 있다. 한 개인이 소유한 기업을 개인기업이라 한다. 소매업, 회계사 등 전문업의 경우에는 조합형태의 기업을 운영할 수 있다. 또한 중세유럽에서 출현한 둘 이상의 개인이 기업의 위험과 보상을 나누는 계약에 의해 소유하는 기업형태를 회사라고 한다. 조합 또는 회사의 계약은 조합원 또는 사원의 권리와 의무, 그리고 이익의 분배 등에 대한 조항을 포함하고 있다. 기업의 경영활동은 역할, 형태, 규모에 따라 판매활동, 영업활동, 제조활동, 구매활동, 연구활동, 마케팅활동, 투자활동, 재무활동 등 다양하게 이루어지고 있으나 본 장에서는 경영활동을 크게 영업활동, 투자활동, 재무활동으로 나누어 설명한다.

2) 기업운영과 자본

기업은 양질의 재화나 용역을 생산하여 소비자들에게 적정한 가격으로 공급함으로써 삶의 질을 개선시키는 사회적 책임을 수행하고 있다. 이와 같은 사회적 책임을 다하기 위하여 기업은 부채와 자기자본으로 자금을 조달하여 실물자산에 투자함으로써 새로운 가치를 창출하고 있으며, 이를 통하여 성장·발전하고 있다. 기업활동의 수행과정에서 자금을 조달하고 운용하는 활동을 재무활동이라고 한다. 재무관리에서는 이와 같은 재무활동을 연구대상으로 하고 있다. 그러므로 재무관리는 재무목표를 효과적으로 달성하기 위하여 재무활동을 과학적으로 관리하는 학문이라고 말할 수 있다. 재무관리의 목표는 주가를 극대화하는데 있다.

재무활동은 구체적으로 투자활동과 자금조달활동으로 구분된다. 투자활동은 실물자산에 투자하여 자금을 운용하는 활동을 의미하며, 자금조달활동은 실물자산의 투자에서 요구되는 자금을 조달하는 활동을 의미한다. 한편 관리는 기업활동이나 부분활동을 계획·조정·통제하는 관리활동을 말한다. 따라서 다음과 같이 재무관리를 정의할 수 있다. 주가의 극대화라는 재무목표를 효과적으로 달성하기 위하여 재무활동을 계획·조정·통제하는 관리활동을 재무관리라고 정의할 수 있다.

재무활동의 개념은 시대적 환경변화에 따라 발전적으로 인식되어 왔다. 1950년대 이전에는 공업화의 급속한 진전과 함께 새로운 기업을 설립하거나 기업규모의 확장에 필요한 자금을 효과적으로 조달하는 일이 기업의 주요 관심사였기 때문에 자금조달활동이 자연스럽게 강조되었으며, 1950년 이후에는 자본시장의 발전과 기술혁신의 급속한 확산에 따라 기업 간의 경쟁이 치열해지면서 많은 기업들이 효과적인 자금운용을 통하여 성장을 추구하는데 관심을 갖게됨에 따라 투자활동이 강조되었다.

3) 이윤의 극대화와 재무관리

무엇을 재무관리의 목표로 설정할 수 있는가? 이에 대한 해답은 여러 가지가 있을 수 있다. 예컨대 생존하는 것을 또는 재무적 곤경이나 파산을 피하는 것을 재무목표로 설정할 수 있을 것이다. 그밖에 경쟁에서 이기는 것, 매출액을 최대한 증대시키는 것, 원가를 최소한 줄이는 것, 이윤을 최대한 높이는 것 등을 재무관리의 목표로 설정할 수 있을 것이다. 그러나 앞서 언급한 것들은 재무관리의 목표로서 적합하지 않다. 예컨대 매출액을 증대시키는 것은 어려운 일이 아니다. 가격을 인하시키거나 신용판매의 조건을 완화시킴으로써 쉽게 매출액을 증대시킬 수 있기 때문이다. 또한 연구개발투자나 광고를 중단함으로써 쉽게 원가를 줄일 수 있다. 그밖에 필요한 자금을 모두 자기자본으로 조달하거나 또는 불확실한 투자를 아예 하지 않음으로써 재무적 곤경이나 파산을 피할 수 있다.

이러한 방법을 통하여 목표를 달성하는 것이 과연 의미가 있을까? 물론 의미가 없을 것이다. 그 이유에 대해서는 구체적인 설명을 하지 않아도 충분히 이해 할 것으로 믿는다. 그중에서도 가장 일반적으로 흔히 인용되고 있는 재무관리의 목표는 이윤의 극대화일 것이다. 물론 틀린주장은 아니다. 그러나 이윤의 극대화를 재무관리의 목표로 설정하는 데는 여러 가지 문제가 있다. 그 이유에 대하여 살펴보기로 하자.

첫째, 개념이 명확하지 않다는 점이다. 이윤은 매출총이익, 영업이익, 순이익, 또는 주당 순이익 등 여러 가지로 해석할 수 있다. 그러므로 이러한 이윤의 개념 중 구체적으로 어느 것을 재무관리의 목표로 설정할 것인지가 명확하지 않다.

둘째, 실현시기에 따라 가치가 다르다는 점이다. 예를 들어 이익은 금년도의 이익을 의미하기도 하고, 10년 후의 이익을 의미하기도 한다. 그러나 시간적인 가치의 차원에서 보면 똑같은 100원의 이익이라면 금년도의 이익이 더 큰 가치를 갖는다는 것은 당연한 결과이다. 그렇다면 1년 후와 10년 후에 각각 100원의 이익을 얻을 수 있는 자산 A와 B가 있다면 어느 자산에 투자해야 하는가? 물론 자산 A에 투자하는 것이 유리할 것이다. 왜냐하면 화폐의 시간적 가치를 고려하는 경우 자산 A의 가치가 자산 B보다 크기 때문이다. 그러나 회계학에서는 실현시기의 차이와 관계없이 1년 후와 10년 후의 이익 100원이 모두 똑같은 가치를 갖는 것으로 인식하고 있다는데 문제가 있다.

셋째, 불확실성에 따라 가치가 다르다는 점이다. 예를 들어 1년 후에 100원을 받을 수 있는 재정증권과 회사채가 있다고 하자. 재정증권은 정부가 원리금상환을 보증하는 증권이기 때문에 재정증권에 투자하는 경우 1년 후에 100원을 거의 확실하게 받을 수 있다. 따라서 1년 후의 투자수익(100원)은 확실한 현금에 해당된다.

한편, 회사채는 기업이 발행하는 증권이기 때문에 기업이 파산하는 경우에는 원리금을 상환받을 수 없는 불확실성을 감수해야 하기 때문에 1년 후의 투자수익(100원)은 불확실한 현금에 해당된다. 그러므로 회사채보다 재정증권에 투자하는 것이 유리하다는 것은 두말할 필요가 없다. 그럼에도 불구하고 이윤에서는 확실한 100원과 불확실한 100원이 모두 100원의 가치를 갖는다고 가정하고 있다는 점이 문제이다.

4) 기업의 이해관계자

(1) 외부 이해관계자

기업과 거래관계가 있는 외부 이해관계자는 주주, 채권자, 정부, 공급자와 고객 등과 같이 매우 다양하다. 외부 이해관계자는 일상적으로 발생하는 기업경영의 활동에는 관심이 없으며, 기업경영의 중요한 사건에 대한 정보에 관심을 갖는다. 주주와 채권자는 기업의 재무보고서인 재무제표, 국세청은 법인세신고서 등 금융감독원은 사업보고서 등, 공급자와 고객은 거래와 관련된 정보를 요구한다.

(2) 내부 이해관계자

내부 이해관계자인 경영자와 종업원은 경영목표달성을 위해 계획을 수립하고 목표달성을 평가하기 위해 경영정보를 요구한다. 따라서 내부 이해관계자는 미래 기업경영에 대한 의사결정을 위해 경영정보를 요구한다. 이는 외부 이해관계자는 주로 과거의 경영실적에 근거하여 의사결정을

표 8-1 이해관계자 분류/이해관계자

외부 이해관계자	내부 이해관계자
주주 채권자 정부 공급자 고객	경영자 종업원

한다는 면에서 대조가 된다. 내부 이해관계자는 외부 이해관계자에게 제공되는 경영정보외에 내부적으로 발생하는 다양한 많은 경영정보를 이용한다. 경영자와 종업원은 다음의 물음에 대한 답을 얻고자 정보를 요구한다. 현재와 미래의 경영환경 하에서 얼마나 경쟁을 잘할 수 있을까? 고용, 미래승진과 종업원의 복지에 대한 전망은 좋은가?

① 주주와 채권자

주주와 채권자는 기업에 필요한 자금을 제공하기 때문에 투자의 안정성과 성장성을 평가할 수 있는 정보를 요구한다. 즉, 주주와 채권자는 투자와 관련하여 다음의 물음에 대한 답을 얻고자 정보를 요구한다.

- **주주** : 투자로부터 만족스러운 투자수익을 얻을 수 있을 것인가? 투자위험의 크기는 얼마인가?
- **채권자** : 미래의 현금흐름이 원금과 이자를 지급할 정도로 충분한가?

주주와 채권자의 주된 관심에는 차이가 있다. 일반적으로 위험을 선호하는 주주는 채권자보다 높은 투자수익률에 관심이 있다. 반면에 위험을 덜 선호하는 채권자는 주주에 비해 투자수익률은 낮아도 투자의 원리금회수에 보다 관심을 갖는다.

주주와 다른 외부 이해관계자에게 제공되는 주요 정보는 연차영업보고서이다. 연차영업보고서는 재부제표와 기업의 일반정보를 포함하고 있다.

② 정 부

정부는 세금징수와 정부규제를 위하여 정보를 요구한다. 국세청은 세법에 따라 기업이 납부해야 할 법인세를 평가하기 위해 기업으로부터 필요한 정보를 요구한다.

정부는 정부규제에 대한 기업의 준수를 확인하기 위해 기업의 경영정보를 요구하기도 한다. 즉, 금융감독원에 재무제표가 포함된 사업보고서를 제출하게 함으로써 모든 이해관계자들이 기업정보를 이용가능하게 된다.

③ 공급자와 고객

공급자와 고객은 기업과 정기적인 거래와 정보교환이 이루어지므로 주주, 채권자와 정부가 다르게 정보가 제공된다. 공급자와 고객은 다음의 물음에 대한 답을 얻고자 정보를 요구한다. 공급자의 입장에서 대금의 안전한 회수는 가능한가? 고객의 입장에서 좋은 전망이 있는 기업인가?

2. 전략적 재무관리

1) 재무관리전략의 기본

① 우리는 왜 교양경제가 필요한가

실패하지 않고 성공하기 위하여 자유로운 시장경제 속에서 성장하려면 금융시장과 기업관계의 재무관리를 철저히 기함으로서 성장의 기초를 구축할 수 있다고 하겠다. 재무관리의 목표는 기업의 이윤의 극대화에 있음으로 이윤의 극대화의 방법으로서는 기업의 가치극대화(價値 極大化)로 주가의 상승과 내부적 재무관리 철저로 손실방지와 효율성 향상에 있다.

② 천신만고(千身萬苦)로 공들여 세운 기업

우리가 공들여 이루어 놓은 기업을 유지발전시키려면 오만하지말고 또한 오만에서 벗어나야 할 것이다. 우리는 다소 사업에 성공하여 기업을 번창시켰고 재력을 확보하였다고 해서 오만한다면 얼마나 유지할 수 있을 것인가? 사례를 보고 석학들의 말을 귀담아 들으며 자기관찰에 소홀이 하여서는 안 될 것이다. 이것이 이 시대가 요구하는 사항이요. 도리인가 싶다. 다소의 환경이 좋아졌다고 해서 오만하다면 기업의 신뢰는 얼마나 유지할 것이며 인간적 존경은 얼마나 받을 수 있을 것인가? 스스로를 성찰하여 파멸을 막는 계기가 되어야 하겠다는 마음으로 이 글을 정리하여 본다.

③ 우월의 환상에서 진실로

우월성에 빠져 최고라는 환상에 빠지면 오만을 가져오게 마련이다. 오만을 가져오면 그때부터 실패의 나락으로 향하여 자신도 모르게 가고마는 것이다. 실패는 성공의 어머니라고 한다. 그러나 실패를 하게되면 그 원인을 철저히 분석하고 재 진취적 계획을 세우지 못한다면 실패는 실패에서 끝난다. 실패는 자기반성과 철저한 원인분석으로 정확한 재계획에 의한 성취욕이 뒤받침하지 못한다면 실패는 실패의 어머니 이름뿐이다. 사람은 특별한 성취경험을 할수록 자기파괴에 쉽게 빠지기 마련이며 실패의 원인은 항상 자신의 관리능력과 자만속에서 이루어지는 것이며 조직은 조직내부에 그 원인이 있으므로 답은 조직내부에서 찾아야 한다.

2) 실패는 누구에게나 찾아오는 일

그런데 어떤 사람은 그 실패로 좌절하고 말지만, 어떤 사람은 그 실패를 교훈으로 삼아 새로운 기회를 움켜져 재도전의 에너지로 삼는다. 기업도 마찬가지다. 성공이란 사다리의 최상단에 오른 기업들조차 언젠가 실패를 맛보기 마련이다. 그리고 때로는 회생불가능한 나락으로 떨어진다. 하지만 실패를 맛본 기업들이라고 꼭 좌절하는 것만은 아니다. 어떤 기업들은 "약간의 독(毒)은 약(藥)이 된다."는 격언을 몸소 실천한다. 실패라는 독을 오히려 지렛대로 활용해 체질을 개선하는 약으로 쓰는 것이다. 이처럼 실패는 어떻게 쓰느냐에 따라 기업의 생사(生死)를 가르는 양날의 칼과 같다.

① 실패를 성공으로 바꾸는 마법(魔法)

실패를 연구해 온 두 석학을 만났다. 실패를 성공으로 바꾸는 마법(魔法)은 무엇인가? 잭디시 세스(Sheth · 71) 미국 에모리대 교수와 하타무라 요타로(畑村洋太郎 · 68) 일본 도쿄대 명예교수의 말이다. 두 사람은 기업의 실패에 대해 각각 다른 시선으로 연구해 왔다. 미국 마케팅분야를 대표하는 석학 중 한 사람인 세스 교수는 한번 성공했던 기업이 급속한 내리막 길을 걷는 원인을 분석했다. 반면 일본 최초로 실패학(失敗學)을 제창했던 하타무라 교수는 기업들이 실패라는 경험을 적극 활용해 성공으로 거듭나는 비결에 초점을 맞춰왔다. 실패한 사람이 무엇을 어떻게 해야 할지 생각하지 않으면 실패를 반복할 수밖에 없다. 실패의 원인과 과정을 깊이있게 생각하지 않으면, '실패는 실패의 어머니'일 뿐이다. 실패는 도전과 발전을 위해 그 원인을 분석하고 거기서 창조적인 아이디어를 도출해 낼 때 비로소 가치가 있는 것이다.

② 실패학의 진수(眞數)를 전하는데 환상의 조합인 셈(算)이다

먼저 세스 교수의 이야기를 들어보자. 그는 저서 『배드해빗(Bad Habit) · 성공한 기업의 7가지 자기파괴습관』에서 좋은 기업이 병들어 가는 원인은 기업외부가 아니라 내부에 있다고 역설한다. "기업이 탁월한 성과를 내면서 성장해 가면 그 결과로 기업의 근본을 갉아먹는 자기피회습관(自己破壞習慣)이 무의식중에 생겨난다."는 것이다.

"누구나 성공이라는 단어는 좋아하지만 실패를 인정하는 것은 매우 괴로워한다. 하지만 실패는 훗날 소중한 자산이 될 수 있는 만큼 소중한 것이다. 그러므로 숨기기보다 적극활용해야 한다. 실패를 밑거름으로 해서 노력한 결과물이 바로 성공이기 때문이다."그는 〈실패의 권유(2000)〉와 〈나와 조직을 살리는 실패학의 법칙(2002)〉 등의 책을 썼다(陽太郎(하다무라 요타로, 教授).

③ 자기파계 습관의 7가지

왜 당신은 자기파괴 습관이 종말을 몰고 올 때까지 기다렸는가? 왜 당신은 폐암이 번질 때까지 담배를 끊지않고 피웠는가? 스스로 자문하고 답을 구하라!!

ⓐ 현실부정, ⓑ 오만, ⓒ 타성, ⓓ 핵심역량에 대한 과도한 의존, ⓔ 눈앞의 경쟁만 보는 근시안, ⓕ 규모에 대한 집착, ⓖ 구성원들의 영역(silo) 의식이 그것이다. 7가지 자기파괴 습관 중 가장 심각한 요인은 오만이라고 한다. 오만은 성공했던 회사가 실패하는 원인을 만들어내는 근본이 원인이다. "GM이 도요타와 같은 대수의 자동차를 만드는 데는 두 배 이상의 노동력이 필요하다는 사실을 깨달았죠. 그러나 그가 미국에 돌아와 조사결과를 발표하자 GM 경영진들은 오류라며 한 마디로 무시하였다." 그 결과 GM은 파산보호를 신청을 하여야 하는 불행을 격어야만 했다.

3) 재무관리와 재무조직

자기자본비율은 회사운영의 안전성이다. 자기자본비율은 사방에서 낮은 수준의 자기자본비율이 중소기업의 취약점이라는 개탄의 목소리가 들려오고 있다. 독일경제연구소(IW)가 발표한 수치에 따르면, 독일기업들은 자기자본비율 24.6퍼센트로 세계 22개 주요 경제국가들 중에서 끝에서 세 번째인 것으로 나타났다. 반면 미국기업과 영국기업 그리고 일본기업은 각각 37.4퍼센트와 35퍼센트의 자기자본비율을 보유하고 있다. 독일기업보다 자기자본비율이 낮은 기업은 포르투갈기업과 스페인기업밖에 없다. 이처럼 취약한 자기자본비율은 중소기업에서 특히 심각한 문제로 작용하고 있다. 독일중소기업의 자기자본비율은 자료출처에 따라 6~22퍼센트로 추정되고 있으며, 오스트리아는 16~33퍼센트로 추정되고 있다. 특히 오스트리아는 자기자본비율이 차이가 유달리 크다. 영국, 미국, 일본의 중소기업은 자기자본비율이 35~38퍼센트에 육박한다. 2007년 이후에 찾아온 위기는 많은 기업들의 자기자본 토대를 한층 더 잠식하는 결과를 초래했다.

자기자본비율 측면에서 히든 챔피언들은 다른 차원의 리그에서 경기를 펼친다. 그들의 평균 자기자본비율은 42퍼센트에 이른다. 이것은 매우 높은 수치다. 가족기업들을 대상을 한 INTES/WHU조사에 따르면, 가족기업들의 자기자본비율은 36퍼센트로 히든 챔피언들과 비슷한 수치를 기록했다. 뢰들&파트너스가 밝힌바에 따르면, 500대 가족기업의 자기자본비율은 심지어 54퍼센트나 되는 것으로 나타났다. 히든 챔피언의 3분의 1도 자기자본비율이 50퍼센트 혹은 그 이상이다. 자기자본비율이 20퍼센트 미만인 기업은 16개 중 하나꼴에 불과했다. 우리의 조사대상 가운데 자기자본비율이 10퍼센트 미만인 기업은 단 한 곳도 없었다.

예컨대 변속기 히든 챔피언인 SEW 유로드라이브는 자기자본비율이 70퍼센트가 넘는다. 베어한 그룹도 동일한 자기자본비율을 자랑하고 있으며, 포오베르크같은 경우는 자기자본비율이 61퍼센트에 이른다. 슈틸의 자기자본비율은 68퍼센트다. 이때 거래채권자의 지분이 항상 외부자본의 일부를 차지하고 있기 때문에 이 정도 비율은 실제로 완벽하게 자체적으로 자금을 조달한다는 것을 의미하는 동시에 은행이나 다른 대출업체에 의존하지 않는다는 것을 의미한다. 밀레회장 라인하르트 친칸도 "우리는 완벽하게 자체적으로 자금을 조달한다"라고 말한다. 심지어 에네르콘은 총자산이 현저하게 늘어났음에도 불구하고 2007년 40퍼센트였던 자기자본비율을 2011년에는 55퍼센트로 끌어올렸다.

2007년 이후 찾아온 위기의 시간을 거치는 동안 탄탄한 자기자본조달 능력은 히든 챔피언들의 크나큰 장점으로 입증되었다. 이와 관련해서는 나 자신의 경험담을 이야기해도 좋을 것 같다. 위기가 정점에 달했던 2010년 2월에 나는 2명의 파트너와 함께 이른바 SPA(Special Purpose Acquisition Company, 기업인수목적회사)를 설립하여 2억 유로의 자기자본을 모을 수 있었다. 증시에 상장된 우리의 SPAC 헬리코스 S. E. SPAC Helikos S. E. 의 목표는 어떤 기업을 인수하여 SPAC과 합병함으로써 단번에 그 기업을 증시에 상장시키는 것이었다. 우리는 히든 챔피언을 인수합병표적으로 삼았다. 2010년 초에 펼쳐진 극적인 위기상황에 직면하여 우리는 2억 유로 정도면 신속하게 일을 마무리를 지을 수 있을 것이라고 낙관했다.

그러나 우리의 예상은 보기좋게 빗나갔다. 주문이 급감했음에도 불구하고 적지 않은 수의 히든 챔피언들이 자기자본유입을 전혀 필요로 하지 않았던 것이다. 물론 신규자본을 필요로 하는 회사들도 있었다. 그러나 그런 회사들을 자세히 검토해보면 늘 우리마음에 들지않는 부분이 있었다. 그 뿐만이 아니었다. 심지어 위기의 정점에서 드러난 히든 챔피언들의 자기자본상황은 우리가 예상했던 것보다 훨씬 더 양호했다. 어쨌거나 우리는 2011년 여름에 SPAC 프로젝트를 성공리에 마무리 지었다. 우리는 2011년 7월 27일에 내장형 전자기기 및 보안솔루션부문 유럽시장 선도기업인 엑시트그룹을 인수하여 프랑크푸르트 증시에 상장했다.

추후에 입증된 바와 같이, 대다수 히든 챔피언들의 자기자본토대는 놀랍게도 위기상황에서도 거의 손상을 입지 않았다. 현실은 오히려 그 반대였다. 크레디트레포름이 기술한 바에 따르면, 대략 2000년부터 시작된 자기자본 강화경향은 "위기에도 불구하고 계속해서 중소기업을 중심으로 진행되었다."히든 챔피언들의 탄탄한 자기자본 조달능력은 금융비용에 직접적인 영향을 미친다. 자기자본 조달능력은 언제나 큰 중요성을 지니고 있는데, 그 이유는 과거에 비해서 지급능력에 대한 평가가 대출이자에 한층 더 강하게 반영되기 때문이다.

그밖에도 히든 챔피언들은 다른 기업들보다 소위 '신용경색'credit crunch(금융기관들이 위험을 줄이기 위해 시장에 돈을 제대로 공급하지 않아 가계나 기업이 어려움을 겪는 현상)을 당하는 일이 적다.

그런데 실제로 그런 신용경색이 존재하는지 그리고 그 범위가 어느 정도인지에 대해서는 의견이 분분하다. Sal. 오펜하임Sal. Oppenheim은행이 2012년에 실시 한 분석에 따르면, "데이터에 의거할 때 보편적인 신용경색이 존재한다고 결론지을 수 없다"고 한다. IFO연구소가 정기적으로 조사한 신용공여규제에 불만을 제기하는 회사의 비율도 이런 경향을 입증해준다. 2009년에 40퍼센트를 웃돌던 중소기업들의 이른바 대 출장애는 2012년에 대략 20퍼센트 정도로 낮아졌다.

이렇게 된 데는 독일의 우수한 지급능력도 한 몫을 담당하고 있다. 이와 관련하여 IFO연구소 소장 한스-베르너 진Hans-Werner Sinn은 이렇게 말한다. "호의적인 자금조달 여건은 앞으로도 계속해서 독일의 긍정적인 경제발전을 떠받치는 대들보역할을 할 것이다."세계 최대 신용보험사인 오일러 헤르메스Euler Hermes CEO 빌프리트 페어슈트레테Wllfried Verstraete의 판단도 이와 비슷하다.

2010년과 2011년의 양호한 성장으로 말미암아 현재 독일기업들은 2009년보다 상황이 훨씬 더 좋아졌다. 기업들은 위기에서 교훈을 얻었다. 당시에는 신용경색이 가장 큰문제였다. 지난 2, 3년 동안 기업들은 현금을 한층 더 신중하게 관리하면서 그들의 자금조달원천을 다각화했다. 그들은 직접 자본시장으로 향하거나 아니면 하나의 은행이 아닌 두세 곳의 은행과 협상을 벌인다. 연방은행 부총재 자비네 라우텐슐레거도 이 말에 동의를 표한다. 독일실물경제의 신용공급상황은 위험한 상황에 처해있지 않다. 오히려 그 반대인 것같아 보인다.

열띤 논쟁을 불러일으킨 신용경색이라는 주제는 사실상 국가별, 업계별, 기업별로 각기 세분화하여 판단하는 것이 바람직하다. 어쨌거나 히든 챔피언들은 위기발발이후로 거론되고 있는 신용경색에 거의 영향을 받지 않는 것같아 보인다. 기업가들과 대화를 나눌 때마다 나는 그런 사실을 거듭확인한다. 인공장구 세계시장 선도기업 오토보크 회장 한스 게오르크 네더의 다음과 같은 말은 전반적인 상황을 잘 말해준다. 각 은행들이 우리에게 물량공세를 퍼붓고 있다.

그러나 우리는 현재 제의가 들어오는 것만큼 많은 외부자금이 전혀 필요하지 않는다. SEW 유로드라이브 대표 한스 존더만도 동일한 주제에 대해서 이렇게 말한다. "은행이 우리에게 문의를 해온다고 하더라도 그것은 그저 시간낭비에 불과할 것이다."소위 신용경색은 허약한 기업들의 자금조달문제를 반영하는 것이지, 히든 챔피언들의 자금조달상황을 반영하는 것은 아니다.

4) 소유와 경영분리 재무관리자

① 소유와 경영분리

현대기업의 특성은 소유와 경영의 분리에서 찾을 수 있다. 기업규모가 점점 커지면서 자본가들이 기업경영에서 한발 물러서는 대신 전문경영자를 초빙하여 그로 하여금 자신들의 권익을 높이는 쪽으로 기업을 경영하도록 유도하고 있기 때문이다. 대기업일수록 소유권이 널리 분산되어 있기 때문에 소유와 경영의 분리가 잘 되어 있다. 그러나 여전히 대주주들의 영향력은 경영자의 활동에 많은 영향을 미치고 있다. 이와 같은 소유권구조의 변화는 대리인문제를 야기시키고 있다. 이에 대해서는 제4절에서 살펴보기로 하고, 여기서는 재무관리자, 재무관리의 조직 그리고 재무관리부서의 업무내용에 대해서 살펴보기로 하자.

② 재무관리자

재무관리자는 누구이며 어떤 역할을 수행하고 있는가? 재무관리자는 다음과 같은 두 가지 의미로 이해되고 있다.

첫째, 넓은 의미에서 보면 재무정책결정에 직접 또는 간접적으로 참여하고 있는 모든 관리자를 재무관리자라고 말할 수 있다. 그러므로 넓은 의미에서 재무관리자는 최고경영층에 골고루 분포되어 있다. 왜냐하면 마케팅, 생산 및 인사관리책임자 등이 재무정책결정에 직접 또는 간접적으로 참여하고 있기 때문이다. 예컨대 최고 경영자는 기업의 모든 정책결정에 대한 최종적인 책임을 지고 있으며, 부문관리자들도 재무정책결정에서 요구되는 기술적 문제를 해결하거나 또는 재무문제를 해결하는데 직접 또는 간접적으로 참여하고 있다. 생산시설을 확장시킨다고 하자. 생산관리자와 엔지니어들은 생산설비의 설계에 참여함으로써 책임을 분담하는 한편 마케팅관리자는 시장조사를 통하여 현금흐름의 예측에 필요한 정보를 제공함으로써 의사결정에 참여하고 있다.

둘째, 좁은 의미에서 보면 재무활동을 계획·조정·통제하는 업무를 담당하는 전문관리자로서 CFO를 재무관리자라고 말할 수 있다.

3. 탄탄한 기술력은 자본력

1) 기술력은 자본력이다

실제로 강력한 생산제조업은 수출성공을 위한 중요한 토대가 된다. 소위 무역수지가 GDP에서 제조업이 차지하는 비율에 종속되어 있다는 사실을 분명하게 보여준다. 무역수지는 한 국가가 수입보다 수출을 얼마나 더 많이 했는지를 알려주는 지표다. GDP에서 제조업이 차지하는 비율과 무역수지의 상관관계는 상관계수 0. 79로 매우 의미심장하다. 이런 의미에서 독일은 비록 유행에 뒤처져 있을지는 모르지만 성공을 구가하고 있다고 할 수 있다. 그 배후에는 다른 나라보다 현저하게 높은 수준의 투자, 그것도 규모가 작은 기업들의 투자가 숨겨져 있다.

우리는 미래를 위해서라도 독일의 제조기반을 방어해야 한다는 통찰을 이끌어 내야 할 것이다. 그러나 이것은 점점 더 만만치 않은 일이 되어가고 있다. 왜냐하면 세계화로 인해 생산과 가치창출사슬의 많은 부분을 빠르게 성장하는 목표시장들로 이전해야 할 필연성이 대두되고 있기 때문이다. 아마도 히든 챔피언들이 대기업들보다 더욱 더 성공적으로 이 일을 해낼 수 있을 것이다. 중소기업들은 지난 10년간 국내뿐만 아니라 해외에서도 고용을 늘려왔다. 비록 국내고용을 크게 늘리기는 했지만 말이다. 반면 대부분의 대기업들을 보면 해외일자리는 크게 증가한 반면 대부분의 대기업들을 보면 해외일자리는 크게 증가한 반면 국내고용은 오히려 줄어들었다. 현재 독일은 이 두 가지 경향사이에서 조화로운 균형을 창출해야만 하는 거대한 도전에 직면해 있다.

그러나 서비스산업과는 대조적으로 실체가 있는 상품들은 국내에서 제조하여 세계로 수출할 수가 있다. 이렇게 하면 국내고용을 안전하게 확보할 수 있다. 독일은 글로발리아가 제시하는 각종 조건들 하에서도 온갖 수단을 동원하여 강력한 생산기반을 유지해야 할 것 이다.

2) 탄탄한 자금조달

자금조달은 기업의 전략을 떠받치는 대들보다. 탄탄한 자금조달은 기업의 생존가능성에 대한 가장 중요한 전제조건들 가운데 하나로 꼽힌다. 그 반대경우도 마찬가지다. 자체적으로 자금을 조달하는 것이 가장 좋은 자금조달방법이다. 이렇게 하기 위해서는 충분한 수익성이 전제되어야 한다. 이런 측면에서 히든 챔피언들은 빛을 발하고 있다. 그들은 높은 자기자본비율을 보유하고 있는데, 이것은 위기에 대응한 효과적인 방어수단이 된다. 강력한 성장세에 직면하여 자금조달 역량에 대한 요구도 늘 높은 수준을 기록하고 있다.

히든 챔피언들은 자금력을 경쟁상의 장점으로 생각할까, 아니면 약점으로 생각할까? 그들에게 자금조달문제는 어려움을 초래하는 요인일까, 아니면 야심찬 성장목표와 시장주도권 획득이라는 목표를 실현하기에 충분한 여지를 제공해주는 요소일까? 미래에는 다양한 자금조달형태의 비중이

표 8-2 히든 챔피언들의 수익지표(10년 기준)

지 표	수 치
총자산 수익률	14%
자기자본 수익률	25%
세전 매출 수익률	11%
세후 매출 수익률	8%

어떻게 바뀔까? 히든 챔피언들은 사모투자와 증시상장같은 주제에 대해서 어떤 입장을 취하고 있을까? 이 장에서는 이런 의문점들에 대해 다룰 것이다.

3) 수익성은 자본력이다

독일의 히든 챔피언들은 지난 10년간의 평균 총자산수익률이 14퍼센트라는 수치가 도출되었다. 이런 총자산수익률을 히든 챔피언의 자기자본비율인 42퍼센트와 결부시키고, 여기에 외부자금조달비용을 6%로 가정하면, 자기자본 수익률이 25퍼센트에 이른다는 결과가 도출된다. 자본이 연간 1회 회전한다고 가정했을 때, 외부자금조달비용(가정: 외부자금 58%에 대한 6%)을 제하고 나면 세전 매출수익률이 약 11%가 된다. 여기에 꼭 30%쯤 되는 법인세율을 적용하면 세후 매출수익률이 8퍼센트가 된다.

히든 챔피언들의 수익성은 그야말로 탁월한 수준이다. 2003년에서 2010년까지 제출된 자료의 평균을 내어보면, 이 기간 동안 독일 산업기업들이 달성한 세후 매출수익률은 3. 3퍼센트다. 히든 챔피언들은 전형적인 독일 산업기업보다 수익성이 2배 이상 높다. 오스트리아 회사들과 비교했을 때도 마찬가지다. 오스트리아 기업들은 2003년부터 2010년까지 4.5%의 세후 매출수익률을 올렸다. 그런데 스위스 산업기업들은 세후 매출수익률 9.4퍼센트를 기록하면서 이 기간 동안 히든 챔피언들보다 더 높은 수익성을 자랑했다. 또 500대 독일 가족기업들은 2007년에서 2010년까지 평균 6.6%의 세후 매출수익률을 기록했다. 8%를 기록한 히든 챔피언들이 그들을 크게 앞지른다. 세계 최대 기업들과 비교했을 때도 히든 챔피언들은 수익성측면에서 결코 뒤지지 않는다. 2004년부터 2010년까지 〈포춘〉이 선정한 세계 500대 기업의 세후 매출수익률은 평균 4.7%에 머물러 있었다.

표 8-3 수익지표 수익률 비교

비교집단	조사기간(단위: 햇수)	세후 매출수익률
히든 챔피언	10	8.0%
독일 산업기업	8	3.3%
오스트리아 산업기업	8	4.5%
스위스 산업기업	8	9.4%
500대 독일 가족기업	4	6.6%
〈포춘〉이 선정한 세계 500대 기업	7	4.7%

히든 챔피언들의 수익률은 이보다 족히 40퍼센트나 더 높다. 〈표 8-3〉에 이런 수익지표들을 좀 더 알아보기 쉽게 정리해두었다.

장기간에 걸쳐 비교해보면 히든 챔피언들이 탁월한 수익성을 자랑한다는 사실을 확인할 수 있다. 세후 수익률을 기준으로 했을 때, 히든 챔피언들의 수익성은 독일 평균치보다 2배 이상 높고, 독일 최대 가족기업들은 물론이고 세계 최대기업들이 기록한 수익률보다도 훨씬 더 높다. 오직 스위스 기업들만이 히든 챔피언들보다 높은 수익률을 기록했을 뿐이다. 히든 챔피언들의 수익은 지속적인 혁신과 최고의 수준에 기인한다. 중소기업들 사이에서 특징적으로 찾아 볼 수 있는 비용의식도 높은 수익률에 기여하는 바가 크다. 높은 수익률은 자기자본형성의 토대가 된다.

4) 성장과 자금조달

전략적 자금력은 히든 챔피언들의 장기적인 자금조달전망은 과연 어떨까? 혹시 자금조달문제가 히든 챔피언들의 전략적인 운신의 폭을 제한하고 있는 것은 아닐까? 히든 챔피언들은 전략적인 요인으로서 그들의 자금능력을 어떻게 평가하고 있을까? 이것들은 전략적으로 매우 중요한 문제들이다. 대부분의 히든 챔피언들은 수년간에 걸쳐 강력한 성장단계를 경험했고 또 미래에도 그러할 것인데, 이처럼 성장을 거듭하는 단계에서는 드물지 않게 자금조달문제가 장애요인으로 등장하곤 한다.

많은 기업들 특히 신생기업들이 자금조달문제를 성장제한요인으로 간주하고 있다. 국제적인 사업확장, 세계적인 영업망구축, 연구개발 및 생산설비투자를 차질없이 진행하려면 고도의 자금조달 역량이 요구된다. 이런 상황에 비추어볼 때, 자금력은 실현가능한 전략을 결정하는 과정에서 중요한 역할을 수행한다. 세계시장 주도권을 획득하거나 그것을 방어할 수 있는지, 그리고 어떻게 하면 그렇게 할 수 있는지도 그런 전략에 포함된다. 이것은 히든 챔피언들에게 핵심적인 문제다. 장기적인 관점에서 최고의 관심사는 자금조달비용이 아니라, 한 기업의 전략적인 운신의 폭이다.

히든 챔피언들에게 그들의 자금력이 약점이라기보다는 오히려 전략적인 강점으로 평가하고 있는지 물었다. 그 결과 응답기업의 69퍼센트가 그들의 자금력을 경쟁상 강점으로 여기고 있었다. 심지어 40퍼센트는 탁월한 강점으로 여기고 있었다. 전략적인 측면에서 자금과 관련된 운신의 폭이 미미한지 아니면 넓은지를 묻는 질문에 대해서는 족히 3분의 2에 해당하는 기업들이 운신의 폭이 넓거나 매우 넓다고 대답했다. 따라서 대다수 히든 챔피언들은 자금조달문제를 전략실행의 걸림돌로 간주하지 않는다. 이런 상황을 감안할 때, 히든 챔피언들이 자금력측면에서 일반적인 기업 및 언론에 한결같이 그려지는 중소기업들의 모습과 크게 차이가 난다고 결론지어도 크게 과장된 것은 아닐 듯싶다.

5) 미래의 자금조달원천

히든 챔피언들의 'Do-it-your self'

정신은 자금조달측면에도 해당된다. 자체자금조달은 과거에도 히든 챔피언들의 가장 중요한 자금조달원천이었고, 미래에도 그러할 것이다. 응답기업의 79퍼센트가 과거상황이 그러했음을 확인해 주었고, 거의 동일한 수준인 78 퍼센트가 미래의 자금조달도 같은 방식으로 이루어질 것이라고 답했다. 반면 은행대출은 그 중요성을 크게 상실하게 될 것이라고 예상했다. 응답기업의 62퍼센트가 과거에는 은행대출이 큰 중요성을 지니고 있었다고 대답한 것과는 대조적으로, 미래에도 그럴 것이라고 대답한 기업은 44퍼센트에 불과했다. 반면 자본시장의 중요성은 큰 폭으로 성장하고 있다. 과거에는 자본시장에 직접 접근했던 중소기업의 수가 극소수에 불과했다. 그러나 최근 몇 년 사이에 시장에서 직접 외부자본을 조달하는 중소기업의 수가 크게 늘어났다. 비교적 규모가 작은 기업조차도 이 방법을 활용하고 있다. 자금조달비용이 상대적으로 낮아서 그런 것은 아니다. 왜냐하면 전체비용이 심지어 전통적인 은행대출보다 더 높은 경우도 있으니까 말이다. 은행에 대한 독립성을 증대하려는 노력이 무엇보다도 중요한 요인으로 작용한다.

사모투자와 증시상장이 자금조달형태로서 수행하는 역할에 대해서는 논란이 분분하다. 현재 족히 10퍼센트에 이르는 히든 챔피언들이 사모투자자의 소유가 되었다. 독일에 사모투자가 사실상 존재하지 않았던 1990년대에 비하면 이것은 큰 폭의 증가를 의미한다. 그럼에도 불구하고 우리가 확인한 바에 따르면 많은 히든 챔피언 사장들은 사모투자자들을 의심의 눈초리로 바라본다. 그들은 동종 업계출신이거나 아니면 동종 업계에서 장기간활동할 의지가 있는 전략적 투자자들을 더 선호한다. '메뚜기 떼 논쟁'이 그런 입장을 더욱 강화했다. 바로 여기에서 장기적인 방향성을 지향하는 가족기업과 단기적인 방향성을 지향하는 사모투자자들 사이에 존재하는 근본적인 긴장관계가 확연하게 드러난다. 다음과 같은 논평은 이런 잠재적인 갈등요인을 매우 정확하게 표현하고 있다,

투자회사는 일반적으로 출구전략기간이 5년이다. 이것은 가족기업의 장기적인 시각과 충돌을 일으킨다. 가족기업의 왕조적인 시각은 사모투자펀드의 단기적인 수익률기대와 도저히 조화를 이룰 수가 없다. 비록 1995년 이후로 상황이 크게 바뀌었다고는 하지만, 그래도 증시상장은 여전히 히든 챔피언들 사이에서 논란의 대상이 되고 있는 주제다. 당시에는 이들 기업가운데 증시에 상장된 기업이 약 2퍼센트에 불과했다. 현재는 그 비율이 족히 10퍼센트 정도로 사모투자와 비슷한 비

율이다. 그럼에도 불구하고 여전히 소극적인 태도가 주류를 이루고 있다.

우선 지난 15년 동안 실망감을 불러일으킨 사건들이 무수하게 일어나면서 증시상장에 대한 회의를 증폭시켰다. 1997년 미국기술주 나스닥을 본보기로 삼아 큰 기대감을 안고 출발한 노이어 마르크트의 실패도 그중 하나다. 1997년 12월 31일 노이어 마르크트 인덱스, 즉 NEMAX 지수가 1,000을 기록했다. 그러나 고작 2년 정도밖에 지나지 않은 2000년 3월 10일에 이르러 지수가 9,666으로 그러니까 자그마치 9배 이상 뛰어 올랐다. 그 후 인터넷거품이 꺼지면서 NEMAX 지수는 2002년 10월 9일 319 포인트까지 미끄러져 내려갔다. 그러니까 2년이 조금넘는 기간 동안 가치가 95퍼센트 이상 떨어져버린 것이다. 노이어 마르크트는 2003년 6월에 결국 문을 닫았다. 2010년 이후에 한때 시가총액이 수십억 유로에 달했던 코너지, Q-셀즈, 솔라월드같은 광전지제조 회사들도 비슷하게 극적인 가치상실을 경험했다.

가치에 대한 이런 부정적인 경험과 더불어 히든 챔피언들의 기본적인 관점도 증시에 대한 소극적인 태도를 유발하는 주요 요인으로 꼽힌다. 투명성, 보고의무, 주식투자자들은 오직 신속한 이익만을 추구한다는 전반적인 의혹투기에 대한 혐오감, 헤지펀드에 대한 두려움 및 그와 유사한 동기들이 이런 소극적인 태도를 부추기는 것이다.

이번 장의 앞부분에서 언급한 SPAC 프로젝트를 진행하면서 우리는 이와 관련된 유익한 경험을 할 수 있었다. 이미 이야기한 바와 같이, 위기가 정점에 도달했던 2010년 초에 우리는 2억 유로의 신규 자기자본을 확보할 수 있었다. 비록 언제나 우리가 원하는 후보들은 아니었지만, 어쨌거나 많은 기업이 그 같은 자본 강화에 관심을 보였다. 그러나 자기자본유입이 증시상장과 결부되어 있다는 이야기를 하는 순간 많은 기업들이 일시에 관심을 거두어 버렸다. 증시상장이 기업가들의 큰 꿈으로 자리잡고 있는 다른 나라에서와는 달리 독일에서는 이런 식으로 자기자본을 조달하는 방식에 대한 뿌리깊은 불신이 아니 혐오감이 팽배해 있다.

증시상장으로 인해 초래될 결과들 가운데 히든 챔피언 사장들이 특별히 두려워하는 부분이 있으니, 그것은 바로 고객들과 종업원들에 대한 투명성이다. 증시에 상장된 전자부문 히든 챔피언 CEO가 한 다음과 같은 말은 이런 두려움을 잘 보여준다. "주요 고객들을 찾아갈 때면 책상위에 우리회사의 기업보고서가 놓여 있다. 제일 먼저 우리회사의 높은 수익률이 제 귓전을 때린다. 일단 그렇게 되면 적당한 가격을 관철시키기가 그리 녹녹치 않다."

물론 반대의 목소리도 있다. 예컨대 헤르만 크론제더는 크로네스 주식회사의 증시상장과 관련하여 기업공개 IPO가 고객들에 대한 회사의 입지를 강화시켜 주었다고 말했다. 그의 말에 따르면, 높은 수익률이 크로네스가 주문 하나하나에 얽매이지 않는다는 사실을 상징적으로 보여주었다고 한다. 또한 고객들의 입장에서 보면 높은 수익률은 무엇보다도 미래를 보장해주는 역할을 한다.

당연한 말이지만, 증시상장과 결부된 보고의무 및 공개의무는 조용히 활동하는 편을 선호하는 히든 챔피언들의 성향에 정면으로 배치되는 일이다. 그러나 이 주제에서도 반대입장을 취하는 히든 챔피언들이 존재하는데 우리는 그들의 입장을 진지하게 받아들여야 할 것이다.

결론적으로 말하면, 히든 챔피언들은 강력한 자체자금력과 높은 자기자본비율을 갖추고 있기 때문에 증시에 의존하지 않는다. 증시에 참여하지 않을 경우, 어쩌면 성장속도가 조금 느려질지도 모르지만 명백하게 그들은 신속한 성장이라는 장점보다도 독립성에 더 큰 가치를 부여한다. 이런 각종 제약에도 불구하고 장기적으로는 증시에 상장된 히든 챔피언들의 비율이 더욱 높아질 것으로 예상된다. 그것은 가족기업보다는 상장기업에 더 어울리는 규모의 성장이 예상되기 때문이다. 그밖에도 증시는 사모투자자들 사이에서 출구-옵션으로서 그 중요성이 날로 커져가고 있다. 그리고 사업단위들을 증시에 상장하는 대기업의 트렌드(예를 들면, 지멘스-오스람)도 지속될 것으로 추측된다.

성공포인트

1. 말은 명확하고 간결하게 하라

성공하는 인물은 말할 때 간단명료하게 요점만 말한다. 큰 인물의 특성은 냉철한 머리와 유능한 실력을 정확하게 표현해 준다.

- 요점만 간단하게 말한다.
- 사람들이 믿고 신뢰할 수 있도록 근거있는 말을 한다.
- 진심이 담긴 말을 한다.
- 상대를 존중하며 세 번 생각한 뒤 말한다.
- 분위기 파악을 한뒤 말하는 습관을 갖는다.

2. 콤플렉스를 장점으로 전환시키는 테크닉

자신의 단점이나 콤플렉스가 마음에 걸리면 그것을 금정적인 방향으로 전환시켜라. 성공하는 사람들은 다른 사람의 결점이 눈에 뛰면 그것을 장점으로 바꾸어 말해주는 재주가 탁월하다.

요 약
summation

＊ 기업의 재화

기업은 재화와 용역을 제조, 판매하기 위하여 물적 · 인적자원, 자본 등 여러 요소로 구성된 조직단위이다. 기업의 기업경영은 여러 활동으로 나누어 이루어지나 재화와 용역을 교환하는 것이 가장 기본적이다. 교환에 의해 거래의 당사자들은 경제생활에 의미있는 상호이익을 얻는다. 교환에 참여하는 거래 당사자들은 교환거래로부터 보상 또는 미래의 효익을 기대하고 기업은 이러한 기업경영활동을 통해 부를 축적한다.

＊ 이윤의 극대화와 재무관리

무엇을 재무관리의 목표로 설정할 수 있는가? 이에 대한 해답은 여러 가지가 있을 수 있다. 예컨대 생존하는 것을 또는 재무적 곤경이나 파산을 피하는 것을 재무목표로 설정할 수 있을 것이다. 그밖에 경쟁에서 이기는 것, 매출액을 최대한 증대시키는 것, 원가를 최소한 줄이는 것, 이윤을 최대한 높이는 것 등을 재무관리의 목표로 설정할 수 있을 것이다.

＊ 우리는 왜 교양경제가 필요한가

실패하지 않고 성공하기 위하여 자유로운 시장경제속에서 성장하려면 금융시장과 기업관계의 재무관리를 철저히 기함으로서 성장의 기초를 구축할 수 있다고 하겠다. 재무관리의 목표는 기업의 이윤의 극대화에 있음으로 이윤의 극대화의 방법으로서는 기업의 가치극대화(價値極大化)로 주가의 상승과 내부적 재무관리 철저로 손실방지와 효율성 향상에 있다.

＊ 수익성은 자본력이다

독일의 히든 챔피언들은 지난 10년간의 평균 총자산수익률이 14퍼센트라는 수치가 도출되었다. 이런 총자산수익률을 히든 챔피언의 자기자본비율인 42%와 결부시키고, 여기에 외부자금조달비용을 6%로 가정하면, 자기자본수익률이 25%에 이른다는 결과가 도출된다.

＊ 미래의 자금조달원천

히든 챔피언들의 'Do-it-your self'정신은 자금조달측면에도 해당된다. 자체 자금조달은 과거에도 히든 챔피언들의 가장 중요한 자금조달 원천이었고, 미래에도 그러할 것이다. 응답기업의 79%가 과거상황이 그러했음을 확인해 주었고, 거의 동일한 수준인 78%가 미래의 자금조달도 같은 방식으로 이루어질 것이라고 답했다. 반면 은행대출은 그 중요성을 크게 상실하게 될 것이라고 예상했다.

제 9 장

성숙 후기단계의 경영전략

제1절 회사의 지속적 성장과 기업가치의 향상

제2절 마케팅 고객유지전략의 계층성

5P 시스템

소비자의 반복구매를 유도하는 비즈니스 동력과 마케팅수단이 무엇인지를 조사하였다. 우선 제품(Product), 가격(Price), 유통(Place), 판촉(Promotion) 등 네 가지 P가 손에 꼽힌다. 추가되는 P는 사람(People)이다. 그것은 회사를 대표하는 사람과 고객의 상호작용을 의미한다. 한 기업이 그들의 경쟁사와 차별화하는데 다섯 번째 P가 나머지 네 가지 P보다 더욱 효과적이라는 갤럽의 연구결과에 바탕을 두고 있다.

– 갤럽조사에서 –

제1절 회사의 지속적 성장과 기업가치향상

♣ **기업에서 가장 중요한 것**

직장에서 일하며 행복을 느낀다면 그 사람의 인생은 성공이라 할 수 있다. 이에 반해 일하는 행복을 모르면서 그저 벌어먹기위해 고달프게 일한다면 그 사람의 인생은 실패라 하겠다. 성공적인 기업문화는 직원들이 즐겁고 의욕적으로 일할 수 있는 무형의 환경이다. 기업에서 가장 중요한 것은 조직관리가 아니라 행복관리이다. 남과 다른 독특한 사고와 새로운 경영방식만이 새로움을 창조할 수 있다.

- 정문술 前 미래산업 회장 -

1. 기업지배구조코드

1) 환경변화와 기업혁신추구의 가치

피터 드러커(Peter Drucker)는 1985년도 그의 저서 혁신과 기업가정신(Innovation and Entrepreneurship)에서 기업가정신은 혁신이며 창조에 있다. 이의 성취는 지속적인 노력과 도전정신에 의한 창조물이다. 혁신의 효과란 개개인의 창의도 중요하지만 규율로서 체계화로 이행함이 성취도를 높일 수 있다. 피터 드러커의 경영혁신은 기관내부와 외부에 존재하는 것으로 즉, 기회 속에서 혁신을 가져올 변화의 조짐을 7가지로 정리하였다.

피터 드러커의 혁신경영 7가지 원천은 다음과 같다.

① 예기치 않은 일(Unexpected Occurrences)로서 지속될 것이라는 가정이 어긋나 혁신이 나타나는 것이다.

② 불일치(Incongruities)는 현실적 모습과 당연한 모습 사이의 괴리에서 혁신을 일으킨다는 것이다.

③ 프로세스상 필요는 과업수행의 필요에 따라 나타나는 새로운 표준을 혁신에서 찾을 수 있다

그림 9-1 피터 드러커의 경영혁신 7가지 원천

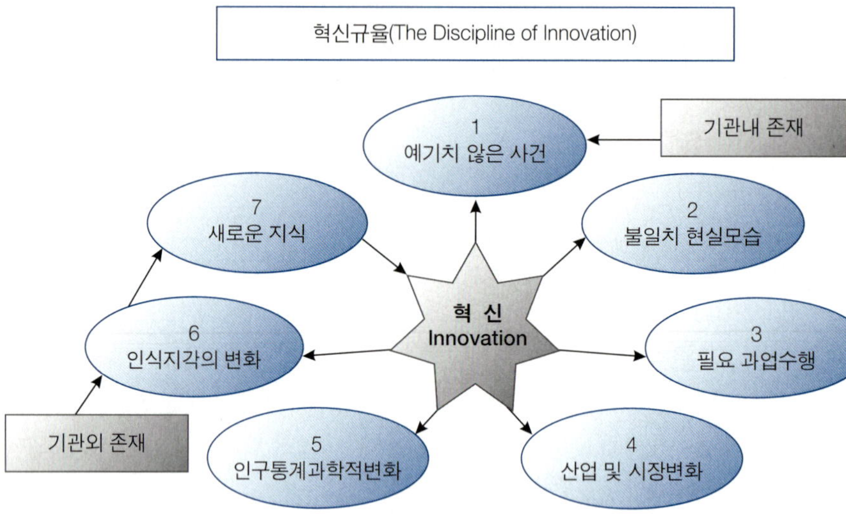

출처 : 제조기업의 기업가정신이 혁신성과에 미치는 영향에 관한 연구 2017.12

고 보았다.

④ 산업 및 시장의 변화는 과거사업관행의 진부화로 시장변화가 불가피하다는 것에서 혁신의 원천을 발견하였다는 것이다.

⑤ 인구학적 변화는 인구중심(연령층)의 변화로 인해 혁신 불가피론이 대두될 수밖에 없음을 설파하고 있다.

⑥ 인식의 변화는 위험에 대한 태도 등 사실과 개념에 대한 사람들의 해석변화에 따라 혁신의 중요성이 요구되었다.

⑦ 새로운 지식발명은 새로운 사고방식의 산물로서 현실화에 많은 시간이 필요하다.

따라서 많은 과학과 산업분야에 새로운 지식이 끊임없이 연구되고 발전하여야 함으로 창의적인 혁신과 새로운 아이디어 실현을 위한 노력이 요구되고 있다.

2) 기업을 둘러싼 경영환경의 변화

◈ 이사회의 본연의 자세

상장회사를 둘러싼 환경이 글로벌화, 기술혁신의 진전, 고령화, 사회·환경문제에 대한 관심의 고조 등에 따라 크게 변화하는 가운데, 회사가 직면한 경영상의 문제도 복잡해지고 있어 기업의 상당수가 이러한 변화에 대응하지 못한 것이 아닐까 지적되고 있다. 이러한 경영환경변화와 경영과제의 복잡성을 관리하면서 상장회사가 지속적으로 성장하고 중장기적으로 기업가치를 향상시켜 나가기 위해서는 경영진이 최고경영책임자(CEO)를 중심으로 끊임없이 선견지명이 있는 정확한 경영판단을 하는 것이 중요하다. 이를 위해서 이사회가 CEO를 선택하고 해임하는 상장회사의 가장 중요한 전략적 의사결정이며 선택과 해임을 적절히 실시하기 위해 그 과정은 객관성, 적시성, 투명성이 강하게 요구되고 있다.

또한 이사회는 CEO의 선택해임 외에도 경영이념의 확립과 경영전략적인 방향을 제시하고 실시하며 경영진 간부에 의한 적절한 위험감수를 지원하는 환경을 조성정비하고 실효성 있는 감독을 실시하는 것이 중요한 역할인 책무를 담당하고 실시하는 것이며, 경영진과 함께 회사의 리더십을 발휘하는 것이 요구되고 있다. 이사회는 그 독립성, 객관성을 확보하면서 경영환경과 경영과제에 정확히 대응하여 이러한 리더십을 발휘하고 목적을 위해서는 문제를 해결하기 위해 필요한 자질과 다양성을 갖추고 구성과 동시에 운영에 있어서도 경영전략과 이에 부합되는 경영간부의 선택해임 등 전략적 논의를 충족시키는 것이 요구되고 있다. 또한 경영과제에 정확한 대응 등의 관점에서 이사회의 실효성을 지속적으로 평가하고 이러한 평가에 대해 정보공개를 설명함으로써, PDCA(Plan, Do, Check, Action) 사이클을 실현하고 이사회의 기능향상을 지속적으로 도모해 나갈 수 있게 요구되고 있다.

최고 경영책임자(CEO)의 선해임의 모습(보충원칙 등)경쟁의 불연속적이고 급격한 환경변화에 따라 CEO의 능력이 회사의 운명을 좌우한다. 최고 경영책임자(CEO)의 선해임은 회사의 지속적인 성장과 중장기적인 기업가치의 향상을 실현하는데 있어서, 상장회사에 가장 중요한 전략적 의사결정이며 그 과정은 객관성, 적시성 설명이 요구된다(보충원칙).

기업에 가장 부족한 것은 CEO로서의 자질을 갖춘 인재에 있다는 지적이 있다. 이러한 문제에 대처하기 위해 CEO후보자의 재육성과 CEO의 선임은 중장기적인 관점에서 충분한 시간과 자원을 벌어 임하는 것이 중요하다. 또한 선임을 위한 후계자계획개발 및 운용에 있어서는 내부논리만 우선되는 불투명한 프로세스에 의해 진행하지 않고 객관성, 적시성, 투명성을 확실하게 갖춘 절차가 요구된다. 이러한 관점에서 다양한 노력을 진행하고 있는 회사육성이 요구된다.

(대처의 예)(주)

기업의 중장기적인 전략을 바탕으로 미래의 CEO에게 요구되는 자질을 충분히 논의한다. 또한 토론의 결과를 동료들과 공유. 이사회에서 CEO가 될 수 있는 인재육성방침을 정해 그 사람아래 초기단계에서 후보가 될 수 있는 사람들을 선정하고 필요한 실무경험을 쌓게하면서 테스트를 수행하고 후보를 교체하면서 인재를 육성한다. 이사회에서 CEO후보 여러 명을 밝혔다면 충분한 시간을 벌어 이사회가 후보자의 자질을 파악하는 프로세스를 마련한다. 그 때 내부뿐만 아니라 외부인재에도 눈을 돌린다. 독립적 사외이사의 충분한 참여를 위해 지명위원회 지명에 걸린 모든 자문위원회(보충원칙)와 특별 세트프로그램 독립사외자만을 구성원으로 하는 회의(보충원칙)를 활용한다.

해당 회사의 실적 등의 평가를 실시한 뒤, CEO에 문제가 있다고 인정되는 경우에는 CEO를 해임할 수 있는 구조를 갖추는 것이다. 그 때에도 이사회가 적시 적절히 CEO를 해임할 수 있도록 이사회의 경영진으로부터의 독립성, 객관성이 충분히 확보되는 것이 중요하다.

3) 이사회의 구성원칙

경영환경변화와 경영과제의 복잡성을 관리하고 요구되는 역할책임을 담당해 나가기 위해 이사회는 필요한 자질 다양성을 제공하는데 독립성, 객관성을 확보해 나가는 것이 중요하다.

① 이사회의 구성

지금까지의 코드의 실시형태상황을 보면 회사의 사업스테이지 경영환경과 경영과제에 따라 이사회구성원의 자질의 균형과 다양성, 충실성의 노력으로 볼 수밖에 없으며, 이러한 노력이 회사의 지속적 성장과 중장기적인 기획사업 가치향상을 뒷받침해 나갈 것으로 기대된다.

(대처의 예)

- 자사가 성장분야로 자리매김하고 있는 분야의 전문가 등의 선임
- 자신과 다른 사업분야에서 경험과 식견을 가진 경영경험자 등의 선임
- 국제적인 사업전개를 위한 글로벌 인재의 선임

② 각 상장회사의 독립

사외이사의 선임은 꾸준히 증가하고 있으며 단속위원회의 3 분의 1 이상이 독립적 사외이사를 선임하고 있는 기업도 도쿄증권거래소 일부 상장회사의 10퍼센트 이상에 이른다. 이해관계자의 관심은 독립 사외부이사의 인원수의 증가뿐만 아니라 그 자질의 균형과 다양성의 충실로 옮겨가고 있다. 경영환경과 경영과제에 따라, 예를 들어 사내에서 얻은 지식이나 경력을 바탕으로 중장기적인 기업가치제고를 위한 경영전략이나 경영진 간부의 선해임에 대한 논의를 포함하여 이사회의 역할책임의 발휘에 적극적으로 기여할 수 있는 자질을 지닌 독립적 사외이사가 더 선임되도록 더욱 노력을 해야 한다.

③ 이사회의 독립성

객관성을 더욱 확보하기 위해 더욱 노력을 실시하고 상장회사가 이 같은 노력이 상장회사의 이사회독립성, 객관성을 향상시켜 나갈것으로 기대된다.

(대처의 예)

감사위원회·감사 등 위원회설치 회사를 중심으로 지명·보상 등에 관한 책임성과 등 자문위원회 등을 활용한다(보충원칙 4-10①). 그 때, 독립사외부 이사를 과반수로하고 위원장을 독립적 사외이사로 한다.

- CEO와 이사회의장을 분리한다.
- 미국의 사례도 밟아 이사회와 경영진의 실효적인 역할분담을 도모하기 위해 독립적 사외이사를 설치한다.
- 독립적 사외이사선임 과정자체에 독립적 사외이사가 주체적인 권한을 부여한다.

④ 감사위원회

감사 등 위원회(이하 감사위원회 등)가 업무감사 및 회계감사 등의 중요한 역할과 책무를 제대로 수행하기 위해서는 감사위원회 등이 독립적 자립성과 객관성을 확보할 필요가 있다. 위원장을 독립적 사외이사와 감사위원회 등 독립적이고 객관적인 입장을 높이는 데 도움이 되는 활동 등을 생각한다.

⑤ 이사회와 감사위원회

독립성, 객관성이 실질적으로 보장되어 그 기능이 충분히 발휘될지 여부는 종종 CEO가 이사회 등 독립적인 객관적인 입장이라는 특성을 경영의사결정 등을 수행에 활용의사가 있는지 여부에 달려있다. 이러한 관점에서도 CEO의 선택해임은 상장회사에 중요한 과제이다.

2. 이사회의 운영원칙

1) 이사회의 운영

상장회사와 그 기업집단이 경영환경변화와 경영과제의 복잡성을 관리하고 지켜 나가기 위해서는 이사회의 전략적 방향설정과 회사의 실적에 대한 적절한 평가 등에 관한 논의를 충실하게 해 나가는 것이 중요하다.

① 이사회는

경영환경의 변화와 경영과제의 복잡성을 관리하면서 경영진을 감독하고 또한 경영진과 함께 요구되는 리더십을 발휘해 나가는 관점에서 다음과 같은 논의를 충실히 지켜 나가야 한다. 전략적 방향설정과 이를 바탕으로 구체적인 경영전략과 사업계획, 회사의 성과에 대한 적절한 평가와 이에 기초한 경영전략 등의 검토 및 경영과 경영진 간부의 선택해임보상결정, 내부통제 리스크관리 체제의 정비 등을 결의한다.

② 이사회에서

이사회의에 관해 이 같은 논의를 충실하게하기 위해서는 논점의 명확화, 의안의 엄선과 충분한 심의시간의 확보 등 운영상의 연구가 필요하다.

(대처의 예)

의안에 대해 효과적으로 이사회의 의견이 도출될 수 있도록 논점화, 문제의식을 명확히 한다. 또한 이때 이사회의장이 제대로 리더십(leadership)을 발휘한다. 사업활동에 전략적으로 중요하다고 생각되는 의안에 대해서는 금액기준으로 얽매이지 않고 이사회에서 논의하는 한편, 의안번호를 좁히려면 경영진에 위임하는 것이 적당 업무집행의 결정권한은 위임을 적절히 진행한다. 이사회의 안으로 보고사항, 결의사항에 가세해 심의사항을 도입하고 중요한 주제에 대한 결의에 앞서 이사회에서 논의한다. 중장기적인 전략을 논의하기 위해 필요한 경영재무정보를 제거하고 체결하여 이사회에 보고한다. 각 의안에 대한 논의가 실질적으로 이루어지도록 의안 1건마다 적정한 심의시간을 확보하고 이사회의 적절한 운영을 지원하기 위한 인원체제의 충실을 도모한다.

③ 사내이사가

업무를 집행하는 경우 이사회에서 담당하는 업무집행자의 입장에서 참여에 시종하는 경우도 있다는 것을 지적한다. 사내업무 집행이사는 집행자로서의 역할에 그치지 않고 이사로 업무집행전반 및 기타 이사의 직무집행의 감독 등을 실시하는 역할도 담당하고 있는지에 대한 인식을 깊게 한다.

④ 사외이사회에서

독립적인 사외이사가 전략적 방향설정 등의 논의에 기여할 수 있도록 환경정비를 실시하는 것이 필요하다.

(대처의 예)

독립사외이사에 보고정보제공의 연구를 실시한다. 독립사외이사가(취임시 취임후) 회사의 상황 등에 따라 적절한 교육의 기회를 제공한다. 독립사외이사와 회사의 상황에 통한 상근감사 등 사이에서의 정보교환을 실시한다. 경영진세션을 활용한다. 독립적 사외이사의 이사회의안을 모집한다.

⑤ 불상사방지의

관점에서 내부보고는 마지막 방파제이며 이러한 내부통보기능을 충분히 발휘시키기 위해서는, 예를 들면, 사외이사와 사외감사를 내부보고의 보고라인 등 경영진으로부터 독립한 창구에 정보가 전달되는 구조를 정비하는 것이 적절하다.

2) 자기실현과 수신(修身)

이사회의는 그 회사의 핵심요건을 의결하는 최고의 운영기관이다. 구성되는 이사들의 개개인의 인적자질에 따라 안건의 효율성은 좌우된다. 회의는 발전을 가져오느냐 정체를 가져오느냐의 중요성을 지니고 있다. 생산적인 회의는 발전지향적이고 비판적인 회의는 경영을 정체시켜 전략수행에 도움을 주지 못한다. 구성원 이사들의 식견과 안목이 거시적 미래성이면 기업미래를 내다보고 미래지향적인 경영전략이 입안될 것이나 만약 자기손익에만 급급하여 기업의 윤리성과 사회성을 망각한다면 전진요소를 찾아내기 어려울 것이다. 결의기관 회사의 이사구성인의 인격적 자질에 따라

그림 9-2 자기실현 창조적 성취모형도

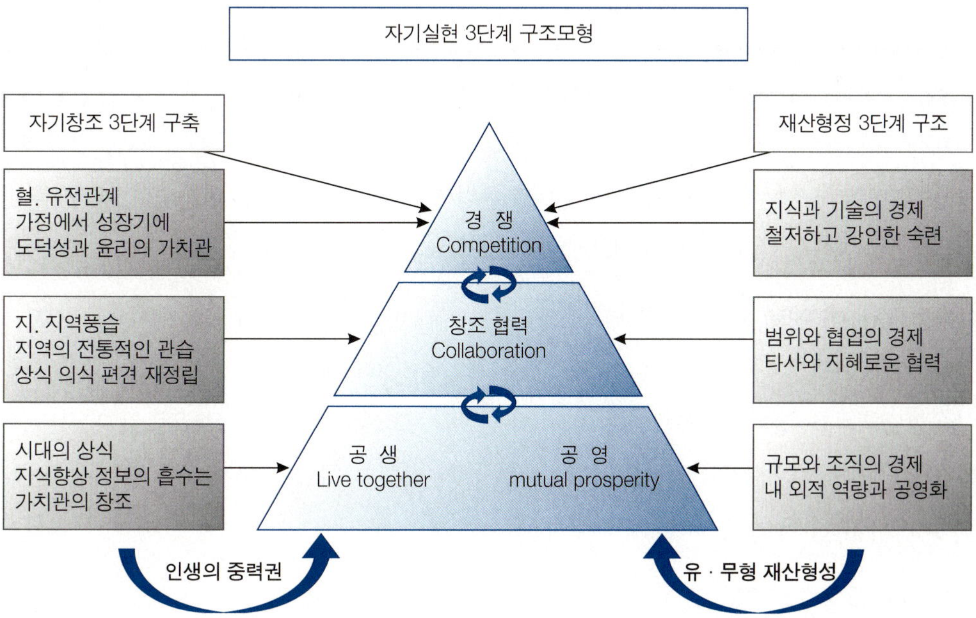

출처 : 成長企業の法則 pp 430 財産の3層構造 參考 自己實現3段階로 在圖

그 회사의 전망은 달라질 것이다. 그러므로 기업의 발전은 자기실현을 달성하는 인격수신자가 필요하다. 인격의 기본은 지인용행예덕(智仁勇行禮德)을 말하고 있으며 자기실현은 [그림 9-2]를 참고하기 바란다.

3) 이사회의 실효성 평가원칙

◈이사회의 자질과 다양성

이사회의 자질은 다양성과 그 운영을 충실히 지켜 나가기위한 노력이 유연성으로 이루어지고 있는지 등 이사회전체의 실효성을 평가하여 다음의 노력에 지속적으로 연결해가는 것이 중요하다.

① 코드적용

시작부터 1년이 경과하기 때문에 각 상장회사에서 이사회의 구성 및 운영상황 등의 실효성에 대한 적용을 간절히 평가를 할 것으로 기대된다. 평가의 실시에 있어서는 기업이 처한 상황에 따라 다양한 노력을 생각할 수 있지만, 이사회멤버 한명 한명에 의한 솔직한 평가가 먼저 중요하다고 생각된다.

(대처의 예)

각 이사에게 각자의 이사회의에 기여에 대해 자체평가를 추구하고 동시에 이사회가 그 역할책무를 완수했는지 더 실효성을 높이기 위해 어떤 과제가 있는지에 대해서도 청취한다. 지명위원회와 독립적 사외이사에 의한 회의도 활용하는 등 외부이사의 주체적인 참여를 보장한다. 모든 위원회를 포함하여 이사회에 설치된 각위원회의 운영상황 등도 평가의 대상으로 한다. 영국의 경험에 입각하여 평가의 독립성·객관성을 더 높이는 관점에서 외부의 평가를 실시한다. 또한 평가기관과의 상충관계에 유무를 밝히기 위해 그 명칭을 공표한다.

② 이사회의 실효성

적확히 평가하기 위해 회사의 지속적인 성장과 중장기적인 기업가치의 향상을 위해 이사회가 해야할 역할책무를 명확히 하는 것이 우선 요구된다. 그 위에 평가의 실시에 있어서는 이러한 역할의 책무에 비추어 이사회의 구성, 운영, 상황 등이 실효성 있는 것으로 되어 있는지에 대한 실질적인 평가가 필요하다.

③ 이사회가 그 자질

다양성과 운영을 충실히 지켜 나가기 위한 PDCA 사이클을 실현하는 때에는 스스로의 노력과 실효성 평가결과 개요에 대해 이해관계자에게 알기 쉽게 정보공개설명을 이행함이 중요하다.

4) 본 란의 결론과 과제

① 본 란의 결론

많은 상장회사에서 현재 주주총회를 위한 이사후보검토나 이사회의 실효성 평가에 대한 준비가 시작되는 곳이다. 각 상장회사에 있어서는 본 의견서를 참고하여 자질과 리더십을 가진 이사를 계획적으로 육성선임하여 독립성·객관성을 갖춘 이사회를 구성하는 것, 또는 이사회의 적확한 평가를 실시함으로써 이사회의 실효성제고를 위한 PDCA 사이클을 만들어 나갈 것으로 기대된다. 이러한 각 상장회사의 기업지배구조의 충실화를 위한 진지하고 지속적인 성장과 중장기적인 기업가치의 향상 나아가서는 평가받는 선순환을 실현해 나갈것으로 기대하고 결론한다.

② 향후 연구과제

창업전(起業前)과 기업에 필요한 사회관계자본이 크게 다른 것은 알았지만 그 이유는 많은 연구과제가 남아 있다. 특히 기업경험자나 경영자의 가족과 경영자의 친구라는 사회관계자본의 존재가 기업의 성공확률을 높이는 메커니즘은 흥미로운 주제이다. 예를 들어 Ucbasaran, Westhead, and Wright(2009)는 정보를 수령인에게 유익성 및 종류가 많음으로 평가한다. information searchintensity(Greene and Brown 1997)라는 지표를 이용하여 기업의 정보원으로서 직원, 공급업체, 고객, 친구, 가족 등의 연락처정보가 많을수록 또한 그들로부터 초래되는 정보에 희소성이 높은(non-redundant)점도 창업기회의 발견과 실행에 유리하다는 것을 보여 주었다. 이는 기업의 사회관계자본에 대한 원천이 되는 사람의 수와 버라이어티의 풍요로움이 중요하다는 것을 시사하고 있다. 또는 Peterman and Kennedy(2003)은 기업기회의 발견 및 실행단계에서 필요한 것은 기업의 역할모델로 하고 있다. 이 역할모델은 기업기대와 의욕을 높이고 또는 불안을 해소함으로써 기업에 대한 심리적 장벽을 낮추는 것이 가능하다. 본론에서 설명변수로 불러 가족, 친구에게 기업경험자나 경영자가 있다는 것을 이러한 역할모델의 존재로 파악할 수도 있을 것이다.

이 메커니즘을 밝히는데 있어서는 각 단계에서의 사회관계자본으로부터 얻은 정보의 내용검증이 필요하다. 이번 분석에서 다룬 창업후 사업확대 / 안정화단계 뿐만 아니라 기업기회의 발견단계, 창업실행단계에 대해서도 각각 어떤 정보를 얻었을지 분명히 하는 것으로, 필요 사회관계자본의 차이를 뒷받침할 수 있는 것이 아닐까 생각한다. 또한 기업경험자나 경영자의 친구, 공동설립자와 직원과 기업은 언제관계를 구축하고 있는 것일까. 예를 들어, 기업가친구가 있는 것이 창업 후 첫 이익에 긍정적인 영향을 미치는 것으로 밝혀졌지만, 이 친구는 대학시절의 친구들과는 구별되어 있었다, 이 친구를 얻은 것이 창업이후 또는 이전인지에 대해서는 이번분석에서는 정보가 없고 밝힐 수 없었다. 대학졸업 후 창업을 계획하고 있던 단계에서 얻은 친구라면 창업예비군 간의 peer effect(Nanda and Sorensen, 2010)의 효과로 해석할 수 있으며, 창업후이면 동료에게서 보다 직접적인 경영정보를 기업이 얻고있다고 해석할 수 있다. 공동설립자 및 직원은 자신을 찾은 사람이 실제 창업할 확률이 높아졌다. 또한 창업후 이익을 낸 기업은 그들과 경영에 대해 상담할 시간을 보내고 있었다. 이익을 내기까지 기업가가 공동설립자와 직원관계를 강화하는 이유는 도대체 무엇일까. 이러한 사회관계자본의 구축메커니즘과 타이밍을 보다 상세하게 공개하여 공학적인 관점에서 기업에 필요한 사회관계자본을 추천할 수 있게 된다면 발전가능성도 생각할 수 있다.

3. 리더의 유형과 리더육성

1) 리더의 유형

① 신규리더(Emerging Leader)

Introduction to GE(IOL) : 온라인으로 진행되며 GE에 관한 전반적인 안내와 이해에 목적, 회사의 비전과 가치 그리고 기업문화를 소개하고, 자신의 경력관리방법 및 팀원으로서의 스킬교육, 리더십의 기본인 셀프리더십도 함께 다룸

- Foundations of GE Leadership(FOL) : 4일동안 진행, 프리젠테이션과 갈등해결, 조직활성화와 대인관계, 커뮤니케이션 방법을 다룬다.
- 전문적인 스킬과정 : 2.5~3일 과정, 비즈니스에 필수적인 프리젠테이션, 프로젝트 매니지먼트 커뮤니케이션 스킬 집중교육이 필요하다.

② 초급리더(New Leader)

- Building Essential Leadership Skills(Bels) : 4일 동안 진행, 프로젝트리더나 수퍼바이저를 대상으로 직원채용코칭, 팀 리더, 의사결정, 개인성과 향상교육
- New Manager Development Course(NMDC) : 5일 동안 진행팀의 매니저나 리더를 대상으로 상황적 리더십(Situational Leadership), 성과관리 업무스타일 진단재무 등을 교육

③ 중급리더(Developing Leader)

- Introducing Experienced Leader to GE(IEL) : 1일 과정으로 GE의 가치와 리더십이 요구하는 자질 그리고 관리시스템을 교육

- Achieving Business Impact(ABI) : 5일 동안 진행되며 전략적 비즈니스 프로젝트와 프로젝트 매니지먼트, 프리젠테이션 스킬들을 교육
- Accelerating Leader Performance(ALP) : 5일 과정, 전략적 사고, 글로벌 팀, 직원들의 퇴직 방지법 그리고 다양한 상황의 비즈니스 시뮬레이션 교육

④ 고급간부 프로그램(Advanced Leader)

- **리더십발견**(BL, Breakthrough Leadership) : 2일간 진행되며 리더십에 필요한 다양한 역량습득, 부하직원을 코칭하는 방법, 상대의 말을 제대로 듣고 공감하여 문제를 해결할 수 있게 하는 경청, 열린대화를 하며 상대를 인정하며 칭찬하고 동기를 부여하는 커뮤니케이션, 그리고 개인의 성과를 향상시켜 비즈니스에서 승리하기 위한 스킬습득
- **고급매니저 양성과정**(MDC, Manager Development Course) : 3주 동안 진행 고급리더에게 필요한 개인과 팀 그리고 비즈니스를 이끄는 리더십을 집중적으로 훈련시킨다. 글로벌차원에서 경쟁이 심한 사업운영에 필요한 리더십 스킬개발, 전략적 사고, 임원리더십 등을 중점적 배움의 길을 준다. GE의 놀라운 성장세는 회장의 능력뿐 아니라 이처럼 양성된 각 사업부문리더들의 능력에 힘입었다는 지적이다.

2) GE의 리더육성 6대 원칙

① 우수한 인재일수록 힘든 부서로 보낸다

GE는 우수한 리더를 신규사업이나 부진한 사업부문 등 힘든 부서로 보낸다는 방침에 따른다. 유능한 리더가 부진한 사업을 성공궤도로 올려놓아야 기업경쟁력을 높일 수 있다는 것이다. 유능한 리더에게는 잇달아 어려운 임무를 맡김으로써 경영능력을 연마시킨다는 게 GE의 리더양성법이다. 이 때문에 GE의 많은 고위간부들은 수많은 부서경력을 갖고있는 게 보통이다.

② 실패해도 만회할 기회는 있다

어려운 과제를 맡기는 대신 실패를 만회할 기회도 얼마든지 열어놓는 것이 GE의 특징이다. 한 업무에서 부진을 보여도 능력을 발휘해 실패를 만회할 수 있는 또 다른 업무가 주어진다. 현재 GE 플라스틱 퍼시픽의 마케팅담당 이사인 이시카와 야스히코는 GE냉장고의 일본판매에 실패했으나 제2의 기회를 잡는데 성공한 대표적인 예다. 냉장고매출을 높이지 못한 그는 곧 이어 맡은 GE 플라스틱의 자동차부품 마케팅업무에서 성공을 거둬 리더로서의 자질을 인정받은 경우다.

③ 부하를 차세대리더로 키운다

상사가 능력있는 부하직원을 견제하거나 부하직원 「키우기」에 관심을 두지않는 경쟁사회의 병폐를 막기위해 GE는 「부하를 차기리더로 육성하는 것」을 리더의 조건으로 삼고 있다. 이를 검증하기 위해 GE는 상사가 부하직원을 평가할뿐 아니라 부하직원도 상사를 평가하는「360도 평가」구조를 갖추고 있다. 부하직원을 육성하는데 게으른 상사는 곧바로 「리더자격상실」이라는 낙인이 찍히게 된다.

④ 보편적인 경영기술을 익힌다

11개나 되는 사업부문을 운영하는 GE는 리더들에게 어떤 사업에도 활용할 수 있는 보편적인 경영기술을 익힐 것을 요구한다. GE 리더십개발연구소에서는 서로 전혀 다른 사업을 맡고있는 간부들끼리 팀을 이뤄 각 사업이 안고있는 경영문제에 대한 해결책을 논의한다. 각 부문직원들로 구성된 이팀은 연수과정이 끝난후에도 각자의 성공·실패사례에 대한 의견을 교환함으로써 외부컨설턴트와 같은 역할을 한다.

⑤ 나이나 경험과 무관하게 기회를 준다

GE가 리더로서의 기회를 주는 것은 경험과 나이는 상관없다. 젊어도 유능한 인재에게는 중요한 지위를 맡겨 능력을 발휘할 기회를 부여한다. 이 기회를 살려 성과를 올리면 좀 더 중요한 업무와 역할이 주어지게 되고 또한 능력이 인정되면 승진도 얼마든지 가능하다. GE에서는 30세의 젊은간부도 흔하게 볼 수 있다.

⑥ 비전 제시형의 리더가 되어야 한다

개인뿐만 아니라 조직의 성패는 나아가고자 하는 방향의 명확성에 달려있다. 방향의 명확성을 우리는 비전이라고 칭한다. 중장기적 비전의 명확한 설정과 단기과제들의 조화가 중요한 열쇠가 됨을 현실에서 파악하고 있다. 무엇이 지금 행해져야 하며 무엇이 나중에 이루어져야 하는가를 구분하는 자체가 쉽지않은 것도 사실이다. 그 균형을 맞추는 것은 더욱 어려운 일이다. 그럼에도 불구하고 성공기업의 많은 사례들에서 중장기적 비전과 현실의 과제사이에 균형을 이루고 적절히 실행시킨 경우를 받아들여야 할 것이다.

3) 이직자관리(능력관리)

① Flow형 인적자원관리

GE는 잠재력이 낮은 성과부진자 및 문제사원을 중심으로 일정비율의 인력을 상시적으로 퇴출시키는 엄격한 Outflow관리를 시행하고 있다. 이는 잭 웰치의 인재관리철학에 입각한 인력의 활력곡선(Vital Curve)이란 개념을 적용한 것이다. 평가결과 성과부진자를 대상으로 매년하위 10%의 인력을 퇴출하고 있다. 이는 평소적정수준의 퇴직을 이루어 인력흐름의 통풍구역할을 함과 동시에 일시의 대규모 인력감원의 가능성을 낮추어 조직의 안정성을 높이고 노사분쟁의 불씨를 미연에 방지할 수 있다.

② 종업원 팀과 함께 고용조정계획수립

내부인력과 컨설턴트를 고용하여 태스크포스(TASK FORCE)를 구성하고 종업원만으로 구성된 팀을 짜서 해고의 전 과정에 참여하도록 한다. 종업원 팀은 노사가 지명한 종업원들 중에서 컨설턴트의 심사를 통해 선발되고, 종업원 팀은 종업원들과 해고과정에 대해 논의하며, 고용조정대상자에게는 회사가 제공하는 구직활동지원을 적극 활용하도록 권유한다.

③ 중간관리자들에 대한 교육훈련

일선 관리자들은 재배치된 종업원들을 기존의 작업그룹에 통합시키는 과정에 대한 훈련을 받는다. 이를 통해 일선관리자들은 재배치된 종업원들을 우호적으로 받아들이고 새로운 작업환경에 적응할 수 있도록 적극적으로 도울 수 있다.

④ 고용조정 대상자에 대한 적극적인 지원

GE는 연방정부나 지방정부로부터 고용조정 대상자들을 위한 기금을 확보하는데 매우 적극적이다. 또한 GE는 종업원 창업기금을 마련하여 공인된 기업가훈련프로그램을 성공적으로 이수한 고용조정대상자에게 만달러까지의 창업기금을 대부해준다.

⑤ 경력개발프로그램

GE는 젊은 핵심인재들에게 전사감사요원이라는 경력경로를 거치게 함으로써 전략적 감각능력을 배양하고 있다. 이는 핵심인재의 이직을 방지하고 특히 미래사업을 선도해 나갈 차세대 핵심리더에 대해서는 직무중심의 경력경로를 미리 설정하고 차별적인 프로그램에 따라 육성관리하는 방법이다.

⑥ 승진과 임금수준

모든 GE 간부들의 평가에는 영업성과와 동시에 GE의 가치관에 부합하는 경영을 하고 있는지가 반영된다. 그리하여 영업성과와 가치관을 동시에 갖춘 경우 승진과 최고의 보상을 제공한다. 아래의 기준에서 보는 바와 같이 영업성과와 가치관이 동시에 미달인 경우에는 신속히 교체한다.

4) 후생복지

① GE 직원복리후생

자산의 경쟁력을 유지하면서 직원니즈를 반영한 잘 만들어진 복리후생제도를 제공하는 것은 직원에 대한 자사의 근본적인 의무다. GE는 특정지역 또는 사업을 대상으로 한 정부의 의무규정을 충족 또는 능가하는 경쟁력 있는 복리후생 패키지제공을 위해 노력하고 있다. 최근 미국기업들은 확정급여형 연금을 철폐하고 직원 및 퇴직자에 대한 의료보험혜택을 급격히 축소시키려 하고 있다. GE는 이러한 흐름에 저항하기위해 노력했고 특히 확정급여형 연금철폐와 관련 저항노력을 계속할 것이다. 미국내 GE직원들은 확정기여형과 확정급여형 연금을 받을 자격이 있다. GE는 최고 인재유치 및 보유에 있어 해당 프로그램 자격대상을 계속적으로 광범위하게 설정함으로써 경쟁력을 유지하고자 한다. 그러나 이러한 프로그램과 관련한 기존의 비용을 간과할 수는 없다. 과거와 마찬가지로 GE가 꾀하는 변화는 점진적으로 그리고 효과적으로 이루어질 것이다. 또한 GE는 변화가 발생할 시 해당사항에 대한 직원들의 이해를 돕고 직원의 삶에 어떠한 영향을 미칠지에 대해서도 설명할 수 있도록 지속적인 커뮤니케이션을 유지할 것이다. 그리고 직원복리후생이 변화할지라도 GE는 계속해서 최고의 직장이 되는데 전념할 것임을 상기시킬 것이다.

② GE와 직원건강(HIV/에이즈 및 기타 전염병관련)

GE는 직원의 건강과 복지를 위해 최선을 다하고 있다. 전 세계적으로 사업을 수행하기 때문에 GE는 HIV/에이즈와 같은 만성적 전염병의 영향을 받는 지역사회의 주민고용과 관련된 문제해결을 위해 준비해야 함을 인식했다.

- 안전하고 건강한 근로환경유지개선
- 건강상의 이유로 취업 및 고용행위에 있어 차별하지 않음
- GE의 개인정보보호정책과 일관성을 유지해 직원의 건강관련정보존중
- HIV/에이즈 또는 기타 전염병을 앓는 직원대우 또는 고용과 관련된 모든 법준수
- 필요할 때마다 HIV/에이즈에 관한 직원교육, 복지구제(outreach)활동실시

③ GE의 연금관리

미국직원 대부분을 책임지는 GE 연금(GE Pension Plan)은 20세기 초로 그 역사가 거슬러 올라간다. GE 연금운용과 연금기금의 자산은 흑자를 기록하고 있으며 이로 인해, GE는 520,000명이 넘는 직원에 대한 현재 및 미래 퇴직연금제공 의무를 다할 수 있게 되었다. GE의 효과적인 연금 및 자산관리는 신중한 관리체계에 기반을 두고 있다. GE 연금자산의 투자실적을 검토하는 GE 연

금급여투자위원회는 GE의 최고 CFO 및 4명의 고위경영진으로 구성되어 있으며 연 2번의 회의를 연다. GE의 기업시민원칙은 자사의 연금에도 적용될 수 있다. 잠재투자에 대한 초기연구수행 시 GE평가항목은 기업의 노사관계처리방식과 주주에 대한 처우 및 환경정책으로서 이는 사회책임에 대한 기업의 헌신과 실천을 측정하기 위한 것이다. 상장기업주식의 경우 GE는 포트폴리오에 해당한 기업별 지배구조 평가내용을 포함하는 스톡워치 온라인보고서를 활용한다.

④ GE의 선택적 복리후생

선택적 복리후생제도란 각 기업 또는 기관에서 사전에 설계한 복지항목과 재원에 따라 임직원이 개인에게 부여된 일정금액의 복리후생 예산한도내에서 개인의 욕구와 수요에 따라 복리후생항목 및 수혜수준을 자유롭게 선택할 수 있도록 한 제도로서 일명 카페테리아식 복리후생 또는 Flexible Benefits Plan이라고도 불린다.

GE는 선택적 복리후생제도를 통해 직원은 결혼유무, 연령, 근속년수, 직급, 라이프사이클 등에 따른 다양한 욕구충족을 시키고, 회사는 일정한 복리후생 예산범위내에서 가치극대화를 달성함으로써 임직원의 복지만족도 및 노동생산성 향상에 크게 기여하였다. 본래 넓은 의미에서의 선택적 복리후생제도는 전통적인 복리후생제도에 대비되는 개념으로 종업원 개개인이 본인이 처한 상황이나 선호도에 비추어 본인의 의지에 의해 복리후생 혜택의 유형이나 수준을 선택할 수 있는 제도를 말한다. 다시 말해 종업원들에게 어떤 형태로든 복리후생에 관한 선택권을 부여한 제도는 모두 선택적 복리후생이라고 할 수 있는 것이다.

5) 우리기업에 주는 시사점

우리기업인은 현실적인 장해요소들의 문제들을 잘 풀어냄으로서 미래의 활로가 개척되고 개척의 토대위에 기업도 성장과 장수의 길이 열릴 것으로 전망하게 되었다.

① 효과성 중심으로 경영혁신 패러다임 전환

기업이 성공적으로 운영되기 위해서는 체계적인 관리와 지속적인 개선을 추구하는 효율성과 창의성을 바탕으로 신시장과 신제품을 지속창출하는 효과성을 겸비해야 한다. 물론 효율성과 효과성은 닭과 달걀같은 불가분의 관계를 형성하며 기업을 둘러싼 외부환경과 내부조직 상황에 따라 둘 간의 중요도는 달라질 수 있다. 또한 장기적인 관점에서 보면 두 요인간에는 정반합(正反合)의 원리가 작용된다고 볼 수 있다. 특히 최근 불확실성이 급격히 커지고 있는 경영환경 하에서는 기업이 지속적으로 성장하기 위해 효율성 중심의 패러다임을 한 차원을 넘어 효과성 중심의 경영패러다임으로 이행하는 것이 중요해지고 있다.

성공포인트

1. 남의 말에 경청하는 법을 배워라

- 말하기 좋아하는 사람은 자제력이 부족하다.
- 사람의 생활범위는 한계가 있다.
- 말하기를 즐기는 사람은 자신도 모르게 자신의 결점을 드러낸다.
- 수다스러운 사람은 생각없이 자신의 의견이나 생각을 늘어 놓는다.

성공하는 큰 인물은 다른 사람들의 생각이나 의견을 즐겨들으며 소중한 간접경험과 샘풀이 솟아나는 무궁무진한 영감을 얻는다. 그들은 경청의 중요성을 잘 알기에 잘 활용한다.
빈수레가 요란하다고 했다. 다른 사람의 이야기에 진지하게 귀를 기울여라. 그들의 경험과 정신세계를 탐험하면서 당신의 지식으로 소화시켜라.

2. 풍요로운 삶을 누릴수록 더욱 감사하는 마음을 가저라

자비는 그대의 풍요함과 부유함이 저절로 흘러나오는 것이다. 정신적이든 물질적이든 부가 찾아오는 모든 과정은 감사라는 말로 요약될 수 있다. 당신이 감사한 마음을 가지지 않는다면 풍요로운 삶을 영유하기는 어려울 것이다.

요 약
summation

＊ 기업을 둘러싼 경영환경의 변화

이사회의 본연의 자세 - 상장회사를 둘러싼 환경이 글로벌화, 기술혁신의 진전, 고령화, 사회환경문제에 대한 관심의 고조 등에 따라 크게 변화하는 가운데, 회사가 직면하는 경영상의 문제도 복잡해지고 있어 기업의 상당수가 이러한 변화에 대응하지 못한 것이 아닐까 지적되고 있다. 이러한 경영환경변화와 경영과제의 복잡성을 관리하면서 상장회사가 지속적으로 성장하고 중장기적으로 기업가치를 향상시켜 나가고 있다.

＊ 이사회의 구성원칙

경영환경변화와 경영과제의 복잡성을 관리하고 요구되는 역할책임을 담당해 나가기 위해 이사회는 필요한 자질다양성을 제공하는데, 독립성 객관성을 확보해 나가는 것이 중요하다.

* 이사회의 운영

상장회사와 그 기업집단이 경영환경변화와 경영과제의 복잡성을 관리하고 나가기 위해서는 이사회의 전략적 방향설정과 회사의 적절한 평가 등에 관한 논의를 충실하게 해 나가는 것이 중요하다.

* 이사회의 자질과 다양성

이사회의 자질 · 다양성과 그 운영을 충실히 지켜 나가기위한 노력이 유연성으로 이루어지고 있는지 등 이사회전체의 실효성을 평가하여 다음의 노력을 지속적으로 연결해가는 것이 중요하다. 코드적용시작부터 1년이 경과하기 때문에 각 상장회사에서 이사회의 구성 및 운영상황 등의 실효성에 대한 평가를 진행할 것으로 기대된다.

* 신규리더(Emerging Leader)

Introduction to GE(IOL) : 온라인으로 진행되며 GE에 관한 전반적인 안내와 이해에 목적, 회사의 비전과 가치 그리고 기업문화를 소개하고, 자신의 경력관리방법 및 팀원으로서의 스킬교육, 리더십의 기본인 셀프리더십도 함께 다룸

- Foundations of GE Leadership(FOL) : 4일간 진행, 프리젠테이션과 갈등해결, 조직활성화와 대인관계, 커뮤니케이션 방법을 다룬다.

* 우수한 인재일수록 힘든 부서로 보낸다

GE는 우수한 리더를 신규사업이나 부진한 사업부문 등 힘든 부서로 보낸다는 방침에 따른다. 유능한 리더가 부진한 사업을 성공궤도로 올려 놓아야 기업경쟁력을 높일 수 있다는 것이다. 유능한 리더에게는 어려운 임무를 맡김으로써 경영능력을 연마시킨다는 게 GE의 리더양성법이다. 이 때문에 GE의 많은 고위간부들은 수많은 부서경력을 갖고 있는 게 보통이다.

제2절 마케팅 고객유지전략의 계층성

♣ **기업의 생존 부등식**

가치지향적 시대가 도래하였다. 최고의 상품을 최저의 가격으로 팔지 못하면 당신은 게임에서 지게 될 것이다. 고객을 잃지 않으려면 고객에게 더 많은 것을 더 낮은 가격으로 제공하는 방법을 끊임없이 강구하여야 한다. 그것이 최선의 방책이다.

- 잭 웰치 GE 전 회장 -

고객에게 제공하는 가치 즉 고객이 느끼는 가치가 고객이 지불하는 가격을 초과하고(V-P〉0) 고객에서 받는 금액(가격)이 총원가를 초과해야(P-C〉0)기업이 살아남을 수 있다. 이것을 기업의 생존부등식(V-P〉0. P-C. 〉0)이라 한다. 가치(Value), 가격(Price), 원가(Cost)의 세 요소가 이루는 삼각형의 해법을 끊임없이 연구하는 것이 경영이다.

1. 고객유지전략과 방어전략

1) 성숙기의 고객유지전략

고객유지전략은 방어전략이다. 경쟁방지의 소극적 전략으로 간주되어 왔다. 하지만 방어전략은 고객유지전략과 같다. 약자와 거의 동의어이며 고객을 명확히 하는 대상 마케팅에서 큰 의의를 가지고 있다. 그래서 방어전략의 기본공식을 정리하고 고객유지전략과 릴레이식 마케팅의 전략적 틀을 분석한다. 기업성장에 필수적인 방어전략과 고객유지전략은 고객만족과 충성도를 만들어내는 CRM(Customer Relationship Management)의 개념을 통해 고객의 범주화차이인 대우에 의해 강화된다. 방어전략(디펜시브전략)과 고객유지(카스머리텐션), 관계마케팅과 고객관계관리(CRM) 또는 표적마케팅에서 고객유지전략의 계층구조와 모든 방어전략은 경쟁을 피하는 수동전략으로 간주되어 왔다. 그러나 방어전략은 고객유지전략의 동의어이며 고객을 식별하는 대상마케팅에서 큰 의미가 있다. 그래서 나는 함께 했다. 기존 방어전략수식 및 고객보유분석전략 및 관계마케팅의 전략적 틀, 방어전략고객유지전략은 고객의 성장에 없어서는 안 될 요소이다. 고객과 차등대우의 범주화로 기업의 위상강화 CRM(Customer Relationship Management)의 개념을 통해 고객만족 및 충성도.방어전략, 고객유지, 관계마케팅, 고객관계관리(CRM), 경쟁회피의 소극적 전략으로 간주되는 경향의 기업방어전략은 고객유지전략과 동의어로 취급된다. 그러나 실제 기업행동을 관찰하면 사업전략속에서 또는 대상마케팅에서 방어전·전략확대로 이어지는 중요한 위치를 차지하고 있다.

본 절에서는 관계마케팅, 데이터베이스 등을 활용한 고객관리 CRM(Customer Relationship Management), 마케팅 커뮤니케이션 프로그램 등을 통해 고객만족의 극대화를 기대하는 고객유지전략의 틀과 그에 부여된 한계층적 외연적 제반대책을 방어전략증강 시점에서 찾아간다.

2) 대상마케팅 전개

대상마케팅 시장을 몇 가지 하위카테고리를 기준으로 세그먼트화하여 거기를 대상으로 효율적인 시장활동 최적의 경영자원의 배분을 목표로 하는 것이다. 세그먼트는 균질마케팅 노력에 대한 매우 유사한 반응이 기대된다. 이와 같이 하위카테고리에 의해 세그먼트추출을 위한 주요 변수가 유도된다. 고객의 지리적 데이터, 인구통계 데이터사이코 그래픽데이터, 제품의 구매행동, 이용행위 등 브랜드전략에 의한 반응에도 눈을 돌리게 된다. 브랜드 충성도에 대해 스위칭그룹의 용이함이 검토된다.

또한 세분화를 보완하여 충성도와 기업의 판촉행동에 대한 반응을 기준으로 시장의 변수를 목표고객을 식별 유형화하고 차이인 대응을 도모하도록 되어있다. 오늘은 요구동종 매스시장은 존재하지 않았음을 전제로 일정한 변수를 사용하여 세그먼트가 추출·선정되지만, 시장에서 경쟁적 지위와 전략목표설정의 차이 등에 따라서 대상은 다르다. 그것은 각각의 대상의 특성에 맞게 경영자원(시장대상에 대한 마케팅믹스)이 조성되어 시장열기가 열리려고 한다.

이러한 관점에서 고객의 유형을 기반으로 경쟁전략적 시장대응개념은 전통적인 마케팅스타일과 차별화한 것이며 대상마케팅 동일선상에 있다. 고객의 차이에 따라 취급에 논란은 있지만, 고객인센티브(customer intimacy가 고객과의 친근함)가 강한 기업이 승리해 남아있기 때문에 경쟁력을 가지고, 우량(로열티 높은)고객을 자산으로 생각하는 전략적 대응에 연결한다.

관계마케팅에 있어서 고객충성도 단계(사다리, ladder)는 예상고객에서 고객으로 단계가 올라(여기까지는 신규 고객확보에 중점을 두는), 클라이언트, 서포터, 추종자(고객추종자까지 4단계가 관계의 전개, 확대, 고객유지(customer keeping)에 초점)에 점차 늘게된다고 제시되고 있다. 여기에서는 대상이 되는 고객은 새로 획득 및 유지관계의 확대양면에 염려한 것을 나타내고 있다.

고객만족과 고객충성도(또는 재구매)에 대해 고객만족도, 고객충성도가 모두 높은 전도사 고객만족도는 높지만 충성도는 낮은 용병(mercenary), 고객만족도는 낮지만 고객충성도가 높은 피 구속자(hostage : 인질), 고객만족 고객로얄티가 모두 낮은 테러리스트 고객으로 분류할 수 있다.

이 분류는 특히 테러리스트의 중립화 또는 제거가 큰 과제가 된다. 테러리스트는 만족, 헌신, 충성도가 모두 낮은 수준에서 부정적인 정보발신을 할 가능성이 높다. 테러리스트 반대는 전도사이며, 재구매(계속 구매)의사가 확고하다. 테러리스트 파급효과는 바이러스성 마케팅의 전개관리가 테마될 오늘날의 시장환경에서 상황에 따라 밖으로는 위협이 될 소음관리로 널리 알려져 왔다.

그런데 어느 개인수준에서 정보의 송수신이 반복되면 정보내용에 검사가 이루어지지 않기 때문에 소스의 신뢰성 확보가 문제이다. 관리의 관점에서도 신속한 대응이 요구때문이다. 또한 고객만족은 고객의 지각가치(perceived value)와 함께 논의된다. 고객의 인식가치는 경쟁업체의 제안과 비교이익과 비용의 차이에 대한 평가이며, 이어질 팩터와 해석된다. 그러나 그 지각가치는 물론, 선택속에서 비교가능하고 명료하게 탁월한 것이 중요하다. 무엇보다 그러한 조건이 충족되는 것은 아니고 그 인식의 연속성에 대해서도 논의가 생긴다. 고객지향을 표방하는 기획사업고객과의 관계의 틀을 재검토해야 한다.

3) 호네루(Fornell)의 사업전략의 분류

호네루(Fornell)는 사업전략을 낮은 성장과 포화시장환경에서 신규고객의 획득을 목표로한 공격전략(offensive strategy)과 기존고객의 유지를 목표보다 방어전략(defensive strategy)으로 대별하고 아래와 같이 각각의 사업활동을 명시한다.

(1) 공격적 전략

공격전략은 경쟁조건을 전제로 시장규모확대 또는 시장점유율의 확대가 주요 과제이다. 방어전략은 고객에 초점을 맞추고 다른 시장이동을 어렵게하는 스위칭장벽의 구성준공과 고객만족향상하는 테마가 된다. 성공을 위해 측정척도는 공격전략은 경쟁사와 비교시장 점유율방어전략은 고객이 유지된다. 행동목표는 공격전략에서는 구매자의 위치가 되는 반면 방어전략은 구매자의 로열티가 되는 마케팅전략의 주요 관심사는 신규 고객확보이며, 시장규모의 확대와 당해시장 점유율확대를 위한 방안을 다각적으로 논의해 왔다.

공격전략은 경쟁사와의 차별화와 비교우위정도의 혁신적인 기술을 구현한 신제품투입 등에 의한 성공사례(판매금액의 상승, 시장점유율 확대, 시장에서 가격결정권과 차넬리더의 확보 등)가 소개되어 왔다.

성장·확대기조과정에서 다루어지는 시장에서 약체제품의 제거(예를 들어, Kotler, 1965)는 신제품투입을 도모하고 방대하게 부풀어 오른 제품아이템의 라이프사이클을 파악하고 제품유지를 포함한 라인전체에서 밸런스의 적정화(제품믹스 컨트롤을 수행)를 할 것이다. 기본자세는 시장확대를 통한 기업의 성장을 도모하는 것으로써 했다.

마쓰시다 전기산업은 1964년에 사무용 대형컴퓨터의 시장에서 철수했다. 유형의 선행투자에 손해뿐만 아니라 기술력에 대한 시장의 평가측면에서 마이너스였다. 해외에서의 시장경쟁투쟁의 가결을 지켜본 사업수준에서의 전략적 철회였다. 후에 노트북시장에 진입하고 있다.

(2) 시장성장전략

또한 시장의 성장확대를 주어진 조건으로 취급뿐만 아니라 디마케팅같은 시장환경에서 수요를 억제하는 시점도 도입되고 있다. 수요의 상태에 따른 수요관리에 몇 가지 패턴이 표시된(예를 들어, Kotler, 1980, 주 5) 이러한 수요에 대한 장기적인 관리의 자세는 오늘날에 있어서 하는 시장활동의 수요억제 등 환경배포격려에 연결되어 있다.

독일기갑부대에 큰 타격을 준 사상 최대탱크전투 쿠르스크전투(1943년 7월)이 소련측의 독일군의 정보를 취득하고 종심진지를 구축하고 방어태세를 굳혔다. 방어전략의 전형이라 한다. 히틀러는 “쯔이타데루(요새) 전략” 완벽을 추구하는 3개월의 시간을 소비했지만 그것은 소련측의 준비기간에도 이어졌다. 패인으로 정보유출의 측면도 있지만 연합군의 시리섬 상륙작전은 중지 불가피함에 이르고 있다(Pimlotto, 1995).

과격한 시장경쟁을 전쟁에 비유 마케팅전쟁을 전개하는데 있어서 분석해야 할점 효능치, 공격적인면 뿐만 아니라 국방의 중요성과 방어전원칙도 검토되고 있다. 워털루(Waterloo)전투에서 영국은 교묘한 방어에 의해 승리를 거뒀다. 축구의 승패는 수비로 결정되는 것과 같이(Ries and Trout , 1986) 마케팅전략에서도 방어행동의 중요성에 움직임이 나타나고 있어 공격과 방어의 균형을 취할것이 요구되고 있다.

(3) 기존 시장유지와 성장의 방향

우리는 성공과 실패라는 관점에서 관찰하고 실행하여야 한다. 경쟁자보다 앞서나가 먼저 목적을 이루면 작든 크든 성공이라 할 수 있다. 실패없이 성공률을 높이는 것은 단계적 성공이라 한다. 즉 자신의 능력향상과 비례하여 사업프로젝트를 조정한다면 성공지속성을 높이고 실패리스크를 최소화한다는 것이다.

그림 9-3 기존 고객유지와 성장의 방향

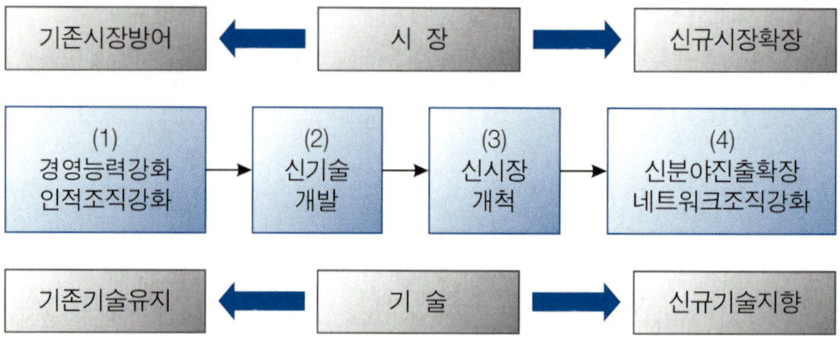

출처 : 기존 시장유지방어와 신시장개척의 조직능력강화의 상관성 제시도

우리의 속담에 '남의 떡이 커만 보인다.'라는 말이 있다. 지금 이 업종교류로 타업종의 장점을 흡수하여 자사의 생산성을 제고하고 업무의 합리를 도모함에 있는데. 업종과 수익성을 비교하여 자사의 업종을 경시하고 타사업종의 매력에 빠져 실패를 자초하는 경우를 볼 수 있다. 기업의 성장이란 욕심으로 이루어지는 것이 아니라 숙지후 이행이라는 순서를 따름이 바람직하다.

시장의 방어나 성장전략에 있어서도 기존을 중시하며 미래를 개척하는 프로그램이 안정된 발전의 방향성이라 본다. [그림 9-4]에서 보듯 첫째가 자신의 능력을 향상시키는 것이다. 둘째는 보편적인 기술로는 차별화를 가져올 수 없다. 새로운 기술창출만이 기업우위를 얻어낼 수 있다. 셋째 제품차별화. 품질우위만이 신시장개척의 디딤돌이다. 넷째. 시장의 광역화이다. 새로운 적용분야를 찾고 외적 네트워크를 조직화할 때 성장과 방어는 이루질 것이다.

(4) 시장방어전략

이러한 경위의 근거로도 방어전략을 공격전략과 병렬로 명시하는 것은 획기적이고 새로운 방법의 제시로도 큰 관심을 모았다. 한편, 신규고객확보, 즉 시장의 확대형 및 시장점유율 확대에 많은 마케팅의 노력이 필요하며 벤처자본에 대한 효과는 반드시 연결하지 않는 것이 많다. 한편, 고객유지에 주력하여 고객중계기간이 길수록 수익증대하고 고객유지율이 5% 상승하면 이익률이 2배가 되는 지적도 있다.

상술한 바와 같이 대상마케팅 매스마케팅에 대치하여 동질적인 세그먼트 내에서의 효율적인 대응을 목표로 하는 것이다. 그 전개에 있어서는 독자적으로 선정한 세그먼트위치를 일정 기간 방어하는 것은 기본행 때문이며, 매스마케팅에서 커버할 수 없는 우량고객이반이탈·퇴출을 관리하는 발상은 필연적인 것으로 되어있다. 또한 많은 사업체가 고객만족과 만족보장 등을 슬로건으로 내거는것, 그 항소했다는 측면에서의 비교우위는 희미해지는 반면 기본고객만족정책의 전반전략의 정도치 형성이 요구되고 있다. 아울러, 고유가치인 정체성의 방어전달이나 장기시각에 입각한 사실상 표준획득을 시작으로 고객의 제품선택에 영향을 미치는 요인분석도 빼놓을 수없는 상황이다. 이러한 1980년대 이후 정체된 마케팅환경(시장의 세계화 · 저성장하에서 경쟁심화혁신에 있어서 차이 부족한 생활필수품 등)도 호네루의 사업전략 명확성으로 2분할 된 제시가 관심을 모으는 주요 배경이 되고 있다.

2. 방어전략 프레임워크

1) 공격전략과 점유율 확대

시장확대와 시장점유율 확대를 위해 제품시장도입에 있어서는 가격전략 및 판촉 간단한 진전믹스의 효과적인 전개(업자용 프로모션 및 소비자 프로모션의 병용 등), 유통채널의 선정(채널분할화) 등 몇 가지 필터가 제한된 파이의 쟁탈을 공격과격한 경쟁도 벌어지고 있다. 하지만 저가격화와 보급품의 확산 등 소비자에게 이로운 것이 있지만 경쟁에 의한 소모전의 폐해는 지적되면서도 여전히 치열한 시장경쟁은 계속되어 간다.

방어전략은 신규이민자 및 시장지위의 향상을 목표로 경쟁업체의 공격을 그 기회를 감소나 위협이 적은 분야로 방향전환시키고 봉쇄하는 것을 기대한다. 방위가격은 시장지위를 유지, 강화하기 위해 설정되는 가격에서 잠재적인 경쟁업체를 시장의 열외화하려면 매력적인 수익을 기대할 수 있는 같은 가격수준이 설정된다. 또한 "방어는 공격보다 낫다"고 설득 그의 저서 마케팅전략과 경영전략의 수용되는 크라우스 비츠(Karl vonClauzewitz)의 「전쟁론」은 전체 여덟편 중 공격의 장앞에 방어가 여섯편으로 들어 있다. 공격은 최대의 방어가 아니라 방어는 현상을 유지하며 전력낭비소모를 피하고 은총 등을 살려 열세를 방지할 수 있다고 한다.

최대의 방어는 효과적인 공격이지만, 가장 뛰어난 방어 P & G 제품에 보이는 것 같이, 끊임없는 혁신을 베푸는 것이라고 지적되고 있다.

시장에서의 경쟁지위별로 보면 '벌떼공격과 거대한 코끼리'와 같은 시장이다. 전략으로 신규용자를 탐구하고 새로운 용도를 추가하고 사용빈도나 사용량을 증가시키는 시장자체의 확대와 마케팅 점유율 확대와 손잡고 다음과 같은 방위성 조치들을 둘 수 있다.

- 진지방어(position defense)(자동영역 난공불락의 요새구축)
- 측면방어(flanking defense)(전면호하나 약체인 측면도 강화)
- 선제방어(preemptive defense)(적이 공격하기 전에 공격)

- 반격방어(counteroffenseive defense)(대항반격, 관망전략도 채택)
- 이동방위(mobile defense)(국방의 틀조합의 변형)
- 축소방어(contraction defense)(전략으로 철수계획으로 축소)

방어전은 시장리더만 고려하는 것에서 최상의 방어전략은 스스로를 공격할 용기도 강력한 경쟁자의 행동을 봉쇄할 수도 있다.

2) 방어전략과 마케팅모델

방어적 마케팅모델로 밖으로는 시장리더의 존슨 & 존슨 프로그램(Johnson & Johnson)의 진통제 타이레놀(Tylenol)의 가격인하와 강력한 데이터투입에 의한 방어에 성공한 케이스를 둘 수 있다(100정 당 1달러 싼 1.85 드르의 저렴한 가격, 브리스톨 마이어스(Brystol-Myers)의 다토리루(Datril) 투입(1975년)에 도전했다).

그러나 유지전략은 반드시 시장점유율 상위기업에 한정되는 것이 아니라, 하위기업에 있어도 특정 세그먼트에 집중하고 특정 니즈에 적응하고 경쟁가격을 설정하고 유통경로를 제한하는 프로모션을 효율화하는 등 시장적소의 유지 · 방어전략목표로 설정 고객의 둘러싼 관점에서 채용되고도 예를 들어 표준화전략은 소비자의 제품에 관계하는 주변가치, 정보가치 등의 확산에 연결할 수 없는 측면도 있다. ISO, IEC 등으로 인한(공적표준)의 정반대의 사실상 스탠다드는 사실상의 표준이다. 정보통신기기, 전기전자사업분야에서 그의 의의와 효용이 종종 논란의 대상이 된다.

차세대 DVD에 대해 1990년대 후반과 현재의 장비와의 호환성을 고려하여 HD-DVD 표준도시바, NEC는 채용(DVD의 규격을 검정해온 DVD포럼에 제안)했지만 소니, 마쓰시다는 BD(블루레이디스크클릭)을 제안하고 두 가지 방식이 경쟁하는 것으로 하였다. 2005년에는 도시바와 소니의 경영진이 모여 규격통일의 간담회가 이루어졌지만 결국 통일화는 결렬됐다. 그러나 도시바의 동지워너브라더스가 배반한다고 도시바는 완전히 표명했다. 사용자의 매입량 줄임을 일으킨 양자의 대립의 결과 도시바는 이 사업에서 500억엔 정도의 적자를 내고있다.

그러나 이러한 분야 이외에도 적절한 품질확보, 호환성 확보 등의 다양한 장비의 조정 때문에 소비생활에 한정하여 많은 표준이 설치되어 있다. 즉시 소비생활에 미치는 마케팅에서 고객유지전략의 계층성이 지금도 사용중인 제품(규격)변경에 저항느낌이 태어날 가능성은 부정할 수 없다. 이러한 측면은 지금현재 고객유지에 효과적이어서 전면에 내세우는 것은 어렵다. 능력, 특허 및 기타 규제에 따라 입수(이용)가능성이 제한되지만 이들은 일정하게 설정된 필터가 작용하고 있다. 반면, 패션브랜드와 가전브랜드 또는 일용품 브랜드를 통일하는 소비행동이 낮은 장벽이며, 소비자에게 큰 지원링크비용이 될 수는 없다. 이러한 측면에는 심리적 필터가 작용하고 있다고도 말할 수 있다.

피 구속자는 불만을 갖고있음에도 스위칭장벽에 의해 시장의 이동이 할 수 없는 것을 의미하며, 독점시장과 규제가 명확한 시장에서 관찰된다. 규제완화 특허만료 등이 방치되면 테러리스트로 변모해야할 가능성이 있다. 스위칭장벽이 높기 때문에 반복구매에 대해 이어졌다고 하면 그 충성도는 스위칭장벽이 낮고, 반복구매가 적은 고객속에도 잠재적 로열티를 지니고 있는 경우도 있다. 직원과의 관계에서 생길 긍정적인 스위칭장벽에 대해서도 눈을 향하게 해야 한다. 직원과의 좋은 관계는 충성도유지에 연결되고 또한 고객의 스위칭장벽에 관해서는 일정기간 후 구속성의 높낮이도 확인된다. 구매노력을 많이 지불하지 않아도 결과적으로 장기고정으로 획득시장이 되어 있는 경우도 산견된다.

3) 고객유지의 논리

고객유지는 기존고객의 이반, 이탈, 퇴출을 방지하여 수익성 향상에 기여하고자 한다. 고객유지는 고객이 받는 고객가치에 만족하고 있음을 인식하게하고 유지할 수 있다는 가정이다. 고객유지가 이익을 낳는 배경에는 반복계속구매를 통한 이익의 확보, 관련제품구매에 있어 단위고객당 수익증가, 고객학습에 의해 하는 운영비용절감, 고객소개에 따라 고객의 확대, 첫회 할인 등이 없는 안정적인 구매뿐만 아니라 고객획득비용이 발생하지 않는 것을 들 수 있다.

또한, 고객이 안정되어있는 것은 안정적인 현금흐름이 될 가능성이 높고, 연구개발비 및 서비스의 높은 품질화를 위한 비용에 대한 자유도도 증가하게 된다.

고객유지, 고객만족, 시장점유율과 일체화하여 취급된다. 고객만족은 충성도 향상, 수익성 향상과 연계되어 논의가 전개되고 있다. 고객이탈율이 떨어지면 수익성 향상으로 이어지고, 고객만족도가 높아지면 고객충성도가 높아져 사업의 성장과 이익에 연결된다. 고객충성도가 5% 높아지면 이익은 25%에서 85% 증가된다는 지적도 있다. 고객유지율은 고객만족의 영향을 받기 때문에 고품질의 고객만족의 양성이 요구되고 있다. 고객만족은 인식되는 품질이나 사업체에 대한 신뢰, 포인트제도의 이용 등 관계에 관여해서 고문고객유지에 연결, 획득한 고객의 이반, 이탈, 퇴출을 한없이 적게하는 것을 목표로 내걸 수 있는 것이다.

충성도구축에 판매를 할 기본형(basic), 정보제공만하는 수동적 형(reactive), 개선사항이나 불만을 물어 책임형(accountable), 제안을 하는 적극적 형(proactive), 기업에 협력하는 파트너십 형(partnership)의 투자단계가 단계적 추이고객 총수익의 수준 등의 영향을 받는다. 시장에 고객이 많은 단위당 수익이 작은 경우 기본형이지만 고객과의 관계가 점차 증가하게 된다.

또한 고객의 발신불평·불만에 대한 대응, 직원만족의 확보, 고객이반, 이탈, 퇴출, 원인규명과 고객의 회복 등 다양한 분석이 시도되고 있다. 호네루들은 ASCI(American Customer Satisfaction Index)를 마련 종합고문 고객만족개념(Overall Satisfaction)을 제시하고 있으며, 고객의 기대, 지각품질, 지각가치가 종합적으로 만족개념으로 이어지도록 표시된다. 종합적인 만족이 형성되지 않으면 불만을 창출하고 형성할 경우 고객충성도가 생긴다.

누적고객은 1990년대에 경영이념, 마케팅컨셉으로 등장한 이래, 수많은 논의를 바탕으로 1980년대에서 특정 거래적(transaction-specific) 고문고객만족개념, 1990년대 이후 누적(cumulative) 고객만족개념의 검토를 통해 관계마케팅과 수익과의 연관성 확보논란 등으로 이어지고 있다. 거래특정적 고객만족개념은 개별구매 후 평가를 다루는 것으로 기대 / 성능간의 일치 / 불일치 패러다임을 이용하여 논의된다. 누적고객만족개념은 반대로 일정기간 구매후 종합적인 평가를 취급하기 때문에 지속적인 충성도의 선행지표로 하고 받아들일 수 있다.

집계한 고객의 만족개념은 누적으로 브랜드나 기업별로 집계한 것이며 시장의 만족도를 나타내고 있다. 대응만족을 얻을 때 고객은 계속 기여하는 행동이 있으면 높은 만족도를 얻고 일정한 만족수준을 유지할 수 있는 것이 관찰되고 있다.

또한 전환비용이 낮은 경우 고객만족 극대화방안은 사용되는 것을 관찰되었으며, 비용의 저감화를 위한 노력은 가짜놀이 충성도에 대응책을 마련하도록 요구된다. 장벽들에 대한 선택의 여지없는 관계에서 얻어지는 혜택이 작으면 제한적 관계가 나타나고 반대로 관계에서 얻어지는 혜택이 크면, 장벽에 대한 선택의 자유도에 관계없이 헌신관계를 구축할 수 있다.

3. CRM의 진화

1) CRM은 데이터베이스, 활용 효과성 제고

CRM(Customer Relationship Management)를 전술수준의 정의(기술적인 문제해결) 또는 사업전략을 규정하는 전략으로의 정의까지 광범위하다. 고객가치의 향상이 주주가치향상에 연결되는 방법을 파악하는 수단. CRM은 데이터베이스, 정보기술 등을 활용하여 고객과의 관계를 효과적으로 관리하는 것이며 큰 특징이다. 제품서비스 메시지 프로모션을 정의하고 고문고객과의 정이 깊어 고객의 이탈, 이반을 막고 수입유익판매의 안정화와 효율화를 도모하는 것이다.

고객유지율은 일정 기간에 있어서 고객의 이탈층을 신규고객의 층에서 나눈 한도이며, 고객이탈율은 일정 기간의 이탈고객수를 보유고객수로 나눈 것이다. CRM에 의거한 대상마케팅에서는 직원의 정보, 판매정보 등을 바탕으로 한 고객반대로 대응하는 고객데이터베이스에 의한 관리가 없게 된다.

마케팅과의 관계는 공급파트너, 잠재와 파트너, 구매파트너, 조직파트너의 네 가지 주요 경로파트너(각각 구성하는 10개의 서브파트너)와의 관계적 교환으로 파악할 수 있다. 여기에서의 상호관계에서 참여와 신뢰를 중심으로 한 네트워크를 공고히 하는 정신의 중요성이 역설된다. 마케팅의 기축(基軸)이 되는 패러다임으로 파악하고 있다.

CRM을 성공적으로 진행하는 철칙으로(imperative) 적정한 고객확보, 적정한 가치제안작성, 최고의 프로세스의 도입, 직원의 동기케이스, 고객유지를 위한 학습을 들 수 있다. 고객의 선정경쟁사의 활동내용분석, 인적자원의 활용의 구조이탈에 대한 분석의 진행 등이 전제가 된다. 기업과 고객은 상호교류가 이루어져 이익을 누리고 마무리하는 관계가 구축되어 학습관계라고 불려 매스커스터마이제이션(mass customization)을 통해 매스마케팅의 한계를 극복하고 고객유지에 연결, 대량생산의 비용수준에서 제품고객 사양화를 도모 매스 커스터마이제이션은 고품질에서 신속한 대응으로 고객만족을 극대화하고자 하는 것이다.

이러한 자세는 마케팅 성능향상을 위해 단발적이고 불연속적인 거래를 성장시키는 것이 아니라 고객과의 장기적으로 계속적이고 강력한 관계를 구축하는 것이 중요하다는 인식에 기초한다(예를 들어 Dwyer, 1990). 신뢰와 참여를 중축하면 단기적 홍보인 프리미엄 부여는 관리의 총체에서 큰 의미를 갖지 않을 가능성이 크지만, FFP(Frequent Flyer's Program)로 대표되는 관계의 정의화(개별화)가 진행시각화(포인트상승 보이는 편이 효과적)가 도모되고 있다.

이해관계자들이 장기적으로 만족을 낳는 관계를 구축하는 관계마케팅을 기본차원의 개념으로 한 정보의 발신통합조화하는 통합종합적 마케팅을 실시한다. 또한 성과, 관리, 친환경 등을 의식하는 성능마케팅 조직의 활성화를 도모하는 마케팅과 함께 전체적 마케팅으로 자리매김도 시도되고 있다.

이러한 관점에서 고객유형별로 고객이 요구하는 가치를 구현하고 제공하는 것도 요구된다. 위의 충성도 높낮이 외에 가치(수입유익에 기여)의 높낮이를 분석한 대응도 도모되고 있다. 가치가 높은 고객에게 특별한 대우를 하고 엄청난 노력을 쏟는것이 있다. 수익에의 기여가 낮으면 높은 가격을 설정하게(무료서비스를 유료로)하거나 이탈할 우려를 가지고 있다. 수익성고객의 유지와 점유율에 근거를 둘 일대일(one-to-one) 마케팅과 전체고객을 유익한 전통적인 매스마케팅과 비교되는 경우가 많다. 로얄티와 가치를 강하게 의식뿐만 아니라 개별대응의 중요성을 강조하는 것이다. 전통마케팅은 설득과 가격의식에서 고객에게 도달비율 향상을 목표로 함은 수익률은 감소한다고 해서 고객의 요구가 충족되는 것은 아니다. 원 투 원(one-to-one) 마케팅은 고객의 요구사항을 충족, 수입유익은 향상되지만 고객에게 도달비율은 낮아진다.

고객마다 프로필에 따라 사용자정의된 개별메시지 개별인센티브가 조성되는데, 그 평가 포인트 요소는 고객점유율이 된다. 거기에는 수익성 높은 고객을 표현한 고객유지가 기본이다.

그러나 고객은 가장 수익을 내는 고수익이 고객외에 획득비용을 그다지 필요로 하지 않는 부동고객 장기간의 성장에 기여하는 공유결정고객이 확인된다. 현재 시장점유율이 높고도 부동고객 구성비율이 높으면 사업수입유익에 반드시 기여하지 않는다. 바겐세일 사냥꾼같은 고객을 피하는 반대 선별정책도 검토되고 있다. 수익중시위해 수익별로 고객을 분류 프로모션에 반응하는 부동고객 동향에 주시하고 커뮤니케이션을 하여야 한다.

또한 예상고객을 식별하고 분류차별화하고 가치가 높은 고객에게 최대한의 마케팅노력하는 자세를 명확하게 밝히고 있다. CRM은 고객확보, 유지, 육성까지 취급한다. CRM은 고객에 대한 종합관리인 이상, 고문고객을 획득하고 유지하는 것에만 그치지 않는다. 고객의 에이징(aging : 노화) 효과가 있다. 때문에 기계적 유지는 있을 수 없으며 일정규모의 세그먼트의 유지는 반대로 신규고객의 이해가 있어야 한다. 그 한 방안이 고객의 육성이다. 고객의 육성에 관해서는 프리미엄의 제공 또는 우위적인 취급은 부정된다. 관계성마케팅 중 결정적인 요소 이해관계자, 메시지 인터랙티브네스(양방향)가 커뮤니케이션 플랫폼에서 형성되어 있으며, 모든 것이 메시지를 발신하고 있는 것으로 주장되고 있다.

그림 9-4 CRM 시스템 도입 성공요인 도

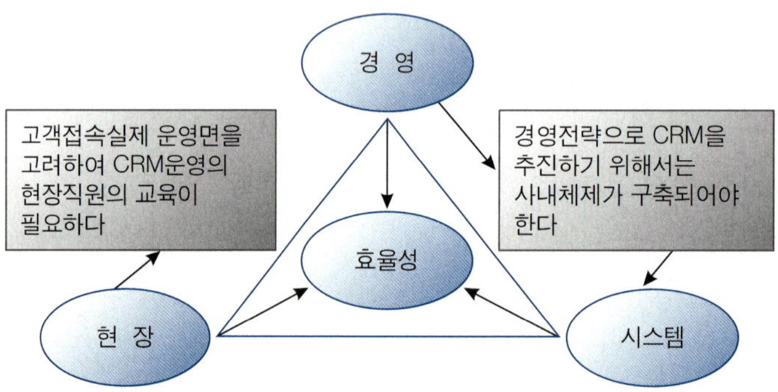

출처 : CRM System 導入成功要因에 관하여 2003 創刊號

2) 브랜드가치와 커뮤니케이션

브랜드 메시지(브랜드가치, 상징성, 기호성 등)를 넘은 마케팅 커뮤니케이션의 일관성, 원룩·원보이스(one look, one voice)의 중요성, 고문고객을 이해관계자로 강하게 재인식하는 것이 설명이 되어 있다.

고객유지의 외연으로 여러건의 제품기능에 기본기능, 정보기능, 주변기능한 계층이 있으며, 또한 브랜드관리 계층성이 같은 고객유지전략이 도래해 있다. 고객만족을 통해 고객유지가 기본목표이고 큰 비중을 차지하고 있기 때문에 커뮤니케이션의 활성화(고객상호작용), 회원화 이동장벽의 구성 등 여러 방법은 외연적 유지책에 비친다. 고객만족이 고객유지와 연결수익이 되고 마케팅전략의 기반을 설명하는 한편, 높은 직원의 충성도가 고객로얄티를 높이고 나아가 기업가치향상에 연결된다고 지적하고 있다.

관계마케팅의 깊이와 기반이 서비스마케팅에 의거하고 있다는 주장으로 이어질 것이다. 고객만족과 고객유지는 지배종업원의 적절한 대응이 필수적이지만 그를 포함하는 기준이 검토되고 있다. 고객만족 탄력성(고객만족의 변화율에 대한 로열티의 변화율의 비율)은 시장환경에 의해 기업간이나 업계간에 따라서 고객만족을 기축으로한 여러 정책활동은 무조건 중요시 되는것은 아니다. 고객의 고객만족에 대한 감수성을 파악하는 것이 필요하며, 스위칭비용이 높은 공공서비스는 탄력성이 낮아 전환비용이 낮은 산업(자동차, 식품업계 등)은 탄력성이 높다. 고객만족 극대화를 목표로 고객유지전략은 마케팅컨셉의 실천에서 기각할 수는 없지만, 고객만족에 대한 평가가 다양하다는 가운데 고객지상주의는 비용의 증가를 초래이익을 압박하기 위한 기본베이스로 고정되는 것도 아니다. 그것을 보강하는 마케팅의 외연적 제반대책이 필요점이 된다. 그 주요 논점은 고객에 대한 응용조치로서 정리되고 제거된다.

고객의 진화에 대해 추종자의 상위에 그후 파트너가 설정되어 있다. 이 충성도에 따른 혜택제공이 설명되어 있으며 다른 관점에서 클라이언트 소요의 상위구성원을 평가해 멤버십 프로그램을 실시하도록 제창되고 있다. 클럽결성(회원화)은 소속감, 가시적 서비스이며 로열티가 계속됨이 예상되고 회원화 클럽회원에게 서비스전개에 관해서는 일본에서도 적극적으로 대응하고 있다. 고객의 이반이탈·퇴출을 피하고 반복을 유지하기 위해 회원에게 결정적인 혜택을 제공하고 회원을 위한 정보발신을 계속하고 있다.

각 백화점친우회 회원조직을 결성하여 할인판매를 실시하고 적립제도가 마련되어 있었지만, 각사 모두 비슷한 회원서비스가 있다. 일률적인 서비스 배포에서 비교우위적 송구력(訴求力)에는 부족하다. 그러나 일단 시작되면 서로 견제를 하고 현재의 서비스를 줄여서 절제한다. 할리 데이비슨(Harley Davidson) 팬클럽처럼 소유자로서 특유의 사용경험으로 차이를 강조할 수 있는 케이스는 적다.

차이의 강조에 고객화할 고객유지에 연결하는 것은 만족도가 높지않고 기업의 어프로치를 기다리는 고객이다. 프리미엄 서비스를 누릴 수 없는 계층에 프리미엄 지원서비스와 지각할 수 있는 처우가 필요하다. 반대로 용병은 만족도가 높음에도 불구하고 사업(기업)에 대한 충성도가 낮은 고객이며 포인트 서비스를 즐기며 이동한다. 이런 성질을 갖고있는 이들에 대한 대처도 고객유지 가능성의 분기점이 된다. 프로모션 컷과 전환하거나 리버레지 등의 대응의 필요성도 지적되고 있다. 비 우량고객의 유지는 사업전체의 마케팅에 영향이 생기고 있다. 이러한 발상은 대상고객 이외의 비 예상고객의 구매사용에 의한 제품이미지의 붕괴로 나아가 해당 제품의 쇠퇴를 초래한다는 발상에 의한 것이다.

이러한 국면을 종합하면 전도사(가까운 존재주한)를 육성하기 위한 자세마케팅 틴은 그룹커뮤니케이션 프로그램배포(프리미엄 지원정보제공 등)이 요구된다. 그 결정은 장기적 시야에 입각한 기업수준, 마케팅수준, 마케팅 커뮤니케이션 수준의 단계별 메시지검토가 요구된다. 브랜드수준의 집계도 다음단계에서 검토되지만 콘텐츠에서 스토리성, 상징성이며 정보발신의 미디어믹스의 멀티연락처이다. 관점을 바꾸면, 우량고객과의 상호성, 호혜성이 확보될 필요가 있다. 고문고객의 익명성 및 표준제품으로 저비용화를 도모하고 시장점유율 확대를 목표로 널리 고객을 유인할 그리고 기본으로 해온 믹스마케팅에 수정을 추가한 것이다.

3) 정리 결론

고객의 유형에 따른 전략적 시장대응의 컨셉은 짧은 문구로 표현되는 균질한 세그먼트를 대상으로하는 마케팅과 같은 것이다. 거기에서 고객유지전략에 대해 방어전략으로 파악하는 시간벌이(미쓰비시종합연구소, 1987), 경쟁의 회피, 퇴행적인 소극적·부차적 전략으로 간주되는 측면이 전혀 보이지 않게 된 것은 아니다. 데이터베이스를 활용한 관계마케팅 또는 CRM의 진전에 의해 현상유지를 기도하는 것이 아니라 고객유지전략은 사업의 성장, 확장가능성을 지닌 기업행동으로 인식이 높아지고 있다. 경쟁사와 이민자의 등장을 강하게 의식하여 호혜주의를 명시하고 고객을 강하고 열정적인 파트너로 육성하는 것까지 포함 고문고객유지 전략목표의 효율성 측면에서 또한 사업전략속에서 비중이 높아지고 있다.

성공포인트

1. 자발적으로 참여를

성공하는 사람들은 업무가 있기에 비로소 성공의 기회가 주어진다고 생각한다. 그래서 이들은 책임감과 업무를 수행하며 완수하지 못한 업무에 대해서는 변명하지 않는다. 이들은 업무의 본질을 정확하게 이해하는 덕분에 언제나 타인들보다 뛰어난 성과를 달성하며 중용되는 기회를 얻는다.

땅은 사람을 속이지 않는 법이다. 오늘 씨앗을 뿌린다고 해서 내일 당장 수확을 할 수는 없지만 당신이 노력하는 만큼 얻을 수 있다는 사실이다. 자발적으로 솔선해서 새로운 업무방식을 탐구하라 그러면 남들보다 주목받는 기회가 한층 많아진다.

2. 사람들에게 기쁨을 주면 자신도 더 즐거워진다

다른 사람에게 기쁨을 주면 그것은 그 사람의 행복이 될뿐만 아니라 자신에게도 도움이 돌아온다. 다른 사람으로부터 기쁨을 선물받으면 그 사람에게 호감을 느끼고 상대를 위해 무엇인가 도움이 되고 싶다는 마음으로 발전한다. 이 기쁨과 호감이 상조의 재산이 되는 것이다. 자신에게 이익이 되지않는 일에 대해서는 칭찬하려 하지 않는다. 찬사는 교모하고도 은밀하여 미묘성이 있다. 주는 자와 받는 자를 모두 만족시키기 때문이다

요 약
summation

＊성숙기의 고객유지전략

고객유지전략은 방어전략이다. 경쟁방지의 소극적 전략으로 간주되어왔다. 하지만 방어전략은 고객유지전과 같다. 약자와 거의 동의어이며 고객을 명확히 하는 대상마케팅에서 큰 의미를 가지고 있다. 그래서 방어전략의 기본공식을 정리하고 고객유지전략과 릴레이식 마케팅의 전략적 틀을 분석한다. 기업성장에 필수적인 방어전략, 고객유지전략은 고객만족과 충성도를 만들어낸다.

＊공격정략과 점유율 확대

시장확대와 시장점유율 확대를 위해 제품시장도입에 있어서는, 가격전략 및 판촉 간단한 진전믹스의 효과적인 전개(업자용 프로모션 및 소비자 프로모션의 병용 등), 유통채널의 선정(채널분할화) 등 몇 가지 필터가 제한된 파이의 쟁탈을 공격과격한 경쟁도 벌어들였다.

* **고객유지의 논리**

고객유지는 기존 고객의 이반이탈퇴출을 방지하여 수익성 향상에 기여하고자 하는데 있다. 고객유지, 고객이 받는 고객가치에 만족하고 있음을 인식하게 하여 고객망을 유지할 수 있다는 가정이다. 고객 유지가 이익을 낳는 배경에는 반복 계속구매를 통한 이익의 확보와 관련된다.

* **CRM은 데이터베이스활용 효과성 제고**

CRM(Customer Relationship Management)전술수준의 정의(기술적인 문제해결) 또는 사업전략을 규정하는 전략으로 정의까지 광범위하다. 고객가치의 향상이 주주가치향상에 연결되는 넓게 파악하는 방법의 수단, CRM은 데이터베이스, 정보기술 등을 활용하여 고객과의 관계를 효과적으로 관리하기 위험이고 이것이 큰 특징이다

* **브랜드가치와 커뮤니케이션**

브랜드 메시지(브랜드가치, 상징성, 기호성 등)을 넘은 마케팅 커뮤니케이션의 일관성, 원룩 원보이스(one look, one voice)의 중요성, 고문고객을 이해관계자로 강하게 재인식이 필요하고 설명이 되어 있다. 고객유지의 외연으로 여러 건의 제품기능에 기본기능, 정보기능, 주변기능한 계층일 수 있으며, 또한 브랜드관리 계층성이 같은 고객유지전략에 도래해 있다.

P·A·R·T

03 쇠퇴방지와 장수기업으로 진입

제 10 장

쇠퇴 초기단계의 기업경영전략

급여는 고객이 지급한다

어떤 기업이든 직원의 급여는 고객이 지불함을 기억해야 한다. 급여는 기업의 소유주나 시장에서 나오는 것이 아니라 고객에서 나오는 것이다. 만일 급여명세서에 고객이 지급한다는 글귀가 적혀있다면 조직원들은 자신이 누구를 위해 일하고 있는지 알 것이다. 직원을 채용하기도하고 해고하기도 하는 기능역시 고객이라는 사실을 구성원 모두가 숙지하고 대응력을 길러가는 기업조직이 되어야 한다.

– 제프리 폭스 마케팅 수퍼스타 –

제1절 조직간 전략관계 구축에 의한 기업성장

♣ 자만에 빠졌을 때 나타나는 증상

기업이 자만에 빠졌을 때 나타나는 대표적인 증상은 다음과 같다. 첫째. 고객의 소리를 듣기보다 내부규정이나 지침을 앞세워 고객을 설득하려 한다. 둘째. 남에게 배우는 것을 수치로 여기며 조언자를 오히려 가르치려 한다. 셋째. 새로운 것을 거부하고 과거의 관행에 집착한다. 위기는 내가 제일이라고 생각할 때 찾아온다. 발전없는 현재는 자만심에찬 퇴보이기 때문이다.

- 이광현『스스로를 공격하라』에서 -

1. 부족한 경영자원 보충을 목적으로 한 조직간 관계

1) 조직간 관계란

복수의 조직 사이에서 관계를 말한다. 조직은 다른 조직에서 자사에는 없는 자원이나 약체로 보이는 자원을 조달하거나 조직간 그 경영자원을 보완적으로 공급하고 결합되도록 하여 전략을 전개해 간다. 경영자원의 부족을 보충하는 가장 단순한 방법은 시장거래에 있다. 부족한 경영자원을 시장에서 사는 것이다. 복잡하고도 계속적인 조직간 관계가 일어나지 않고, 필요한 인적자원이든 물적자원이든 자원을 필요할 때 필요한 만큼 조달할 수 있는 것이 시장거래이다. 최근에는, 아웃소싱(Out sourcing)방식이 IT(Information Technology)의 진전에 수반하여 주목을 받고 있다. 특히, 벤처 비즈니스분야에서는 새로운 아이디어를 상품화하는 스피드(속도)에 따라 성패가 좌우되므로, 철저한 아웃소싱방식이 사용되고 있으며 실리콘벨리 네트워크 기기(機器)의 최대 메이커인 시스코시스템에서는 제조의 대부분이 아웃소싱이 되고있는 실정이다. 아웃소싱이란 부족한 경영자원의 조달이나 일부기능을 외부의 기업에 외주한다는 것으로 어떤 새로운 개념이 아니다.

그러나 경제의 글로벌화 진전에 따라 기업은 자사의 사업재구축(Restructuring)이 어쩔 수 없이 되어 자사의 도메인(domain) 재정의(再定義)를 해야하는 과정에서, 코어컨피던스(core confidence

신뢰의 중심)으로 경영자원의 중점적 배분과 코어 이외로 필요로 하는 경영자원의 외부의존을 전략으로 하게되는 것이다. 그러나 시장거래는 단기적이면서 수시적으로 경영자원이 조달되는 반면, 장기적으로는 안정적인 자원조달이 어렵고 또한 반드시 조달된다는 보증도 없다. 그리고 장기적이면서 안정적인 자원확보라는 점에서 생각해보면 필요로 하는 경영자원을 기업마다 매입하는 특유의 방식을 채택하게 된다.

두개의 기업이 독립된 기업으로 사업을 경영하기보다, 하나의 기업으로 통합하여 경영하는 쪽이 큰 가치가 실현되는 경우임으로 그곳에서 생겨나오는 가치실현에 있어 서로의 미이용(未利用) 경영자원을 이용하여 결합함으로써 기업성장의 가치가 실현된다. 서로의 사업이 보완관계나 상승효과를 만들어 냄으로써 범위의 경제가 실현된다. 즉 복수의 사업을 조합함으로써 리스크의 분산을 기할 수 있다는 세 가지 원천이 떠오른다. M&A는 두 개 기업이 통합됨에 따라 이와 같은 큰 가치를 만들어내는 반면, 다른 조직풍토를 융합시키는 어려움과 합병. 매수한 경영자원을 확보하기까지 시간이 걸리고 큰 리스크도 뒤따른다. 특히 기업경영에 있어서 장기근속에 따른 연봉서열제나 기업별조합 등)이 저해요인이 되고 있다.

이와 같은 리스크를 피하기 위해 또는, 기업간 경쟁이 세계적. 지구적 규모로 넓어지는 대경쟁사회라는 시대의 요청가운데, 시장거래와 M&A의 중간에 위치하고 완만한 조직간 관계를 형성하는 전략적 제휴방식을 채용하는 기업이 근년에 증가하고 있다. 전략적 제휴란 기업의 독립성을 유지하면서 전략전개에 따라 극히 중요한 특정의 경영자원을 획득하기 위해, 다른 기업과 완만하고도 유연한 조직간 관계를 맺는 것이다. 일반적으로 그 제휴내용은 기술제휴나 판매제휴, 생산제휴 등 자본관계를 수반하면서 합병이나 자본참가 등의 자본관계를 수반하기까지 다양하다. 또한, 최근에는 이업종간이나 경합기업과의 제휴나 국제제휴, 계열을 초월한 제휴 등도 보인다. 전략적 제휴가 성립하는 논리는 불안정하면서 단기적인 시장거래와 안정적이면서 장기적이고 계속적인 M&A쌍방의 단점을 잘 상쇄하는데 있다.

2) 성장을 향한 비즈니스 모델

경영자원이 부족한 처지에서는 정확한 경영모델을 설정하고 경영도표로 공감을 이끄는 것이 효과적이다. 비즈니스계획을 명확히 하고 달성확률을 높이기 위해서는 전략, 실행평가(Plan, Do. See)의 사이클을 업무의 생활화하고 지속할 때 리스크를 최소화하고 효율성을 높일 수 있다. 기존사업을 효과적으로 발전진화하며 신규 성장영역을 효과적으로 진입하기 위하여 [그림 10−1]의 성장을 향한 혁신 비즈니스 모델을 참고하기 바란다.

그림 10-1 성장을 향한 혁신 비즈니스 모델

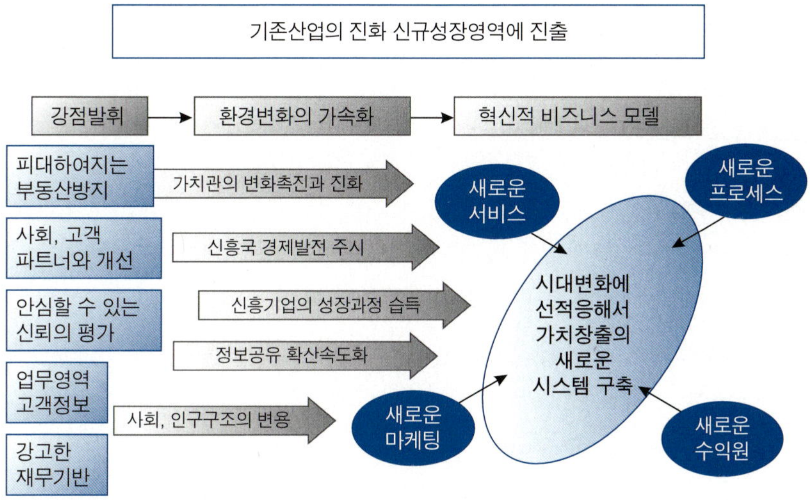

출처 : 環境變化の加速ビジネスモデル革新 參考 성장 비즈니스 모델 재발상도

3) 케이스스터디(경우의 연구)

(1) 케이스스터디(Case Study)란

미리 특정한 절차에 따라 경험적인 피크를 연구하는 방법이며, 케이스스터디가 바람직한 것은, 어떠한 또는 왜? 라는 문제가 제시될 경우 연구자가 사상(事象, 사물의 형태)을 거의 제어할 수 없을 경우, 그리고 현실의 문맥에서 현재 현상에 초점이 있는 경우로 한다. 또한 케이스스터디가 가진 장점으로는,

첫째. 소수케이스에 대해 흥미로운 분석이 가능한 점
둘째. 실태나 인과관계에 대해 전체상(全體像)을 제공할 수 있는 것
셋째. 시계열적(時系列的), 역사적인 거동이나 변화를 잡을 수 있는 것 등의 세 가지를 들 수 있다.

이렇게 하면, 본 고와 같은 전략의 시계열적(時系列的) 동향을 다루는 연구로는 케이스스터디가 적합할 것으로 생각된다. 금후, 케이스스터디를 실시한 기업의 3개사만을 소개하고자 한다. 케이스스터디의 대상기업 선정에서는,

첫째, 하드 소프트양면에서 새로운 기술을 코어. 컨피던스로 기업경영을 하는 것을 지향하는 점
둘째, 창업으로 신규 사업분야에 진출하여 단기간 급성장을 수행하고 있는, 또는 가능성이 높

을 것

셋째, 경영자는 왕성한 기업가정신을 가지고 적극적 사업확대를 기하고 있는 것의 세 가지를 기준으로 한다.

(2) 케이스 1 : 주식회사 사다마쓰

① 기업프로파일

사다마쓰는 앞 세대가 1920년에 나가사키(長崎)현 大村町(現代大村市)에서 창업한 시계부문의 시작으로 선대는 1977년 안경부문에 진출하였다. 현 사장 貞松隆弥씨는 가업을 이을 생각이 없었으나 선대가 병으로 쓰러진 후부터, 1986년 동사에 입사 영업본부장과 전무를 거쳐 2000년부터 사장으로 취임하였다.

현 사장입사 후 안경부문을 여러 점포로 전개하고 1990년에는 나가사키현하에서 톱 세어(최고점유)까지 이르렀는데, 안경시장은 시장규모 5,000억엔 정도로 큰 메이커의 세어(몫)비율이 높고, 상품단가도 하락되는 경향이어서 이 이상 기업성장은 볼 수 없는 한계를 느꼈다. 그리고 타업계로 진출을 기획하고 인재파유로 화장품 등 1조엔을 넘는 업계의 리서치를 하였다. 그 보식업계(寶飾業界) 보석장식가공업은 3조엔을 넘는 시장규모가 존재하는 것이다. 업계 Top기업도 연 매출 2~300억엔 정도의 중소기업이 많은 것이다, 아울러 클레오파트라 이래의 긴 역사가 있으며 보석이 세상에서 없어지지 않는다는 점이 진출의 결심이 되었다.

그리고 선대가 구축한 안경부문에 새로운 보식(보석장식)부문을 더하여 나가사키내에 체인을 전개하고 1993년에는 현재의 주력업체가 되었다. 비디오 소피아 1호점을 오끼나와현 羅牌市의 대형 상업시설의 한쪽 모퉁이에 출점하였다. 사다마쓰의 비즈니스모델 기본은 같은 고객이 여러번 내점하는 중소상권모델이면서 시의 상권은 보식업계로의 본격참여에 최적지였다. 여기서의 성공을 모델로 하여 2002년에 쟈스탁(Jastac)에 상장하고, 현재는 국내 79점, 해외 7점 계 86점포를 가지기에 이르렀다.

사다마쓰 비즈니스모델의 기간은 접객을 과학으로 하고 미래정보를 파악하는 CRM(Customer Relationship Management)이다. 사다마쓰(貞松)사장에 의하면 당사는 보식소매업이라기 보다는 접객업인 고객데이터 비즈니스업이라는 인식을 강하게 가지고 있다는 것이다. 접객에 의해 정보수집을 하고 그것을 데이터베이스화하고 제품마련이나 점포만들기에 활용하여 메니지먼트 사이클의 구축은 좋은 업적으로 비결의 하나가 된다. 또한, 2005년 5월에는 수도권을 중심으로 38점포의 보식점포망과 우수한 상품기획기능을 가진 뷔엘(상점명)의 주식을 취득하고, 완전자회사화를 맡고 있다. 이것으로 인해 西日本 중심이었던 점포전개가 단숨에 동일본지구로 전개하게 되었다.

금후는, 뷔엘의 완전자회사화를 계기로 전국으로 다점포전개의 적극적 진전결과로 매상고 100억엔의 실현을 목표로 하고 있다. 2006년 2월에는 東京. 히비야의 복합상업시설에 그룹의 기반점이 되는 페이스타리아 비디오소피아를 출점하고, 또한 해외전략으로는 지금까지 중국, 태국에서 보식품의 생산을 해 왔으나 2005년 9월 대만에 해외 자회사를 설립하고 아시아를 시작으로 해외의 점포전개를 기하고 있다.

② 구체적인 전략전개

사다마쓰가 독자개발한 고객정보시스템은 상품을 구입한 고객에만 그치지 않고, 접객한 대부분의 고객의 취미와 기호에서 소비행동까지 상세한 데이터화로 가설을 세워, 고객이 장래적으로 어떤 상품을 어느 정도의 다이나믹한 정도로 어떤 목적으로 구입하는가의 예측이 된다. 또한, 구매후의 앙케이트조사를 100%하여 고객에 대한 회신엽서는 직접 사장의 손으로 한다. 이 시스템에 의한 미래정보와 POS시스템에서 초래되는 과거정보 또는 해외전시회 등에 스테프(기간요원)의 파유로 수집되는 트렌드정보를 합쳐 분석하고 개발되는 오리지널상품은 지금까지 히트을 실현하고 있다.

상품의 기획과 개발은 디자이너를 시작으로 사내스테프가 한다. 제조에 관해서는 유연성를 중시하고 자사공장이 없는 해외를 포함한 아웃소싱의 활용을 적극적으로 하고 있다. 이것은 자사공장을 소유하면 자사의 고유의 것을 제조한다는 프로닥트 아웃지향(志向)이 되어 시장변화에 대응할 수 없는 예가 있기 때문이다. 단, 금후는 해외 등의 공장을 산하에 확보가능한 규모까지 도달하기 위해 저가격상품을 중심으로 제조판매 일체형 비즈니스의 강화도 가능하다.

사다마쓰에는 고객데이터 비지니스를 실천하기 위해 정보발신의 입지전략이 아닌 정보수신에 우수한 입지전략을 채용하고 있다. 고객정보를 수집하기 위해서는 동일고객이 몇 번이고 내점하는 지방의 중심상권이 적합하고, 더욱, 대상권을 침범하는 해외유명브랜드 숍과의 경합도 피하는 장점이 있다. 그러나 최근에는 교외형 쇼핑센터도 난립되는 경향이 있으므로 도시형 입지의 업태를 개발하고 교외형 모델과 도시형 모델을 양립시켜가는 것이다.

(3) 케이스 2: 즐거운(樂) 주식회사

① 기업프로파일

즐거운(樂)사는 松尾康志사장이 현재 협력관계에 있는 자판케미칼의 환경사업 부장직에서 2001년 6월 분사(分社)독립한 환경벤처기업이다. 책상에서 환경문제를 생각하는 것이 아니라, 실천가능한 것부터 구별행동하고 고객에게 제안하는 비즈니스모델로 평가되고 있다. 2004년도 제2회 북큐슈시 환경상(장려상)을 수상하였다. 또한, 그것에 이어 동년도에는 업무용 쓰레기처리기 CERES

안전한 竹割著, 대나무사용후 리사이클 竹炭, 대나무 숯이 북큐슈 에코프로닥쓰 환경제품으로 선정되었다.

사업구성은 쓰레기처리기 분야가 4할, 대나무 젓가락과 리사이클 죽탄분야는 6할이 되었다. 본사를 북큐슈시 야하다(八幡) 서구에서 若松區의 북구주 에코타운 내로 이전하고 환경벤처로서 재비약을 목표로 하고 있다.

② 구체적인 전략전개

동사의 쓰레기처리기는 호기성 미생물군이 붙은 각(殼, 껍질)을 처리층에 넣고 쓰레기를 투입하면 미생물은 쓰레기를 물과 이산화탄소로 분해된다. 반년에 1회만 각(殼)을 교환할 필요가 있는데, 쓰레기를 삭감시켜야 하는 곳에 사용되는 것으로 타사가 모방할 수 없는 기술력을 가지고 있다. 처리기 본사는 한국기업과의 공동개발품인데 프로그램은 동사에서 개발하였다. 이것은 처리기의 주역은 미생물의 거동에 있다. 그러므로 소중하게 쓰고 싶다는 생각을 고객에게 전하기위해 시작된 것이다.

제품 한대한대마다 명명하는 것도 업계처음이며 명명하는 사장이 神主資格을 가지고, 출하 시 혼을 넣고 제를 올린것도 업계처음이다. 최초는 사장이 명명해 왔으나 최근에는 고객이 적극적으로 이름을 붙혀주는 경향이다. 2005년 1월부터는 고객이 처리기를 도입할 때 투자부담을 경감시키기 위해 렌탈사업을 개시하고 사용량에 따라 요금을 지불하는 구조로 하기위해, 통상의 쓰레기처리에 필요한 비용과 거의같은 수준으로 이용이 가능케하고 환경대책도 할 수 있게 하였다. 이것도 업계최초가 되었다.

동사의 고객인 음식점에서 나오는 쓰레기만이 아니다. 젓가락(대나무)도 의외로 쓸모없는 것이므로 고객의 입장에서 7년전부터 대나무 젓가락의 리사이클을 시작하였다. 그러나 젓가락에는 곰팡이 방지제, 농약, 표백제 등 유해한 물질이 혼입돼 있으므로 이와 같은 젓가락을 금붕어어항에 넣어두면 금붕어가 1주일만에 죽는 것을 알게 되었다. 한때는 젓가락의 리사이클을 그만 두려는 생각도 하였으나 안전우선에서 환경에 좋은 젓가락을 자사에서 개발하고 고객에게 제공하는 것이 좋겠다는 생각에서, 자생(自生) 3~4년된 나무는 정기적인 벌채가 필요하고 이것은 환경부하가 적은 대나무인 것에 착안하고, 무표백 자연상태의 대나무 젓가락 'Ceres'을 2003년 7월부터 판매하기 시작하였다. 중국에서 생산한 것보다 가격절감이 되어 기존의 젓가락과 같은 가격으로 판매면에서는 저대(著袋)의 톱메이커 기업과 제휴를 하고 있다. 현재는 년간 5,000만선(膳), 2008년에는 1억선의 판매목표까지 사업이 성장하고 있다.

또한, 동시에 음식점에서 사용되는 대나무 젓가락의 리사이클에도 참여, 현재의 리사이클율은 2할을 6할까지 늘어날 것으로 생각된다. 사용 시 대나무 젓가락의 태반은 쓰레기처리나 흙 만들기에 쓰고 일부를 죽탄(竹炭)으로 하여 음식점에서 리사이클 발송분을 죽탄으로 돌려주고 있다. 1팩에 100엔 판매하여 음식점에서 추가발주가 올 정도로 인기가 있다. 대나무 젓가락의 처분은 쓰레기처리를 하여도 동일한 비용이 들어가므로 리사이클 함으로써 부가가치기 있고, 고객인 음식점의 입장에서는 매리트가 크다. 죽탄매상의 일부는 植木基金으로, 大連市 정부환경국에 2004년도에 5,000개분을 위탁하고 2005년도 이후 계속 실시하고 있다. 2004년 가을부터는 국산대나무 사용의 도저(塗著, 코팅된 저)를 발매하였다. 1선(膳)에 30엔으로 100회 사용의 경제성을 가지며 리사이클도 가능하다. 또한, 이들 포장은 복지시설과도 연대하고 있다.

(4) 케이스3 : 푸디 파인딩주식회사

① 기업프로파일

푸디 파인딩은 1993년에 白水義信사장이 도쿄에서 귀향하여 설립한 회사로 나노레벨의 파인세라믹스의 연구개발을 착수하였다. 사장의 학력은 문과계 출신으로 전직은 영업으로 전혀 이 분야와는 먼 분야의 사람이다. 단지, 도자기를 좋아했던 까닭에 흥미를 가지게 되었다. 귀향후 북구주의 공장을 조사해본 결과, 소각로의 부착물이나 다이옥신문제로 곤란에 처한 것을 알았다. 이 문제를 해결하는데 세라믹스의 기술을 활용하지 않으면 안될까하는 생각을 거듭한 결과, 독학으로 연구를 시작하여 도서관이나 대학의 연구실을 드나들기를 거듭하였다.

처음에는 이해할 수 없었으나 열심히 연구를 계속한 결과 1994년에는 흑연산화방지제의 개발로 북구주시 중소기업기술개발진흥 조성금에 채택되었다. 그후, 중소기업창조법의 인증과 국·현·시에서 수많은 조성금과 표창을 받고 선진적인 기술력을 높게 평가받게 되었다. 설립후에는 북큐슈시의 벤처인큐베이션시설의 임대공장에 입주하고 있으며 2004년 5월 이토쥬(伊藤忠)상사와 자본. 업무제휴를 기하여 본사공장을 옮기고 연구개발시설을 확충하고 있다.

② 구체적인 전략전개

주요제품은 전기로전극용 산화방지제 SANB0와 소각로용 내화물보호제. 이형제인 모-드RM1, RM1GL이다.

그리고 소각로내벽의 내화물을 고온 또는 화학물질로부터 지켜주는 파인세라믹스제 도료이다. 소각로는 다이옥신류 발생방지대책을 위해 온도를 올려 운전되고 있으므로 크링커의 발생, 트러블의 원인이 되고 있다. 또한, 크링커의 제거는 인력에 의한 작업이 중심이되므로 작업자의 안전관리나 제거비용증대 등의 문제도 발생되고 있다. 때문에 이 도료(塗料)를 내화물표면에 스프레이 하거나 솔질 등으로 도포해 두고 운전으로 고온이 되면 강고한 세라믹막을 만들고, 내화물의 화학침식방지와 크링커의 부착방지 또는 박리가 용이하게 되는 효과가 있다. 코스트다운에도 효과를 발휘하여 종래의 소각회제거작업의 3분의 1 정도까지 삭감하게 되었다.

연구개발체제는 사원 6명중 공학박사 2명, 2005년 4월부터 2명 증원과 공동연구를 산총연큐슈(産總硏九州)·九州공업대학과 실시하고 있다. 이후에는 상하이(上海)교통대학이나 미국의 로스아라모스의 연구소 등과 하기로 하였다. 이 면에서도 이토쥬상사와 제휴관계를 맺고 있다. 연구개발의 기본은 현장에서 할 것과 개발에 숨겨진 니즈(Need)가 현장에 있다는 것이다. 현장사람의 의견을 철저히 듣기로 하였다. 제조업현장에서는 그 니드를 받아들이고 융합시키지 않는 것이 유감이다. 드디어 세계전개가 가능한 상품이 출현할 단계까지 도달하였다.

2004년 5월에 큰 회사인 이토쥬(伊藤忠)상사와 자본업무제휴를 하고 있다. 동사의 기술력을 평가한 이토쥬상사는 자본금의 48%를 출자하고 국내외 시장개발과 판매확대를 하고 있다. 해외의 대학, 연구기관 등과의 공동연구지원도 할 예정이다. 이것으로 인해, 동사는 연구개발과 특허취득에 신경쓸 환경을 마련하였다. 연구개발과 판매의 두 바퀴가 나란히 갖추어지므로 3년 후에는 매상 10억엔을 목표로 하고 있다. 동사의 매출은 높은 기술력만이 아니라 코스트 삭감효과를 내고 공업로의 성(省)에너지에 있다. 단지, 유럽에서는 환경문제가 중시되고 있어 ISO의 취득이 필요하다. 독자의 기술이 있으면 가격결정권을 장악하여 이익률이 높고 우위성도 가지게 되지만, 이미 다음의 제품개발에 돌입하고 있다. 이토쥬상사와 제휴로 인해 판매력이 강화되었으므로 철저하게 하나의 연구개발 테마에 임하고 제조에 대해서는 아웃소싱을 고려하고 있다. 그리고 장래적으로는 주식상장을 목표로 하고 있다.

2. 조직간 특성과 관계형성 효율화

1) 조직구조의 특성

조직간에 효율적인 관계형성에는 리더십이 영향을 미친다. 리더십의 효과성발휘는 상황요인을 분석하고 대응력을 발휘하는데 집중함에서 나타난다. 여기에는 조직체계의 이해와 협조라는 명제하에 사업을 전개해 나가는 리더십이 영향을 미치게 된다. 리더십의 효과성은 조직환경정책 상관관계에서 나타난다.

(1) 조직구조의 분류

조직체계는 기능조직과 전담조직으로 구분하고 중간형태의 매트릭스조직(matrix 0rganization)으로 분류하고 있다. 매트릭스조직은 다시 약한 매트릭스조직, 보통 매트릭스조직, 강한 매트릭스

그림 10-2 리더십의 영향과 상황적 요인

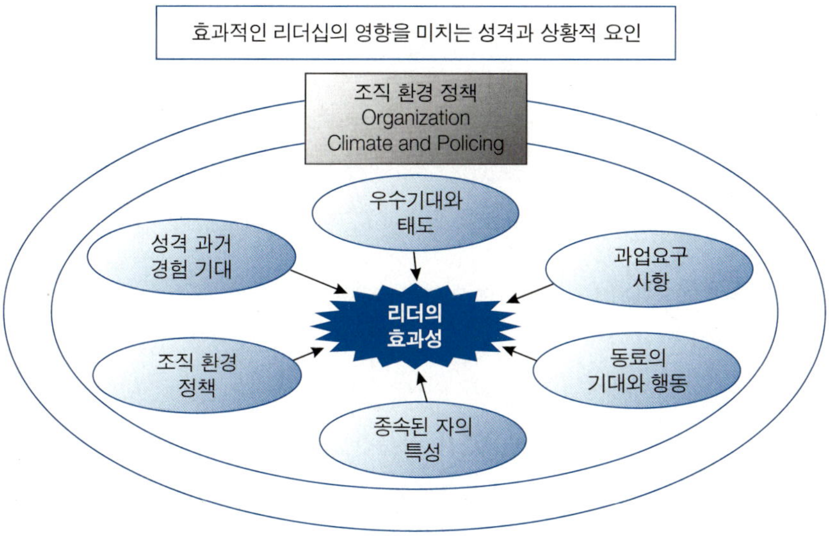

조직으로 구분된다.

① 전통적 기능조직

전통적 기능조직은 설계생산 마케팅 등 각기능 부서별로 부서장의 책임하에 프로젝트를 수행한다. 타부서와 업무협조를 할때에는 부서장을 통하여 이루어진다. 기능조직의 장점은 프로젝트에 동원되는 자원을 효율적으로 사용할 수 있고 규모의 경제를 실천할 수 있고 인력도 활용측면에서 유연성이 높다는 것이다.

② 프로젝트 전담조직

프로젝트 전담조직은 오직 프로젝트만을 위한 프로젝트 관리자(PM: project manager) 책임하에 별도로 운영되는 조직형태를 말한다. 프로젝트 전담조직의 장점은 구성원들의 충성도가 아주 높다는 것과 보고체계가 단순하며 효율적이며 신속한 의사결정 및 집행이 가능하다는 것이다.

③ 매트릭스조직(Matrix organization)

매트릭스조직은 프로젝트 기능조직과 전담조직의 장점을 극대화하고 단점을 줄이기위해 고안된 절충형 조직이라할 수 있다. 매트릭스조직은 프로젝트위주로 사업하는 기업조직에서 가장 널리 사용되는 이상적인 조직형태라 할 수 있다. 기능부서와 프로젝트팀 간에 정보공유가 필수적이며 기업자원을 공유함으로서 기업조직을 최대활용할 수 있는 장점이 있다.

④ 약한 매트릭스조직(Week Matrix organization)

약한 프로젝트조직은 기능조직의 특성을 가지고 있다. 타이틀을 가진 자가 없는 상태에서 제한적인 의사결정권이 있는 프로젝트 조정자조정과 같은 프로젝트 관리자역할을 수행한다

⑤ 보통 매트릭스 조정자(Balanced Matrix organization)

보통 매트릭스조직은 약한 프로젝트조직보다 프로젝트에 대한 몰입도가 커질 수 있도록 프로젝트 구성원 중에서 프로젝트 관리자를 선임해서 프로젝트를 지휘하게 된다.

⑥ 강한 매트릭스조직(Strong Matrix organization)

강한 메트릭스조직은 프로젝트 전담조직의 특성을 많이 가지고 있는 조직이다. 여러 프로젝트 관리자를 통괄하고 기능부서장과 같은 프로젝트 매니저를 두고 있다. 보통 매트릭스조직보다 높은 수준의 권한을 가지고 있다. 조직의 장점은 다른 매트릭스조직과 마찬가지로 환경변화에 대하여 유연하게 대응할 수 있으며 동시에 수직수평으로 정보공유는 물론 고객변화에 대응력이 빠르다.

(2) 시간의 효율화를 위한 조직의 재구축

기업의 조직이 복잡하거나 경직되어 있으면 업무의 효율은 떨어져 경쟁력을 잃게 된다. 경쟁은 시간이다. 업무의 속도가 떨어지면 다양한 변화에 밀접하게 대응하기 어려워진다. 그러므로 기업의 조직구조도 새로운 환경변화에 맞게 재구축(restructuring)되어야만 한다

업무의 효율화를 위한 조직의 재구축방향은 복잡한 조직에서 단순조직으로 경직된 조직에서 유연한 조직으로 수직조직에서 수평 조직으로 전환되는 것이 중요하다.

통합된 조직에서 전략적 단위사업체로 기동성을 높여 경쟁력을 제고함이 바람직하다.

2) 발견사실과 평가

이상의 케이스기업에서 조직간 관계의 형태를 집약해보면 시장거래는 케이스기업 3사가 함께 제조를 아웃소싱하였다. 시다마쓰는 자사의 공장이 있으면 프로덕트 아웃소싱지향이 되고, 시장변화에 대응하지 못하는 예가 있다는 이유에서, 상품의 기획·개발만을 자사내에서 하고, 제조에 관해서는 해외를 포함한 아웃소싱의 활용을 적극적으로 하고 있다. 즐거움(樂)사에서는 환경부하가 낮은 대나무에 착안하고 대나무산지이면서 인건비가 낮은 중국에서 제조하여 코스트저감을 기하였다.

후지파인 테크에서는 자사의 사업을 강화하는 연구개발 특화의 목적으로 제조에 대해서 이후 아웃소싱도 생각하고 있다. 동일한 제조업의 아웃소싱이라도 각사 그 목적이 다른데, 사다마쓰는 시

장변화에 대응하기 위해 즐거움사는 코스트저감을 위해 아웃소싱 경영자원을 코어컨피던스로 집중하고 있다. 그러나 사다마쓰의 경우 이후 해외의 공장을 산하에 놓을 정도로 M&A가 가능한 규모가 되면서 저가상품을 중심으로 내재화(內在化)하는 것도 시야에 두어 반드시 아웃소싱만을 고집하지는 않고 있다.

구 분	케이스 기업	시장거래	M&A	전략적 제휴
1	사다마쓰	○(제조)	○(자회사화)	
2	즐거운(樂)사	○(제조)		○(판매)
3	후지파인딩	△(제조)		○자본. 판매)

이렇게 하여 점포전개의 스피드업을 기한다. 또한, 상품기획기능도 시너지효과를 발휘하고 있다. 사다마쓰는 이미 상장을 한 기업으로 M&A를 위한 자금이 시장에서 직접 조달되고, 상장으로 인해 기업성장에 효과가 나오고 있는 사례이다.

3) 전략적 제휴는 케이스기업 3개사

즐거움(樂)사는 쓰레기처리기 본체는 한국의 기업과 제휴한 공동개발을 하고 있는데, 코어가 되는 프로그램은 동사에서 개발한 독자성을 확보하고 있다. 또한, 대나무 젓가락의 리사이클은 전국에 판매망을 가진 젓가락포장 톱메이커 기업과 판매제휴를 하고 사업전개 스피드업을 기하고 있다. 후지파인테크는 동사의 기술력이 평가되어 이토주상사측에서 자본제휴의 신청이 들어와 실시되고 있다.

이토주상사는 국내외의 시장개발. 판매확대 및 해외대학. 연구기관 등과의 공동연구지원에도 제휴를 하고 있다. 이로 인해, 동사는 연구개발. 특허취득에 경영자원을 집중하기에 이르렀다. 오-네스트사도 판매업무를 대부분 상사에 아웃소싱함으로써, 판매관리비나 대리점으로의 마진 등 간접비가 없도록 하고 개발업무에 특화할 수 있는 체제로 정비하고 있다. 전략적 제휴에 들어간 3사 모두 자사의 취약한 기능을 제휴선에 의존함으로써 코어 컨피던스로 경영자원의 중점적 배분이 가능케된 것이 눈에 들어온다.

이상의 조직간 관계구축의 세 가지 형태를 총합적으로 분석. 평가해보면 시장거래는 체제면에서는 아웃소싱, 특히 해외발주가 주를 이루고 있는 점, M&A는 상장한 기업이 직접 금융의 강점을 살려 사업확대를 위해 하는 점, 전략적 제휴는 자사의 취약한 부분을 제휴서에 의존하고 자사의 강점부분으로 특화를 가능케하는 것 등을 알 수 있다. 또한, 벤처기업이 선발자의 우위성을 확보하고 기업성장을 도모하기 위해서는 사업전개의 스피드를 빠르게 하지 않으면 안 된다. 그러나 경영자원의 축적에는 시간이 걸리므로 조직간 관계구축에 따라 부족한 경영자원보강은 지향(志向)된다. 경영자원의 새로운 원천으로 시간의 중요성은 벤처기업에 의해 보다 늘어나고 있는 것을 케이스스터디(Case Study)에서도 읽을 수 있다.

4) 케이스스터디의 시사점

경영자원은 외부에서 조달이 용이한 정도에 따라 가변적인 자원과 고정적인 자원으로 분류되는데, 전략상 중요자원으로 되는것은 금전지불에 의해 쉽게 손에 넣는 가변적인 자원이 아닌 고정적인 자원이다. 고정적 자원중에서도 가장 경쟁상 차별화요인이 되어 얻어지는 정보적 자원은 극히 고정성이 높고 축적하는데 시간이 걸린다. 또한, 미국의 벤처기업이 아웃소싱을 철저하게 하는 사례를 참고할 필요가 있다. 그러나 제조는 대부분 아웃소싱으로 하였으나 정보적 자원이 필요한 제품개발에 대해서는 자사내에서 한다. 이것은, 정보적 자원이 가격을 붙이기 어렵다는 것이다, 배우고 전수하는 것이 요구되는 팩키지(Package)화가 불가능함에 따라 시장거래와 변화에 흔들리지 않기 때문이다. 장기적이고 안정적인 자원확보라는 점에서는 필요로 하는 경영자원을 기업마다 매입해 두는 M&A방식이 적합하다. 그러나 M&A는 조직풍토의 융합이나 합병, 매수에 시간이 걸리므로 사업전개 스피드가 요구되는 벤처기업에는 큰 리스크도 따른다. 이번(今回)의 케이스스터디 기업에서도 M&A에 의한 보강책이 몇 개인가 나타났는데, 자회사화한 기업과 조직적·인적 일체화를 진행하는 것이 당면한 큰 과제가 되고 있다.

전략적 제휴방식은 기업의 독자성을 유지하면서 전략전개로 인해 아주 중요한 특정의 경영자원을 획득하므로, 타기업과 완만하고도 유연한 조직간 관계를 체결하는 형태이므로 벤처기업에 적합하다. 금회의 케이스스터디 기업에서도 자본이나 기술, 판매 등의 전략적인 제휴가 보였다. 다른 고정적 자원인 인적·물적·자금적 자원에 대해서는 시장거래형태인 아웃소싱의 활용이 효과적이다. 코어 컨피던스(Core Confidense)로의 경영자원의 중점적 배분과 코어이외로 필요하게 되는 경영자원의 외부의존을 전략적으로 하는 것은 벤처기업에서 사업전개의 스피드업을 위한 불가결한 요소이다. 금회 케이스스터디 기업에서도 제조면의 외부의존 편재가 다수 있음을 볼 수 있었다. 부족한 경영자원의 보완에는 국가나 지방공공단체에 의한 벤처기업에 대한 공적지원책이나 민간의 벤처케피탈 활용도 효과적으로 생각된다. 단지, 공적지원책이나 벤처케피탈에 의한 지원책이 지금까지 금융면에 편재된 점이다. 아울러 신흥기업용 주식시장이 갖춰지지 않아 간접금융이 중심이된 점, 미국과 같은 엔젤(기업을 위한 단체)이 적은 점 등은 벤처기업의 니즈사이에 미스매치(Miss match, 오류)를 만들고 있다.

성공포인트

1. 시간의 가치를 높여라

가면 돌아오지 않는 것이 시간이다. 시간을 황금처럼 여기는 사람은 성공률이 높다.

- 다음날 처리하여야 할 일을 정리하고 기록하면 시간의 효율성을 향상시킬 수 있다.
- 일의 중요도에 따라 순서를 정해서 가장 중요한 일부터 사작하라.
- 날마다 휴식시간을 정하여 마음편히 쉬는 습관을 가져라.
- 가족간의 대화시간을 가져 친밀감을 나누어라 가화만사성이다.

2. 어려운 상황에 처한 사람을 진심으로 돕는다

같은 값이면 아는 사람의 것을 팔아주자는 것이 통속적 인지상정이다. 가면 돌아온다는 것이 자연의 이치뿐만 아니라 사회적 통습이기도 하다. 상대가 난처한 상황에 놓여있거나 고민에 빠져있을 때 최선을 다하여 도와주라 상대가 감동하며 세상사는 환경이 바뀌어 회전한다. 당신이 필요시 구원의 손길이 다가올 것이다.

요 약
summation

* 케이스스터디란

미리 특정한 절차에 따라 경험적인 피크를 연구하는 방법이고, 케이스스터디가 바람직한 것은 어떠한 또는 왜? 라는 문제가 제시될 경우, 연구자가 사상(事象, 사물의 형태)을 거의 제어할 수 없을 경우, 그리고 현실의 문맥에서 현재 현상에 초점이 있는 경우로 한다. 또한, 케이스스터디가 가진 장점으로는,

첫째, 소수케이스에 대해 흥미로운 분석이 가능한 점
둘째, 실태나 인과관계에 대해 전체상을 제공할 수 있는 것
셋째, 시계열적(時系列的) 역사적인 거동이나 변화를 잡을 수 있는 것 등의 세 가지를 들 수 있다.

* 조직간 특성과 관계형성 효율화

케이스기업에서 조직간 관계의 형태를 집약해보면 시장거래는 케이스기업 3사가 함께 제조를 아웃소싱하였다. 사다마쓰는 자사의 공장이 있으면 프로닥트 아웃소싱 지향이 되고, 시장변화에 대응하지 못하는 예가 있다는 이유에서 상품의 기획. 개발만을 자사내에서 하고, 제조에 관해서는 해외를 포함한 아웃소싱

의 활용을 적극적으로 하고 있다. 즐거움(樂)사에서는 환경부하가 낮은 대나무에 착안하고, 대나무산지이면서 인건비가 낮은 중국에서 제조하여 코스트저감을 기하였다

＊ 전략적 제휴는 케이스기업 3개사

즐거움(樂)사는 쓰레기처리기 본체는 한국의 기업과 제휴한 공동개발을 하고 있는데, 코어가 되는 프로그램은 동사에서 개발한 독자성을 확보하고 있다. 또한, 대나무 젓가락의 리사이클은 전국에 판매망을 가진 젓가락포장 톱메이커기업과 판매제휴를 하고 사업전개 스피드업을 기하고 있다. 후지파인테크는 동사의 기술력이 평가되어 이토주상사측에서 자본제휴의 신청이 들어와 실시되고 있다.

＊ 케이스스터디의 시사점

경영자원은 외부에서 조달이 용이한 정도에 따라 가변적인 자원과 고정적인 자원으로 분류되는데, 전략상 중요자원으로 되는 것은 금전지불에 의해 쉽게 손에 넣는 가변적인 자원이 고정적인 자원이다. 고정적 자원중에서도 가장 경쟁상 차별화요인이 되어 얻어지는 정보적 자원은 극히 고정성이 높고, 축적하는데 시간이 걸린다. 또한, 미국의 벤처기업이 아웃소싱을 철저하게 하는 사례를 참고할 필요가 있다.

제2절 전략적 중소기업의 연대와 협동

♣ **유능한 영업판매사원**

유능한 판매사원은 가장 먼저 고객의 신뢰를 얻는다. 그들이 제일 먼저 파는것은 그들 자신이다. 그 다음으로 회사를 팔고 제품과 서비스를 판다. 제일 마지막으로 가격을 말한다. 반면 일반적으로 보통의 영업사원은 가격을 제일먼저 흥정한다. 그리고나서 서비스나 제품에 대해서 말하고 그들 자신에 대해서 말한다. 고객의 욕구나 구매사양 등을 고려치 않고 자신의 제품만을 앞세우는 오류를 범합니다. 고객의 신뢰를 확보하는 것이 중요합니다. 진정승리에 필요한 것은 긴 안목과 호흡입니다.

-해리 백위드 넥스트 마케팅 -

1. 전략적 연대의 정의

본 절은 이업종교류와 전략적 제휴 등으로 새로운 형태의 기업간 관계의 발전을 염두에 두면서 지금까지의 중소기업연구를 정리·검토하고, 현 단계에서 중소기업의 기업간 관계를 분석검토하여 쇠퇴기에 접한 기업을 재소생의 길을 찾아 장수기업으로의 진로를 개척하는 것이 필요로 하는 과제이다. 현 단계에서 중소기업의 기업간 관계분석 시 필요로 하는 것은 세 가지 시점으로 요약된다.

첫째, 인식의 변화가 필요하다

우리들은 중소기업 성장의 사실. 가능성을 정당히 인식하지 않으면 안 되는 것으로 생각된다. 이 경우, 중소기업을 한 가지로 독점자본에 의한 수탈의 대상으로 파악하는 것은 적당치 않다.

둘째, 지배종속관계

필요로 하는 시점(관점)에서 중소기업과 그외 기업이 연결되는 기업관계에 지배종속관계를 가정하지 않는다는 시점이다.

셋째, 기업간 관계와 규모

이상과 같은 두 가지 시점에서 보면, 중소기업의 기업간 관계, 또는 여기서 문제를 분석하고 중소라는 기업규모가 어느 정도까지 의미를 가지는지 검토할 필요가 있다.

현 단계의 기업간 관계를 특징으로 하는 것은

- 전문기술을 가진 기업이 환경변화에 적응력이 있는 기업을 목적으로
- 자발적으로 참가하여 자립적 · 계속적인 기업간 관계를 구축하고
- 그 관계가 환경적응의 성공을 통해 효율성 · 경제성을 발휘한다는 점에 있다.

우리들은, 이와 같은 기업간 관계를 네트워크형 산업조직, 기업간 관계라고 부르기로 한다. 그리고 이와 같은 전방향(前方向) 중소기업관을 전제하면서 문제를 발견하고 해명하는 것이 중요하다고 생각된다.

1) 전략적 협업연대

전략적 연대에 관한 연구는 지금까지 많은 연구자에 의해 연구되었으나 명확하게 정의되지 못한 현상이다. 기업간 연대가 전략적 연대에 해당되기 위한 조건으로는

(1) 다음 세 가지가 지적되고 있다

- **장기성** : 장기성이란 기업간 연대로 되는 거래가 단발적으로 끝나지 않고, 어떤 종류의 관계가 일정기간 성립하는 것을 가리킨다.
- **전략적 의도** : 전략적 의도란 쌍방의 당사자가 자사의 경쟁우위를 확립한다는 의도에 근거하여 관계가 성립하는 것을 의미한다.
- **대등성** : 대등성이란 양자간에 본질적인 의미로 주종관계가 존재하지 않는 것을 의미한다. 이들 조건을 만족한 상태에서 전략적 연대는 본질적인 대화가 상호작용이 되지않으면 의미가 없는 관계이고 불안정하지만 그 중에서 새로운 지식이 생길 가능성이 내포되어 있는 것이다. 그리고 본 절에서는 전략적 연대를 기업간 관계가 상기 세 가지를 충족한 상태에서 복수의 기업이 연대하고, 각각이 가진 다른 기술 · 노하우를 조합함으로써, 신제품 · 신기술개발을 하는 것으로 정의한다.

(2) 문제의 소재

현재, 중소기업을 둘러싼 환경은 여러 가지로 어려운 실정이다. 그 주된 원인으로 수요의 정체와 해외생산의 확대에 의한 국내산업의 공동화로 생각된다. 수요의 정체에 따라 획일적인 제품은 팔리지 않고 잠재적 니즈를 현재화(顯在化)하는 신제품 신기술의 개발의 필요성이 증가하고 있다. 또한, 해외생산의 확대에 따라 국내공업제품 중 부가가치가 낮은 것이나 표준적인 것은 중국 등의 동아시아 지역으로 생산이 이전되고 있다. 국내중소기업은 코스트경쟁에서 크게 손질할 수 없으므로 고부가가치화를 위한 신제품·신기술개발은 보다 중요하다. 중소기업이 신제품·신기술개발 필요성에 대해 대기업에 떨어지지 않는 우수한 기술, 노하우를 가진 기업도 있다. 그러나 중소기업의 기술, 노하우는 좁은 분야에 한정된 경우가 많다. 따라서 잠재적 니즈를 현재화하여 부가가치가 높은 신제품·신기술을 중소기업이 개발하기 위해서는 다음 두 가지 수단이 있을 것으로 생각된다.

제1의 수단은, 자사가 가진 기술·노하우를 보다 탐구해 가는 것이다. 그 길에 다다르게되면 경합기업이 모방하기 곤란한 신제품·신기술을 개발할 수 있게 된다. 그러나 그 길에 이르는 유일한 기술·노하우를 손에 넣는것은 매우 어렵다. 그 수단을 전략으로 하는것도 생각할 수 있지만 본 절에서는 다음 수단에 주목하고자 한다.

제2수단은, 자사가 가진 기술을 조합하여 융합화로 다른 곳에는 없는 신제품·신기술을 개발할 수 있다. 자사의 기술·노하우가 좁은 분야에 한정되어 있는 중소기업으로는 다른 기술과 조합하기 위해서는 자사와 다른 기술·노하우를 가진 이업종(異業種)기업과 연대를 갖는것이 효과적인 수단이 된다. 이상과 같이 신제품·신기술개발을 위해 이업종연대를 갖는것이 효과적인 것으로 생각된다.

(3) 문제의 함정

제2수단에서는 신제품·신기술개발을 위한 이업종연대의 효과에 대해 논하였다. 그러나 이업종연대를 체결할 때 문제는 연대할 상대를 파악하기 어렵다는 것이다. 그러면, 왜 중소기업은 이업종연대를 체결 시, 연대할 상대를 파악하기 어려운 것일가? 경영자원에 제약이 있는 중소기업으로는 자사의 우위성이 발휘되는 것에 경영자원을 집중하고 전문화해가는 것이 효과적인 전략이 된다. 전문성을 추구하여 중소기업이 존립하는 분야에서 경합기업에 대해 우위성을 가진 기술, 노하우를 보유하는 것은 가능하다.

그러나 그 반면, 자사의 사업분야 이외에 대한 정보가 부족한 실정이다. 전문분야로 특화한 중소기업의 일상적 거래상대는 친근한 기업이나 구입처에 한정되며, 다른 분야 기업과의 거래는 드물다. 그렇기 때문에, 중소기업은 일상적 거래중에는 자사와 관련이 없는 분야의 정보에 대해서는 얻을 기회가 거의없다는 점이다. 이상과 같이 중소기업이 이업종연대를 체결할 때 연대할 상대를 파악하기 어려운 원인으로 다른 분야의 정보가 부족한 점으로 생각된다.

2) 최적의 연대할 대상기업

(1) 세 가지 정보

중소기업이 이업종연대를 체결하기 위해서 다른 분야의 정보를 정밀하게 파악하는 것이 필수적 요건이다. 따라서 연대를 실행하려면 타 분야의 정보를 다음 세 가지는 정확하게 파악하여야 리스크를 최소화 할 수 있다.

타업종정보, 타사의 정보, 그리고 경영자의 정보 등이다.

이 세 가지 정보를 얻게되면 연대할 상대를 충분히 알 수 있다. 중소기업은 자사의 사업분야외에 대한 정보가 적으므로 정보확충에 노력을 집중하여야 한다.

- **타업종의 정보** : 타업종기업과 연휴를 체결하여도 그 업종에 자사의 기술·노하우를 활성화하면 좋을 것인지 알지 못한다. 연대할 상대를 찾는데는 타업종의 정보를 알고, 자사의 기술·노하우를 어떤 업종의 기술·노하우와 조합할 것인가를 판단할 필요가 있다.
- **타사의 정보란** : 사업영역, 코어기술(핵심기술), 경영의 토대. 기반, 구매처, 판매처핵심이 되는 상품 등에 관한 정보이다. 중소기업은 타업종의 정보를 알아도, 충분히 십분타사의 정보를 확보하지 못하여 연대할 상대를 만나지 못하는 경우가 많다. 연대할 상대를 찾는데는 폭넓고, 깊게 타사의 정보를 알고 그 얻어진 정보중에서 기업을 선별할 필요가 있다.
- **경영자의 정보란** : 경영자의 경영의 행보, 경영철학, 신조, 신념, 경영관, 목표, 전망, 경영자의 당면 관심사, 화제 등에 관한 정보이다. 중소기업은 오너경영자(소유와 경영의 일치)가 많아 경영자의 생각이 기업방침에 큰 영향을 미치는 속인적인(사람 의존적) 요소가 강한 경영체이다. 따라서 경영자를 이해하는 것은 기업을 이해하는 것으로 연결된다. 때문에 연대를 체결할 때 경영자의 정보를 알 필요가 있다. 이와 같이, 연대할 상대를 아는데는 타업종의 정보, 타사의 정보, 경영자의 정보 세 가지 정보가 필요하다.

3) 중소기업의 경영개선과 활성화

중소기업의 경영을 개선함으로서 활성화의 방안이 도출되고 따라서 부과율이 향상되어 기업발전과 고용증대복지향상이라는 궁극적인 기업목적에 접근하게 된다.

또한 사업성 평가제도를 도입함으로써 성장의 싹인 기술력. 장래성. 지속성 등에서 외부적 협력관계와 내부적 협조관계로 부과율 향상과 경제활성화라는 창생의 목표를 세워 나가게 한다.

(1) 정보교환

우리들은 연대할 상대를 찾기 위해서는 세 가지 정보가 필요한 것으로 생각하였다. 그 중에서도 경영자의 정보는 경영자들끼리 Face to Face로 정보교환을 하여 알 수 있다. 이것을 축적함으로써 상호이해가 깊어지고 최적 연대할 상대인가 아닌가를 파악하는 것이 가능해진다. 또한, 경영자로부터 보다 깊은 타업종의 정보, 타사의 정보를 얻을 수 있다. 실제, 들어본 바에 의하면 연대를 할 상대가 어떤가의 최종적인 판단은 경영자와 Face to Face에서 정보교환을 기초로 결정하는 것

그림 10-3 중소기업의 경영개선

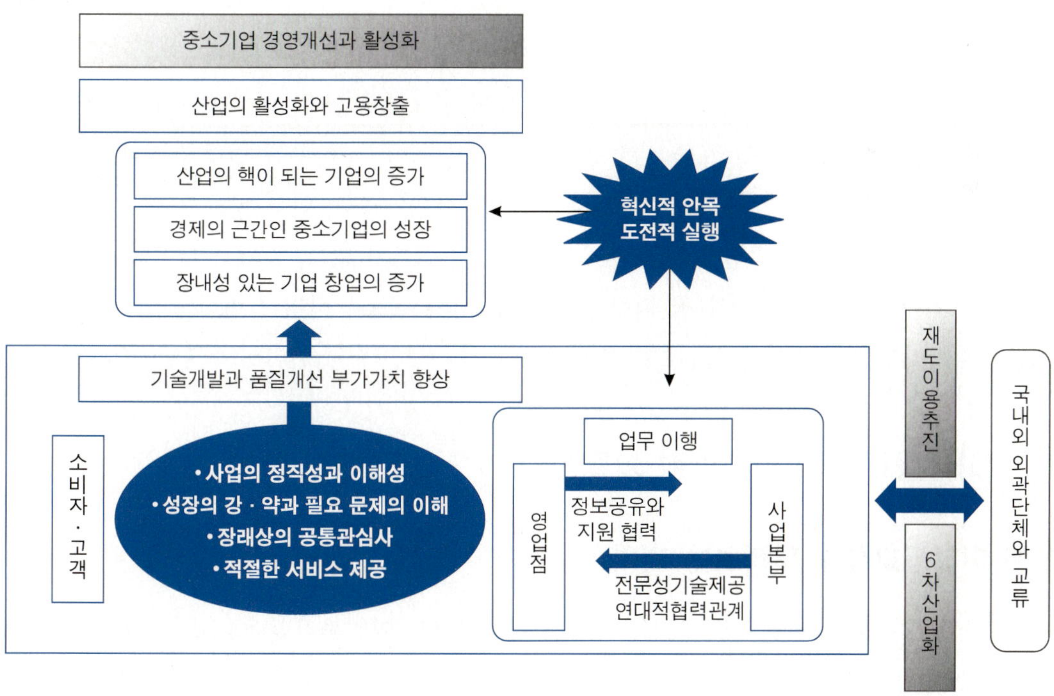

출처 : 中小企業 經營改善 及 地域活性化の事業性評價取組のイメジ圖參考 경영개선도

이다. 또한, Face to Face로 정보교환을 하여 깊은 정보를 교환할 수 있으므로 지적창조가 자극되고, 신제품·신기술의 아이디어가 나오기 쉽게 된다. 이상에서 우리들은 최적의 연대할 상대를 찾는데 Face to Face의 정보교환이 필요한 것으로 생각된다.

(2) 최적의 연대할 상대

우리들은, 중소기업이 이업종연대를 체결할 때 문제로 타 분야의 정보가 부족하여 연대할 상대를 찾는것이 곤란함을 지적하였다. 그리고 중소기업이 이업종의 기업과 연휴를 체결하는데는 타분야 정보부족을 극복하고 연대할 상대를 찾는것이 필요하다. 그러나 단지 상대를 찾는 것만으로 되지 않는다. 연대를 맺어도 신제품·신기술연대에 의한 신제품·신기술개발을 성공으로 이끄는데는 자사로서 최적의 연대할 상대를 찾는것이 중요하다. 우리는 최적의 연대할 상대의 조건으로

- 장기적인 관계를 가질 것
- 전략적 의도를 가질 것
- 대등한 관계를 가질 것
- 기술격차가 없을 것
- 업적격차가 없을 것의 다섯 가지이다.

우선, 상대가 전략적 연휴의 세 가지 조건(장기적. 전략적. 대등성)을 충족한 것이다. 또한 기술적 격차가 없을 것, 업적격차가 없을 것이라는 조건도 필요하게 된다. 연휴를 맺고 신제품·신기술을 개발하는데는 자사의 기술·노하우를 조합한 우수한 기술·노하우를 연대할 상대가 가지는 것은 필요불가결하다. 또한, 기술수준이나 업적에 차이가 있을 경우, 안고 있는 문제나 서로 필요로 하는 기술·노하우가 부합되지 않아 연대가 잘 되지 않을 때가 많다. 실제 모니터링에서도 기술격차나 업적격차가 있으면 연대가 잘 되지 않는다라고 듣고 있다. 따라서 연대를 체결할 때 기술이나 업적에 차이가 없는 상대를 찾는것이 필요하다.

2. 이업종교류로 사세확장 쇠퇴방지

1) 이업종교류를 채택하는 의의

중소기업은 최적의 연대할 상대를 찾기위해서 어떻게 이업종기업과 Face to Face로 정보교환을 하면 좋은지에 대해 생각해 봐야 한다.

현재 이업종의 기업의 모임인 이업종교류회가 있다. 이업종교류회란 다양한 기업이나 기관이 거

래유무나 사업분야에 불문하고 네트워크를 만들고 정보교환이나 공동연구개발을 하는 모임인 것이다. 여기서는, Face to Face의 정보교환이 되고 있다. 참가한 기업수도 증가되는 경향으로 주목을 끌고 있다.

(1) 이업종교류회의 현상

이업종교류회에서는 참가기업 개개의 경영자원확대를 목적으로 하는 경향이 있고, 특히 이업종의 기업이 교류를 통하여 이업종의 정보(기술포함)나 노하우를 습득할 수 있다. 또한, 신제품개발이나 연구회 등, 이업종교류회 전체로 활동하는 것이 많고 협조성에 무게를 두는 경향이 있다.

이업종교류회에 참가하고 있는 모니터링회사의 말을 들어보면, 실제로 신제품·신기술개발을 위해 연대할 상대를 찾아 비즈니스까지 발전된 케이스는 없다라는 회답을 얻는다. 이업종교류회에서는 직접 이익에 연결되는 활동은 없고 참가기업에 따라 긴 안목으로 보아 이익(경험이나 지식의 축적)으로 이어지는 활동을 목적으로 하는 경향으로 생각된다.

(2) 이업종교류회가 안고 있는 문제

우리들은 중소기업이 최적의 연대할 상대를 찾는데는 이업종의 기업이 모여 Face to Face로 정보교환을 할 경우가 필요할 것으로 생각된다. 이업종교류회는 활동목적으로 최적의 연휴상대를 찾는 것이 아니지만 이업종기업이 모여 Face to Face로 정보교환도 하고 있다. 따라서 최적의 연대할 상대를 찾기위해 이업종의 기업이 모여 Face to Face로 정보교환을 할 경우의 문제점을 찾기 위해 이업종교류회의 문제점을 검토하는 것은 의의가 있는 것으로 생각된다. 이하 이업종교류회를 최적의 연대할 상대를 찾을 경우로 생각할 때 문제점을 보기로 한다.

① 첫번째, 활동메너리즘이 있다

활동메너리즘화가 되면 유익한 정보를 얻지 못하게 된다. 이 원인으로 멤버가 고정된 점이 생각된다. 이업종교류회에 참가하고 있는 기업이 고정적으로 되면 활동자체에도 큰 변화가 없고 자극이 적어지므로 메너리즘화가 진행된다. 그 결과로 유익한 정보교환이 되지않게 된다.

- 메너리즘화 : mannerism(버릇, 관습화, 타성적)의 변형어이다.

② 두 번째로, 개개기업의 참가목적분산에 있다

이업종교류회 정보의 수집, 인맥의 확대, 신규사업분야로 진출, 자사 기존기술의 향상, 신제품·신기술개발 등 기업마다 다양하다. 이업종교류회에 참가하는 대다수의 기업이 연대를 목적으로 하는 것은 아니다. 그 결과 이업종의 기업이 회의에 참석하여도 연휴를 체결하는데 까지 도달하지는 못한다.

③ 셋째로 기업의 격차와 기술의 격차

기업격차와 기술의 격차가 있다는 점을 들 수 있다. 참가기업 간에 기업격차가 있으면 연휴가 실패로 끝나 버리므로 연대체결까지 이르지 못한다.

개개기업의 참가목적이 여러 가지로 숨겨짐과 기업간 격차가 있다는 원인으로는 이업종교류회가 기본적으로는 누구라도 참가할 수 있으나 활발해지지 못하는 경우이다. 누구라도 참가할 수 있으므로, 여러 가지 업종의 기업이 참가할 수 있는 장점이 있으나, 개개기업 참가목적의 분산이나 기업격차가 있다는 문제점이 제기되기도 한다.

우리들은 이업종기업이 모여 Face to Face로 정보교환을 할 수 있을 경우의 문제점으로 활동의 메너리즘과 개개기업 참가목적의 분산 그리고 기업격차가 있다는 것이다. 따라서 최적의 연대할 상대를 찾는데는 이업종기업이 모여 Face to Face로 정보교환을 할 경우를 생각함에 있어, 이 세 가지를 해결할 필요가 있는 것으로 생각한다. 이하에서는 이 세 가지를 고려해 넣고 해결책을 제시하고자 한다.

2) 해결책 제시

(1) 적임자 만남 모델

우리들은 중소기업이 이업종연대를 체결하고 신제품·신기술개발을 하기 위해서는 최적의 연대할 상대를 찾는것이 중요하다고 생각된다. 때문에 이업종의 기업이 모여 Face to Face로 정보교환을 하는 경우가 필요하다. 이하, 이업종교류가 안고 있는 문제점을 고려하면서 중소기업이 최적의 연휴상대를 찾아가는 모델을 제시한다. 그리고 그 모델을 적임자만남 모델이라 명명한다.

적임자만남 모델은 참가기업이 심사함으로서 개개기업의 참가목적의 분산과 기업의 격차를 해결한다. 또한, 메너리즘을 막기위해 교류회기업의 흐름을 활발하게 하여 유익한 정보교환이 되도록 한다. 이때, 어드바이저(Adviser)가 중요한 역할을 한다. 이하 심사, 교류회, 어드바이저, 서포터에 대해 논한다.

(2) 심 사

적임자만남 모델에는 입회희망기업을 심사한다. 입회조건으로

① 이업종연대를 체결하고, 신제품·신기술개발을 하는 것으로 생각된다.

② 우수한 기술. 업적을 가짐이다.

①을 심사하여 모델에 참가하는 기업의 목적이 일치하게 된다. 즉, 참가기업의 목적은 교류회를 이용하여 전략적 연대를 체결하고 최적의 상대를 찾는것이 된다. 따라서 개개기업의 참가목적이 분산됨이 해결된다. 구체적으로는 입회희망기업의 경영자를 면접으로 심사한다.

- 어드바이저 : 조언자
- 서포터 : 지원자, 조력자 공급자

②를 심사하여 입회희망기업의 기술수준. 업적을 체크하고 어느 수준 이상의 기술. 업적을 가진 기업만 입회하도록 한다. 따라서 참가기업에 기업격차가 있다라는 문제가 해결된다. 구체적으로는, 입회희망기업에 일거리를 발주하고 그 기술수준을 판단한다. 업적은 재무제표 등으로 판단한다.

3) 전체 교류회와 업종별 교류

전체 교류회와 업종별 교류회의 두 개의 모델.

(1) 전체 교류회에 대해 논한다

전체 교류회에는 분야를 불문하고 다양한 업종의 경영자가 참가한다. 다른 분야 경영자에 의한 Face to Face의 정보교환을 하여 참가자의 지식창조가 자극된다. 전체 교류회의 목표는 참가자에 신제품·신기술개발의 아이디어나 특정 분야에 대한 흥미를 가지게 한다. 전체 교류회에 참가하여 신제품·신기술개발의 아이디어나 특정 분야에 흥미를 갖도록 하여 참가자가 특정 업종별 교류회로 관심이 쏠리게 한다. 그러면, 전체교류회가 참가자에게 신제품·신기술개발의 아이디어나 특정 분야에 흥미를 가지게 할 경우 기능참가자는 무엇이 필요한지 알게되면 그것은, 자신을 어필하는 기회이다. 전체 교류회에 참가하는 경영자 모두 자사의 정보를 외부로 발신하면 교류회에서 정보가 활발하게 교환된다. 이것으로, 참가자는 보통 접해보지 못하였던 다른 분야의 정보에 많이 접해 볼 수 있고 지적창조의 자극을 받아 신제품·신기술개발의 아이디어나 특정 분야에 흥미를 가지게 되고, 그 후 업종별 교류회에 참가한다.

(2) 업종별 교류회에 대해 논한다

업종별 교류회에는 그 업종에 속하는 호스트기업과, 그 업종기업과 연휴를 체결하고자 하는 게스트기업의 두 종류 기업이 참가한다. 표적을 설정한 업종별 교류회에 게스트로 참가한다. 또한,

표적설정이 되지않은 기업은 전체 교류회에 참가하고, 신제품·신기술개발의 아이디어나 특정 분야에 흥미를 가질 수 있게되고, 그 후 업종별 교류회에 참가한다. 업종별 교류회에서는 호스트기업이 업종별로 한정되었으므로 게스트기업은 자사의 아이디어나 흥미에 맞는 상대를 만나기 쉬워진다.

업종별 교류회에서 게스트기업과 호스트기업이 유동성을 가지게 되어 메너리즘을 방지할 수 있다. 그 이유로써, ① 업종별 교류회 내에서 호스트기업에는 큰 변화가 없지만, 호스트기업이 활발하게 바뀌지는 점이 있다. 또한, ② 호스트기업도 자사가 속해있는 업종별 교류회를 나와, 다른 업종별 교류회에 게스트기업으로 참가할 수 있는 점도 있다. ①, ②와 같은 업종별 교류회 간의 기업활동에 따라 참가기업은 많은 이업종기업과 적임자만남을 할 수 있어 항상 새로운 자극을 받을 수 있게 된다. 이상과 같이, 출회계모델(적임자만남모델)은 기업은 교류회를 통해 Face to Face로 정보교환을 하면서 호스트기업-게스트기업, 주최기업-참가기업 최적의 연대할 상대를 찾게된다.

(3) 어드바이저와 서포터

적임자만남 모델에서는 어드바이저와 서포터가 재적(在籍, 입회하여 적을 둠)한다. 여기서 어드바이저의 역할은 업종별 교류회간 기업의 이동을 활발하게 하는 것이다. 구체적으로는 참가기업에 알맞은 업종별 교류회를 소개하는 것이다. 이 모델에서는 참가기업이 어드바이저나 흥미가 있을 경우, 업종별 교류회를 이동하여 Face to Face로 정보교류를 활발하게 할 수 있다. 그러나 아이디어나 흥미가 없을 경우 다른 업종별 교류회에 게스트기업으로 참가는 인센티브가 작아진다. 호스트기업으로 업종별 교류회에 참가하고 이업종기업과 정보교환을 하여 아이디어나 흥미가 생기는 경우도 있으나 아이디어나 흥미가 생기지 않아 이동이 정체하는 것도 생각된다. 이럴 때는 어드바이저가 그 기업에 알맞은 업종별 기업을 소개함으로써, 아이디어나 흥미가 생기고 기업이동을 활발하게 하고 정보교환도 활발해진다. 이때 어드바이저는 각 업종에 정통한 스페셜리스트가 적합할 것으로 생각된다.

한편, 서포터의 역할은 연대체결계약 시 법률이나, 특허, 세금 등에 대해 상담한다. 서포터의 적절하고 명확한 어드바이저에 의해 양사가 납득하는 계약을 체결할 수 있고, 신제품·신기술개발을 원활하게 진행할 수 있다. 이때 서포터는 변호사, 회계사, 변리사 등이 적합할 것으로 생각된다.

3. 모델실현에 있어 고려할점과 검토할점

1) 모델의 실현에서 고려할 점

(1) 모델실현 가능성 높여

여기서는 이 모델의 실현가능성을 높여주는 시도를 한다. 그러므로 이하 두 가지로 생각된다. 제일 고려할 점은 운영모체에 대한 것이다. 이 모델은 모델의 모체가 없으면 성립되지 않는다. 운영모체로서 어느 기관 또는 어느 기업이 상응하는지 생각할 필요가 있다. 제2의 고려할 점은 진정으로 정보교환이 활발한지 여부이다. 이 모델의 실현가능성을 중소제조업 A사의 경우를 보면, 이 모델의 참가기업 사이에 경합성이 있으면 정보나 아이디어의 누설우려때문에 활발한 정보교환이 활발하지 않다라는 지적을 받고있다. 이 모델에서 정보교환이 활발하도록 고려할 필요가 있다.

(2) 운영모체에 대한 검토

우리들은 운영모체는 운영하는 인센티브가 큰 기관 또는 기업이 좋을 것으로 생각된다. 이 모델을 운영할 경우 문제점으로는 회비수익뿐이라는 점이다. 또한 중소기업의 신제품개발에서 문제점의 하나로 판로가 없다는 점이다. 따라서 우리들은 운영모체가 신제품의 판로를 확보하고 운영마진을 얻게하여 운영이 가능케 하는 것이다. 이렇게 하여 중소기업은 판로를 확보할 수 있으므로 이 모델에 참가하는 인센티브가 커지는 것으로 생각된다. 또한, 운영모체측도 이익을 올릴 수 있어 운영하는 인센티브가 커지는 것으로 생각된다. 그러나 구체적 운영모체로서 누가 최적인가는 차후의 문제로 남아 있다.

(3) 의사소통과 성공모델형성

의사소통모델은 의시를 소통하기 위한 정보의 송신자와 수신자 간의 색각이나 아이디어를 상호간 이해하고 협력하기 위한 매개체로 정보의 송신과 수신으로 구성된다.

따라서 의사소통과정에서 송신자와 수신자 간에 공유할 수 있는 공유물의 가치가 있었을 때 새로운 지식기반의 문화조성을 위하여 원활하게 소통작용이 이루어진다.

① 정보의 송신(Sender)

송신자가 자신의 생각이나 아이디어를 수신자가 이해할 수 있는 기호, 언어, 비언어, 문서, 도형 등 다양한 매체를 통하여 문화요소들을 수신자에 전달하는 수단이다.

그림 10-4 의사소통성공 방향모형

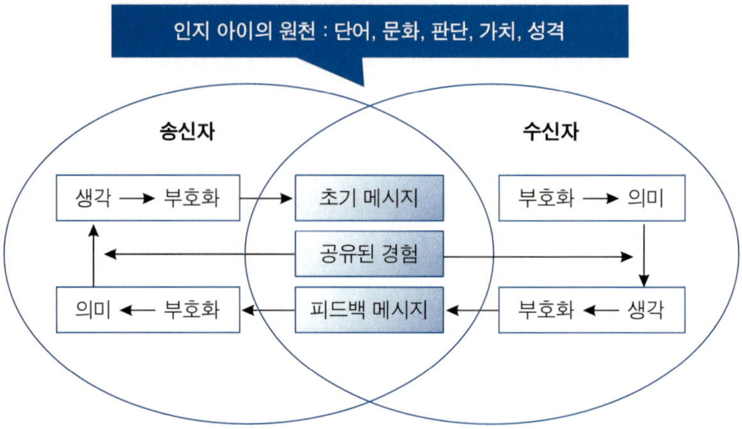

출처 : Vijay Vema, Human Resources Skills fir the Projecd Management vil

② 정보의 수신(receiver)

정보를 수신하는 사람은 전달수단을 통해 전달해온 문자, 언어, 부호, 도형문장 등을 통해 상대방의 생각이나 아이디어를 이해하는 것

프로젝트관리자를 중심으로 한 의사소통의 채널을 보여주고 있다. 조직내부에서 이루어지는 수직성향 및 하향의사소통과 수평의사소통에 대해 부연하여 설명한다.

의사소통의 채널에는 세 가지 즉 상향적, 하향적, 수평적 방법을 말할 수 있다.

첫째, 상향적 의사소통

상향적 의사소통은 프로젝트 임원 혹은 스폰서 등의 상급자와의 수직적 의사소통의 관계로서 프로젝트관리자가 책임을 맡고있는 프로젝트 수행성과에 대한 보고를 하고 평가를 받고자할 때 또는 조직적 전략을 재정립하고자 할 때 활용한다.

둘째, 하향적 의사소통

햐향적 의사소통은 프로섹스 팀원이나 작업자에게 작업에 대한 지시나 통제를 할 때 사용한다. 프로젝트관리자는 하급자에게 작업 및 활동에 관한 의사소통을 할 경우에는 업무의 범위나 품질의 구현방법평가 및 피드백 등에 대한 초점을 맞추어 소통의 필요가 있다.

셋째, 수평적 의사소통

수평적 의사소통은 일반적인 프로젝트관리자와 동등한 관계인 기능부서 관계자 타 프로젝트관리자 지원인력 및 타프로젝트 이해관계자들과의 수평적 관계의 의사소통관계로서 조직의 한정된

그림 10-5 의사소통채널 기준순서

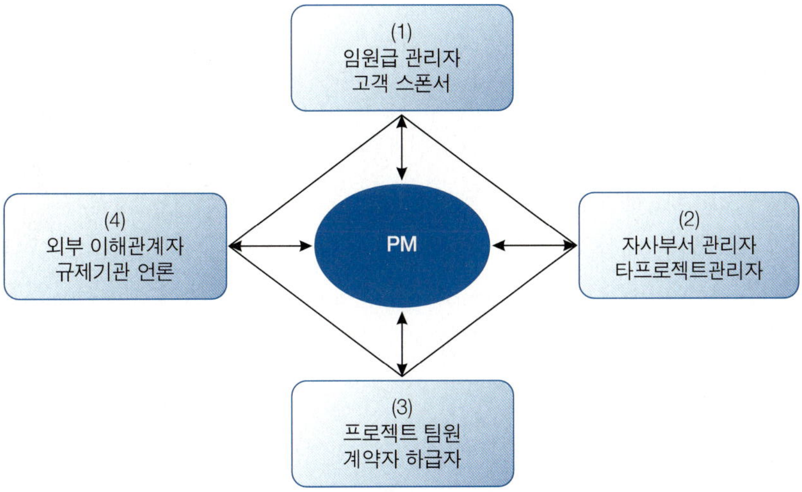

No	관 계	제 공	기 대	기 술
1	임원급 관리자/고객/스폰서	상태 및 경고	조직적 지원, 피드백 의사결정, 요구사항, 지급	문제해결 시스템구축 및 보고
2	자사부서 관리자 타 프로젝트관리자	기회 및 조정	기술적 지원 및 협력	협상계약
3	프로젝트임원/계약자/하급자	리더십 지시 및 통제	품질 및 요구사항	기획 팀 구축 및 조정
4	외부 이해관계자 규제기관, 공공언론	진행정보	피드백 및 지원	공공관계 및 인티페이스

출처 : Vijay vema, Human Resources Skills for the Project Management Ⅶ

인적자원 일정예산 및 계약조정규제기관, 고객과의 협상 등 향후 프로젝트수행을 위한 계약계획을 작성할 때 활용한다.

2) 정보교환이 활성화되는 것이 필수요건

(1) 호스트기업과 게스트기업

업종별 교류회에서는 호스트기업과 게스트기업의 두 종류의 기업이 있다. 이중 호스트기업은 동업종의 기업이 모여진 것으로 생각된다. 확실히, 상기의 지적과 같이 경합상대가 동 교류회내에 존재함으로써 정보누설의 우려에서 활발한 정보교환이 이뤄지지 않는다. 그러나 동업종이라고 하여 경합성이 꼭 높은 것만은 아니다. 예를 들어 프레스가공기술을 가진 기업이라도 박판프레스와 후판프레스에서는 경합성이 낮은 것으로 생각된다. 따라서 반드시 활발한 정보교환이 안되는 것만은 아닌 것으로 생각된다.

(2) 총괄(적임자만남 모델)

우리들은 본 논문을 통하여 주요기업이 신제품신기술을 개발하기 위해 이업종의 연대할 상대를 어떻게 찾을 것인가에 대해 논한다. 그 해결책으로 호스트기업과 게스트기업만남 모델을 제시한다. 우리들은 최적의 연대할 상대를 찾는것이 연대의 성공에서 중요한 것으로 생각되어 이것에 주목하여 논하였다. 그러나 연대에서 이익이 생기고 진정한 성공이라 하는 데는, 연대의 체결로부터 사업화할 때까지도 중요하다. 연대를 체결하고부터 이것에 대해서는 본 문에서 과제로 남는다. 또한, 모델의 실현가능성을 들어볼 때 대학이나 연구기관도 이업종기업과 같이 취급한다, 모델에도 참가할 수 없는가라는 의견을 듣는다. 이 점에 대한 것도 본 문의 과제로 남는다.

성공포인트

1. 사소한 일부터 시작하라

방대한 고객망을 확보한다는 중요한 일은 지극이 사소한 만남에서부터 시작된다. 여러 가지 단계를 거쳐 최종적으로 완성된다. 이때 각 단계별 사소한 일들을 최선을 다해 수행한다면 성공은 따 놓은 당상이다. 인생의 목표를 세웠다면 당신이 가장 우선적으로 갖춰야 할 기본요소가 무엇인지 파악하라. 관점을 바꾸어라 눈앞에 놓인 잡다한 일들이 일생목표에 어떠한 영향을 미치는지 살피고 중요성을 인식하라 작은 일도 제대로 처리 못하는데 누가 큰일에 책임을 주겠는가?

2. 들어서 기분좋은 말 의욕을 불태우게 한다

다른 사람이 기뻐할 수 있는 말을 사용할줄 알아야 성공한다. 어쨌든 다른 사람에게 기쁨을 주는 말을 사용하는 것은 좋은 화법이다. 들어서 기분좋은 말. 의욕이 생기는 말 찾아 사용하면 업무진척에 효용성을 높인다. 상대의 기분이 즐거워 질수 있는 말을 찾아내어 말을 자주사용하라 이런 태도가 습관화되면 당신인생이 풍요로워 질 것이다.

요 약
summation

＊전략적 연대의 정의

본 절은 이업종교류와 전략적 제휴 등으로 새로운 형태의 기업간 관계의 발전을 염두에 두면서 지금까지의 중소기업연구를 정리. 검토하고, 현 단계에서 중소기업의 기업간 관계를 분석검토하여 쇠퇴기에 접한 기업을 재소생의 길을 찾아 장수기업으로의 진로를 개척하는 것을 필요로 하는 과제이다.

＊최적의 연대할 대상기업

세 가지 정보중소기업이 이업종연대를 체결하기 위해서 다른 분야의 정보를 정밀하게 파악하는 것이 필수적 요건이다. 따라서 연대를 실행하려면 타 분야의 정보를 다음 세 가지는 정확하게 파악하여야 리스크를 최소화 할 수 있다.

타업종정보, 타사의 정보, 그리고 경영자의 정보이다.

＊최적의 연대할 상대

우리들은 중소기업이 이업종연대를 체결할 때 문제로 타 분야의 정보가 부족하여 연대할 상대를 찾는것이 곤란함을 지적하였다. 그리고 중소기업이 이업종의 기업과 연휴를 체결하는데는 타분야 정보부족을 극복하고 연대할 상대를 찾는것이 필요하다.

＊이업종교류를 채택하는 의의

중소기업은 최적의 연대할 상대를 찾기 위해서 어떻게 이업종기업과 Face to Face로 정보교환을 하면 좋을까 현재 이업종의 기업의 모임인 이업종교류회가 있다. 이업종교류회란 다양한 기업이나 기관이 거래유무나 사업분야에 불문하고 네트워크를 만들고 정보교환이나 공동연구개발을 하는 모임인 것이다. 여기서는 Face to Face의 정보교환이 되고 있다. 참가한 기업수도 증가되는 경향으로 주목을 끌고 있다.

＊해결책 제시

적임자만남 모델(出會系모델)은 우리들의 중소기업이 이업종연대를 체결하고 신제품·신기술개발을 하기 위해서는 최적의 연대할 상대를 찾는것이 중요하다고 생각된다. 때문에 이업종의 기업이 모여 Face to Face로 정보교환을 하는 경우가 필요하다. 이하, 이업종교류가 안고있는 문제점을 고려하면서 중소기업이 최적의 연휴상대를 찾아가는 모델을 제시한다. 그리고 그 모델을 적임자만남 모델이라 명명한다.

제3절 중소기업 전략적 제휴와 네트워크 산업조직

♣ **어떻게 고객을 감동시킬 것인가?**

고객을 감동시키는 비결은 간단하다. 감동한 직원은 감동한 고객을 창출해 낸다. 감동한 직원은 상사와 경영진을 신뢰하며 자신의 일과 조직의 자부심을 느낀다. 그리고 일에서 보람과 재미를 느낀다. 즉 일을 즐기면서 헌신적으로 하여 고객을 감동시킨다. 고객감동의 첫 번째 전제는 종업원의 만족에 있다.

\- 미국 경영대상 수상기업(페덱스 제록스) -

1. 기업간 관계와 전략제휴

1) 본 절의 목적

종래부터 중소기업의 기업간 관계에 대해서는 하청제의 연구를 중심으로 수많은 연구가 있었다. 하청제에 대한 연구에서는, 주로 친기업(親企業: 주기업의 의미)과 하청기업의 대등한 거래, 외주관계의 분석에 무게가 실렸다. 그런데, 근년에는 중소기업의 전반적인 연구개발력, 마케팅력, 경영관리력의 향상을 배경으로 이업종교류와 전략적 제휴 등의 새로운 형태의 기업간 관계가 출현하고 이와 같은 관계를 종래의 친기업을 정점으로 하는 피라미드형 산업조직, 기업간 관계와 구별하여 네트워크형 산업조직, 기업간 관계라고 하는 견해가 등장하고 있다.

(1) 네트워크형 산업조직의 특징은

- 자립성이 있는 기업의 연합, 제휴라는 것
- 그 리더십을 발휘하는 주체가 기업의 규모에 의한 것이 아닌 문제내지는 역할에 따라 교대하는 것
- 그 연대의 이면에는 가치관의 공유성내지는 새로운 산업사회와 이것에 대응하는 기업에 대해

이미지를 공유한다는 특징이 있다. 또한 청성(清成, 1990)은 다른 전문능력을 가진 복수의 기업이 새로운 가치를 창조하기위해 자발적이고 대등하게 연대함으로써, 정보창조형의 네트워크형 기업간 관계가 형성된다고 한다.

본 절에서는 위에서 논한 바와 같은 새로운 형태의 기업간 관계의 발전을 염두에 두면서 지금까지의 중소기업연구를 정리검토하고, 현 단계에서 중소기업의 기업간 관계를 분석하는데 필요로 하는 시점. 과제를 나타내는 것이다. 그리고 본 절에서는 중소기업연구 중에서도 특히 중소공업연구를 다루기로 한다.

(2) 중소기업연구의 두 가지 시점

종래의 중소기업연구는 어떤 것을 확실하게 할 것인가라는 차원에서 보면,

- 중소기업이 가진 문제성에 초점을 맞추고 그 문제성의 원인을 해명코자 하는 것과
- 중소기업이 다른 기업과 연결(거래, 생산력관계)에 초점을 맞추어 그 기업간 관계전체가 시스템으로 작동하여 효율성, 경제성의 발생메커니즘을 규명하는 연구로 대별된다. 여기서는 전자를 문제성 시점과, 후자의 효율성, 경제성 시점으로 구별한다. 그리고 각각의 시점에서 기업간 관계가 어떻게 분석될지 보기로 한다. 단, 다음의 두 가지 점에 대해서는 미리 간단하게 줄여보기로 한다.

첫째는, 기업간 관계의 분석이라 할 때, 채택할 분석상대는 주로 하청관계이다. 이것이 중소공업연구의 대부분이 하청관계를 의식하고 있는데 더하여, 금일과 같은 이업종교류나 전략적 제휴 등이 인식된 것은 1980년대 후반이 되고 부터이다.

둘째는, 문제성 시점이다. 효율성·경제성 시점, 각각은 주장하는 시대배경이 있는 것이다. 문제성 시점이 주장된 것은 2차 세계대전 전 중소기업문제가 독점자본주의의 구조모순의 대표적 국면이며 구체적으로는 빈곤층문제로 의식되어, 전후에도 2층 구조형태로 대기업과의 격차문제로 의식되었기 때문이다. 그 이론적 기반은 주로 마르크스의 경제학이었다. 이것에 대해, 효율성·경제성 시점은 두 번의 오일쇼크를 넘어 강한 국제경쟁력을 가지기에 이르게 된 기계공업의 하청생산시스템의 세계적인 주목이었다. 그리고 그 효율성 발생의 메커니즘 해명이 단서가 되고 있다.

따라서 효율성. 경제성 시점에서의 연구의 제일원류는 같은 전방향의 중소기업관을 이전부터 제기해 온 중견기업론이나 벤처비지니스론이고, 제2의 원류는 미국에서 발전한 거래코스트론이었다. 80년대 후반부터 정보네트워크화의 급속한 진전이 이업종교류나 전략적 제휴의 활성화에 직면하여 네트워크조직론이 전개하게 되었다. 이상의 두 가지 점을 시작으로 압축하고 각각의 시점

에서 연구를 리뷰(되돌아보기)하고자 한다.

(3) 산업기술의 연구

그림 10-5 산업기술 연구개발 모형

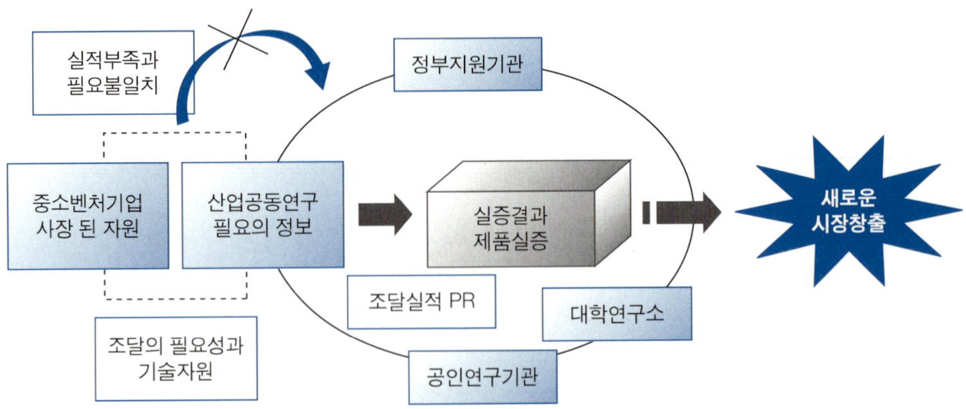

출처 : 3C분석과 마케팅 4P 믹스의 상관관계 효율화와 성공요인 모형도

2) 중소기업의 문제성

(1) 구조모순의 시점

제1의 문제성 시점에서 연구의 원점은 독점자본에 의한 중소기업의 지배. 수탈이라는 관점의 연구이다. 여기에는, 중소기업은 한편으로 국민경제에 점유하는 지위와 역할에서 보아 경제발전에 크게 기여하고 성장. 발전이 전망되지만, 다른 한편으로는 독점적 대기업의 우월적 지위에 의한 지배대상으로 수획(收獲)되는 모순된 입장으로 연결된다고 한다.

구조적인 모순의 문제로 중소기업 문제가 논의된다. 이 문제란, 이론적으로는 기업간 경쟁압력으로 유기적 구성의 고도화가 강화된 대기업이, 유기적 구성이 상대적으로 낮은 중소기업에서 착취한 잉여가치 이윤의 일부를 수탈하지 않으면 안되게 된다라는 것이다. 또한, 이와 같은 이론을 적용하면 성장중소기업은 자본의 유기적 구성의 고도화를 이루고, 고도생산성을 발휘하여 이와 같은 수탈을 피하여 희생을 다른 중소기업에 넘기는 것과 같은 중소기업이 된다.

구조모순시점의 기본적 내용이론이 기업간 관계의 분석에 응용될 경우에는 중소기업의 존립형태 논(論)이라는 형태를 취한다. 예를 들면, 마르크스주의적 중소기업론의 대표예인 후지다(藤田, 1965)는 독점자본주의의 단계에서 중소기업의 자본축적이 극단으로 곤란한 경우에도 중소기업의 존립은 가능했으며, 그 존립조건의 하나로 중소기업의 대표적인 존속(存續)적 형태로 하청제, 기업계열이 있다. 따라서 의논은 한결같이 중소기업의 존립형태에 대한 논의이고, 문제의식도 독점체는 중소기업을 고의로 온존(溫存)시켜 이것을 수탈대상으로 한다는 입장을 뚜렷하게 일관하여 지속해 왔다는 것이다

또한, 근년에는 강한 국제경쟁력의 원천으로 하청분업생산시스템 기업을 들고 그 효율성도 문제성의 본질에 둔 의논이 있다. 한 예로, 선(選, 1987)을 보면 먼저 하청분업생산시스템은 국제경쟁력 강화에 대하여 극히 효율적이고 합리적이며, 친기업과 보완적인 상호 의존관계를 가진 생산성의 시스템으로 되어 있다. 그러나 하청분업생산시스템은 생산관계와 생산력의 양측면을 통일적으로 보면 한편으로는 독자적으로 높은 기술력·개발력을 가지며 자립성이 강한 하청중소기업의 성장에 이바지해 왔으나, 다른 한 편에서는 하청중소기업 간의 격차를 확대하고, 2차 하청, 3차 하청이란 단계적 기업구조를 형성하고 하청중소기업의 선별. 정리를 해 왔다라고 평가된다. 결과적으로는 하청분업생산시스템의 전개는 친기업과 하청중소기업간 임금격차의 축소경향에 머물지 않고, 반대로 1차 하청의 성장중소기업을 포함한 임금격차의 확대경향으로 이어지는 본질적인 문제가 있다라는 입장도 그 본래의 문제의식에서 보면 구조모순시점에 포함시킬 수 있다.

(2) 구조모순 시점(視點, 觀點)의 비판

그러나 이상과 같은 초기의 구조모순시점은 수탈·지배의 반복이나, 경직된 시각이다라는 비판을 초래하게 된다. 그의 문제의식은 중소기업문제를 현대자본주의의 구조모순으로 파악하는 시점을 유지하면서도 구조모순시점의 경직화를 배제하고, 문제로서 중소기업을 먼저 제1의 적으로는 피지배층으로 설정하지 않고, 즉시적으로 경쟁하는 중소기업으로 설정하여 이것이 금일의 대기업체제의 원천이 되도록하는 논리와 메커니즘 및 새 국면을 통해 피지배상태에 있는지를 해명할 필요가 있다.

우리들은 문제되는 기업간 관계의 분석차원에서 경쟁론적 어프로치에 의한 하청문제의 분석을 볼 필요가 있다. 여기에는 친기업이 하청과 외주관리를 통하여 하청기업 간의 경쟁을 조작·관리하고, 매수독과점적 시장지배력을 행사함으로써 하청중소기업의 이윤을 계속조여 최소한의 이윤까지 수탈하는 메커니즘이 해명된다. 이와 같은, 경쟁논적 어프로치는 친기업 간의 경쟁관계, 하청중소기업 독자의 경영전략, 지역과 공업집적을 시야에 둔 연구가 이어지고 있다.

지금 한 가지, 종래의 구조모순시점의 반성으로 제출된 것이 하청단가결정론이다. 하청단가결정방식의 고찰을 축으로 친기업이 하청기업에 대해 지배력을 갖게되는 메커니즘을 논하였다. 이 경우에,

- 하청관계를 특별처방품으로 외주생산에서 발주자·원청기업이 수주자 하청기업에 대해 매수로서 시장지배력을 행사하는 거래관계가 되는 점
- 하청단가의 경기가 뚜렷하게 변동되는 경우를 제외하고는 하청기업의 최저한 재생산을 보증하는 비용으로 링크한다라는 점에서, 넓은 의미에서 문제성 시점의 기본적인 문제의식을 계승하고 있다는 것이다.

3) 기업간 관계의 효율성. 경제성과 시점

제2의 효율성·경제성 시점에서 연구는 주로 1980년대에 거래코스트론이나 중간조직론의 응용으로 발전하였다. 따라서 분석대상이 된 초기단계는 기업간 관계중에서도 특히 하청관계, 하청생산시스템이었다. 그러나 현재는 보다 넓은 네트워크형 산업조직·기업간 관계가 부상하게 되었다.

(1) 기업간 조직의 생산성 시점

효율성·경제성 시점의 내용과 이것의 분석시각은 다양한데, 하나의 전형은 항(港, 1984)의 기업간 조직의 생산성 시점의 연구에서 볼 수 있다. 기업간 조직의 생산성 시점의 연구목적은 사회적 분업의 한 형태인 일본의 하청생산시스템이 여러 외국에 비교하여 높은 생산성과 효율성이 생기는 메커니즘의 해명에 있다. 이 경우 하청기업과 친기업이 기능적으로 통합이 되어있다는 사실의 인식이 전제돼 있다.

기능적인 통합이란 다시 말하여 친기업과 하청기업 사이의 통제. 권한의 수용이란 관계가 성립돼 있는 것이다. 처음부터 하청기업이 이와 같은 관계를 구축한데 기인하여, 친기업의 경영자원(시장·기술·자금)에 의존함으로써 성장이 가능한 점에 있다. 그렇지만 다른 한편, 친기업의 경영자원(시장·기술·자금)에 대한 의존은 친기업에 하청기업을 통제하는 권한을 주게 된다. 그리고 이와 같이하여 성립된 것이 친기업과 하청기업 사이의 통제·권한의 수용이란 관계가 된다.

이와 같은 관계로 효율성이 발생하는 논리는 다음과 같이 요약된다.

- 중층적(重層的). 계층적인 하청생산의 근본에는 정보전달상 기업간 커뮤니케이션으로 코스트를 낮게 유지할 수 있고, 하청기업의 수가 한정되므로 밀도 높은 정보파악이 가능하게 된다.
- 장기적 거래에 따라 새로운 하청기업을 개척하기위해 정보탐색 코스트를 절약할 수 있고, 하청기업측에 학습효과를 발휘하도록 도와줄 수 있게 된다. 또한 하청기업의 성장에 따르는 성장의 이익, 리스크분담이란 의미의 분업의 이익, 기술이전과 촉진효과 등을 얻을 수 있다. 그리고 장기적 거래의 바닥에는 하청기업의 기회주의적 행동이 하청기업이 잠재적인 경쟁상태

에 있음으로 억제된다는 것이다.

이상과 같은 효율성 시점에서 초기의 연구를 일컬어 거래코스트론 또는 그 응용으로써 중간조직론을 이론적 배경으로 하고 있다. 그리고 이하에 중간조직론을 개요적 관찰을 하려고 한다. 여기서 말하는 중간이란 시장과 조직의 중간이고, 처음부터 중간조직론은 거래코스트론의 시장과 조직의 2분법에 대한 비판에 대응하는 것을 말한다.

시장과 조직을 분석할 때 구체적인 분석차원은 결정원리와 멤버십이다. 즉, 결정원리에 대해서는 ① 자유교환(시장에서의 결정)과 ② 권한에 의한 명령(조직에서의 결정)이 대치되고, 멤버십은 ① 자유로운 참여와. 퇴출(시장에서의 멤버십)과 ② 고정적·통계적 관계(조직에서의 멤버십)이 대치된다. 그리고 하청·계열관계 등 기업간 관계는 시장과 내부조직 양쪽의 장점을 가짐으로 평가하고, 이와 같은 관계조직을 중간조직이라 부른다. 아울러, 중간조직에서의 권한에 대해서는 해당조직에 의해 전략적으로 중요하면서 희소한 자원의 소유자에 발생한다라는 것이다.

이상과 같이 앞의 기업간 조직의 생산성 시점의 연구는 중간조직론의 연장선상에 있음을 알 수 있다. 그런데, 기업간 조직의 생산성 시점은 그 후 네트워크 조직론에 의해 대체되게 된다.

2. 네트워크 조직론

현 단계에서 중간조직론을 대신하여 네트워크 조직론이 주장된 것은 거래코스트나 중간조직에서 이업종교류나 전략적 제휴 등의 새로운 형태의 기업간 관계는 분석이 불가능하였기 때문이다. 여기서는 이 점을 의식하고 두 가지 다른 네트워크 조직론에 대해 그 요점을 보기로 한다.

1) 제1의 네트워크 조직과 실효성

네트워크 조직론이 중간조직론이나 기업간 조직 생산성 시점의 연구와 큰 차이점은 다음과 같은 점이다. 즉, 지금까지의 조직연구는 주로 조직을 대상으로 하고 이로 인해 권한이나 권력 등의 개념을 중시하고 관리자의 역할에 주목한데 대해, 네트워크 분석에서는 주로 수평형조직을 대상으로 하고, 네트워크의 밀도가 연결성과 어떤 개념을 사용하는지, 조직간 이어지는 경계인(경계자)의 역할에 주목하고, 또한 우발적 자연발생적 연결이 만들어져 가는 창발적인 네트워크에 주목함으로써 조직전개와 발전의 다이나믹즘(활동적 특성)을 취할 수 있는 점이다.

또한, 오늘날에는 특히 정보네트워크 조직 = 시장과 조직을 초월하는 조직에 초점을 맞추고 있다. 여기서 초월조직이란 사람과 사람의 상호작용 가운데 의미를 더해가는 동적정보를 정보네트워크에서 시너지효과를 기대할 수 있다는 점이다. 그리고 이와 같은 네트워크는 신뢰관계에 기초한 사회적 교환과 기본적인 계약에 기초한 경제적 교환이 조합되어 시작하고, 밸런스를 취한 호주적(濠州的)인 관계를 준다. 네트워크 조직에서 주목하는 것은 시장과 조직체를 연결하는 새로운 시스템은 연쇄형 조직의 네트워크의 분석이다. 여기서, 연쇄형 조직이 장래의 분립형 분업과 다른 점은 재활동이 연결한 결합된 형태의 분업이라는 점이다.

그리고 이와 같은 연쇄형 조직이 형성되는 근거 또는 연쇄형 조직내의 권력과 협조의 조정메커니즘에 대해 다음과 같은 논이 있다.

연쇄형 조직이 형성되는 것은 연결의 경제성이며 구체적으로는

- 정보연결의 시너지효과
- 주체의 행동양식에서 학습효과
- 신뢰 재(財, 자산)의 구축효과 거래코스트
- 거래코스트(정보코스트, 결재코스트, 재고코스트)의 절약을 추구하기 때문이다.

이렇게 형성된 연쇄형 조직내의 권력과 협조형 조정메커니즘에 대해 두 가지 유형으로 표시된다. 즉, ① 노-드(結節)형 기업을 중심으로 한 통제형/단단한 결합의 경우이다. 그리고 ② 후자는 신사업, 신제품, 신기술 등의 개발형의 성격을 가진 점이다.

지금까지, 두 가지 네트워크 조직론에 대해 대체적으로 관찰해 왔는데, 어느쪽 논의라도 특히 중소기업의 기업간 관계에 초점을 둔 논의는 아니다. 그러나 중소기업의 기업간 관계를 네트워크형 산업조직이라 할 때 이상과 같은 의논을 전제한 것은 나카무라(中村, 1992)가 80년대 중견기업 이노베이션의 원천으로 연결의 경제성추구를 한 것도 참조한다. 더욱, 네트워크형 산업조직시점과 접점은 네트워크 조직형성을 통해, 중소·중견기업의 성장가능성이 높아진다는 면에서 구할 수 있다. 단, 여기서 주의하지 않으면 안될 점은 금일의 기업간 관계를 네트워크형 산업구조라 부르는 것과 네트워크 조직론을 주장하는 것과 완전히 같지 않다는 것이다. 이것은, 후자가 간단히 기업간 관계의 분석에 머물지 않고 네트워킹 전략론의 내용을 갖기 때문이다. 따라서 이하에는 금일의 기업간 관계를 네트워크형 산업조직이라 부르는 경우 네트워크형 산업조직 시점을 넘어, 네트워크 조직론과 구별하여야 한다.

2) 메이커와 서플라이어(Supplier)간 관계

지금까지의 기업간 조직의 생산성시점이나 네트워크형 산업조직시점, 네트워크 조직론은 개별

기업간 관계에 착안하여 보아도 시스템이나 관계의 총체로서 조직의 효율성·경제성·시너지효과의 분석을 주안점으로 하였다. 이것에 대해 개별의 기업간 관계에 한정하고 메이커와 서플라이어의 관계를 유형화하고, 관계계속의 메커니즘과 서플라이어의 진화과정을 논한 연구가 있다.

거래코스트론을 기초로 제품모델의 개발부터 양산(量産)단계까지의 계약적 조립구조가 논해졌다. 이 경우 서플라이어는 그 제공하는 부품의 종류에 따라 貸與圖部品 메이커, 承認圖부품 메이커, 시판부품 메이커의 세 종류로 분류된다. 그리고 관계에서 특유의 기능향상을 기초로 한 대여도 부품메이커에서 승인도 메이커로 발전이 중요하다. 서플라이어의 진화과정으로 파악되고 있다.

3. 중소기업간 관계의 필요성과 과제

이상에서 본 두 가지 분석시각의 문제성시점과, 효율성·경제성시점은 중소기업연구 중에서 기업간 관계가 될때 전형이 진행되는 것이다. 이 두 가지의 분류시각 입장에 중소기업의 기업간 관계를 논할 때 기본적인 스텐스나 원점을 볼 수 있다. 아울러, 현 단계에서 중소기업이 처해있는 상황이나 이업종교류나 전략적 제휴 등의 새로운 기업간 관계의 출현에 비추어 이와 같은 두 가지 시각이 어떠한 의의와 한계를 가지는지 검토함으로써, 우리들의 금후 기본적인 분석시각을 밝힐 수 있을 것으로 생각된다.

1) 문제성 시점에 대한 비판과 효율성. 경제성 시점의 평가

첫째로 문제성 시점의 비판을 보기로 한다.

문제성 시점의 최초의 비판은 1955년대 후반부터 중견기업론이나 1969년대부터의 벤처비즈니스론의 입장에서 나타났다. 일컬어, 중소기업성장 시점에서의 비판이다.

그 전형(典型)은 중소기업은 독점자본의 수탈대상으로 한편으로는 몰락되고, 다른 편으로는 유지 존속되는 기업층으로 규정하고, 중소기업의 성장은 환상에 그치지 않는다와 같은 도식(圖式)에서는 경제문제를 정치화하는 것이 가능하지만, 독점과 독과점의 폐해를 개선하기 위한 적극적인 문제제기도 또한 중소기업혁신과제를 제기하는 것도 불가능하다라는 것이다. 네트워크형 산업조직 시점에서 비판은 문제성 시점과 같이 대기업과 중소기업과의 관계를 피라미드형 산업조직으로 단순화하는 것은 완전히 퇴보되고, 다원화하고, 다이나믹하게 변화하는 양자의 관계를 볼 수 없게 된다가 되는 것이다. 말을 바꾸어보면, 현 단계에서 중소기업의 기업간 관계를 종래와 같이 기업규모간 격차의 이용으로 성립된 피라미드형 산업조직으로 다루는 것은 적당하지 않다로보는 것이다. 이와 같은 비판은 중소기업성장 시점에서 비판과 본질적으로는 변함이 없다. 왜냐하면, 금일의 네트워크형 산업조직 시점은 중견기업론이나 벤처 비즈니스론과 동일한 중소기업관을 전제로 하기 때문이다. 이것에 대해 효율성·경제성 시점에 대한 비판은 어떠한 것인가. 효율성·경제성 시점이 기본적으로 중소기업성장 시점의 연장에 있다고 보면, 문제성 시점에서의 중소기업성장 시점의 비판을 먼저 볼 필요가 있다.

일반적으로 문제성 시점은 중소기업성장 시점이란 중견기업, 벤처, 비즈니스라 부르는 성공사례는 일부를 제외하고 과대한 평가이고, 또한 중소기업의 발전성장유형을 논하는 것만으로는 중소기업간 문제해결의 기본방향에 대해 과학적 해명을 하는 것은 불가능하다고 한다. 아울러 네트워크형 산업조직시점에 대해서는 특히, 하청관계의 평가와 관련하여 (하청)중소기업의 기술수준이 향상되는 것이나 (하청)중소기업이 거래처를 다각화한 것과, 지배·종속관계와 쌍방을 분석시야에 넣을 필요가 있다는 비판이 있다. 이 시점(관점)에서 보면, 네트워크·네트워크형 산업조직을 형성한 거래관계는 바로 대등한 거래관계에 이어지지 않는다. 네트워크형 산업조직을 종래의 단계적 기업구조로 치환하거나, 네트워크형 산업조직과 단계적 기업구조의 병존을 간단히 주장하거나 하는 착오가 된다. 이와 같은 비판은 지배·종속관계나 계층적 기업구조를 무시하는 의미로 앞에서 본 메이커와 서플라이어간 관계의 분석과도 비교된다.

2) 기업실패의 원인과 재기의 자원

기업이 쇠퇴를 방지하고 지속적으로 활로를 이어가려면 쇠퇴되는 원인을 찾아 이를 제거함으로서 성장세를 이어갈 수 있을 것이다. 우리가 기업을 경영하면서 자신도 모르게 실패의 길로 가고 있는 것은 과연 무엇일까?

① 성공이 실패를 가져온다

기업을 창업하여 천신만고의 실연(實練)을 겪으며 성장기를 지나 성숙기에 접어들면 안일한 생각이나 우월적 자만심에 빠지기 쉽다. 이러한 함정에 빠지면 성공한 자의 자만심으로 변하여 자기독선으로 중지를 모을 기회를 상실하게 되어 합리적인 전략이나 화합된 실행이 어려워 업무능률을 높이기 어려진다.

② 성장일변도 경영

사람이나 기업이나 능력에는 한계가 있다. 그렇기 때문에 한계를 어떻게 넓혀 나가느냐가 중요하다. 사람은 자기분수를 모르고 기업은 자체역량을 넘어 질주하게되면 반듯이 과부하에 직면하게 된다. 이때 수습역량이 부족하게되면 어려운 시련을 격게된다. 역량성장에 비례하여 기업을 확장하여 나가는 것이 안전경영정도인가 싶다.

③ 고질적인 습관이 야기하는 위험

일상의 습관은 우리생활에 여러 가지로 영향을 준다. 우리의 속담에 세 살적 버릇이 여든까지 간다라는 말이 있듯이 생활습관은 건강에도 영향주고 기업업무효율에도 영향을 미치고 있다. 사고란 우연히 또는 도발적으로 생기는것 보다는 주의신호나 위험의 경고를 먼저 받게된다. 이때 이를 무시하고 질주하면 큰 재앙에 부딪치게 된다.

④ 성공이 그를 망친다

소승(小勝)이 대욕(大欲)을 일으켜 과욕하게되면 무분별한 방만한 경영에 진입하게 된다. 사람도 기업도 나름대로의 그릇이 있다. 그 그릇의 용량에 초과하여 주입하면 넘쳐나거나 잘못하면 용기 자체를 파손으로 가져갈 우려가 있다. 무분별한 방만경영은 성장확장의 장을 넘어 자기파멸이라는 무서운 결과를 자초할 우려가 있다.

⑤ 명맥유지야 파멸이야

①, ②, ③, ④의 지적사항대로 실태가 나타나면 기업은 유지발전하기 어려울 것이다. 그러나 개과천선(改過遷善)의 길은 기업을 알차고 보람되게 길러 사회에 보답하는 계기가 될수도 있다.

그림 10-6 기업의 성장-패망의 순서와 재기의 요소

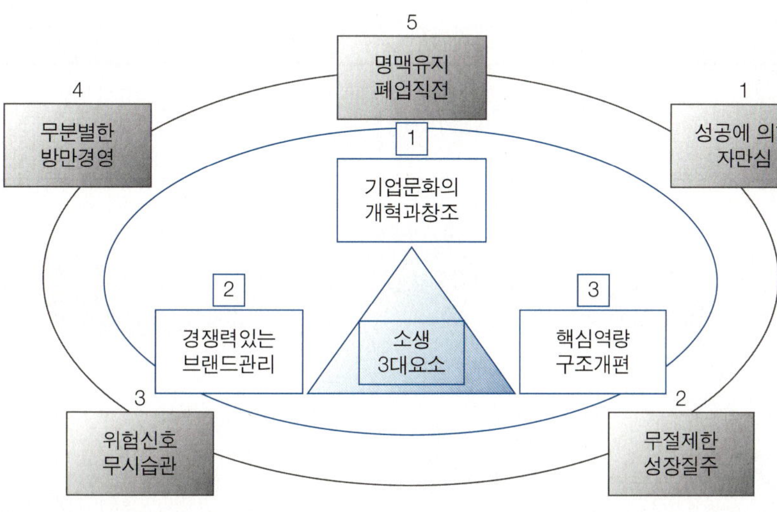

출처 : 기업의 성장 패망의 원인과 재생의 요소 제시 모형도 창작도

3) 재생, 재기의 3대원칙과 요소

(1) 재생의 세 가지 원칙

- 기업문화의 개혁과 창조
- 경쟁력 있는 브랜드관리
- 핵심역량과 구조개혁

이상의 재생 3원칙을 효율적으로 실행할 것인가? 영향관계도를 보며 관계성을 이어가 효율속성의 방향을 찾아낼 것인가?

(2) 영향관계도 따라 방향추적

① 기업문화개혁과 창조

기업문화는 구태구습에서 벗어나 새로운 창조문화로 혁신되지 않으면 기업은 경쟁대열에서 낙오를 면하기 어려워 질 것이다. 개혁이란 시대조류에 맞지 않는 전통적 또는 세습적, 습관적인 문화에서 벗어나 창조적인 것으로 대치되는 개혁이 이루어 졌을때 재생의 기회로 회생성장을 이여나갈 수 있을 것이다.

② 경쟁력 있는 브랜드관리

기존의 제품을 수정보완하여 기존고객의 신뢰를 높임으로서 시장의 점유율이 유지되고 매출의

그림 10-7 영향관계 흐른도

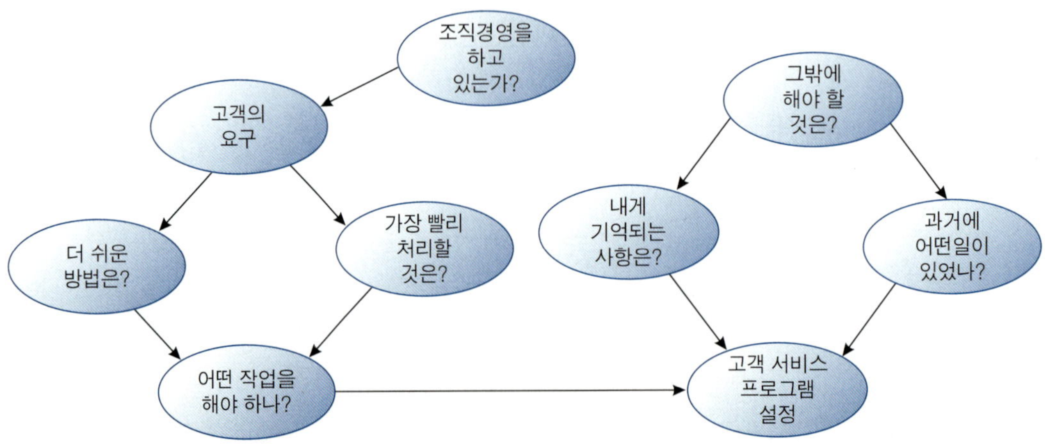

출처 : 中小企業診斷協會 經營戰略と經營の成否 문제의 구조도 영향관계 재도

지속성이 이어지는 관리제도로 안정적이기는 하나 획기적인 발전은 이루기 어렵다. 경쟁력 있는 새로운 브랜드(상품)를 도입하여 시장영역을 높이는 것도 재생방법의 한 축이 될 수 있다.

③ 핵심역량과 구조개혁

구조개혁없이는 혁신도 없다. 핵심역량을 강화하려면 혁신체제로 구조개혁이 이루어져야만이 가능해진다. 기업의 핵심역량이란 연구개발, 생산품질, 판매신장의 3대 필수사항으로 이를 달성하기 위해서는 전사적 노력이 뒷받침할때 신생하는 활력은 재생의 문이 활짝 열려질 것이다.

4) 필요로 하는 시점

여기서는, 지금까지 보아온 문제성시점과 효율성·경제성시점의 내용 또는 각각의 비판을 통해, 현 단계에서 중소기업의 기업간 관계분석상 필요로 하는 시점에 대해 검토코자 한다.

첫째, 우리들은 중소기업연구의 궁극적 목적은 중소기업의 발전을 위해 그 장해가 되는 문제의 해결책을 고찰할 필요가 있을 것으로 생각된다. 그 의미에서 중소기업연구에서 무엇보다도 중소기업성장의 사실과 가능성, 즉 중소기업에서 연구개발력, 마케팅력, 경영관리의 향상(질적 기업성장이라 함), 또는 기업규모의 확대(양적기업성장이라 함)를 정당히 인정하지 않으면 안 된다. 말을 바꾸어 보면, 꿈도 희망도 있는 인간활약의 장(사토1989)의 중소기업의 위치매김이 필요하다라고 하는 것이다. 그리고 이와 같은 위치매김을 하기 위해서는 각각의 중소기업에 독자자본에 의한 수탈대상으로 파악하는 것은 적당치 않다. 왜냐하면 수탈되는 중소기업으로 가정하면 하청기업의 성장가능성은 극히 작아지기 때문이다. 질적기업성장이든 양적기업성장이든 간에 중소기업에서 이윤축적이 대전제가 되는 것 같다. 우리들은 이 의미에서 대기업과 중소기업과의 관계를 피라미드형 산업조직으로 단순화하는 것은 완전히 과거의 모델이고, 다원화하고 다이나믹으로 변화하는 양자의 관계를 보지 못하는 것이 되고 만다는 나까무라 1992의 주장에 동의한다.

둘째, 필요로 하는 시점은 중소기업과 다른 기업이 기업간 관계에 지배종속관계를 가정하지 않는 시점이다. 지배종속이란 말의 용법은 논자에 따라 한결같지 않으나, 반대로 지배종속을 경영상의 의지결정에 개입 및 그 개입을 받아들이는 것으로 하여도 중요한 것은 그의 정도일 것이다. 바꾸어 말하면 통제·권한의 수용이 어느 범위까지인가, 권한의 수용에서 어느 정도의 강제력이 작용하거나 어떤가이다. 예를 들어 주식소유, 임원파워 등을 통한 개입, 통제의 범위는 상당히 넓은 것으로 생각되고 하청단가의 결정시 나타나는 것과 같은 형체의 개입도 생각된다. 또한, 임원파워나 자본참가에 대해서는 중소기업이 자사의 경영안정을 측정하기 위해 자주적·즉각적으로 개입을 받아들이는 것도 생각된다. 이와 같은 경우에는 지배·종속관계를 즉, 문제로 할 수 없을 것이다.

차음부터 우리들은 특정의 기업간 관계는 그 기업이 직면한(무엇인가) 환경에 대한 적응을 목적으로 구축되는 것으로 생각된다. 이 의미에는 효율성·경제성 시점의 효율성이나 경제성은 넓은 환경적응에서 성공의 결과로 생각해도 좋다.

이와 같은 생각이라면 기술혁신이 급속하게 진전되는 시대에는 각각 현장의 정보를 활성화하여 변화에 기민하게 적응할 필요가 있으며, 기업의 존속이 위기적인 상황에 있을 경우를 제외하면 과도의 개입은 환경에 대한 적응을 지연시켜 바람직하지 않다. 이것은, Hayek 1945의 지적에 근거하고 있다.

성공포인트

1. 남에게 이용당하는 만큼 당신은 가치있는 사람이다

성공하는 인물은 남들로부터 이용당하던 말던 오로지 자신의 목표에만 집중한다. 타인에게 이용당한다는 것은 당신의 능력이 있기 때문이다. 타인의 성과나 성공에 시기하지 말라 설사 남들보다 험난한 길일지라도 당신이 가야할 길을 묵묵히 가라. 당신의 성공을 위하여 아낌없이 협조를 베플어줄 사람이 나타날 것이다. 이용당한만큼 새로운 기회가 창출될 것이다.

2. 필요한 지식이나 정보를 제공한다

뿌린만큼 돌아오는 것이 지식과 정보이다. 서비스란 자신만의 노하우를 제공하는 것이다. 이를 팔면 장사가 되고 주면 봉사가 되는 것이다. 상대를 배려하는 마음 친절한 마음이 상대에게 기쁨을 주고 그 마음이 쌓이면 복이되어 돌아오는 것이 우리가 살고있는 세상의 이치이다.
돈을 늘리는 비결은 모든 정보와 지식을 혼자 독점한다는 발상에서 벗어나는 것이다. 다른 사람을 위해 정보와 지식을 제공하게 되었을 때 당신의 부는 늘어나는 것이다.

요 약
summation

* 네트워크형 산업조직의 특징은

① 자립성이 있는 기업의 연합·제휴라는 것, ② 그 리더십을 발휘하는 주체가 기업의 규모에 의한 것이 아닌 문제내지는 역할에 따라 교대하는 것, ③ 그 연대의 이면에는 가치관의 공유성 내지는 새로운 산업사회와, 이것에 대응하는 기업에 대해 이미지를 공유한다는 특징이 있다. 또한 청성(清成, 1990)은, 다른 전문능력을 가진 복수의 기업이 새로운 가치를 창조하기 위해 자발적이고 대등하게 연대함으로써, 정보창조형의 네트워크형 기업간 관계가 형성된다고 한다.

* 기업간 관계의 효율성·경제성과 시점

제2의 효율성·경제성 시점에서 연구는 주로 1980년대에 거래코스트론이나 중간조직론의 응용으로 발전하였다. 따라서 분석대상이 된 초기단계는 기업간 관계중에서도 특히 하청관계, 하청생산시스템이었다. 그러나 현재는 보다 넓은 네트워크형 산업조직·기업간 관계가 부상하게 되었다.

* 메이커와 서플라이어간 관계

지금까지의 기업간 조직의 생산성 시점이나 네트워크형 산업조직 시점, 네트워크 조직론은, 개별기업간 관계에 착안하여 보아도 시스템이나 관계의 총체로서 조직의 효율성·경제성·시너지효과의 분석을 주안점으로 하였다. 이것에 대해, 개별의 기업간 관계에 한정하고 메이커와 서플라이어의 관계를 유형화하고, 관계계속의 메커니즘과 서플라이어의 진화과정을 논한 연구가 있다.

* 중소기업의 기업간 관계의 필요성과 과제

두 가지 분석시각-문제성 시점과 효율성·경제성 시점은, 중소기업연구중에서 기업간 관계가 될 때 전형이 진행되는 것이다. 이 두 가지의 분류시각·입장에 중소기업의 기업간 관계를 논할 때, 기본적인 스텐스나 원점을 볼 수 있다. 아울러, 현 단계에서 중소기업이 처해있는 상황이나 이업종교류나 전략적 제휴 등의 새로운 기업간 관계의 출현에 비추어, 이와 같은 두 가지 시각이 어떠한 의의와 한계를 가지는지 검토함으로써, 우리들의 금후 기본적인 분석시각을 밝힐 수 있을 것으로 생각된다.

* 필요로 하는 시점

지금까지 보아온 문제성 시점과 효율성·경제성 시점의 내용, 또는 각각의 비판을 통해, 현 단계에서 중소기업의 기업간 관계분석 상 필요로 하는 시점에 대해 검토코자 한다. 중소기업연구의 궁극적 목적은 중소기업의 발전을 위해 그 장해가 되는 문제의 해결책을 고찰할 필요가 있을 것으로 생각된다. 그 의미에서 중소기업연구에서 무엇보다도 중소기업 성장의 사실과 가능성, 즉 중소기업에서 연구개발 역량과 마케팅 역량이다.

제 11 장

쇠퇴방지 재활성화 경영전략

기업은 사람이다

기업은 사람이다. 기업(企業)은 문자 그대로 업(業)을 기획(企劃)하는 곳이다. 그런데 세상의 많은 사람들은 사람이 기업을 경영한다는 이 소박한 원리를 잊고 있는 것 같다. 나는 나의 일생을 통해서 대략 80%는 인재를 모으고 기르고 육성하는데 시간을 보냈다.

– 이병철 회장. 1980년 전경련 강연에서 –

GE잭 엘치 회장도 자신의 시간중 75%를 사람관련된 일에 투자하였다고 말하고 있다. 오늘날 삼성과 GE의 성공은 바로 인재 제일 경영의 비결이요 결과라 볼 수 있다.

제1절 쇠퇴방지 전략적 기업간 제휴전략

♣ 성공과 실패를 가르는 단 한가지

성공하는 사람과 실패하는 사람 사이에는 오직 한 가지 차이밖에 없는데 그것은 돈도 아니고 머리도 아니다. 성공의 비결은 자신감이다. 그런데 자신감을 가지려면 반듯이 갖춰야할 게 있다. 충분이 준비할 것, 경험을 쌓을 것, 그리고 절대 포기하지 말것 이 세 가지다.
자신감은 준비, 경험, 조직환경에서 나온다.

- 매리 매털린(딕 체니 미부통령 자문관) -

1. 기업간 전략적 제휴가 기업성장 성과에 미치는 영향

1) 제휴가 기업성장과 성과에 미치는 영향

◈제휴필요성의 배경

최근 들어 많은 기업들이 다른 기업들과 전략적 제휴를 통하여 끊임없는 혁신과 업무영역을 확장시키려 노력하고 있다. 기업간 제휴활동과 관련된 많은 연구성과에도 불구하고 경쟁기업보다 우월한 제휴관계를 형성하기 위한 구체적인 방안과 기업역량이 제휴성과에 미치는 영향에 대한 연구는 상대적으로 미흡한 실태로 나타나고 있다.

경쟁과 협력에 대한 인식은 서로의 반대되는 개념으로 인식되었다. 협력은 서로의 목표를 향하여 함께 추구하여 나가는 것이고 경쟁은 각기 독자적 목표를 추구하여 나가는 일련의 활동인 것이다. 경쟁과 협력은 서로 배치되는 개념으로 양립 가능성이 없는듯이 보이나 이 두 개념은 상호 보완적 관계에 있다는 것이 최근 제시되고 있다.(Gimeno and Jeong 2001, 국제경영연구원 제13권 제2호 2002년 12월)

제품이나 서비스영업이나 생산경영 등에 관련된 유무형의 자원을 교환하고 공유하며 공동개발하는 기업간 제휴활동이 광범위하고 다양하게 전개되고 있다.

대부분의 중소기업들은 급속도로 변화하고 있는 기술혁신과 다양한 시장성에 직면하면서 기업들은 현재 자사가 보유하고 있는 자원만으로는 변화하는 경영환경에 대응할 수 있는 역량이 부족하여 축적하려는 수단으로 제휴활동이 필요하게 되는 것이다.

최근에 소비자들의 니즈가 다양해지고 고객층이 다변화되면서 기술과 산업간의 융합과 복합의 흐름과 외래상품으로 시장을 역동적으로 변화하면서 기업은 치열한 경쟁속에서 생존전략에 직면하고 있다. 이러한 역동적인 시장에 대응하기 위하여 기업들은 끊임없이 혁신을 추구하며 많은 노력과 자원을 투자하고 있다.

그러나 초 경쟁적인 오늘날의 시장환경 속에서는 한 기업이 단독의 혁신활동만으로는 급변하는 니즈를 모두 충족시키는 것은 어렵기 때문에 이에 따라 많은 기업들이 전략적 제휴를 통하여 가치창조의 네트워크를 구성하여 새로운 사업이나 기술을 협동하여 시장의 영역을 넓이는 혁신활동을 추진하고 있다.

전략적 제휴의 성공은 파트너십과 사업성에 달려있는바 기업들의 주된 관심은 좋은 파트너기업을 선정하는 문제와 선정된 파트너기업과 장기적이고 안전하게 유지해 나가는 것이 경영적 관심사라 하겠다. 파트너기업 간의 핵심역량. 문화적 차이, 능력의 조화, 네트워크역량 등 상호 신뢰적 관계가 요인으로 작용됨을 유의할 점이라 하겠다.

2) 제휴로 기업의 브랜드가치향상

오늘날 많은 기업인들과 더불어 연구자들은 기업간 제휴에 대하여 연구되고 있다.

어느 한 분야의 제품이나 일률적인 제품으로 다기능적 소비자에게 만족을 부여하기는 매우 어려운 실정이다. 그러기 때문에 업체간에 전략적 제휴의 필요성이 대두되고 이 제휴방법을 이용하여 자사의 생산성을 높이고 시장의 영역을 확장시켜 자사 브랜드가치를 높이여 사세확장의 합리적인 방법을 제시하는데 연구의 목적이 있다.

① 제휴의 실패원인과 성공의 전제사항

본 장에서는 중소기업간 제휴에 의한 실증적 효과인 생산성에 미치는 효과판매신장에 관한 것이다. 그러면 전략적 제휴에 있어서 성공과 실패를 가르게 되는 이유는 과연 무엇일까? 많은 기업들이 제휴제도의 실행과정에서 실패요인들을 찾아보면 원인을 분류하여 보면 주인(主因)은 자사의 동태적 실상(實像)과 계리된 제휴와 소비자의 기호, 즉 니즈를 정확이 파악하지 못하고 능동적으로 대응능력들이 제휴기업간에 상이성과 소통의 협력부족에서 기인한 것으로 여겨진다.

② 성공의 전제되는 사항들

- 제휴의 파트너십과 사업의 타당성
- 제휴의 네트워크 성과의 영향
- 제휴의 지향성과 창의성
- 제휴의 역량과 성과
- 제휴후 생산성과 판매신장에 미치는 영향 등

제휴의 핵심개념은 파트너십과 제휴사업의 합리적 타당성을 전제로 네트워크 활동성, 지향성, 창의성, 상호의 관계성, 업무의 효과성에 있다.

③ 자사제품 수비와 시장개척

또한 기업간 제휴방법은 WTO와 FTA의 체결로 국제적 상권형성은 중소기업의 제조상품 시장성에 대해 자각성이 요구되고 있다. 우리나라 중소기업제조업자들은 급변하는 시장상황에 대한 당혹스러운 미래의 우려는 유비무한(有備無患)의 정신으로 대비하는 기초의 제공함에 목적이 있다. 자사제품을 수비하고 확장하며 새로운 국제시장에 도전하기 위해서는 역량의 배양으로 이는 기술적, 정보적 기능을 공유하면서 자사제품을 교류판매로 시장적 외형이 확장되고 생산성이 향상되어 원가경쟁력의 제고로 국제시장에 도전할 수 있는 전략적 제휴시스템을 구축하는데 목적이 있다.

④ 기업쇠퇴방지와 재활성화를 위한 전략

기업의 쇠퇴를 방지하려면 재활성화의 전략수행이 필수적이다. 쇠퇴방지전략을 효율화하기 위해서는 내부자원과 외부자원의 경집이 요구된다. 부족한 내부자원역량과 외부자원을 흡수함으로서 부족한 영역을 보충하고 공동의 역량을 발휘함으로서 내부자원만으로 불가능하였던 영역들을 탈환하여 사세를 확장하는 원동력이 된다.

3) 쇠퇴방지의 체제구축과 모형

① 제휴의 필요성

기업이나 제품이나 일정시간이 지나가면 쇠퇴기가 찾아온다. 이를 방지하고 재활성화하는 지속성을 이어가기 위해서는 새바람을 필요로 하는바 이 방법이 제휴의 필요성이라 하겠다.

② 기업역량의 확대

기업단독으로는 역량의 한계가 있다. 이를 파계하는 방법은 기업간 협력체계를 구축하는 것이다. 협력사 간에 기술을 교류함으로서 새로운 제품의 탄생과 새로운 시장개척이 가능하여 진다.

그림 11-1 기업쇠퇴방지 장수진입모형

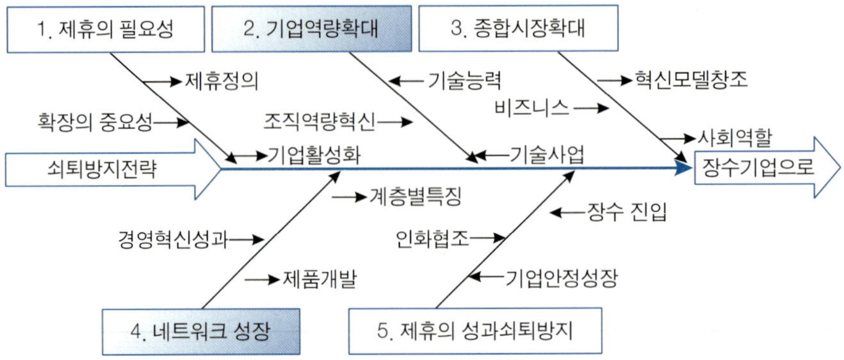

출처 : 3C분석과 마케팅 4P 믹스의 상관관계 효율화와 성공요인 모형도

③ 조합시장 확대

제휴나 협력체제는 새로운 혁신사업모델을 탄생시킬 수 있다. 이 혁신모델은 창조적인 새로운 제품으로 종합시장에 확대될 것이다

④ 네트워크성장

외적 네트워크라인을 확고히 함으로서 정보능력과 판매능력배양과 외형확장의 효율화에 기여된다.

⑤ 기업의 성장과 지속성

쇠퇴방지는 활성화의 재생이요 지속경영의 기틀이다. 지속경영능력은 장수기업진입의 초석이요 불멸기업의 터전이다.

4) 제휴는 성과를 창출하는 기업의 수단

제휴는 기업의 성과를 창출하는 수단으로 전략적 제휴의 중요성이 인식되면서 꾸준이 실행의 증가를 보이고 있다. Fortune 500대 기업들은 평균적으로 60여개의 중요한 전략적 제휴관계를 맺고 있다. 기존의 연구들은 대기업을 대상으로 수행되어 왔다.

2012년 중소기업중앙회에 등록된 업체총수 109,778개사 중 화학제품제조업에 3,598개사의 범위내에 적용한다. 연구의 범위는 중소기업의 범위내에서 제휴의 가치가 전제되는 조건이 구비되면 업체간에 협업적 제휴는 제휴기업간 동질성으로 산업의 특성에 맞는 맞춤형 제휴의 범위에 국한한다. 화학제품제조업체 3,598개사 중 선별하여 적용한다. 제품을 형상으로 구별하면 고상, 액상,

기상의 제품으로 구별되나 본 장에서는 액상제품에 국한된 생산업체 간에 전략적으로 제휴함으로서 기업성장의 매개적 작용을 찾고자 한다.

사용원료는 유사하나 판매시장이 다를 경우와 생산제품은 상이하나 적용시장이 유사할 경우 또한 생산시설이 유사한 업체간에 전략적으로 제휴를 함으로써 노동생산성을 높이고 판매시장이 확장되어 자사발전에 기여도를 높이는 범위에서 연구한다. 제휴사 간에 협업적 제휴는 자사가 갖고 있는 특유의 노하우와 특허권을 교류사용함으로서 새로운 시장의 안목을 넓일 수 있어 도전적 의욕이 함양되어 공동체적 발전의 동기를 부여하여 실현함으로써 시너지효과가 발생하는 효과를 가져오는 시스템구축의 범위로 한다.

5) 네트워크 파트너십의 조화성과 타당성

① 파트너십

파트너십과 제휴사업의 타당성의 문제이다. 제휴기업들의 주된 관심사는 파트너기업의 선정과 장기적 유지인바 그러기 위해서는 업종의 분석과 유관성시장의 유사성과 효과성 등을 검토분석하는 예진(豫診)의 절차가 필요하다.

② 제휴와 네트워크

제휴네트워크가 어떻게 변화하는지 기업의 영향력과 혁신활동성과에 어떠한 영향을 미치는지 실증적으로 탐색하며 독립변수인 기업의 영향력과 종속변수인 혁신활동의 제휴성과의 중심성을 이용하여 측정하고자 한다.

③ 제휴와 창의성

제휴지향성과 창의성의 구축은 제휴관계를 통해 기업이 무엇인가 성취하고자 하는 제휴활동이 어떠한 기능을 수행하며 어떻게 진화하여 나가는지의 제휴성과와 제휴관계의 형성과 적절한 파트너의 선택제휴를 위한 적절한 조직구조를 결정하는 과정을 지향적 창의성으로 구축하는 부분이다.

④ 제휴와 역량

재휴역량과 성과는 성공적인 제휴성과를 위한 기업의 제휴역량을 밝히고자 하는 연구에서 경쟁사보다 우월한 제휴성과을 달성할 수 있는 기업의 역량을 제휴역량과 성과로 정의하면서 기업의 네트워크를 통해 제휴관련관리 노하우를 획득하고 분석하여 구체적인 기업의 핵심역량으로 레버리지할 수 있는 능력을 측정한다.

⑤ 기능적 역량과 인지도

제휴생산성과 판매신장에 미치는 영향은 시행력강화는 제휴사들이 보유하고 있는 기능적 역량과 인지도를 기초로 융합시켜 새로운 경영에너지로 발산되는 모델의 창출이다. 제휴기간에 제품의 생산성제고와 시장을 확충하는 협력모델의 형성과 이행이라 하겠다.

중소기업의 자생적 성장의 방법으로 유사업종 간에 전략적 제휴에 의하여 기술력의 보강으로 품질적 기능이 향상되고 생산적 효율이 향상되어 원가절감을 가져와 경쟁력이 제공됨으로 제휴에 의한 영업신장과 확장으로 이어지는 결과를 가져와 기업발전에 기여하는 방법을 모색하는 것이다. 공급사슬원리에 따라 중소기업의 실태를 정확히 분해분석하여 특성은 장려하고 전략적 제휴로 부족함을 보완보강하여 자생력을 길러내는 바탕을 제시하고 변화하는 시장에 대응력을 길러 한국경제의 초석을 튼튼히 하는 방안이요 이것이 융합된 역량으로 창조경제를 이루어가는 기본이 될 것에 가치를 부여하는 연구목적이요 방법이다.

2. 전략적 제휴의 이론적 배경

1) 전략적 제휴의 정의

(1) 제휴의 전략

제휴는 전략적으로 중대한 상호 호혜적인 목적을 달성하기 위하여 복수(둘 이상)의 기업들이 공동의 생존과 번영을 위한 공동의 업무를 수행하기 위해 관계를 체결구축하고 공동의 목표를 설정 자사단독으로는 얻을 수 없는 가치를 창출하기 위한 것, 또는 제휴기업들이 자원(기술 · 정보)의 협력을 통해 시장범위의 확장을 위한 협력적 관계를 구축하는 것 등으로 정의할 수 있다.

제휴는 시장, 정보, 기술, 자원에 대한 기업의 접근성을 높여주고 협업을 통한 견문적 학습과 인적자원의 수준을 높여주어 기업들로 하여금 내부자원과 역량의 한계를 극복할 수 있게 하여줄 뿐만 아니라 경쟁우위의 원천인 핵심역량을 강화시키는 초석을 이룬다. 이러한 제휴를 연대순으로 살펴보면 기업간 제휴라는 개념의 기초는 1913년 Weld가 조직론(institutional theory)의 틀을 마련하고 기업상호 간의 교환을 촉진시키는데 마케팅경로의 뚜렷한 역할을 제시한 것에서 찾아볼 수 있다.

(2) 제휴의 창의성 구축

제휴지향의 형성은 제휴목적의 추진방향설정으로 제휴관계를 통해 기업이 상호간에 협력의 기본을 명시하고 어떠한 기능을 수행진화할 것인지를 이루는 것이다.

지향적 성과는 창의성에 있는바 제휴기업이 보유한 정보기술을 활용 운영조직을 재구축하고 상품과 서비스의 가치를 창조적인 경쟁력을 갖도록 전략적 제휴를 통해 기업의 가치적 경쟁력을 갖도록 효율성과 가치성을 강화시켜주는 창의력을 구축한다. 제휴역량발휘 조직역량으로서는 기업의 고유한 경쟁적 성과창출과 지속성에 초점을 맞추고 있는 전략경영이론에 해당하는 기업이 보유한 조직내부의 특성, 즉 자원과 역량의 중요성을 강조해 왔다. 일반적으로 자원이란 기업이 보유한 유형의 자산을 말하며, 역량이란 보유한 자원을 결합시켜 성과를 달성하거나 새로운 자원을 창출하는 조직화된 프로세스를 의미한다.

(3) 전략적 제휴의 이점

제휴의 이점은 직접적인 이점과 간접적인 이점으로 구분하여 볼 수 있다. 직접적인 이점은 수익성과 변동성에서 나타나며 또한 간접적인 이점은 무엇인가를 살펴보면

첫째, 제휴파트너사의 자원역량(정보력, 기술력, 영업력)의 협조를 얻어 자사역량으로 경쟁력을 높인다.

둘째, 기업의 종래의 관습적 습성을 조정의 기회와 지식을 한단계 높은 수준으로 증진시키며 눈에 보이는 시설의 개선기회가 부여된다.

셋째, 기업이 새로운 정보와 기술습득으로 신제품개발의 기회를 얻을 수 있다. 또한 기업성장으로 인한 사회적 지위와 명성을 가져다준다.

넷째, 기업의 전략적 제휴에 의한 기업의 수익성, 효과성과 다각화전략이론의 자원기반적인 관점에서 살펴볼 수 있다.

2) 제휴파트너십과 사업성

(1) 파트너십의 사업성

전략적 제휴파트너십이 사업성에 미치는 영향과 효과는 전사업영역과 지역화에 확대되어가는 상황에서 제휴기업의 최대 관심사는 파트너의 선정과 제휴품목의 연결사슬이라 하겠다. 고로 공급사슬관리(SCM, Supply Chain Management)는 새로운 제휴운영관리의 기능을 제공하는 바탕이 된다.

본 연구는 기존의 선행연구를 바탕으로 파트너기업 간에 핵심역량, 네트워크역량, 성실과 몰입도, 능력의 조화, 상호보완적 관계, 상호신뢰관계 등 파트너기업의 요인으로 제시되고 있다. 전략

적 제휴의 특성은 기업의 자원. 에너지. 경영능력을 최대한 제휴사업에 집중시켜 나가는 것이 기업의 성장성에 영향을 미친다.

제휴파트너가 기업간에 상호보류하고 있는 역량을 보완적 측면에서 경영역량을 상호 보완적으로 협력할 때 기업의 성장에 궁극적으로 시너지 효과성이 발생하여 제휴기업의 목적수행에 영향을 미치는 것으로 사업성성장으로 제휴의 가치성이 이루어진다.

(2) 파트너의 선정

제휴의 사업성은 파트너의 선정과 사업의 동질성에서 찾아야하며 동질성이란 판매사장의 동질성분야와 적용분야의 동질성으로 생산공정 및 원리가 동질성일때 기업의 체질이 동질적으로 유사하여 기업간의 그 분야의 경협과 지식이 유사하여 제휴의 미래성이 상통함으로 업무수행의 지향적 효과를 가져오며 새로운 차원의 아이디어가 개발되어 새로운 시장개척에 협력하는 설계가 가능하여진다.

궁극적인 기업의 목적은 생산성의 제고 시장의 확충, 수익의 증대라는 목표를 성취하는 것이 자사단독보다는 전략적 제휴로 업무를 협업하였을때 용이성, 시행성, 결과성으로 보았을때 동질성이 전제되어야 장기적인 사업성이 유지되고 미래성추구의 실현성이 가능하게 된다.

3) 제휴네트워크 영향과 성과

(1) 네트워크 관점

기업간 관계에 초점을 맞추어 장기적으로 협력관계를 유지하는 조건 또는 그 이상의 조직체계를 구성하는데 서로 다른 이해관계자 및 집단간에 독립성을 유지하면서 상호신뢰를 기본으로 전략적 의도하에 장기적으로 결속관계를 구축유지하는 과정의 형성이다. 급변하는 경영환경에서 경쟁우위를 창출하려는 수많은 경영자원이 필요한 상황에서 기업들은 독자적 행보보다 타기업들과 유기적인 네트워크를 형성하고 그 구성원이 되는 것이 효율적이라는데 주목된다.

네트워크 관점에서 기업이 전략적 제휴를 맺는 이유는 첫번째 불안정한 경영전략적 위치(vulnerable strategic position)요소로서 이를 극복하기위한 기술적 경영전략의 시도이며, 둘째로는 강한 사회적 위치(Strong Social position)요소로서 경영자의 사회적 영향력의 중요성을 강조한다.

(2) 네트워크의 중요성

기업간 제휴네트워크의 중요성이 대두되면서 관련연구가 많이 소개되고 있다. Ozman은 기업

네트워크 관련연구를 세 가지로 구분하였다.

첫째, 네트워크의 형성(Network Formation)
둘째, 네트워크의 구조(Network Structure)
셋째, 네트워크의 성과(Network Performance)로 설명되어 있다.

첫째, 네트워크형성에 초점을 맞춘 연구는 기업들의 네트워크형성 및 참여의 동기에 관한 것으로 네트워크 형성방법과 파트너선택의 방법이 주가되고 있다. 최근의 기업경쟁구도는 개별기업 간의 경쟁구도가 아니라 여러개의 기업으로 이루어진 기업네트워크 간의 경쟁구도로 변화하여 가고 있다. 네트워크형성은 시장상황변화에 따라 동태적으로 분리와 통합을 전략적으로 탄력성 있게 운영되어야 효과적이다.

둘째, 네트워크의 구조는 주로 네트워크구조가 시간이 경과함에 따라 어떻게 변화되는지 네트워크 변화요인들을 이해하고 규명하는데 초점이 되고 있다.

셋째, 네트워크성과에 대한 연구는 네트워크관련 연구중 가장 많은 연구가 진행되고 있는 분야로 이 분야의 연구는 주로 네트워크의 특성과 기업의 성과간의 연관관계를 실증적으로 분석하는데 중점을 두고 있다.

(3) 네트워크의 영향

네트워크 성과와 관련연구는 개별기업의 네트워크내에서 위치한 역할이 그 기업의 혁신성과에 어떻게 영향을 미치는지를 조명하고 특히 제휴관계를 맺은후 기업들이 효율적인 지식과 보유기술의 교류지원 또는 외부에서 발생되는 정보교류로 제휴네트워크 성과에 미치는 영향에 관한 것이다.

네트워크에서 기업의 영향력과 그 위치가 기업의 혁신활동성과에 미치는 영향에 관하여 본 연구는 네트워크관련 선행연구중 네트워크 성과를 조명하고 본 논문이 지향하는 생산과 판매신장에 어떻게 영향을 미치는지를 실증적으로 분석하여 실행성 가치제고에 있다.

3. 제휴의 성과

1) 제휴의 조직간 관계와 성과

제휴의 조직간 관계와 성과는 기업은 제휴를 통해서 파트너조직과 협력관계를 관리유지하면서 성공적인 제휴목적달성에 노력한다. 제휴조직 간의 상호작용은 특정제품의 공동개발, 설계, 생산,

그림 11-2 제휴조직간 관계와 활동의 범위

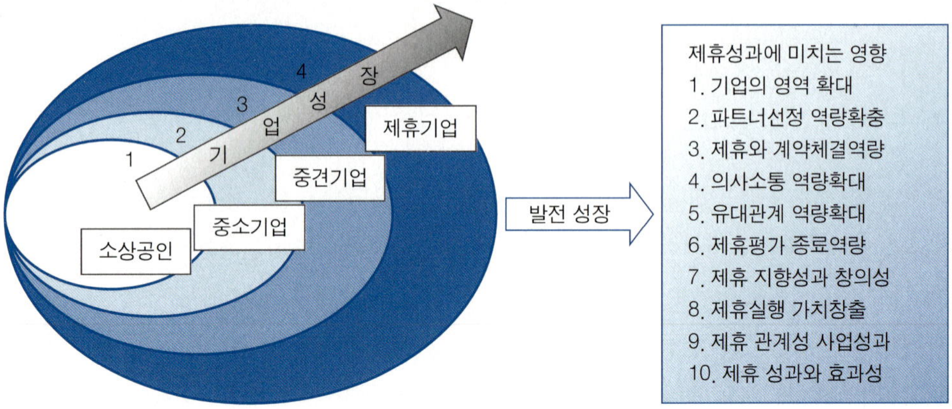

출처 : 3C분석과 마케팅 4P 믹스의 상관관계 효율화와 성공요인 모형도

마케팅 등에서 밀접한 협력관계를 유지하며 성과를 이루는 것을 말한다. 따라서 조직간의 상호작용은 기업특성의 조화, 상호 보완성의 의지, 신뢰성과 소통, 재무상태의 건전성이 제휴성과의 기본요소이다.

제휴의 성과는 제휴업무를 수행하는 조직역량에 있다. 제휴성과에 미치는 영향은 다섯 가지의 제휴역량 즉 ① 제휴영역 및 파트너 선정역량, ② 재휴협상 및 계약체결역량, ③ 의사소통역량, ④ 유대관계역량, ⑤ 제휴평가 및 종료역량 등이 제휴의 경쟁성과에 금정적인 영향을 미치는 것으로 파악되었다. 또한 제휴역량은 효율성개선, 제휴목적달성 그리고 전반적인 제휴만족도에 영향을 미치는 것으로 파악되었다.

기업은 조직내부의 한계를 극복하고 사업의 불확실성을 감소시켜 높은 성과를 창출하고자 전략적 제휴를 수행한다. 조직내부 특성을 창출의 동인으로 중시하는 기존이론을 따른 제휴활동을 수행함으로서 성과를 창출하고자 하는 경우 파트너기업의 강점을 흡수하고 제휴업무를 적절하게 수행할 수 있는 협력노하우를 창출하게 된다.

2) 제휴의 지향성과 창의성

제휴의 지향성은 제휴정보에 관한 수집과 확산 그리고 학습에 관한 기업내부의 역량축척을 의미하는데 제휴관계의 특성상 제휴파트너와의 적절한 관계강도와 갈등방지의 메커니즘이 필수적이다. 상호의존적 요소로서 제휴관계의 성과는 제휴파트너와의 관계강도와 만족스럽게 협업할 수 있는 관리능력을 의미한다. 독특하고 의미있는 제품을 공급하는 기업활동을 제공하는 창의적인 기업은 시장변화에 매우 혁신적이고 우월한 서비스를 제공함으로서 변화하는 소비자의 욕구를 충족시킨다. 제휴의 창의성은 독특한 의미의 기업활동에서 차별화수단이 되며 여러 가지 변수를 고려한 의사결정에 다양한 형태의 의견수렴이 이루어진다.

(1) 제휴이행의 가치

제휴의 가치는 그 프로그램 이행에서 각각의 자원준거의 관점에서 금전적 가치, 열망의 가치, 적절성, 편리성, 이용확률, 소비들의 충성도 등에서 가치성이 부여되며 기업에서 제공하고 있는 보상적 기치를 높이 평가할수록 고객충성도 형성이 높게 나타고 있다. 기업들이 공동의 목표를 갖고 혼자서 얻을 수 없는 가치를 창출하는 것으로 자원의 공유를 통해 경쟁력 및 시장점유율, 성과향상의 협력관계구축을 제휴이행가치로 정의할 수 있다.

전략적 제휴는 기업들이 신규시장진입을 위하여 제휴를 통한 학습은 자원의 한계를 극복할 수 있게 하며 경쟁우위의 원천적 핵심역량의 적용을 확장시킨다. 이로 인해 제품개발, 비용절감, 공유확산, 마케팅 범위확대 등을 위한 수단으로 전략적 제휴가 활발하게 이용되고 있다. 이러한 제휴는 새로운 제품개발 보완적 마케팅전략 기술적 범위의 리스크방지 등으로 다양한 이익을 창출하는 잠재성을 지니고 있다.

(2) 제휴의 관계성과 사업성과

제휴를 성공적으로 이끌기 위해서는 기업특성의 조화 상호보완성의 의지 문화생활적인 차이뿐만 아니라 파트너기업 간의 신뢰성과 몰입도의 의지를 가지고 제휴에 임할 때 보다 성공적인 협력관계가 유지될 수 있으며 진실성과 성실성은 필수적인 요건이다. 파트너기업과 문제해결을 위한 논의를 하고 있는가. 아이디어를 함께 공유하고 있는가 하는 공동의식이 사업성과에 영향을 준다.

제휴로 인한 기업의 성과는 현재의 제품 또는 시장에서의 성공과 미래시장에서의 위치를 포함하는 것이다. 기업은 제휴파트너와의 관계의 질을 기초로 시장에서의 재우위를 차지할 수 있다. 제휴파트너와 강력한 관계를 형성함으로서 기업은 우월한 조건의 전술을 교환함으로서 양질의 정보와 신뢰를 기반으로 한 지배구조(govemance)는 시장에서의 경쟁우위를 갖게된다.

(3) 제휴성과 효과성

기업이란 생리적으로 이익을 추구하는 조직으로 이해관계를 가진 기업이 참여한다는 점에서 전략적 제휴를 운영하는 과정에서 정보를 공유하고 의사소통을 긴밀이 한다는 것은 상당이 어려움이 따른다라는 것이 아직까지의 통상적인 정설이다. 그러나 세태의 변화와 기업인들의 인식의 변화를 가져와 무엇이 생산적아고 무엇이 소모적인지 독자적인 행보는 고립을 자초하는 결과로 나와 더불어 같이 발전하는 공영의 마인드가 소생되고 있어 전략적 제휴가 원만하게 운영되고 지속되기 위해서는 원활한 의사소통을 위한 스킬이 필수적이다.

제휴기업 간의 원활한 의사소통은 수집된 지식과 정보를 공유함을 넘어 자사가 보류하고 있는 특유의 기능을 제휴기업에 제공함으로서 기술력 향상에 따른 생산원가절감과 품질향상으로 제휴기업 간의 신뢰도를 높여 투자의 개선점이 마련된다.

기업이나 제휴기업의 성공여부는 업무수행의 지향성과 창의성에 있다 하겠다. 본 연구는 지향적 업무수행은 실현가능성을 인지할 때 나타나며 인지는 자신의 지식과 경험, 정보력에서 소생함으로 제휴는 업체의 규모나 제휴품목들이 유사할때 업무수행의 지향성이 발휘된다. 창의성은 모든 일에 성장의 기본으로 기업의 성장이나 제휴업무의 효과도 창의성이 없으면 목적달성은 어려워진다. 창의성은 어디서 생성되는가? 지식, 경험, 정보, 필요성 관심도에서 발상된다. 그러므로 본 연구도 제휴실현 범위와 영역한계를 명시함으로서 능력적 집약과 성공의 확률을 높이고자 하는데 있다. 제휴기업 간에 의사소통과 역량집중은 정확한 정보의 공유와 기술공조로서 신뢰성이 쌓아지며 업무의 지향적인 성장과 창의성의 융합으로 성장의 매개가 된다.

4. 전략적 제휴의 실행

1) 유사업종 간에 파트너선정

제휴사업의 성공여부는 파트너의 적성여부에 달려있다 하여도 과언이 아니라할 수 있다. 즉 본 연구에서는 유사업종 간의 한계범위내에서 연구설계하고자 한다. 유사업종이라 함은 동일분야의 원료를 사용하여 이질적인 제품으로 수요분야가 다르거나 이질원료로 제조된 제품이 수요분야가 동일분야의 제품군을 말한다.

실제기업 간의 제휴(협업)관계의 양상이 다양하고 광범위하게 이루어지고 있으나 성공률이 저조한 이유는 제휴(협업)이 다양하고 광범위하게 형성됨으로서 업무적 전문성의 부족에 따라 협화능력이 야기되지 못한 가치창조의 미완성에 근원이 있다.

본 연구수행은 제품제조상에 있어서 혼합합성융합과 가온, 가압, 냉각의 공정에 따른 화공제품군에 한정하여 제휴를 수행함으로 기술과 지식의 교류협력을 원활이 하여 가치창조의 모태를 이루고 판매시장이 유사성으로서 공동마케팅 전략의 합리성으로 시장점유율을 넓이는 수단으로의 가치부여에 있다.

2) 파트너십과 사업성

제휴형성되기 전에 사전적으로 파악하는 것은 전략적 제휴이후제휴의 업무관계 뿐만 아니라 궁극적으로 업무성과에도 영향을 미칠 우려가 있음으로 불합리한 영역을 택하거나 부적절한 파트너를 선정하게되는 경우 기업은 상당한 시련에 직면하게 되며 돌이키기 어려운 전략적 의사결정에 실패할 우려가 있다.

제휴영역을 철저하게 파악하고 합리적인 공생의 파트너기업을 선정하기 위해서는 협력부분의 전략과 연계제휴의 목적을 정확히 수립하여 파트너기업을 선정하는 기준을 공식적으로 제시하고 파트너기업의 전략과 상통의 공감성이 있는지 살펴보아야 한다. 우월한 제휴관리의 스킬과 노하우를 갖고 있다. 하더라도 파트너기업을 선별하는데 실패할 경우 제휴성과 창출이 어렵다.

본 연구의 제휴목적은 산업과 파트너를 선정하는 활동은 성사시키겠다는 감상적인 충동을 방지하고 전략경영접근법에 의해 유사공정, 유사시장이라는 원칙을 두고 사전에 기업간 예정파트너의 역량을 상호검증 후 실행함이 필요하다. 이와 관련하여 자원준거이론과 조직학습이론을 근거로 파트너선정을 연구한후 실행한다.

그러므로 상호입증할 수 있는 범위는 필연적으로 기술이나 공정이 유사하며 판매시장이 유사한 경우가 사업적 내용이 상통하여 입증적 효과를 가져오며 공정이 유사할 때 갖고있는 기술정보의 활용도가 높아 파트너의 협력은 새로운 시너지효과를 탄생시킬 수 있다. 제휴파트너는 하고자하는 상품영역과 수행하고자하는 활동영역을 제휴이전에 사전적으로 파악하고 공생의 가치를 예견후 체결함으로 수행의 성과는 발전적인 결과를 가져올 것이다.

3) 제휴협상과 계약체결의 세분화

우리는 미지의 세계를 향하여 가고 있다. 그러므로 예상치 못하였던 일들이 자주 부딪히게 되고 이런 일들에 대비하기 위해서는 매뉴얼을 짜두어야 한다. 전략적 제휴업무를 차질없이 수행하기 위해서는 제휴구조에 대한 세부적인 디자인이 잘 갖추어져야 한다.

제휴에 참여하는 파트너기업들 간에 업무수행상의 준수사항들을 구체체화하고 이 약속들을 이행함으로서 지속적인 신뢰성이 유지될 수 있다. 제휴기업 간의 약속이란 제휴를 통해 달설하고자 하는 목표와 제휴와 관련된 지배구조특성을 구체적으로 정하는 것을 의미한다. 이러한 약속을 통해 제휴기업 간에 거래비용을 감소시키고 제휴를 통해 창출할 수 있는 거래가치를 증가가시키는 방향으로 제휴에 투입되는 자원과 제휴업무수행과정에서 발생되는 위험에 대해 대응하는 방식을 결정한다.

4) 네트워크영향과 성과

(1) 제휴네트워크의 경쟁적 우위

네트워크경쟁은 표준화를 넘어서는 기술경쟁에서의 심화로 산업의 시장점유율의 우위는 기술력을 가진 기업의 수에 따라 좌우된다. 따라서 제휴네트워크는 경쟁하는 기업들이 그들의 기술, 디자인을 사용하도록 설득하는데 필요한 판촉활동을 통하여 끌어들일 수 있도록 도움을 준다. 전략적 네트워크는 상이한 이해관계자가 독립성을 위지하면서 상호신뢰를 바탕으로 전략적 의도하에서 관계를 구축하고 이행하는 것으로 파트너십(Partner ship) 구축전략의 일환으로도 볼 수 있어 네트워크에서 기업의 영향력과 위치가 혁신활동의 성과에 영향을 주고 있다.

(2) 제휴네트워크의 특징

전체적인 규모보다는 제휴기업간에 네트워크 특징을 살려 상호 보완적 관계의 기술, 정보, 시장의 진입 등이 중요하다. 기업의 성장패턴의 존속은 처음부터 완벽한 모습보다는 서서히 하나씩 이루어 상호신뢰를 쌓아가는 것이 중요하다. 제휴네트워크 업무시행시 잠재적 이점을 보여줄 수 있어야 신규 시장확보의 능동성이 나타난다.

- 부가가치 극대화 : 네트워크전략을 통해 기업은 부가가치창출의 극대화를 이룰 수 있다. 기업은 전략적 네트워크를 통해 산출의 극대화와 투입의 최소화를 이룰 수 있다. 산출의 극대화는 기술·노하우와 지식자본 등 유·무형의 자원을 파트너와 상호협력을 통해 시너지효과를 창출할 수 있다.

성공포인트

1. 불가능에 도전하라

성공을 추구하는 사람의 머리속에는 불가능이라는 단어는 찾아볼 수 없다. 그들에게는 목표를 달성하고자 하는 용기만이 있을 뿐이다. 불가능이라는 장벽앞에 발걸음을 멈추는 사람이 있는가하면 기를 쓰고 장벽을 넘어가는 사람이 있다. 이 두 사람 인생의 성공과 실패를 갈라놓는 길이다. 성공의 주저는 당신의 재능이 부족한 것이 아니라 도전정신의 결여에 있다. 난제에 부딪쳤을 때 불가능하다고 단정하기전에 해결책이 없는지 생각하고 찾아보라. 스스로 해결할 수 없는 문제는 협력의 도움으로 해결책을 찾아라. 외부의 협력을 구해내는 것도 능력이다.

2. 최선의 마음으로 상대를 배려한다

친절과 배려는 주는 만큼 돌아온다. 당신도 다른 사람이 나에게 그렇게 해주었을 때 기분좋은 일을 먼저 다른 사람에게 하여 주도록하라. 이러한 사소한 배려를 갖추고 실행한다면 그만큼 상대방은 감동하고 마음이 밝아지게 될 것이다.

다른 사람에게 인정을 베풀라 인정을 베풀수록 당신의 호감도는 늘어난다. 성공한 사람들은 인정과 배려를 통해서 기회를 잡았다는 사실을 잊지말라.

요 약
summation

* 제휴가 기업성장과 성과에 미치는 영향

최근 들어 많은 기업들이 다른 기업들과 전략적 제휴를 통하여 끊임없는 혁신과 업무영역을 넓이려 노력하고 있다. 기업간 제휴활동과 관련된 많은 연구성과에도 불구하고 경쟁기업보다 우월한 제휴관계를 형성하기 위한 구체적인 방안과 기업역량이 제휴성과에 미치는 영향에 대한 연구는 상대적으로 미흡한 실태이다.

* 제휴는 성과를 창출하는 기업의 수단

제휴는 기업의 성과를 창출하는 수단으로 전략적 제휴의 중요성이 인식되면서 꾸준이 실행의 증가를 보이고 있다. Fortune 500대 기업들은 평균적으로 60여개의 중요한 전략적 제휴관계를 맺고 있다. 기존의 연구들은 대기업을 대상으로 수행되어 왔다.

＊ **전략적 제휴의 정의(strategic alliance)**

전략적으로 중대한 상호 호혜적인 목적을 달성하기 위하여 복수(둘 이상)의 기업들이 공동의 생존과 번영을 위한 공동의 업무를 수행하기 위해 관계를 체결구축하고 공동의 목표를 설정하여 자사단독으로는 얻을 수 없는 가치를 창출하기 위한 것. 또는 제휴기업들이 자원(기술·정보)의 협력을 통하여 시장범위의 확장을 위한 협력적 관계를 구축하는 것 등으로 정의할 수 있다.

＊ **제휴의 지향성과 창의성**

제휴의 지향성은 제휴정보에 관한 수집과 확산 그리고 학습에 관한 기업내부의 역량축척을 의미하는데 제휴관계의 특성상 제휴파트너와의 적절한 관계강도와 갈등방지의 메커니즘이 필수적이다. 상호의존적 요소로서 제휴관계의 성과는 제휴파트너와의 관계강도와 만족스럽계 협업할 수 있는 관리능력을 의미한다.

＊ **네트워크영향과 성과**

제휴네트워크의 경쟁적 우위확보 네트워크경쟁은 표준화를 넘어서는 기술경쟁에서의 심화로 산업의 시장점유률의 우위는 기술력을 가진 기업의 수에 따라 좌우된다. 따라서 제휴네트워크는 경쟁하는 기업들이 그들의 기술, 디자인을 사용하도록 설득하는데 필요한 판촉활동을 통하여 끌어들일 수 있도록 도움을 준다.

제2절 사회공헌활동으로서의 성공조건

♣ 신뢰를 구축하는 유일한 방법

인간관계에서 신뢰를 구축하는 유일한 방법은 점차적으로 바람직한 경험들을 쌓아가는 과정을 거치는 것이다. 중요한 임무를 띤 직원들을 밀어주고 공공연히 그들의 자리를 지켜주며 그들의 아이디어를 지지하고 그들의 업무를 솔직하고 공평하게 평가해주는 것 등이 바로 신뢰를 구축하는 길이다. 신뢰는 사람들의 머리가 아닌 가슴과 마음을 열게해 주며 사람들을 활기차게 움직이게 하는 원동력이 된다.

- 페르난도 비르톨로메 교수 HBR(하버드 비즈니스 리뷰) -

1. 공익연계 마케팅

최근 소셜상품이라는 말을 자주 듣는다. 소셜상품이란 구체적으로는 비영리활동, 자원봉사, 기부, 사회적기업, CSR 등 사회공헌과 사회적과제의 해결을 위한 활동전반 또는 이러한 활동을 지원하는 서비스를 가리킨다. 이 배경에는 사회공헌활동에 대한 소비자의 관심증가가 있다. 소셜비즈니스 커뮤니티비즈니스에 관한 앙케이트(일본정책금융공고 종합연구소)에 따르면, 사회적문제에 관심이 있는 사람의 비율을 보면, 사회적배제문제에 대해서는 매우 관심이 있다며 다소 관심이 있다고 응답한 사람의 비율은 총 61.9%, 지역사회문제는 총 64.6%, 지구환경문제는 총 67.4%, 개발도상국 지원에 관한 문제는 총 50.0%이다. CRM(고객관계관리)에 주목한 사회공헌활동에 관심이 있는 소비자가 부담없이 사회공헌을 할 수 있는 장소로서 유효한 것이 아닐까 생각해본다.

또한 CRM활동은 사회공헌활동을 마케팅에 통합전략중에서도 매출의 증가는 직접적인 혜택이 있기 때문에 기업에게도 매력적인 활동이다. "CRM을 실제로 실시하고 있다"며 "CRM을 실시하고 있지않지만 앞으로 할 예정"이라고 답한 기업이 30%에 이른다. 본 문에서는 전통적인 마케팅 기법인 CRM에 초점을 맞추고 그 사회적 의미와 성공에 요구되는 요건, 또 향후의 CRM활동의 방향을 논의하는 것을 목적으로 한다.

첫째, CRM의 정의를 명확히하고 CSR과 사회공헌, 사회공헌 및 CRM의 관계를 정의한다. 그 후, 사회공헌활동 및 CRM의 혜택을 비교하여 CRM으로 임하는 의의를 재확인한다. 분석편에서는 사회공헌경영 요구사항과 소비자의 참여를 촉진하기위한 요구사항을 바탕으로 CRM의 선진사례를 분석하고 CRM에 요구되는 조건을 다시 정의한다.

1) CRM의 의의

본 고의 주제이다. CRM의 정의를 확인한다. 원인을 직역하면 대의신조(大義信條)이며 좋은 것이므로 지원하고 싶어지는 대상을 가리킨다. 공익연계 마케팅(cause-related marketing)은 1983년 아메리칸 익스프레스사가 실시한 자유의 여신상 복구캠페인에 기원을 가진다. 아메리칸 익스프레스사는 카드의 신규계약 1장당 1달러, 카드이용 1회당 1센트를 기부하는 캠페인을 3개월간 실시하고 총 170만 달러를 기부했다. 캠페인 결과, 카드이용률은 전년대비 28% 증가, 카드신규보유자 45% 증가하여 큰 성공을 거두었다. 이 일정액의 기부금체계가 CRM의 시작이었다. 때문에 CRM의 정의는 Varadarajan and Menon(1988)의 소비자와 기업사이에서 각각의 목표를 달성하기위한 교환이 행하여진 결과, 소비자가 기업에 수익을 제공한 경우에 그 기업이 일정조건의 금액을 특정인원에 기부한다는 제안이 특징인 마케팅활동을 계획하고 실행하는 과정이다라는 정의가 일반적으로 사용되고 있었다. 이를 셀러는 협의의 CRM으로 분류했다. 셀러는 CRM은 협의와 광의의 정의가 존재한다고 설교한다. CRM을 실시하고 있는 기업의 제품매출에 따라 그 일정비율을 원인에 기부하는 형태에 의해서만 관련되고 정의되어 있다. 한편, 광의로는 매출의 일정비율을 기부하는 형식에 얽매이지 않고 다양한 형태로 기업이 마케팅과 원인을 관련해 간다고 정의되어있다.

본 고에서는 광의의 CRM개념을 채택한다. CRM에서는 프로모션으로 단발의 기부활동은 소비자의 신뢰를 얻는것이 곤란하다. 따라서 원인에 대해 기부활동에 한정되지 않는 경영자원을 활용한 복합적인 마케팅방식을 가지고 임할 필요가 있다고 생각한다. 더 말하면, 마케팅에 사회공헌을 가져올 경우 기업의 미션과 비전 등 사업전략차원에서 관리하는 것이 요구되고 있기 때문이다. 따라서 CRM에 다음의 정의를 채택한다. 원인과 협력하에 기업코즈지원을 함으로써 마케팅전반의 목표달성하기 위한 촉진전략이다.

2) CSR과 사회공헌의 관계

CSR의 정의에 대해서는 다양한 논의가 이루어지고 있다. 경제산업분야에서는 CSR(Corporate Social Responsibility : 기업의 사회적책임)은 기업이 사회와 환경과 공존하고 지속가능한 성장을 도모하기 위해, 그 활동의 영향에 대해 책임을 지는 기업행동이며, 기업을 둘러싼 다양한 이해관계자의 신뢰를 얻기위해 기업의 본연의 자세를 가리킨다고도 한다. 현대의 CSR활동과 사회공헌활동의 관계를 확인하기 위해 CSR활동을 분류한다. CSR 기업과사회를 생각한다. CSR 3차원의 이론을 참조한다.

CSR의 세 가지 차원은

- 경영활동의 본연의 자세
- 사회사업
- 사회공헌활동을 말하며, 각각을 다음과 같이 정의하고 있다.

① 경영활동의 본연의 자세

경영활동과정에 사회적 공정성, 윤리성, 환경과 인권 등에 대한 배려를 가져올 수 있는 전략적 대처방안을 강구한다. 사회와의 관계속에서 기업의 역할을 생각하고 기업경영의 본연의 자세를 묻는 것이야말로 CSR이라고 말했다. 또한 각각의 과제에 대해 규정준수 리스크관리 등의 보호의 CSR과 각각의 사회문제에 적극적으로 대처하고 새로운 사회적가치를 출현해 나간다는 공격의 CSR이 있다고 한다. 즉, 기업윤리 및 사회적책임의 수행이다.

② 사회사업

지금 사회적으로 해결이 요구되고 있는 과제에 대해 기업들이 지식과 기술력을 활용하여 사업으로서 새로운 사회적상품과 서비스, 사회사업을 개발한다는 것이다.

③ 사회공헌활동

사업활동에서 벗어나 사회가 안고있는 다양한 과제의 해결에 경영자원을 활용하고 지원하는 활동을 가리킨다.

- 금전적 기부를 통한 사회공헌
- 제품시설인력 등을 활용한 비 금전적인 사회공헌(예. 자원봉사활동)
- 본업기술 등을 활용한 사회공헌(예. 무료교육활동)

3) 사회공헌활동 및 CRM 자리매김

- 기업윤리 및 사회적책임을 수행할 CSR활동의 사회적기반이다.
- 사회사업과 사회공헌활동의 모든 CSR활동은 경영활동의 본연의 자세와의 관계속에서 기업의

역할에 입각하여 실행된다는 것이다. 먼저 정한 CSR의 개념과 앞의 세 가지 차원의 개념을 참고하여 CSR과 사회공헌활동의 관계를 생각한다. 사회공헌활동은 CSR의 목표로 사회와 환경과의 공존과 지속가능한 성장을 실현하기 위한 활동의 하나이며, 그 활동은 경영활동의 본연의 자세 사회와의 관계속에서 기업의 역할에 따라 이루어진다.

CSR의 사회공헌활동의 입지를 확인했다. 본 절에서는 사회공헌활동과 CRM의 관계를 정리한 후 사회공헌활동 및 CRM의 중요성을 논의한다. CSR 3개의 차원을 사용하면 CRM은 사회공헌활동 중 본업기술 등을 활용한 사회공헌에 위치한다. 사회공헌활동 중에서도 판매라는 본업을 통해 수행하여 지속적으로 지원을 실시할 가능성이 높아진다. 또한 셀러[世良]에 따르면 기업의 자선 및 CRM의 차이는 의도한 경제적 이익의 유무에 있다. CRM에서는 장기적인 브랜딩효과, 단기매출증가라는 이익을 염두에 두고 있다. 그러나 봉사활동은 사회공헌을 할 때 직접적인 이익을 추구하지 않는다는 것이다. 따라서 거기에서 발생하는 이익에 대해 계몽된 자기이익(enlighted self-interest)이라는 애매모호한 표현을 사용 간접적인 이익만을 인정하는 형태를 취하고 있다. 그 관계를 도시(圖示)하면 [그림 11-3]과 같다.

코즈 리레이티드 마케팅관계에 관한 고찰과 논의에서 자선부분을 사회공헌활동으로 바꾼 경우는 어떨까. 기업의 본래의 목적인 이윤추구에 따라 사회공헌활동은 자선이 아니라 전략적으로 실시해야 한다고 생각된다. 즉, 계몽된 자기이익을 추구 전략적 관리가 필요하다. 위의 논의보다 CSR활동의 관점에서 볼 때 CRM은 사회공헌활동의 방법이라고 할 수있다. CRM은 사회공헌활동 속에서도 본업에 관련하고 직접적인 이익을 의도한 활동이다.

그림 11-3 고객관계관리 박애(博愛)와의 관계

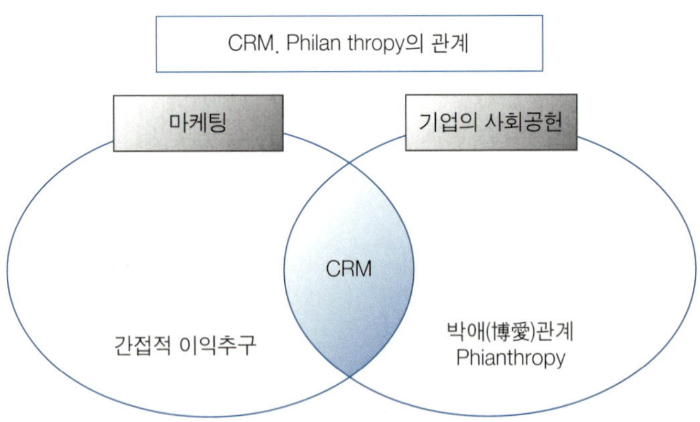

출처 : 일본의 「기업의 사회적 책임 (CSR) 참고 재도

4) 사회공헌활동의 혜택 및 CRM의 혜택비교

사회공헌활동의 매매에 관하여 필립 코틀러 사회적 책임마케팅을 창조한다.

CRM은 기업의 잠재적인 혜택 ① 신규고객확보, ② 코즈를 위해 모아진 자금, ③ 틈새시장개척, ④ 제품의 매출증가, ⑤ 가치있는 파트너십을 구축하고 지원활동, ⑥ 선호 브랜드 아이덴티티의 구축 ⑦ 투자자 및 재무분석가에 대한 호소력강화 선한 일을 할 수 있는 혜택
1. 매출과 시장점유율의 증가, 2. 브랜드 포지셔닝강화, 3. 기업이미지와 명성의 향상, 4. 직원에게 매력도나 노동의욕의 향상과 이직률

양자의 이익을 비교한다

첫째, 차이점은 제품판매에 의한 직접적인 이익의 유무이다.

둘째, 해당 상품의 구매경험이 없는 원인에 관심이 많은 계층의 구매를 통해 틈새시장개척이 기대된다. 이어 브랜드 이미지구축에도 다른 사회공헌활동보다 효과가 높다고 할 수 있다. CRM에서는 제품구매하여 간편하게 활동을 지원할 수 있다. 소비자참여의 형태가 명확하고 다른 사회공헌활동보다 활동하기 편한 것이다. 활동에 참여한 경험은 사람들의 기억에 남을 것이다. 또한 CRM에서는 다른 사회공헌활동보다 홍보활동이 많아진다. 왜냐하면 CRM에서는 소비자가 제품을 구매해주지않는 것은 기업의 이익도 원인에 기부도 기대할 수 없기 때문이다. 활동에 참여용이성, 그리고 높은 접촉빈도에 따라 높은 브랜딩효과를 기대할 수 있다.

또한 가치있는 파트너십을 구축하고 지원활동도 차이가 나는 항목일 것이다. CRM을 할때는 현지에서의 지원활동을 파트너 NPO NGO에 위임하는 케이스가 많아 자선단체와의 공식적인 동의나 조정을 필요로 한다. 따라서 지명도향상, NPO NGO 가진 자원의 활용 등의 협력을 통해 얻을 수있는 혜택이 크다고 생각된다.

여기까지 말한 제품매출 틈새시장개척 브랜드 이미지구축 가치있는 파트너십을 구축하고 지원활동에서 CRM은 다른 사회공헌활동보다 의미를 가진 활동이라고 말할 수 있을 것이다. 직원에게 매력도나 노동의욕의 향상과 이직률저하와 투자자 및 재무분석가에 대한 호소력강화내용은 CRM에서 참가대상 소비자 이외의 이해관계자에 대해 소급하기 때문에 CRM에서도 사회공헌활동과 같은 효과를 가진다고 생각한다.

또한 CRM은 사회적으로 소비자에게 원인을 넓히는 기회의 제공이라는 큰 역할이 있다. 사회공헌활동과 CSR활동을 평가하는 시장이 있어야만이 사회공헌활동의 의미가 있다. 직접적으로는 사회의 이익이 되지 않지만 장기적인 관점에서 봤을 때 시장의 육성이라는 의미에서 도움이 될 수

있다.

이 장에서는 CRM 및 상품매출의 관련성에 대해 논의하지 않지만, 비록 제품판매에 의한 직접적인 이익이 없더라도 장기적인 관점에서 볼 때의 브랜드 이미지의 구축과 직원에게 매력도 및 노동의욕의 향상과 이직률저하 투자자 및 재무분석가에 대한 호소력 강화 등에서 혜택을 얻을 수 있을 것이다. CRM은 홍보활동이 아니라 마케팅활동이기 때문에 장기적인 관점에서 활동계획을 세워야 한다.

혜택비교에서 CRM은 사회공헌활동 중에서도 임하기 쉬운 활동이라고 할 수 있다. 그러나 단지 CRM활동을 실시했는데, 지금 언급한 장점을 획득할 수 있는 것은 아니다. CRM 분석편에서는 효과적인 CRM을 실시하는데 있어서의 조건을 논의할 예정이다.

2. CRM시스템 도입의 성공요인

1) CRM시스템 도입의 개요

(1) 고객주도의 시장변화

기업이나 제품의 라이프사이클의 한계수명주기는 일정시기가 지나면 쇠퇴기에 직면하게 된다. 이를 방지하고 새로운 활력을 일으키기 위해서는 고객관계관리가 중요하게 대두되고 있다. 왜냐하면 생산자주도가 아닌 소비자주도, 즉 고객주도의 시장변화를 이루는 환경변화가 되었기 때문이다. 기술진보에 따른 마켓은 점점 고객주도에 젖으며 기업에서 CRM의 의미는 점점 중요시 되고 있다. CRM에게 기술이 중요한 요소임에는 변함이 없지만 그 이전에 기업의 풍토와 경영철학, 이념이 있다. CRM도입 추진자는 그들 모두를 이해하고 추진하지 않으면 결코 성공하기 어렵다.

1대1(one to one) 고객릴레이션이나 경영전략으로서의 CRM의 말이 나오게 되었다. 예를 들어 Amazon.co.jp에서 CRM이라는 키워드로 출판되고 있는 책을 검색하면 일본어로 쓴 책에서 34권, 양서에서 176권이 검색된다.

검색된 결과는 팔리는 순이나 최근 출판된 순서로 표시되어 있어 목적의 저서를 모두 사고싶게 한다. 이런 책을 산 사람이 다른 책도 사고있다 등의 표시가 있어 매우 흥미를 갖게하는 시스템이 구축되어 있다. Amazon.co.jp는 성공한 CRM시스템으로서 유명한 사이트인 이 사이트에 관해서, 인터넷 비즈니스의 성공사례와 고객만족도를 얼마나 높였는지 쓰여진 책도 많이 출판되고 있다. 이처럼 선진기업의 성공사례가 발표되는 가운데 1990년 후반이후 활발해진 CRM시스템의 도입에 있어서 평소의 영업활동에 있어 도입하고 성공하는 기업의 사례는 보고 느낄 수 있게 한다.

(2) CRM은 무엇인가요? 일상의 체험

조금 엉뚱한 이야기로 느껴질지도 모르지만 번창하고 있는 라면집의 비결은 무엇일까? 얼마 전 TV를 무심코 봤더니 오늘의 라면붐을 타고 성공하려면 어떻게 할 것이냐 같은 프로그램이 흘렀나 왔다. 유명점의 수련과 독자개발로 개업할 당시에 줄을 서는 가게가 되었는데 어느 날 갑자기 손님이 떨어졌다. 이는 대부분의 가게가 체험하는 현상이지만 주인은 새로운 라면의 개발라면 이외의 상품개발에 임하며 영업을 확대한다. 그러나 손님은 돌아오지 않고 정상적인 이용객이 증가세에 연결되지 않는다.

원인은 매일 맛이 일정하지 않기 때문이다. 궁극적으로 맛이 일정하게 나오는 것이 번창하는 라면집의 비결이 된다고 한다. 신규개점이나 신상품으로 신규고객 개척은 할 수 있다. 그러나 매일 맛(서비스)에 차이가 생기면 지속적인 고객의 획득은 할 수 없다는 것이다. 우리가 가게나 기업에 접근할 때에는 반드시 어떤 기대를 안고오는 것이다. 어떤 서비스를 원하는지도 모르고 신상품에 관심이 있는지도 모른다. 방문했던 적이 있으면 지난번과 같은 맛이나 서비스를 기대하고 방문했을 것이고 기대이상의 것이 있으면 그 손님은 지속관계를 이룰 것이고 기대이하이면 다음은 안 올지도 모른다. 어떤 경우든 그 기업과 가게에 흥미를 갖는다는 것은 무엇을 원하고 있다는 것이다. 그리고 다음에 일어날 일이 우리의 체험을 형성하고 그 체험이 행동을 결정한다. 좋은 체험을 하면 고객로열티를 높이고 다시 이용하고 나쁜 체험을 하면 다른 상점과 경합타사로 거래를 옮기게 된다. 이 과정을 이해하는 선행적으로 관리할 능력이 고객 릴레이션십 매니지먼트, 즉 CRM의 기반을 구성하는 것이다.

(3) 고객과의 대화의 구축

기업이나 상점측에서 보고, 고객과의 관계를 유지관리하고 나가기 위해서는 항상 고객의 기대를 넘는 체험을 확실히 제공하는 노력을 하고 실행하면 좋은 것이다. 다만 기업이 클수록 동일하게 행동하기 어렵고 인력만으로는 감당하기에는 어려운 것이다. 고객과 직원과의 대화, 또는 종업원과 구입처와의 대화, 이들 모든 대화에 관계를 관리할 기회가 생기게 된다. 이런 대화를 구축하기 위해서 기업전체를 중개하는 각 개인에게 정보권한·통찰력을 제공하고 비즈니스 프로세스를 지원하는 어플리케이션(구조)과 그리고 항상 그 과정을 감시·분석·개선하는 것이 필요하게 된다. 즉 이들이 CRM시스템을 구성하는 요인이 된다.

(4) CRM과 CRM시스템이란

크레이그 콘웨이(피플사:CEO)의 말을 빌리면 CRM은 다음처럼 설명된다. 기업이 고객과의 장기간에 걸친 유익한 관계를 유지하고 모든 사람을 행복하게 하기 위해서는 그 고객과의 대화성을 증강한다는 것이다. 기술에 초점을 맞춘것은 아니지만 기술이 CRM을 흥미롭게 만든다. 아니면 그것은 단지 마케팅 또는 고객서비스 시스템(체계)에 불과하고 CRM에서는 없어진다. 또 CRM시스템이란 다음의 세 가지로 정리한다.

① 고객이 평생고객이 되도록 각 고객의 체험을 강화하는 기법 및 방법으로
② 고객을 지정, 획득·유지하는 기술적 및 기능적인 수단을 제공하고
③ 전사적으로 통일된 고객들 부(富)를 제공하는 시스템이다

새로운 기능추가 등을 하고 있어 아직 CRM붐이 계속되고 있다고 느껴진다. 이들의 이유로는 기업전략에서 CRM이 중요한 역할을 담당하고 있는 것이 제일로 꼽히지만 CRM을 구성하는 각 시스템의 도입의 정점시기가 다르다는 것이 클 것이다.

2) 성공요인은 무엇인가?

각 시스템을 통합하는 것에 의해서만 CRM시스템은 완성됐고 성공의 요인이 될까? 아니면, 성공하는 요인으로는 경영현장, 시스템의 추진체제가 제대로 형성되는 것이 전제가 된다. CRM 고객관계관리의 성공에 필요한 세 가지 조건은 [그림 11-4]와 같다.

첫째, CRM은 어떻게 활용되고 있는가? 고객페이스의 비즈니스기회로 협조자의 확보로 변화적응력을 향상시키며 가치학습이 이루어진다.
둘째, 데이터관리기술, 수집된 데이터로부터 발견되지 않은 유용한 지식, CRM시스템의 기능은 ERP·CRM·SCM의 응용기술활용 인프라스트럭쳐를 구축한다.
셋째, 기업의 실행능력배양, 데이터마이닝을 시스템을 활용하여 기업역량을 강화한다. 기존고객유지, 고수익 신규고객의 확보에 주력한다.

① 경영층의 약속

CRM을 성공시키려면 기업의 전략을 경영층이 하부조직으로 그 조직이 CRM을 전략적으로 추진하기 쉬운 자세를 만드는 것이 하나의 요인이 된다. 그러자면 무엇보다 경영층자체가 강한 책임을 갖고 CRM을 매네지멘토시스템로 규정하면서 도입프로젝트를 끌고가야 한다. 또 경영층의 나

그림 11-4 고객관계관리 시스템모델도

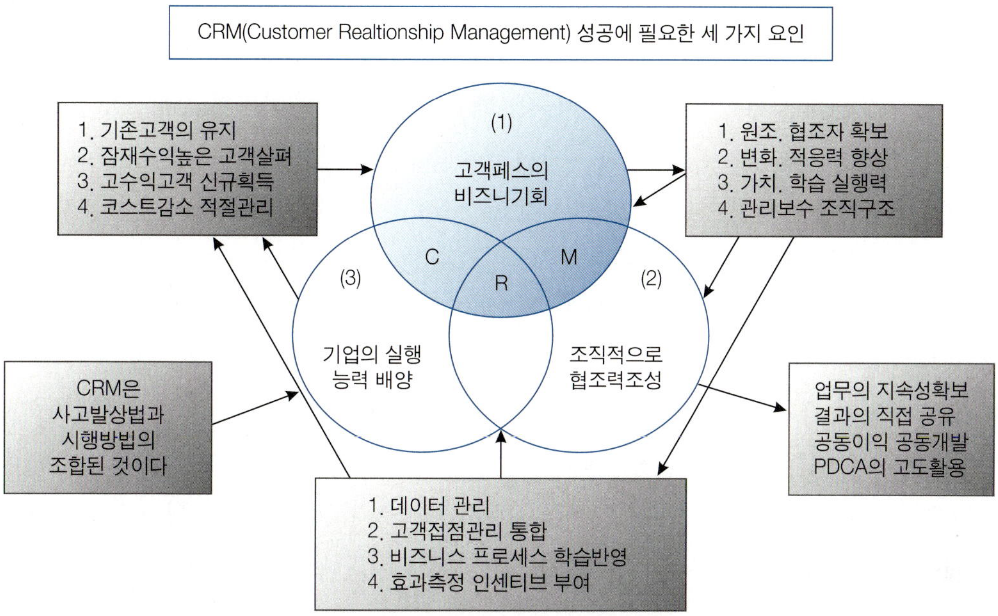

출처 : CRM성공필요 세 가지 요인도. All Rights Resetved Copyright Hitachi,Ltd. 2003.

쁜버릇으로 책에서 얻은 지식이나 자신이 실제업무에 종사하던 시절의 감각대로 시대변화와 적용방법을 고려치 못하고 실행하려한다면 실제로 작용은 잘 안될 것이다.

② 전담추진부서의 설치

경영층이 CRM시스템의 검토·구축을 추진하는 과정에서는 전담팀이나 부서의 설치가 필수가 된다. 거기에서는 경영층을 비롯한 영업과 시스템부문 등 조직횡단적인 조정기능을 하게 된다. 더 말하면 그 안에 실무와 시스템을 이해할 수 있고 경영진에 설명할 수 있는 능력을 갖춘 리더가 있는 것이 전제가 된다. 또 인터넷전략에서 CRM을 구축한다면 한시적 추진팀이 아니라 조직으로서도 부서의 설치가 필수가 된다.

③ 시스템의 역할

시스템부문이 주도형으로 도입하는 경우는 도입하는 것을 목표로 하는 사용자측의 운용면에 주의가 부족한 경우가 자주 일어난다. 즉, 그릇은 만들어도 넣는 방법이나 넣는 순서까지는 고려하지 않는 일이 생기고, 결국 사용자측이 자체의 관리를 하고 가게되는 것이다.

즉 CRM시스템을 구축할 경우 ① 정보의 수집, ② 정보축적, ③ 정보의 분석과 가설의 검증, ④

가설에 기초한 구체적인 방안과 실제정보활용 및 검토가 제대로 이루어지고 이용자에게 좋은 형태로 제공되는 것이 전제가 된다. 단, 최종적으로는 정보시스템이 아니라 사원개개인의 감성 브레인스토밍에 걸려있다는 것을 부정할 수 없다.

또 최근 CRM에 대해서 쓰여진 책에서는 고객주도의 고객지향에서 구축하는 것이 성공포인트라고 했다. 이는 지금까지 CRM의 말과는 달리 판촉을 목적으로 만들어진 이른바 판매촉진의 발상에서 만들어진 것을 가리키는 경우가 많다. 기업으로서 목적은 어디까지나 이익을 올리는데 있기 때문에 어쩔 수 없는 현실이라 하겠다.

예를 들면, 마일리지 카드를 2장 잘못 만들었을 때, 쌓인 포인트를 한장에 통합할 수 없다. 이처럼 고객측에서 보면 전혀 편리성이 없음을 누구든지 한번은 체험했을 것이라고 생각한다. 또 그동안 오랜 인연을 갖고 있는 금융기관에서 새로운 거래를 시작한다. 예를 들면 주택담보대출을 하는 경우에는 각종 서류에 집주소, 전화번호, 이름, 근무처주소, 근무처명을 쓰게 한장한장에 날인하여야 한다. 이들의 첫 번째 사례는 기업측에서 본 서비스의 일환, 이른바 덤의 부류에 속하는 것이기 때문이라는 생각이 전해지고, 후자의 사례는 사무부문과 서비스부문에서 시스템이 부합되지 않는다는 증거아닌가 싶다.

3) CRM을 활용한 공급망의 구축

(1) SCM을 성공으로 이끌기 위한 CRM의 활용

제조업의 대부분은 기업내·기업간의 체인을 강화하고 제품을 시장에 최적화하여 공급하기 위한 공급망관리(SCM: Supply Chain Management)를 도입하고 있다. 더욱이 기업활동의 향상을 추진하려면 고객관계관리(CRM)를 활용함으로써 시장이나 고객의 정보를 유통에 넣는 것이 효과적이라고 일컬어지기 시작했다. 그러나 SCM과 CRM은 각각 독립된 형태로 도입·발전하면서 조속한 융합의 실현이 어렵다. 거기에서 본 분과모임에서는 SCM과 CRM의 융합을 조속히 실현시키는 새로운 비즈니스 모델의 책정을 목적으로 한다.

(2) 새로운 비즈니스 모델수립을 위한 연구항목

① SCM과 CRM의 정의

본 분과회로서 SCM과 CRM의 내용을 정의하는 멤버의 인식을 통일시키고 연구범위를 명확히 했다.

② CRM의 사례연구

각종 문헌이나 사례를 연구하고 고찰하면 우량고객을 구분하는 관리고객요구를 정확히 파악하는 것이 포인트라고 인식했다.

③ SCM의 사례연구

구성원 기업의 SCM의 사례를 두고 조사를 했으며 상황에서도 해결할 수 없는 남은 과제가 있음을 확인했다.

④ CRM의 활용에 의한 해결가능한 SCM의 과제를 추출

현재의 표준적인 업무플로우를 작성하고 SCM의 과제를 뒤졌다. 사례연구 고찰결과를 바탕으로 CRM의 활용에 의한 해결할 수 있다고 생각되는 과제를 추출하고 정리하면 수요예측정밀도 향상으로 생산의 효율화(Win-Win관계의 확립과 계속 핵심과제)로 분류됐다.

(3) 연구성과

① 새로운 비즈니스 모델수립

SCM과 CRM을 융합시킨 새로운 비즈니스 모델을 다음과 같이 작성했다.

② 새로운 비즈니스 모델의 특징

새로운 비즈니스 모델의 6개의 획기적인 특징을 살리는 것으로 해결할 수 있다고 생각한다.

우리가 제안하는 새로운 비즈니스 모델은 CRM에서 고객정보를 아우르는 것은 물론 CRM을 통해서 자사의 유익한 정보를 공개하고 쌍방에서 Win-Win관계(고객-제조업체, 제조업체-공급자)을 확립시키고 있다. 또 확립시킨 강고한 Win-Win관계는 다음에 기술한 내용에서 영속적인 것을 목표로 하고 있다.

표 11-1 새로운 비즈니스 모델의 6가지

새로운 비즈니스 모델의 특징	해결되는 SCM의 과제
① 고객정보를 활용한 수요예측	수요예상 측정도의 향상 생산의 효율화
② 제조사내 공정진척정보를 고객에 고시	Win-Win관계의 확립과 계속
③ 제조사내 고객준별	Win-Win관계의 확립과 계속
④ 제조사내 생산계획을 공급자에 고시	조달의 효율화Win-Win관계의 확립과 계속
⑤ 고객구매예정 정보업체에 대한 공개	생산의 효율화
⑥ 최종 고객의 시장동향정보를 활용한 고객과의 공동상품개발	Win-Win관계의 확립과 계속

메이커가 가진 기술력과 고객이 가진 최종 고객니즈를 바탕으로 신상품을 공동개발하는 것을 서포트하는 구조메이커가 지닌 생산·조달계획과 공급자가 가진 공급계획을 바탕으로 체계(VMI)가 강화되면서 양측의 불필요한 재고를 줄이고 원자재재고의 적정화를 실현하는 체계*VMI(Vendor Managed Inventory). 납품업체의 재고관리 새로운 비즈니스 모델의 컨셉을 말하면 다음과 같다. 기존의 공급망에서 강고한 파트너십을 영속적으로 유지시키는 고객가치를 깊이있게 입체적인 이미지로 나타나게 된다.

(4) 제언(提言)

제조업에서의 CRM을 활용한 공급망의 구축에 대해서 다음과 같이 제언한다.

- CRM은 이제 단독체로서의 도구가 아니기 때문에 SCM과 융합하는 효과를 즐겁게 효율화한다!
- CRM으로 우량고객을 잡아라! 앞으로는 영속적인 Win-Win관계를 확립하는 SCM, 고객관계관리이다!
- 정보공개를 두려워하지 말라! 정보공유화로 효과를 즐겁게 효과를 창출하라!

CRM의 도입에 관한 도입 등이 존재하지 않는다. 엑셀과 IE(인터넷 익스플로러)조차, 복수의 유저에 도입할 경우 구성관리문제, 디스크용량의 문제 등 여러 가지 문제가 발생하는 것은 아닌가?

하물며 CRM과 eCRM의 도입작업은 여러 요인으로 생각되어 백 오피스의 통합과 다른 애플리케이션과 통합, 관계부처와의 조정, 장래의 확장성에 대해서도 검토해야 한다. 이것은 체험과 경험에 의한 이야기지만 한 금융기관 고객에게 타사의 영업지원시스템(SFA)의 패키지나, 은행에서 만든 SFA시스템을 소개하였을 때 "역시 회사가 바뀌면"하는 적용방법도 달라지죠라고 했다. 조금 엉성할 수도 있지만 이는 CRM시스템과 말하는 것은 각각의 기업풍토에 밀접한 관련성을 지니고 있다.

처음부터 시스템을 구축할 수 있다면 그 기업풍토에 적합한 것이 완성되겠지만 조금이라도 투자대비 효과나 도입시기를 빨리하려면 패키지이용을 검토해야 한다. 영업과정에 차이가 없으나 금융기관에서 쓰이는 SFA시스템조차 각각 목적으로 하는 것이 다르다고 말하는 것이 당연하지는 않지만 도입전에는 충분히 시간과 체력을 두고 검토하고 도입을 추진하는 것이 성공의 가장 지름길이 아닐까 한다.

3. CRM의 성공조건

1) 분석대상 및 분석방법

(1) 분석의 목적

사회공헌경영 요구사항과 소비자의 참여를 촉진하기위한 요구사항을 바탕으로 CRM의 선진사례를 분석하고 CRM에 요구되는 조건을 다시 정의한다. 동시에 향후 CRM의 본연의 자세를 생각한다.

(2) 분석의 기준

두 가지 기준을 사용하여 분석을 수행

① CSR 기업과 사회공헌활동에 요구되는 조건에 따라 밖으로의 CRM 성공사례를 분석한다.

② 코즈마케팅 특집에서 CRM실시에 있어서 가장 큰 문제는 소비자의 참여정도에 성과가 비례한다는 점이다. 즉, 소비자가 제품을 구매해 주지않는것은 기부활동도 할 수 없고, 당연히 판매도 오르지 않을 것이다. 따라서 소비자의 참여를 유도하는 메커니즘 구축이 중요하다. CRM을 원인과 협력하에 기업코즈지원을 함으로써 마케팅전반의 목표달성을 촉진하기위한 전략이라고 정의했기 때문에 협의의 CRM 기부된 제품판매 이외에도 원인에 대한 다양한 활동을 보이는 것으로 생각된다. 기업에서 CSR의 생각·CRM 활동의 평가까지 넓게 이해하고 CRM 성공에 요구되는 기반환경정비를 생각한다.

2) 사례분석

◈분석기준

CSR 기업가사회를 생각한다. 사회공헌활동에 조건을 참고로 분석기준을 다음과 같이 정한다.

① 미 션

사회공헌활동을 CSR 이니셔티브 전체에 자리매김, 경영이념, 기본임무를 링크시킬 기업이념비전 미션과 원인은 일치하고 있는가? CSR 활동을 어떻게 정의하고 있는지 또한 CRM을 사업활동에서 어떻게 평가하고 있는지

그림 11-5 CRM활동과 지속가능한 경영모델

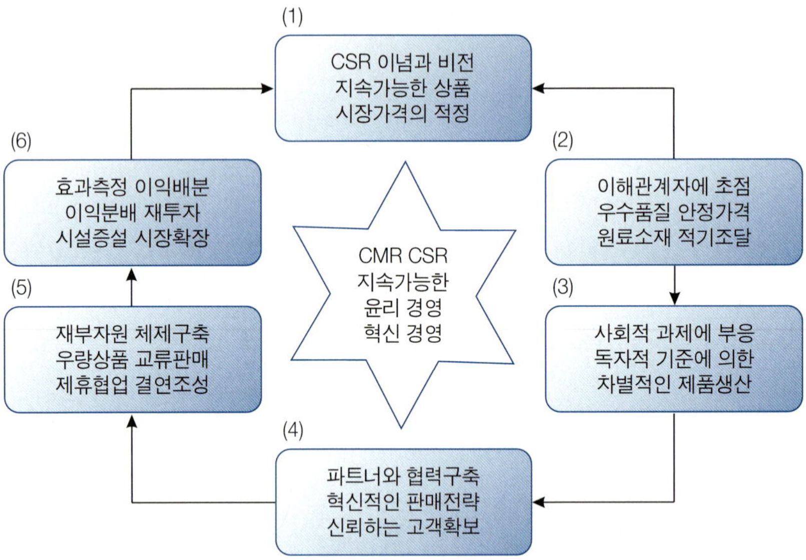

출처 : 成長企業の法則 圖 34 ビジネスの流れ 參考 持續經營在圖

② 이해관계자

핵심 이해관계자에 초점을 맞추고 그 기대에 부응하는 핵심 이해관계자는 누구이고 그들의 기대는 무엇인가, 거기에 응하는 원인을 선택하고 있는지

③ 지역성

사업장이 위치한 지역을 고려하고 이에 요구되는 사회적 과제에 부응할 글로벌기업의 경우 진출지역 사회과제에 종사하고 있는가? 세계공통의 지침이 있는가?

④ 파트너와의 협력

마음을 같이 하는 다른 기업 NPO와의 제공하는 가능성을 모색하는 것, 또는 국내·외 환경프로그램에 참여하기 파트너선정, 유명규모가 큰 조직을 선택하기위한 활동의 신뢰도와 인지도를 위한다. 또한 일방적으로 기부하는 관계가 아니라 함께 사회적인 과제에 기여할 때 대등한 계약관계를 맺고있는지

⑤ 내부의 실시체제구축

CSR의 실시체제 만들기가 진행되고 있는지(상단의 약속전임 직원·부서설치, 성과평가 및 피드백) CRM 담당부서는 어딘가

4. 고찰(考察)

1) CSR의 사회공헌

(1) CSR의 사회공헌활동의 비중

CSR 활동속에서도 사회공헌활동에 대한 기업의 노력이 뚜렷했다. 그것을 가능하게 한 배경은 기업마다 다르다. 보르비크는 사회공헌활동을 기업발전에 필요한 것으로 정의하고 있으며, 사회공헌활동이 기업문화로 되고 있다. 말하자면, 사회공헌을 차별화전략으로 둔 기업이라고 할 수 있다.

아이 네이피어의 경우 그룹 자회사이기 때문에 CSR활동으로 임할 범위가 한정되어 있다. CSR 활동을 3개의 기둥에 좁혀 그 중 하나를 사회공헌으로하고 있기 때문에, 사회공헌활동 중요도가 높다. 또한 모리나 경우는 사회공헌 이외에도 이해관계자별로 접근하고 있지만, 지역사회에 대한 대처로는 자녀교육에 한정되어 있다. 사회공헌활동 미션과 직결된 영역에 한정하여 실시하는 것으로 적극적으로 참여가 가능하며 신뢰의 향상과 기업이미지 형성에 연결되어 있다.

(2) 소비자의 다양한 커뮤니케이션

프로그램의 목적에 지원내용, 기부의 구조, 성과보고 및 소비자에게 보고가 잘 이루어져야 한다. 그 모두가 알기쉽게 해야 한다. 금전적으로도 시간적으로도 비용이 소요될 때이다. CRM에서는 실제활동을 파트너단체가 담당하고 그 내용을 지원활동 등으로 소비자에게 보고하게 된다. 따라서 신뢰할 수 있는 파트너의 선정과 협력관계의 구축은 중요하다.

또한 기부의 흐름의 투명성과 활동성과의 숫자화를 100% 수행하는 것은 곤란하다. 그 경우에도 소비자의 의문에 대해 자신의 생각을 진지하게 말할 수 있어 이해관계자 사이에 요구되는 커뮤니케이션이다. CRM은 비판도 존재한다. 대표적인 것으로는 “CRM은 사회적 · 박애요구보다는 기업이 새로운 손님을 끌기위한 하나의 마케팅전략에 불과하다.”는 것이다.

성공포인트

1. 기회를 창조하라

기회를 창조하는 인물, 하늘은 스스로를 돕는 자를 돕는다고 하지 않았는가? 신은 한쪽문을 닫으면 반드시 다른 한쪽문을 열어둔다라고 했다. 당신이 그 자리에 주저앉지만 않는다면 이 세상은 끊임없이 새로운 기회가 부여될 것이다. 기회가 없다는 말은 성공하지 못한 사람의 변명에 불과하다. 기회는 저절로 찾아오지 않는다. 오로지 당신의 행동을 통해 기회를 얻을 수 있는 것이다. 새로운 방법은 새로운 기회로 이어진다. 능력이 부족하면 새로운 기회를 얻기가 어렵다. 항상 스스로를 점검하고 실력을 향상시켜야 기회가 창조된다.

2. 자신의 행복보다 남의 행복을 먼저 생각하라

어려운 상황에 놓여있을 때 최선을 다하는 행위만큼 숭고한 것은 없다. 사람들은 남을 도와주기는 어렵지만 다른 사람을 위해서 최선을 다하면 반드시 행운과 부가 찾아온다. 이것은 단순한 정신론이 아니라 진리이기도 하다. 부를 축적하기위한 비결은 이기적인 마음을 버리고 다른 사람을 위해 최선을 다하는 것이다. 그러면 당신이 바라든 바라지 않든 부가 필연적으로 다가오는 것이다.

요 약
summation

∗ CRM의 의의

본 고의 주제이다. CRM의 정의를 확인한다. 원인을 직역하면 대의 신조이며 좋은 것이므로 돕고 싶어지는 대상을 가리킨다. 코즈·리레이티드 마케팅(cause-related marketing)은 1983년 아메리칸 익스프레스 사가 실시한 자유의 여신상 복구캠페인에 기원을 가진다. 아메리칸 익스프레스 사의 카드의 신규계약 1장당 1달러, 카드이용 1회당 1센트를 기부한 3개월 동안의 캠페인을 실시하고 총 170만 달러를 기부했다. 캠페인 결과 카드이용률은 전년 대비 28% 증가, 카드신규보유자 45% 증가하여 큰 성공을 거두었다. 이 일정액의 기부금 체계가 CRM의 시작이었다.

∗ CRM은 기업의 잠재적인 혜택

① 신규고객확보, ② 코즈를 위해 모아진 자금, ③ 틈새시장개척, ④ 제품의 매출증가, ⑤ 가치있는 파트너십을 구축하고 지원활동, ⑥ 선호 브랜드 아이덴티티의 구축, ⑦ 투자자 및 재무분석가에 대한 호소력 강화

＊선한 일을 할 수있는 혜택

① 매출과 시장점유율의 증가, ② 브랜드 포지셔닝 강화, ③ 기업이미지와 명성의 향상, ④ 직원에게 매력도나 노동의욕의 향상과 이직률방지

＊CSR의 사회공헌과 소비자의 다양성

CSR의 사회공헌활동의 비중의 무게, 모리나 경우는 CSR 활동속에서도 사회공헌활동에 대한 기업의 노력이 뚜렷했다. 그것을 가능하게 한 배경은 기업마다 다르다. 보르 비크는 사회공헌활동을 기업의 발전에 필요한 것으로 정의하고 있으며 사회공헌활동이 기업문화로 되고 있다. 말하자면, 사회공헌을 차별화 전략으로 둔 기업이라고 할 수 있다.

＊사회공헌활동 및 CRM 자리매김

① 기업윤리 및 사회적책임을 수행할 수 CSR 활동의 기반이며 그 위에

② 사회사업과

③ 사회공헌활동이 온다.

모든 CSR 활동은 ①에서 정한 경영활동의 본연의 자세 사회와의 관계속에서 기업의 역할에 입각하여 실행된다는 것이다.

먼저 정한 CSR의 개념과 3차원의 개념을 참고하여 CSR과 사회공헌활동의 관계를 생각한다. 사회공헌활동은 CSR의 목표로 사회와 환경과의 공존과 지속가능한 성장을 실현하기 위한 활동의 하나이며, 그 활동은 경영활동의 본연의 자세 · 사회와의 관계속에서 기업의 역할에 따라 이루어진다.

＊소비자의 다양한 커뮤니케이션

프로그램의 목적에 시작해 지원내용, 기부의 구조, 성과보고 및 소비자에게 보고가 잘 이루어져야 한다. 그 모두가 알기쉽게 해야 한다. 금전적으로도 시간적으로도 비용이 소요될 때이다. CRM에서는 실제 활동을 파트너단체가 담당하고 그 내용을 지원활동 등으로 소비자에게 보고하게 된다. 따라서 신뢰할 수 있는 파트너의 선정과 협력관계의 구축은 중요하다.

제3절 쇠퇴방지 경영전략의 중요성

♣ 리더는 버릴줄 알아야 한다

리더는 버릴줄 알아야 한다. 리더는 자신에게 가망이 없는 일을 언제 그만 둘까? 라고 질문하여야 한다. 리더에게 가장 위험한 것은 손에 잡힐듯 말듯 한 성공이다. 주변에서는 입을 모아 조금만 더 밀어붙이면 된다고 부추긴다. 그래서 한번 시도하고 또다시 시도하고 다시 시도한다. 그러나 그때쯤 되면 성취기는 지나 재성취기는 잡기 어려워진다. 모든 사물의 성취는 시기의 적중성이 성공의 키포인트다.

기업은 생명체이다. 모든 생명체는 수명의 주기를 갖고 있다. 쇠퇴기에 접어든 기업을 재활성화하며 불멸의 장수기업으로 도약발전하기 위해서는 쇠퇴방지의 경영전략이 필요하다. 이 중요성을 본 고에서 기술하고자 한다.

기업이 쇠퇴기에 접어들면 재활성화를 위하여 전반적인 사안들을 재 검토하여 새로운 에너지를 주입 도약의 길을 모색하여야 한다. 여기에 필수적으로 따라오는것이 혁신과 도전이다. 종래의 성장의 방법으로 미래의 성장은 어렵다. 구태의 습성에 젖어있는 방법이나 습성으로는 어렵기에 혁신하지 아니하면 미래가 보이지 않는다.

기업이 창업하여 성장기를 거쳐 성숙기에 접어들면 안일한 생각에 빠지기 쉽다. 이때부터 기업은 쇠퇴의 싹이 피기 시작한다. 종사원은 안일무사주의에 피동성을 가져오게 된다. 개발부서는 새로운 창조적 개발보다는 고정메뉴의 사이클이 돌아가기 시작한다. 영업부서는 신거래처개척보다는 기존거래처유지에 급급하는 양상이 도래하며 기존상품은 수요감축으로 시장은 좁아지기 시작한다.

자연발생적, 수요감축적 현상이 기업은 위축적 현상이 생겨나기 시작한다. 그러나 경영자는 이를 인지하지 못하고 자만과 독선으로 대내외적으로 협력과 협조를 얻어내지 못하고 일인 우월주의 현상이 쇠퇴를 자초하는 양상에 노출되기 시작한다. 이를 배타하는 인적쇄신이 이루어지고 혁신경영체제로 재구하여 도전하면 쇠퇴를 막고 재활력을 찾는 전환기로 이어지게 된다.

중소기업의 경영에 있어서 전략을 가지고 경영하는 것이 얼마나 중요한지를 인식할 필요가 있다. 우리나라 기업수의 98%가 중소기업이요 그중 95%가 30인 이하의 종업원으로 운영되고 있다. 또한 그 속에서 안정적으로 이익을 내고있는 회사가 있는가 하면 그렇지 못한 기업들도 있다. 중소기업 가운데는 경영환경의 급변속에서도 분기마다 확실하게 이익을 내어 신장하는 회사들이 있으며, 이처럼 수익성이 향상되고 성장하는 회사의 공통점은 "사장의 의지와 계획성"라고 하는 자신의 사업에 대한 전략을 가지고 있다는 것이다.

그러면, 기업의 98% 이상을 차지하고 있는 중소기업 중 전략을 가지고 경영을 하고 있는 회사가 얼마나 있을까? 이제부터가 중요하다. 즉, 비록 30명 이하의 구성원인 중소기업도 전략을 이해하고 적절한 전략을 가지고 그것을 실행하면 크게 도약할 여지가 충분히 있다는 것이다. 왜냐하면 대부분의 경쟁사는 전략부재의 상태에서 경영되고 있기 때문이고, 그러면 전략에 필요한 다섯 가지 요소에 대해 생각해 보고자 한다.

1. 전략과 전술

1) 전략책정

① 전략과 전술을 구별할 수 있는지

전략은 보이지 않는 행동실행계획이며 전술은 눈에 보이는 행동 즉 계획을 효과적으로 달성하는 무기이다. 전략과 전술을 명확하게 구별한 다음 그것을 두 바퀴로 생각하고 일관성 있게 실행하면 압도적인 경쟁력을 발휘할 수 있다.

② 업무의 우선순위를 정하고 수행함이 효과적이다

회사에 무엇이 가장 중요한지 알았다면 전략을 세워 나가지 않으면 안된다. 즉, 자신의 강점을 발휘할 수 있는 분야를 신중하게 선택하고 그 분야에 경영자원을 집중투입하는 것으로, 또한 업체와 차별화할 수 있는가하는 것이 필요하다.

③ 미래 예측을 겸비한 전략수립이 필요하다

전략은 철저히 생각한 미래에 대한 예측(위험포함)도 포함시킬 필요가 있다. 경영환경의 변화에 따라 공격때 공격당기는 때 끈다는 시나리오를 그리고 그것을 실행함으로써 지속적인 성장이 가능한다.

④ 압도적인 힘과 스피드를 가지고 있음

전략이란 현상의 개선이 아니라 현상타파를 위한 것이다. 따라서 단기간에 산업지도를 바꿔버리는 압도적 힘과 스피드를 가질 내용이 필요하다.

⑤ 전략이라는 것은 분석하고 책정하며 실행하는 데 있다

아무리 정보를 분석하고 훌륭한 전략을 조립해도 그것을 실행에 옮겨야지 그렇지 못하면 아무런 의미도 없다. 전략은 실행하는 데 있다는 것을 반드시 잊지마세요!

2) 란 체스터법칙을 전략으로 활용

전략을 책정수행한다는 것이 얼마나 중요한지를 이야기 해주고 있다. 전략을 생각함에 있어서 도움이 될 것으로 란 체스터법칙이라는 것이 있다. 이 법칙은 특히 중소기업의 쇠퇴기전략수립에 도움이 될 것으로 생각한다.

① 란 체스터법칙이란

란 체스터법칙이란 무엇인가? 지금같은 전투능력을 가진 A군과 B군이 전투를 한다. A군의 병사가 5명. B군의 병사가 3명이 진용에서 양군이 맞대결을 행하여 철저하게 싸우면 결국 B군은 전멸하지만 A군도 2명밖에 생존하지 못할 것이다. 한편, 이번에는 일대일 대결이 아니라 양군이 현대무기(전투기, 미사일 등)을 사용하여 전투를 펼친다하면 A군의 1병사와 B군의 3병사로부터 공격을 받고있지만 B군의 1병사와 A군의 5병사로부터 공격을 받게되고 이제 철저하게 싸우면 B군은 전멸하게 될지도 모르며 A군은 4명의 생존자를 남길 수도 있다. 전자가 이른바 '란 체스터의 제1법칙'(일명 일대일 대결의 법칙)이며, 후자가 '제2법칙'이라고 하는 것이다.

여기에서 도출되는 것이 숫자로 우위를 점하고 있는 것(시장점유율을 진압하는 같은 강자)는 제2법칙을 염두에 두고 물량작전에서 한 사람이 다수를 공격할 수 있는 원격으로 방법(예를 들어, 광고전략)에서 전략을 전개하는 것이 효과적이며, 한쪽은 시장점유율을 쥐고있지 않거나 앞으로 새로운 시장을 만들어 가려고하는 약자는 일대일 대결의 법칙을 염두에서 가능한 국지전에서 기습(게릴라)전으로 공격을 감행하여 강자에 타격을 주는 전략을 취하는 것이 중요하다.

② 약자와 강자

지금까지 강자, 약자라는 표현을 하고 있지만, 그 구별은 회사규모가 아니라 시장점유율에서 압도적인 통치자를 강자, 나머지는 모두 약자로 생각하면 된다. 예를 들어, 산토리는 위스키에서는 강자이지만 맥주는 약자라는 것이다. 란 체스터법칙을 전제로 한 강자의 전략과 약자의 전략에 대해 정리해 보자.

③ 강자의 전략(제2법칙)

- 광역종합 경기열기
- 1명이 다수를 공격할 수 있는 집단형 공격(확률경기)
- 접근전을 피하고 간접적이고 원격으로 전투를 전개(매스미디어를 통한 광고활동)
- 압도적인 병력물량으로 공성전 열기
- 유도작전에서 적의 병력을 분산시키는

④ 약자의 전략(제1법칙) ~ 약자 그러므로 전략이 중요한 것!

- 좁은 범위에서의 국지전
- 맞대결형 경기열기
- 접근전으로 도전
- 병력을 집약시켜 후에 집중공격을
- 양동작전으로 적을 교란하고 적의주의를 다른 향하게 하는 것

3) 중소기업의 경영전략

① 중소기업전략의 전제

중소기업의 경영에 맞는 이러한 전제에서 전략을 생각해 보시오.

중소기업 = 소규모약자 대기업의 전략을 모델로 하는 것이 아니라 소규모약자에 맞는 전략을 세운다.

② 약자의 경영전략의 기본원칙

전항의 란 체스터법칙에 따라 약자가 취해야 할 경영전략의 원칙을 정리해 보면 다음과 같다.

No	구 분	실천중요사항
1	규모의 약자	선발업체와 차별화하고 같은 방법을 하지않는다
2	규모의 약자	소규모 1위 주의, 부분 1위 주의를 노려라
3	규모의 약자	규모크고 강한 경쟁상대가 있는 산업에 결코 참여하지 않는다
4	규모의 약자	싸우지 않고 이기고 승리하는 틈을 찾아낸다
5	규모의 약자	대상시장 등을 세분화한다
6	규모의 약자	목표를 잘 택하는 것이 하나의 방법이다

No	구 분	실천중요사항
7	규모의 약자	경장비, 시설과 자금의 고정화를 방지한다
8	규모의 약자	목표달성을 위한 역량전부를 집중한다
9	규모의 약자	경쟁자에 알려지지 않게 조용히 행동한다

그러면, 란 체스터법칙을 바탕으로 중소기업의 경영전략에 대해 생각해 보고자 한다. 중소기업 경영자중에는 경영과 비즈니스에 관하여 많은 연구를 하고 있으리라 생각되나 여기에서는 삼성이나 현대와 같은 대기업의 전략을 말하는 것이 아니고, 어디까지나 중소기업의 전략에 대하여 참고사항을 말하는 것이다.

③ 약자의 경영전략

약자의 경영전략에 대해 각 전략별로 정리해 보면 아래의 표와 같다.

여기에서는 전략의 비중을 고객관계 = 8 : 내부관리관계 = 2라는 전략의 중점을 우선 고객관계에 두고 또한 고객관계 중 제품 = 3 : 영업 = 5와 같이 영업전략에 중점을 두고 전략을 논한다.

전 략			키 워 드
고객관계 80%	상 품 30%	상품전략	특수성, 넘버원 상품, 차별화, 라이프사이클, 엄선, 소비자 관점과의 갭(차이)
	영 업 50%	지역전략	확대하지 않는다, 세분화, 짜서 힘을 집중, 경쟁하지 않는다
		고객층전략	손님층의 엄선, 고객을 선정한다, 가망 없는 손님에 시간을 할애하지 않는다
		영업전략	최종 사용자지향, 처음부터 팔려고 하지않고 우선 정보수집, 다시방문, 효과가 있는 전단지
		고객전략	커뮤니케이션을 취한다, 감정에 호소한다, 고객에게 사랑받기 고객 ⇒ 단골 ⇒ 팬으로 이에 대해 감사 엽서와 정기적인 뉴스레터를 보낸다
내부관계 20%		조직전략	인재관리
		자금전략	자금조달, 자금융통

출처 : 작은 회사 ★ 벌이 규칙 란체스타 경영가지 성공전략, 타케다 요이치 · 카야노 카츠미의 숲 출판

2. 중소기업의 제품전략

1) 제품수명주기에 대해

수명주기가 자사의 취급하고 있는 상품이 라이프사이클의 어느 시점에 있는지를 아는 것은 중요하다. 구체적으로 제품 라이프사이클이란 무엇인지 살펴보자.

그림 11-6 상품의 라이프사이클

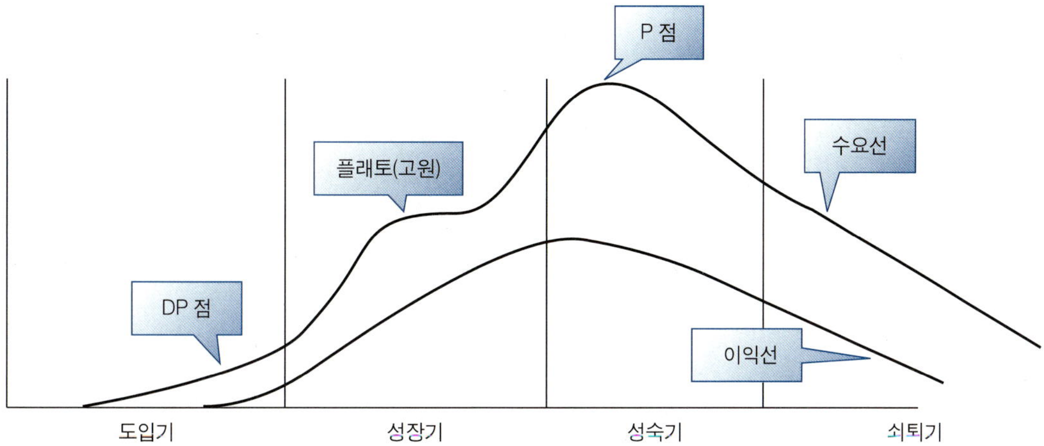

출처 : 成長企業の法則 p.269 圖 34 ビジネスの流れ 參考 持續經營在圖

[그림 11-6]은 각 제품수명주기의 수요동향과 각 수요상황에서 이익수준을 보여준다. 제품에 대한 도입기, 성장기, 성숙기, 쇠퇴기가 각 단계에서 다음과 같은 특징이 있다.

① 도입기

신상품을 출시한지 얼마안된 단계이며 경쟁업체는 별로없지만 수요(매출)의 증가세가 완만하다. 제품출시 초기비용(제조비용, 마케팅비용)이 많이 소요되기 때문에 이익도 크게 늘지않는 상황이다.

② DP점

도입기가 끝나는 시점은 DP점(최고의 피크) 수요의 약 10분의 1이고, 이 시점을 지나면 성장기에 들어간다.

③ 성장기

상품의 인지도가 높아져 판매채널이 확산함으로써 수요가 서서히 증가하고 있고, 후술하는 〈고원〉을 초과하면 더 수요가 상승한다. 한편, 제품의 대량생산화가 진행함으로써 제조비용을 절감하고 이익이 크게 증가하고 있다(수익률상승). 또한 이 시점에서는 경쟁업체가 많이 진출해 나갈 것이다.

④ 고원현상

성장기에 들어가면 수요가 일단 제자리걸음이 되는 곳이 있다. 상품이 고원현상 후 다시 수요가 증가하는 것도 있고 그대로 지속하는 것도 있다. 상승하거나 추락할지의 판단은 어려운 것이지만,

이 현상이 끝나는 곳에서 후발주자의 시장진입이 있다. 후발주자로 선발사와의 상품에 차별화를 꾀하고 색다른 상품을 출시하고 있다.

⑤ 성숙기

상품의 인지도가 더 높아지면서 공급도 증가중요도 증가하고 있지만, 피크정점을 초과하면 수요증가가 둔화되고 감소하고 있다. 이 시점에서 점유율증가가 중요한 과제이다. 또한 경쟁업체와의 가격경쟁이 시작하여 낮은 가격에 지배되는 것과 동시에, 권역획득을 위한 마케팅비용 등이 늘어나 서서히 이익률이 하락하고 있다.

⑥ 쇠퇴기

수요가 일순 수요가 계속 감소해가는 상황이다. 이 시점에서는 수요의 감소와 낮은 가격 고정비용의 부담에 의해 이익액 이익률도 감소하고 있다.

2) 제품수명주기에 따른 전략

그러면 제품의 라이프사이클과 전략에 대해 생각해 보고자한다. 제품의 라이프사이클 중 도입기, 성장기, 성숙기의 특징을 감안한데다가 자사의 제품이 어떤 주기인지를 비유하면서 전략을 고려하여보자.

① 도입기

No	특 징	No	전 략
1	매출성장이 완만	(a)	일점 집중주의 전략
2	경쟁업체가 없는	–	고객층의 엄선
3	고액소득자가 대상	–	판매지역을 제한
4	제품의 사양변경이 많다	–	유통채널의 엄선
5	제조비용이 높은	–	고객전단지 중심의 선전광고활동
6	마케팅비용이 높은	(b)	높은 가격전략

② 성장기

No	특 징	No	전략
1	참가의 증가(경쟁제품의 증가)	(a)	유통채널의 다양화, 확대화
2	제품의 대량생산화	(b)	제품라인의 다양화, 차별화

No	특 징	No	전 략
3	중간소득자 층이 대상	(c)	수요층의 다양화. 제품의 다양성
4	판매채널의 확대	(d)	수요처의 다변화. 용도의 개척
5	가격하락	(e)	품질의 차별화. 차별화 마케팅
6	이익이 증가		

③ 성숙기

No	특 징	No	전 략
1	낮은 가격 지배	(a)	낮은 점유율 브랜드절감
2	제조 및 유통업체와의 힘의 균형	(b)	전문화된 후 상품점 수를 늘려간다
3	점유율이 매출성장을 결정짓는다.	(c)	보다 빠르게 제품을 제공한다
4	수익성 악화	(d)	패키지상품을 제공
5	안일무사주의 리스크발생	(e)	성장하고 있는 매체를 탄다
6	생산력저하 원가상승	(f)	게으름뱅이의 욕구를 충족
7	개발의식부족 도전의식결여	(g)	비용을 크게 줄일 수 있다
		(h)	고집스런 상품에 특화
(i)	사회적 사명의의를 앞세워 상품, 기업이미지 향상기업 메시지를 고객, 언론보도에 전달(예, 친환경상품제공 유기농법에 의한 신선한 야채판매 무농약, 무공해 등 소비자 건강에 호소하는 활동)		

3) 상품 및 서비스에 대해서

상품은 그 수명주기에서 성숙기에 접어들어서도 그 사양, 관점, 고객에 대한 접근방법을 바꾸고 새로운 성장궤도에 올려 지속적으로 발전시켜는 경우가 많이 있다. 그 예로서 「山本 運輸」의 사례를 보고자 한다.

◈성숙기에 접어들어서도 성장기업사례

〈山本 運輸〉 상품이 성숙기에 도달하면 다음 새 상품을 성장궤도에 올려 지속적인 성장을 장기적으로 달성하고 있는 회사이다. 창의와 도전이라는 지속적인 노력의 산물이다.

택배 → 소액운송분야 진출 → 압도적 점유율을 확보 → 성숙화

스키택배
↓
골프택배 — 차례차례로 새로운 서비스를 제공
↓
쿨택배

그러면 제품서비스에 대해 생각해 보자.
상품서비스를 생각함에 있어서 중요한 것은

- 니즈(필요한 것)와 원츠(탐나는 것)를 파악하고 있는지?
- 상품콘셉트가 고객에게 전달되는지?
- 그 상품이 확산율을 가지고 있는가?

라는 관점에서 생각해가는 것이다.

① 니즈와 원츠를 파악하고 있는가?

니즈(Needs) = 필요성 ~하지 않으면 안된다.

예) 차량검사를 받지않으면 안 된다 → 필요성은 높지만 욕망은 작다.

원츠(Wante) = 욕망 ~하고 싶다

예) 벤츠타고 싶다 → 욕구는 높으나 필요성은 그다지 높지 않다.

② 상품콘셉트가 고객에게 전달되는지?

욕구와 필요성이 모두 높은 제품이라도 그 상품의 내용들이 고객에게 이해되고 전달되지 않으면 그 제품은 판매되지 않는다. 고객이 상품을 매입하고자 할 때에는 초등학생이라도 알 수 있도록 제품이 설명되어 있는가하는 고객의 관점에서 제품을 재검토할 필요가 있다.

③ 그 상품은 확산을 가지고 있는가?

상품의 확대를 수직적 전개와 수평적 확장이라는 축으로 판단하여야 한다.

- **수직적 전개** : 고객자신이 그 제품을 얼마나 사용하는지, 어느 정도 구매를 반복해 줄 것인가?
- **수평적 확장** : 고객의 주변사람들을 얼마나 말려들게 하는가? 가족이나 친구에게 소개받고 얼마나 상품을 사달라고 하는가? 수직적 전개, 수평적 확장 쌍방이 가능한 상품이라면 한번 상품으로 고객을 획득하면, 차례차례로 상품아이템이 고객의 생활에 침투고객의 주위에 퍼져나갈 가능성이 높아져 간다.

그림 11-7 변형순환과 한국의 현실

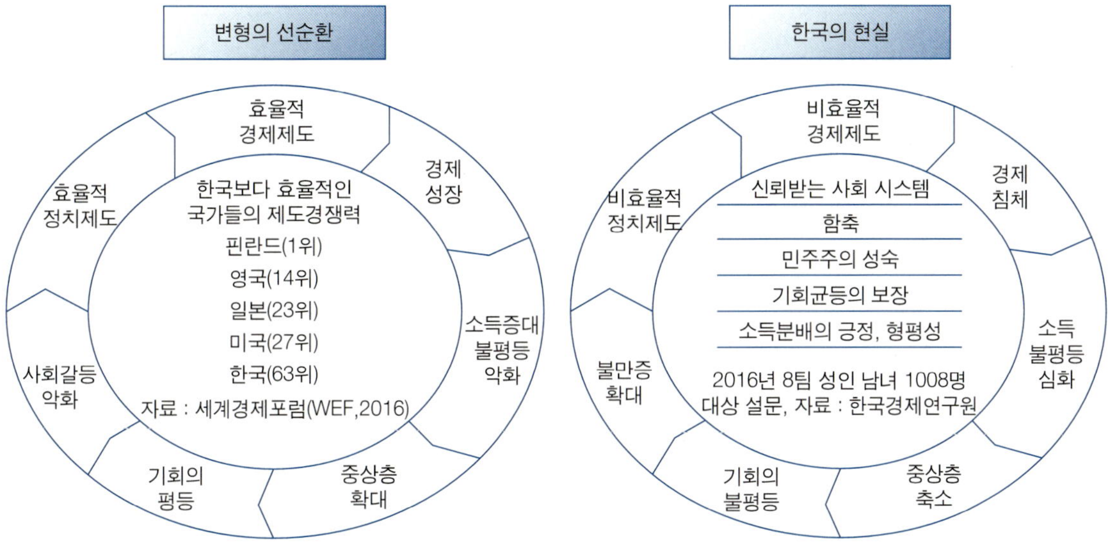

④ 사업의 성공은 현실에 있다

상품의 성공은 상품성, 유행성, 환경성이 지대한 영향을 준다. 세류(世流)의 흐름은 인위적으로 조성되는 것보다 자연의 변화에 병행되어 상품이 개발되는 것이 아닌가?

시대변화는 인간의 욕망을 변화시키고 이 변화에 따라 필요의 가치도 변하게 된다. 가치의 변화는 사회적. 경제적. 환경적 지식수준에 따라 달라질 수 있다. 현실을 통찰하고 적기적시, 적품적가로 공급된다면 성공의 확률은 높을 것이다.

3. 중소기업 고객전략

1) 고객계층별 분류대응

자사의 제품을 어떤 고객층에 제공할지는 자사상품의 브랜드, 판매가격 등에 중요한 영향을 미친다. 그래서 먼저 고객의 계층구분과 각 계층의 특징을 보고 다음 신상품투입시의 전략을 보고 싶다고 생각한다.

(1) 고객계층구분과 각 계층의 특징

계 층	특 징
스킨층	고액소득자 층. 경기동향에 좌우되지 않는다 가격둔감. 특정브랜드를 고집한다
혁신층	최상품지향 겉치레. 가격에 민감하지만 그런 표정을 다른 사람에게 보이지 않는 새로운 제품에 대한 관심이 강하고, “먼저 구매 층”
팔로워 층	주위가 가지고 갖고 싶어하는 층 성장기의 담당자 경기동향에 좌우되기 쉽고, 가격에 민감함
침투층	싸면구입 층. 가격으로 움직이는 경향이 강하다 대매출, 판매에 약한 경품, 덤포함 약한

(2) 신상품투입시의 전략

〈스킴방식〉 스킨층에서 신상품을 투입해 나가는 방법

① 집중도주의 전략

고객의 엄선 → 스킨층 → 혁신층 회원제(비공식 동아리만들기 등)

② 높은 가격전략

스킨층 → 고액소득자 가격에 둔감. 혁신층 → 고급품 → 허영심을 자극

침투층에서 신상품을 투입해 나가는 방법 대량판매를 노리는 후발주자의 차별화전략. 대량생산 원가체감상품 → 소비재, 서비스용품 대량으로 싸게 팔아치우는 오락, 경품과 함께

2) 중소기업 고객전략 ~ 고객포트폴리오

매출향상 시키기 위해서는 먼저 자사의 제품과 서비스를 사주 고객에 대해 연구해야 한다. 그래서 자사의 기존고객을 어떻게 분류해 나가는가 하는 점에 착안해 보자. 거래처를 자신의 중요성과 매출점유율에 의해 특성분류해보면, 아래 표와 같이 가장 중요한 거래처 현상유지, 거래처중점방문, 라이벌추종형, 문제의 거래처로 분류할 수 있다. 그럼 먼저 이 매트릭스에 자사의 고객을 적용시켜보자.

	높음 ← 고객의 중요성 → 낮음	
높음 ↑ 자사 점유율 ↓ 낮음	가장 중요한 거래선	형상유지 거래선
	▪ 당사의 매출점유율, 고객의 중요성 함께 높은 우리의 기둥을 지탱 고객그룹	▪ 당사의 매출점유율이 높아 영업사원들이 가장 가기 쉬운 고객그룹 ▪ 영업사원이 방문과잉이 되는 경향이 강하다.
	중점방문, 라이벌추종형 거래선	문제아적 거래선
	▪ 당사의 점유율은 낮지만 그 중요성이 높고 또한 판매 여지가 큰 고객그룹 ▪ 강력한 라이벌이 존재하고 고객사이의 긴밀한 관계를 맺고있기 때문에 영업사원들의 발길이 멀어져 간다. 충분히 방문하지 못 하고 있다.	▪ 고객의 중요성과 당사매출 점유율 모두 낮고, 영업효율이 매우 나쁜고객 ▪ 방문하면 할수록 적자가 된다.

3) 중소기업 고객전략 ~ 고객에 따라 영업전략을 세우다

거래처를 분류한 후 그 특성에 따라 판매정책을 재검토하고 있다. 먼저 판매변혁정책을 세우고 그것을 수치화하여 보다 효율적인 영업을 하고 있다.

① 판매변혁정책

가장 중요한 거래선	형상 유지 거래선
▪ 자사의 가장 중요한 파트너 ▪ 보다 긴밀한 관계를 구축경쟁으로부터 보호	▪ 과잉방문에 주의하면서 현재의 관계를 유지해 나간다.
중점방문, 라이벌 추종형 거래선	문제아적 거래선
▪ 경쟁사의 시장 점유율을 빼앗는다. 심층방문 ▪ 계획을 세워 중점적으로 매출을 늘린다.	▪ 최소한으로 만난다.

② 혁신정책의 수치화

가장 중요한 거래선	형상 유지 거래선
고객건수 : 30건 ×방문시간 50분 ×12회 → 60분 ×12회 〈방문강화〉	고객 건수 : 60건 ×방문시간 60분 ×8회 → 40분 ×6회
중점방문, 라이벌 추종형 거래선	문제아적 거래선
고객건수 : 30건 ×방문시간 20분 ×6회 → 60분 ×12회 〈방문강화〉	고객건수 : 180건 ×방문시 30분 ×8회 → 20분 ×3회

③ 필요 방문시간

고 객	필요방문시간	개선후 필요방문 시간
가장 중요한 거래처	30개 ×600분	30건 ×720분
중점방문 라이벌 추종형 거래선	30개 ×120분	30건 ×720분
형상유지 거래선	60개 ×480분	60건 ×240분
문제아적 거래선	180개 ×240분	180건 ×60분
합 계	93,000분	68,400분

필요 방문시간은 27% 줄일 수 있다.

방문시간의 변화에 따라 매출을 늘리는 것은 가능하다.

→ 방문횟수를 늘린 고객이 매출증가가 전망

→ 방문횟수를 줄인고객도 충분히 관리할 수 있으면 매출의 큰 감소가 없다.

↓ ↓

영업사원의 행동을 바꾸면 적자의 고객을 잘라내지 않아도 시간이 남는다.

운영비용을 최소화하면서 매출이익증가도 가능해진다.

4) 중소기업 고객전략 – 이상적인 고객이란

기존고객을 분류하고 그 특성에 따라 고객의 중요도를 도모하고 영업효율성을 높이고 운영비용을 절감하고 매출이익을 확보해 나간다. 이것은 고객영업전략이라는 관점에서 매우 중요한 일이지만, 마지막에 계산적인 개념에서 벗어나 회사에 이상적인 고객이란 도대체 어떤 고객인지를 생각해보게 된다.

(1) 고객에 대한 생각을 바꾼다

이상적인 고객을 위해서는 먼저 고객에 대한 생각을 바꿀 필요가 있다. 예를 들어, 고객에게 선택되는 회사가 되자 → 고객을 선택하는 회사는 고객에게 선택된다. 고객은 쫓으면 쫓을수록 도망간다. → 고객에게 사고싶다, 갖고싶다라고 말하게 한다. 이와 같은 발상의 전환도 중요하다.

그래서 고객에게 선택된 회사의 예로 루이비통에 대해 자사와 비교하면서 생각해보자. 예) 루이비통 → 고객층은, 고객대응은, 제공하는 제품은, 제공하는 부가가치는?

그런 다음, 자사에 이상적인 고객이란 어떤 고객 또는 어떤 고객이 나타날 가능성이 많은지 들어보자. 회사에 이상적인 고객은? – 대금지불이 좋은 손님– 말을 하지않는 손님 – 문제없는 손님

– 고객을 소개해주는 손님 – 등등

(2) 이상적 고객을 두는 서로를 위한 팁

위에서 언급한 이상적인 고객을 두는 서로에 대한 설명으로 다음과 같은 것을 생각할 수 있다.

- 자신이 쫓는 고객은 이상적인 고객이 아니다.
- 사귀고 싶은 고객과 사귀고 싶지않은 고객을 명확하게 분리한다.
- 제공하는 상품, 서비스가 차별화된 희소성이 있다.
- 고객에게 "아무래도 갖고싶다"라고 감정을 심어줄 수 있다.
- 고객을 데려오는 영향력 있는 고객이 있다.

(3) C-Express 중소기업의 경영전략

C-Express 경영전략편에서는 경영의 전략의 핵심을 중심으로 전략이 무엇인지, 제품서비스와 시장, 그리고 고객과의 관계, 재무이란 무엇인가(결산서의 견해생각) 등에 대해서 생각해 보았다. 그것이 비교적 왜 경영전략이 필요한가를 다시 생각해보고자 한다. 기업을 둘러싼 환경은 변화가 심하고 불확실성, 복잡해지고 있다. 그리고 사회의 요구는 다양화하고 환경의 변화에 대응할 수 있는 것만이 살아남고 성장해 나가는 시대이다. 이러한 상황은 대기업이든 중소기업이든 다르지 않다. 이미 이른바 승자로 불리는 대기업은 명확한 목표를 설정하고 목표달성을 위한 전략을 수립하고 자금력, 인력, 정보 등을 활용하여 끊임없는 경영을 하고 있다.

이렇게 말하는 것은 실례일지도 모르지만 자금력, 인재정보량에서 대기업에 이길 수 없는 중소기업이 같은 환경속에서 살아가기 위해서는 한정된 경영자원자금, 인재, 정보를 어떻게 효율적이고 최적으로 활용하여 경쟁에서 이길것인가 하는 전략이 더 중요한 것이 아닐까? 대기업이 책정하는 높은 수준의 복잡하고 대대적인 전략이 아니라 이른바 약자가 취해야할 전략을 생각해가는 것이 좋다.

즉, 중소기업에 필요한 것은 전략을 최상단에 구성을 이루는 것이 아니라 먼저 전략을 가질 것을 발상다음에 명확한 목표를 가지고 또한 자신의 상품과 서비스를 한정된 경영자원을 사용하여 어떤 전략을 세우고, 시장, 고객에 임하는 것을 오로지 생각, 그리고 목표, 전략을 응시하면서 경영을 실천관리를 계속하는 것이다. 이것이 전략경영이다. 이 필요를 발견하고 그것을 실행에 옮긴 것만 대기업, 중소기업구분없이 승자기업으로 성장, 발전해 나갈 것이다.

4. 영원히 사는 기업만들기

1) 불멸기업 첫 단추가 중요하다

열정이 가득찬 직원들이 쏟아내는 불만족에서 재생의 가치가 있어 잃어버린 활력을 되찾아 영원히 불명의 장수기업 회사를 살려낸다. 직원들 마음을 여는 회사, 소비자의 지갑도 열 수 있다. 내부평판을 올려라, 직원평가 나쁘면 매출도 동시에 하락으로 연결된다. 기업비전 함께 나누며 직원들의 자긍심을 키워줘야 하락을 막고 성장열쇠를 찾는다. 영원한 1등으로 가는 기업은 없다. 애플, 종업원·고객 모두 광신도로 만들어 1등으로 달렸지만 요즘의 교만한 모습은 독(毒)으로 보여 살얼음판위로 가는 모습 한국기업은 흥에 반응… 과거 강한 리더의 시대는 사라져가는 모습을 보여 혁신의 진실성이 중요한 시점에 와있다.

임원이 모여 경영전략 비상대책회의를 열었다면 이 자리에서 오고 갈 내용은 무엇일까. 최고경영자(CEO)를 포함해서 열에 아홉은 소비자에게 매혹적으로 보이는 마케팅방안을 쥐어짤 것이다. 하지만 로사 전(Chun) 스위스 국제경영개발연구원(IMD) 경영대학원 교수의 생각은 다르다. 세계적 명문인 IMD에서 최초이자 유일한 한국인 교수인 그가 제시한 현안은 내부직원들의 평판을 끌어올리는 일이다. 그의 글이 '하버드 비즈니스 리뷰(2009년)', '스트래티직 매니지먼트 저널(2010년)'같은 경영학술지에 비중있게 실리자 산업계와 경영학계가 크게 주목하고 있다.

로사 전 IMD 교수가 현대사회에서 평판경영의 출발은 내부직원들이라고 말하고 있다. 전 교수는 "영국 등 63개 기업의 소비자와 종업원을 상대로 조사를 해보면, 직원내부평판이 소비자평판보다 좋은 기업의 매출성장세가 높은 것으로 나타났다"고 말했다. 반대로 직원내부평판은 형편없는데 소비자평판이 좋은 기업은 대부분 매출하락으로 이어진다. 직원들의 낮은 자긍심과 빈약한 자신감이 소비자들에게 전달돼 매출하락으로 이어지는 것이다.

2) 의인(擬人)화 기법을 동원

그의 연구방법은 기업평판을 측정하면서 의인(擬人)화 기법을 동원하는 등 매우 독특하다. 선(善·agreeableness), 흥(興·enterprise), 격(格·chic), 능(能·competence), 권(權·ruthlessness) 등 다섯 가지로 나눴다. 이 중 권은 나쁜 의미이며, 나머지 선·흥·격·능은 좋은 평판을 말한다. 전 교수는 "한때 카리스마 리더형이 히트를 쳤지만 지금은 내부종업원들과 공감하고 이를 바탕으로 비전을 제시하는 변혁형 리더(transformational leader)가 필요한 시점"이라고 했다. 변혁형 리더는 선과 흥이 결합한 모습이다. 회사종업원들의 자긍심과 자신감을 얻기위해 현대기업이 요구하는 보스의 성격이 바뀐 셈이다. 내부의 종업원들을 설득과 이해없이 혼신의 노력없이는 소비자들을 만족시킬 수 없다는 의미이다. 물론 월급만 많이 준다고 종업원이 회사에 만족하진 않는다. 또 종업원들과 공유할 기업의 비전을 찾을 때 무조건 착한(善) 기업이미지를 생각하면 안된다. 그 기업에 맞는 길을 찾아야 한다. 이를 이끌어내는 방식은 위에서 주입하는 톱다운(top-down)방식이 아니라 아래로부터 위로 올라가는 바텀업(bottom-up)이어야 한다. 특히 소비자와 대면하는 말단직원들 아이디어가 가장 중요하다.

① 내부평판의 중요성

2005년 소니의 내부평판과 외부평판을 비교해본 적이 있다. 이상하게 외부소비자가 매긴 평판에 비해 내부평판결과가 형편없이 나쁘게 나왔다. 소니임원들의 회사에 대한 자부심이 크게 떨어지게 나타난 것이다. 그땐 의외라고 생각을 하였다. 이후 소니는 삼성에 추월당했다. 소니의 추락원인은 비전을 직원들과 공유하지 못했기 때문이다. 이에 반해 삼성은 종업원들과 일치단결한 열정으로 소니와 경쟁을 하였다.

② 충성도 높은 광신자를 만들어

애플은 워낙 특이한 회사이다. 삼성전자가 전자제품을 판다면 애플은 창업자였던 스티브 잡스의 비전을 팔고있다고 본다. 소비자든 직원이든 광신자로 만들어버리는 신명남의 흥이 애플에는 있었다. 애플스토어에서 스티브 잡스를 위해 일한다고 자부하는 직원들과 신제품출시 때면 밤을 꼬박 새워 행복하게 줄을 서는 충성팬이 대표적이다. 이 느낌은 모방이 불가능하고 모든 기업이 애플식으로 해야한다는 말은 아니다. 애플에도 과제가 있다.

③ 내부평판이 권으로 넘어가면 기업은 쇠퇴의 길로

내부평판의 선, 흥, 격과 같은 기본에서 쌓은 내부평판이 권으로 넘어갈 수 있다. 영국의 유통업체인 테스코도 그랬고, 막스앤스펜서도 마찬가지였다. 창업자의 선의 철학이 내부파벌이나 매너리즘에 빠져 권으로 변질되는 상황이 온다. 그런 조사결과가 나온 기업은 틀림없이 매출이 떨어지고 내리막길로 접어든다. 지금 현재 직원들의 충성심이나 비전공유로 매출성과를 올리는 곳이라도 그런 직장문화가 권으로 넘어가는 것이 아닌지 경계해야 한다. 어느 것도 영원한 것은 없다. 소니도 그랬고, 애플도 항상 1등 자리에 있지 않을 것이다.

④ 기업경영에서 평판이 중요해진 이유

기업에 내·외부평판은 돈을 버는 일만큼이나 중요해졌다. 무엇보다 기업바깥의 사회·국가에서 기업을 바라보는 기대수준이 높아졌기 때문이다. 특히 중소기업보다는 대기업, 글로벌기업에 해당

사회에서 요구하는 잣대가 올라간 것이다.

전 교수의 평판 경영학은 벤담(Jeremy Bentham)의 공리주의(최대다수의 최대행복추구)가 아니라 아리스토텔레스의 미덕윤리학에 맥락이 닿아 있다. 소비자·구성원의 효용을 따져 돈을 버는것이 최고가 아니라, 구성원들이 사회에서 요구하는 공동선(共同善)을 중시하는 것을 말한다. "세계적인 트렌드이기도 하다. 과거에는 강하고 추진력 있는 평판(능·能)이 성패를 좌우했다면 요즘엔 혁신·신명남을 뜻하는 흥과 진실성의 선이 중요해졌다. 하지만 다정함·진실함을 의미하는 선에서 한국 사람들을 보면 흥에 더 잘 반응한다."(평판학의 대가 로사 전 IMD 교수)

3) 종래습관을 죽이지 않고 혁신은 어렵다

(1) 현상태를 죽이지 않고 혁신은 어렵다

모두가 혁신(innovation)에 대해 떠들어 댄다. 혁신、혁신、혁신! 그런데 혁신이 대체무엇인가. 나는 혁신을 주장하는 많은 사람들에게 되묻고 싶다. 뜬구름잡는 소리가 아닌 현실적용 가능한 의미의 혁신의 정의는 무엇인가. 나는 혁신을 주장하기 전에 가장 먼저 죽음을 이야기해야 한다고 생각한다. 현상태를 죽이지 않고서는 아무것도 되는 일이 없기 때문이다. 지금까지 혁신을 주창한 학자나 최고경영자들은 현실에서 어떻게 적용해야 할지 모르는 난감한 이야기를 두루뭉술한 문장과 어휘로 설명했다. 그러다보니 혁신의 구체적인 실체를 파악하기가 쉽지 않았다. 보통 혁신을 언급하면 질문을 많이하라, 의문점을 제기하라, 창조적인 생각을 하라, 도전적이 되어라 등의 이야기를 해왔다.

이런 이야기는 기업이 소규모일 때는 실현가능하다. 하지만 중소기업을 넘어서 중견기업이 되면서부터 기업문화를 규정하는 벽의 두께는 점점 두꺼워진다. 구성원은 물론이고 기업자체도 벽을 넘어선 그 어떤 생각도 하기 힘든것이 현실이다. 그렇다고 해서 모두가 이야기하는 혁신에 뒤처지면 안되니 대부분의 기업들은 혁신을 시도한다. 컨설턴트에게 의뢰를 하기도하고 인재개발프로그램 차원에서 트레이닝도 한다. 예를 들면 스위스의 유명한 국제제약회사가 있었다. 이 회사는 혁신트레이닝으로 유명한 미국기업을 초청해 임원들 교육을 맡겼다. 혁신트레이닝을 시작한 미국기업은 곧 단 한마디도 제대로 먹히지 않을 것임을 직감했다. 제약회사의 임원들이 모두 50세 이상의 중장년층이었기 때문이다. 이들은 혁신이 무엇인지 알 필요성도 없었고 알고 싶어하지도 않았다. 다들 앉아서 각자의 블랙베리를 보며 고개를 숙이고 있었을 뿐이다. 혁신 강습과정을 마치 꼭 들어야 하기 때문에 앉아있는 대학학부의 교양과목마냥 앉아서 시간을 때우려는 임원들로 가득 차 있었다.

(2) 고정관념의 매니저들

앞뒤가 꽉 막힌 시니어 매니저들 이상의 사람들이 항상 문제다. 그들은 혁신이 무엇인지 알지도 못하고 알려고 노력하지도 않는다. 지금 이대로 현상유지만 하면되는 자리에 있기 때문에 변화를 갈망하지도 않는다. 실제로 이런 사람들에게 혁신에 대해 질문하면 뻔한 대답뿐이다. 창조적인 생각을 해야하지 않겠는가, 질문을 많이 하는 것은 좋은 것이다 등의 모범답안만 이야기한다. 문제는 창조적인 생각이 도대체 무엇을 가리키는 것이며 어떤 질문이 효율을 극대화시킬 수 있을까라는 질문에 답할 수 있는 사람은 아무도 없다는 사실이다.

하지만 이런 사람들의 눈빛도 반짝일 수 있게 하는 방법이 하나있다. 그것은 바로 자기자신에게 해당하는 불만토로이다. 무엇이 가장 큰 불만인지, 어떻게하면 해소될 수 있는지, 경쟁사에서는 어떤 혜택이 더 주어지는지 등에 대한 이야기를 나누기 시작하면 곧 봇물터지듯 말은 쏟아진다. 변화는 필요없다던 게으른 시니어매니저들에게 조차도 불만을 이야기할 수 있는 장은 신선하여 진다.

열정이 가득한 사람들이 쏟아놓는 불만, 즉 회사죽이기는 비전을 잃은 회사가 새롭게 재탄생하는 윤회(輪回)의 기적(奇蹟)의 시작으로 자리매김할 수 있게 된다.(디디에 미라통(Didier Miraton) 대표의 말)

4) 기업도 인생도 성공하는 길

성공이란 자기의 목적을 달성하면 성공이다 고관대직을 지내고 갑부재벌이 되어야 성공하는 것은 아니다 행복이란 자기가 만족하면 행복이지 부호대작을 지내야 행복한 것은 아니다 우리는 어찌하면 성공하고 행복한 삶을 살아갈까? 내가 태어난 것은 내 임의성이 아니지만 나의 능력을 길러감은 내 자신의 책무이다 중력권에서 벗어나 나의 독자적 인품을 창조하자 감사하고 사랑하면 행복해진다.

세태와 국제정세는 우리에게 유리하지 만은 못하다. 숭외사상에서 벗어나고 배타적 비난을 지향하고 독자능력을 길러가는 克日·克美·克中의 정신으로 무장하고 자립의 역량을 길러가는 데 정성을 다하여야 할 것이다. 이러기 위해서는 국가백년 대계를 교육에 두고 노소를 불문하고 과학기술발전과 문화발전에 기여도를 높여 나가야 할 것이다. 특히 젊은 세대들은 국가관을 올바르게 정립하고 시대적 사명감을 가지고 학구열에 매진하여 후일 나라의 기둥이 되어 빛나는 영광의 나라를 이끌어야 할 것이며 중년기에 노인장년들은 세태를 직시하고 시간이 미서움을 인식할 필요가 있다.

시간은 우리를 용서하지 않이하고 기다려주지 아니한다. 주어진 시간을 어찌 활용하느냐가 차

그림 11-8 인생도 기업도 성공하는 길 모형 표

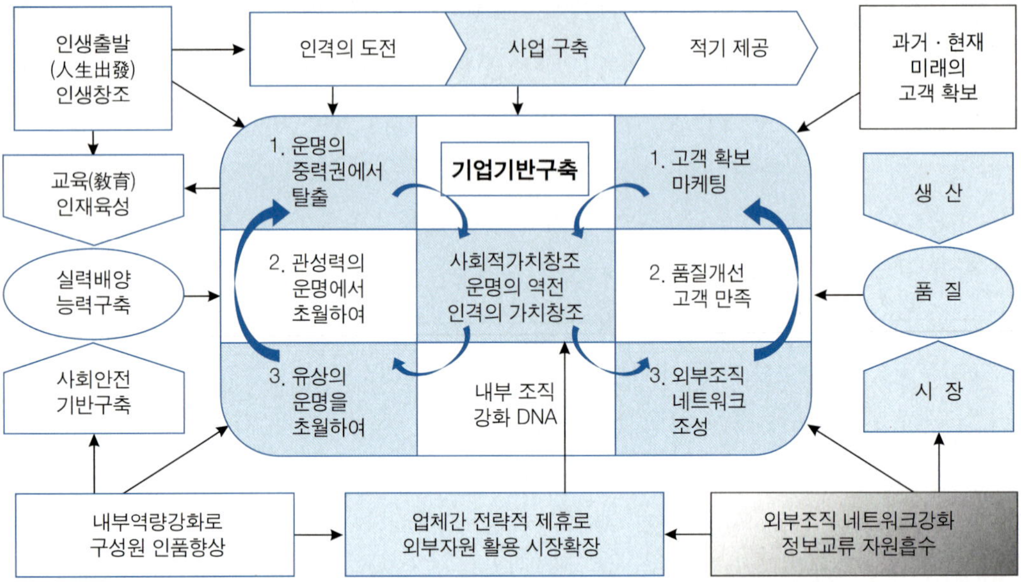

출처 : 기업도 성공하는 참고

별화의 관건이다 모자람을 채우는데 주저하지 말고 도움되는 곳이라면 어디든지 찾아가 나의 역량을 길러가자 이것이 나에 충실하는 길이요 국가사회 발전에 기여하는 길이 아닐가 생각하여 보게된다.

부담의 조건에 도약(跳躍)한다는 것은 그 조건의 배경을 안다는 것으로 인생에 있어서 깊은 차원의 지도가 필요하다. 고독으로 인해 강해지는 것만 아니라 어렵기 때문에 부를 구축하게 되는 것이다. 고독은 고생하는 사람의 기분까지 헤아려 후일 얻은 부를 고생하던 추억으로 사회에 환원하며 살아가는 인생 인생은 부담의 조건을 체험하면서 그 의미를 추월하는 단계 이리하니까 이렇게 되어버린 인생진화이다.

성공포인트

1. 전문지식을 갖춰라

어떤 분야의 성공자든 성공한 사람은 그 분야의 전문지식을 갖고 있다. 전문적인 식견을 가짐으로써 관찰력이 달라지고 정보소화력과 창작력이 달라져 성공의 접근율이 높아지는 것이다.

다재다능(多才多能)한 재사(才士)보다는 한 가지라도 적용기술의 전문지식이 있는지 스스로를 돌아보는 자기관리가 필요하다. 어설픈 기술자보다는 실무종사경력이 필요하다.

전문성과 효율성은 똑같은 시간에 보다 많은 성과를 거둔다. 그 요인은 근면성, 전문성, 치밀성 등이 복합수로 작용하는 결과이다. 큰 인물에게나 작은 인물에게나 주어진 시간은 똑같다. 자신에게 주어진 시간을 얼마나 효율적으로 사용하느냐에 따라 인생의 미래는 달라진다.

2. 준비보다는 행동하라

만반의 준비를 갖추고 시작하기에는 입지적, 환경적, 재정적 사정이 여의치 못할 경우가 많다. 미지의 세계란 완벽이란 누구도 예지하기 어렵다. 다소의 시련을 안고 행동하며 문제를 풀어가는 창조적 개발이 요구된다 하겠다. 성공자는 만반의 준비를 갖출때까지 기다리지 않는다. 사물은 불확실성과 변수를 가지고 있으며 전쟁을 치르면서 새로운 전략을 배우고 경영전선을 누비면서 새로운 경영모델을 착상한다.

요 약
summation

＊ 장수기업의 비밀

장수기업의 활동사항을 살펴봄으로서 장수기업을 지향하는 기업으로서 어떤 경영상의 처방을 요하는지가 중요한 의미를 갖는다. 우리의 몇마디 말이 사림들에게 의욕을 불어넣어 줄순 없지만, 장수기업들의 성공하는 가족기업들에 대한 자세한 설명은 기업을 운영하는 경영자들을 고무시키기고 참고할 충분한 가치가 있다 하겠다. 장기적인 접근방식에는 여러 측면이 있으며 숱한 어려움을 이겨낸 후에야 승리를 맛볼 수 있는 것들이다.

＊ 장수기업의 지배구조

장수하는 장수기업의 지배구조는 가족기업의 경영자들로 성공을 중시하는 출세주의자가 아니라 내실을 추구하는 경영기법을 구사하며 효율을 전제로하는 관리자처럼 행동한다. 이들은 기업의 장기적인 이익, 모든 이해관계자를 중시하며 주주보다는 직원, 고객, 사회를 더 중시한다. 모든 이해관계자들을 세심하게 배려할 때 주주들이 가장 큰 이익을 누린다는 역설적인 사실을 기억해야 한다.

＊후계접합성 역량, 자질

가족기업인 장수기업들은 후계자에게 적합한 역량과 자질을 심어주려고 오랜 기간 집중적인 경영수업을 시키고 있다. 이 프로그램들은 체계적인 승진, 다양한 업무수행, 광범위한 훈련과 상급관리자와 주기적인 회의 그리고 이들의 피드백을 포함한다. 장래성이 있는 후계자에게 가장 뛰어난 스승을 붙이고 다양한 일을 경험하게 한다.

＊수평적이고 형식에 얽매이지 않는 조직

우리가 연구한 많은 위대한 가족기업들은 직원들로 하여금 자유롭게 창의성과 참신한 지혜를 발휘하도록 배려했다. 조직을 가능한한 단순하게 구성하여 직급을 최소화하고 하급직원들에게 많은 권한을 주었다. 이들은 가치기준과 우선순위가 명확했고 관대한 처우로 직원들의 충성심을 얻었기 때문에 직원들에게 충분한 재량권을 주었다. 많은 공장에서 직원들은 어떻게 업무를 진행하고 품질을 개선할지 직접 결정했다.

＊혁신은 미래개척의 초석

장수기업을 유지발전하기 위해서는 중단없는 혁신의 노력이 이어졌을 때 가능하다. 지금이야말로 기업혁신을 수행하여야 할때라 생각하라. 차기성장과 기업의 가치향상을 위해 기업혁신을 수행해야 한다.

제 12 장

장수기업으로 진입전략

제1절 기업간 연대전략과 장수전략

♣ 내가 천하를 얻은 까닭

유방은 천하를 통일한후 이렇게 말했다. 장막안에서 계책을 세워 천리밖에서 승리를 거두게 하는데 있어서 나는 장량(張良)만 못하다. 국가의 안녕을 도모하고 백성을 사랑하며 군대의 양식을 대주는데 있어서는 나느소하(蕭何)만 못하다. 백만군대를 이끌고 나아가 싸우면 이기고 공격하면 반드시 빼앗는데 있어 나는 한신(韓信)만 못하다. 하지만 나는 이들을 얻어 그들의 능력을 충분이 발휘하도록 해주었다. 바로 이것이 내가 천하를 얻은 까닭이다.

- 초한지에서 -

1. 중소기업의 연대전략과 장수전략

1) 서 론

우리나라 중소기업기본법의 규정에 의하면 중소기업의 기업대비 비율은 99%대를 점하고 있는 절대적인 수치이다. 중소기업을 둘러싼 경영환경은 여전하게 어려운 실정이다. 단일기업이 보유획득한 경영자원만으로는 변화하는 상황에 대응하기 어렵다. 특히나 불확실성과 리스크가 높아 다이나믹하게 변하는 경영환경에 대응하는 것은 극히 어렵다. 특히, 경영자원에 제한이 있는 중소기업의 경우, 자사단독으로는 기업성장에 한계가 있는 신제품서비스개발을 통한 신규사업과 새로운 시장개척은 결코 용이하지 않다. 따라서, 사업전개에 불가결한 보완적인 경영자원과 능력을 외부에서 구하고 경영자원의 부족을 보완할 필요성을 갖게한다. 신제품서비스의 개발과 신규시장의 개척은 기업의 진로와 운명을 좌우한다.

따라서 자사의 경영자원을 보완할 수 있는 기업간의 연대, 특히 이업종기업간 교류를 통하여 사업을 전개함으로서 성장과 지속경영이 높아진다. 자사단독만이 아닌 사내외의 자원을 전략적으로 활용할 수 있는 협력관계를 활용한 사업전개가 격화하는 경쟁환경 중에서 중요한 전략 쏠(soul :

정신)로 중시되고 있다. 또한, 사외와의 교류를 촉진하고 조직내의 경영자원과의 새로운 조합을 가능케하는 협조·협력·공동의 개념이 더해진 기업전략이 강조되어 왔다.

1980년 이후 기업은 신상품 및 신기술의 개발, 경영자원의 교류 및 공유 등을 목표로하는 이업종교류와 기업간 연대를 활발하게 전개하고 있다. 동일업종의 경쟁기업간 혹은 타 산업기업간 협력을 통한 사업활동은 환경변화에 적절이 대응하는 유연성을 제품혁신 내외부자원을 효과적으로 결합하여 운영하는 경영능력의 향상 등이 기업을 장수하게 만들어가는 초석으로 기대된다. 따라서,

- 기존능력의 활용과 새로운 능력의 개발을 동시에 추구하는 것이 효과적이다.
- 환경대응으로 경생력을 개선하는 특유의 능력과 조직내 외부자원을 강화할 수 있는 많은 선행연구로 논의되었다.

외부협력을 중시하는 기업행동 중에서 전략적 연대에 관한 선행연구에는 동기, 성공요인, 행동의 효과 등이 이론면과 실증면에서 분석돼 왔다. 연구성과는 기업이 필요로 하는 많은 스킬(숙련)이나 자원이 기업의 외부에 존재하므로 외부와 내부를 결속하는 전략적 연대가 경쟁의 성패를 결정하는 중요요인으로 강조하고 있다.

본 장에서 문제의식의 중요성은 지역경제의 활성화주역으로 기능성을 가진 지역중소기업이 전개하고 있는 기업간 연대로 협동활동에 주목하고 있다,

- 동업종보다 이업종기업과의 연대에서 보다 높은 경영성과를 얻는 것은 아닐가
- 같은 기능보다 다른 기능을 가진 주최와의 연대에서 보다 효과적이지 않을가
- 기업간 연대를 통해 타지역진출을 통한 사업성과가, 지역내 중심의 사업성과보다 높지 않을가하는 소박한 기대와 의문점을 갖게한다.

본 장의 목적으로 연대를 통한 사업전개의 실태분석을 통하여 그 활동의 성과, 동기, 만족도, 성공하는 요인, 기대효과 등을 해명하는 것이다. 그 결과를 답습하여 보다 효과적인 연대관계의 설정과 운영을 위해 시사되는 점을 제시함으로서 장수기업으로 가는 길을 열고자 한다. 한 사례로 일본 후꾸시마현하 중소기업을 대상으로 한 실증분석을 통해, 가장 중시된 중소기업문제는 현재 사이의 강화와 시장확대인 점을 파악하고 이 문제해결책의 하나인 외부협력관계를 활용하는 기업전략과 행동의 분석에 초점을 맞추고 고찰하고자 한다.

전략적 시사점의 도출은 중소기업의 경쟁력. 기술력의 강화를 목적으로 한다.

- 기업간 연대관계의 적절한 목표설정

그림 12-1 중소기업의 연대전략과 장수전략

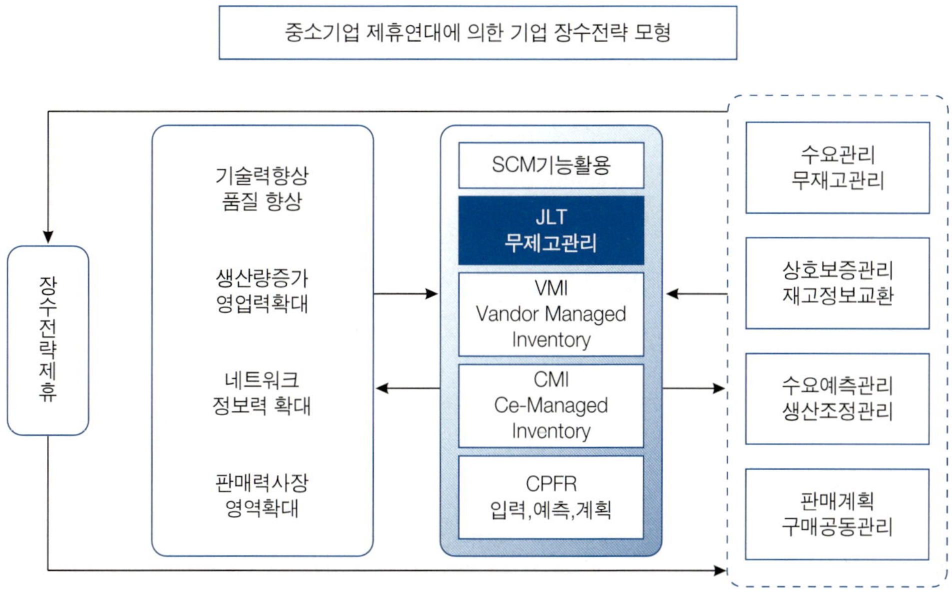

출처 : 전략적 제휴 공급사슬 활동모형 참고 기업장수전략 모형 작성도

- 중소기업간 효과적인 연대활동의 실시
- 산학관계나 이업종기업과의 연대관계의 형성에 있음을 강조한다.

2) 기업간 연대를 통한 경영활동

(1) 기업간 연대활동에 관한 이론

본 장에서는 지역경제활성화를 위한 기업간 연대의 사례를 인용하고자 한다.

후꾸오카현의 기업과 같이 지역경제의 활성화와 생활수준향상에 공헌하는 지역기업의 경쟁력과 사업기반을 지역에서 사업전개와 지속적인 성장을 기하면서, 격한 글로벌경쟁에 대응할 수 있는 재화와 서비스를 창출하는 능력으로 정의하고 논의키로 한다. 또한 기업간 연대활동은 기업들이 특정목적이나 이익을 위해 협력하여 전개하는 활동을 가리키는 것이므로 공동연구개발 · 제조 · 판매 · 판촉 등의 제반활동을 포함하여 기업행동으로 정의하고 논의하기로 한다.

근년, 기업간 연대를 통해 기업활동의 여러 가지 면에서 특히 동기, 목적, 성공요인 등을 해명하기 위한 연구가 활발해지고 있다. 이들은 경영학만이 아니라 산업조직론, 지역경제학 등 거래비용코스트이론 등을 포함하여 다양한 이론적인 어프로치(접근)에서 연구되고 있다. 특히 산업조직론

분야에서는 산업구조 중에 있는 기업의 상대적 위치가 중요한데 자사의 전략적 위치를 높이기 위해 기업간 연대관계를 활용하여 시장력을 확대하고 이익의 최대화로, 능력과 경영자원을 획득하는 것이 중요하다고 논하고 있다. 이와 같이 다양한 분야에서 분석된 기업간 연대, 주로 전략적 연대에 관한 연구테마와 논점은

- 협력기업간 관계
- 협력관계의 성립동기와 목적
- 협력관계의 형태와 전개패턴
- 성공요인과 그 조건 등으로 크게 나누어 분류된다.

첫째로 최근의 전략적 제휴를 포함한 기업간의 연대관계를 해명하는데 초점을 맞춘 연구에서는 전략적 제휴를 다음과 같이 논하고 있다,

- 전략적 제휴의 동기, 과정, 형태별로 다른 전략성과 기업간 관계에 관한 이론적. 실증적 연구가 이루어지고 있다,
- 전략적 제휴의 실태 및 활용방법에 관한 탐색적인 연구가 주류를 이루고 있다. 이들 선행연구는 전략적 제휴의 성공적인 도입과 효율적인 운영 및 관리에 중점을 두고 있으므로 실제로 기업의 전략적 정책프로세스에 공헌하는 것으로 평가된다.

이들 연구에서는 1980년대 후부터 현저하게 출현한 전략적 제휴는 복수의 기업에 의한 협력네트워크의 구축을 통한 의도적 행동으로, 외부자원의 호혜적인 사외이용을 목적으로 하는 전략적인 기업행동으로 논하고 있다. 또한, 특히 경영자원에 제약이 있는 중소기업에서 외부기업과의 연대는 경영자원의 보완을 통해 새로운 경쟁우위가 창출되는 매우 중요한 전략수단으로 논하고 있다.

둘째로, 전략적 제휴의 동기나 목적에 관한 연구가 열거된다. 이와 같은 연구에서는,

- 경쟁차원의 확대
- 선행분야에서 조기의 경쟁우위확립
- 신제품이나 신사업창출을 위한 이질요소의 필요성
- 새로운 경영자원의 축적
- 막대한 연구개발비의 부담문제
- 사업리스크 분산
- 자사 약점의 보완과 강점의 창출

- 국제적인 경제마찰의 회피와 보완 등을 기업간 연대의 동기와 목적으로 논하고 있다.

셋째로, 경영전략론 분야에서는 전략적 제휴의 유형과 구체적인 전개패턴에 관하여 다양한 관점에서 다수의 연구가 축적돼 있다. 전략적 제휴에 관해

- 합병, 라이센스, 공동연구개발협력
- 장기공급협정
- 주식의 상호보유 등을 통한 기업간 연계
- 공동사업(Collaborative Ven tures)을 포함한다.

기업간의 파트너십에 근거한 기업간 관계로는

- 업무제휴
- 업무, 자본제휴
- Joint Ventures로 분류하면서

전략적 제휴를 촉진하는 요인으로는

- 규모의 경제추진
- 경합으로부터 학습
- 리스크관리와 코스트부담
- 암묵적 담합의 사업전개
- 저코스트로 신시장잠입(진입)
- 기존업계내의 신사업전개
- 저코스트경쟁이 추진
- 불확실성의 대응 등을 열거하고 있다.

그리고, 다께다(1998)는

- 기술제휴(기술공여, 공동개발)
- 조달제휴(부품조달, 생산위탁)
- 생산제휴(공동생산, 생산위탁)
- 판매제휴(판매위탁)로 분류하고, 사토(1996)는 기업제휴, 사업제휴, 자본제휴, 기술제휴, 개발제휴, 생산제휴, 판매제휴, OEM(주문자 상표부착)제휴, 업무제휴로 분류하였다. 이들 선행연

구는 기업의 국제화나 타지역·타분야로 진출사례를 분석대상으로 하여 전략적 제휴의 다양한 전개패턴고찰을 시도하고 있다.

넷째로, 전략적 제휴를 중심으로 한 기업간 연대활동을 성공의 조건에 관해 연구가 열거되고 있다. 이 연구에서는

- 각 주체가 특정목적을 추구하면서 독립적인 지위를 유지할 것
- 각 주체가 제휴의 이익분배에 참가하는 것
- 각 주체가 제휴활동에 공헌한다는 세 가지 필요충분조건을 갖춤으로써 성공가능성이 높아지는 것으로 논하고 있다.

또한, 제휴의 효과성은

- 각 제휴참가자 간의 상호신뢰
- 쌍방의 합의에 의해 규제와 프로세스를 정하는 공정성
- 제휴상대의 능력과 특성을 포함한 제휴조건의 검토를 철저하게 하는 것 등이 전략적 제휴의 성공요인으로 중요함을 논하고 있다.

이와 같은 선행연구의 결과는 고도의 스킬(숙련, 숙달)과 지식, 경영자원의 활용노하우, 연대활동의 경험등 기업간 연대를 성공으로 이끌요인을 갖지 못한 중소기업의 기업간 연대의 성공율과 성과가 낮아진다는 역설적으로 논하는 연구결과로 생각된다. 따라서, 중소기업의 연대를 통한 사업전개에는 명확한 목적을 설정해서 실행프로세스 연대관계의 성과를 높이는 방안, 성과의 분배와 책임문제 등을 설계하는 계획단계에서 충분한 검토가 필요하고, 그 점에 관하여 적절한 어드바이스가 가능한 지원기관과 협력의 중요함이 강조된다.

2. 중소기업의 경영과제

1) 협력관계와 활용의 효과

중소기업의 업황판단(業況判斷)에 의하면 2002년부터 제조업의 주가는 형태로 개선돼 왔는데 2007년 들어서는 악화를 지속하고 있다. 중소기업의 수익저하에 의한 자금회전율 둔화와 인재와 노동문제, 제품개발의 곤란으로 기업의 성장둔화의 요인으로 작용하고 있다. 중소기업의 업종구성에서 제조업의 비중이 큰 지역의 기업의 업적도 악화되는 현실을 읽을 수 있다. 또한, 중소기업의

실태는 경기조사에 의하면 민간수요의 정체, 동업자 상호간 가격경쟁의 격화, 거래처의 감소, 판매처로부터 단가저하요청 관공수요의 정체는 2000년 초반의 버블붕괴후 바닥을 치는 심각한 정도로 수요감퇴의 쓰라린 경지를 넘기위해 동업자 간의 가격경쟁이 격화되는 실정으로 분석되고 있다.

중소기업을 괴롭히는 요인이나 활성화방법의 해명을 시험하는 많은 선행연구는

- 중소기업의 경영환경개선을 위해 실시되는 지원책과 제도의 효과
- 중소기업과 대기업의 성장패턴 차이점
- 중소기업의 연구개발활동을 촉진하는 방법
- 중소기업문제의 본질과 그 문제를 해결하는 방법 등 다양한 각도에서 진행되었다.

선행연구 결과에서는

- 대기업은 혁신주도형 기업에 변신을 모색하고 있으나, 중소기업은 아직 요소주도형 단계에 머물고 있는 점
- 많은 중소기업은 대기업과 하청관계중심의 구조로 독립성이 부족하여 대기업의 침체가 중소기업의 침체로 되는 점
- 경제환경의 변화에 탄력적이면서 적극적 대응이 불가능한 영세자 영업비중이 높아지고 열악한 노동조건과 고용불안이 길어지고 있는 점
- 대·중소기업 간의 매출규모, 임금, 생산성 등 격차가 심화되고 있는 점은 중소기업의 구조적인 문제점과 해결과제로 지적되고 있다.

이와 같은 선행연구성과로 본 장에서 주목하는 것은 동업계 기업만이 아닌 이업종의 기업을 포함하여 외부기업과의 연대활동에서 생기는 문제와 과제이다.

중소기업의 경쟁력 강화와 발전을 논할 때, 80년대 이후부터 관심이 높아지고 있는 기업간 협력이나 연대라는 개념을 빼놓을 수 없다. 최대의 이유는 중소기업이 가진 경영자원은 대기업에 비하여 떨어지고 그것으로 인해 중소기업의 발전이 제약되는 것을 들수 있다.

한계가 있는 경영자원을 유용하게 활용하기 위해서는 자사가 경쟁우위를 가진 자신있는 핵심분야에 경영자원을 집중하고, 그 외의 분야에는 타기업이나 기관과 유연하게 연대하여 외부의 경영자원을 적극적으로 활용하고 상호보완하는 것이 현실적으로 요구되는 것이다. 특히, 중소기업을 가장 괴롭게 하는 판매분야와 제조분야, 연구개발분야의 연대활동에 의해 중소기업은 규모의 경제와 범위의 경제를 달성하는 것 외에도 연결의 경제, 보완효과라는 시너지효과의 획득도 기대할 수 있기 때문이다.

중소기업의 활동영역이 다양한 산업분야로 파급되는 것이다. 다양하면서 우수한 기술·기능이나 노하우, 판매채널 등 풍부한 경영자원을 가지는 것에 주목하고 있다. 개개중소기업이 가진 경영자원을 결속하면서 개개기업이 가진 경영자원의 한계를 넘는 상호작용을 활성화할 수 있는 중소기업끼리의 연대의 중요성이 강조되고 있다. 경영자원의 상호작용을 가능케하는 창조적인 경영전략의 전개 필요성을 논하게 된다.

기업의 성장패턴을 단순화하여 보면, 단일사업을 특정지역에 거점을 두고 로칼전개하면서 축적한 경험과 경영자원, 노하우 등을 기반으로 하여 가일층 사업확대를 위해 타지역이나 해외진출을 기하는 과정을 답습하고 성장해가는 패턴이 전형적이라고 본다. 구체적으로 타지역으로의 진출에는 다른 지역에 대응하는 문제와 리스크와 불확실성이 존재한다.

이 문제는 리스크와 불확실성을 낮추기 위한 행동을 보면 초기단계에서는 사업활동의 리스크와 부담을 최소화하는 단순판매(납품)방식을 선택하지만, 사업경험과 지식, 경영자원이 축적되면 계약적 방식(라이센싱, 프렌차이징, 계약생산 등)과 직접투자방식(합병투자, 직접투자, 전략적 제휴, M&A 등) 등에 사업전개방식을 고도화시킨다. 이 성장단계별이 필요한 기업내부역량, 적절한 기업규모나 경영노하우와 경영자원을 획득하기 위해 많은 기업은 타사와의 연대를 활용한다. 이 연대관계를 활용할 때, 기업의 성장단계별 목표와 중점포인트가 다르게 되고, 각사마다 직면한 문제와 과제, 동기, 목표 등이 다르므로 다양한 연대의 패턴이 보이는 것으로 분석된다(표 12-1).

위의 설명과 같이 기업간 연대활동은 그 동기와 전략상의 목표나 사내외의 요인, 처해진 상황 등에 따라 기업간 관계의 구성과 전개단계별 기업행동패턴이 극히 다양해진다. 선행연구는 단독요인이 아닌 몇 가지 요인이 조합된 복합적 요인에 의해 형성되는 다양한 패턴의 연대활동이 전개되는 것으로 분석되고 있다. 여기서 연대활동은 확실히 글로벌시장에서의 존속, 시장지위의 향상을 실현하는 전략적 솔(정신)로 유용한 것으로 분석되고 있다.

표 12-1 기업 협력관계 구조와 목적

형 태		기업분야와 목적
수평형	보완형	기술개발, 제품개발, 판매 등, 전분야의 상호협력을 통해 보완과 학습의
	리스크 분산형	기술개발, 시설투자나 신규사업의 전개시 따르는 불확실성과 리스크분산
수직형	생산성 향상형	선발기업은 생산시설 투자의 리스크와 부담의 저감 후발기업은 선발기업과의 협력을 통한 생산성향상과 학습효과
	N/W 성형형	선발기업은 자사기술의 확산과 시장점유율의 확대, 후발기업은 기술자원획득이나 보완과 학습실행
수평적. 수직적		사업다각화로 해당산업의 전후방분야로 진출

그 때, 연대활동의 대상은 동업종이나 이업종의 기업에 한정되지않고 지방자치제, 대학이나 연구기관 등까지 포함하고 국내에서도 다양한 주체가 연대하여 형성된 협력네트워크는 적다. 다음은 이 동업종만이 아닌 이업종기업과 협력관계를 구축하여 발전을 모색하고 기여의 동향에 주목하여 이업종기업과 연대를 효과적으로 활용하는 활동의 동향과 그 요인에 초점을 맞추어 분석한다.

2) 이업종연대를 통한 사업전개

근년에 와서 지역경쟁력과 지역기업에 대한 관심이 높아지고 있다. 많은 연구에서 이 두개는 별도의 것이 아니고 상호영향을 받으면서 발전하는 개념으로 인식되면서 분석하고 있다. 이 지역기업과 지역경쟁력을 분석한 선행연구에 나타난 금일의 기업행동에서 세 가지 중요한 변화포인트와 의미를 음미하고 있다.

첫째로, 지역내외 기업이나 다양한 주체로서 연대를 중시하는 점이다. 강한 경쟁력을 가진 지역을 의미하는 산업클러스터(동업종집단의 의미), 산업적, 공업단지, Innovative Miliec(이노베이티브미리에) 등의 개념을 제시하면서 강한 경쟁력을 가진 지역의 조건이나 요인, 성장프로세스를 분석한 연구로 공통적으로 지적하는 것은, 강한 지역에는 강한 연대네트워크에 의해 강한 경쟁우위에 있는 지역에서 주역은 대기업이고, 중요한 역할을 맡은 나라의 정책도 결과적으로 대기업을 활성화하게 되는 육성책으로 변모되고 중소기업정책은 미사여구(美辭麗口)로 이어지는 현실이다.

근년의 실태를 살펴보면 점점 지역중소기업에 관한 관심과 기대감이 높아지고 있다. 다양한 지역중소기업의 육성책이나 환경정비가 되고 있다. 이 정책과 지역중소기업의 환경변화에 따라 다양한 주체로서 연대는 관심을 끌게되고 연대활동은 선택할 한 가지가 아닌, 기업경영에 빼놓을 수 없는 절대성을 가진 활동으로 인식이 변화되고 있다.

둘째로, 미래지향적인 경영은 근년사이에 나타나는 일본산업의 실상을 참고하여 경영전략에 참고하는 것이 좋을 듯하다. 일본에서는 비교우위보다 경쟁우위를 중시하는 것을 볼 수 있다. 최근에 와서 기업의 국내회귀현상을 분석한 결과에서 많은 일본기업이 국내사업전개의 한계를 극복하기위해 저 인건비나 저가생산을 가능하게 하는 비교우위를 찾아 해외거점을 중시하여 사업전개를 하였으나, 높은 생산성과 지식에 기초한 경쟁우위가 창출되는 국내로 회귀하는 것으로 분석된다. 이 국내회귀현상이 의미하는 것은 글로벌적인 경쟁시대에 생존하기 위해 기업전략의 중점은 코스트우위가 달성되는 자연적 자원, 노동적 자원 등 부존자원을 중시한 입지조건으로 변화하는 것이다.

이 비교우위를 중시하는 패러다임변화가 일본기업의 본국회귀를 가속화하는 요인의 기능을 하고 새로운 중핵(中核)생산거점과 생산기술이나 신제품개발담당의 연구개발 거점을 결정하는 주된 요인으로 분석할 수 있다. 따라서 지방자치체의 기업유치책은 코스트저감을 가능케하는 비교우위의 달성에 공헌할 수 있는 타지역보다 유리한 조건을 제시한 유치정책에서 이익증가, 창출을 가능케하는 경쟁우위의 강화로 이어지는 타지역과 차별적인 지원책과 지역적인 특징을 살린 유치정책의 질적변화가 필요한 것으로 강조된다.

마지막으로, 대기업 [의존형 비즈니스 모델]에서 [자립형 비즈니스 모델]로의 변화를 들 수 있다. 일본의 생산성향상과 경쟁력강화에 공헌한 가장 일반적인 중소기업의 비즈니스모델이라고 말하는, 하청형 비즈니스 모델의 변화에 초점을 맞춘 연구에서도 지역중소기업의 변화가 분석돼 있다. 1980년에는 중소기업의 약 7할이 하청기업 형태였던 하청형 비즈니스 모델은 신기업을 정점으로한 1차 하청, 2차 하청이 되는 피라밋형 조직으로 장기거래에 근거한 분업을 통한 생산의 전문시스템이다.

이 일본의 하청시스템 전개를 지탱하는 조건으로는

- 일본경제가 성장기였다는 점
- 발주측과 하청측이 종속관계였다는 것
- 일본의 생산방식이 국내완결형이었다는 점을 들고 있다. 그러나, 1980년대 이후 종래형의 하청시스템에서 탈바꿈하고 탈하청화와 다각화를 기하는 중소기업의 새로운 경향이 나타났으며, 기술력이 있는 중소기업이 새로운 분야로 전환한 예도 적지 않다. 또한, 자립한 부품메이커나 조립전문기업으로 변화를 통해, 다수기업과 거래를 가능케 하는 독자의 네트워크를 구축한 기업도 적지 않다.

이상, 간단히 고찰한 바를 요약하면

- 연대관계를 중시한다.
- 비교우위보다 경쟁우위를 중시한다.
- 의존형에서 자립형 비지니스 모델로 변한 세 가지 기업행동변화에서 공통적인 것은 동업종만이 아닌 다양한 이업종기업이나 다른 주체와의 효율적인 연대활동을 통해 창출할 수 있는 경쟁우위에 기대감이 높은 점이다.

우선, 이업종기업간 연대를 고찰해보면, 이 활동은 기업경영상 경쟁상대가 아닌 이업종기업이 하나의 그룹이 되고 각 기업의 경영정보, 경영자원이나 사업전개상 문제점 등을 공유·교류하면서 협력을 기초로 자사의 경영목표를 달성하는 경영전략과 전략수단을 모색하는 활동과 실제의 공동행동으로 이동하는 활동을 의미한다. 또한, 이 이업종교류활동에는 공동개발이나 사업화를 목표로

한 교류를 통한 학습효과와 연대성과의 자사흡수와 활용능력이라는 측면이 중요하다.

그 유형은 정보교류형(정예화, 강연회, 견학회 등), 경영자원의 상호이용형(생산, 연구, 실험설비의 공동이용, 경영과 기술노하우 공유, 판로, 인재의 공유 등) 신제품개발형(개발자원의 제공과 역할분담을 통한 공동연구에서 단독개발이 어려운 신기술과 신제품을 개발) 등으로 분류된다.

제1단계, 신뢰기반구축과 정보. 인적교류가 되는 교류단계

제2단계, 제품(상품)개발과 공동실행계획을 책정하는 상호개발단계

제3단계, 신규사업을 전개하는 사업화단계

이업종교류활동의 정보와 인적교류의 활성화를 통한 신싱품개발이나 신규사업개척 외에도 문제해결능력의 향상, 자사의 독자적인 경쟁우위확립 등을 통한 경영스킬(숙련)향상 등이 열거된다. 특히, 새로운 분야진출을 계획중인 기업은 주로 거래처·외주처(주로 이 근거리기업간 계속적·폐쇄적(閉鎖的))교류는 이점도 많으나 사업내용이나 채택기술과 판로 등의 고착화우려가 있다. 다른 한편으로는 원거리기업과의 교류는 신사업전개와 신시장개척을 가능케하는 효과가 기대되지만 가시적 성과를 보는데는 장시간과 대량경영자원을 요하는 것으로 생각된다.

따라서 산학연대활동은 산업계와 학계의 상이한 영역에 속하는 조직이 연대하고, 현재까지 장래 사업전개에 필요로 경영자원의 개발·정보 등의 학습과 습득으로 지식경쟁우위를 구축해가는 활동으로 정의된다.

3. 중소기업 연대활동의 실효성

기업간 연대를 함으로서 새로운 역량, 새로운 시장의 안목이 넓어져 새로운 영역으로 도전의 욕구충동을 갖게된다. 이로 인해 기업관이 달라지고 활동역역이 넓어짐으로서 기업성장과 확장의 매개적 동기가 된다.

1) 타사와의 연대를 통한 사업전개

후꾸시마현하의 기업 중에 타사와의 연대를 통한 사업전개 중에 있는 기업은 38%이고, 이전에 경험한 바있는 기업 9%를 포함하면 47%이다. 이 연대를 통한 사업전개를 경험하거나 전개중이라고 회답한 기업의 현상을 분석하면 다음과 같이 정리된다.

우선, 협력기간은 6~8년(22%)과 4~5년(22%), 6~10년(16%)의 순이고, 2~3년(17%)과 1년

그림 12-2 중소기업간 연대로 기업성장 실효성 모형

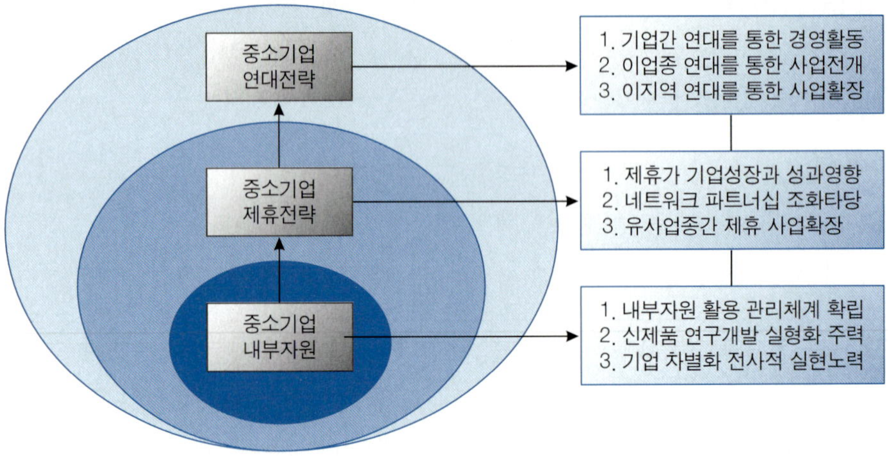

출처 : 農林水產省人材育成事業 事業環境分析 參考, 중소기업성장 실효성 모형 재도

미만(16%)의 상대적으로 단기간의 협력보다 중장기적인 협력관계를 유지하는 경향이 있다. 또한, 연대기업수는 2~3년(40%), 1사(23%)로 63%를 점하고, 다수기업보다 소수기업과 밀접한 관계를 길게유지하는 경향이 나타났다. 구체적인 연대를 통한 사업전개의 동기로는 시장개척(81%)이 압도적으로 많고, 생산활동의 강화(9%), 연구개발(5%), 원가삭감(2%)의 순으로 열거된다.

다음으로, 후꾸시마현하 기업과 연대관계를 유지하고 있는 상대기업은 지역별로 후꾸시마현내 43%, 간토(關東)지역 28%, 도후꾸(東北)지역 21%이고, 현내와 지리적으로 근접한 상권이 형성되어 있는 지역은 92%를 점유하고 있다. 또한, 그 상대기업과의 협력분야에서는 판매분야(38%)가 가장 많고, 기술분야(28%), 생산분야(21%)의 결과에서 후꾸시마현하 기업은 직면한 과제인 판매개척 · 생산부문의 강화를 위해 타지역진출을 시사할 점이 도출되었다.

본 고의 조사에서 주목할 부분은 어느 것도 말하지 않음, 무응답이란 판단유보 또는 판단불능이란 대답이 많았다. 특히, 연대관계를 활용한 사업전개효과나 만족도 등 가치판단을 요하는 항목에서는 특히, 명확한 판단이 되지않거나 판단유보 답의 비율이 높았다. 이것은 현재의 사업업적에 영향을 주는 요인이 국제적인 경제불황 및 국내경기의 장기적 침체 등, 통제할 수 없는 외부상황에 의한 것인지, 기업자체가 행한 다양한 활동에 의한 것인지 불명확하여 판단이 어려운 것에 기인하는 것으로 판단하고 있다. 이와 같은 인식이 협력관계를 통한 사업전개효과의 판단에도 영향을 주는 것으로 생각된다. [어느 것도 말하지 않음]이란 직접적인 판단을 표시하지 않은 응답에 관한 치밀한 조사는 금후과제로 남는다.

표 12-2 연대활동에 관한 만족도(%)

구 분	국내사업에 공헌	사업전개에 불가결	현 사업의 경영자원확보	금후 사업 경영자원확보
매우 높다	13	21	11	11
높 다	34	33	31	27
판단유보	28	30	39	42
낮 다	13	9	22	24
매우 낮다	12	7	8	6
합 계	100	100	100	100

판단유보나 판단불능의 회답을 제외하고 연대활동의 성과에 관하여 현하 기업의 판단과 현상의식을 분석해보면 이하와 같이 정리된다.

우선, 대부분 국제사업을 전개하지 않는 후꾸시마현하 기업에서 국제사업에 대한 공헌도는 낮은 것으로 기획단계에서 예측되었다. 이 항목을 제외하고 현재의 국내사업전개에 필요성이 높다(44%). 현재 사업전개에 필요한 경영자원확보에 공헌도가 높다(47%), 현재의 사업에 필요한 경영자원확보에 공헌한다(44%), 장래 사업에 필요한 경영자원의 확보에 공헌한다(38%)의 긍적적인 판단의 답이 많았다(표 12-2). 이 항목에서 현재의 국내사업전개에서 외부와의 협력관계를 중시하는 높은 기대감과 인식의 확인이 가능하였다. 그리고, 우호적인 기업간 관계를 유지하기 위해 중시하는 항목으로는, 커뮤니케이션(34%)이 가장 높고, 기술(25%)이나 인적교류의 확대(12%), 상대기업의 이익배분(16%)으로 열거된다.

또한, 연대관계유지에 어렵고 곤란한 항목은 커뮤니케이션(37%), 상대기업의 의욕(19%), 인재확보(15%), 협력업체의 탐색(14%)의 순이었다. 다른 한편 상대기업의 자사개입에 대한 만족도가 높다(53%)로 판단하는 기업은 불만족이다(19%)보다 많았다.

2) 타지역진출협동에서 기업간 관계

후꾸시마현하 기업중에서 타지역으로 진출중이거나 진출경험이 있는 기업은 전체의 40. 3%였다. 이 타지역진출 유무별 사업성과에서는, 타지역진출경험이 있는 기업의 평균매출은 14억 5,589만엔으로 타지역진출경험이 없는 기업의 4억 3,497만엔보다 3배 넘는 높은 업적임을 알게 되었다. 또한, 타지역진출의 경영성과에 대한 회답을 분석해보면, 현하 기업의 타지역사업에서 이익이 있는 경우(43.5%)가, 손실이 있다는 케이스(24.2%)보다 많음을 알았다. 이익=손실로 답한

표 12-3 협력사업전개 유무와 타지역사업전개(%)

구 분		타지역 사업전개				합 계
		전개중	철 수	전개 무	금후계획	
협력사업 전개상황	전개중	50.0 (18.9)	1.7 (6)	35.0 (13.2)	13.3 (5.0)	100 (37.7)
	전개경험 있음	26.7 (2.5)	26.7 (2.5)	46.7 (4.4)		100 (9.4)
	자사 단독전개	25.0 (13.2)	4.8 (2.5)	63.1 (33.3)	7.1 (3.8)	100 (52.8)
합 계		(34.6)	(5.7)	(50.9)	(8.8)	(100)

경우도 32%였는데 타지역에서 사업성과는 매우 높은 것으로 표시되었다.

후꾸시마현하 기업이 진출한 지역은 연대관계를 유지하고 있는 기업의 소재지와 사업전개를 하고있는 기업은 10%에 머물러 있음을 알 수 있다. 또한, 타지역으로 진출형태로는 지점. 지사를 포함한 자회사의 설립을 통한 형태(48%)가 많았다.

지금부터 타지역진출행동에서 기업간 연대활동을 분석한다. 먼저, 기업간 연대의 활용유무와 타지역에서 사업전개 유무를 교차분석을 통해, 단독시업전개중 기업에서 타지역으로 진출하는 케이스는 25%정도인데, 연대를 통한 사업전개를 하는 기업중 타지역에서 사업전개를 진행하는 케이스는 반수정도인 현실을 보게된다. 이점을 통해 현하기업이 사업확대를 위해 타지역으로 진출할 때 타기업과 연대관계를 활용하는 경향이 높은 것을 알 수 있다(표 12-3).

그리고 타지역에서 시업활동(진출분야)을 분석해보면, 기업간 협력관계(진출분야)를 활용하는 그룹의 경우 판매부분(68%)이 가장 압도적으로 많고, 생산부문(20%), 조달부문(8%), 인적부문(4%)의 순이고, 협력관계 활용경험이 없는 그룹의 경우 판매부문(81%), 생산부문(8.1%), 연구개발부문

표 12-4 협력유무와 타지역 전개부문(%)

구 분 \ 해당부문	연구개발	판 매	조 달	생 산	인적자원관리
연대사업전개(100%)		68	8	20	4
단독전개(100%)	5.4	81.1	2.7	8.1	2.7
합계(100%)	3.2	75.8	4.8	12.9	3.2

(5.4%), 조달과 인적자원관리부문(각 2.7%)의 순이다(표 12-4).

이것으로 인해 후꾸시마현하 기업의 타지역진출행동에서 연대유무별로 그 동기의 차이는 없었고, 판매나 생산부문의 강화가 주된 타지역진출 동기임이 확인되었다.

이와 같은 협력관계를 활용한 활동분석에서 타지역진출의 형태와 행동이 자사제품의 판매나 제조가 메인이 되는 것, 지역밀착성을 가진 사업전개에 집중하는 것을 알았다. 이 점은 진출동기에 관한 회답으로 시장개척(81%)이 압도적으로 많은 비중을 차지함이 이면(裏面)에 있다.

3) 이업종기업과의 협력관계와 사업성과

여기서는 후꾸시마현하 기업이 연대하고 있는 기업간 관계의 중신(中身, 중추적 형태)과 그 효과에 관한 분석을 한다. 우선, 기업간 관계별 평균매출액을 분석하면 동업종기업과의 수직관계(39건, 7억 5,976만엔)에 있는 기업수가 가장 많고, 동업종수평관계(18건, 7억 2,488만엔), 이업종수직관계(7건, 13억 3,933만엔)의 순인데, 이업종기업과의 수직관계를 형성한 기업의 사업업적이 가장 높음을 알 수 있다. 이들 기업간 관계를 본사 소재지별로 조사해보면 후꾸시만현내 동업종기업끼리의 수직적 연대가 가장 많고, 동북지역이나 관동지역의 동업종기업과의 연대가 중심인 것을 알 수 있다.

지역과 기업간 관계를 크로스(교차)로 한 분석에서, 후꾸시마현하 기업은 근거리에 입지한 동업종기업과의 협력으로 보완적인 경영자원의 활용과 정보나 기술교류를 통한 사업전개를 중시하는 것이 밝혀졌다.

그러나 전술한 바와 같이 근거리에 있는 동업계 기업과의 폐쇄적인 협력관계는 현재의 사업확대나 강화를 기대할 수 있으나. 현 비즈니스에 고착할 우려가 있는 것으로 지적된다. 이 논점에 관해 현하기업의 협력기대부문을 분석한 결과, 확실히 현사업의 강화나 리스크의 경감을 기하는 목적이 69.4%로 협력관계를 통한 신시장이나 또는 신사업개발을 목적으로 한 미래지향적 기업간 관계(30.6%)보다 2배 이상 높았다. 이 결과에서, 동업종기업과의 연대를 통한 사업전개는 현사업의 강화라는 플러스적인 효과가 기대되지만, 동시에 현사업의 고착화라는 마이너스 기능도 공존한다는 주장을 부정할 수 없다고 논하여 왔다(표 12-5).

이 사업의 강화와 직면한 경영활동상 문제를 해결하기 위해 연대를 통한 협력중에 있는 분야는 판매관련(34.7%), 기술(27.8%), 생산(22.2%), 조달(11.1%) 관련분야의 순이다. 이 분야별 기업관계에서도 동업종기업과의 수직관계가 중심이고 이업종기업이나 수평적 관계의 활용은 적었다.

마지막으로, 후꾸시마현하 기업의 애로분야와 기업간 관계를 크로스(교차)시켜 분석하면 전체적

표 12-5 협력기업간 관계와 협력기대분야

	기존사업의 강화	신시장/사업의 개척	합 계
동. 수직	32(44.4%)	8(11.1%)	40(55.6%)
동. 수평	10(13.9%)	7(9.7%)	17(23.6%)
이. 수직	5(6.9%)	2(2.8%)	7(9.7%)
이. 수평	3(4.2%)	5(6.9%)	8(11.1%)
합 계	50(69.4%)	22(30.6%)	72(100.0%)

으로 시장확대문제를 해결하기 위해 실시하는 동업종기업과의 연대활동이 많다(전체의 31.9%). 다른 애로분야의 해결책으로 하는 연대활동에서도 주로 동업종기업과 관계에 의존하고 있음을 알 수 있다.

지금까지 분석결과에서 전체적으로 연대를 통한 활동에서는 현재의 사업전개 · 경영자원의 확보를 최우선과제로 중시한 점과, 금후 사업전개나 경영자원확보에도 높은 기대감이 주어지는 점 및 연대활동을 전략적으로 중요한 행동으로 인식하고 있는 점으로 밝혀졌다. 또한, 새로운 사업전개에 필요한 이업종기업과의 연대를 통한 혁신적인 기술이나 정보, 노하우의 획득이나 학습으로 동업종기업과 경영자원의 보완을 중시하여 사업을 전개하는 것으로 밝혀졌다.

성공포인트

1. 탁월한 능력을 보여라

업무를 부담으로 여기는 자는 성공할 수 없다. 일을 즐기는 자신을 성공으로 연결시켜주는 통로이며 사업의 토대가 이루어진다. 무엇보다 성공자의 공통점은 일 자체에서 이 세상 최고의 즐거움을 찾는다는 점이다. 흥미진진한 즐거움을 일에서 얻는다는 것은 천부적 재질이라 할 수 있으나 오랜시간 노력을 통해 길러낸 습관의 결과이다.

업무실적에 따른 순위를 주시해라 앞서가는 사람이 많을수록 등용의 기회는 줄어든다. 근면성실하게 일하는 습관태도만으로도 인새의 가장 소중한 것을 얻고 있는 것이다. 근면성실은 뛰어난 업무실적과 직결됨으로 어디를 가나 환영받는 존재가 될 수 있다.

2. 먼저 베풀어라

인간관계에 있어서 내가 베푼만큼 다른 사람도 베푼다는 믿음이 중요하다. 성공한 인물의 시선은 현재보다 앞서보는 경향이다. 눈앞의 이익보다 미래의 풍성한 수확을 위하여 투자와 노력으로 수확을 거둔다. 이해득실에 너무 연연하지말고 좀 더 넓고 먼곳으로 시야를 넓여라. 현재의 손실적 계산보다는 노력하는 만큼 미래에 얻을 수 있는 댓가를 생각하라. 베푼만큼 돌아온다는 진리를 몸소실천하라. 능동적으로 회사일을 처리하여보라. 당신이 예기치 못했던 많은 길들이 보이기 사작할 것이다.

요 약
summation

＊기업간 연대를 통한 경영활동

지역경제 활성화를 위한 기업간 연대의 사례를 인용코저 한다. 후꾸오카현의 기업과 같이 지역경제의 활성화와 생활수준향상에 공헌하는 지역기업의 경쟁력을 [사업기반을 지역에서 사업전개와 지속적인 성장을 기하면서, 격한 글로벌경쟁에 대응할 수 있는 재화와 서비스를 창출하는 능력]으로 정의하고 논의키로 한다.

＊중소기업의 장수전략

자사단독으로는 기업성장에 한계가 있는 신제품 서비스개발을 통한 신규사업과 새로운 시장개척은 결코 용이하지 않다. 따라서 사업전개에 불가결한 보완적인 경영자원과 능력을 외부에서 구하고 경영자원의 부족을 보완할 필요를 갖게한다. 신제품서비스의 개발과 신규시장의 개척은 기업의 진로와 운명을 좌우한다.

* 협력관계와 활용의 효과

중소기업의 업황판단(業況判斷)에 의하면 2002년부터 제조업이 주가형태로 개선되어 왔는데 2007년 들어서는 악화를 지속하고 있다. 중소기업의 수익저하에 의한 자금회전율의 둔화와 노동문제, 제품개발의 곤란으로 기업의 성장둔화의 요인으로 작용하고 있다. 중소기업의 업종구성에서 제조업의 비중이 지역기업의 업적도 악화되는 현실을 읽을 수 있다.

* 이업종연대를 통한 사업전개

근년에 와서 지역경쟁력과 지역기업에 대한 관심이 높아지고 있다. 많은 연구에서 이 두 개는 별도의 것이 아니고, 상호영향을 받으면서 발전하는 개념으로 인식되면서 분석하고 있다. 이 지역기업과 지역경쟁력을 분석한 선행연구에 나타난 기업행동에서 세 가지 중요한 변화포인트와 의미를 음미하고 있다.

* 타사와의 연대를 통한 사업전개의 상황

후꾸시마현하의 기업중에 타사와의 연대를 통한 사업전개 중에 있는 기업은 38%이고, 이전에 경험한 바 있는 기업 9%를 포함하면 47%이다. 이 연대를 통한 사업전개를 경험하거나 전개 중이라고 회답한 기업의 현상을 분석하면 이하와 같이 정리된다. 우선, 협력기간은 6~8년(22%)과 4~5년(22%), 6~10년(16%)의 순이고, 2~3년(17%)과 1년 미만(16%)의 상대적으로 단기간의 협력보다 중장기적인 협력관계를 유지하는 경향이 있다.

제2절 장수기업의 경영이념과 사회적 책임

♣ **관리직의 유일한 목적은**

상사가 현장에 전화를 걸어 매출이 얼마나 되는지 등의 데이터를 요구하는지. 아니면 현장에서 지원해달라는 전화가 상사한데 오는지를 살펴보라. 만약 전자면 그 사람의 자리는 위험하다. 그 상사는 부하직원을 통제하려는 사람이다. 두 번째 사람이라면 안심해도 좋다. 관리직의 유일한 목적은 현장을 지원하고 게임에서 이길 수 있도록 도움을 주는 것이다. 높은 성과를 보이는 기업은 통제대신 지원분위기가 지배하는 조직이다.

- 잭 웰치 GE 전 회장 -

1. 장수기업의 개요

1) 장수기업의 요지

기업이 장수하는 조건은 경영이념과는 경영자가 기업운영에 대해서 가지고 있는 신조·이념·경영관을 가리킨다고 해도 좋을 것이다. 그것은 경영철학, 경영신념, 경영사상, 행동이념, 지도원리 등의 명칭으로 불린다. 경영자가 리더십을 발휘할 경영의 방향을 정하는 데 매우 중요한 역할이다. 경영자가 경영이념을 구성원에 침투시키기 위해서는 프로정신에 뒷받침된 리더십함양과 그것을 기업내에서 발휘하기 위한 환경이 필수적이다.

(1) 장수기업의 공통점

장수기업을 설명할 수 있는 네 가지 공통적인 특징은 다음과 같다.

- 여유자금의 운용을 통한 보수적인 자본조달
- 변화하는 환경에서 적절하게 대응할 수 있는 세상에 대한 민감성
- 조직의 성취를 본인의 성취와 동일시하는 분위기가 밑바탕이 되는 일체성에 대한 의식

- 새로운 사업을 시작하는데 있어 새로운 아이디어에 대한 관용 등이 밑바탕이 되었다고 말한다.

또한 인간중심적 가치의 강조, 조정 및 통제의 완화, 학습조직, 공동체형성의 중요성 등을 강조하면서 기업의 죽음은 종업원, 공급자 등 모든 이해관계자에 손실을 입히고 비용을 수반한다고 주장했다.

(2) 장수기업의 사회적책임

기업의 사회적책임(corporate social responsibility)활동의 원점은 창업이후 경영이념을 시대에 적응하고 새로운 가치관으로서 경영이념을 책정하고 이를 바탕으로 자사의 기본방향을 구상하는데 있다, 확고한 경영이념에 기초한 가치관에서 경영비전과 중장기 경영계획을 결정한 것이다. 창업이후 경영이념이 경영자와 종업원의 공통의 가치관이 되었고 대화와 소통을 반복, 확고한 경영이념을 실천하고 있는 것이 특징이다. 장수기업의 키워드는 경영이념, 경영철학, 기업의 사회적책임(CSR), 지속가능한 발전, 경영능력 또한 인간중심적 가치의 강조, 조정 및 통제의 완화, 학습조직, 공동체형성의 중요성 등이 강조되고 있다. 기업의 쇠퇴는 투자는 물론 종업원 및 공급자 등 모든 이해관계자들의 공동의 손실로 사회문제가 되고 있다.

2) 장수기업의 이념

장수기업의 상당수가 창업이후 경영이념(기업이념)을 들고 공통의 가치관 혹은 경영방침으로 그동안 경영을 해왔다. 모든 장수기업의 경영이념이 명문화된 것은 아니지만 구전을 포함하고 장수기업에 공통적으로 보는 것은 양질의 신장에 있던 것이다. 그런 경영에는 창업자의 경영이념, 경영철학과 같이 가르치고 교훈, 가훈이 경영지침이 되는 가치관의 양성, 정신적 지주가 되었기에 오늘날까지 장수하며 존재하는 것이다.

최근 기업의 사회적책임은 CSR로, 매스컴 등의 보도기관을 비롯한 기업의 일상용어로 전파되는 기업의 전략적 사업으로 이루어지고 있다. 1990년대는 환경경영이 주목적이었으나 2000년도를 계기로 정책적으로 전환되고 있다. 이러한 배경에는 기존의 환경경영에다가 경제, 환경, 사회라고 하는 틀에서 파악하고 그 중에서 장려할 필요성이 요구되어 왔기 때문이다. 특히 경제활동의 기초인 산업계에서는 사화적책임 CSR의 생각, 개념, 목적 등을 기업에 홍보하고 있다.

CSR은 기업과사회의 지속가능한 발전을 개념으로 경영하는 것이 요구되고 있다. 특정 부서만 CSR에 나서고 설명을 하는 것이 아니라, CSR을 경영에 넣은 사업으로 전개할 필요가 있다. 그렇지만, CSR을 미래의 투자로 생각하는 경영자도 있는 반면, 코스트라고 생각한 경영자도 있다. 경영자는 CSR을 경영으로 가는 것이 결과적으로 기업가치향상으로 이어진다는 의식을 가질 필요가 있다.

마이클 포터(Porter, Michael E.)와 마크 크라머르(Kramer, Mark R.)는 Harvard Business Review(2006년 12월호)에서 사회적과제에 대한 자사의 사업을 통해서 기업가치를 향상시키는 CSR의 수법으로서 CSV(Creating Shared Value: 공통가치창조)을 제창한바 있다. 그 다음 마이클 포터와 마크 크라머르는 Harvard Business Review(2011년 1월·2월 합병호.)에서 CSV의 컨셉에 대해서 다루고 있다. 사회의 정합성에 맞춘 경영을 실천하고 그 경영에는 경영철학이 있음을 지적하고 있다. 100년, 200년 이상이라는 장수기업의 존속의 특징은 끊임없는 연구개발의 학습에 있다.

지속가능한 발전을 목표로 기업을 이루는 경영자의 이념과 사회적책임활동의 관계 등에 대해서 고찰하고, 구체적으로는 경영이념을 종업원과 공유하고 사회적책임활동으로 경영실천하기 위한 특징을 밝히고 혁신의 진화와 더불어 어떠한 요인들이 장수기업으로 성장하는데 작용하여 지속가능한 경영을 가능하게 하는가에 대한 고찰을 하고자 한다. 이러한 장수기업이 형성되는 조건으로써 지속가능경영의 개념을 들 수 있겠다. 지속가능경영(sustainable management)이란 개념은 기업이 속한 산업에 있어서 기업들이 가져야 할 경영기조로 주목받고있는 개념이지만 이러한 개념이 아주 새롭게 나타난 것은 아니다.

3) 지속경영과 윤리경영

(1) 지속가능한 경영의 개념

지속가능경영의 개념은 지속경영(sustainability management), 윤리경영(ethical management), 사회적책임(CSR; corporate social responsibility) 등의 세 가지 개념이 혼용된 합성어이다. 그러나 윤리경영은 법규준수와 윤리적 의사결정의 개념이 주를 이루고, 사회적책임의 경우 기업을 구성하고 있는 이해관계자에 대한 책임의 개념이 강하다. 이들 개념중 지속경영은 경제적 성과를 중요하게 생각하되 사회와 환경의 지속적인 성과를 내는 것이 중요하며 기업이 이를 통해 윤리, 혁신, 창조적인 방법을 계속적으로 수행하여 지속적으로 성과를 만들어냄으로써 기업의 경쟁우위를 창출하고 가치를 증대시키는 새로운 경영방식으로 중요하게 강조되고 있다.

지속가능경영은 기업이 경제적으로 탄탄하여 수익을 창출함으로써 생존이 가능할 뿐만 아니라 사회적으로도 기업으로서의 책임을 다하고 환경적으로 건전한 경영을 통해 다음 세대까지 생각하는 지구를 만들기 위한 기업경영의 조화를 추구하는 트리플 바텀라인(triple bottom line) 경제, 사회, 환경이 바탕이 되는 개념이다.(WBCS) 이러한 트리플 바텀라인이 윤리 및 혁신과 창조를 통한 경영과 결합되어 성장할 때 기업은 궁극적인 가치를 가지며 이러한 가치는 궁극적으로 경쟁우위를 확보하여 기업의 가치증대에 직·간접적인 영향을 미침으로써 기업이 장수하는 데 기여하게 된다.

(2) 지속경영은 다음과 같은 효과를 가져올 수 있다

첫째, 이해관계자와의 신뢰를 구축할 수 있다. 지속적으로 내·외부 이해관계자에 신뢰감을 주어 계속적으로 존경받고 사랑받는 기업으로 성장할 수 있다.

둘째, 기업은 이러한 신뢰와 지지를 받으면서 기업의 이미지에 긍정적으로 작용하게 되고, 이는 명성의 향상으로 이어져 브랜드 이미지나 고객충성도 등을 향상시킨다.

셋째, 기업의 수익성이 향상될 수 있다. 마지막으로 계속적인 지속경영의 발달은 기업가치를 고려함에 있어 중요한 개념으로 받아들여지고 이러한 개념을 발판으로 기업의 장기적이고 지속가능한 발전을 가져오는 장기적 성장에 있어서의 원동력이 된다.

이와 같은 효과와 더불어 산업에서는 글로벌기업을 중심으로 한 지속가능경영실현을 위한 도입이 확산되고 있으며 그 적용범위 또한 기업의 전과정으로 확대하고 있는 실정이다. 현재의 기업환경은 정보가 순식간에 광범위하게 전달되기 때문에 기업의 경제적 성과가 아무리 뛰어나더라도 나머지 윤리적 문제, 환경적 문제 등에 있어 문제점이 드러나면 빠르게 기업의 명성은 물론 성과에

그림 12-3 지속경영 장수기업진입 모형도

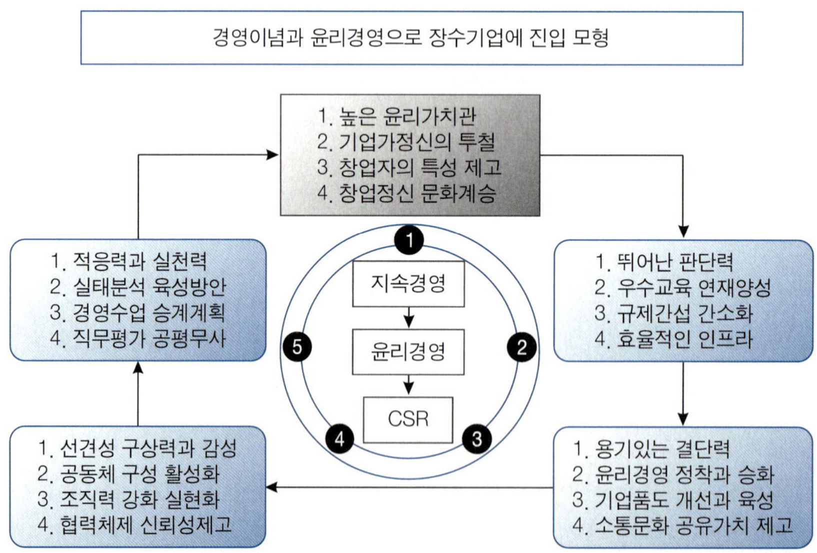

출처 : 善の環境モデル參考

도 부정적인 영향을 미치게 되기 때문이다. 또한 기업과 관계된 이해관계자들의 관심이 높아지면서 이러한 지속가능경영의 중요성을 알게 된 기업들은 이해관계자들과 다양한 채널을 통해 커뮤니케이션을 하고 있고, 이 중 하나의 수단으로써 지속가능경영의 실천과 비전, 실천을 통한 성과를 보여줄 수 있는 지속가능경영 보고서를 자발적으로 발간하는 움직임이 커지고 있다. 이렇듯이 기업이 장수기업으로써 소비자들에게 지속적으로 기업활동을 영위하기 위해서는 이러한 지속가능경영의 개념을 충족시켜야 할 것이며, 따라서 기업의 경제적, 사회적, 환경적 역할아래 기업의 혁신, 창조, 윤리적 경영활동을 통해 장수기업으로써의 면모를 갖출 수 있다.

2 . 경영자의 경영이념과 리더십

1) 경영자의 경영이념

일반적으로 경영이념이란 경영자가 기업운영에 대해서 가지고 있는 신조·철학·경영관을 가리킨다. 그것은 경영철학, 경영신념, 경영사상, 행동이념, 지도원리 등으로 불리고 있다. 경영이념에 상당하는 명칭으로, 기업이념 기본이념, 사시, 사훈, 강령, 경영방침, 경영지침, 기업목적, 기업목표, 기업사명, 근본정신, 신념, 이상, 비전, 맹세 등을 목표로 하는 기업상, 사업의 비결, 사업영역, 행동지침, 행동기준으로 말하였다.

광의의 경영이념으로서 경영자·조직체의 행동규범·활동방침인 가치관 혹은 지도원리로서 경영자 개인의 이념이나 철학에서 기업조직, 기업그룹의 이념과 미션까지 포함하고 있다. 여기에서는 경영자 개인이 가지고 있는 신조, 철학, 경영관을 의미한 경영이념으로 기업이념과 관련에서는 기업이념은 기업의 신조이며, 기업활동의 원천적 원동력으로 최고기준이 되는 것을 의미한다.

경영자가 갖고 있는 스스로의 경영이념을 구성원이 공유하고 실행하지 않으면 소용이 없어진다. 이것은 경영이념자체가 기업의 빅데이터로 반영해야 하는 것으로 조직체의 구성원은 경영자와 같은 경영이념을 공유하고 같은 방향을 향하고 있는가가 중요한 문제가 된다. 이를 위해서는 경영자가 명확한 경영이념을 갖고있음을 전제로 된다. 그러한 의미에서 경영이념은 누구나 공감하는 보편성 있는 것이어야 한다고 말하고 있다. 아무리 뛰어난 경영자도 사리사욕을 종업원에게 강요할 때 경영은 지속적으로 계속되지 않을 것이다. 아무리 성장했던 기업도 경영자의 경영이념이 이기주의가 너무 강하면 순식간에 붕괴할 우려가 있다고 지적하고 있다.

이처럼 경영자의 경영이념은 사내외의 방향자체를 나타내고 있는 것이 발견된다. 경영자의 역할로 경영을 감독하는 입장과 경영을 집행하는 입장이 있다. 그러나, 경영자는 그러한 입장에 관계없이 종업원에게 무엇이 올바르고 무엇이 그른지를 나타내는 그 경영이념을 공유하는 것이 중요하다. 종업원이 경영이념을 공유하지 않으면 어떤 제도도 기능하지 않는 것이 강조되고 있다. 종업원 개개인에게 경영이념이 침투함으로써 종업원이 경영자와 같은 방향으로 경영에 종사하는 것이 중요하다. 기업활동의 근간인 경영이념이 필요하다, 그러한 경영이념에 따라서 누구나 납득하는 구조를 형성하는 것이 경영자들에게 요구하는 중요과제의 하나이다.

2) 경영자의 리더십과 그 자질

경영자의 리더십에 대해서 선행연구의 논고를 중심으로 검토해보면 뛰어난 최고 지도자의 능력에 관해서 조직의 목적을 달성하기 위해 리더가 부하들에게 행사하는 대인영향력이다. 최고 지도자는 환경변화에 대응하고 그 축(軸)을 기업가정신 혹은 관리자정신에 옮기는 것이라고 지적하고 있다. 경영자에는 환경변화를 응변하는 능력이 리더십을 발휘하는데 필요하다.

(1) 능력요소에 대해서는

최고 지도자가 기업가적 태도로 장래구상을 구축하고 그 경영이념을 명확하게 실시할 때는 통찰력, 비전, 결단력 등의 능력이 필요하다. 관리자적 태도로 집행관리를 실시할 때는 인간적 매력을 상대방의 입장에 서서 생각하는 능력, 인성, 인품이 필요한 것이다.

그러나 최고 지도자에게 이들이 절대적인 것은 아닌 것이다. 최고 지도자로서도 업종, 형태, 규모 등에 따라서는 능력의 요소가 달라진다. 경영자의 절대적 조건을 보이는 것이 아니라 다양한 능력을 가진 경영자가 되는걸 의미한다.

경영자에게는 폭넓은 경영지식과 인간적 매력이 불가피하더라도 회계나 재무, 기술에도 정통한 능력이 요구된다. 경영자의 자질로는 경영감각이 필요하다면 어떻게 습득해야 할지가 드러난다. 그러기 위해서는 일반적인 사람의 몇배의 노력이 요구되고 그 의미에서는 경영자의 리더십이 무엇인지 일반적으로 제시하는 것에 어려움을 드러낸다.

경영자의 몸짓에는 그 사람이 가진 인간성과 지성외에 리더십을 발휘하기 위한 경영자로서 자질이 매우 중요하게 된다. 구체적인 자질로는 창조성, 선견성, 비전, 판단력, 경영감각과 열정, 겸손 등을 갖추고 있는 인물이 요구될 것이다.

(2) 현대의 경영자에게 중요한 자질은

- 높은 윤리관과 가치관

- 뛰어난 판단력
- 용기있는 결단력
- 구상력과 선견성·감성
- 적응력의 다섯 가지를 꼽았다.

경영자의 리더십이 갈리게 되는것은 경영자 자신의 인간성과 자질에 깊이 관련되어 있다. 하지만, 경영자가 윤리관이나 도덕관을 지식이나 이론으로 알고있어도 배운다는 경영자 자신의 성격, 인간성까지 침투하지 않으면 소용없다. 그것을 경영자가 인식하고 경영의 프로패셔널로서 경영활동을 펼칠필요가 있다. 오늘의 지배구조와 사회적책임에 관한 논의는 이런 경영자의 윤리관, 인간성에 기인한 것이라 생각한다.

3) 경영이념의 침투와 경영실천

(1) 경영자의 리더십

경영자가 리더십을 발휘할 경영의 방향을 정하는 데 매우 중요한 역할이다. 경영자가 경영이념을 구성원에 침투시키기 위해서는 프로정신에 뒷받침된 리더십함양과 그것을 기업내에서 발휘하기 위한 환경이 필수적이다. 그러나, 경영자 자신의 윤리관이나 도덕관이 부족하여 불법경영을 한다거나. 무엇을 해도 무방하다는 인식은 사회책임의 의미가 없어 이러한 인식속에서는 아무리 훌륭한 경영이념을 내걸고 있어도 경영은 오래가지 못한다. 경영자의 강한 감정을 일방적으로 종업원에 떠넘기는 것이 아니라 경영자의 경영이념과 조직전체가 서로 작용함이 중요하다. 종업원과의 대화나 소통하는 것으로 조직전체에 경영이념이 침투하고 경영자와 같은 방향을 향하고 경영활동을 해나갈 수 있도록 노력하여야 한다.

(2) 도요다 창업자

도요타자동차의 창업자인 도요다 키이치로 일본인의 머리와 팔로 자동차를 만든다는 이상은 도요타자동차가 내세우는 인재육성의 이념이다. 제조는 사람만들기로 직결되는 도요다 키이치로의 이상에는 아버지인 도요다 사키치의 사상에서 영향을 받고있지만 사람을 소중하게 여기지 않으면 공장에서 생산은 능률과 품질이 떨어져 소비자의 신뢰를 얻지 못한다.

(3) 마쓰시다 창업자

파나소닉의 창업자인 마쓰시다 고노스케의 "경영의 근간은 사람의 물건을 만들기전에 사람을 창조하라"는 이념이다. 파나소닉은 2008년 10월 1일에 마쓰시다 전기산업에서 회사이름을 변경해도 마쓰시다 고노스케의 경영이념이 불변이라고 발표했다. 그 경영이념의 핵심을 이루는 것은 정신적 개념으로 기업은 사회의 공기(共器) 고객제일주의 새로운 중지(衆智)를 모은 전원경영(全員經營)같은 생각은 파나소닉 그룹의 전 종업원에게 계승되고 있다.

(4) 경영자의 공통점

- 어린시절에 받은 영향은 그 후의 경영이념에 반영하고 있음
- 경영이념을 종업원에게 말한다, 종업원을 소중히 하는 경영자와 종업원이 같은 방향을 향하고 나가려는 것
- 인재육성을 중요시하고 있어 인간으로서 사회인으로서 훌륭한 인간임을 사명으로 한 교육훈련, 간부연수프로그램 등이 실시되고 있는 것이 꼽힌다. 이렇게 하고 조직체 구성원의 마음을 묶는 굳건한 것에 이어갈 바탕으로 창업자의 신념인 경영이념의 실천을 엿볼 수 있다.

3. 경영자의 경영이념과 사회적 책임

1) 장수기업의 특징

장수기업은 구체적인 변혁과 혁신(이노베이션)활동을 통해 지속장수해온 결과의 개요이다. 대체로 창업 100년 이상의 장수기업(개인사업자를 포함)이 각종 환경변화에 대한 어떠한 변혁과 혁신활동에 임해 왔는지를 중심으로 설문조사 및 히어링조사를 실시하고 그 결과를 발표했다. 사업의 배경에 대해서는 다음과 같다.

(1) 장수기업 장수배경

- 장수기업은 긴역사속에서 쌓아온 핵심사업을 갖고 본업중시, 신용제일 등 기업이념을 토대로 가업을 지키왔다.
- 타의 추종을 불허하는 기술이나 상품을 가지면서 후계자육성이나 지배인 제도 등 인재육성의 노하우도 갖고 있다.
- 무엇보다 시대와 시장의 변화, 고객의 변화에 대한 기동적인 변혁력으로 대응하고 있었기에

오늘날까지 지속된 것이다. 장수기업은 변혁과 혁신활동에서 찾는다.

(2) 도쿄의 장수기업의 특징에 대해서는 다음과 같다

에도시대 이전에 창업한 기업은 교토에서 유입된 전통산업과 막부 등과 거래하는 사업을 영위하는 기업이 많다. 특히 주오구, 지요다구, 다이토구의 3구에 모여있는 비율이 높다.

메이지 이후에 창업한 기업은 나라의 근대화에 호응한 형태로 창업했으며 근대산업분야의 기업이 많다. 메이지유신과 관동대지진, 전쟁 등 수많은 위기를 극복한 강인한 변혁력, 대응력을 가진 기업이 많다.

에도에서 도쿄로 바뀌면서 도쿄라는 도시가 확대되고 다양성을 가지면서, 사업을 영위하는 기업의 규모나 업종은 다양하다.

(3) 조사결과의 개요에 따르면

기업이 처한 상황, 둘러쌓는 경영환경은 다른데, 거기에는 불변(바꾸지 않는다), 유행(시대와 시장 변화에 응할 바꿈)의 생각을 받아들이고 나날이 혁신함으로써 오늘까지 계속해서 전통을 쌓아온 모습이 있었다고 정리했다. 일본장수기업에서 학습할 점이 많이 있음을 지적할 수 있다.

(4) 경영자의 사회적책임에 대한 이념과 리더십

여기에서는 경영자의 경영이념을 통한 사회적책임활동의 위상에 대해 논술하기로 한다. 경영자의 경영이념을 종업원과 공유하고 벡터를 맞추어 기업활동을 하고 나가는 데 필요한 것은 ① 경영이념, ② 경영비전과 경영목표, ③ 장기경영계획, ④ 경영실천, 경영자의 사업활동, ⑤ 중간관리, ⑥ 종업원에 이르는 범위에서 경영자와 종업원이 같은 방향을 향하고 책임경영을 하는 것이다.

2) 경영이념의 침투와 실천

(1) 경영이념과 차별화전략

경영이념의 침투와 실천은 차별화전략의 성공여부에 달려있다 하여도 지나친 말은 아니다. 차별화없이 새로운 고객창출이 이루어지기 어렵기 때문이다.

차별화전략에 성공하려면 4E, 4P, tk이클을 참고하여 실천함이 이념 침투성이 양호할 것이다.

즉 4E 전략으로 가치탐구, 신제품실험, 제품의 성취, 구매의 확장으로 이어지는 tk이클의 회전과 4P전략인 제품시장의 니즈파악, 제품, 서비스의 가격책정, 고객입장에서의 유통전략, 목표시장의 촉진 등 4P 사이클과 4E 사이클이 병행하여 회전하며 혁신적 도전이 실천될 때 경영이념은 침투되어 기업의 지속성으로 장수기업으로 진입되는 것이다.

(2) 경영이념과 장기경영비전

- 경영이념에서 지속가능한 발전의 목적을 비추어 경영자가 시대의 요청에 맞추어 경영이념을 검토할 필요가 있다.
- 경영비전과 경영목표가 경영이념을 구현하기 때문에 경영비전과 경영목표를 구상하고 입안한다.
- 장기경영계획에서는 경영비전과 경영목표에서 장기경영계획을 경영자가 기업안팎에 위임한다, 경영자의 리더십에 의하여 조직전체에 침투한다.
- 경영실천은 경영자의 사업활동이 장기경영의 계획이 경영실천으로서 이루어지며, 기업의 사회적책임활동이 경영실천의 기둥으로 집행된다.
- 중간관리는 기업의 사회적 책임활동을 도입한 경영실천이 중간관리의 조직학습을 통해서 침투한다.
- 종업원의 경영이념이 중간관리를 통해서 종업원에 침투하고 경영실천하는 것이 필요하다.

그림 12-4 차별화전략 4E 4P. 사이클모형

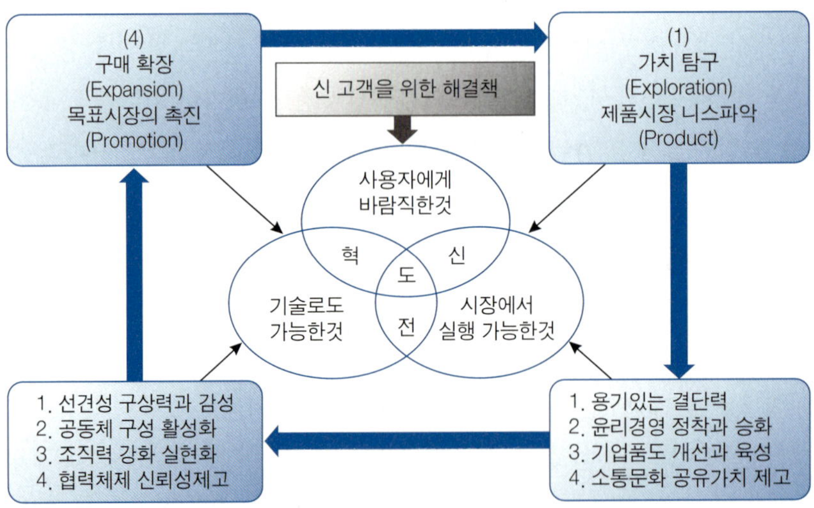

출처 : 成長企業の法則 p.269 圖 34 ビジネスの流れ 參考 持續經營在圖

(3) 경영자가 지속가능한 발전을 목표로 하는 목적

다음의 다섯 가지를 들 수 있다.

- 장기적으로 경영재무적인 기업가치향상에 매진하는 것
- 안팎의 법 및 그 정신을 준수하고 공정한 기업활동을 통해서 사회에 신뢰를 드릴 것
- 그 실현을 위해서는 다양한 이해관계자와 양호한 관계를 구축하고 장기안정적인 성장을 이루어 가는 것
- 이를 위한 다양한 시책을 강구하여 자사에 적합한 코퍼레이트·통치체제를 도모하여 가는 것
- 경영자는 이해관계자에게 특히 금융자본시장을 의식한 경영을 펼칠 경영자의 사회적책임이다.

경영자는 자사의 기본방향을 구상하고 확고한 경영이념에서 경영비전이나 장기경영계획을 구상할 필요가 있다. 경영자의 경영이념은 조직을 통해서 기업전체가 일체가 되지 않으면 실효성이 없다. 경영자의 사리사욕이나 일방적인 리더십에서는 같은 방향을 향하고 경영을 추진하기에는 어려운 부분이 있다. 경영자의 경영이념을 조직에 침투시키고 경영이념을 통한 사회적 책임활동을 실천하기 위한 지배력이 요구된다.

거기에서의 지배력은 이해관계자(주로, 주주)의 통치가 아니라 경영자가 성실한 기업 혹은 사회의 신뢰를 받는 기업을 목표로 하려는 지배구조를 의미한다. 이러한 기업지배구조에서는 경영자의 경영비전과 경영목표를 명확히 하는 장기경영계획을 경영실천에 연계, 경영자의 사업활동을 중간관리, 종업원까지 책임경영을 실행하는 독자성이 있다. 여기에 경영자의 일방적인 리더십에서 경영실천이 이뤄지는 것이 아니라 경영자와 종업원이 경영이념을 공유한 쌍방향관계위에서 경영자의 리더십을 통해서 경영실천이 이루어지는 데 특징이 있다.

경영자의 경영이념이 조직을 통해서 말단까지 침투하고 경영자와 종업원이 벡터를 맞춘 책임경영을 해나가기 위해서는 경영교육의 내실화가 불가결하다. 경영이념의 실천은 인재육성 그 자체에 직결된다고 지적할 수 있다. 기업의 인재육성은 기업내 대학 및 연수시설 등 하드웨어와 경영이념에 대한 철저한 교육 등 소프트웨어 모두가 필요하다. 그렇게 만들어진 기업풍토속에서 주인과 종업원이 커뮤니케이션을 거듭함으로써 경영자와 종업원이 경영이념을 반영한 경영실천을 실시할 수 있다고 생각된다.

파나소닉은 마쓰시타 고노스케 시절부터 이미 현대적인 사회적책임에 통하는 경영을 해오고 있다. 기업은 사회의 공기라는 창업자의 생각이 파나소닉 그룹전체에 면면히 계승되고 있는 점이 꼽힌다. 도요타 자동차에서는 기업이념에 기초한 경영을 행하고 있으며, 기업의 사회적책임이 전략적 사업으로 일상업무에 편입되고 실행하고 있는 점이 있으며 캐논에서는 창업이래의 기업이념을

시대에 적응하고 새로운 가치관으로서 경영이념을 책정하고 그것을 바탕으로 사회적책임활동을 하고 있는 점에 주목했기 때문이다.

모두 창업이후 경영이념(혹은 기업이념)이 경영자와 종업원의 공통의 가치관이 되어 끊임없이 대화나 커뮤니케이션을 거듭, 확고한 경영이념자체를 경영실천하고 있다. 요점을 정리하면 CSR활동과 경영자의 경영이념은 다음의 두 가지로 지적할 수 있다.

첫째, 경영자는 CSR에 대한 이념과 리더십을 발휘하는 것이 중요하다. CSR실천을 할 경영자의 사회적책임이다.

둘째, 경영자의 문제의식이 시대의 조류에 맞지 않으면 CSR를 달성하기 어렵다. CSR실천은 경영자의 이념과 행동으로 결정된다. 경영자의 경영이념은 기업구성원이 공유하고 실행하지 않으면 소용이 없어진다. 기업구성원은 경영자와 같은 경영이념을 공유하고 같은 방향을 향하고 있는지가 관건이다. 창업이후 경영이념이 경영자와 종업원의 공통의 가치관이 되었고 대화와 소통을 반복, 확고한 경영이념을 실천하고 있는 것이 특징이다.

3) 친환경경영의 필요성

현대의 기업은 다양한 이해관계자에게 경제·사회·친환경경영을 할 필요가 있다고 한다. 도시바의 부적절회계, 폴크스바겐의 배기가스 규제비리문제를 비롯한 작금의 기업비리가 끊이지 않고 있는 상황에서 기업은 지구사회의 일원으로서, 사회에 신뢰하는 기업을 확립하도록 요구되고 있다. 그런데 실제로는 경영자가 눈앞의 가치판단과 정보만으로 의사결정을 한다. 이러한 서구자본주의적 발상으로 지나친 이익제일주의 경영을 하는 것이다. 그런 경영에서 경영자의 윤리관, 도덕관이 결여되는 이해관계자의 존재를 잊어버리는 바람에 불상사가 잦은 것을 지적할 수 있다. 오늘날에는 다시 뜻과 윤리관이 있고 종업원의 사기를 높이고 프로페셔널한 경영자와 그 육성이 매우 중요한 과제다.

직업적인 경영자로서는 기업실적이 나빠지면 해고를 하고 경영정상화를 하는 것도 하나의 경영적 수법이다. 그러나 기업실적이 나빠져도 구조조정을 하지않고 경영정상화를 실시하고 흑자경영으로 전환할 수 있는 경영자의 경영적 수완이야말로 주목해야 한다. 그런 경영자와 기업이야말로 가치있는 기업이다.

경영활동의 바탕을 이루는 것은 경영이념의 확립이다. 그 경영이념을 구현하고 경영활동속에서 사회적책임활동이 이루어진다. 경영학의 연구에서 사회적책임은 결코 새로운 개념이 아니다. 일본에서는 1960년대의 공해문제에 대한 기업의 대응과 사회의 인식이 반드시 일치하지않고 기업에 대해서 사전의 윤리수준을 말하기보다는 오히려 경제발전의 사후 사회적책임을 문제삼고 있었다. 사회적책임이 현재는 CSR로 불린다. 실제로 대부분의 기업이 CSR에 관련하고 CSR 담당부서를 설치, 기업윤리강령의 책정 등 하드웨어면에서의 대처가 두드러졌다. 이러한 하드면을 강화해도 정작 업주와 종업원에 CSR의 이해가 침투하지 않으면 그림의 떡이다.

사회적책임활동에 대해서는 언뜻보면 수익성은 결합되지 않는 것 아닌가라고 생각하기 쉽다. 시장경제사회에서는 기업의 경제성이 사회성보다 우선한다. 그러나 수익성만의 경영에서는 오래가지 못한다는 것을 지적할 수 있다. 기업의 역할은 경제적 역할을 하면서 동시에 사회성, 공익성, 공공성을 가진 사회적역할이 있다. 기업의 경제·사회활동의 관점에서 경영 그 자체가 사회적책임이라는 인식을 가지고, 지속가능한 발전을 향하여 경영자는 기업활동을 할 필요가 있다. 경영자의 리더십에 있어서 경영자의 경영이념과 기업전체가 서로 작용하여 조직화하고 공유하면 새로운 기업가치창조의 원천이 되는것을 강조하고 싶다.

4) 경영이념과 사회적책임활동

(1) 경영자의 경영이념공유

경영이념을 경영자와 종업원이 공유하는 같은 방향으로 경영실천을 해나가기 위해서는 명확한 경영이념에 근거한 지배구조를 확립해야 한다. 경영자의 경영이념을 침투시키기 위한 코퍼레이트·통치체제이다. 경영자의 경영이념을 조직화하고 공유하는 것으로 경영이념을 통한 사회적책임활동은 확립한다. 경영비전과 경영목표의 방향성이 합치되지 않으면 경영자의 경영이념은 기업전체에 침투하지 않는 것이 지적할 수 있다.

(2) 친환경경영과 사회적책임

경제·사회·친환경경영은 지속가능한 발전을 목적으로 하는 기업에 공통적으로 실천하여야할 과제이기 때문에 경영자는 시대의 기대와 요청을 감안, 필요한 경우는 경영체제를 바꾸어 그것을 구성원과 공유하는 경영자가 요구되고 있다. 경영자의 경영이념에 기초한 것이라면 경영자 개인의 경영이념과 그 인간성이 극히 중요하다. 직업적인 경영자를 육성하기 위해서는 기업자체의 인재육성프로그램 시스템을 도입하고 간부연수 프로그램을 충실히 할 필요가 있다.

(3) 경영이념을 통한 사회적책임

경영자는 경영이념을 기업안팎에 적극적으로 위임한다. 경영이념을 통한 사회적책임활동을 경영의 중점과제의 하나로 수행하고, 경영 그 자체가 사회적책임활동을 함께 해온다는 인식에서 종업원과 함께 높은 뜻과 사명감을 가지고 책임경영을 전개하는 것이 경영자의 역할이다. 그런 책임경영자의 기업활동에서 처음 경영이념을 통한 사회적책임활동은 장기적으로는 수익성에 기여하고 나아가서 사회에 신뢰하는 기업으로 확립할 수 있는 경영스타일이라고 생각된다. 경영의 프로로서의 자각과 리더십을 발휘할 수 있는 경영자의 육성이야말로 오늘날 강하게 열망하고 있는 과제이다.

(4) 장기적인 윈윈관계를 형성하라

우리가 제시하는 모든 제언의 이면에는 이 책 전체를 통해 우리가 주장하고자 하는 메시지가 담겨있다. 그 메시지는 뛰어난 성과를 지속적으로 유지하려면 기업과 모든 이해관계자들에게 장기적으로 도움이 되는 행동을 해야한다는 것이다.

첫째, 이사진과 고위경영자들이 장기적인 안목을 가지고 과감하게 행동할 수 있도록 동기를 부여해야 한다.

둘째, 실질적이며 오랜 기간 이어 갈 수 있는 사명에 집중하고 이를 지켜나가는 데 많은 투자를 하여야 한다.

셋째, 기업전체의 이익을 위해 창의성을 발휘하며 협동적이고 가치를 중시하는 직원들을 고용해야 한다.

마지막으로 외부협력사들과 지속적인 윈윈관계를 만들어 나가야 한다.

성공포인트

1. 결단력을 키워라

이른바 좋은 기회란 성사후에 판명된다. 불확실한 가운데서 성공하는 인물은 자신이 얻을 수 있는 물건에 집중하여 결단을 내린다. 기회선별과 선택성이 중요하다. 기회를 잡는 것은 골동품을 사는것과 같다. 그 가치가 만천하에 드러난 골통품은 고가를 주고 사기에도 힘이 든다. 반면 가치가 드러나지 않은 골통품은 값싸게 구입할 수 있는 대신 위험부담을 감수하여야 한다. 결정을 내릴 때 단 두 가지만 생각하라 정말로 필요불가결한 것인지. 최악의 결과를 감수할 수 있을 것인지를 생각하라. 반드시 결정을 내려야한다면 지체없이 결정하라 시간이 지연되면 이견이 속출하고 결정에 방해를 가져올 수 있다. 행동은 우리에게 귀중한 성공과 실패라는 결과를 가져다준다. 다시말하면 성공은 용기와 자신감을 심어주고 실패는 재점검과 반성의 기회를 준다.

2. 고난은 선물이다

목표성취적 인물에게는 고난은 목표성취의 기회의 부여이다. 두려움을 모르는 개척정신자에게는 가혹한 환경에 처할수록 개척의욕이 높아지는 것이다. 고난은 사람들에게 고난극복의 동기부여로 부를 창조하는 기회가 되기도 한다. 금정적인 관점에서 고난을 바라보라 고난은 당신의 시야를 넓이고 영혼을 강하게 키우는데 도움이 될 것이다. 이때 자신의 부족한 점이나 자신의 실수를 되돌아보고 재도전이라는 계기가 된다.

요 약
summation

* 장수기업의 이념

장수기업의 상당수가 창업이후 경영이념(기업이념)을 들고 공통의 가치관 혹은 경영방침으로 그동안 경영을 해왔다. 모든 장수기업의 경영이념이 명문화된 것은 아니지만 구전을 포함하고 장수기업에 공통적으로 보는 것은 양질의 신장에 있던 것이다. 그런 경영에는 창업자의 경영이념, 경영철학과 같은 것을 가르치고 교훈, 가훈이 경영지침이 되는 가치관의 양성, 정신적 지주가 되었기에 오늘까지 장수하며 존재하는 것이다.

*지속경영과 윤리경영

지속가능경영의 개념은 지속경영(sustainability management), 윤리경영(ethical management), 사회적책임(CSR; corporate social responsibility) 등의 세 가지 개념이 혼용된 합성어이다. 그러나 윤

리경영은 법규준수와 윤리적 의사결정의 개념이 주를 이루고, 사회적책임의 경우 기업을 구성하고 있는 이해관계자에 대한 책임의 개념이 강하다. 이들 개념 중 지속경영은 경제적 성과를 중요하게 생각하되 사회와 환경의 지속적인 성과를 내는 것이 중요하다.

＊ 경영자의 경영이념과 리더십

일반적으로 경영이념이란 경영자가 기업운영에 대해서 갈고 있는 신조·철학·경영관을 가리킨다. 그것은 경영철학, 경영신념, 경영사상, 행동이념, 지도원리 등으로 불리고 있다. 경영이념에 상당하는 명칭으로 기업이념, 기본이념, 사시, 사훈, 강령, 경영방침, 경영지침, 기업목적, 기업목표, 기업사명, 근본정신, 신념, 이상, 비전, 맹세 등을 목표로 하는 기업상, 사업의 비결, 사업영역, 행동지침, 행동기준으로 말하였다.

＊ 장수기업의 특징

장수기업은 구체적인 변혁과 혁신(이노베이션)활동을 통해 지속장수해온 결과의 개요이다. 대체로 창업 100년 이상의 장수기업(개인사업자를 포함)이 각종 환경변화에 대한 어떠한 변혁과 혁신활동에 임해왔는지를 중심으로 설문조사 및 히어링조사를 실시했다. 장수기업은 긴 역사속에서 쌓아온 핵심사업을 갖고 본업중시, 신용제일 등 이념의 토대가업·기업을 지켜왔다.

＊ 경영자의 경영이념 공유

경영이념을 경영자와 종업원이 공유하는 같은 방향으로 경영실천을 해나가기 위해서는 명확한 경영이념에 근거한 지배구조를 확립해야 한다. 경영자의 경영이념을 침투시키기 위한 코퍼레이트·통치체제이다.

제3절 장수기업의 경영승계. 비전

♣ **인간자신이 중요자원**

실제로 인간에게 토지 이외의 중요자원은 인간자신이다. 인간은 지능을 가지고 있었기 때문에 토지를 생산적으로 사용하고 인간의 필요를 충족시킬 수 있는 많은 방도를 발견할 수 있었다. 인간이 자연과 인간환경을 변경시킬 수 있는 방대한 작업을 수행하는 공동체창설을 가능하게 한 것은 바로 인간상호 간에 긴밀한 협력과 훈련된 작업결과다. 이 과정에서 근면성, 성실성, 모험성, 감수성, 신중성 등 덕목과 용기가 포함된다.

- 교황 요한 바오로 2세 -

1. 장수기업의 성공요인

1) 불변의 불역유행

위대한 선대 창업주로부터 경영을 승계받고 선대의 혼창(魂倉)의 심도를 느끼면서 조상이 쌓은 경영의 기초를 지키고 차세대에게 승계하는 것을 최대목표로 달려왔다. 화려한 성장은 안했지만 덕분에 뛰어난 경영으로 안정되어 있다. 이에 대해서는 창업자의 마음을 후세에 전하고자 후계자에게 인계까지 고민에 고민을 거듭하게 된다. 창업자는 자신이 일으킨 사업이 장수기업으로서 후세에 영속(永續)하기를 바라고 분투할 것이다. 창업자의 뜻을 이루기 위해 장수기업의 혼창통(魂創通)의 경영기법에 배우는 것이 많이 있다.

(1) 불역유행(不易流行)

기업이 장수하려면 자연히 그 기업의 고유하고 독특한 기업문화가 조성된다. 장수기업의 기업문화는 의식이든 무의식이든 불역(不易)의 문화가 조성된다, 불역유행의 진리를 실증하고 있다. 불변유행이란 마츠오 바쇼가 주창하는 해학의 철학으로 불변은 영원히 변하지 않는 전통과 예술정신,

유행은 새로움을 요구하고 시대변화에 대응하는 것, 상반된 불변과 유행은 풍아한 마음에서 근원을 같이 하고 있다.

(2) 경영이념의 재확인

선대는 무(無)에서 출발하여 기업을 훌륭하게 키웠다. 기록에 남았는지는 따로 하고 선대는 고객에게 지지되는 탄탄한 창업이념철학을 가지고 스스로 실천하는 종업원과 공유된 것으로 추측된다. 창업자의 마음을 후세에 전하는 첫걸음은 창업의 마음을 정리하고 경영이념으로서 경영에 반영시켜서 종업원과 공유하는 기업문화까지 성숙시키고 후계자로 경영을 승계할 것이다. 그것은 불변유행의 불변부분에서 시대의 변화에 관계없이 보편적인 원리원칙이다. 장수기업은 시대변화에 견딜 수 있는 경영철학을 가졌기 때문에 장수기업이 될 수 있다.

(3) 환경변화에 대한 대응

기업이 살아남기 위해서는 외부환경의 변화에 대응할 필요성이 있다. 그러므로 기업을 둘러싼 외부환경을 분석하고 경영방향성을 판별한다. 불변유행의 유행에 해당하는 시대의 변화에 유연히 대응하는 것으로서 최근의 장수기업의 불상사는 경영이념을 잊고 이익을 좇았다고 보도되고있지만 경영이념의 불변의 정신을 잊고 유행에 달렸다고 할까요. 불변유행을 배우고 경영승계의 준비를 하는 것이 경영자로서의 마지막 의무이다.

(4) 보덕사상(補德思想)

니노미야 타카노리의 가르침에 도덕(지성, 근로)에 없는 경제는 범죄에 가까운 경제이고 경제가 없는 도덕은 잠꼬대같다는 내용이 있다. 세상을 구한 세상에 유익한 참된 길은 지성, 큰 목표를 달성하기 위해서 작은 일을 쌓는 것은 근로, 각각의 분수를 지키는 것이다. 상응의 생활에서 수지를 맞춘 생활을 한다. 분도를 확립한 후에 수입의 일부를 장래를 위해서 양보(讓步)하는 추양(推讓)의 가르침이다. 이것이 보덕사상이다.

니노미야 타카노리의 가르침으로 가업을 재흥하고 현재에 이르고 있는 장수기업에 하마마츠 주조가 있다. 양심적인 박리의 저가판매로 고객을 잡는 장수기업이 되었다. 유채기름의 판매로 1730년에 창업하고 술 제조업, 업무용 냉동식품 도매업, 지역의 맥주회사와 시대를 읽은 유행(이노베이션)도 실행한 보덕사상을 실천한 좋은 사례이다.

캄보디아 프놈펜에서 찾아낸 비석에 마하트마=간디의 일곱 가지의 가르침이 새겨져 있다. 그 하나로 Commerce Morality가 있다. 보덕사상에 공통하고 국경을 초월한 간디의 가르침이다.

2) 셸의 장수기업연구

장수기업연구의 선구자 석유메이저인 로열더치셸은 장수기업연구에서 그 공통요인으로

- 환경변화에 민감하다.
- 사업의 독자성과 종업원의 결속력이 있고
- 분산적으로 경영된 자유도가 있다.
- 재무적으로 보수적인 점을 들고 있다.

외부환경의 변화에 민감하게 반응하도록 했고 외부환경의 변화에 대응할 수 있는 내부환경의 바람직한 모습을 표현하고 있다.

(1) 사업의 독자성

많은 기업은 경쟁환경을 거듭하고 장수기업에 도달하려면 요원한 것이 현상이다. 장수기업은 독특한 기업문화를 형성하고 있으며 창업 360년되는 쿄토의 "산조본가 구석의 바늘"은 통행인에 뒷간(화장실)을 맡기고 차를 서비스하고 개방적인 경영을 하고 있다. 한편, 바늘제작의 정밀한 공정을 2권의 매뉴얼로하여 후계자로 대를 잇고 있다. 2권 모두 처음으로 비전의 공정을 이해할 수 있는 매뉴얼을 다른 장소에 보관하는 것은 한쪽이 도난을 당하여도 기술유출을 방지할 수 있는 구조이다.

(2) 종업원의 결속력

장수기업은 사람을 소중히 하는 기업이다.

인간은 빵만으로는 살 수 없다. 문화적 생활이 뒤따라주어야 되는것이 원칙이다. 작업실적이 침체하는 기업의 현장에서는 종업원의 감정은 황폐하고 경영컨설턴트인의 인사에도 인사가 돌아오지 않는 실정의 기업도 있다. 그런 종업원으로 하는것은 대부분이 경영자의 책임이다.

이런 기업을 반면교사로 하면 장수기업은 전통적으로 인간을 소중히 하는 기업이 되겠다. 창업 1584년에 창업한 야마토텍은 지주비율이 창업가 3.4%, 자기주식 30%, 임원 및 간부 30%, 종업원 지주회 30%의 기업이다. 회사의 실적을 종업원에게 알리면 종업원은 자립적으로 행동한다는 신념으로 매월실적을 종업원에게 공개하고 있다. 지배구조가 기능을 하여 동시에 종업원의 사기를 이끌어 내고 있다.

또, 1598년 창업의 솜 반은 "사람은 자산"의 발상에서 직원수 20명 당시 쇼와 25년(1950년)에 종업원 지주회를 도입하고 2003년 지분배정을 창업일가 25%, 창업가 일족외 임원 25%, 종업원지

주회와 개인 20%로, 사원의 사기향상을 도모하고 있다.

(3) 재무관리는 보수적으로

재무적으로 보수적인 것은 수지를 맞춘 생활을 한다는 보덕사상의 분도의 원칙과 공통성이 있다.

고베대학 대학원(경영학 연구과)의 가호야 타다오 교수는, "상장이 장수기업의 수명을 단축시키다"고 한다. 상장에 따른 자금을 얻자 쓸데없는 투자를 하거나 무리한 확장을 하기 때문에 상장은 장기적으로 존속에 있어서 마이너스면이 있다며, 상장의 비극을 소개하고 있다. 장수기업의 상당수는 비상장기업이며 보수적인 재무정책을 채용하고 있다. 외부자금에 의존하지 않고 한정된 자금을 소중히 쓰는 것으로 질소검약을 내용으로 하여 재무적 모험을 피하고 있다. 장수기업의 상당수는 중소규모의 패밀리 비즈니스이다.

3) 지속적인 경영혁신

기업인 국가이며 영고성쇠는 이 세상의 상례이다. 현상유지는 쇠퇴로 이어진다. 쇠퇴의 길을 방지하려면 계속적인 혁신이 요구된다. 경영혁신은 불역유행의 유행측면이 된다. 보수와 혁신으로 구분하자면 혁신의 축에 해당한다.

(1) 라이프사이클의 타파

비즈니스 모델은 수명이 있고 상품에도 수명이 있다. 비즈니스 모델의 수명과 제품수명의 총합이 기업의 수명이다. 외부환경의 변화에 대응하고 경영혁신을 지속적으로 실시한 기업이 생명주기설을 극복하고 장수기업이 되었다. 경영혁신을 지속적으로 실시할 수 있는 기업은, 로열더치셸의 장수기업연구로 밝혀진 것처럼 환경변화에 민감하고 경영에 자유도가 있는 기업문화가 성숙한 기업이다. 장수기업은 과거에 수많은 성공체험과 실패체험을 가지고 있다. 새로운 사업기회와 위협을 인식하더라도 경영혁신에는 보수적이며 저항을 극복하는 리더의 존재와 기업문화가 성과를 좌우한다(그림 12-5).

(2) 환경변화로 업종전환

테이코쿠 데이타뱅크 "장수기업 4000개 여론조사"(헤세이 20년)에 의하면, 다이쇼(大正)원년(1912)까지 창업한 장수기업 중 56.3%가 주력사업변경(업종전환)을 72.4%가 상품·서비스의 변경을 했고, 55.3%가 제조방법을 78.7%가 판매방법을 변경하고 있다. 장수기업은 보수적인 이미지를 받고있지만 외부환경의 변화에 대응할 수 있는 기업이 장수기업이 되겠다.

그림 12-5 지속혁신 장수기업 모형도

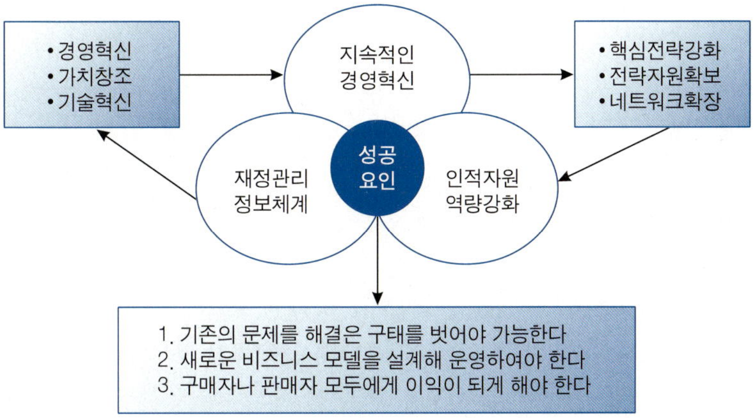

출처 : 成長企業の法則 圖 34 ビジネスの流れ 參考

4) 창업자의 생각을 경영이념에

기업의 수명 30년 설을 극복하고 귀사가 발전하고 있는 것은 창업자의 생각이 고객에게 지지를 받고있는 증거이다. 창업의 마음을 경영이념으로 문서화하고 종업원에 침투시키고 3대째 경영승계하는 것이 창업자의 훈도를 받은 2대째의 역할이기도 하다.

(1) 전통에 배운 가훈(家訓) · 사훈(社訓) · 경영방침

상기의 데이코쿠(帝國) 데이터뱅크조사에서는 향후 노포(老鋪)장수기업로서 중요시하는 것은 다음의 용어들이다.

- 신(信)(신뢰, 신용) 197개(24.2%)
- 진(眞)(성실, 진실) 68개(8.4%)
- 더(德)(사업승계) 31개(3.8%)

경영이념의 명문화에 즈음해서는 창업자의 이념과 노포기업의 경영방침 · 사훈을 참고로 하자.

(2) 가훈 · 사훈 · 경영방침은 불멸의 법전?

제국데이터 뱅크에 의한 상기조사에 따르면, 가훈 · 사훈 · 경영방침 등을 창업때부터 지금까지 바꾸었는지 아닌지 묻는 질문에 바꾸지 않았다 38.8%, 일부 바꿨을 21.3%, 바꾼 6.5%, 불명 · 기타 · 무응답 33.4%, 또 비교적 보수적이다. 그렇지만 "오너기업의 지속적 발전의 열쇠를 쥔 요소는 뭔가"(미즈호 총연논집 헤세이 21년 1호)에 따르면 경영이념과 업적(종업원 수의 증감)의 상관관계는 경영이념을 변경하지 않는 기업에 비해서 변경한 기업이 실적을 향상시키고 있다. 현 경영자가 된 뒤 종업원 수가 증가세로 돌아섰던 기업에 대한 경영이념을 변경했는지 질문에는

- 완전히 거의 바꾸지 않은 42.6%
- 선대까지 변경, 현 경영자변경없이 49.4%
- 선대까지 변경, 현 경영자도 변경 51.3%
- 선대까지 변함없이, 현 경영자변경 62.3%

이라는 대답이 얻어진다. 시대에 맞도록 융통성 있게 불변과 유행의 균형을 택하는 기업은 성장하고 있다.

(3) 전통과 혁신의 균형

영국의 역사학자 토인비는 "문명쇠퇴의 궁극의 원인은 안 되는 것이며 외적의 진입 및 기술혁신 등 외부요인 그 자체가 아니라"고 한다. 경영악화를 불경기탓으로 돌리지 않고 경영능력이 충실해 계속 노력한 기업만이 장수기업으로 생존할 수 있다. 장수기업에서 전통과 혁신의 균형잡힌 기업문화를 정착시키고 창업자가 꿈꾸던 장수기업의 토대를 쌓고 3대째에 승계시키는 것이 장수기업의 첫걸음이라고 한다.

(4) 성공의 포인트

- 창업의 마음을 경영이념에 정리, 종업원과 공유하는 것이 장수기업의 첫걸음이다.
- 불변과 유행의 철학을 장수기업에서 배우고, 기업문화에 성숙시키고 후계자에게 승계한다.
- 불변과 유행의 균형을 잡고 시대의 파도를 넘는게 장수기업이다.
- 경영이념에의 자세는 보수적이지만 유연하게 대응해야 성장으로 이어진다.

2. 장수기업을 유지발전하기 위한 분야별 목표

우리가 제안한 내용을 현실에서 쉽게 적용할 수 있도록 기능별로 정리해 보았다. 관리자들이 운영의 모든 측면에 대해서 장기적이고 폭넓은 관점을 가지도록 하며 시간, 고객, 목표에 대해 좀 더 광범위하게 생각하도록 하는 것이 주된 목적이다. 다시 한 번 강조하지만 원하는 특정한 전략에 가장 적합한 조언을 선별해서 활용해야 한다.

1) 인적자원 직원들 소통의 통합역량강화

장기적인 목표사명에 신념이 있고 기업문화에 잘 맞으며, 지속적인 학습의 필요성을 이해하고 특별한 지침이 없더라도 언제나 기꺼이 협력하고자 하는 직원들을 고용하여 평생동안 떠나지 않도록 하라.

직원들이 기업의 장기적인 이익을 위해 일하게 하는 유일한 방법은 참여를 유도하는 것이다. 이를 위해서 관리자들은 기업의 사명과 가치기준이 일치하는 사람들을 고용해야 한다. 그런 다음 조직이 보유한 기술의 중요성을 이해시키고 습득할 수 있도록 도와주고 세심한 배려로 동기를 부여한다. 이와 같은 접근방식은 임시고용, 잦은 직장변경, 까다로운 직무, 임금과 승진을 기본으로 한 인센티브 등으로 대표되는 오늘날의 업무방식과 대조적이다.

(1) 사람을 까다롭게 선발하라

장기적인 목표를 추구하는 기업이라면 직원채용 시 까다로울 필요가 있다. 부족한 일자리를 메울 사람을 구하기보다 오랫동안 꾸준히 경력을 쌓아 갈 사람을 뽑아야 한다. 뛰어난 능력과 기업의 사명을 수행해 나갈만한 성품을 지녔으며 오랜 기간 조직을 위해 일할 사람을 찾아야만 한다. 기업의 가치기준에 부합하는 사람을 찾는것이 무엇보다 중요하다.

따라서 장수하는 가족기업들 중 일부는 소유주가족이 직접 채용을 담당하고 지원자 중 조건이 부합하는(적합한 자질을 갖추었으며, 윤리성, 업적, 개인적 관심사가 뛰어난) 극히 소수의 인원만 채용한다. 창의성이나 다른 사람들과의 협동능력이 중시되는 경우도 있다. 직원채용 시 기업들은 이런 자질들을 충분히 확인하려고 10회 이상 참고자료 또는 참고인의 도움을 받는다. 취미나 선호하는 활동이 기업의 사명과 문화와 어울리는지 여부가 가장 중요한 채용의 기준이 되기도 한다(L.L 빈은 자연을 사랑하는 사람들을 채용한다). 직원을 채용하는 것은 엄청난 투자를 요하는 일이기 때문에 세심한 배려가 필요하다. 기본방침은 항상 다음과 같다.

의심의 여지가 있다면 채용하지 마라.

(2) 필요 이상으로 많은 사람을 고용하지 마라

장수하는 가족기업들의 경우 전체직원 수가 적기 때문에 필요 이상으로 많은 사람을 고용하지 않는 경향이 있다. 따라서 직원해고로 인한 사기저하염려가 적고 직장에서 창의성을 발휘하여 더 많은 역할을 할 수 있게 한다. 또한 역량이 부족한 직원들은 스스로 떠나고 나머지 직원들은 더욱 흥미를 갖고 일할 수 있다. 전체직원의 규모가 적기 때문에 신규직원을 더욱 까다롭게 선발하는 것이다.

(3) 직원교육과 개발에 많은 투자를 하라

장수하는 가족기업들은 단순히 인재를 고용하는 것에 그치지 않고 개개인의 역량을 충분히 개발하여 매년 기량이 성장하도록 한다. 이는 결국 기업의 역량에 도움이 될 뿐 아니라 개인적인 성취도 향상에도 기여한다. S.C. 존슨, 팀켄, 모토로라, 에스티 로더, 고어, 홀마크, 리바이스 등은 경쟁업체들보다 교육에 훨씬 많은 투자를 한다. 현장교육, 강좌, 안식년, 직무순환 프로그램 등이 전반적인 직원교육과 개발프로그램에 해당된다. 다양한 교육과 개발프로그램들 가운데 가장 성과가 좋은 프로그램이 멘토링이다. 이 프로그램은 신입사원들이 베테랑 직원들로부터 업무의 세밀한 부분, 기업의 가치기준, 기업내 인간관계 등을 배우는 데 도움이 된다. 특정업무 이외에 사회생활의 기술, 관리기술 등 다양한 기능을 익히는 데도 효과적이다. 또한 이들 기업은 거의 모든 관리자를 기업의 문화와 기술을 잘 알고 자사에서 오랜 기간 일해온 내부직원들 중에서 선발한다.

(4) 업무의 범위를 넓혀라

업무의 한계를 넓히면 개인역량개발에 도움이 된다. 코닝의 블랙스버그, 버지니아, 셀코 세라믹 공장에서 일하는 노동자들은 상관들을 볼 기회가 거의 없으며 공장의 모든 일을 스스로 할 수 있다. 이들은 제품보관, 품질을 비롯한 기타 중요한 결정을 직접 내린다. 노동자들이 올바른 결정을 내릴 수 있도록 이들에게 금융정보와 기술정보를 열람할 수 있는 권한을 준다. 또한 자발적으로 효율성 향상 등 특수한 계획을 창안할 수 있도록 격려한다. 뿐만 아니라, 이들이 직접 고객들과 거래를 하기도 하고 필요한 구성원들을 모아서 팀을 만들어 일하기도 한다. 이와 같이 업무의 범위가 넓을 경우 직원들은 자신의 역량과 관심사를 개발하고 지속적으로 학습하기 위해 노력한다.

(5) 직원이 바로 기업이다, 직원들을 보살펴라

우리가 이전에 발표한 연구결과를 보면 직원들에게 투자를 많이 할수록 전략과 공정이 견실해져 이득이 커진다는 것을 알 수 있다. 직원들에 대한 남다른 충성심과 헌신적인 노력없이는 전략과 접근방식이 아무리 뛰어나다고 하더라도 수익성을 높일 수 없다. 우리가 연구한 상당수의 위대한 가족기업들은 이와 같은 인력관리철학을 갖고 있다. 이들의 철학은 "직원들이 특별한 애정과 헌신적인 노력을 보여주기를 원한다면 먼저 솔선수범하라."라는 놀라울 정도로 단순한 것이다. 뛰어난 직원들을 찾아내고 훈련시키려는 이들의 노력을 보면 직원들이 떠나지 않기를 바라는 마음을 읽을 수 있다. 충분한 보상과 혜택은 직원들을 붙잡는 데 도움이 된다. 위대한 가족기업 중 상당수가 평균이상의 급여를 지불한다.

그러나 기업문화, 승진기회, 직원들에 대한 정성 등도 보상 못지않게 중요하다. 기업의 가치기준이 명확하면 직원들은 자신의 업무와 직장에 자긍심을 가진다. 또한 향후 경력에 도움이 된다면 직원들은 기꺼이 오랜 기간 머무르고 싶어한다. 직원들의 역량에 따라 승진을 시켰던 노드스트롬의 경우를 생각해 보기 바란다. 코닝은 과학자들이 관리자로 업무를 전환하거나 사랑하는 실험실을 떠나지 않고도 최고의 지위에 올라가고 많은 급여를 받을 수 있도록 했다. 또한 역량이 뛰어난 직원들이 오랫동안 남아 있도록 장기근속한 연장자들에게 보상과 승진의 기회를 제공하고 근속기간의 공로를 치하했다. 직원들을 평가할 때에는 최근에 어떤 공헌을 했느냐가 아니라 전체근속기간 중에 얼마나 많은 공헌을 했는지를 기준으로 삼았다.

마지막으로 장수하는 가족기업들은 어려운 시기에도 직원들을 버리지 않았기 때문에 직원들이 기업에 감사하는 마음을 품을 수 있었다. 이들 기업은 경기가 바닥을 치고 불황으로 고통받을 때에도 직원감축규모를 최소한으로 줄였으며 리바이스와 코닝의 사례에서 보듯이 피할 수 없는 구조조정을 단행할 때에도 직원들을 가장 중요하게 여겼다. 직원들은 기업측의 배려에 감동했고 애사심은 점점 커졌다. 이런 최상의 상황에서 직원들은 기업이 하는 사업과 지향점에 대한 신념을 갖고 충성을 다해 기업의 이익에 보탬이 되려고 한다. 오늘날의 기업들이 이런 목표를 달성하려면 갈길이 멀겠지만 우리가 연구한 많은 가족기업들은 이미 이 목표를 달성했다.

(6) 수직적인 구분을 최소화하라

위대한 가족기업들은 직원들이 모두가 하나의 팀에 속한다고 느낄 수 있도록 배려했다. 가능한 한 직위, 권력, 부를 드러내지 않고 동료애를 느끼도록 했다. 경영진의 집무실을 지나치게 화려하게 꾸미거나 급여나 비용계정을 지나치게 높게 설정하지도 않았으며 리무진을 타는 경우도 거의 없었다. "최고 경영진이 사치를 해서는 안 된다. 모든 직원들이 지켜본다."라는 것이 장수하는 가족기업의 모토이다. 대화의 창을 항상 열어두어 하급직원들이 자유롭게 상사와 대화를 나누고 심지어 직속상사보다 더 높은 직급의 관리자와도 자유롭게 대화할 수 있었다. 고위간부들도 매장 또는 현장의 직원들과 직접 대화를 나누는 데 많은 시간을 할애했다.

(7) 사람들을 즐겁게 하라

장수하는 가족기업의 인사관리부서에서는 조직의 가치기준을 찬양하고 이를 몸소실천하는 사람들을 찾아볼 수 있다. 홍보실에서는 자사의 중대한 사안들과 지역사회공헌과 관련된 내용을 널리 알린다. 인사관리부서는 직원들의 개인적인 성과와 업적을 치하하는 행사를 열고 보상을 실시하기도 한다. 기념관을 설립하거나 '명예의 벽'을 설치하여 오래 근속한 직원들의 공로를 치하하기도 하고 기업의 일대기를 기록으로 남기는 경우도 있다. 이와 같은 일련의 활동들을 통해 직원들은 해당 기업이 지향하는 바가 무엇인지, 그 가치와 열정을 증명하려고 얼마나 노력하는지 이해할 수 있다.

2) 기업의 명예를 높이는 마케팅

(1) 고객들과 바람직한 관계를 형성하라

장기적인 목표와 명성을 쌓는 데 도움이 되는 뛰어난 제품을 만들고 판매하며 고객과 장기적인 관계를 구축하라. 마케팅은 화려하게 포장하는 것이 아니라 가치를 표현하는 방법이며, 일회적인 매출상승이 아니라 고객의 충성심을 높이는 데 목적이 있다.

(2) 뛰어난 제품을 개발하라

마케팅은 뛰어난 제품과 함께 시작된다. 제품의 차별화는 고객만족을 위한 거의 모든 성공적인 전략(품질, 뛰어난 브랜드, 혁신, 뛰어난 운영)의 바탕이 된다. 경쟁을 통해서 제품의 우수성을 입증할 수 있으며, 추상적인 기준이 아닌 구체적인 목표시장이 부여하는 가치에 따라 우수성을 평가해야 한다.

기업의 명성과 고객의 충성도는 장기적인 생존을 위한 필수조건이기 때문에 장수하는 가족기업들은 완벽한 제품과 서비스를 제공하려 노력한다. 사소한 실수도 기업의 명성에 해를 가져올 수 있다. 특히, 고객들이 해당기업의 제품을 구하려고 많은 비용을 지불하거나 먼 거리를 달려왔다면 사소한 실수라 하더라도 고객의 불만이 커질 수밖에 없다. 따라서 기업의 이미지를 훼손하거나 명예를 떨어뜨릴 가능성이 있는 제품을 출시해서는 안 된다. 실제로 장수하는 가족기업 상당수가 신중하게 제품을 출시하고 경쟁업체들보다 훨씬 적은 수의 제품을 판매하며 적은 수의 제품라인을 운영했다. 신제품을 개발할 때 완벽한 제품이 탄생할 때까지 많은 시간을 투자했다. 무엇보다 중요한 것은 장수하는 가족기업들은 오랜 기간 가치를 발하는 창의적인 제품만을 출시하고 타사의 제품을 모방하지 않았다는 사실이다.

(3) 고객과 지속적인 관계를 구축하라

장수를 꿈꾸는 기업들은 고객과 자속적인 관계를 구축하려고 힘쓴다. 이들은 제품과 서비스의 우수성을 이용하여 고객의 충성도를 끌어내고 고객의 친밀성을 바탕으로 시장을 이해하며 제품을 개선시켜 나간다. 고객카드를 작성하여 고객의 취향에 맞는 제품이 출시되었을 때 전화를 거는 등의 간단한 방법만으로도 고객과 바람직한 관계를 구축할 수 있다. 이 책의 앞부분에서 고객의 취향에 맞는 제품이 나올 때마다 직원들이 고객들에게 직접 전화를 걸어 신제품출시를 알리는 에스티로더와 노드스트롬의 업무지침을 살펴본 바 있다. 뿐만 아니라, 충성도가 높은 고객들을 위해 무상으로 선물을 제공하거나 할인을 해 주기도 한다. 장수하는 가족기업들은 기회가 있을 때마다 고객과 관계를 이어 나가고 고객의 요구를 만족시키려고 힘쓰며 자신들이 고객들에게 많은 관심을 갖고있다는 사실을 알리려고 애를 쓴다.

고객과 관계를 유지할 목적으로 고객의 취향에 맞추어 많은 투자를 하는 경우도 있다. 타이슨과 심플롯은 특정 고객을 위해 공장을 짓고 물류체계를 설립하여, 고객이 원하는 제품을 원하는 장소와 시간에 배달하는 맞춤식 해결방안을 모색하는 등 고객과 관계형성에 노력을 쏟아부었다. 다시 한 번 강조하지만 고객은 자신들을 만족시키는 데 투자를 아끼지 않는 기업의 노력을 높이 산다. 특정 대형고객을 위해 개발한 신제품과 새로운 서비스 등을 통해 관계를 지속적으로 발전시켜 나갈 수 있다. 앞서 살펴보았듯이 벡텔은 더 이상 거래를 하지 않는 과거의 고객에게도 국제정세와 경제흐름에 대한 중요한 정보를 제공해 주었다. 이런 노력이 있었기에 관계가 지속될 수 있었던 것이다.

(4) 지역사회와 바람직한 관계를 형성하라

지역사회에서 긍정적인 이미지를 조성하는 것은 많은 기업들에게 중요한 마케팅기법이 될 수 있다. 이 책에 등장한 대개의 기업들은 지역사회를 위해 공헌하는 것이 바람직하다는 믿음을 갖고 많은 돈을 기부하거나 무료봉사를 제공했다. 이들은 지역사회에 무엇인가를 되돌려 주기를 원했다. 물론, 이러한 노력덕택에 책임감 있는 구성원으로서 기업이미지가 형성되었고, 결국 고객의 관심을 끌고 사회적인 지지를 이끌어 내며 우수한 인재들을 데려오는 데 도움이 되었다.

(5) 끈기있게 홍보하라

홍보를 위한 노력에도 장기적인 안목이 필요하다. 브랜드를 각인시키는데 수년이 걸렸던 홀마크의 홍보노력을 생각해 보라. 협상중심 기업이나 운영중심 기업의 경우, 십여 년이 걸친 인맥형성 노력끝에 대형고객이 나타날 수도 있다. 그러나 장수하는 가족기업들은 몇 년 후에나 진가를 발휘할 일에 기꺼이 많은 돈을 투자하였다. 봄바디어와 모건은 언젠가는 거래를 따낼 수 있을 거라는 희망을 갖고 상대에게 유용한 존재가 되려고 노력하는가 하면 정부를 비롯한 잠재고객사에서 일했던 사람들을 영입했다. 홍보는 기업을 포장하는 수단이 아니라 기업의 특성, 제품의 우수성, 고객만족을 위해 경쟁업체들보다 더 열심히 노력하겠다는 총체적인 의지의 표현이다.

3) 진화하는 포괄적인 운영체계

장기적인 목표로 적은 비용으로 더 많은 부가가치를 창출하고 제품과 시장의 변화에 따라 진화하는 우수한 인프라를 구축하라. 내부직원들뿐 아니라 외부동반자에게도 오늘뿐 아니라 내일에도 도움이 되는 체계를 구축하라.

(1) 뛰어난 사업 모델을 만들어라, 사업모델의 전체형태를 염두에 두어라

뛰어난 제품판매를 위해 독창적이고 응집력 있는 사업모델을 활용하는 기업들도 있다. 이케아, 월마트, 피델리티 등은 다양하고 풍부한 제품라인, 가치사슬의 단계별선택, 경쟁업체를 능가하는 역량, 외부업체와의 협력 등 상호보완적인 여러 요소들을 결합시켜 가치를 창출한다. 이런 경우 사업자체가 하나의 통합적인 운영체계로 간주된다. 예를 들어 이케아의 제품라인, 입지, 매장배치, 마케팅기법, 외주방침 등은 이케아만의 독특한 사업모델의 상호 보완적인 여러 특성을 보여준다. 피델리티의 펀드상품, 서비스센터, 판매방식, 고객서비스 자동화, 수수료 부과방식 등은 피델리티의 독특한 체계에서 필수불가결한 요소들이다. 이와 같은 체계는 효율성이 높은 동시에 경쟁업체들이 모방하기도 힘들어 경쟁우위를 유지하는 데 도움이 된다. 우리는 모든 기업들이 자동

그림 12-6 행동혁신과 내·외부변화 혁신적 대응

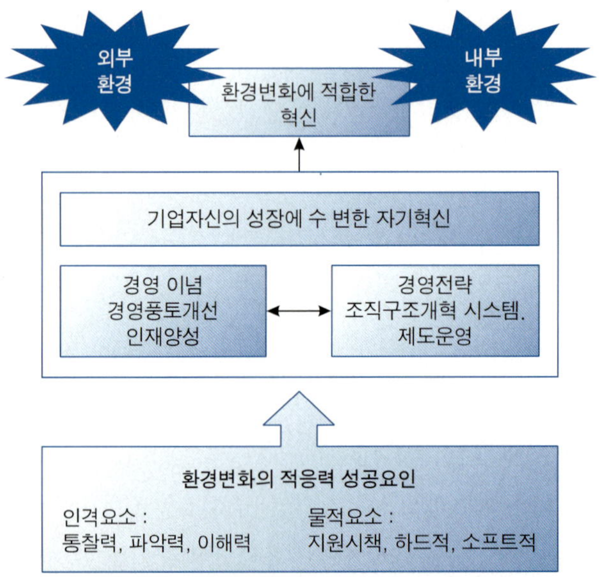

출처 : 成長企業の法則 圖 34 ビジネスの流れ 參考 持續經營在圖

화를 추구하거나 판에 박은듯한 통합전략을 구축해야 한다고 주장하는 것이 아니다. 다만 주기적으로 새롭고 폭넓은 관점에서 사업모델을 관찰하여 추가적으로 보완할 요소가 없는지 살펴볼 필요가 있음을 얘기하고 싶다. 혹시 이런 질문을 던지는 사림들이 있을지도 모른다.

"인프라를 구축하면 새로운 하청의 기회가 생긴다는 뜻이니까?"

"유통전체형태를 고려해 볼 때 제품라인을 확장하는 것이 좋습니까?"

(2) 뛰어난 인프라구축에 욕심을 부려라

장수하는 가족기업들은 기업운영에 많은 돈을 투자했다. 월마트는 현대적인 매장과 창고를 보유하고 있으며 최첨단의 컴퓨터시스템과 물류체계를 갖추고 있다. 피델리티는 가장 뛰어난 고객중심의 자동화서비스를 제공하고 있다. 임시방편으로 문제를 해결할지 영구적이고 효율적인 체계를 구축할지 결정해야 하는 상황이 되면 장수하는 가족기업들은 주저없이 후자를 택했다. 이들은 항상 비용을 줄이려고 노력하기보다는 장기적인 수익개선을 중시했다. 미쉐린과 카길은 가장 효율성이 높은 공장을 지으려 노력했고 최상의 기기만을 구입하였다. 그러나 외관을 꾸미는 데 돈을 지출하는 것은 꺼렸으며, 사무실의 장식도 극히 간소하여 기본적인 가구만 갖추었을 뿐이다. 이들은 핵심적인 역량개선을 위해서만 투자를 아끼지 않았던 것이다.

(3) 역량을 활용하라

장수하는 가족기업들은 많은 돈을 투자하여 핵심역량을 개발한 후 다양하게 활용했다. 일례로 피델리티는 고객센터의 역량을 활용할 목적으로 고객으로부터 외주를 받기도 했다. 타이슨은 고도로 자동화된 공장작업방식을 활용하려고 직원들이 삼교대로 일했다. 미쉐린은 모든 종류의 타이어와 베어링에 자신들만의 운영방식을 적용했다. 가능한 곳에서는 유연성을 높이려고 설비를 개조하고 제품디자인도 응용했다. 벡텔은 자신만의 독특한 발전소설계도를 탄생시켜 규격화된 부속품을 이용하고 고객이 원하는 대로 효율적으로 건설했다. 올림피아 앤드요크는 건축기법을 체계적으로 정리하여 다양한 건설공사에서 디자인 구성요소와 기법의 표준으로 활용했다.

(4) 자사의 강점에 집중할 수 있도록 협력하라

한 분야에 집중하는 동시에 외부업체들과 협력하면 고도로 효율적인 운영방식이 탄생한다. 장수하는 가족기업들은 자신들이 최고라고 자부하는 공정과 제품에 집중하고 중요도가 떨어지는 부문은 외부업체와 협력했다. 예를 들어, 벡텔은 수익률이 높은 디자인과 금융부분에 집중했다. 건축부문에 뛰어난 역량을 가진 협력업체가 있었기 때문에 가능한 일이었다. 협력관계의 이점은 예상외로 크다. 이러한 이유로 월마트와 이케아같은 기업들은 협력업체들이 더 뛰어난 기량을 발휘할 수 있도록 많은 투자를 한다. 장기적인 관점으로 볼 때 모두에게 도움이 되기 때문이다.

(5) 기업의 체계를 지속적으로 개선해 나가라

최고의 기업은 결코 멈추지 않는다. 효율성을 재고하고, 새로운 기회를 창출하고 경쟁에서 앞서려고 끊임없이 체제를 개선해 나간다. 그러나 체제개선작업은 결코 무계획하게 이루어져서는 안된다. 항상 가장 중요한 부분에 중점을 두어야 하고 핵심역량구축을 게을리 해서는 안 된다.

제품과 공정이 동시에 개선될 때 기업의 성과가 가장 두드러진다. 디자인이 바뀌면 운영방법도 바뀌어야 하고 반대로 운영방법이 바뀌면 디자인도 바뀌어야 한다. 제품과 공정이 동시에 개선될 때에만 이와 같은 선순환이 발생한다. 코닝, 미쉐린, 모토로라는 다양한 기술부서가 협력하도록 하여 이같은 선순환을 가능케했다. 팀켄은 베어링의 디자인과 내구성(일반적으로 베어링의 내구성을 개선하면 철강생산한계가 나타난다.)을 동시에 개선시키기 위해 철강제조공정을 개선했다.

(6) 항상 품질이 가장 중요하다는 점을 잊지마라

장수하는 가족기업들은 품질을 중시한다. 이들은 효율적인 인프라구축을 통해 품질향상과 비용절감을 동시에 추구한다. 팀켄과 모토로라에서는 품질개선과 비용절감을 따로 떼어서 생각하는 법이 없었다.

4) 연구개발과 기술

(1) 내일을 위해 투자하라

장기적인 목표 : 최첨단의 제품을 판매하고 제품라인을 항상 새롭게 한다. 단기간에 성과를 나타내는 사업과 장기간의 노력이 필요한 사업을 동시에 진행하라

오랜 기간 살아남고 싶다면 단기간에 성과가 드러나는 사업과 장기간의 노력이 필요한 사업을 동시에 수행할 필요가 있다. 여러 사례를 들어 설명하였지만 이 원칙은 아무리 강조해도 지나치지 않다. 코닝, 모토로라 등은 서로 다른 기간을 필요로 하는 다양한 연구개발사업을 진행했다. 수십 년 후에 결실을 맺어 상업화에 성공하는 제품이 있는가 하면 연구개발을 시작한 지 채 2년이 지나지 않아 수익을 벌어들이는 제품도 있다. 이론적인 연구는 성과가 나타나기까지 오랜 시간이 걸리지만 응용연구분야는 단기간내에 성과가 나타날 수도 있다.

(2) 연구의 범위를 넓혀라

최고의 기업들은 다양한 것을 연구하고 개선하려고 노력한다. 연구개발이라는 것은 마음상태, 즉 사업을 하는 데 있어 더 창의적이고 더 뛰어난 방법으로 미래에 대비할 수 있는 철학이라고 볼 수 있다. 물론, 새로운 제품과 공정을 개발하려는 끊임없는 노력이 필요하지만 판매, 유통, 조직구성, 협력관계 등에 대한 새로운 접근방식만으로도 커다란 변화가 생길 수도 있다.

(3) 가끔은 불가능해 보이는 일에 도전하고 영광스러운 패배를 칭찬하라

코닝의 한 수석과학자는 최고의 연구는 제품연구가 아니라 아이디어와 기술이 중심이 되는 연구라고 얘기했다. CEO인 제이미 호튼은 신기술이 초기단계에 있을 때 시장가치를 알아차리는 것은 불가능한 일이라며 수석과학자의 의견에 동의했다. 그는 장기적인 개발을 목표로 하여 예측불가능한 결과를 탐구하는 연구방식을 칭찬했다. 일반적으로 큰 수확은 예상치 못한 분야에서 얻어지는 것이 보통이다. 그래서 최고의 기업들은 남들이 미처 손대지 못한 분야를 찾아 헤맨다. 물론, 미쉐린에서 바퀴가 무게를 지탱하지 못하는 우스꽝스러운 기관차를 만든 사례에서 보듯이 실패라는 엄청난 대가를 치르기도 한다. 그러나 리더들은 결과에 관계없이 직원들의 용감하고 적극적인 노력을 칭찬해 주어야 한다. 리더의 격려가 없다면 누구도 모험에 도전하려 하지 않을 것이고 오늘과 다름없는 내일만이 눈앞에 펼쳐질 것이다. 이것이 바로 고어에서 연구과제가 끝날때마다 성공여부와 관계없이 항상 열광하며 자축하는 이유이다.

(4) 자유로운 연구를 보장하라

열정을 가지고 연구하고 실수를 용인할 때 혁신이 가능하다. 상업적 가능성이라는 목표를 달성하려면 시장의 요구가 수렴되어야 한다. 수평적이고 커뮤니케이션체계가 잘 구축된 조직에서는 각 부서, 사업단위 간의 의사소통이 원활하게 이루어진다. 그래서 코닝의 마케팅담당 직원들은 제품개발초기부터 직원들을 찾아다니며 아이디어를 공모하고, 이를 연구개발 및 담당부서직원들에게 전해준다. 고어에서는 팀의 규모가 작고 다양한 기능을 하도록 구성되어 있기 때문에 직원들이 연구, 생산, 마케팅을 두루 담당한다. 그 덕분에 연구원들은 새로운 아이디어를 얻고 새로 개발한 제품을 시장에 출시하는 적절한 방법을 찾는 데 큰 어려움을 느끼지 않는다. 업무자체가 광범위하기 때문에 모든 사람이 신제품개발에 참여할 수 있으며 주제넘게 나선다는 인상을 줄까봐 걱정하지는 않는다. 코닝에서는 연구개발을 더욱 장려하려고 고객, 대학, 다른 기업 등 다양한 조직들과 협력하여 다양한 아이디어를 얻고 제품을 개발하도록 한다. 공간을 공유하여 필요한 인재들이 협력할 수 있도록 하는 경우도 있다.

3. 경영수업과 승계계획

1) 승계계획 후계교육

(1) 후계접합성 역량, 자질

가족기업인 장수기업들은 후계자에게 적합한 역량과 자질을 심어주려고 오랜 기간 집중적인 경영수업을 시키고 있다. 이 프로그램들은 체계적인 승진, 다양한 업무수행, 광범위한 훈련과 상급 관리자와 주기적인 회의 그리고 이들의 피드백을 포함한다. 장래성이 있는 후계자에게 가장 뛰어난 스승을 붙이고 다양한 일을 경험하게 한다. 신입사원들에게 기술과 가치기준뿐 아니라 중요한 인맥까지 전수하는 고어의 멘토링 프로그램을 생각해 보자. 이런 방식으로 후계자를 훈련시키는 스승은 제자의 역량을 면밀히 평가하고 모든 상황에서 어떻게 대처하는지 살필 수 있다. 미쉐린과 모토로라와 같은 기업에서는 CEO들이 후계자와 공동으로 기업을 운영하기도 한다. 공동경영방식을 도입하면 후계자를 훈련시키고 관리하는 데 도움이 될 뿐아니라 연로한 경영자가 젊은 생각을 배울 수도 있다. 또한 후계자 양성프로그램을 통해 최고 경영진으로 활동하기에 적합한 후보자를 물색하기도 한다.

(2) CEO 선발

CEO를 선발할 때에는 업무수행능력뿐 아니라 성격과 사명에 대한 책임감도 고려해야 한다. CEO가 갖추어야 할 주요 덕목으로는 성실, 힘든 길을 택할 용기, 기업과 주주들을 위해 올바른 일을 수행할 의지 등이 있다. 경영수업을 통해 후보자의 자질과 성격을 면밀하게 평가할 수 있을 뿐 아니라, 오랜 기간의 교육을 통해 많은 가르침을 줄 수 있기 때문에 가능한 한 내부에서 후계자를 선발하는 것이 좋다. 물론 후보자의 전력도 중요하다. 실질적인 개선을 위해 노력해 왔는지, 그렇지 않다면 눈에 띄는 빠른 성과만을 추구해 왔는지 살펴보아야 한다.

가족기업의 경우는 소유주가족을 CEO로 선발하는 경우가 많다. 선택된 사람이 위에서 설명한 자질과 역량을 갖추고 있다면 아무런 문제가 없다(우리는 가족내부에서 적당한 후계자를 찾는 경향이 있는 소유주가족의 계승과정에 대한 논문을 작성한 바 있다). 그러나 소유주가족 중 적당한 인물을 찾을 수 없는 경우가 있다. 이런 경우, 편협한 생각을 버리고 외부인을 선발해야 하는데 오랜 기간 조직에 몸을 담았던 역량있고 뛰어난 인재를 선발하는 것이 좋다.

(3) CEO의 재임기간

최근의 한 연구결과는 근무연한이 길수록 CEO의 성과도 좋아진다는 사실을 보여 준다. CEO가 퇴임하는 해에 기업의 수익성과 성장률이 가장 높다. 몇몇 연구를 보면 재임후 8년째 되는 해에 수익성과 성장률이 가장 높은 기업이 있는가하면 재임후 14~16년째 되는 해에 가장 뛰어난 성과를 기록한 기업도 있다(수치가 낮은 기업일수록 안정적이지 못한 산업에 속해있다). 이 책에 등장하는 가족기업들은 CEO의 임기를 오랫동안 보장했다. 이와 같은 정책이 가족기업의 성공에 기여했음은 두말할 나위가 없다. 이 단편적인 사실에는 지배구조와 관련된 몇 가지 내용이 함축되어 있다. 첫째, 이사진은 새로운 CEO가 경영을 맡으면 처음 몇년 동안 나름대로 요령을 익히고 개인적인 조직망을 구축하느라 성과가 떨어질 수도 있다는 사실을 이해해야 한다. 시간이 조금 걸릴 수도 있지만 반드시 학습효과가 나타나고 성과가 개선된다는 점을 깨달아야 한다. 따라서 뛰어난 CEO가 임기를 계속 유지하는 것이 무엇보다 중요하다. 뛰어난 경영자가 떠나지 않도록 하는 방법으로는 성과가 개선되고 시간이 흐를수록 인센티브와 보상을 점점 늘리는 방법이 있다.

(4) 차세대 경영승계

경영승계의 원칙은 경영능력에 있다. 시대변화에 적응력이 부족한 자에게 승계되면 기업을 지속할 역량부족으로 장수기업으로 지속될 수는 없다. 그러므로 승계자선정은 성격성질, 자질과 경영능력 등 다양한 것을 고려하여 양성되어야 한다.

그림 12-7 경영승계 차세대 성장구도

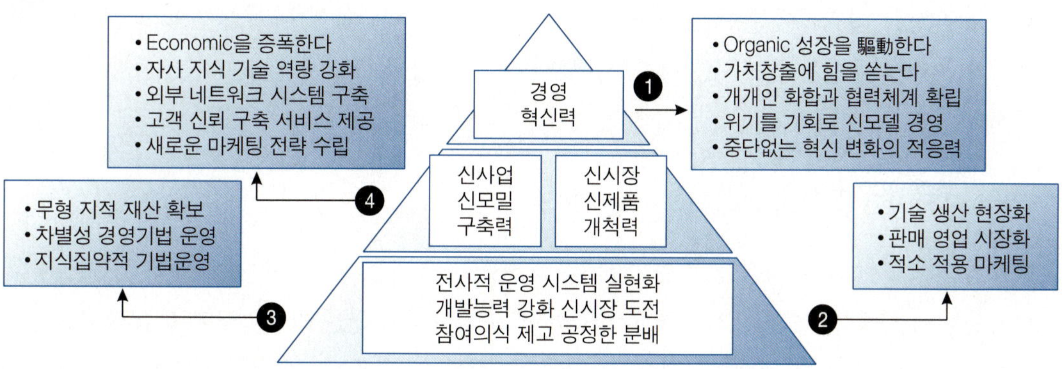

출처 : 成長企業の法則 次世代成長驅動 參考 在構想圖

2) 최고 경영팀의 특성

(1) 가족특유의 솔직함

후계자내부선발, 오랜 기간의 경영수업과 긴 임기로 인해 CEO가 외부와 단절될 수도 있다. 기업의 전통에 젖어 기업을 쇄신하거나 새로운 전략을 구사하지 못하는 경우가 생기는 것이다. 이런 위험을 피하려면 최고 경영팀은 다양한 관점에서 논의할 필요가 있다. 편협하고 품질에만 몰두하는 최고 경영팀으로 인해 쿠어스마케팅 전략이 제 기능을 발휘하지 못한 사례를 살펴보았다. 반면에 카길맥밀란, 미쉐린, 라우징, 갤빈, 노드스트롬 등의 가문은 다양한 시각을 가진 경영팀을 가동하여 많은 것을 얻었다. 생각이 다른 사람들을 경영진에 투입한다고 해서 기업의 전반적인 사면, 핵심가치기준 그리고 윤리성이 손상되는 것은 아니다. 가족적인 분위기에서 모두가 솔직하게 의견을 개진할 수 있는 분위기를 조성할 때만 원하는 결과를 얻을 수 있다.

우리가 살펴본 가족기업 등의 가장 위대한 자산 중 하나가 경영자들이 세대를 불문하고 서로 솔직한 의견을 나눌 수 있었다는 점이다. 서로 비판을 하거나 나쁜 소식을 전한다고 해서 일자리가 없어지지 않는다는 점도 알고 있었다. 반대의견을 가진 경영진도 실제권력이 있는 CEO에게 열린 분위기 속에서 사실을 근거로 자신의 주장을 펼치며 질문과 대화를 이어 갈 수 있었다. 이와 같은 대화를 위해 최고 경영팀은 예상추이, 기존의 사업을 위협하는 유행, 실상 등을 증명할 수 있는 모든 종류의 반박가능한 자료들을 준비한다. 그래서 필요할 때마다 기업내에 외부데이터를 제시해야 한다.

공동체구성을 위한 조직구성에 관심을 가질 필요가 있다. 우리는 지금까지 장수기업들이 응집력 있고 충성심이 높은 문화를 만들려고 어떤 노력을 기울였는지 살펴보았다. 가치공유, 사회화, 멘터링프로그램, 직원들에 대한 배려 등이 모두 이런 문화를 만들어 내는 방법에 포함된다. 앞 부분에서 자세히 다루지는 않았지만 훌륭한 내부공동체 구성에 도움이 되는 조직구성방식에도 관심을 가져 볼 필요가 있다.

(2) 수평적이고 형식에 얽매이지 않는 조직

우리가 연구한 많은 위대한 가족기업들은 직원들로 하여금 자유롭게 창의성과 참신한 지혜를 발휘하도록 배려했다. 조직을 가능한 한 단순하게 구성하여 직급을 최소화하고 하급직원들에게 많은 권한을 주었다. 이들은 가치기준과 우선순위가 명확했고 관대한 처우로 직원들의 충성심을 얻었기 때문에 직원들에게 충분한 재량권을 주었다. 많은 공장에서 직원들은 어떻게 업무를 진행하고 품질을 개선할지 직접 결정했다. 팀켄, 고어, 코닝, 미쉐린 등은 직원들에게 업무를 조정할 수 있는 권한을 부여했다.

수평적인 조직이라는 개념에는 관료주의가 없다는 뜻이 내포된다. 복잡한 단계를 거치지 않고 상사를 만날 수 있으며 제한적인 규칙에 얽매이지 않고 공통의 목표를 지향할 때 창의성이 증가한다. 따라서 기업의 규모가 크더라도 직원들은 소규모의 직장에서 일하는 것 같은 편암함을 느낄 수 있다. 일례로 노드스트롬의 쇼핑객들은 판매원이 아니라 매장주인으로부터 직접 서비스를 받는 듯한 기분을 느낀다. 노드스트롬의 유일한 규칙은 '고객만족'이다.

(3) 기업의 하부조직 / 분열은 없다

오늘날 많은 조직에서 직원들은 자신이 속한 부서나 이익책임단위에만 집중한다. 각 부서에서 발생하는 비용과 수익을 개별적으로 책임지는 제도는 유용한 업무방식이지만 각 부서가 개별수익에만 관심을 갖는 분열된 조직이 되어서는 안 된다. 조직이 분열되지 않도록 하려면 기업차원의 가치기준공유, 사회화, 협력기술습득, 사업부서별 실적이 아닌 기업의 실적을 바탕으로 하는 보상 등의 방법을 활용해야 한다.

모토로라처럼 직원들에게 다양한 분야를 훈련시키고 고어처럼 멘토링 프로그램을 바탕으로 하는 조직망형성을 통해 다른 사업부서에서 직원을 데려오는 것도 부서 간의 협력을 도모하는 데 도움이 된다. 다양한 업무를 수행하게하면 인맥을 늘리고 시야를 넓힐 수 있다. 부서 간 협력을 위해 보편적으로 사용되는 방법으로는 특별대책본부, 위원회, 사업별그룹구성, 부서 간 조정담당자로 활동할 직원임명 등이 있다.

3) 상속과 증여세의 효과적인 고찰

■ **상속과 증여 효과적인 방법**

기업을 성장시킨다. 재산을 모은다. 누구를 위해서인가? 물론 본인의 영달과 안락의 추구에 있겠지만 후세구도를 위하여 헌신적 노력이 가중됨이 전통적인 생활풍토일 것이다. 기업을 일으키고 재산을 축척하려는 남다른 고애를 극복하며 분골쇄신(粉骨碎身)노력의 결과이자 이 노력의 결과물을 한푼이라도 더 후손에게 물려주고 싶은 것은 인지상정의 가업풍토라 하겠다.

(1) 미리주기, 쪼개기…상속 · 증여세 절세플랜

사전증여포인트는 10년, 쪼개기증여도 중요하다. 상속개시일 6개월 안에 상속인간의 정리를 마쳐야 상속·증여세와 양도소득세는 절세할 수 있는 방법이 가장 많이 있다. 납세자가 스스로 신고

하는 세금인데다 재산을 물려주거나 팔때 세금을 줄일 수 있는 경우의 수가 다양하기 때문이다.

잦은 세법개정으로 인해 예외규정이 많고 복잡해서 세무사들도 어려워하는 세목이다. 최고의 절세비법은 사전에 절세플랜을 세우는 것으로서 택스워치가 상속·증여세와 양도세 분야의 최고 전문가들과 함께 절세비법을 찾아보았다.

상속세는 사람이 죽어야 발생하는 세금이다. 그만큼 예측하기가 어렵다. 언제 어떻게 얼마나 많은 세금을 내게될지 예상하기 어렵다는 것이다.

그래서 피상속인이 살아있을 때 상속플랜을 짜는게 중요하다. 최근들어 자산가들 사이에 증여가 크게 늘어난 이유도 상속세 줄이기 전략에 따른 것으로서 합법적으로 내지않아도 될 세금을 찾아내는 게 상속세 절세의 지름길이다.

(2) 죽기전에 물려주기…10년이 핵심포인트

① 미리줘라, ② 나눠줘라, ③ 빌려줘라 절세의 3대원칙

상속과 증여의 차이는 딱 한가지인데요. 사망후에 물려주면 상속, 살아있을 때 물려주면 증여죠. 상속세를 합법적으로 줄이는 가장 좋은 방법은 사망전에 증여를 얼마나 효과적으로 하느냐에 달려있다.

즉 사전증여를 제대로 해야한다는 것이다. 사전증여는 10년이 기준점(상속·증여세 합산기준)이 된다는 점을 기억해야 한다. 상속하기 10년 전에 증여한 재산은 상속재산에 합산하지 않지만 10년 이내에 발생한 증여는 상속재산과 합쳐서 상속세를 계산하게 된다.

예를 들어 2010년에 자녀에게 10억원을 증여하고 2018년에 사망한 사람의 상속재산이 20억원이라면 10년 이내에 증여가 이뤄졌기 때문에 상속재산은 20억원이 아니라 30억원이 된다. 물론 이미 납부한 10억원에 대한 증여세는 빼주지만 기본적으로 세율을 적용하는 과세표준이 크게 불어나서 세금부담이 커진다.

하지만 같은 경우 2006년에 10억원을 증여했더라면 상속세는 20억원에 대해서만 부담하면 된다. 사전증여에서 10년이 중요한 이유다.

(3) 주는 사람도 받는 사람도 쪼개면 유리

사전증여에서 두 번째로 중요한 것은 누구에게 나눠주느냐이다. 이른바 증여쪼개기이다. 증여쪼개기는 증여세가 면제되는 증여재산 공제액을 활용하는 방법으로서 성인자녀는 1인당 5000만원까지 미성년인 자녀는 2000만원까지 세금없이 증여가 가능하다. 며느리도 1000만원까지 증여

세가 면제되니까 상속하기 10년 이전에 증여가 이뤄질 경우 4인 가족이면 최소 1억원이 넘는 금액을 세금없이 줄 수 있다. 주는 사람을 나눌 수도 있다. 자녀에게 아버지도 증여하고 할아버지도 증여할 경우 합산하지 않고 별도로 증여세를 산출하기 때문에 한 사람이 몰아서 주는것보다 유리하다. 이 때 주의할 점은 아버지와 어머니는 한 사람으로 보고 합산한다는 것이다. 할아버지와 할머니도 동일인으로 간주한다.

부모와 조부모로부터 각각 5000만원씩 증여받는 경우에는 순서에 따라 세부담의 차이가 있을 수 있다. 먼저 증여받는 5000만원은 증여재산공제를 받아 증여세를 내지않고 나중에 증여받는 5000만원은 증여세를 내게 된다.

이 경우 조부모의 경우 세대생략증여로 30% 할증과세하기 때문에 부모가 먼저 증여하는 것보다는 조부모가 먼저 증여하는 것이 유리한다. 부모한테 받으면 10% 세율로 500만원의 증여세가 나오지만 조부모는 10%세율에 30%가 할증돼 650만원의 증여세가 나오게 된다. 또 상속인이 아닌 손자녀에게 증여한 것은 상속증여세 합산기간이 10년이 아닌 5년(며느리와 사위도 5년)이라서 5년~10년 이내에 사망하더라도 상속재산에 합산되지 않는 장점도 있다.

(4) 사전증여 놓쳤다면 6개월 안에 해결해야

사전증여로 상속재산을 줄일 수 있는 기회를 놓쳤다면 상속세 신고기한인 6개월 이내에 마지막 방법을 찾아야 한다. 우선은 상속인 간 협의를 통해 물려받은 재산을 재분할하는 방법이 있다. 상속재산은 상속등기를 하지않더라도 소유권은 일단 민법상 법정지분대로 상속인에게 넘어간다. 이후 유언장이나 상속인 간에 구두상으로 결정한 지분대로 상속재산을 협의분할하고 상속등기를 하면 실제소유자가 결정된다. 상속인 간에 협의한 내용도 다시 뒤집을 수 있다. 상속세 신고기한인 상속개시 후 6개월 이내 재분할하는 경우에는 증여세가 부과되지 않는다.

예컨대 아버지 사망후 부동산을 물려받기로 한 아들이 상속등기를 마쳤지만 상속공제가 큰 배우자공제를 받기위해 어머니에게 부동산 소유권을 다시 넘기더라도 상속세 신고기한전에만 하면 증여세를 물지않는다는 것이다. 따라서 상속세신고는 최대한 신고기한인 6개월을 꽉 채운 마지막에 하는 것이 유리하다.

– (주)핸디솔루션 이사 서경희–제공

성공포인트

1. 복잡한 문제를 단순화시켜라

성공괴도(成功怪道)를 달리는 인물은 복잡한 문제를 단순화시키는 괴력을 갖고 있다. 그는 인생의 목표를 향하여 질주하기 때문에 사소한 일에 신경쓸 틈이 없다. 사소한 일로 정력과 시간을 낭비하지 아니 한다. 당신의 인생목표와 관련이 없는 일에는 신경을 쓰지말라. 그리고 감정을 조절하는 법을 배워라 사업실패에서 좌절하는 것보다 사소한 일에서 망신당하였을 때 더 큰 분노를 느낄때가 많다.

2. 공익정신이 투철하면 세상을 얻는다

민심을 얻는 사람이 천하를 얻는다라는 말이 있다. 이말은 어느 분야에서나 통하는 진리의 어구다. 크게 성공하는 인물은 대중의 이익을 위해 진심을 다한다. 기업이라면 기업의 기본사명감은 인류의 삶의 질을 향상시켜야 한다는 소명감을 가지고 기업을 경영하여야 한다. 항상 대중의 이익을 위한다는 사명감을 잊지않는다면 그만큼 인생에서 성공을 거둘 것이다. 비록 부족함이 있다 하더라도 의로움과 관대함이 있다면 조력자를 얻어 성공할 수 있다.

요 약
summation

* 장수기업의 성공요인은

불변의 불역유행 위대한 선대창업주로부터 경영을 승계받고 선대의 혼창(魂倉)의 심도를 느끼면서 조상이 쌓은 경영의 기초를 지키고 차세대에게 승계하는 것을 최대목표로 달려왔다. 화려한 성장은 안 했지만 덕분에 뛰어난 경영으로 안정되어 있다. 이에 대해서는 창업자의 마음을 후세에 전하고자 후계자에게 인계까지 고민에 고민을 거듭하게 된다. 창업자는 자신이 일으킨 사업이 장수기업으로서 후세에 영속(永續)하기를 바라고 분투할 것이다.

* 창업자의 생각을 경영이념에

기업의 수명 30년 설을 극복하고 귀사가 발전하고 있는 것은 창업자의 생각이 고객에게 지지를 받고 있는 증거이다. 창업의 마음을 경영이념으로 문서화하고 종업원에 침투시키고 3대째 경영승계하는 것이 창업자의 훈도를 받은 2대째의 역할이다.

* 인적자원 직원들 소통의 통합역량강화

장기적인 목표 : 사명에 신념이 있고, 기업문화에 잘 맞으며, 지속적인 학습의 필요성을 이해하고 특별한

지침이 없더라도 언제나 기꺼이 협력하고자 하는 직원들을 고용하여 평생동안 떠나지 않도록 하라. 직원들이 기업의 장기적인 이익을 위해 일하게 하는 유일한 방법은 참여를 유도하는 것이다.

＊ 진화하는 포괄적인 운영체계

장기적인 목표 : 적은 비용으로 더 많은 부가가치를 창출하고 제품과 시장의 변화에 따라 진화하는 우수한 인프라를 구축하라. 직원들뿐 아니라 외부동반자에게도 오늘뿐 아니라 내일에도 도움이되는 체계를 구축하라.

＊ 정보체계확립

항상 대화의 창을 열어 두어라 장기적인 목표: 관리자들이 기업이 현재 어떠한 일을 하고 있으며 미래에 어떤 일을 할지 운영의 모든 측면(재정적인 측면을 포함한 모든 부분)을 꿰뚫고 있도록하고 소유주와 관리자뿐만 아니라 모든 이해관계자들의 입장을 파악하도록 하라.

＊ 장기적인 윈윈관계를 형성하라

우리가 제시하는 모든 제언의 이면에는 이 책 전체를 통해 우리가 주장하고자 하는 메시지가 담겨있다. 그 메시지는 뛰어난 성과를 지속적으로 유지하려면 기업과 모든 이해관계자들에게 장기적으로 도움이 되는 행동을 해야한다는 것이다.

제4절 장수기업 경영자의 경영철학

♣ 나의 경쟁상대는 고객이다

나의 경쟁상대는 다른 중국음식점 배달원이 아니라 바로 고객이다. 나는 항상고객과 경쟁하고 있다고 생각한다. 고객이 감동하면 나는 경쟁에서 승리하는 것이지만 반대로 고객이 감동하지 못하면 나는 경쟁에서 패배한 것으로 생각한다.

- 조태훈 중국음식점 배달부 -

경쟁사와 비교하기전에 고객의 만족, 고객의 감동을 이끌어낸다면 고객은 지속적으로 우리를 선택할 것이다. 고객만족은 품질에서 나오지만 고객감동은 서비스에서 나온다.

1. 경영자의 리더십과 열정

리더에게는 기업과 이해관계자들에게 가장 도움이 되는 일을 추구하는 대담한 책임의식, 사명을 이어 나가려는 열정, 역량구축을 위한 노력 등이 필요하다. 이런 자질을 모두 갖춘 경영자가 올바른 정책을 시행할 때에 기업은 최고의 성과를 거둘 수 있다. 본 장의 많은 지면을 할애하여 리더들과 뛰어난 기업들이 이런 자질들을 드러내는 방법을 설명해 왔기때문에 같은 말을 반복하는 대신 좀 더 실용적인 방법들을 제시하겠다.

1) 용기와 책임의식

(1) 용기있는 리더십 CEO

이사회는 자질을 갖춘 리더를 선발하고 장기적인 안목으로 실질적인 성과를 중요하게 여겨야하며, 기업의 CEO가 용기있게 리더십을 펼칠 수 있도록 도와주어야 한다. 생소한 방식으로 과감한 결정을 내리고 성과가 느리게 나타나더라도 CEO가 미래를 위해 올바른 일을 할 수 있도록 도와주어야 한다. 새로운 사업모델, 결단력 있는 투자, 탁월한 자원배분 등을 통해 이러한 CEO의 용기가 드러난다.

그러나 용기보다 더욱 중요한 것은 기업에 대한 책임감이다. 특히 CEO는 위험관리를 신중하게 해야 한다. 이를 테면 필요한 분야에 많은 투자를 하더라도 부채는 최소한으로 줄이고 다양한 방법으로 위험이 없는 자금을 조달해야 한다. 사업모델은 전통적인 형태를 벗어날 수 있지만 시장의 요구에 부합할 수 있도록 끊임없이 조정하고 개선해나가야 한다.

책임의식에서 가장 중요한 요소 중 하나는 남의 이야기에 귀를 기울이는 것이다. 장수하는 최고의 기업들에서 살펴볼 수 있는 가장 뛰어난 용기는 잘못을 인정하는 것이다. 기업문화가 잘못을 용인하는 분위기라면 실수를 인정하기가 한결쉬울 수도 있다. 모든 경영자들이 자신의 실수를 인정할 수 있을 만큼 내면의 강인함을 기를 필요가 있다. 뛰어난 리더들은 오만과 독선에 빠지지도 않을 뿐 아니라 성공을 했다고 해서 흥분하지도 않는다.

(2) 의미깊은 사명

최고의 리더들은 사회적, 경제적으로 중요한 의미가 있고 시장의 요구에 부합하며 수십 년 동안 이어 갈 수 있는 사명을 중심으로 기업을 운영한다. 이들은 기업의 사명에 절대적으로 공감한다. 사회철학, 윤리적 믿음, 종교적 신념의 결과로 사명을 받아들이는 경우도 있다. 기업의 특별한 역량과 시장의 기회와 더불어 이와 같은 굳건한 신념이 있기 때문에 사명이 탄생한다. 이들의 사명감은 논리나 분석을 넘어서며 핵심역량과 경쟁우위에 대한 논의를 초월한다. 기업의 사명은 감성과 근본적인 가치기준에 호소한다.

(3) 사명은 열정을 탄생시킨다

조화로운 사회를 위한 홀마크의 노력과 베어링ML 마모를 줄이려는 팀켄의 노력, 대중에게 정보를 알리는 수단이 되고자 하는 〈뉴욕 타임스〉의 헌신적인 자세에서 보는 것처럼 기업의 사명은 위대하다. 또는 더욱 아름다워지고 싶은 여성들의 욕구를 채워주려는 에스티 로더의 헌신, 기본적인 소비재에 가치를 더하고자 하는 S.C.존슨의 노력과 같이 기업의 사명은 단순하기도 하다. 어떤 쪽이든 사명을 수행하려면 직원들에게 목적의식을 불어넣을 수 있을 만큼 구체성을 띠어야 하고, 시장의 관심을 끌만큼 관련성이 있어야 하며 계속해서 쇄신해 나갈 수 있을 만큼 범위가 넓어야 한다. 수익과 매출목표는 뒷전으로 밀려나거나 전혀 언급되지 않는다.

물론 리더들은 사명뿐 아니라 사명의 수행에 필요한 명확한 정책, 역량, 행동방안 등을 구체화해야 한다. 예를 들어 품질이 뛰어난 제품을 만들고자 하는 팀켄의 사명은 완벽한 제품, 공정, 부품의 기준에서 이와 같은 요소들이 드러난다. 제조기기와 직원교육에 많은 돈을 투자하는 팀켄의 정책은 사명을 뒷받침하며, 베어링 내구성개선율, 고객충성도, 신규 수요확보 등은 팀켄의 사명을 얼마나 잘 수행하고 있는지 평가하는 척도가 된다.

(4) 특정분야 역량집중

특정한 분야에 역량을 집중 할 때에만 사명을 달성할 수 있다. 여기서 집중이라는 단어가 의미하는 바는 기업의 사명을 달성하고 시장의 요구를 충족시키는 데 역량을 결집해야 한다는 뜻이다. 이를 위해서는 경쟁업체들 보다 많은 자원을 장기간 투입해야 하며 역량을 향상시키고 활용하는 노력을 기울여야 한다. 우리는 역량구축을 위해 노력한 십여개의 기업에 대해 자세히 설명했다. 미쉐린은 공정과 제품의 연구개발에 경쟁업체들보다 많은 투자를 하였고, 에스티로더는 브랜드구축을 위해 어떤 경쟁업체보다 많은 자원을 투입하였다.

한 분야에 대한 역량집중의 결과로 기업들은 경쟁업체들이 모방하지 못하는 가치를 전한다(적어도 비슷한 수준의 경제적 투입은 하지 못한다). 경쟁우위를 유지하려면 독창적이고 남들이 모방하지 못하는 역량을 개발해야 한다. 오랫동안 역량강화를 위해 헌신적으로 노력하다보면 남들이 모방할 수 없는 독특한 자원과 역량이 생긴다. 이것이 바로 많은 가족기업들이 오랜 기간 살아남을 수 있었던 이유이다. 누가 감히 초대형 개발공사부문에서 벡텔과 경쟁을 하고, 포장부문에서 테트라팩과 경쟁하고 유리관련 기술에서 코닝과 경쟁을 하려 하겠는가?

2) 장수기업의 비밀

장수기업의 활동사항을 살펴봄으로써 장수기업을 지향하는 기업으로서 어떤 경영상의 처방을 요하는지가 중요한 의미를 갖는다. 우리의 몇 마디 말이 사람들에게 의욕을 불어넣어 줄순없지만, 장수기업들의 성공하는 가족기업들에 대한 자세한 설명은 기업을 운영하는 경영자들을 고무시키기고 참고할 충분한 가치가 있다 하겠다. 장기적인 접근방식에는 여러 측면이 있으며 숱한 어려움을 이겨낸 후에야 승리를 맛볼 수 있는 것들이다. 따라서 모든 직급의 관리자들과 이사들이 자신들의 기업에서 활용할 수 있도록 장수기업의 구체적인 활동사항들을 요약, 정리할 것이다. 우선 주의해야 할 사항들을 살펴보자.

장수기업에 등장하는 가족기업들은 조화롭게 완전성을 추구했기 때문에 성공할 수 있었다. 즉 특정한 전략에 맞는 우선순위와 업무추진방식을 활용하고 부족한 점을 보완했으며, 극단으로 치닫지 않도록 균형을 유지하려고 노력했다. 따라서 각 기업의 활동 하나하나를 나열하고 보편적인 조언을 제시하는 것은 장수하는 가족기업의 성공은 복합적인 요소들이 결합됨으로 성공에 접근되는 것이다.

소유주(所有主)가족이 기업의 경영을 맡고 있을 경우 최고관리자들은 멀리 내다보고 모든 면을 세심하게 고려하고 관대하게 행동할 수 있다. 이런 요소들이 오랜 기간 기업을 운영하는 데 실질적인 우위로 작용한다. 이런 우위를 갖지 못하는 기업의 경영자들은 단기주주들을 만족시켜야 한다. 이것이 바로 기업성장의 한계가 된다. 만일 개인기업 또는 가족기업을 직접 운영한다면 참으로 좋은 기회가 아닐 수 없다. 경쟁업체들과는 달리 경쟁우위를 만들어 나갈 수 있는 권한이 손에 있을 수도 있기 때문이다.

상층부 경영층에서부터 생산직사원에 이르기까지 모든 직원들이 기업의 수명연장을 위해 어떤 일을 할 수 있는지 살펴볼 것이다. 기업지배구조와 관련된 일부제안들은 실천하기 어려울 수도 있지만, 개인적 차원이나 기업의 기능적 측면과 관련된 제안들은 거의 모든 회사에서 실현가능한 내용들이다. 그래서 활동범위가 더욱 넓은 곳으로 옮기려 할 필요도 없다. 먼저 기업이 장수하는데 필요한 전제조건들을 살펴볼 것이다.

기업이 오랜기간 살아남는데 가장 필수적인 요건들은 최고위층(이사회, CEO, 최고경영팀)의 인센티브 및 평가기준이다. 그 다음에는 장수비법적용에 필요한 기업철학과 조직구성을 살펴볼 것이다. 그런 다음 인적자원관리, 마케팅, 운영, 연구개발, 자금조달, 정보기술 등 각 분야별 행동방침을 제시할 것이다. 마지막으로 장수하는 기업을 위해 조직구성원 모두가 견지해야 하는 자세와 자발적인 노력에 대해 이야기할 것이다.

3) 기업의 환경분석, 장수기업 문화조성

(1) PEST 분석

기업이 처한 환경을 파악함으로써 그 환경변화의 대처능력을 양성하게 된다. 그 대처능력의 필요성을 깨닫게 된다. 자사에 미치게 되는 영향과 그 요소들을 찾아 분석대처하게 된다.

표 12-7 PEST 분석표

1	정치(Poltical)	법 규제(규제강화/완화) 세제, 정부, 연관단체의 동향, 재판제도와 판매
2	경제(Economic)	경기, 물가, 금리, 환율, 주가
3	사회(Social)	종교/가치관, 인구동태, 새로운 유행, 교육수준, 치안, 안보
4	기술(Tchnological)	기술혁신 특허소지, 대체기술, 신기술의 보급정도

(2) 장수기업의 기업문화

그림 12-8 장수기업 기업문화조성과 지속성강화

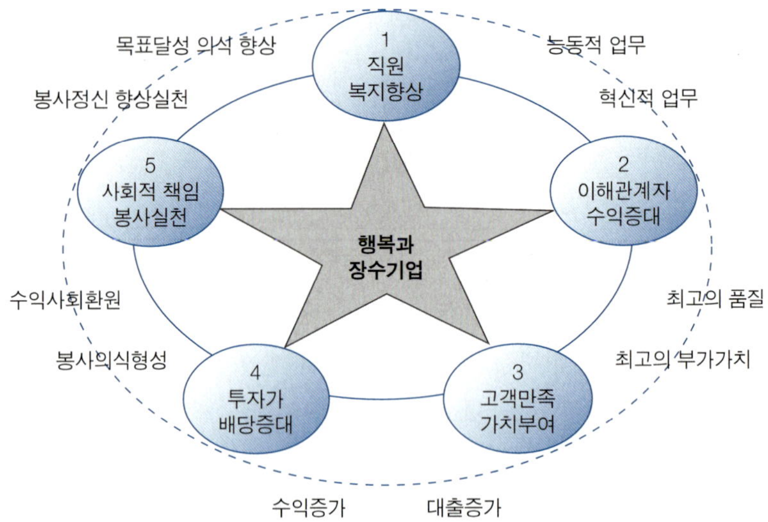

출처 : Conscious Capiralismがもたらす(幸せの論)参考持續性强化在圖

4) 장수기업의 지배구조

기업의 지배구조에 따라 기업의 효율성은 달라진다. 장수기업의 지배구조는 가족기업의 경영자들로 성공을 중시하는 출세주의자가 아니라 내실을 추구하는 경영기법을 구사하며 효율을 전제로 하는 관리자처럼 행동한다. 이들은 기업의 장기적인 이익, 모든 이해관계자를 중시하며 주주보다는 직원, 고객, 사회를 더 중시한다. 모든 이해관계자들을 세심하게 배려할 때 주주들이 가장 큰 이익을 누린다는 역설적인 사실을 기억해야 한다.

(1) 주주들의 태도 / 장기적인 시야

오늘날 많은 주주들이 마치 증권거래업자처럼 단기간주식을 보유했다가 수익을 벌어들인 후 팔아버린다. 이들은 빠른 시간내에 수익률을 끌어올리고 수익률향상에 기여하는 경영진에게 많은 보상을 주는 기업을 선호한다. 설령 이렇게 벌어들인 수익으로 인해 기업의 장기적인 건전성이 훼손되더라도 개의치 않는다. 이런 태도를 지닌 사람들이 기업의 소유권을 갖고있으면 CEO가 먼 미래를 내다보고 행동하기 힘들다. 다시 말하면 단기차익을 바라는 주주가 많으면 미래지향적 장기투자가 어려워진다.

주주들에게 장기적인 건전성을 염두에 두고 기업을 운영하는 것이 모두에게 도움이 된다는 사실을 상기시키고 싶다. 가족기업들이 비가족기업보다 오랜 기간 살아남았을 뿐 아니라 주주에게 돌아가는 배당과 수익성도 높다는 것을 보여준다. 또한 장기적인 안목을 지닌 뛰어난 투자가 워런 버핏은 장기적인 건전성을 염두에 두고 운영하는 기업(정직한 방법으로 품질이 뛰어난 제품을 팔고, 인프라유지에 안색하지 않으며, 많은 사람들이 일하고 싶어하는 기업)의 주식을 많이 보유하고 있다는 사실을 기억하자. 버크셔 해서웨이의 성공을 통해 버핏은 금세기 가장 위대한 투자가로 알려졌다. 워런 버핏 이외에도 기업의 장기적인 운영을 중시하는 사람들은 많다. 벤저민 그레이엄, 피터 린치 등 주식전문가들도 오랜 기간 주식을 보유하면서 재정실적 이외의 성과들까지 포괄적으로 관찰하는 것이 중요하다고 주장한다.

(2) 주주들의 안목의 중요성

주주들은 단기수익을 추구하는 것이 얼마나 위험한지 깨달아야 한다. 엔론, 월드컴 그리고 닷컴 기업, 첨단기술기업 등의 붕괴로 얼마나 많은 투자자들이 쓰디쓴 패배를 맛보아야 했는가? 어떤 주식을 살지 고르는 것이 어렵다면 언제 살지를 결정하는 것은 더욱 어렵다. 거품이 사라진 오늘날의 시장여건에서 투자자들은 오랜 기간 살아남을 수 있는 내실있고 건전한 기업들을 찾으려고 더 많은 노력을 기울일 것이다.

마지막으로 가장 중요한 사실은 단기수익만을 추구하다보면 엄청난 사회적, 경제적 비용이 발생한다는 점이다. 부실한 제품, 노동재의, 비인간적인 업무, 와해된 공동체로 인해 현대의 경영자와 기업에 대한 믿음이 사라져 가고 있다. 단기수익에 집착하면 개인투자자와 기업뿐 아니라 사회전체에 막대한 비용이 가중된다.

(3) 이사회의 책임/ 부지런한 감독기능

이사진은 주주들과 최고경영진 사이의 중요한 가교역할을 한다. 경영진에 대한 인센티브를 감독하고 메커니즘을 감시하는 사람들이 바로 이사진이다. 얼마나 빨리 많은 수익을 창출했는지 또는 이윤성장률이 얼마나 높은지가 아니라, 돈으로 환산할 수는 없지만 기업의 장래를 위해 얼마나 많은 공헌을 했는지를 바탕으로 CEO를 판단하고 보상을 하는 주체도 바로 이사진이다. 그러나 이를 위해선 합당한 자격을 갖춘 사람들을 이사진으로 선발해야 하고 적절한 인센티브도 제공해야 한다.

(4) 이사진을 위한 인센티브/ 소유권과 보상

우리계좌의 잔고가 무언가 말해주는 것이 있다면 그것은 소유권이 있을 때 책임감과 자긍심이 생겨난다는 사실이다. 따라서 이사들이 오랜 기간 감시자로서의 역할을 제대로 수행하려면 스스로 기업의 소유권을 갖고있다고 느낄 필요가 있는 것이다. 이사진도 상당량의 주식을 보유할 필요가 있다. 펜실베니아 주립대학의 돈 햄브릭 교수는 이사들은 보유자본의 최소 10퍼센트 이상을 자신이 재직하는 기업에 투자해야 한다고 주장한다. 기업이 몇 년 동안 뛰어난 성과를 보인 이후에 권한을 행사할 수 있도록 규정하면 이사진은 더욱 책임감 있게 장기적인 성과를 중시한다. 뛰어난 성과가 지속적으로 유지되면 오랜 기간 보상을 받을 수 있으며 이사의 임기가 끝난후까지 보상이 가능하다.

(5) 이사진구성

내부에서 발탁한 이사와 독립적인 사외이사들을 함께 구성하면 사업, 시장, 기술 등에 다양한 식견을 가진 전문가집단이 형성되기 때문에 큰 도움이 된다. 각 기업에 중요한 역할을 하는 분야의 전문가들을 이사진으로 선발하는 것이 가장 이상적이다. 기업의 주요 이해관계자들(고객, 직원, 납품업체, 지역사회 지도자)의 이익에 특별한 식견을 가진 사람들로 이사진을 구성하면 특히 도움이 된다.

전직 CEO를 회장으로 영입하는 기업들도 있다. 기업을 효과적으로 감시하려면 CEO와 회장직을 분리할 필요가 있다. 전직CEO는 해당 기업의 실상을 잘 알며 기업의 가치기준을 이해한다, 이들의 전문성은 기업의 소중한 자산이 된다. 동시에 기업에 대한 열정과 미래에 대한 관심이 풍부하기 때문에 장기적인 투자를 더욱 중요하게 여긴다.

이사진을 선발할 때 또 하나의 중요한 요소는 성향이다. 이전에 달성한 업적을 살펴보면 성향을 잘 파악할 수 있다. 기업들은 조직의 역량을 개발하고 뛰어난 제품을 판매하며 종업원들이 헌신적으로 일하도록 분위기를 조성하고, 다양한 이해관계자를 만족시킨 경험이 있는 인물을 찾고자 한다. 하지만 단기간에 높은 성과를 올리거나 어려움에 처한 기업을 빠르게 회생시킬 인물은 지나치게 바쁜결과로 지속성과 지구성이 부족함을 유의할 필요가 있다.

가족기업의 경우 이사진으로 활동하는 소유주가족은 배당, 족벌주의 등 자신의 개인적인 목표를 중시하는 경향이 있다. 한 가지 명확한 사실은 권력을 가진 사람들이 개인적인 목적이 아닌 기업의 건전성을 중시할 때 가족기업이 번창할 수 있다는 사실이다. 따라서 기업의 이익을 중요하게 생각하고 직원채용, 재정문제, 업무추진 등에서 사사로운 이익을 추구하지 않는 사람에게 경영권을 넘겨주어야 한다. 소유주가족 이외의 전문가를 이사로 영입하는 것도 좋은 방법이다. 사업이 가장 잘될 때 가족들도 최선을 다한다.

(6) 평가기준과 감시

기업이 장수하려면 이사진이 단기적인 수익성 향상을 중시해서는 안 된다. 대신 이들은 여러 내부적인 기준을 정하여 평가하고 숫자이면의 내용(4C의 관련요소)을 관찰해야 한다. 품질은 어떠한가(제품보고서를 통해 판단)? 고객과 직원들은 기업과 제품을 어떻게 생각하는가? 시장점유율은 어떻게 변하고 있는가? 신제품에 대한 반응과 직원들의 이직률은 어느 정도인가? 이사회나 위원회는 기업이 장기적인 목표를 향해 제대로 나아가고 있는지 면밀하게 살펴보아야 한다. 2년 후, 5년 후, 10년 후를 위해 얼마나 많은 돈을 투자하였는가? 교육, 인프라, 제품과 공정연구, 순수연구, 협력관계구축 등에 얼마나 많은 투자를 하였는가? 자사의 목표를 경쟁업체와 비교해 보았을 때 어떠한가? 이런 질문들에 대한 대답을 위해 필요하다면 이사진에게 독립적인 평가기관에 의뢰할 수 있는 권한이 주어져야 한다. 특히, 기업운영에 차질이 생겼을 때 이와 같은 권한이 필요하다. 문제가 생기면 이사회는 다음과 같이 좀 더 구체적인 질문을 던질 필요가 있다. 주요 경영진중 누가 기업을 떠났으며 왜 떠났는가? 누가 승진하였는가? 어떤 부서가 최고 또는 최악의 부서이며 그 이유는 무엇인가?

5) CEO를 위한 인센티브, 훈련, 선발 장수기업으로 키우기

이사진과 마찬가지로 CEO도 적절한 보상이 주어지고 바른 가치관과 역량을 갖출 때에만 기업과 이해관계자들의 장기적인 이익을 위해 노력한다.

◈보상과 인센티브

이사회가 장기적인 기준으로 기업을 평가하면 CEO도 장기적인 기준을 적용하여 평가할 수 있다. 해를 거듭할수록 장기적인 성과가 개선되면 보상도 증가하기 때문에 앞에서 제안한 내부성과측정지표는 유용하게 사용될 수 있다. 단기성과와 장기성과를 함께 평가하여 보상과 인센티브가 이루어져야 한다. 단기성과는 성공적인 신제품출시, 고객만족도 향상, 품질개선, 신규 성장시장에서의 시장점유율 증가, 주요 직원유지율, 효율적인 협력관계구상 등을 포함한다. 이런 기준을 적용하면 성장을 위한 준비단계나 투자단계에서 수익성이 약하다고 해서 CEO에게 불이익이 돌아가는 걸 막을 수 있다. 오랜 기간의 평균적인 성과를 나타내는 이동평균선을 근거로 CEO에게 보상을 실시하면 투자기간에 보상이 줄어드는 것을 막을 수 있다. 사실, 기간과 성과라는 두 가지 요소를 모두 고려하여 보상을 한다면 재직기간에 성과가 좋았던 CEO는 은퇴한 후에도 계속 보상받을 수도 있다. 경영자들로 하여금 정해진 기간만큼 스톡옵션을 보유한 이후에 권한을 행사하도록하면 장기적인 건전성을 우선하는 데 도움이 된다.

2. 혁신은 미래개척의 초석

장수기업을 유지발전하기 위해서는 중단없는 혁신의 노력이 이어졌을 때 가능하다.
지금이야말로 기업혁신을 수행하여야 할 때라 생각하라.

- 차기성장과 기업의 가치향상을 위해 기업혁신을 수행해야 한다.
- 지속적인 성장을 위해 기업혁신을 지속적으로 수행해야 한다.
- 우리 경영자의 임무는 기업혁신을 끊임없이 수행을 주도하고, 지속적인 성장을 달성하고, 기업가치를 향상시키고 유지발전하기 위한 것이다.

1) 혁신의 실천하기

(1) 시작하기

저성장기에 접한 한국경제의 회생의 속도를 높이려면 그들의 잃어버린 20년의 체험을 참고삼아 우리경제의 미래를 구축하는 것이 손실과 오류를 줄이는 길이라 여겨진다. 10여년에 이르러 침체기를 벗어나고 있는 일본경제전체가 다음 10년으로 다시 성장궤도를 회복하기 위해서는 부정적인 유산의 청산을 마치고 체력을 회복하고 있는 우리민간기업이 주도적인 역할을 해야 한다. 경제성장의 원동은 어느 시대에서도 어느 나라에서도 혁신의 수행에 있으며, 또한 우리민간기업은 본래 혁신의 끊임없는 수행을 통해 경쟁력을 강화하고 성장기업가치를 지속적으로 향상시키는 것이 존재의의가 있다. 그러나 기업을 둘러싼 사회환경이 크게 변화하고 있는 가운데 기존의 기업이 본연의 자세를 그대로 유지하면서 새로운 제품과 서비스를 개발하고 새로운 경영체제 및 조직형태를 도입하고 이후는 성장은 좀처럼 이어지지 않고 기업가치의 향상도 도모하기 힘들어진다.

오히려 지금 요구되고 있는 것은 기존기업의 본연의 자세 그 자체를 혁신하는 기업혁신의 수행이다. 즉, 변화하는 사회환경속에서 차기성장시장의 싹을 감지하고 그 시장을 주요 타겟으로 하기로 결정, 지금까지 기업을 구성해온 다양한 구조를 변혁하는 것은 물론 눈에 보이지 않는 기업문화까지 일신하는 혁신을 수행할 필요가 있다. 본 제안은 이러한 문제인식을 바탕으로 지금까지 사업구조와 수익구조를 전환하여 다시 성장궤도를 회복하는 데 성공기업의 사례검토를 통해 우리경영자나 차세대경영자가 앞으로 기업혁신을 수행하고 차기성장을 달성하고 기업가치를 향상시켜 나가는데 방향을 제시하는 것을 목표로 하고 있다.

성장테마는 "혁신은 새로운 성장의 토대를 마련하고~"다음 10년을 내다보기 위함이다, 미국의 경쟁력 협의회가 2004년 12월에 발표한 "Innovate America"(통칭 팔미사노보고서)에서도 경쟁우위를 가져오는 것은 혁신이외에는 길이 없다고 결론을 내렸다.

(2) 문제의식

기업을 둘러싼 사회환경이 크게 변화하고 있는 가운데, 우리경영자의 대부분이 기업혁신과 경영혁신의 필요성을 이해하고 나름대로 노력하면서도 차기성장을 달성할 수 없는 것은 왜일까?

(3) 기업혁신

변화의 수행을 통해 기업은 차기성장을 달성하고 기업가치를 높일 수 있다. 변화하는 사회의 환경속에서 차기성장의 싹을 감지하고, 시장을 주요 타겟으로 하기로 결정하여 지금까지 기업을 구성해온 다양한 구조를 변혁하는 것은 물론, 눈에 보이지 않는 기업문화까지 일신하여 기존기업본연의 자세 그 자체를 혁신할 수 있는 것이 기업혁신이며, 이 수행을 통해 기업은 차기성상을 달성하고 기업가치를 높일 수 있다.

(4) 제 언

이제 차기성장과 기업가치향상을 위해 기업혁신을 수행해야 한다. 기업을 둘러싼 사회환경이 크게 변화하고 있는 가운데, 기존의 기업의 본연의 자세 그 자체를 혁신하는 기업혁신을 수행해야 성숙기를 벗어나 차기성장을 달성할 기업가치를 향상시킬 수 있으며 지속적인 성장을 위해 기업혁신을 지속적으로 수행해야 한다. 이제는 기업이 성장기에 있는 최고경영진은 물론 전 임직원이 기업혁신의 원동력이 되는 위기감을 공유하고 지속적으로 기업혁신을 수행해야 기업생존의 위기에서 벗어날 수 있다. 우리경영자의 임무는 기업혁신의 끊임없는 수행을 주도하고 지속적인 성장을 달성하고 기업가치를 향상시키고 유지하기 위한 것이다. 이제 경영진이 솔선수범하여 기업혁신의 결과에 대한 명확한 의지를 공표하고 실제성과와 그에 따른 출처진퇴에 대해 공정하게 평가될 수 있도록 기업지배구조를 정비해야 한다.

(5) 성공포인트

- 기업을 둘러싼 사회적, 경제적 환경의 변화속에서 차기성장시장의 싹을 감지

- 차기성장시장을 메인타겟하는데 최적의 형태로 구조조정의 변혁을 이룬다.
- 새로운 구조가 유효하게 기능하도록 기업문화조성과 사고의식일신과 교육
- 기업이 위기상황에 빠지기 전에 업체혁신에 착수
- 기업의 혁신은 의지와 체제강화 속도조절에 달려있다.

2) 문제설정

(1) 기업을 둘러싼 사회환경의 변화

기업을 둘러싼 사회환경이 크게 변화하고 있는 것은 새삼스럽게 지적할 필요도 없지만, 변화의 속도에 있어서도 또한 변화의 질에 있어서도 그 어느때보다 극적임을 다시 확인해 두기로 한다. 기업간 경쟁의 관점에서 볼때, 지금까지 시간과 공간의 차이가 높은 장벽이 기업간 경쟁은 일정한 범위로 제한되는 반면, 일단 경쟁우위를 확보하면 비교적 장기간에 걸쳐 이를 유지할 수 있지만, IT화의 진전과 세계화의 진전에 따라 이러한 장벽은 급격히 낮아지고, 다른 산업과 해외에서는 예상도 할 수 없었던 업체들이 경쟁자로 갑자기 출현할 가능성이 높아지고 있다

또한 정보전달의 속도가 극적으로 빠르고 지연이라는 장벽이 거의 없어진 것으로 상품이나 서비스의 진부화(상품화)의 속도가 매우 빨라 순식간에 점유해 빼앗길 가능성도 부정할 수 없게 되어 있다. 국내시장의 관점과 국내의 인재확보의 관점에서 볼 때, 인구감소 사회의 도래도 주목할만한 변화중 하나는 즉 전후 일관되게 성황이던 국내시장이 축소경향으로 변하는 것으로, 업체는 그 어느때 보다 엄격한 선택과 집중적으로 파악해야 한다. 전후 일관되게 증가추세에 있었던 노동인구가 감소하여 우수인재를 확보하기 위한 비용이 어느때보다 증가할 가능성이 높아진다.

(2) 기업의 현황과 기업혁신의 필요성

2000년대 들어 많은 기업들이 부정적인 유산의 구조조정을 거의 완료하고 체력을 회복하고 있지만 일본경제전체를 다시 성장궤도에 올려놓기위한 견인력에까지는 이르지 않는다. 기업이 성장하기 위한 원동력은 어느 시대에서도 혁신의 수행에 있어 격변하는 사회환경속에서 혁신을 수행하기위해 계속할 수 있도록 기업이 자기변혁을 이룰 필요가 있는 것은 반복적으로 수행하여야 한다. 또한 많은 기업에서는 크든 작든 어떤 변화가 시도되고 있음에도 불구하고 일부기업을 제외하면 그 성과는 한정적인 것에 머무르고 있다. 많은 기업들이 기업혁신과 경영혁신의 필요성을 충분히 이해하고 나름대로 노력하고 있음에도 불구하고, 성숙기를 벗어나 차기성장을 달성할 수 없는 이유는 실천적 행동력 부족에 기인된 것이다.

고객가치창조와 고효율경영을 통한 기업경쟁력 강화 – 경영자 스스로가 선도하는 혁신의 실현이 중요한 것으로 모범적인 경영자상이 필요하다.

차기성장은 일단 성장기를 넘은 업체는 슘페터가 말하는 동태(내부에서 자율적으로 발생하는 비연속적인 변화)로의 성장을 다시 달성하는 것을 가리키는 것이다. 따라서 종래의 연장선상에 있는 것 같은 성장을 달성하고 있는 케이스와 경기회복 등 타율적인 요인에 의해 다시 성장을 달성하고 있는 케이스는 포함하지 않는다.

물론 개별기업이 처해있는 상황에 따라 여러 가지 이유가 있을 것이며, 경영자원의 부족이라고 말해버리면 혁심의 가치를 찾기는 어려우며 미래의 성장도 기대하기 어려워진다. 그러나 기업을 둘러싼 사회환경이 크게 변화하고 있기에는 이에 따라 자기변혁을 이룰 필요가 있다는 것을 이해하면서도 여전히 수익의 대부분을 기존 시장에서 얻고있기 때문에 대담한 전략전환을 단행하지 못하고 있다, 기업변혁을 직함의 변동이나 부분적인 조직개혁에 착수하는 정도에 그쳐 그 결과 차기성장을 달성할 수 없는 처지에 있다는 것이 많은 기업의 실태이다.

3) 성장성공사례

(1) 사례검토

편의적으로 다음의 네 가지 관점에서 각 사례의 요점만을 소개하면서 제언을 목표로 하고 있다. 기업혁신의 수행에 있어서 도움이 될만한 포인트를 정리했다.

- 기업변혁에 임하는 계기는 무엇이었는가
- 성장시장의 싹을 어디에 (어떻게)서 찾아낸 것인가
- 성장시장을 주요타겟으로 하는 기존의 구조가 어떻게 변화했는지
- 새로 도입한 구조를 유효하게 기능하기 위해 기존의 기업문화에 대해 어떤 대책을 강구했는지

(2) 한국 IBM사례

한국 IBM사례 컴퓨터관련 하드웨어 제조업체에서 종합적인 시스템솔루션을 제공하는 서비스업으로 사업구조를 전환하여 다시 성장궤도를 회복하는 데 성공사례로 검토했다.

① 계기기술혁신의 진전

산업구조변화, 고객요구의 변화에 직면하면서 과거의 성공경험에 의해 부풀어 조직과 전통적인 업체체질이 멍들어 의사결정이 지연 주력컴퓨터 조립사업의 수익성이 악화되어 1993년도에는 사

상 처음으로 적자결산이 됐다.

② 성장시장의 싹

향후 도래하는 오픈시스템의 시대에는 시스템설계능력과 시스템구축능력이 차별화의 관건이 될 것으로 예측하고 목표시장을 시스템관련 서비스분야로 전환했다.

③ 구조에 대한 변화

고객만족을 중시하는 회사를 목표로 하기위해 사장이 위원장의 임원이나 이사가 참여하는 고객만족도 향상위원회를 설치했다. 프로젝트관리(시스템구축 공정관리)기술의 노하우와 소프트웨어 엔지니어링(시스템설계)기술의 노하우(기능흐름 중심이 아닌 데이터중심의 설계)를 축적하고 표준화하기 위해 데이터베이스를 정비했다. 또한 서비스사업은 구조적으로 인건비비율이 높기 때문에 비용구조를 대담하게 재검토하는 한편, 조직 및 인사제도를 대폭개혁하여 인적능력을 최대한 활용할 수 있는 체제를 구축했다.

④ 기업문화에 대한 대응책

경영진의 강한 의지를 보여주기위해 내부반발을 무릅쓰고 표준화방법을 생각지 못한 직원을 임원으로 등용했다. 회사의 나아갈 방향을 이해시키기 위해 이메일이나 웹등 모든 수단을 이용하여 경영진과 직원이 소통하는 기회를 늘렸다.

고객의 변화를 빨리 감지하고 신속하게 결정하고 실행하는 것을 칭찬하는 업체문화를 생성하기 위해 경영자 스스로 모든 것을 실행했다.

(3) 엠씨의 사례

중개사업에서 투자사업으로 사업구조를 전환하여 다시 성장궤도를 회복하는 데 성공사례로 검토했다.

① 계 기

버블붕괴후 IT화의 진전과 글로벌경쟁의 격화에 의해 주력분야 인원자재수입 및 제품수출을 중개하는 사업에서 윤곽선에 의한 수익자체의 감소와 경쟁에 따른 수익성악화가 현저하고, 회사전체의 기초수익성이 부진했다.

② 성장시장의 싹

제품의 중개사업에서 기존회사가 가지고 있는 네 가지 기능(Finance : 금융, Information : 정보, Logistics : 물류, Marketing : 마케팅) 7 IT시대의 새로운 비즈니스모델에 적합으로 제공하는 비즈니스 및 신기술의 사업화 사업대상시장을 전환했다.

③ 구조에 대한 변화

FILM기능에 의한 솔루션에 특화하여 새로운 비즈니스 모델을 구축하면서 사업화를 추진하는 새로운 기능 사업그룹을 기존의 사업그룹과의 관계도 고려하는 형태로 전사적 경영기구의 직할로 발견했다.

새로운 기술의 향후 사업화를 모색하는 사업개발부를 사장직속으로 설립했다. 기존의 사업영역에서는 부과제를 폐지하고 사업부제를 도입하고 경영지표를 MCVA(사업이익-자본)로 통일하여 각 단위의 미션을 다시 구축형, 성장형, 확장형으로 분류하여 단기간에 경영자원의 선택과 집중을 추진했다.

④ 기업문화에 대한 대응책

경영진과 직원들과의 정보를 공유할 수 있도록 메일 매거진을 발행하거나 직접 대화의 기회를 설정하기도하고, 커뮤니케이션의 기회를 늘렸다. 생산자중심에서 고객중심으로 직원의 가치관을 전환하기 위하여 고객의 변화에 민감한 산업에 적극적으로 투자하고 현장에 직원을 파견시켰다. 새로운 것에 도전하는 것을 장려하고 실제로 도전하는 직원을 지원하는 기업문화를 창조하도록 노력했다.

3. 재정관리와 정보관리

1) 미래를 수호하라

제정능력의 확보는 기회의 비축이요 정보는 기회의 획득이다.

- 장기적인 목표 : 역량개발에 투자하고 기업이 건전성을 유지하도록 하며 향후 수년 동안 재정적으로 건실한 상태를 지속하도록 하라. 수익성 향상이 아닌 장기적인 목표를 위해 재정적인 수단을 활용해야 한다.

(1) 자금운용, 그러나 투자는 과감하게

기업전략과 경쟁환경에 따라 재정정책이 달라지지만 장수하는 가족기업들은 대부분 보수적인 자금운용정책을 고집했다. 위험한 자금조달을 피하고 현금보유량을 늘렸으며 자금차입은 필요악이거나 불필요한 요소라고 여겼다. 최신업무방식, 사무실, 호화로운 자동차, 사치품, 심지어 컴퓨터시스템까지도 불필요한 투자는 하지 않았다. 최고 경영진에게 주어지는 급여와 배당도 적정한 수준을 넘어서지 않았다. 장수하는 가족기업들은 결코 방탕하게 돈을 낭비하지 않았다. 그러나 필요한 부분에는 투자를 아끼지 않았다. 개별기업의 전략에 따라 역량, 인프라구축, 연구개발, 마케팅, 직원교육 등에 경쟁업체들보다 많은 투자를 하였으며 투자의 성과가 나타날 때까지 인내를 갖고 오랜 시간을 기다렸다. 불필요한 지출을 최소한으로 줄였으며 오너가족들이 수익의 대부분을 기업에 재투자하였기 때문에 과감한 투자가 가능했다.

(2) 수익성에 지나치게 집착하지 마라

너무도 많은 기업들이 수치뒤에 숨은 내용은 고려하지 않고 비용과 수익에만 관심을 갖는 등 회계와 금융에 집착하는 경향이 있다. 수익성에 따라 기업이 어떤 분야에 집중해야 할지 그리고 직원들에게 어느 수준으로 보상해야 할지 결정하기 쉬운데, 직원들은 이런 제도를 악용하기 시작하고 결국 역량이 줄어든다. 이것이 바로 비용절감을 중시하는 사람들이 경영권을 넘겨받은 제너럴모터스와 포드에서 수십 년 동안 일어난 일이다. 제너럴모터스는 품질에 더 많은 관심을 가졌던 일본의 경쟁업체에게 제조와 시장점유율의 우위를 모두 내주고 말았다. 여기서 우리가 배울 수 있는 한 가지 교훈은 수익성과 성장률은 사명을 실현하고 역량을 구축해 나가는 과정에서 자연적으로 발생하는 결과물이지 그 자체로서 목표가 될 수 없다는 점이다.

2) 정보체계확립

항상 대화의 창을 열어 두어라 장기적인 목표 : 관리자들이 기업이 현재 어떠한 일을 하고 있으며 미래에 어떤 일을 할지 운영의 모든 측면(재정적인 측면을 포함한 모든 부분)을 꿰뚫고 있도록 하고 소유주와 관리자 뿐만 아니라 모든 이해관계자들의 입장을 파악하도록 하라.

(1) 수치에만 집착하지 말고 넓은 시야를 가져라

거의 모든 위대한 가족기업들이 지닌 철학은 사명을 따라가면 경제적 보상이 따라온다는 것이다. 재정적인 문제를 장기적인 관점으로 보는 이유는 훌륭한 정보체계가 없어서가 아니다. 위대한 가족기업들은 뛰어난 정보체계를 보유하고 있다. 이들 기업의 정보체계는 일정한 틀 속에 갇혀있지 않으며 재정관련 정보이외의 다양한 지표를 활용한다. 직급을 막론하고 모든 관리자들은 현장에서 많은 시간을 보내며 직접 공장을 살펴보고 고객, 직원, 납품업체들과 대화를 나눈다. 이들은 품질, 고객만족, 새로운 기회와 같은 중요한 문제들에 집중하려고 많은 양의 데이터를 수집할 뿐 아니라 질적으로도 우수한 데이터를 수집한다. 이렇게 모은 정보들은 경제적인 성과를 나타내는 중요한 지표가 되는 동시에 앞으로 어떤 활동을 해야할지 이끌어 주는 지침이 된다. 쿠어스나 홀마크같은 위대한 가족기업들은 고객취향과 같은 주관적인 품질지표를 측정하는 데 많은 정보를 활용했다. 중요한 정보들이 묻혀서 사라지게 내버려 두지않고 잘 활용하려면 전문가의 판단력과 직관이 필요하다.

(2) 데이터관리를 철저히 하라

데이터는 주요 이해관계자별로 구분되어야 한다. 고객과 관련된 데이터로는 시장점유율, 서비스에 대한 만족도, 품질, 가격 등이 있다. 개별고객의 취향별로 정보를 수집하면 고객에게 더 나은 서비스를 제공하고 고객의 충성도를 높이는 데 도움이 된다. 직원들과 관련된 데이터로는 업무만족도, 이직률, 기술력 등이 있으며 납품업체나 제휴사들과 관련된 데이터로는 평가, 재계약, 관계의 확장과 지속 등이 있다. 가벼운 일시적인 정보들을 모으는 방안을 제도화하면 유용하게 활용할 수 있다. 이를테면 직원들의 의견을 듣고, 고객의 불만에 관한 데이터를 수집하는 노력 등이 방안에 포함될 수 있다. 훌륭한 제안을 하거나 뛰어난 정보수집능력을 발휘하는 직원들에게 보상을 해주는 기업도 있다.

(3) 정보를 종합하라

정보가 너무 세분화되면 전체를 보지 못하고 단편적인 부분에만 집중하기 쉽다. 어떤 경우든 기업의 전체성과에 대한 궁극적인 공헌도가 어느 정도 인지에 초점을 모아야 한다. 다시 한 번 강조하지만, 재정성과 이외의 다양한 정보들을 활용하고 장기적인 관점에서 어느 정도 공헌을 하고 있는지 살펴보는 것이 중요하다. 장기적인 관점으로는 가능성이 있는 제품이나 부서라 하더라도 단기적인 관점에서 보면 기업에 손실만 초래하는 것처럼 보일 수도 있다. 왜곡된 정보에 속아서는 안 된다.

(4) 정보를 널리 공유하라

위대한 가족기업들은 기업의 현황과 필요한 개선점에 대한 정보를 모든 직원들과 공유하며 승리, 과감한 결정, 직원들의 성공담 등 정보를 함께 나눈다. 이때 사내신문이 정보체계의 중요한 부분을 차지한다. 아무리 좋은 정보라도 적시에 적합한 사람들에게 전해지지 않으면 쓸모가 없다.

3) 직원들의 참여

CEO와 관리자들에게만 장기적인 시각이 필요한 것은 아니다. 기업의 모든 직원들이 동참할 필요가 있다. 조직전체의 헌신적인 태도, 성실, 관대함, 배려정도에 따라 조직원들이 장기적인 시각을 가질 수 있을지 여부가 결정된다. 이에 동참하기를 원하는 직원들을 위한 행동지침은 다음과 같다.

(1) 열정을 따르라

개인적으로 의미가 있는 목표를 설정하라. 자기자신을 억지로 업무에 끼워 맞추는 대신 적합한 업무를 찾아라. 직무기술서에 의존하지 말고 창의력을 발휘하라, 기술을 잘 활용하여 넓게 생각하고, 자신의 업무가 무엇인지 생각하기보다 어떤 일을 해야하는지 생각하라. 기업에 더 많이 공헌하라.

(2) 작은 부분도 놓치지 마라

자신이 하는 업무중에서 조금만 노력을 더하면 커다란 변화가 나타나는 부분이 있다. 일반적으로 기업의 사명과 밀접하게 관련된 부분인 경우가 많다. 주요 고객과 직무에 더 많은 시간을 할애하고 디자인이나 사업계획에 완벽을 기하고, 거래에 필요한 데이터를 수집하는 일 등이 이 범주에 속한다.

(3) 단기간의 목표와 장기간의 목표를 모두 설정하라

단기간에 해결해야 하는 일이라 하더라도 장기적인 목표를 염두에 두어야 한다. 눈앞의 일을 해결하는 데 급급해 하지말고 더 나은 인재를 찾고, 조직을 개선하고, 새로운 고객과 관계를 구축하고, 도움이 되는 동반자를 찾아내고, 새로운 모험을 시도하라.

(4) 자신의 편을 만들어라

도움을 요청하기 전에 먼저 손을 내밀어라. 상대방을 아낌없이 도와주면 관계를 구축하는데 도움이 된다. 요구하기 전에 먼저 베풀어라. 직접 얼굴을 보고 대화하라. 겸손하면서도 편안하게 대화하라. 상대방과 가까운 거리에서 눈높이를 맞춘후에 대화하라.

(5) 자신의 급여나 혜택을 호혜적으로 생각하라

자신의 성장가능성과 재능에 대해 더 많은 관심을 가져라. 모든 사람들에게 자신의 진면목을 보여줄수 있는 결정을 내려라. 자신의 성격과 원칙을 보여주는 결정을 내려야 한다. 자신이 일하는 회사와 맞지 않는다면 다른 곳을 알아보는 편이 더 낫다.

4) 가업승계 체계화 필요성과 실태

(1) 가업승계의 성공 후계리더 교육체계

가업승계의 성공은 승계자 리더교육이 체계화되고 지속되여 나갈때 지속적인 성공으로 이어져 불멸의 장수기업으로 대대손손 이어지는 것이다. 창업의 꿈을 안고 창업세대가 천신만고(千辛萬苦)의 고역을 감내하여 혼창통(魂創通)으로 일군기업 2~3세대를 넘어 4세대에 접어들면서 창업자 조계(祖系)와 부계(父系) 형제들이 혼신협력(魂身協力)으로 사이좋게 시대흐름에 맞추어 성장발전시킨 가족기업 4세대에 접어들어 형제가 탄탄한 회사를 매각할 수밖에 없었던 배경엔 오너일가 가업승계문제가 원활치 못한 것에 있다. 4세대 오너경영인을 올바르게 양성하지 못한데서 그 기인(起因)이 되고 있다.

(2) 독일가족 중소기업 승계의 현실

독일 KfW금융그룹에 따르면 앞으로 5년간 84만 명이 넘는 독일중소기업 미텔슈탄트 오너일가가 위트겐그룹같은 승계위기에 처할 것이라고 분석했다. 오너일가가 은퇴하면서 미텔슈탄트의 20% 이상이 2022년까지 지배구조의 변형이나 매각위기에 빠질 것이라고도 밝혔다. 미텔슈탄트가 독일전체 기업매출 중 3분의 1 이상을 창출하고 있는 현실에서 오너일가 소유기업들의 승계위기는 국가경제위기로도 이어질 수 있다. 헤티히회장을 만나 미텔슈탄트 가운데서도 손꼽히는 장수비결과 경영성과를 달성한 방법 등을 살펴보기로 한다.

장수비결과 경영성과	
성공가업승계 비전	디지털화 대응 어떻게 하나
경영리더십 승계	증강현실같은 기술사용
소유권 차별화가 핵심	스마트공장에 집중투자
전문경영인이 경영을 맡아도	스마트 아파트 프로젝트
오너일가의 가치방식 따라야	장애인 돕는 주택개발

(3) 독일 가족기업의 승계위기

독일 가족기업마저 승계위기에 처했다는 평가가 나온다. 헤티히의 가업승계비결은 무엇일까? → 헤티히 역시 다른 가족기업과 같은 문제에 직면해 있다. 그러나 우린 세 번의 성공적인 가업승계를 경험했다. 독일에선 많은 가족기업이 장기간에 걸쳐 리더십을 발휘한다. 성공적 승계는 탄탄한 교육과 관리로 시작한다. 헤티히는 별도의 경영자문위원회를 설치해서 관리한다. 경영자문위원회는 오너일가 자원자 3명, 외부위원 3명 등 총 6명으로 구성된다. 최고경영자(CEO) 선임과 주요 의사결정에 대한 의결권을 가진다. 의견이 갈리면 외부위원이 객관적 사실과 원칙에 기반해 갈등을 해결한다. 가업승계문제는 대개 다른 종류의 가정문제와 원인이 동일하다. 권력과 사랑이 문제다. 경영리더십의 승계와 소유권을 차별화하는 비결이다. 성공적인 승계와 별도로 반드시 오너일가에서 CEO가 나오는 건 아니다. 장기계획, 세무컨설팅, 명확한 오너일가 지배구조가 핵심요소다. 오너가문의 세대차이가 너무 커지면 가업승계가 어려워지지 않을까? → 헤티히도 과거 15년간 오너 일가가 CEO를 맡지 않았던 시기가 있었다. 나 역시 3대 오너경영자인 아버지와 40년의 오너경영 공백기가 존재했다. 그동안 경영권은 전문경영인이 차지했다.

(4) 헤티히의 혁신사례

전통제조업에 종사하고 있지만 세계는 디지털화의 바람이 거세다. 헤티히의 혁신상태는 → 우린 증강현실(AR)과 같은 기술을 사용한 스마트공장에 막대한 투자를 하고 있다. 완전히 디지털화된 공장이다. 생산라인을 유지·관리할 때도 AR 글라스를 쓰면 어디서 무엇을 해야 하는지 작업자에게 알려준다. 가구하드웨어란 제품자체는 매우 기계적이고 디지털을 적용할 여지가 없어 보인다. 반면 프로세스와 서비스를 살펴보면 전통제조업도 디지털화 잠재력이 엄청나다. 우린 2000종이 넘는 제품을 가구설계자가 요구한 디자인에 맞춰서 제안할 수 있다. 고객은 가구부품 하나하나에 대해 공부하거나 암기할 필요가 없다. 또 스마트 아파트 프로젝트로 장애인을 돕는 주택을 개발하고 있다. 체온, 맥박 등을 센서로 측정하고 헬스트레이닝도 가능한 지능형 의자라든지, 요리 레시피를 알려주는 스마트쿠킹 어드바이저 등 네트워크형 솔루션을 여럿 다룰 수 있을 것이다. 헤티히는 독일정부의 지능형 기술시스템 첨단클러스터 사업의 핵심파트너로도 참여하고 있다.

(5) 히든챔피언과 사업확장성

독일가족기업은 한 분야에서 세계적인 성공을 거둔 히든챔피언이 많다. 사업확장성이 다소 떨어져 보인다는 지적도 있다. 헤티히의 실태는 → 세계 가구하드웨어 산업의 3대 메이저기업은 헤티히를 비롯해 헤펠레, 블룸 등이 있다. 그중 헤티히는 정밀금속가공 기술력에서 핵심적인 경쟁우위를 확보하고 있다. 최근 수년새 우리는 마그네슘 다이캐스팅 신사업에 투자해 자동차부품회사에 공급하기 위해 노력하고 있다. 차량 경량화추세가 강화되면서 현재 대부분 자동차제조사들은 알루미늄비중을 높이고 강철비중을 줄이고 있다. 과거에는 마그네슘이 공정난이도가 높고 어려웠지만, 헤티히의 금속가공기술로 알루미늄보다 더 가벼운 마그네슘부품으로 공략할 계획이다.(독일 최장수기업(가구부품 생산업체)헤티히 안드레아스 헤티히 회장의 말)

5) 상속 · 증여세제도가 국가경제발전에 미치는 영향?

(1) 사회적 안전과 국가경제발전에 도움을 주는 제도는?

가업승계의 원활성을 기하는 세금문제는 어떠한 영향을 미칠것인가? 국가경제발전 즉 국민소득과 증여, 상속의 문제, 인간이란 욕구의 동물로 무한소유 자기역량을 최대한 발휘하는 산업적 역량이 국가산업발전과 국부형상을 가져오는 것인지 흥미롭게 정책당국자들은 연구되어야 할 과제라 할 것이다.

(2) 일본의 가업승계 세제제도는 어떻게 변해가고 있나?

일본의 가업승계현상은 100년 기업이 흔한 일본에서는 규제를 풀어 승계도와 일정부 신사업승계제도 손자까지 상속땐 상속세금 없음, 5년 80% 고용조건없애고 있다.

일본 중소기업 가업승계지원	
구 분	내 용
감세대상 확대	증여. 상속. 주식3/2를 전체로. 확대매각시 세감면
면세규정 확대	손자까지 상속하거나 도산 등 불가피한 경우 상속 · 증여세 면제
사회조건 완화	5년간 80% 고용유지조항 탄력적용
기타 조건완화	1명만 허용하던 상속인 3명까지 인정

후계자를 구하지 못해 문을 닫는 중소기업들이 급증하자 일본정부가 대대적인 규제완화에 나섰다. 일본은 중소기업 경영자의 개선요구사항을 대부분 수용한 신사업승계제도를 올 4월부터 시행하고 있다. 파격적인 완화가 이뤄진 것은 가업승계에 대한 엄격한 규제의 장점보다 폐업으로 인한 경제전반의 피해가 더 크다는 사회적 합의가 이뤄졌기 때문이다.

(3) 우선 승계과정에서 발생하는 세금부담을 확 낮췄다

기업을 물려받으면서 주식이전에 따른 상속 · 증여세를 지금까지는 5년간 유예해줬으나 앞으로는 세금자체를 줄여주기로 했다. 또 세금유예, 감면혜택대상을 상속·증여주식(비상장)의 3분의 2로 제한했던 것을 전체주식으로 늘렸다. 또 사업승계지원이라는 제도의 취지에 부합한다고 판단되면 세금자체를 면제해주는 조항도 늘렸다. 손자세대까지 상속이 이어지면 유예된 세금자체를 면제받도록 하는 조항이 대표적인 예다. 사업전망이 불투명해 승계를 꺼리는 상황을 고려해 승계후 기업경영악화로 파산할 때도 유예받은 세금을 면제해 준다. 이와 함께 현재 1명만 지정할 수 있던 상속자도 최대 3명까지 이름을 올릴 수 있도록 했다. 기업인들 불만이 높았던 상속·증여후 5년간 고용 80% 유지 등 사후조건도 폐지 혹은 완화해 탄력적으로 적용하기로 했다. 상속·증여후 10년간 고용과 자산유지규정 등을 두고 있는 한국에 비해 이미 완화된 기준이지만 이를 더 풀어준 셈이다. 도저히 승계가 어려워 매각을 선택할 때도 세금부담을 줄였다.

(4) 상속을 두려워하는 상속구도

현행상속세 구도하에서는 상속을 원치않는 자녀들이 나타나고 있다. 그 원인은 무엇일까? 그 첫째 이유는 가업승계는 소유권이전으로 이루어지는 것이 아니라 가업의 지속성이 유지되여야 하기 때문에 가업을 승계할 준비와 노력의 부족에서 두려움을 갖게되는 것이다. 두 번째 이유는 금전적, 재산적 가차관의 문제이다. 현행 상속세율은 30억 이상 50%로 되어있으며 부동산의 경우 공시지가를 기준하고 있다. 상속인의 경우 상속세를 납부코저 매물을 처리해야할 때 공시지가 이하로 평가되는 경우도 있어 이러한 경우 사업을 승계할 여력도 능력도 가치도 상실하게 된다.

(5) 가업의 승계보람찾아

세상만사불여의라(世上每事不如意)라 그러나 뜻이 있으면 길이 있다 하였다. 상속제도 이전에 사명의식이 필요하다. 선대창업을 가업의 초석으로 여기고 후대 후속인이 보다 광역의 틀을 만들어 가겠다는 사명의식이나 창업세대 스스로 후계구도를 양성하여 나갈 때 그 가족문화는 창의적인 역량을 바탕으로 윤리적 후계체계구도가 이루어져 불편없는 가업승계가 지속될 것이다.

성공포인트

1. 현상보다 본질을 파악하라

이 세상에서 일어나는 일들을 현상과 본질 사이에 큰 격차가 존재하고 있다. 성공하는 인물들은 겉으로 보이는 현상을 통해 본질을 파악하는 동찰력을 갖고 있다. 이렇듯 사물의 본질을 꿰뚫어 보고 사물의 변화를 읽을 수 있는 역량을 갖고 있다.
인성과 보편적인 행동의 특성을 연구하라 주위사람들의 기호와 취미를 파악하라 사람들은 일반적으로 자신이 좋아하는 것에 쉽게 매료되고 찬사를 보내며 싫어하는 일에는 부정적인 반응을 나타낸다.
사물의 변화와 규착을 연구하라 각 분야별로 내재되어 있는 성공규칙을 파악하면 예지능력에 도움을 준다. 감정보다는 이성적으로 판단하는 습관을 길러라.

2. 유식한 바보가 되지말라

아는 것이 힘이다. 지식만이 힘의 원천이다. 행동을 통해서만 성과를 얻는다는 사실을 인식하고 산업에서 실익을 추구하여야 한다. 인생의 성공을 좌지우지하는 결정적인 요소는 지식이 아니라 행동이다. 누구든지 처세의 기본원칙과 적극적인 행동력을 갖고있다면 자신만의 독특한 인생경험을 쌓아가면서 성과물을 만들어 낼 수 있다. 지식을 축척하는 것 보다는 활용하는 방법을 아는 것이 중요하다는 사실의 인식이 필요하다. 적극적으로 행동하며 당신의 지식을 과감하게 활용하라.

요 약
summation

＊장수기업의 성공요인은

불변의 불역유행 위대한 선대 창업주로부터 경영을 승계받고, 선대의 혼창(魂倉)의 심도를 느끼면서 조상이 쌓은 경영의 기초를 지키고 차세대에게 승계하는 것을 최대목표로 달려왔다. 화려한 성장은 안 했지만 덕분에 뛰어난 경영으로 안정되어 있다. 이에 대해서는 창업자의 마음을 후세에 전하고자, 후계자에게 인계까지 고민에 고민을 거듭하게 된다. 창업자는 자신이 일으킨 사업이 장수기업으로서 후세에 영속(永續)하기를 바라고 분투할 것이다.

＊창업자의 생각을 경영이념에

기업의 수명 30년 설을 극복하고 귀사가 발전하고 있는 것은 창업자의 생각이 고객에게 지지를 받고있는 증거이다. 창업의 마음을 경영이념으로 문서화하고 종업원에 침투시키고 3대째 경영승계하는 것이 창업자의 훈도를 받은 2대째의 역할이다.

＊ 인적자원직원들 소통의 통합역량강화

장기적인 목표: 사명에 신념이 있고, 기업문화에 잘 맞으며 지속적인 학습의 필요성을 이해하고, 특별한 지침이 없더라도 언제나 기꺼이 협력하고자 하는 직원들을 고용하여 평생동안 떠나지 않도록 하라. 직원들이 기업의 장기적인 이익을 위해 일하게 하는 유일한 방법은 참여를 유도하는 것이다.

＊ 진화하는 포괄적인 운영체계

장기적인 목표 : 적은 비용으로 더 많은 부가가치를 창출하고 제품과 시장의 변화에 따라 진화하는 우수한 인프라를 구축하라. 직원들뿐 아니라 외부동반자에게도 오늘뿐 아니라 내일에도 도움이 되는 체계를 구축하라.

＊ 정보체계확립

항상 대화의 창을 열어 두어라 장기적인 목표 : 관리자들이 기업이 현재 어떠한 일을 하고 있으며 미래에 어떤 일을 할지 운영의 모든 측면(재정적인 측면을 포함한 모든 부분)을 꿰뚫고 있도록 하고 소유주와 관리자 뿐만 아니라 모든 이해관계자들의 입장을 파악하도록 하라.

＊ 장기적인 윈윈관계를 형성하라

우리가 제시하는 모든 제언의 이면에는 이 책 전체를 통해 우리가 주장하고자 하는 메시지가 담겨있다. 그 메시지는 뛰어난 성과를 지속적으로 유지하려면 기업과 모든 이해관계자들에게 장기적으로 도움이 되는 행동을 해야한다는 것이다.

제5절 장수기업 100년 이상 지속경영하려면

♣ 싫어하다 좋아하게

교양심리학에서 배운 교훈 누군가 처음에는 당신을 엄청나게 싫어하다가 나중에 좋아하게 되었다면 그 사람은 처음부터 좋아하던 사람보다 더 많이 당신을 좋아하게 된다. 이 말은 분명한 요점을 담고있다. 치열한 경쟁적인 에너지는 강력한 제휴관계로 변할 수 있다. 그리고 맹렬하게 화를 냈던 고객일수록 당신제품의 가장 열렬한 팬이 될 수 있다.

- 줄리 빅『마이크오소프트에서 배운다』에서 -

강력한 경쟁자가 강력한 전략적 제휴의 파트너가 될 수 있으며 불만고객이 만족고객으로 바뀔 때 가장 충성스러운 고객이 된다.

1. 100년 기업의 개론

1) 기업이 장수하려면

기업이 장수하려면 장수하는 이유와 조건을 동반하여야 한다. 또한 장수기업의 활동사항을 살펴봄으로서 장수기업을 지향하는 기업으로서 어떤 경영상의 처방을 요하는지가 중요한 의미를 갖는다. 사람이란 감성의 동물로 몇 마디의 말이 사람들에게 의욕을 불어넣어 주기도하고 상심(傷心)을 하게 하기도 한다. 장수기업들의 성공하는 가족기업들을 보면 소통의 문화가 기업을 운영하는 경영자들을 고무시키고 신뢰의 기초위에 경영비전은 충분한 가치가 있다하겠다. 성공이란 장기적인 접근방식에는 여러 측면이 있으며 숱한 어려움을 이겨낸 후에야 승리를 맛볼 수 있는 것들이다. 따라서 모든 직급의 관리자들과 이사(경영층)들이 자신들의 소신과 역량을 기업에서 활용할 수 있도록 장수기업의 구체적인 활동사항들을 요약, 정리할 것이다. 우선 주의해야 할 사항들을 살펴보면, 장수기업에 등장하는 가족기업들은 조화롭게 완전성을 추구했기 때문에 성공할 수 있었다. 즉 특정한 전략에 맞는 우선순위와 업무추진방식을 활용하고 부족한 점을 보완했으며, 극단으로 치단지 않도록 균형을 유지하려고 노력했다. 따라서 각 기업의 활동 하나하나를 나열하고 보편적인 조언을 제시하는 것은 장수하는 가족기업의 성공에 복합적인 요소들이 결합됨으로 성공에 접근되는 것이다.

소유주가족이 기업의 경영을 맡고있을 경우 최고경영자들은 미래지향적으로 멀리내다보고 모든 면을 세심하게 고려하여 계획을 수립하고 관대하게 행동할 수 있다. 이런 요소들이 오랜 기간 기업을 운영하는 데 실질적인 우위로 작용한다. 이런 우위를 갖지 못하는 기업의 경영자들은 단기수익으로 주주들을 만족시켜야 하기 때문이다. 이것이 바로 기업성장의 한계를 가져오게 된다. 만일 개인기업 또는 가족기업을 직접 운영한다면 참으로 좋은 기회가 아닐 수 없다. 경쟁업체들과는 달리 경쟁우위를 만들어 나갈 수 있는 권한이 손에 있을 수도 있기 때문이다.

경영층에서부터 생산직사원에 이르기까지 모든 직원들이 기업의 수명연장을 위해 어떤 일을 할 수 있는지 살펴볼 것이다. 기업지배구조와 관련된 일부제안들은 실천하기 어려울 수도 있지만, 개인적 차원이나 기업의 기능적 측면과 관련된 제안들은 거의 모든 회사에서 실현가능한 내용들이다. 그래서 활동범위가 더욱 넓은 곳으로 옮길 필요도 없다. 먼저 기업이 장수하는데 필요한 전제조건들을 살펴볼 것이다.

그림 12-9 100년 장수기업의 8가지 기본성질

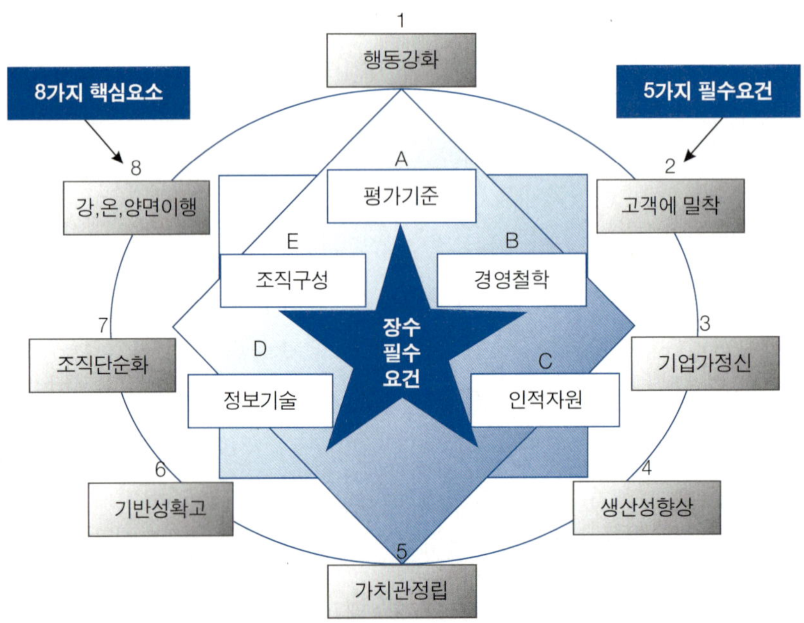

출처 : 장수기업 진입 필수조건과 핵심요건 실행 표본착상도

기업이 오랜기간 살아남는데 가장 필수적인 요건들은 무엇인가?

- 최고위층(이사회, CEO, 최고경영팀)의 인센티브 및 평가기준이다.
- 두 번째는 장수비법 적용에 필요한 기업철학과 조직구성을 살펴볼 것이다.
- 세 번째는 인적자원관리, 마케팅, 운영, 연구개발실현이다.
- 네 번째는 자금조달, 정보기술 등 각 분야별 행동방침을 제시할 것이다.
- 다섯 번째는 마지막으로 장수하는 기업을 위해 조직구성원 모두가 견지해야 하는 자세는 자발적이며 능동적인 노력이 있어야 할 것이다.

2) 근시적 안목에서 벗어난 경영

원래 장수기업을 지향하는 지속가능경영이란 단기적 이익만을 추구하는 경영이 아니라 중장기적으로 기업의 가치를 향상하기 위한 목표로 경영관이 수립되는 것이다. 시대변화에 따라 경영의 모형도 변화하고 있다. 지속가능경영을 지향하는 대표적인 기업모델을 역사적으로 보면 80년대는 초우량기업(超優良企業)으로, 90년대는 선지자적 기업(先知者的 企業)으로, 그리고 2000년대는 탄력적 기업(彈力的企業)으로 변천하고 있다.

즉 각각의 시대적 변화에 따라 기업의 운영모델도 그 시대의 사회적 배경으로 조금씩 그 특성은 다르지만 사람의 소중함에 있어서는 그 근본의 공통을 가지고 있다. 지금 이 시대에는 사람을 소중이 하는 인본주의 경영으로 기업이 건강하게 지속경영을 시도하고 있다. 건강경영은 종업원의 건강유지와 사고증진의 노력이 장기적으로는 기업발전의 수익성 등을 높이는 가치가 있다는 생각 아래 경영적인 관점에서 생각하고 전략적으로 임하는 것이다.

시대를 넘어 노동생산성 향상으로 지속적인 성장할 수 있는 지속가능경영을 실천하는 기업에 필요한 것, 그것은 시대적 요청과 함께 항상 변화하는 부분(企業의 相扶相助)과 시대와 함께 변화하지 않는 부분(기업의 하부구조=철학)을 겸비하는 것이며 그 철학이야말로 사람을 소중히 여김에 있다.

탄력적 회복력 등을 뜻하는 레지리언트(resilient)라는 말은 격동기 부흥기에 널리 쓰게 되었다. 이는 많은 사람들이 공감했기 때문에 사용되었을 것이다. 또한 스트레스사회에서 부러지지 않는 탄력적인 마음을 키울 필요성이 주지(周知)되었기 때문이다. 지속가능한 경영이란 지속가능한 기업의 사회적 가치 CSR(Corporate Social Responsibility)적 경영 등과 여러가지 표현을 하는 경우 등이 있다. 이는 단기적 이익만을 추구하는 것이 아니라 중장기적으로 기업의 가치향상을 목표로 하는 기업의 경영방향을 정하는 것으로 생각한다. 초우량기업, 선지자적 기업, 탄력적 기업 등은 지속가능경영을 지향하는 대표적인 기업모델이라 할 것이다.

2. 초우량기업과 선지자적(先知者的) 기업

1) 초우량기업이란

Excellent Company의 저자 TJ피터스&R.H. 우오타망에 따르면 초우량기업 62개사를 분석한 결과 혁신적인 초우량기업에는 그들의 가장 특징적인 것은 다음의 8개의 기본적인 성질을 가지고 있다고 하였다.

① 행동의 중시

초우량기업은 행동을 특히 중시하는 특징을 가지고 있다. 그 톱은 순서가 반대라고 생각되는 표현을 하고 있다. 예를 들면, 사격준비! 쏜다! 잡아라! 엑설런트 컴퍼니에서 인용하는, 실행, 수정, 시행, 혼란한 행위는 질서있는 정리이다

② 고객과 밀착된다

초우량기업은 고객에게 배운다. 일을 하고 있다. 고객의 소리에 열심히 귀를 기울이는 것에 의한 제품아이디어의 최선의 것을 고객에게 얻고 있다.

③ 자율성과 기업가정신

초우량기업은 "전원의 목에 짧은 사슬을 달고 상상력을 바로 잡으려다 버리지 않는다."일본의 관용구로 바꾼다면 "뿔을 바로 잡으려다 소를 죽이지 않는 것"이라는 것에 가까운 것이다. 획기적 신제품이 태어나서는 편하게 소통이 가능하다는 점이 절대 필요하다는 것이다. 초우량기업에서 혁신을 만들어 내는 커뮤니케이션의 시스템에는 형식주의적이지 않는 것, 커뮤니케이션이 특히 긴밀한 것임, 커뮤니케이션의 도구가 충분히 있기, 철저화를 도모하는 연구가 이루어지고 있어, 형식적인 면이 없는 것이 필요하다.

④ 사람을 통한 생산성 향상

초우량기업은 일반사원을 품질 및 생산성향상의 원천이라고 생각한다. 모든 근로자를 단순한 노동력으로서가 아니라 아이디어 원천으로 보고 신뢰하는 것이 중요하다. 인간이야말로 생산성향상의 최대무기이다. 사람을 소중히 하는 것이 중요하다.

⑤ 가치관에 근거하는 실천

기업의 철학은 기술력, 자금력, 조직구조, 신제품도입 등보다 기업실적에 많은 영향을 준다.

⑥ 기축에서 떠나지 않는

자신들이 숙지한 업종에 어느 정도 고집하는 방법이 탁월한 실적을 거두고 있는 경우가 많다.

⑦ 단순한 조직 · 작은 본사

기업의 기구와 체제는 단순성이 좋고 본사관리부문은 적을수록 효과적이다, 관리직의 계층은 간단할수록 능률적이다.

⑧ 어려움과 느림의 양면을 동시에 갖춰

초우량기업은 "중앙집권과 권력분산(분권)의 양면을 겸비한다."고 한다.

이상과 같이 초우량기업에는 일관된 공통점이 있다는 지적은 현대적으로 납득할 수 있는 점이다. 1970년대까지 미국기업에서는 조직의 활성화가 매우 중요하다는 문제의식에서 조직의 활성화에 전략과 함께 조직을 이해할 사람의 생산성을 중시하기로 했다. 그래서 사람이 경영참여의식을 높이기 위해서 동기부여가 중요하다고 강조하고 있다. 한편, 그 공통점이 시대와 함께 바뀌고 있는지도 모른다. 초우량기업이라고 해도 그 시대의 사회적 문맥에 영향이 되는 것은 필연이다. 그 점을 지적한 것이 다음에 설명하는 비죠나리 컴퍼니(Visionavy Company)이다.

2) 선지자적 기업

Visionavy Company의 저자 제임스 C콜린스&제리 · 포라스에 따르면 비죠나리 컴퍼니에 의하면 비전을 갖고 뛰어난 회복력으로 역경을 딛고 힘차게 전진하는 기업에서 인용하는 말이다.

"타사와 본질적 차이는 이념의 내용이 아닌 이념을 얼마나 믿고 있는가"이다. "무엇보다 소중히 하는 것이 무엇인가"하는 점을 확실하게 생각하고 실행함에 있다. 더욱 소중한 것은 그 이념을 조직전체에 침투시키는 것이다. 문제는 뭘 믿고 있었는지가 아니라 어디까지 깊게 믿고 조직이 어디까지 그것을 관철하느냐는 것이다.

(1) 시간을 말하는 것이 아니라 시계를 만드는 것이다

멋진 물건을 만들어서 훌륭한 기업이 된 것이 아니라 훌륭한 기업(조직)이므로 훌륭한 물건을 만든 것이라고 생각한다. 만일 하늘을 올려다보고 정확히 때를 알릴수 있는 사람이 있다면 그 사람은 놀라운 재능의 소유자이다. 그러나 그 사람이 죽은 후에도 영원히 정확한 때를 알릴수 있는 시계를 만드는 것이 더 중요한것 아닌가?.

멋진 아이디어를 가지고 대히트상품을 만드는 것이 때를 알리는 것이라면 탁월한 조직으로 구성된 회사를 이루는 것이 시계를 만드는 것이다. 대박상품을 만드는 조직이 아니라 탁월한 조직인것이 선지자적 기업의 조건이다. 사실, 탁월한 리더가 훌륭한 아이디어를 갖고 회사를 시작한 사례는 거의 없다.

멋진 아이디어와 탁월한 제품을 출발점으로 하는 회사에서는 문제가 없어서 기업으로서 빠른 시기에 성공하는 선지자적인 기업으로서 성공하는 것은 역상관하고 있는 것이다. 이부카대씨의 최고 걸작은 소니제품이 아니라 그 기업의 문화인 것이다.

(2) OR(어느)의 억압을 물리치고 AND(모두)의 재능을 살리기

선지자적 기업은 언뜻 모순있는 역설적인 생각을 가지게도 한다. 이를 테면, 이윤을 넘어선 목적과 현실적 이익의 추구나 분명한 비전과 방향성과 임기응변의 모색과 실험은 기본이념에 충실한 조직과 환경에 적응하는 조직 등 양쪽을 겸비하는 것이 많다. 이는 "OR의 억압을 물리치고 AND의 재능을 살린다"것이 필요한 것을 말한다. "OR의 억압에 굴하지 않는 AND 재능으로 보는 것"에서 "A나 B나 하나를 뽑는 게 아니라 A와 B양쪽을 구할방법을 찾아내는 것"이 중요하다.

(3) 사운을 건 대담한 목표

사운을 건 대담한 목표가 필요하다. 예를 들어, 1961년 케네디 대통령은 달 여행이 성공할 기회가 거의 전문가의 비관적임에도 불구하고 "우리나라는 60년대가 끝날무렵 달에 인간을 착륙시키고 안전하게 지구에 귀환시키는 목표를 달성하겠다고 명언해야 한다."와의 대담한 목표를 내걸고 현실화했다. 선명한 목표를 내걸고 그 목표를 굳은 결의로 달성하는 것이 중요하다. 그 목표를 컬트의 같은 문화에서 달성하는 것이다. 목표를 달성하는 데 대량으로 시험하고 보는 것, 현상에 만족하지 않는다는 것, 그리고 기축에서 떠나지 않는 것이 아니라 기본이념에서 떠나지 않는 것, 기본이념이야말로 중심이기 때문이다.

이상과 같이 선지자적 기업에서 초우량기업의 기축(奇軸)의 의미는 기본이념을 깊이 믿고 떠나지 않는 것이다, 라는 새로운 해석을 하고있는 것은 주목된다. 초우량기업은 자신이 숙지한 업종을 고집할 기축에서 떠나지 않는 것이었지만 80년대의 기업을 둘러싼 환경이 크게 변화된 시대배경을 바탕으로 발표된 선지자적 기업에서는 그 기준의 의미를 착오있게 기본이념을 대체한 곳이 흥미로운 변화이다.

뛰어난 회복력으로 역경을 딛고 힘있는 기업이 선지자적 기업이라는 것이다. 기술은 탄력적인 회사로 이어지는 지적인 수단이라고 생각한다. 회복력 있는 점에 주목한 초우량기업의 정리가 다음의 탄력적인 기업으로 이어진다.

3) 탄력적인 기업

탄력적이란 압축에는 탄력있는 것, 즉 불운, 질병 등에서 재기의 빠른 것을 말한다. 다시말하면 피해를 최소화한다는 것과 동시에 피해에서 재빨리회복 원래생활로 돌아가는 것이란 뜻으로 탄력적이란 말을 사용되고 있다.

탄력적 기업은 다음의 세 가지 특징을 가지고 있다.

① 근거가 있다, ② 자기 변혁력이 높다, ③사회성을 추구하고 있다.

이들 세 가지 특징은 다음의 7개의 행동에 분산되어 있다.

(1) 근거(Anchoring)

행동 – ① 가치관과 사명(가치관과 이익추구를 넘어선 소명)

기업의 지주로 사원과 고객(및 기타의 이해 관계자)을 끌어들이는 매력은 탄력적 기업에서 인용하는 앵커링으로 알려졌다. 기업의 철학 등이 행동에 활용되고 있는가 비즈니스에는 비전과 전략의 전에 인텐션(기업의 의지와 의도)이 필요한 것인지 회사에 가치관이 있는지 여부가 아니라 그 가치관이 일상의 행동에 살고있는지 정말 경영자의 판단기준이 되는 직원의 근거로 가능하고 고객을 끄는 힘을 가지고 있는가가 더 중요하다. 비즈니스모델을 성공으로 이끌려면 치밀한 전략과 사업계획보다는 경영자의 열정과 기업의 가치관이 중요하게 작용하는 경우도 많다.

행동 – ② 신뢰(내부로부터의 신뢰와 외부로부터의 신용을 모두 포함)

내외를 불문하고 각종 스테이크 홀더와 깊은 신뢰관계가 구축되고 있는지가 중요한 것이다. 예를 들어, 앵커링보다는 집의 기초와 토대의 가치관 그 집 전체를 지탱하는 지주가 사명, 신뢰는 철골의 뼈대를 고정하는 볼트라고 비유할 수 있다. 내부신뢰라는 점에서는 종업원이 우리일에 가치가 있다는 이유, 신념과 직업을 통해서 인생에 충실감을 얻을 수 있다는 생각이 중요하다. 다시 말하면 회사가 개개인의 사람을 자원이 아니라 인간으로서 동정심을 가지고 다루고 있는지 여부가 포인트인 회사와 종업원 사이에서 계약을 넘어선 관계성이 가능할지 여부가 중요하게 작용한다.

(2) 자기변혁력(Adaptiveness)

행동 – ③ 학습(열린 역동적인 학습환경을 구축)

사업은 환경의 앞날을 내다보고 스스로 근본적으로 달라지는 자기변혁력이 필요하다. 각자의 창조성과 혁신역량을 끌어내는 내부적 조직적 장치가 있는지, 이런 장치에 근거한 자기변혁력은 탄력적 기업의 중심적인 과제이다. 인재육성이나 학습장치는 단순히 지식, 스킬, 기능을 높이기 위한 것이 아니라 일꾼이 가지는 종합적인 잠재력을 끌어내고, 일에 충실감을 주는것과 동시에 자발적으로 더 큰 성과를 낼 수 있게 하는 것이다.

행동 – ④ 혁신역량(창조성과 혁신성을 끌어내는 조직적 장치)

자기변혁력 중간에 있는 것은 창조성과 혁신역량을 끌어내는 조직적 장치이다. 각자의 창조성을 지속적으로 이끌어 내고 의미있는 혁신에 연결하여 보다 효과적인 구조가 구축되어 있어야 한다. 그리고 사원들이야말로 고객에게 가치를 넣어주는 가장 소중한 존재인 것이다. 직원의 열정에 불을 붙이는 장치가 필요하다.

행동 – ⑤ 연구개발(방식의 일신)

21세 기업형의 연구개발에는 자사의 경계선 동기성 소통을 높이는 것으로 내부와 외부의 아이디어의 활발한 순환을 촉구하고 자사내에서만 볼 수 없는 이노베이션을 실현하는 것이 필요하다. 경쟁사가 아니라 타사와 개발하는 것이라는 협력관계가 기동성 있는 이노베이션을 달성한다.

(3) 사회성(Alignment)

행동 – ⑥ 트레이드 온(사회와의 트레이드 온)

고객의 소리뿐 아니라 사회의 목소리에 민감하고 넓은층의 스테이크 홀더에 있어서 새로운 가치를 창출할 수 있는 기업만이 번영했다. 지금까지는 시장이 성장하고 있으니 우리회사의 환경에 대한 부담이 커지는 것은 부득이한 실정으로 감수해왔다. CSR과 환경경영에 힘쓰고 있다면서도 진심으로 트레이드 오프를 극복하지 않고 어쩔 수 없이 납득하고 있는 실정인 것이다.

시장의 투명성은 극적으로 오르고 있어 소셜미디어 등에서 기업의 행동은 항상 다방면에서 음미하고 있다.

행동 – ⑦ 브랜딩(새로운 브랜드 아이덴티티)

가벼운 기업이미지가 아니라 두께와 깊이 있고 강한 브랜드를 만들기 위해서 사회성을 포함한 브랜드가 곧 탄력성을 높이는 상표의 설정이다. 다양한 매체로 쌍방향 커뮤니케이션이나 다양한 스테이크 호르다와의 굵은 설정은 사회전반의 평판과 평가를 높인다. 장기사고의 상표설정을 목표로 해야 지속가능경영이 이루어진다. 단순한 레퓨테이션·매니지먼트를 넘어 새로운 인격을 가진 회사를 만들어 내는 각오와 자사의 브랜드를 통해서 업계와 사회에 영향을 미칠 수 있는 결의가 중요한 것이다.

3. 세계기업의 공통점과 다른점, 유사점

1) 세계기업의 공통점과 다른점

전기 초우량기업, 선지자적 기업, 탄력적인 기업 등의 특징적인 부분의 정리를 했지만 그 내용을 바탕으로 다음에서는 세 개의 컴퍼니의 공통점과 다른 점을 정리한다.

◈초우량기업은 가치관에 근거하는 실천중시

선지자적 기업은 OR의 억압을 물리치고 AND의 재능을 살린다. 탄력적 기업은 앵커링 트레이드 온이 있다. 예를 들면 가치관에 근거하는 실천중시와 앵커링, OR의 억압을 물리치고 AND의 재능을 살린다와 트레이드 온은 표현이 다를 뿐 그 취지는 마찬가지이다.

선지자적 기업과 초우량기업의 공통점은 가치관에 근거하는 실천중시 자율성과 기업가정신행동의 중시 어려움과 온화함 양면을 동시에 갖춰, 네 가지라고 하고 있다.

한편 다른 점은 예컨대 탄력적 기업은 자기변혁력에 대해서 사회와의 관계라는 것을 중시하고 있다. 이것은 21세기 이후의 환경문제와 사회불안의 영향증가에 관한 의식의 고조에 영향을 받고있을 것이다. 초우량기업과 선지자적 기업 및 탄력적 기업의 본질적 차이는 사회성에 있다고 생각한다.

물론 이렇게 세 개의 회사에 관한 생각은 그 생각이 태어난 시대배경에 영향을 받는 것은 당연하다. 초우량기업은 1980연대를 선지자적 기업은 1990년대 시대상황을 반영하고 모두 20세기형이다. 한편 탄력적 기업은 21세기 시대상황을 바탕으로 그 초우량기업의 요소를 찾고있는 것이다. 즉, 초우량기업 → 선지자적 기업의 흐름을 이어받고 현대적인 시대의 요청도 반영한 새로운 개념이 탄력적 기업으로 이어지는 것이다.

2) 세계기업의 유사점

시대흐름에 따라 건강경영은 사회의 추세이다. 정부의 시책으로 본격적인 움직임을 보이고 있다. 시대흐름에 호응하듯 일반기업의 관심과 참여도 높아지고 있다.

건강경영추진은 종업원 개인의 생활의 질향상 뿐만 아니라 기업활력을 높이는 데도 지극히 중요하다는 생각에 건강경영의 보급계몽에 힘쓰고 있다. 경단(경영자협회)의 조사에 의하면 건강경영하고 있다고 응답한 기업 206개사(조사응답기업의 98.5%)가 각사의 건강경영에 임하는 목적으로 업무효율화·노동생산성 향상(169개사, 82.0%), 경영상의 리스크관리(153개사, 74.3%), 종업원 만족도 향상(116개사, 56.3%)이 상위였다. 기업이미지 제고보다 업무효율화와 생산성향상을 기대하고 있다는 것이다.

그동안 초우량기업과 선지자적 기업은 사람의 중요성이 지적되어 왔다. 그러나 그것은 어디까지나 경제가치를 추구하는 기업활동과 범위안의 것밖에 없었다. 시대는 21세기로 다시 선자자적 기업의 사회적 존재가치로서 탄력적 기업의 시대가 되었다. 사회적 존재인 기업이 사람의 중요성을 생각했을 때 건강한 사회를 추구하는 것은 당연한 시대의 요청이 되고 있다.

기업이 지속적으로 성장하려면 기존직원의 노동생산성 향상과 새로운 노동력확보가 필수적이다. 이는 앞으로는 점점 중요한 논의점이 될 것이다. 경영은 궁극적으로 인재에 있다. 기업의 지속가능성을 평가하는 지표로서 ESG 7이 있다. 사회를 구성하는 종업원 건강투자인 건강경영은 ESG의 S에 해당한다. 2006년 유엔환경 계획(UNEP)금융 협회(UNEP FI)와 유엔글로벌 콤팩트는 책임투자원칙(The Principles for Responsible Investment : PRI)을 제창하고 투자처의 ESG측면을 투자판단하도록 독려했다. 2016년 2월 현재 세계의 연금기금 등 1,478기관이 PRI에 서명하고 있다.

특히 ESG의 S에 관계하는 건강경영은 투자가에 더욱 중요한 논점이 될 것이다.

초우량기업, 선지자적 기업, 탄력적 기업 등의 세 가지로 많은 공통점이 있는 것은 지금까지 기술한 바와 같다. 또 피터 D·피다셍씨의 지적처럼 건강경영은 이들과 친화성이 높다고 본다. 그 이유는 모두 사람과 사회성을 아낀다는 점이다.

좋은 회사의 형태는 시대와 함께 변하지만 그 틀을 이용하여 경영하는 것은 사람 자체인 것은 변하지 않다. 사회성을 강하게 중시하는 현대의 기업관에서도 기업의 장기경쟁력의 기초는 사람이다. 사람을 중시하는 기업이야말로 일자리를 확보하고 사람들의 생활을 지탱함으로써 사회에 기여할 것이다. 3년 앞을 내다보는 것이 어려운 오늘, 지속가능한 기업의 본질도 사람에게 있다는 것이다. 지속가능한 단기기업 실적에 휘둘리지 않는 진정한 강한 기업이 되기 때문에 지속가능한 기업의 본질을 정리하고 재고하는 것에 의의가 있다고 생각한다. 이런 기업만이 장수하는 불멸의 기업으로 지속가능한 것이다.

3) 라이프스테이지의 성장

① 불멸의 장수기업

기업의 불멸로 장수기업으로 생존하려면 즉 라이프스테이지가 성장하려면 첫째가 기업경영자의 사업관의 정신이다. 기업가정신이 투철하여 선견적 도전정신으로 기업을 경영할 때 그 기업의 앞길이 열려 성장대로로 질주하게 되는 것이다.

② 기술혁신 역량배양

경쟁에서 승자는 차별화의 길밖에 없다. 차별화를 이루기 위해서는 기술력이 있어야 가능하다. 기술력의 축적은 연구개발에서 시작된다. 혁신적 기술역량을 축적하여 대응력을 향상함은 상품력에서 나온다. 상품력이란 고객니즈에 적중할 때 상품가치는 향상된다. 생산기술력과 시장필요정보가 매체될 때 상품가치는 차별화된다.

③ 마케팅혁신

시장의 다변화와 고객의 다층다양화 됨에 따라 마케팅방법도 역량도 달라져야 한다. 마케팅혁신이란 종래의 적기적시 납품의 방법을 뛰어넘어 필요예측에 따라 필요제품을 공급함으로 고객만족을 넘어 고객감동으로 실리를 부여하여야 한다.

④ 혁신성과

기업이란 이익추구의 집단으로 성과추구의 실현에 있다. 성과는 기술혁신과 마케팅혁신의 합성물로 구별하면 제품성과, 영업성과, 소득성과의 단기적인 성과를 말할 수 있으나 미래추구의 성과를 보면 신뢰성과와 발전성과를 더 중요시 함으로써 기업의 지속성이 유지발전하여 나가는 것이다.

그림 12-10 기업가정신에 의한 기술·마케팅혁신 역량으로 혁신성과 도출

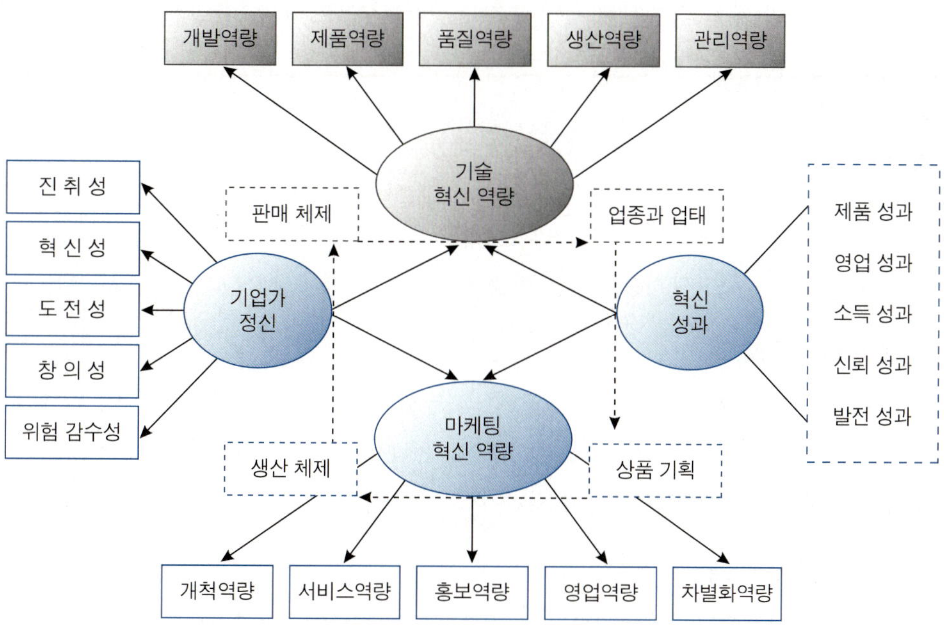

출처 : 기술혁신과 마케팅혁신의 핵심역량을 중심으로 숭실대 벤처학과 이남민 논문 p.34, 산업구조 진화과정 참고 성과도출 모형 재 착상도

4) 성공기업의 발달패턴

창업기, 성장기, 성숙기에 있는 기업은 현재나 과거에 대한 특색을 정리해본 결과 성공하는 기업의 패턴이 약간씩 떠올라있다.

① 업태에 대해

제조도매에서 창업을 시작한 기업은 백화점 등의 인숍(in-Shop)형식의 준직영매장의 경영경험을 쌓아 마침내 직영점에 의한 판매(제조소매업)사업을 확대해 나가고 있다. 소매업으로 창업한 기업은 리스크분산의 관점에서 제조도매와 협력하여 제품개발을 하고 소매업에 철저한 기업군과 필요한 제품을 직접 제조·판매하는 제조유통업태로 성장하는 기업군으로 나누어진다.

② 상품기획에 대해

상품기획의 발달은 제조도매에서는 히트상품기획의 모방에서 출발, 해외정보/상품을 참고로 한 기획력 향상과 유명디자이너와의 계약에 의한 기획력향상의 경험을 축적하여 소비자상을 명확히 의식한 자주기획력 향상으로 변천에 따르고 있다. 특히, 인·숍, 직영점포에 의한 소비자의 파악과 소비자카드에 의한 매장방문 구매자의 실태파악, Web사이트에서 브랜드 팬클럽이나 브랜드채팅 정보를 활용하므로서 소비자에게 밀접한 상품기획능력이 크게 향상된다. 소매업에서 제조기능을 추가한 제조소매업에서는 도매업체의 제품선택에서 기획력을 강화시켜 해외패션정보를 수집하고, 유행의 첨단정보가 많은 수도권에 실험점포를 설치하고 조금씩 기획력을 향상시켜 나가고 있다.

③ 생산체제에 대해

처음에는 외주공장을 그때에 선택하고 생산능력을 강화시키고 있으나, 결국은 전속외주공장(국내·해외)을 확립하고, 궁극적으로 자사공장(과거에는 국내, 최근에는 중국의 해외공장이 일반)에 의한 품질향상·원가절감활동을 지속적으로 개발하고 있다. 전속외주공장을 활용하고 있는 기업도 결국은 더욱 비용절감과 생산관리능력의 강화를 목적으로 자사공장화를 추진하게 된다.

④ 판매체제에 대해

창업기에서는 미분화였던 판매기능도, 곧 기능별조직(기획생산 및 판매 등)이 되어, 그 후에는 사업부제(기획생산 판매사업부화)에 의해 생산판매의 최적화를 늘린다. 결국, 제조유통과 같은 직영매장을 통해 판매체제를 강화해 나가고 있다.

⑤ 재고처분에 대해

제조도매에서 불량재고는 소매에 할인판매로 시작되고, 백화점이나 상사협찬 행사판매(바겐세일) 등의 임시처분방법 아울렛이라고 하는 명품상설판매 자영점포에 의한 판매와 직영매장신설의 복주머니 등의 처분 방법으로 발전해 나갈 것이다. 국내에서 처분할 수 없게 되면 처분점포와 환율 위험감소를 위해 해외 특히 생산거점에 있는 중국에 판매거점이 설립된다.

5) 기업의 성공요인 10개항

각 기업의 성장과정에서 성공요인을 정리하면 다음의 13항목으로 집약된다.

① 소비자가 요구하는 제품의 적시공급, QR생산 물류체제

② 가격소구(價格訴求)의 상품에 대해서는 저가격, 소재의 장단점, 나름대로의 디자인이 좋은 품질이 실현될 수 있는 것

③ 패션 등의 부가가치 추구상품은 인지도를 가진 브랜드로 세련된 디자인·가격·제품품질소재 등이 균형있게 완성하는 것

④ 브랜드의 증가와 색상크기의 다양화 등으로 성숙화된 사회에서 세분된 시장에 대응하고 시장을 확보하는 전략을 병행해 나갈 것

⑤ 소비자를 표현한 상품이 기획된다면 명확한 소비자상의 정의파악 및 시장을 세분화로 세어(점유율)를 확보해 나가는 선략과 병행하여 신행한다.

⑥ 상품은 과잉재고와 결품을 일으키지 않게 생산을 조정할 수 있는 것. 비용관리 및 신속한 생산의 실현을 위해 국내자가공장 및 해외자가공장을 잘 구분하여 QR생산물류체제를 확립하여야 한다.

⑦ 직영매장의 판매체제에 따라, 소비자의 요구를 잡아 제조도매에 비해 높은 이익률의 제조소매업태를 사업부의 하나로서 확립한다.

⑧ 수치관리에 의해 객관적으로 기획생산판매의 균형을 제어하고, 또한 손익자금융통을 고려한 부문관리가 되도록 관리능력을 강화한다.

⑨ 기획생산판매 재고처분을 포함한 일관하여 관리할 수 있는 직원을 육성한다.

⑩ 전문점 이상의 자영점포를 효율적으로 운용할 수 있는 것. 경영자는 기업전체 각 사업브랜드의 정보를 수집하고 항상 리더십을 취하는 것. 전략의 오류가 일어나지 않도록 폭넓은 정보수집을 한다. 열정을 가지고 경영에 임한다.

성공포인트

1. 적극적이고 주도적인 자세로 삶에 임하라

적극적인 사고로 업무를 주도한다. 천하를 다스리고자 하는 사람은 천하의 모든 일을 자신이 떠맡는다는 책임감이 있어야 함이 마찬가지로 기업을 이끌어가는 총수가 되고자 하는 사람은 회사의 모든 일을 자신의 일이라 여기고 관찰한다. 일은 능동적으로 처리수행하는 과정에서 능력과 인품을 인정받고 다양한 기회가 저절로 찾아와 자연스럽게 발전의 기회가 구축된다. 일이 많다고 투정하지말라 고생만큼 대가를 얻지 못한다고 불평하지말라. 이 세상에 공짜는 없는 법이다. 인간은 살아가면서 예측할 수 없고 미처 깨닫지 못한 많은 일들로 삶에 영향을 받는다. 나와 상관이 없다는 태도로 주변 일을 도외시하면 성공의 기회도 역시 당신을 외면하고 자나갈 것이다.

2. 명령은 부탁만도 못하다

절대적인 명령은 오직 전쟁터에서만 쓸모가 있다. 그러나 대다수 조직운영체에서는 명령을 습관처럼 사용하는 관습이 있다. 성공하는 인물은 다른 사람의 자존심을 지켜주기위해 항상 조심한다. 다른 사람과 협의토의할 때 타의 의견을 존중하며 협의 합의부탁의 방식을 사용한다. 큰인물 지도자는 지위를 과시하는 법이 없다. 그들은 최대한 상대방이 기분좋게 의견을 받아드릴 수 있게 노력한다. 대화는 당신의 능력을 과시하는데만 급급하지말라 먼저 상대방과 의론하는 방식으로 형식을 빌려 당신의 의견을 전달하라 사람은 누구나 자기의견을 존중받고 선택되기를 바라기 때문에 요령이 필요하다.

요 약
summation

* 기업이 장수하려면

기업이 장수하려면 장수하는 부류와 조건을 동반하여야 한다. 또한 장수기업의 활동사항을 살펴봄으로서 장수기업을 지향하는 기업으로서 어떤 경영상의 처방을 요하는지가 중요한 의미를 갖는다. 사람이란 감성의 동물로 몇 마디의 말이 사람들에게 의욕을 불어넣어 주기도하고 상심(傷心)을 하게 하기도 한다. 장수기업들의 성공하는 가족기업들을 보면 자세한 설명으로 소통의 문화가 기업을 운영하는 경영자들을 고무시키기고 신뢰의 기초위에 경영비전은 충분한 가치가 있다.

* 근시적 안목에서 벗어난 경영

원래 장수기업을 지향하는 지속가능경영이란 단기적 이익만을 추구하는 경영이 아니라 중장기적으로 기업의 가치를 향상하기 위한 목표로 경영관이 수립되는 것이다. 시대변화에 따라 경영의 모형도 변화하고 있다. 지속가능경영을 지향하는 대표적인 기업모델을 역사적으로 보면 80년대는 초우량기업(超優良企業)으로 90년대는 선지자적 기업(先知者的企業)으로 그리고 2000년대는 탄력적 기업(彈力的企業)으로 변천하고 있다.

＊초우량기업은 가치관에 근거하는 실천중시

선지자적 기업은 OR의 억압을 물리치고 AND의 재능을 살린다. 탄력적 기업은 앵커링 트레이드온 예를 들면 가치관에 근거하는 실천 중시와 앵커링, OR의 억압을 물리치고 AND의 재능을 살린다와 트레이드 온은 표현이 다를뿐 그 취지는 마찬가지이다.

＊공통점과 다른점

선지자적 기업과 초우량기업의 공통점은 가치관에 근거하는 실천중시 자율성과 기업가정신행동의 중시 어려움과 온화함 양면을 동시에 갖춰 네 가지라고 하고 있다. 한편 다른 점은 예컨대 탄력적 기업은 자기변혁력에 대해서 사회와의 관계라는 것을 중시하고 있다. 이것은 21세기 이후의 환경문제와 사회불안의 영향증가에 관한 의식의 고조에 영향을 받고있을 것이다. 초우량기업과 선지자적 기업 및 탄력적 기업의 본질적 차이는 사회성에 있다고 생각한다.

＊세 개 기업의 유사점

시대흐름에 따라 건강경영은 사회의 추세이다. 정부의 시책으로 본격적인 움직임을 보이고 있다. 시대흐름에 호응하듯 일반기업의 관심과 참여도도 높이지고 있다. 건강경영추진은 종업원 개인의 생활의 질 향상뿐만 아니라 기업활력을 높이는 데도 지극히 중요하다는 생각에 건강경영의 보급계몽에 힘쓰고 있다.

참고문헌

〈1장 1절〉

1. 소상공인 창업준비단계 요인에 관한 연구, 외식업을 중심으로, 한밭대학교 창업경영대학원 창업학과, 이정관, 2015년 8월
2. ET단상. 창업신드롬. 매가 스타트업이 관건이다, 푸드테크 빅뱅, 2015, 전자신문 Etnews
3. 新規事業開発の成功・失敗の要因分析 伊藤嘉浩 人文学部 法経政策学科 山形大学紀要(社会科学) 第37巻第2号 -210-
4. 事業計画作成とベンチャー経営の手引きベンチャーを順調に成長させるため, 総務省ICTベンチャー向け事業計画作成支援コース 2008年 3月
5. 소상공인 경쟁력 제고 방안－중진기금 내 소상공인 진흥계정신설과 연계－, 관계부처합동, 2012. 9. 19
6. 학습, 혁신역량과 혁신성과 간의 관계에 관한 연구, 김귀원(Kui-won Kim), 기술혁신학회지 제17권 2호, 2014년 6월
7. 중소기업을 위한 조세지원제도에 관한 연구 : 조세특례제한법을 중심으로 연구고찰, 백현호, 숭실대학교 중소기업대학원, 2002
8. 創業. 起業支援について 經濟産業省. 中小企業廳(資料 3) 平成28年 12月
9. 創業の基礎知識と ビジネスプランの立て方 地域創業促進支援事業(平成12年度), pp.30~35. 作戦を練る

〈1장 2절〉

1. 창업의지와 기업가정신이 창업성공에 미치는 영향, 이미자·김중규, 호서대학교 벤처전문대학원 정보경영학과, 2013 Sep; 11(9)
2. 실패 중소기업인을 위한 패자부활센터 설립방안연구, 중소기업연구원 실패한 기업인 재도전지원체계 구축방안연구, 2012년 12월
3. 소상공인 창업준비단계 요인에 관한 연구 외식업을 중심으로, 한밭대학교 창업경영대학원 창업학과, 이정관, 2015년 8월
4. 금융심의회(2007)『지역밀착형 금융대책 모든 평가와 향후대응에 대해서
5. 금융심의회(2013)『신규 성장기업의 리스크 마네-공급방식 워킹그룹 보고
6. 금융청(2003)『릴레이션십 뱅킹의 계기능력강화에 관한 액션프로그램』

7. 創業の基礎知識とビジネスプランの立て方 地域創業促進支援事業 中小企業廳 1章 創業の心構え 2章, 事業のプランニンク 3章, 事業出發 4章, 事業に必要知識
8. 2018년도 중소 벤처기업지원사업 ①중소벤처기업부 발간등록번호11-1421
9. 변혁적 리더십과 직무성과의 관계에서 자기효능감 매개효과의 연구, 이상희 · 전창대, 한국콘텐츠 학회논문집, 2015년 15(1)

〈1장 3절〉

1. 창업보육센터운영가이드, (사) 한국창업보육협회 중소기업청
2. 창업보육센터운영가이드, 창업보육센터관리실무
3. 女性起業家が 成功に致つた要因は何か? 女性起業家 7 事例からの分析經營戰略研究 Vol.5 潼本佳子
4. 기업가정신 및 역량수준이 기업성과에 미치는 영향에 관한 연구, 중앙대학교 산업창업경제대학원, 정주호, 2010년 8월
5. 고성장과 인적자원관리 시스템이 기업성과에 미치는 영향에 관한 연구, 職業能力開發硏究 第11巻(2),이민우 2008. 8, pp.215~236
6. 創業事例集 Business start-UP Examples vol.7. 東京信用保證協會 1.株式會社 HORIGO. 株式會社 SOMETHING NEW. 株式會社サブロク.
7. ベンチャ-企業の創出. 成長に關する研究會. 經濟産業省事務局 資料 1. 成長の痛み. 2.成長. 擴大期のベンチャ 3.成長. 擴大期の失敗事例
8. 企業イノベーション 企業價値向上のための成長戰略. 社團法人 經濟同友會 2005年5月
9. 創業者のキャリア成功と偶發的出來事に關する記述的事例研究. 柏木 仁亞細亞大學經營論集 第16巻 第2號 (2011年3月) pp.5~7

〈1장 4절〉

1. 우리 경제의 실피줄 소상공인을 살리는 길 -소상공인 정책보고서-, 2013년 1월
2. 영세자영업자를 위한 상권정보시스템 운영 경제정책해설, 2005년 12, 중소기업특별위원회 총괄조정팀장 제정김 진형
3. 지식이전을 통한 서비스 기업의 현지화전략에 관한 탐색적 연구-, 한국항공경영학회지 제11권 제3호, 조동성 · 문휘창 · 이윤철, 2013년 6월
4. 중소기업의 기업가치평가에 관한 연구, 장성관, 2005
5. 전국신용금고협회(2015)『신용금고의 "지역밀착형 금융의 대응상황"에 대해서(헤세이 26년도)』
6. 전국신용조합중앙협회(2011)『신용조합의 "지경지 밀착형 금융의 대응상황" (헤세이 22년도)』
7. 전국신용조합 중앙협회(2012)『신용 조합의 "지경지 밀착형 금융의 대응상황" (헤세이 23년도)』

8. 自己革新を遂げて躍動する 中小企業. 小規模事業者. 2013 White Paper on Small and Medium Enterprises in Japan
9. 한국 대학의 벤처교육현황과 그 과정개발에 관한 연구, 경남대학교 산업경영연구소, 2000 허남수 · 최덕철

〈1장 5절〉

1. 산업분야융합의 시대와 제조기업의 신사업전개, 오가와 마사히로 니시오정 편저, 현대 일본기업의 혁신 II 네트워크 구조조정과 혁신 – 새로운 연결이 낳는 물건만들기와 지역의 수성동우관
2. 현 중소제조업의 신규사업 · 신분야진출에 대한 대처 상황에 대한 실태조사 시즈오카 산업 창조기구(2009)
3. 혁신의 이유 – 자원동원의 창조적인 정당성 유비 각 중소기업청 중소기업 백서(2013년판)
4. 중소제조기업의 첨단기술개발과 혁신에 관한 조사연구, 중소기업기반 정비기구(2012)
5. 중소기업의 혁신창출과 지속적인 경쟁우위 “시내 마사히로 니시오 카 긍정적 편저 니시오 정(2012) 중소기업의 혁신과 신사업 창출” 동우관
6. 신사업에 임하는 중소기업의 경영전략, 일본정책금융공고조사 월보, No.58, 후지타 이치로(2013)
7. 低成長時代の企業經營. －長壽企業に學ぶ經營法則 – 2013年 3月, 福井經濟同友會
8. 생존분석을 이용한 중소기업의 장수요인도출과 육성전략에 관한 실증연구, 건국대학교 대학원 벤처전문기술학과, 하태관, 2013년 8월
9. 創業支援체크리스트 創業計劃의 作成 創業準備效率化. 地域支援機關 サポート事業. 1事業準備確認. 2.數値計劃立案精緻化. 3.創業時販賣促進

〈2장 1절〉

1. 創業の手引. 平成27年度版. 日本政策金融公庫. 國民生活事業.
2. 潛在的起業家に關にする一考察(出所；中小企業廳編 2007년판 中小企業白書
3. 日本政策金融公庫 平成27年度版. III 創業の基礎知識
4. 창업보육센터 운영가이드 중소기업청. (사)한국창업보육협회(KOBIA)
5. 창업보육센터 지원실무. 중소기업 금융지원. 기술개발지원 주요 사업
6. 일본 경제재생 종합사무국(2013)『일본재흥전략－JAPAN is BACK－』
7. 일본 정책금융공고(2015) 뉴스 릴리스 창업대출이 과거 10나이로 최고의 실적~기업수와 금액과도에 3년 연속 크게 증가~
8. Bosma, Niels, Mirjam van Praag, Roy Thurik, and Gerrit de Wit(2004) The Value of Human and Social Capital Investments for the Business Performance of Startups.” Small Business EconomicsVol.23, No.3, pp.227~236
9. Braunerhjelm, Pontus, Zoltan J. Acs, David B. Audretsch, and Bo Carlsson(2010) “The missing

link: knowledge diffusion and entrepreneurship in endogenous growth." Small Business Economics Vol. 34, No.2

10. 경제의 기초이론과 실제. 조연수저 창목출판사 발행 2003년 2월발행. 거시경제의 기초지식. 실업의 종류와 실업의 대책

〈2장 2절〉

1. 日本政策金融公庫 平成27年度版. Ⅲ 創業の基礎知識
2. 日本政策金融公庫 Ⅳ 國民生活事業の融資制度
3. 中小企業の開業率低下創業支援. 經濟産業課. 調査と情報 第487號
4. 소규모 부동산중개업 경영인의 창업가특성이 경영성과에 미치는 영향: 목원대학교 경영학과, 홍익대학교 경영학부 2012년12월
5. 우리 경제의 실핏줄 소상공인을 살리는길 – 소상공인 정책보고서. 2013.1.23
6. 영세 자영업자를 위한 상권정보시스템운영 경제정책해설, 2005년 12, 중소기업특별위원회 총괄조정팀장 김진형
7. 중소기업청(2013)『중소기업 백서 2013』
8. 중소기업청(2014)『중소기업 백서 2014년』
9. 창조경제실현을 위한 2013 빅데이터 국내사례집, 미래창조과학부, 한국정보학진흥원, 빅데이터 분석활용센터
10. 기술혁신지향성의 선행요인과 기술혁신성과에 미치는 영향: 국내 IT중소기업사례, 문창호 · 김시연

〈2장 3절〉

1. 예비 청년창업자들의 핵심성공요인 인식에 대한 탐색연구, 방중혁 · 박상문 · 신중견, 벤처창업연구 제9권 제5호(동권 35호)
2. 소상공인 창업준비 단계요인에 관한 연구 외식업을 중심으로, 한밭대학교 창업경영대학원 창업학과 이정관, 2015년 8월
3. 소상공인 경쟁력 제고방안 – 중진기금 내 소상공인 진흥계정신설과 연계 – 관계부처합동 2012.9.19
4. 創業事例集. Business Start-Up Examples vol.7 東京信用保證協會
5. 外國人のための起業ガイドブック(起業準備編)2014年12月 一般財團法人對日貿易投資交流促進協會
6. 創業支援체크리스트 活用目的制作著作. 獨立行政法人 中小企業基盤整備機構 營業支援部 支援機關サポート
7. 전국신용금고협회(2011)『신용금고의 "지역밀착형 금융의 대응상황" (헤세이 22년도)』
8. 전국신용금고협회(2012)『신용금고의 "지역밀착형 금융의 대응상황"에 대해서(헤세이23년도)』
9. 대 · 중소기업 상생협력의 이론적 모형설계: 건강하고 지속가능한 기업생태계구축 중소기업연구(한국중소기업학회), 28권3호(2006년 09월), 381~410.

10. 소규모 부동산중개업 경영인의 창업가특성이 경영성과에 미치는 영향: 목원대학교 경영학과, 홍익대학교 경영학부, 2012년 12월

〈3장 1절〉

1. "AIBS 저널 타니타의 글로벌전략(중견기업의 글로벌전개와 행정부의 역할할인 제5회 보고대회 강연)" 2012 년 제6권
2. 월간 테－실수 건강을 만드는 회사 "타니타이 지금상승중 － 메타 방향요리의 소개로 직원식당가 유명하게" 2011년 10월호(제20권 제10호)
3. 경제월보 강연회 체지방계 타니타의 경영전략 : 건강 및 기업경영, 2012년 3월호(제335호)
4. 기술경영의 성과측정변수와 가중치, 기술경영 성과측정에 대한 접근학습, 혁신역량과 혁신성과 간의 관계에 관한 연구. Kim) 기술혁신학회지 제17권 2호 2014년 6월
5. 기술혁신 지향성의 선행요인과 기술혁신성과에 미치는 영향: 국내 IT 중소기업사례, 문창호·김시연, 2016년 1월
6. 企業ドメインと企業革新プロセスの關係性－タニタの戰略開發プロセスを通じて－小樽商科大學 論文賞番號 B-11. 批田洸里 平成26年
7. 革新企業のモデル 國民經濟雜誌 第163巻 第1號 pp.41~55. 加護野忠雄(1991)
8. 進化論的戰略の構想. 經營戰略のフロンティア 第31卷 第1號 pp.33~49 野中有次郞(1983年)
9. 起業家の成功要因に關する實證分析. 松田尙子 經濟產業研究所. 松尾 豊. 東京大 學. 2013년 9月 獨立行政法人 經濟產業研究所

〈3장 2절〉

1. 기술적 기업가정신의 흡수역량 및 창의성과에 미치는 영향에 관한 연구, 금오공과대학교 대학원컨설팅학과 조용화, 2015년 6월
2. 기술창업의 성공조건과 지원정책 이윤준·정철기·장병열·나청호, 과학기술청책연구원, 2013년 7월
3. 소상공인 창업준비단계 요인에 관한 연구 외식업을 중심으로, 한밭대학교 창업경영대학원 창업학과 이정관, 2015년 8월
4. 창조경제 실현을 위한 2013 빅데이터 국내사례집, 미래창조과학부, 한국정보학진흥원, 빅데이터 분석활용센터
5. 기술혁신 지향성의 선행요인과 기술혁신성과에 미치는 영향: 국내 IT중소기업 사례)문창호·김시연
6. 中小機構. 小規模事業者支援ガイドBook 2. 發掘. 構想,計劃. 實行支援機關. 創業ステージ. 創業後支援Point. 創業の基礎知識.
7. 創業. 新規事業への中小企業金融の役割 佐白市商工會 經營指導員川津大樹. 創業と新規事業展開における
8. 創業者のキャリア成功と偶發的出來事に關する記述的事例研究. 柏木 仁 亞細亞大學 經營論集 第46卷 第2號

2011年 3月

9. スタートアップ期の成長に創業メンベーが及ぼす影響 2011年3月10日 神戶大學 大學院經營學硏究科. 前平秀志.
10. 創業企業の問題と支援體制及施策に關する 調査硏究報告書 平成22年3月 社團法人 中小企業診斷協會 問題點の因果關係

〈3장 3절〉

1. 창업의 성공거점 창업보육센터 운영가이드. KoBIA(사) 한국창업보육협회, 2013년 12월. pp.13~20. 창업보육센터 이해
2. 디지털 컨텐츠보안을 위한 디지털 워터마킹 기술개요, 충남중소기업 종합지원센터ECRC, 조사학술연구자료집, 2002 김선형,
3. 기술창업의 성공조건과 지원정책과학기술정책연구원, 이윤준 · 정기철 · 장병열 · 나청호. 2013년 7월. 국내 창업지원제도 현황 및 성과
4. 우리나라 창업보육센터의 효율적 운영전략 및 지원프로그램 연구, 중소기업진흥공단, 1999. 배경화
5. 기술창업의 성공조건과 지원정책 제6장 성장단계별 성공요인분석 벤처기업협회, 2012년 성공 벤처기업 성장단계별 성공요인분석
6. 정보통신창업 애로요인 분석 및 활성화 방안연구, 정보통신정책연구원, 1999년 이인찬 외,
7. 企業組合による創業と協同組合による經營革新 中小企業の創生と再生組合活動の經濟的威力. 共同事業の賣上貢獻. 先進企業組合に學ぶ事業創造
8. 經濟産業省 2017年版 中小企業白書 槪要 中小企業聽調査室起業.創業(幼年期).薪事業展開(成長期).承繼.撤退(成熟期)中小企業の 라이프사이클
9. 事業計劃作成とベンンチャー經營の手引ーき 總務省ICTベンンチャー向け事業計劃支援コース 2008年3月7日 pp.사장の役활割. 重要性.
10. 新規事業開發の成功. 失敗の要因分析. 家庭用ゲーム機事業への新規參入の事例山形大學紀要(社會科學)第37卷 第2號 伊藤嘉浩 法經政策學科

〈4장 1절〉

1. 오카모토 마코토(2014) "클라우드펀딩의 최전선 —READYFOR?운영 경험을 통해서" 『정보 과학과 기술』 제64권 제8호
2. 오구라 요시아키(2007) "제3장 지역금융기관의 경쟁도와 신규 참가기업 대출이용 가능성" 츠츠이 요시로, 우에무라 슈우한 편저 릴레이션십 뱅킹과 지역금융』 일본경제신문출판사
3. 오노 아리 히토(2007) 『새 시대의 중소기업 금융』 동양 경제신보사.

4. 코야마 테츠야(2013) "미국에서의 클라우드 팬 디송의 현황과 과제" 『노무라 자본시장 크오-타리-』 2013년 봄호
5. 금융심의회(2003) 『릴레이션십 뱅킹기능강화를 향해서』http://www.fsa.go.jp/news/ newsj/14/singi/f-20030327-1.pdf(2016년 10월 17일접속).
6. 알기쉽게 풀어쓴 중소기업 범위해설 중소기업청. 2015년 개정판. 중소기업의 범위. 중소기업 여부판단. 소기업과 소상공인 구분
7. 파트너 기업에 대한 신뢰와 외부협업활동이 기업 간 지식공유에 미치는 영향. 산업경제연구 제25권 제4호 2012년 8월호. 군산대학교 경영학부 이국용
8. 창조경제실현을 위한 2013 빅데이터 국내사용사례집. 미래창조과학부. 한국정보진흥원. 빅테이터시대. 빅데이터 사용사례
9. 中小企業による 薪事業戰略の展開~實態と問題. 日本政策金融公庫 總合研究所 2014年7月 pp.1~10. 本論 中小企業による 薪事業戰略の展開~實態.
10. 小規模事業者 支援 ガイドブック. 發掘.構想. 計劃. 實行を伴走サポート. 中小機構 pp.11~32. 創業ステージ別支援のポイント.

〈4장 2절〉

1. 중소기업청(2014) 『중소기업백서 2014』
2. 일본 경제재생종합사무국(2013) 『일본재흥전략-JAPAN is BACK』
3. 일본정책금융공고(2015) 『뉴스 릴리스 창업대출이 과거 10나이로 최고의 실적~기업수와 금액과도에 3년 연속 크게 증가~』
4. 창업의지와 기업가정신이 창업성공에 미치는 영향, 호서대학교 벤처전문대학원 정보경영학과, 호서대학교 글로벌창업대학원 창업학과 이미자, 김중규
5. 기업가정신 및 역량수준이 기업성과에 미치는 영향에 관한 연구, 중앙대학교 산업 창업경영대학원 창업경영 정주호. 2010. 8월
6. 기술적 기업가정신의 흡수역량 및 창의성과에 미치는 영향에 관한 연구, 금오공과대학교. 대학원 컨설탕학과 조용화 2015년 6월
7. 기술창업의 성공조건과 지원정책, 이윤준·정기철·장병열·나청호, 한국과학기술 정책연구원 정책연구 2013년 7월
8. 起業後の成長率と起業家屬性. 起業タイプと起業動機 安田 武彦企業家硏究(第1號) 2004.3

〈4장 3절〉

1. 中小機構. 小規模事業者支援 ガイドブックII 第3章.創業後支援のポイント, pp.33-顧客獲得策-關係强化

策 pp 組織體系改善
2. 論說. 起業後の成長率と起業家屬性. 起業タイプと起業動機 安田 武彦獨立行政法人經濟産業研究所 企業家研究第1號2004.3 起業時企業 規模
3. AMAZON 企業戰略. 中岡由香理. 中村 佑夢. 峰尾 2章AMAZON pp.11. ビジネスモテル. 多角化戰略
4. 창업기업의 기업가정신과 혁신성과와의 관계 연구, 호서대학교, 2011 송재길
5. 창업의지의 영향요인에 관한 실증연구, 호서대학교, 2009 유연호
6. 전국신용조합중앙협회(2013)『신용조합의 "지경지 밀착형 금융의 대응상황"(헤세이 24년도)』
7. 전국신용조합중앙협회(2014)『신용조합의 "지경지 밀착형 금융의 대응상황"(헤세이 25년도)』
8. 경제위기 이후 인적자원관리 및 노사관계 한국노동연구원, 박우성 · 노용진(2001) 인적자원관리 패러다임의 변화와 역할, 인사관리연구 25집 1권
9. 노사협력적 고용조정 – 미국사례틀, 한국노동연구원, 박우성 · 유규창 · 이병훈(1998)
10. Adler, Paul S., and Seok-woo Kwon(2009) "Social Capital: Prospects For A New Concept." Academy of Management Review, Vol. 27, No.1, pp.17~40.

〈5장 1절〉

1. 기술적 기업가정신의 흡수역량 및 창의성과에 미치는 영향에 관한 연구, 금오공과대학교 대학원컨설팅학과 조용화, 2015년 6월
2. 기술창업의 성공조건과 지원정책, 이윤준 · 정철기 · 장병열 · 나청호, 과학기술청책연구원, 2013년 7월
3. 창조경제실현을 위한 2013 빅데이터 국내사례집, 미래창조과학부. 한국정보학 진흥원. 빅데이터 분석활용센터
4. 기술혁신지향성의 선행요인과 기술혁신성과에 미치는 영향: 국내 IT 중소기업사례 문창호 · 김시연 2016년 1월
5. 학습혁신역량과 혁신성과 간의 관계에 관한 연구, 기술혁신 학회지 제17권2호, 2014년6월 김귀원
6. 기업가. 기술 및 네트워크 특성이 장수창업기업의 성과에 미치는 영향. 벤처창업연구 제7권 제1호(통권23호) 동부산대학교 정해주
7. 기술창업기업의 지식경영활동이 흡수역량과 신제품 개발성과에 미치는 영향, 한밭대학교 창업경영대학원 창업학과 장인수, 2015년 2월
8. 低成長時代の企業經營 長壽企業に學ぶ經營法則 2013年 3月 福田經濟同友會. 企業經營委員會. 提言長壽企業の經營法則學ぶ
9. 經營MARKETING 基本理論と經營管理ベート. 農林水産省 平成 23年度新事業創出 人材育成事業. 概論. 2. 事業戰略. 3 全社戰略

〈5장 2절〉

1. 신용금고 중앙금고지역 · 중소기업연구소『제168회 전국 중소기업 경기동향조사(특별 조사)

2. 중소기업의 3~5년 후의 사업전망에 대해서 금융적『금융중개 기능의 벤치마크』(2016년 9월)
3. 사이도 요시아키(노무라 종합연구소 미래창조센터 2030년 연구실장) 일본의 혁신자이기 100사람의 미래 창조와 지방 생성에 대한 도전(2016년 6월)
4. 전국 상공회 연합회 · 일본상공회의소『창업인재육성사업 "둘째 창업 코스"실시 매뉴얼』(2004년 5월)
5. 도쿄 상공 회의소 신산업분야 개척위원회 보고서 새 산업에 도전! 구조개혁에 몰두하는 중소기업』(2002년 11월)
6. 파트너기업에 대한 신뢰와 외부협업활동이 기업 간 지식공유에 미치는 영향, 군산대학교 경영학부 이국용 산업경제연구 제25권 제4호 2012년
7. 창조경제실현을 위한 2013 빅데이터 국내사례집. 미래창조과학부
8. 기업생태계 관점에서의 연구개발전략과 플랫폼 리더십: 대 · 중소기업 생생협력과 R&D에의 시사, 중소기업연구 31(2), 김기찬(2009)
9. 대 · 중소기업 상생협력의 이론적 모형설계: 건강하고 지속가능한 기업생태계 구축, 중소기업연구(한국중소기업학회), 28권3호(2006년 09월),김기찬, 김수욱
10. 대 · 중소기업간 상생협력유형의 세분화와 전략 – 중소기업의 L, A, J유형 분류와 성과를 중심으로 –, 중소기업연구(한국중소기업학회), 29권4호(2007년 12월). 김기찬, 송창석, 박지윤

〈5장 3절〉

1. 한국산학기술학회논문지 Vol.12, No.4, 2011. 시니어 창업가의 특성이 기업가정신에 미치는 영향에관한 연구 김진수1, 최명길2
2. 시니어창업 유망업종 – 실버도우미업, 소상공인진흥원. 중소기업연구원
3. 시니의 창업니즈 및 경제활동참여욕구에 관한 연구, 호서대학교 글로벌창업대학원 창업학과 창업학전공, 이길원
4. 시니어 창업성공요인 분석 및 지원사업에 관한 연구, 서경대학교. 이순재 · 유진희 · 이정훈 · 이상복
5. 중년 직장인의 퇴직 후 창업효능 및 창업의도에 영향을 미치는 요인에 관한 연구, 최명화 · 조성숙. 호서대학교 벤처전문대학원 노인복지학과. 2014.
6. 시니어창업 교육생의 창업교육이 창업에 미치는 영향, 호서대학교 글로벌 창업대학원 창업학과 창업학전공 이재현 2012.
7. 特輯；起業 女性 – シニアの創業成功事例 – 企業診斷ニュース 2014. 9, 福井縣 中小企業診斷士協會 川嶋 正己 創業の目的(使命.理念)
8. 女性起業家が成功に至つた要因は何か? 經營戰略研究 vol.5, 潼本 桂子 著. Ⅶ 結論と今後の課題
9. 自己革新を遂げて躍動する中小企業 小規模事業者 中小企業 白書 2013年
10. 創業. 薪事業支援先への取り組み. 平成25年7月 株式會社 横拆銀行, 營業企劃部 資料 2 原 光

〈5장 4절〉

1. 창업경영과 실무, 형설출판사, 2001 김규태
2. 우리나라 창업보육센터의 효율적 운영전략 및 지원프로그램 연구, 중소기업진흥공단, 1999 배경화
3. 벤처 · 중소기업 창업실무, 세학사, 2000 서종상
4. 한국대학의 벤처교육현황과 그 과정개발에 관한 연구, 경남대학교 산업경영연구소, 2000, 허남수 · 최덕철
5. 벤처기업의 성장단계별 성공요인분석과 정책과제, 정보통신정책연구원(1998), 이인찬 · 이광훈
6. 벤처기업의 위기관리: 문제와 활동중심의 탐색적 연구, 한국중소기업학회(2003)전영일 외 2명
7. 기술창업 활성화를 위한 분야별 해외 중요 프로그램 고찰 제23권 제2호 135, 과학기술정책연구원 손수정
8. 기술창업과 창조경제. 벤처기업협회 명예회장 이민화
9. 기술창업기업의 기술보유유형과 성과와의 관계. 벤처창업연구 제8권 제1호(통권27호)부산대학교 경영대학 최종열
10. 大企業の新規事業開發とベンチャー企業の創業の違い. 株式會社 日本總合硏究所社內ベンチャー制度の功過

〈6장 1절〉

1. 지속 성장가능한 회사가 되기 위한 필요조건, 고려대학교경제인회 / 고우경제, 김동기(2007)
2. 계열사 성장단계와 통제 메카니즘간의 적합성이 계열사 성과에 미치는 영향, 한국인사조직학회, 신진교, 권구혁(1998)
3. 벤처기업의 성장단계별 성공요인분석과 정책과제 정보통신정책연구원, 이인찬, 이광훈, 박성진, 김운호(1998)
4. 제조단계의 품질공학 田口玄ー.著. 康奉譜 한국어판 감수. 번역 한국표준협회
5. 新規事業開發の成功. 失敗の要因分析. 家庭用 ゲーム機事業への新規參入の事例山形大學紀要(社會學科)第37卷 第2號 pp.213 事業構想志向の社內企業家の存在
6. TQC는 인간을 창조한다.(理想的人事管理를위한 科學的 어프로치)한국표준협회
7. 소상공인 창업실패에 따른 효율적 개선방안에 관한 실증적 연구, 호서대학교, 2007. 지용하
8. 소상공인 창업지원제도와 지역경제활성화 역량에 관한 연구, 경기대학교, 2003 황면기
9. 1A14. 技術係スタートアップ企業の成長 プロセスと Management 九州大經濟學部 柔鳥健 ビジネス學科(2003年3月)
10. 벤처기업의 창업과 관리방안에 관한 연구, 2001 김인구, 우리나라 벤처기업의 성공요인과 시사점 : C사의 사례를 중심으로

〈6장 2절〉

1. 신제품개발의 성공과 실패요인에 관한 연구 : 실패사례를 중심으로, 2001 윤한극

2. 성공기업의 신제품개발전략/CCM(Career & creative management)崔淳哲 譯
3. 창조적 품질경영의 기능성에 대한 탐색적 연구, 강원대학교 오형술교수. 건국대학교 성백서교수. 서울산업대학교 2009년1월 김성민교수 공동연구
4. 市場創造の重要性と重要課題としてのMIPコンセプト開發 2012.11.17. 梅澤伸嘉大會發表要旨. 深い洞察を持つた着想と果斷なる着手のみが
5. 한국산업정보학회 논문집 제15권 제1호 2010.3 임광혁, 다품종 소량생산공정을 위한 규칙기반 공정관리 시스템
6. 기업규모를 고려한 신제품개발전략과 신제품 성과의 관계에 괸한 연구, 산업경제연구 제10권 제1호. 1997/8. 최원일 · 김상조
7. 공급사슬관리의 핵심성공 요인과 추진유형이 기업의 경영성과에 미치는 영향, 대한경영정보학화 경영정보연구 제28권 제1호 2009/3 이재식
8. 창업기업의 기업가정신과 혁신성과와의 관계연구, 호서대학교, 2011, 송재길
9. 창업의지의 영향요인에 관한 실증연구, 호서대학교, 2009, 유연호
10. 창업의지 결정요인에 미치는 영향에 관한 한 · 중 비교연구, 숭실대학교, 2010, 이기일
11. 벤처기업의 현황 및 문제점을 통한 활성화 방안 연구, 2006, 박범용

〈6장 3절〉

1. CRM System 導入の成功要因について 永原 勇 INTEC TECHNICAL JOURNAL 2003. 10周年紀念 創刊號
2. Microsoft Dynamics CRM NPO 導入ケーススタディ作成. 認定特定非營利活動法人 日本 NPO センタ
3. ビッグデータ時代マーケティング. アナリティクスの展望特集 知的產業創造 2013年12月號. 日戶浩之. 神田晴彥
4. Cause Rrlated Marketing ex. 品質. 價格 は同じ2つの商品CSRと企業經營 2007. 龜川雅人. 高岡美桂
5. 美國における製藥企業 Marketing 戰略 インフロント主體セミナロイヤルバーク ホテル. 2007年9月14日
6. 職務 Marketing による組織風土改革について (株)アイマム 鳥谷光洋日本廣報學會 第21回硏究發表全國大會 豫稿集 論文
7. 經營 Marketing 基本理論 經營管理パート 經營戰略農林水產省 平成23年度 薪事業創出 人材育成事業
8. 新規事業開発の成功 · 失敗の要因分析:家庭用ゲーム機事業への新規参入の事例山形大学紀要(社会科学) 第37巻第2号 伊 藤 嘉 浩
9. 創業計画の作成や創業準備支援の効率化を図る 4つのチェックリスト発行:中小機構₩ 支援機関サポート課
10. 起業家の成功要因に関する実証分析 経済產業研究所 松田 尚子 東京大学 松尾 豊. 独立行政法人経済產業研究所

〈7장 1절〉

1. 한국의 기업가정신에 관한 조사연구, 한국학중앙연구원 도티카임번(2006),
2. 경영환경과 기업가정신이 기업경영성과에 미치는 영향, 한성대학교 안규선(2010),
3. 기업가 정신에 관한 실증 연구, 조선대학교 염명곤(2005),
4. ERP 도입전략과 비즈니스 개혁, 박영사, 박진우
5. 실천 SCM 경영혁명, 어진소리, 이노우에 하루키(1999)
6. 글로벌 SCM 모델 구현에 관한 연구, 한국물류학회, 정석찬·박기남(2002)
7. 戰略的 마케팅 提携에 있어서 통제 메커니즘의 決定要因과 效果, 한양대학교 대학원 2000년 12월 朴貞宣.
8. 기업의 마케팅 제휴가 기업수익성에 미치는 영향, 연세대학교 대학원 경영학과 2008년 1월 권계은
9. 공동마케팅 제휴(Co-marketing Alliances)에 있어 상호 의존성과 갈등의 관계, 서강대학교 경영전문대학원 관리전공 2011년 1월, 조영욱

〈7장 2절〉

1. 創業 벤처기업의 事業 失敗事例分析을 통한 成長戰略에 關한 硏究, 漢陽大學校 經營大學院戰略·벤처經營學科 專攻 文周喆 2006년 6월
2. 벤처기업CEO의 기업가정신과 조직유효성의 관계에 관한 연구, 기술혁신학회지 제7권 제3호. 박상용 김연정. 2004년. 4월
3. 제 2 한강의 기적 제2의 벤처붐과 벤처생태계 복원 벤처기업협회 명예회장, KAIST 초빙교수 이민화 벤처기술협회 2012년
4. 기회를 찾기위한 끊임없는 탐색 핵심역량을 갖추었는가, 네이버 블로그 :: 포스트 내용
5. 기술창업기업의 기업특성이 경영성과에 미치는 영향에 관한 연구, 中央大學校大學院創業學科創業經營專攻 윤형보. 2015년8월
6. 기술창업기업의 성장단계별 비즈니스 모델의 변화연구 : ㈜아이디스 사례를 중심으로, 한밭대학교 창업경영대학원 창업과 김주영 2014년 2월
7. 기술창업 시 전략적 지향성이 창업성과에 미치는 영향가격 및 품질관리역량의 매개역할을 중심으로 대전대학교 대학원 경영학과 마케팅전공 장동관 2013년 8월
8. 기술창업자와 창업조력자 간 창업성공요인의 인식차이에 관한 연구. 벤처창업연구 제10권 제2호(통권38호) 심용호(한국전자통신연구원 선임기술원)
9. 特輯. ビッグデータ時代のマーケティング.アナリテイクスの 展望 日戸浩之 神田晴彦. 知的財産創造 / 2013年 12月號 pp.4~7
10. 變革期に求められるリーダーシップとは~キノンを事例として. 中村仁美. 三浦舞子. 會津大學 短期大學部 産業情報學科 經營情報コース 2005

〈8장 1절〉

1. 成長期から成熟期に移行しつつある – 資本市場クオータリー 2008 Autumn 岩谷 賢伸. 吉川 浩史
2. 成熟企業の經營戰略 第159巻 第2號. 加護野忠男 著
3. 市場成熟期のブラント戰略 株式會社 東急エージエンシー 2003年9月 工藤英資
4. 國內市場の成熟化と市場開拓戰略 TOTO WAYの追求. 經濟論硏究 第143號
5. 인적자원개발 사례연구 ; 영국과 싱가포르의 인적자원개발 인증제도를 중심으로 인적자원개발연구 제2권 제1호 2000년 6월 장영철
6. 테일러의 과학적 관리법 분석과 과학적 관리법 비판
7. 정보과학회 논문지 : 데이터베이스 제40권 제6호(2013.12) 소셜네트워크 분석을 이용한 인사채용검증, 신기명 · 이종혁
8. 2017年版 中小企業白書 概要 平成29年 4月 中小企業廳 調査室(經濟產業省)
9. 金融仲介機能のベンチチマークを 活用した お客さまの本業支援等平成29年2月. 株式會社 千葉銀行
10. 国内市場の成熟化と市場開拓戦略ーTOTO WAYの追求ー日本病の打開策1990 高田正彥, 苗馨允, デウィ・ファトマ}ワティ, 馬瑞, 有吉隆成

〈8장 2절〉

1. 經營戰略の重要性. C-Express 中小企業の經營戰略 編
2. 國內市場の成熟化と市場開拓戰略 TOTO WAYの追求. 經濟論硏究 第143號
3. 製品ライブサイクル段階戰略 2005年 經營戰略 J. SHINTAKU
4. 自己變革を遂げて躍動する中小企業. 小規模事業者 第2部 2013 White Paper on Small and Medinm Enterprises in Japan
5. 마케팅과 마케팅관리철학 Peter Drucker 저
6. 회수물류에서 물류자원, 물류능력, 성과의 관계 경주대학교 부교수, 제1저자 조성원 산업경제연구 제25권 제2호 2012년 4월(pp.1513~1535)
7. 인터넷 제휴 마케팅에 관한 연구–아마존과 삼성물의 사례를 중심으로–, 연세대학교 생활환경대학원 디자인정보시스템전공 김일환 2001년 6월
8. 기업의 마케팅제휴가 기업의 수익성에 미치는 영향에 관한 연구–제휴의 강도와 기업 간 경쟁 정도의 상호작용 효과를 중심으로–, 연세대학교 대학원 경영학과 권계은 2008년 1월
9. 成長期から成熟期に移動しつつある 美國IT ソフトウエア業界. 岩谷 賢伸吉川 浩史 著 資本市場クオータリー 2008
10. 成熟企業の經營戰略(Management Innovation in Matured Firms) 加護野 忠男 Kobe University Repository; Kernel Create Date

〈8장 3절〉

1. 경제의 기초이론과 실제, 조현수, 청목출판사 발행, 국민소득과 국민경제
2. 투자의 목표 설정, 투자론. 우춘식 지음. 三英社 발행 2009년 pp.27.
3. 워렌 버핏의 재무제표활용법. 김상우 옮김. 부크흘릭 발행. 대차대조표
4. 원가관리회계 조현연. 김재준. 정형록 공저 산문출판 발행. 손익분기점
5. 회계원리. 김대곤. 이종천외2명. 명경사 발행.이해관계자
6. 재무관리. 우춘식 지음. 三英社 발행 pp.재무관리의의. 재무관리목표
7. 노벨 경제학상 수상자 에릭 매스키 교수이론. 최고의 정책으로 목표달성
8. 히든 챔피언 글로벌 원정대 헤르만 지몬 지음 배진아 옮김 흐름출판사 발행 P. 독일은 왜 강한가. 탄탄한 재무구조기술이 자본이다.
9. 持續的成長を支する財務マネジメントのあり方. みずほコーポレート銀行, 産業調査部(MIZUHO)
10. 市場成熟期のプラント戰略 株式會社 東急エージェンシー 工藤英資 著, 2003年 9月 消費者視點のマーケティングの4Pと3A. pp.3~8

〈9장 1절〉

1. 선진기업들의 신경영 트렌드, LG경제연구소 주간경제 857호 2005.11.09
2. GE사례 중심의 벽없는 조직/ 스티버 커 지음, 이태복 옮김/ 창현출판사
3. 잭 웰치 성공에 감춰진 10가지 비밀/ 스튜어트 크레이너/ 영언문화사
4. 잭 웰치를 움직인 세개의 원/ 하사츠네게이치 지음/ 이지연 옮김 / 디자인하우스
5. 패션산업과 이종(異種)산업간 공동마케팅 제휴를 위한 파트너 선정 – 소비자 관점 –, 이화여자대학교 대학원 의류직물학과 안수경, 2007
6. 공동마케팅 제휴(Co-marketing-Alliances)에 있어 상호 의존성과 갈등관계에 관한 연구. 서강대학교 경영전문대학원 조영욱. 2011년 7. (論說) 起業後の成長率と起業家屬性. 起業タイプと起業動機 安田武彦 著 企業家硏究(第1號) 2004. 3.
8. スタート アップ(新規開業)における雇用の成長と構成變化の決定要因一橋大學大學院經濟學硏究科敎授. 岡室博之 平成 20年
9. 中堅. 中小企業にとってM&Aは 成長の核だ みずほ綜合硏究所. 渡邊裕一One Mizuho 2014年 8.15
10. 經營戰略の重要性 C-Express 中小企業の經營戰略編 7つの成功戰略竹田陽一 栢野克己 著. 1~5番

〈9장 2절〉

1. 공급사슬관리(SCM)의 핵심성공요인과 추진유형이 기업경영성과에 미치는 영향. 경영정보연구 제28권 제1호 2009년3월

2. 공동마케팅 제휴(Co-marketing Alliances)에 있어 상호의존성과 갈등관계. 서강대학교 경영전문대학원 관리전공 2011년 1월. 조영욱
3. 기업의 마케팅제휴가 기업수익성에 미치는 영향, 연세대학교 대학원 경영학과 권계은 2008년1월
4. 제휴역량은 글로벌제휴 벤처기업의 경영성과에 영향을 미치는가?, 국제경영학부 제15권 제4호, 2011년12월 권기훈 저
5. 독일의 중견기업육성을 위한 연구역량강화 지원정책, 한국생산기술연구원 2011년 김갑수
6. 인터넷 제휴마케팅에 관한 연구-아마존과 삼성몰의 사례를 중심으로-, 연세대학교 생활환경대학원 디자인정보시스템 전공 김일환 2001년 6월
7. 製品ライフサイクル 2005年 經營戰略 (c)J. SHINTAKU. 典型例;VTR, pp.1~5. 基本的段階 導入. 成長 成熟 衰退
8. 持續的成長を支える財務マネジメントのあり方 みずほコーポレート銀行, 產業調查部 閉塞狀況 日本企業の財務マネジメント pp.373~377
9. 創業者のキャリア成功と偶發的出來事に關する記述的事例硏究. 柏木 仁, Asia University 經營論文集 第46卷 第2號 2011. 3. pp.4~8

〈10장 1절〉

1. 우수한 케이스스터디를 하는데, 연구자의 스킬(숙련도)면에서 생각하여도 극히 어려운] 것 등이 지적되고 있다. Yin 1994
2. 벤쳐기업의 정의에 대해, 淸成, 中村, 平尾(1971)는 벤처비지니스에 대해, 처음으로 정의된 후, 지금까지 여러가지 정의가 내려지고 있으나, 아직 통일된 정의는 없다[이노우에(井上) 2002
3. 네트워크 조직론에서 본 하청생산시스템] 중소기업사업단. 중소기업연구소[중소기업의 구조분석](89-1. 1989)
4. 아나슈.植田.山本(1986), 177항. 그리고 이 정의의 元典은 植草益[산업조직론], 筇摩書房, 1982
5. 中小企業の經營の改善及び地域の活性化のための取組みの狀況. 事業性評價に關する取組み方針
6. MIZLHO. 持續的成長を支える財務マネジメントのあり方(閉塞狀況 企業財務財務マネジメント) みずほコーポレート銀行 產業調查部.
7. ベンチヤー企業及び中小企業の育成に際しての問題とその解決策について經營硏究調查會 硏究報告 第8號 平成11年7月22日 日本公認會計士協會
8. KEIZAI DOYUKAI 企業イノベーション~企業價値向上のための成長戰略 2005年5月 社團法人經濟同友會
9. ベンチヤー企業の創出 成長に關する硏究會 第6回 經濟產業省(METI) 2008年2月27日. 事務局資料資料3.

〈10장 2절〉

1. 한국마케팅저널 제3권 제2호 pp.53 2011/7 강성호 · 강하영 · 박홍수, 기업 간 제휴 활동이 제휴 성과로 이어지기 위한 선행요인에 관한 연구.
2. 한국마케팅저널 제13권 제2호 2011/7 강성호외2명) 기업 간 제휴활동이 제휴 성과로 이어지기 위한 선행요인에 관한 연구
3. 유통정보학회지. 제7권 제2호 2004/12. 김창봉, 물류기업의 전략적 제휴 파트너십이 사업성과에 미치는 영향에 관한연구
4. 산업경제연구 제10권 제1호. 1997/8. 최원일 · 김상조, 기업규모를 고려한 신제품개발전략과 신제품 성과의 관계에 괸한 연구
5. Entrust Journal of Information Technology Special Issue. 2013 / Vol.12. No.1 제휴 네트워크에서 기업의 중심성이 혁신성과에 미치는 영향에 대한 연구 박병진 · 배순한 · 백승의
6. 경영과학 제30권 제3호 2013년 11월 장영순, 중소기업의 연구개발 및 생산운영관리 개선영역 도출에 관한 영구
7. 한양대학교 대학원 2000/12 朴貞宣 논문, 전략적 마케팅 제휴에 있어서 통제매커니즘의 결정요인과 효과
8. 連想關聯マツプを用いたeCRM 事例集の見える化モデリング 關西大學 綜合情報學研究科 一松達失 2013年學生硏究奬勵賞 應募作品
9. データ活用の高度化と地銀連携のためのマネジメントシステム平成27年 3月13日 Bank of Yokohama 營業計劃部 ビッグデータによる價値創造
10. 特輯 全社型業務改革で切り開く新たな經營スタイル 新たな顧客管理手法村上勝利. 名取滋樹. 知的資産創造 2013年 3月號

〈10장 3절〉

1. 일본형 하청생산시스템의 국제전이 가능성] [삼전상학연구](30권3호1987)
2. 이마이(今井)는 새로운 산업조직. 기업간관계를 시너지효과를 의도적으로 한 분업 즉 네트워크분업 으로서 특징을 부여 하다(343),
3. 이마이 1988, 339-343항, 또는 이마이. 가네꼬 1988, 가네꼬(金子) 1988 153-169항을 참조하였다. 여기서 말하는 사회적 교환이란 단순이 넓은 의미의[貸借:임대임차],
4. 나까무라(中村 1992) [피라미드형 산업조직]에 대비되는 것은, 나까무라(1985)에는 [네트워크형 산언조직]에 있고, 나까무라 1992의 시점에는, 네트워크 조직 나까무라(中村) 1977 2항
5. 自己革新を遂げて躍動する 中小企業. 小規模事業者 2013 White Paper on Small and Medium Enterprises in Japan 第2部
6. ターゲツト. マーケテイングにおける 顧客維持戰略の階層性 . 岩本 俊彦東京情報大學綜合情報學部 ビジネス學科 2009年 12月

7. チームマーケティングによる 組織風土改革について アィマム 鳥谷光洋 事例から理論構築(添附) 日本廣報學會 第21回硏究發表 全國大會 豫稿集記載論文 1~7
8. CRM Systems 導入の 成功要因について Intec Technical Journal 2003 10周年記念 創刊號永原 勇 著 pp.27~30
9. コーズ. リレーテツドマーケティング(CRM)とNGOー.CSR = 企業とNGOの新 しい關係季刊 國際貿易と投資 Autumn 2010/No.81 http;//www.iti.or.jp/ pp.87~90 長坂 壽久 國際貿易投資硏究所. 客員 硏究員

〈11장 1절〉

1. 국제경영리뷰, 제15권 제4호. 2011.12 23. 홍선혜 · 권기춘 · 권기환, 제휴역량은 글로벌 벤처기업의 경영성과에 영향을 미치는가?
2. 한국산업정보학회 논문집 제15권 제1호 2010.3, 임광혁, 다품종 소량생산 공정을 위한 규칙기반 공정관리 시스템
3. 한국마케팅저널 제13권 제2호. 2011.7. 강성호 · 강하영 · 박홍수, 기업간 제휴활동이 제휴성과로 이어지기 위한 신생요인에 관한 연구
4. 유통정보 학회지 제7권 제2호 2004/12. 김창범, 물류기업의 전략적 제휴 파트너십이 사업성과에 미치는 영향에 관한 연구
5. Entrual Journal of Informstion Technology Special Issue. 2013 / Vol.12.No.1 pp.118) 제휴 네트워크에서 기업의 중심성이 혁신성과에 미치는 영향에 대한 연구, 박병진 배순한 백승의
6. 한국비즈니스리뷰 제3권 제2호 2010/8. 이상호, 기술혁신 제휴에 관한 마케팅 관점의 탐색적 사례 연구
7. 市場創造」の重要性と最重要課題}としてのMIPコンセプト開発 梅澤伸嘉－2012年. 大会発表要旨.深い洞察を持った着想と果断なる着手のみが, 意図的に新市場を創造できたのである
8. 我が国における起業活動の現状と政策対応－国際比較の観点から. 岡 田 悟レファレンス 2013.1
9. データ活用の高度化と 地銀連携のためのマ}ネジメントシステム. 平成27年3月13日 横浜銀行営業企画部 グループ長 加藤毅

〈11장 2절〉

1. 삼성경제연구소「인터넷 시대의 고객관계관리」2000
2. 한국 소프트웨어 산업협회「S/W 산업 부문별 동향조사 보고서」2000
3. e-비즈니스 모델에 맞는 eCRM 구축 실행 가이드」2001.김재문
4. e-CRM 구축과 운용 전략, 2001 새로운 제안. 송현수
5. 죽은 CRM과 살아있는 CRM」2001 한언. 최정환, 이유재
6. 고객관계관리 CRM 」2001 우용 출판사,한동철

7. 김종현「CRM 시장」, 2001 한국정보산업연합회.김종현
8. 민승기「CRM 기술 동향」, 2001 한국전자통신연구소.민승기
9. 連想関連マップを用いた eCRM事例集の見える化モデリング 関西大学 総合情報学研究科 NTTデータ数理システム株式会社 2013年度 学生研究奨励賞 作品 一松達矢.
10. 名寄せを活用した顧客管理システムの構築. 2010年3月23日 青木 克之(株式会社 アグレックス CRM事業部CRM) E-Mail:katsuyuki_aoki@agrex.co.jp

〈11장 3절〉

1. 파트너기업에 대한 신뢰와 외부협업 활동이 기업 간 지식공유에 미치는 영향 : 전라북도 소재 중소 제조업체를 중심으로1)산업경제연구 제25권 제4호 2012년 8월 군산대학교 경영학부 이국용
2. 창조경제실현을 위한 2013 빅데이터 국내 사례집. 미래창조과학부. 한국정보화진흥원. Big데이터 분석활용센터
3. 경영패러다임으로 동반성장과 대한민국 기업생태계의 건강성 기업생태계의 오너스화시대와 대중소기업 동반성장의 필요성 가톨릭대 경영학부 김기찬
4. 変革期に求められるリーダーシップとは~キヤノンを事例として~会津大学短期大学部産業情報学科経営情報コース2005年度卒業研究論文要旨集井関剛, 中村仁美, 三浦舞子
5. 成熟企業の經營戰略(Management Innovation in Matured Firms) 國民經濟雜誌. 159(3)85-102. 著者 加護野. 忠南.
6. 市場成熟期のブランド戦略. 顧客の変化とブランドの対応~事例株式会社東急}エージェンシー2003年9月. 工藤英資.
7. 製造業におけるＣＲＭを活用した サプライチェーンの構築. 2002年度研究成果報告書－ＳＣＭを成功に導くためのＣＲＭの活用－
8. 企業イノベーション ~ 企業価値向上のための成長戦略 ~社団法人経済同友会. 2005年5月
9. 2017年版中小企業白書 概要 平成29年 中小企業庁調査室平成28年度中小企業の動向の概要. 中小企業の景況は緩やかな改善傾向にあるが.

〈12장 1절〉

1. 기업생태계관점에서의 연구개발전략과 플랫폼 리더십: 대중소기업 상생협력과 R&D에의 시사, 중소기업연구 31(2), 김기찬(2009)
2. 대·중소기업 상생협력의 이론적 모형설계: 건강하고 기업생태계구축
중소기업연구(한국중소기업학회), 28권3호(2006년 09월), 김기찬·김수욱·박건수·박성택·박지윤·송창석·이종욱·임일·강호영

3. 대·중소기업간 상생협력 유형의 세분화와 전략－중소기업의 L, A, J유형 분류와 성과를 중심으로－, 중소기업연구(한국중소기업학회), 29권4호(2007년 12월) 김기찬·송창석·박지윤
4. 自動車企業の国際競争力分析ー₩モジュール化の進行と企業間関係の変化を中心千葉商科大学大学院 政策研究科博士 長谷川 洋三
5. 戰略的組織關係構築による企業成長井上. 2002. 井上善海
6. 中小企業における連携戦略の状況と成果に関する研究 福島大学経済経営学類 尹ユン 卿キョンヨル烈 福島大学(6674) 地域創造 第22巻 第1号 2010.9
7. 起業家の成功要因に関する実証分析. 松田 尚子.経済産業研究所 松尾 豊東京大学.独立行政法人経済産業研究所
8. 技術系スタートアップ 企業の成長プロセスとマ}ネジメント五十₩嵐伸吾(九州大経済学), 桑嶋 健一(筑波大ビジネス 科学)
9. 中小企業と技術戦略をめぐる諸問題. 産官学連携と技術開発の政策課題一中京経営研究 第14 巻第1号 2004年 9月
10. 企業の持続的成長と日本{同族企業の新研究. 久保田敬一a·斎藤進-b本{論文は, 日本経営財務研究学会第37 回大会の発表₩内容を元に加筆した

〈12장 2절〉

1. 서강대학교 대학원 경영학과 2004/12 최아영 논문, 공동 마케팅 제휴 인지도가 제휴주도 제품의 최초 인지도에 미치는 영향에 관한 연구
2. 한국마케팅저널 13권. 제2호 2011/7 강성호·강하영·박홍수, 기업간 제휴활동이 제휴성과로 이어지기 위한 선행요인에 관한 연구.
3. 연세대학교 대학원 경영학과 권계은 2008/1 기업의 마케팅 제휴가 기업의 수익성에 미치는 영향에 관한 연구
4. 한국산업정보학회논문지 제11권 제2호 2006/6. 전재완·이경환·김종원 공급사슬관리의 효율성을 위한 전략정보 시스템의 구축에 관한 연구
5. 低成長時代の企業経営－長寿企業に学ぶ経営法則－ 福井経済同友会 企業経営委員会 2013年 3月
6. 日本の長寿企業から見た経営理念と社会的責任に関する一考察. 青木崇 2 愛知淑徳大学論集一人間情報学部篇 第6号 2016 年 3月
7. 長寿企業のその長寿の秘訣を探る.北京外国語大学学生 代表:2015年11月30日(月):住友商事本社
8. 100年企業を經營する. 大和總研. 2016年7月7日 全15項. 主任コンサルタント 佐井 吾光
9. 長寿企業に学ぶ経営承継の秘伝. 経営承継研究会. 中小企業診断士 長谷川勇
10. 創業100 年以上の「長寿企業」, 全国に2 万2000 社~ 長寿トップは西暦578年創業の金剛組, 創業500 年超は39 社 ~「長寿企業」実態調査2010/9/8

〈12장 3절〉

1. 서강대학교 경영전문 대학원 관리전공 조영욱.2011/1, 공동마케팅 제휴에 있어 상호의존성과 갈등의 관계에 관한 연구
2. 대한경영정보학화 경영정보연구 제28권 제1호 2009/3 이재식, 공급사슬관리의 핵심성공 요인과 추진유형이 기업의 경영성과에 미치는 영향
3. 國際經營硏究 제13권 제2호. 2002년 12월 전용욱 · 여경철, 전략적 제휴의 유형과 사업성과에 관한 연구
4. 川崎日航ホテル地域と共に歩み続けて50年次世代と繋がる未来へ~かわさき長寿企業井上 英俊 氏(川崎商工会議所 企画広報部企画課 主査) 平成27年 11月 16日
5. 日本の長寿企業から見た経営理念と社会的責任に関する一考察. 青 木崇 * 愛知淑徳大学論集－₩人間情報学部篇 第6号 2016年 3月
6. 特別企画：長寿企業の実態調査(2014年9月號) 長寿企業は全国で2 万7, 335社 自己資本比率は全企業平均を8ポイント上回る
7. 特別企画：宮崎県の長寿企業の実態調査(2014年) http://www.tdb.co.jp/創業100 年以上の長寿企業は168 社
8. アマゾンの秘密 世界最大のネット書店はいかに日本で成功したか. ダイヤモンド社松本晃一(2005)
9. 模倣者としてのサウスウエスト. イミテーションから始まるイノベーション早稲田大学大学院商学研究科 泉谷 邦雄[著] 2012年 2月 1日
10. ファミリービジネスにおける経営者継承のダイナミズムートヨタ自動車の4C分析前野初美 平成26年

〈12장 4절〉

1. 교양경제 현실경제의 이해 임덕호, 명경사 발행. 기업 재원 조달
2. 원가관리회계 조현연 · 김재준 · 정형록 공저 산문출판 발행. 송익분기점
3. 히든 챔피언 글로벌 원정대 헤르만 지몬 지음 배진아 옮김 흐름출판사 발행 P. 독일은 왜 강한가. 탄탄한 재무구조 기술이 자본이다.
4. 川崎日航ホテル地域と共に歩み続けて50年次世代と繋がる未来へ~かわさき長寿企業井上 英俊 氏(川崎商工会議所 企画広報部企画課 主査) 平成27年11月16日
5. 日本の長寿企業から見た経営理念と社会的責任に関する一考察. 青 木崇 愛知淑徳大学論集－₩人間情報学部篇 第6 号 2016 年3 月, pp.51~61
6. 特別企画：長寿企業の実態調査(2014年9月) 長寿企業は全国で2 万7,335 社自己資本比率は全企業平均を8 ポイント上回る
7. 特別企画：宮崎県の長寿企業の実態調査(2014年) http://www.tdb.co.jp/ 創業100 年以上の長寿企業は168 社
8. アマゾンの秘密 世界最大のネット書店はいかに日本で成功したか. ダイヤモンド社松本晃一(2005)
9. 模倣者としてのサウスウエスト. イミテーションから始まるイノベーション早稲田大学大学院商学研究科

泉谷 邦雄[著] 2012 年2 月1 日

10. 老舗企業の実態調査－結果概要報告書－平成27年9月 甲府商工会議所 創業から100年を超える老舗企業の実態, 長期経営の秘訣等を把握する.

〈12장 5절〉

1. 인적자원개발 사례연구 ; 영국과 싱가포르의 인적자원개발 인증제도를 중심으로 인적자원개발연구 제2권 제1호 2000년 6월, 장영철
2. 기업의 마케팅 제휴가 기업의 수익성에 미치는 영향에 관한 연구. 제휴의 강도와－기업 간 경쟁정도의 상호작용 효과를 중심으로－연세대 대학원 경영학과 권계은, 2008년 1월
3. ベンチャー企業の成長. 現状と課題 2008年2月7日 經濟産業省 事務局資料
4. 変革期に求められるリーダーシップとは~キヤノンを事例として~ 井関剛, 中村仁美, 三浦舞子 会津大学短期大学部産業情報学科経営情報コース 2005年度卒業研究論文要旨集
5. 経営戦略の重要性. C-Express 中小企業の経営戦略編 中小企業の経営にあたって, 戦略をもって経営することが, いかに重要であるかを考えてみたいと思います.
6. 製品ライフサイクル 製品ライフサイクルの段階 基本的パターン 2005年 経営戦略 •. SHINTAKU
7. 市場浸透戦略 成長戦略の類型と製品ライフサイクルとの関係成熟期の市場浸透戦略
8. 老舗企業を事例とした永続経営の研究 平成20年6月. 井 上 兼 吾 高知工科大学大学院 工学研究科 基盤工学専攻 起業家コース
9. －清洲桜醸造における組織変動と組織学習－大阪大学大学院経済学研究科 博士後期課程 加藤 敬太 (Keita KATO)

[저 · 자 · 소 · 개]

김종영

• **학력**

· 숭실대학교 경영학과 졸업, 경영학사

· 중앙대학교 국제경영대학원 경영정보학과 이수

· 인하대학교 경영대학원 고급관리자과정 수료

· 숭실대학교 경영대학원 졸업, 경영학석사

· 숭실대학교 대학원 졸업, 경영학박사

• **저서**

· 규산염의 제조와 용도, 한림원

· 규산염의 응용과 용도, 한림원

· 장수기업으로 가는길, 북넷

박종우

• **학력**

· GEORGE WASHINGTON UNIVERSITY P.h.D. Engineering Management & Operations Management

· GEORGE WASHINGTON UNIVERSITY M.S. Engineering Management & Operations Management

· 현재, 숭실대학교 경영학부 교수

• **저서 및 논문**

· 경영학의 이해, 삼영사

· 기술혁신과 경영전략, 한티미디어

· 품질문화와 리더십, 피어슨

· Park, Jongwoo, 공급사슬내에서 품질지향적 기업문화가 지속가능경영성과에 미치는 영향에 관한 실증연구 유통과학연구, Jun., 2014 외 다수의 논문이 있다.

창업에서 장수기업으로

2019년 5월 10일 1판 1쇄 인쇄
2019년 5월 20일 1판 1쇄 발행

저 자 김 종 영 · 박 종 우
발행인 류 재 식 · 박 용 범
발행처 도서출판 북 넷

서울시 용산구 효창원로70길 46 대신빌딩 2층
등 록 2010년 6월 7일(제2010-000069호)
전 화 (02) 395-2341
팩 스 (02) 395-2303

정가 40,000원

불법복사는 지적재산을 훔치는 범죄행위입니다.

이 책의 무단전재 또는 복제행위는 저작권법 제136조 제1항에 의거, 5년 이하의 징역 또는 5,000만원 이하의 벌금에 처하게 됩니다.

ISBN 979-11-86947-39-5 e-mail : book2341@naver.com